リチャード・フォン・グラン

中国経済史

古代から19世紀まで

山岡由美訳

みすず書房

THE ECONOMIC HISTORY OF CHINA

From Antiquity to the Nineteenth Century

by

Richard von Glahn

First Published by Cambridge University Press, 2016

ケネス・ソコロフの思い出に

凡例

一、本書は、以下の全訳である。Richard von Glahn, *The Economic History of China: From Antiquity to the Nineteenth Century*, Cambridge: Cambridge University Press, 2016.

一、原書中にある繁体字・簡体字は基本的に日本の漢字で代用した。

一、他の文献の引用箇所で既存の訳を使用している場合は、書誌情報を「原注」に記した。

一、訳文中にある（　）と［　］は著者による注、〔　〕は訳者による注を意味する。

中国経済史◆目次

序　1

第1章　青銅器時代の経済　11
——紀元前一〇四五年〜紀元前七〇七年

家産制国家としての西周　13　西周の政治経済　20　生産と労働　24　富の蓄積　32　まとめ　36

第2章　都市国家から専制君主国家へ　37
——紀元前七〇七年〜紀元前二五〇年

都市国家の最盛期　39　専制国家の台頭　44　鉄器時代黎明期に訪れた経済の転換　50　都市の変容　55　財政国家の政治経済　62　まとめ　68

第3章　**世界帝国の経済的基盤**　71

——紀元前二五〇年〜紀元前八一年

帝国内の社会の組織化　73　秦の経済に行政が果たした役割　79　漢代初期の財政・貨幣政策　83　漢代初期の地域社会　90　武帝による財政権限の集中　92　武帝時代の遺産をめぐる論争　100　まとめ　105

第4章　**豪族社会と荘園経済**　107

——紀元前八一年〜紀元四八五年

漢代の農業に訪れた変化　108　荘園経済の出現　111　人口の増減　117　商業、都市、対外貿易　122　分裂時代に縮小した経済　129　南朝期における江南への植民と経済開発　132　まとめ　137

第5章　異民族との融合と帝国の統一　139
――四八五年～七五五年
北魏統治下での復興と安定　141　帝国再統一後の国家建設　149　農業と工業の発達　155　シルクロード最盛期の国際貿易　161　仏教の経済効果　165　北魏が残した制度の崩壊　168　まとめ　169

第6章　唐宋変革期の経済的変化　171
――七五五年～一一二七年
安史の乱が経済にもたらしたもの　172　活発化した稲作経済　179　重商主義的な財政政策への回帰　185　王安石の新法　193　経済生産性の大躍進　199　まとめ　206

第7章　江南経済の繁栄期——一一二七年～一五五〇年　209

南宋の財政政策　210　交易、企業、金融　218　土地の商品化　224　モンゴル人の支配が経済に及ぼした影響　228
明代初期の政策反転　233　まとめ　240

第8章　市場経済の成熟——一五五〇年～一八〇〇年　243

明代後半に復活した商業　244　銀経済と一七世紀の危機　253　清の財政　258　一八世紀の好景気　265　経営の形態と信用市場　277　まとめ　284

第9章　国内の危機と世界から突き付けられた課題　287
——帝国経済の変革（一八〇〇年〜一九〇〇年）
帝国時代終盤の中国経済の経済実績を計測する　288　一九世紀前半の不況　298　清代後期の財政・経済戦略　309
金融と通商を発展させた新制度　318　まとめ　328

凡例　ii
謝辞　ix

人名索引　*1*
事項索引　*5*
原注　*11*
参考文献　*55*
図表一覧　*89*

謝辞

わたしにとっての大きな幸運は、第一級の経済史家、ケネス・ソコロフと二〇年ものあいだ研究室が隣同士だったことだ。ケンの衰えを知らぬ元気と深い叡智、そして経済と歴史に関する幅広い知識は、わたし自身が中国経済史の研究と執筆を進めるうえで力強い支えになった。同僚として、また人として、彼ほど優れた人にはなかなか会えないのではないか。ケンが志半ばで倒れたことは、多くの人が異口同音に言っているように、経済史の分野にとって大きな損失だった。本書の執筆を陰に陽に支え、後押ししてくれた彼の存命中に本書を上梓できなかったことが、ほんとうに悔やまれる。せめてもの感謝の気持ちを伝えるために、この本をケンの思い出と、彼が身をもってあらわしていた学問の理想に捧げたい。

R・ビン・ウォンとジャン゠ローラン・ローゼンソールは査読のうえ、いくつもの有益な助言や示唆に富む意見を聞かせてくださった。カリフォルニア工科大学およびカリフォルニア大学ロサンゼルス校での中国経済史ワークショップに参加した両氏の教え子の皆さんは貴重な時間と労力を割いて原稿の全体に目を通し、コメントを寄せてくださった。以下お名前をあげ、感謝の気持ちとさせていただきたい。チー・シャン、ハオ・シャオウェン、ファン・イーフェイ、イ・スンギュ、ギジェルモ・ルイス゠ストヴァル、ヤン・トン、張萌。また、ロータール・フォン・ファルケンハウゼン、マキシム・コロリコフにもはじめの何章分かを読んでいただいた。これらの方々が指摘してくださった問題のすべてを解決することはできなかったが、原稿は格段によくなった。もっとも本書のような統合的な研究では、どうしても何かを切り捨てることになるし、なんらかの誤りが残っていることも大いにありうるが、いずれもわたしの責任であることは言うをまたない。

本研究はじつに多くの方々の著作や考えから恩恵を受けており、わたしがそれらの研究成果に多くを負っていることは容易に見て取れると思うが、そのすべてについて満足のいく形で触れることはかなわなかった。二〇一〇年から一一年にかけて全米人文科学基金から、二〇一三年から一四年にかけてグッゲンハイム・フェローシップから助成を受けることができたのは、わたしにとって大きな幸いだった。基金によって執筆にとりかかることが可能になり、フェローシップのおかげで時機を失せず作業を終えることができた。最後に、加代子と江梨香へ。ふたりのおかげで、ここまでの旅路が楽しいものになった。どれだけ感謝の言葉を贈っても、感謝し足りない。

序

一九六〇年代まで、歴史家は中国史、とくに中国経済史を西洋目的論のレンズを通して見ていた。歴史の変化を「自由」の進展過程とみなし、資本主義民主制と社会主義ユートピアのいずれかに行き着くものとする目的論だ。これまで他のところでも述べてきたことだが、ヴェーバー理論に従って特殊な「官僚封建制」ととらえるにせよ、あるいはマルクス主義に基づき「アジア的生産様式」の一種ととらえるにせよ、研究者は洋の東西を問わず、中華帝国を静態的社会として描き、時おり発生する政権交代も、専制制度というよどんだ池に波紋をひとつ立てたにすぎないとみなしてきた[1]。中華帝国の社会や経済に流動性がなかったのは、国家や支配階級（「郷紳」）に寄生的なところがあったため、とされるのがふつうだった。他の「東洋的専制主義」と同じ基本的特徴を備えていると考えられていたが、中華帝国は破格の長命を保った。それは、郷紳が統治組織や土地に対する支配を異例なほど長く維持し、知識人の生活様式や文化をかたくなに守っていたから、とされることが多い。例えば中世ヨーロッパでは社会的権力が貴族や騎士、聖職者、封建領主、都市共同体のあいだに分散していたが、中国の郷紳は政治と経済、文化の分野で権勢をほしいままにし、反対勢力からの挑戦は、相手が商人であれ武人であれ、はたまた不満分子化した知識人であれ、どんなものでもかわした。マルクス主義歴史家は、郷紳による支配がいつまでも続いたために、農民の生み出した剰余価値を地代生活者のエリートが吸い上げる封建的な土地所有や生産関係が生きながらえたと考えてきた。アメリカの研究者はマルクス主義を連想させる「封建主義」という分け方の採用こそ避けてきたが、彼らが用いた「伝統的な」中国社会というパラダイムも、本質では前者と同様、経済的慣性というとらえ方に基づくものだった。

硬直的な中国というイメージの再考を最大の説得力をもって迫ったのが、日本の歴史家だ。内藤湖南は一九一四年の著作のなかで、八世紀から一二世紀にかけて中国の政治と経済に根本的な変化が起きたという説を他に先駆けて唱えている（これはのちに「唐宋変革論」と呼ばれる）。この時期に貴族支配が崩れ、国家は独裁性を、村落社会は自律性を高めていったという説だ。内藤に師事した宮崎市定は一九五〇年に上梓した『東洋的近世』のなかで、唐宋変革をヨーロッパのルネサンスに匹敵するものとしている。いずれにおいても近代世界の特徴、つまり社会と文化の世俗化や合理主義の復興、また都市の発展や商業の興隆、財産と労働力に対する自由裁量権の拡大という特徴がはっきり認められるという(2)。他方日本のマルクス主義史家は、唐宋変革期を古代以来の奴隷労働経済が農奴制を基盤とする封建社会に入れ替わっていく時代ととらえた。この見方によれば、ヨーロッパや日本の中世に見られる純粋な封建制とは違い、中国のそれは家や宗族、村、行《こう》などの家父長制的な社会制度が本質において硬直的だったために、さらなる社会発展を阻まれていた、ということになる。

　一九六〇年代に入り、中国の前近代経済の概念化に関して大きな突破口が開かれた。斯波《しば》義信の著した宋代（一〇世紀から一三世紀）の商業に関する著作は、単線的な歴史観と決別し、現実の経済活動を仔細に検討した正統なる研究だった(3)。かつてないほどの商業の繁栄を可能にしたさまざまな分野での画期的な変化、具体的には交通や農業・工業の生産性、市場、都市構造、企業、金融における変化を丹念にあとづけている。ここでは、宋代に穀物や塩、木材といった主要産品のほか、茶や砂糖、陶器などの新しい消費財、さらには奢侈品を含む幅広い商品の地域・全国・国際市場がつくられたことが実証的に示されている。斯波の研究は民間での商業活動と商業資本の形成に焦点を絞っていたが、市場経済の成長がブルジョワ階級を出現させるという考えは否定していた。同じころにロバート・ハートウェルが宋代の石炭・製鉄業に関する一連の刺激的な論考を発表したが、これも市場の需要が工業発展にはだいじであるということを裏付けるものだった(4)。ハートウェルの研究には、大規模な企業が桁外れな量の鉄鋼を鋳造していたこと、また使用されていた高炉やコークスは当時の西洋で入手できるどんなものをも凌駕するほどの高水準に達していたことが示されている。都市（とくに宋の国都、開封）の市場から鉄の需要が発生したということが論文の柱をなしているのだが、リスクを減らし、民間投資を促進するうえで国家が果たした役割——国内を平和に保ち、貨幣制度を安定させ、交通網を整備し、予測可能な経済政策を打ち立てたこと——にも力点がおかれている。

　斯波とハートウェルによる先駆的な研究の成果を踏まえ、中国の前近代経済についてさらに斬新な解釈を打ち出したのがマーク・エルヴィンの『中国史の形式』〔一九七三年、日本未訳〕という啓発的な研究書だった。中国史に関するエルヴィンの分析は三つの部分からなる。（一）帝国時代初期から一四世紀にいたる政治経済のおもな特色について、帝国の軍事力と財政能力に焦点を合わせつつ考察を加えた箇所。（二）八世紀から一三世紀にかけての「中世経済革命」（エルヴィンの用いた呼称）を考察した部分。農業や工業、商業、都市に空前の成長をもたらした技術面・産業面での変化に照準を絞っている。(三) 帝国時代後期（一四世紀以降）に「量的成長と質的停滞」（エルヴィンによる表現）を招いた成長の停止と技術面の停滞を検討した箇所。エルヴィンは一四世紀に経済発展の転換点が訪れたと考え、以下にあげる三つの変化または反転現象が、イノベーションにつながる物質的・知的な投資を妨げたと述べる。(一) 外国との接触や貿易の縮小。明朝が海禁政策をとったことから、中国は国際貿易から隔離され、水上兵力の質も低下し、国民意識の発展も阻害された。(二) 辺境が人で「埋め尽くされた」にもかかわらず、人口のはけ口を外に求めることができなかったこと。それによって土地労働比率が悪化し、労働節約的なイノベーションが妨げられた。(三) 自然界への思想的関心が薄れ、これを支配しようという努力がなされなくなったこと。このため「科学」の出現が阻まれたという。帝国時代後期、とくに一五五〇年から一八〇〇年にかけては農奴制の解体や農村内商業・工業の興隆、経済組織の増大などの重要な変化が訪れたにもかかわらず、中国は技術面で袋小路にはまり込んだままで、産業革命へと突き進むことはなかった。

エルヴィンの著作は経済の通史を意図するものではなかったが、中国経済が長期にわたって変化を遂げたこと、それが西洋での産業革命のような大変革につながらなかったことを説明する斬新な理論を示した。だがそれと同じくらいにだいじなのは、中国の「中世産業革命」という概念を打ち立てたことで、これにより西洋の社会科学が普遍的とする分類法を掻き乱し、西洋の歴史的経験を最上とする一般的な思い込みに疑問符を突きつけたのだった。エルヴィンが経済革命とその後の貧弱な経済成長とを対比したのを受けて、帝国時代後期を研究する歴史家たちは、中国が一六世紀以降「第二の経済革命」を経験したのだという主張を打ち出した。第二の経済革命の特徴は、以下のようにまとめられる。隷属労働の消滅。私企業が国家による経済運営を圧倒するほどの勢いをつけたこと。農村内工業の成長。市場の地理的拡大。民間交易と国家財政に貨幣が広く浸透していったこと。対外貿易の拡大。そして人口と経済の産出量の劇的増加[5]。

このように、宋代以降は市場が経済活動に対してつねに影響力を及ぼしてきたという見方が新たに定着していったが、帝国時代後期の経済は飛躍的成長を阻害する一種の構造的均衡に陥っていたというエルヴィンの説に、多くの研究者が与していた。商業の発展に注目する斯波やハートウェル、エルヴィンとは対照的に、趙岡や黄宗智（Philip Huang）などの研究者は、もっぱら小農によって担われていた農民経済に固有の限界を重視した[6]。こうした研究者は、家族の生存を目的とする農民の生産様式が深く根を張っていたことが労働節約的イノベーションと資本集約的農業の形成を妨げたと述べている。黄宗智によれば、土地と市場の利用機会の増大が、皮肉にも労働生産性の低下と「発展なき成長」という「内巻化《インボルーション》」の傾向に拍車をかけたという。鄧鋼（Kent Deng）は、中華帝国が古代に登場して以来、構造的均衡は帝国の発展と並行して続いていたと考えており、自由農民がもっていた土地に対する「絶対的な」権利をその鍵としてとらえた。儒教イデオロギーと帝国、土地制度が組み合わさって経済の安定と穏当な生活（時には豊かさも享受できる）、商業の拡大、人口増加、軍事面での安全を促したが、制度そのものが農業を柱としていたために飛躍的な変化が阻まれる面もあった、という仮説を鄧鋼は立てている。[7]

中国経済が農民的生産様式による束縛を受けていた――この考え方を、新古典派に属する研究者は争点として取り上げてきた。農民のあいだには勤勉と倹約、蓄積の規範が根付いていたし、政府の介入がほとんどない自由な競争市場という環境で、農民は要素価格の変化に積極的な対応をしていたと、こうした研究者は述べている。前近代的な技術、とくに交通分野の技術的制約は市場主導による発展の可能性を狭めていたが、（少なくとも一部の恵まれた地域では）一八七〇年以降、交通の発達や情報の伝播によって地域規模や国際規模の市場が成長し、大恐慌が起き日本軍が侵攻する一九三〇年代にはすでに実質所得も増え、持続的な経済成長も実現していたという。[8] インボルーション理論も、疑問視された。李伯重は――明清時代に技術面の停滞が訪れたというエルヴィンの説明とは対照的に――中国の農民は新しい農業技術を開発し、家内工業に労働力を投入して絶えずイノベーションを推し進めてきたのだし、帝国時代後期を通じて世帯所得は増え、農村も繁栄していたのだと唱えている。[9]

中国の農村経済の性格をめぐる論争というのは、つまるところ、この国に特有の歴史的経験の所産としてこれをとらえるべきか――最も重要な特徴として、小農が圧倒的多数を占めていたこと、そして確固たる「農民」心性なるものがあったことがあげられる――、それともこれを普遍的な経済行動原理に照らして理解すべきか――農民は企業のように市場インセンティブへ積極的な対応をするのか――をめぐる論争だった。一九九〇年代になると、論争の出口を模索する研究者のなかから、のちに中国経済史の「カリフォルニア学派」として知られる人々が登場した。帝国時代後期の中国経済を世界史の枠でとらえつつ、比較経済史を分析の道具に用いたカリフォルニア学派は、西洋の制度や文化、統治に内在する優位性が経済成長を後押ししたという、長年自明視されてきた前提に疑義を向けた。[10] ケネス・ポメランツは「大分岐」が起きてイギリスだけで産業革命が発生したことについて考察した。その刺激的な論考のなかで、経済実績の違いを生じさせるのは実のところ制度の違いなのか、という問いを投げかけている。[11] ポメランツによると、近代以前の世界で最も経済が発展していた地域――ヨーロッパのイギリスやネーデルラント、中国の長江デルタ、さらには北インドのベンガルや日本の関東――は制度面ではばらつきがあったものの、本質的な部分、つまりアダム・スミスが経済成長の動因とした市場の拡大と労働の専門化という点では類似していた。中国では農民も企業も、土地や労働、資本の価格を形成する市場にうまく対応していたとポメランツは論じ、黄宗智によるインボルーション・モデルを退けた。同時に、スミスが唱えた経済成長論の限界を前面に押し出し、一八世紀後半に世界の経済的先進地域が等しく直面した天然資源の枯渇がさらなる発展に対するおもな障害になっていったことを強調している。近代的経済成長への転換を可能にしたのはスミス的な市場力学の機能拡大ではなく、むしろイギリス固有の優位性だった。植民地帝国を通じて資源不足を解決できたということ、それに加えてエネルギー革命の推進、つまり石炭を利用した蒸気機関技術の開発が産業革命の土台を形成したことが強みになったのだ。

ポメランツをはじめとするカリフォルニア学派の著作が火をつけた「大分岐」論争は過去一五年で最も激しく戦われた議論で、比較経済史の分野に新しい研究成果をもたらしたという意味ではいちばん啓発的な触媒でもあった。[12] カリフォルニア学派の及ぼした影響、あるいはその不朽の業績のなかで何よりも重要なのは、ヨーロッパとアジアその他の地域の経済制度や経済実績を比較するにあたっては厳密さと一貫性がだいじだということを訴えてきた点だ。経済史家はポメランツの「大分岐」論を受けて――ほとんどが反証を試みていたが――、その当否を検証しようと経済実績を測定する量的尺度の考案に努めた。その結果、最近では中国史に関する比較経済史の研究といえば、もっぱら量的尺度を適用できるような論題や時代を取り上げたものばかりになった（それでいながら、後段で見るように、経験的証拠が限られているせいで深刻な欠点を抱えている）。そんなことから、この種の研究で一八世紀より前の中国経済を扱ったものは皆無に等しい。さらに言えば、さまざまな理由から「大分岐」論争は歴史家よりも経済学者を引きつけ、しかも主として――カリフォルニア学派の研究者を除くと――北米の学界よりもヨーロッパやアジアの研究者のなかに新たな研究への衝動を植え付けているようだ。

「大分岐」論争のおかげで中国の経済史に改めて関心が集まったことは歓迎したいが、最近の比較経済史の研究が特定の制度や量的尺度にばかり照準を合わせているせいで、総体としての中国経済史や中国経済の歴史的発展が研究者の視野に入ってこなくなった。制度の価値は文脈に依存するという事実に、十分な注意が払われてこなかった。どんな歴史的条件にもあてはまる制度などというものはない——しばしば見落とされる点だが、これこそポメランツが力説していたことだ。本書では、中国の経済を中国の文脈に位置付けて語ることをめざしている。あるいは、経済生活というレンズを通して中国史という物語を眺めること、と言い換えるべきかもしれない。現在中国史を研究したり学んだりしている人にとっても比較経済史家にとっても、この国の経済史に関する基礎知識を仕入れることは容易ではない。中国国内でなら、中国経済の通史は出版されているが——そのなかで一番権威あるのは一一人の編集委員が編纂した一六巻からなる『中国経済通史』（第二版、経済日報出版社、二〇〇七年）だろう——、依然として古臭いマルクス主義のパラダイムに縛られている。ところどころに日本の研究成果は盛り込まれているものの、西側の研究成果はまったく反映されていないと言っていい。意外なことだが、さまざまな議論をまとめた中国経済史の総合的研究を行おうという日本人研究者は、この半世紀のあいだ現れていない。もっとも岡本隆司の編著には触れておくべきだろう。最近刊行された同書は新石器時代から一九七八年に始まった経済改革にいたる歴史をかなり圧縮しているが、中国経済史を論理的かつ明晰に描いている。[13]ただしこの本は一部の例外を除くと、日本の研究蓄積しか活用していない。エルヴィンの『中国史の形式』は刊行から四〇年以上を経ても、中国語や日本語を解さない欧米の研究者や学生にとっての基本文献であり続け、ほとんどの人の役に立っているが、中国経済の通史として書かれたものではなく、新しい知見に照らして見ると、記述の多くには古い部分もある。

拙著では青銅器時代から二〇世紀までのおよそ三〇世紀を扱い、僭越ながら研究の空白を埋めるという試みに挑戦しようと思う。中国の前近代経済をめぐって近年交わされている論争の概略を示すなかでも述べたが、この研究分野は異なる解釈の衝突によって掻き乱されている。また本文で示すように、どの時代をとっても、大きな問題について見解がひとつにまとまることはまずない。本書では対立する議論間の隔たりを埋めることをめざし、バランスと客観性の獲得に気を配った。ただ、学界での論争に踏み込んで自分の選択を明らかにしている箇所では、対立する見解を尊重しつつ、わたし自身の判断の妥当性を示すべく努めた。本書を読めば、わたしが主義主張の面でという意味でなく方法論の面で、カリフォルニア学派に属していることは一目瞭然だろうが、反対意見を公平に扱うことには成功しているのではないかと、期待を込めて思っている。

　わたしの目標は何千年にも及ぶ中国経済の推移について、入手可能な最良の研究成果に基づき、さまざまな議論を総合しつつ筋道立てて語ることにある。もちろん、時間や紙幅、資料などの制約のために割愛せざるをえないものもあり、重要な研究成果に触れないこともあった。わたしは包括的な中国経済論を提示したのではない。むしろ本書では「神が細部に宿って」くれることを望んでいる。とはいえ、この語りがある種の反論に支えられていることは否定しない。本研究では第一に、歴史や経済に関する単線的な発展段階論にはどんなものであれ賛同しない。第二に、原理主義的な新古典派経済学、とくに市場こそが経済発展や富の創造の動因であるという考えを否定する。前近代についてもそうだが、近代的経済成長はたいていの場合、市場の拡大によって実現するのではなく、新しい知識や技術が育んだイノベーションによって可能になる。経済史家が市場にばかり関心を向けてきたために、ほかの制度、とくに国家が経済発展の促進に及ぼす影響が見えなくなっている。

　言うまでもないことだが、二〇〇〇年ものあいだ帝国が存続した中国の場合、国家の存在は臣民の生存と生活に格別大きな位置を占めている。すでに述べたように、帝国の存続期間があまりにも長いため、西洋の社会理論研究者は中国を「東洋的専制主義」の一形態と分類した。皇帝による支配は人民を無力な状態にし、政治経済の制度を経済行動原理や経済史の標準に逆行するような惰性に陥らせるというのだ。中国の「専制主義」をこのようにとらえるやり方は、つい最近になっても西洋の社会科学には脈々と生きていた[14]。中国史家は過去数十年のあいだ、一六世紀半ば以降に民間経済が飛躍的に拡大したことや、経済活動に対する国家の統制が縮小したこと、さらには国家が事実上の自治を地方の指導層に認め、「市民社会」が出現した可能性まで取り上げ、この誤ったイメージに反駁しようとしてきた。これとは別のやり方を用いたのがR・ビン・ウォンの著作だ。指導者たちが実際に何をめざしていたのかや彼らがどんな能力をもち、いかなる努力をしたのか、さらには国家のとった行動——必ずしも独裁的とは言えない——が経済成長にどんな貢献をしたのかを解明することによって、君主の蓄財や栄耀栄華のためにのみ行動する専制的で独裁的な政府という歪曲された中国像に異を唱え、帝国時代後期についてのわたしたちの理解に修復を施した[15]。にもかかわらず、中国史を専門とする研究者のなかにすら、帝国時代後期は「イノベーションを阻害し、腐敗を蔓延させた」「情実経済《パトロネージ・エコノミー》」ととらえるべきだと思い込んでいる人が広く見られる[16]。

　ヨーロッパ史の分野では、近世に領域国家へ権力が集中したことで国家の財政能力と行政能力が高まり、経済的福祉を前進させるような国家の介入措置が促され、それが経済成長によい効果を及ぼしたということに、経済学者や歴史家が気づき始めている。こうした人々の研究では、絶えず市場諸力の自由な働きに介入し、特殊利潤《レントシーキング》を追求する厄介な存在として国家がとらえられることはなく、むしろ経済発展を促し、資本主義と産業革命を可能にした近世国家のもつ大きな重要性が新たに認識されている。[17] 国家は新しい知識を涵養・保護し、公共財に投資し、発生期にある戦略的産業を育んだが、その根底にあるのはグスタフ・シュモラーが一八八四年に説明したような広い意味での「重商主義」政策だ。シュモラーによると、重商主義とは「社会およびその組織ならびに国家およびその制度を全面的に変革すること、地方的・領域的経済政策に代うるに国家的・国民的経済政策を以てすること」である。[18] 政治権力の集中は、それまで市場の統合や商業上の競争、技術の伝播、産業への投資の妨げになっていた領主や都市による供給独占、特権、行政区分などの影響を小さくした。[19] 戦争は短期的には破壊をもたらしたが、国家の形成や長期的な経済発展に大きな影響を及ぼした。[20] スミス的な力学、つまり市場拡大と労働専門化が拡大したという単純な話ではない。近世ヨーロッパの経済成長は、完璧な市場よりもむしろ不完全な市場がイノベーションと経済成長を後押しするというシュンペーター的な原理によって促進された。国家主権と地政学的権力の追求は国家の財政力を強めただけでなく、財産権の保護（例えば特許を通じての知的財産保護）や「幼稚」産業への投資、熟練労働者の流動性拡大、新技術の獲得、地球規模の貿易網誕生につながったのだ。[21]

中国史のなかにも、このシュンペーター的な力学が見られる。帝国は万古不易というわけではなかった。経済が時とともに発展したように、国家と制度も徐々に進化した。国家の財政活動と拡大する経済との弁証法は、その時々の歴史的条件や思想状況のなかで、さまざまなものを生み出している。シュンペーター的な観点に従えば、国内を平和に保ち、国際社会を安全な状態にし、教育や福祉、交通、治水、標準化された市場制度などの公共財に投資し、さらには農業および商業分野でのスミス的成長を可能にするような制度的インフラストラクチャーをつくることによって経済成長を促進する、そういう時期は中華帝国にもあった。（戦争の遂行も含め）国家が需要創造の役割を果たしたことも、経済発展を刺激するうえで重要な意味をもった。帝国時代後期には、民間経済に対する国家の干渉を退けるという新儒学的なイデオロギー（新古典派の考えと似ていなくもない）が中国の支配者たちのなかに根づいていた。課税は軽く、国家の干渉は最小限にという基本姿勢——西洋の社会理論家が思い描く「東洋的専制主義」とは正反対の方向を向いている——はスミス的な経済拡大の力学によい効果を及ぼしたが、国家の行政能力が弱かったために、同じころ近世ヨーロッパで起きていたシュンペーター的な経済成長の可能性が狭まった。

いずれにせよ、これはまだ仮説にとどまっていて、精密な調査と分析の対象となるべきものだ。本研究が比較経済史のための新しい評価軸を提供できればうれしいが、わたしの主眼は近代以前の中国経済の発展を筋道立てて語ることにある。とはいえ、この研究によって三〇〇〇年にわたる中国人の生と生活、またその多様性や想像力、産業への正確な理解につながる一歩を刻むことができれば、この上ない喜びである。

第1章　青銅器時代の経済
——紀元前一〇四五年～紀元前七〇七年

紀元前二〇〇〇年ごろに中国の青銅器時代は始まり、東アジア最初期の国家、そして大量の物資や人的資源を動員できるほどの技術と制度を生み出した。最初の国家、商（紀元前一五七〇年頃～紀元前一〇四五年）は政治制度と儀礼体系を整え、支配地域を華北の中央平原、つまり黄河の氾濫原である沖積層地帯にまで広げた。そしてこの地域が中国文明の心臓部となる。商の為政者たちは紀元前一二〇〇年ごろから、祖先祭祀と統治に不可欠な卜占《ぼくせん》を記録するのに文字を使うようになった。紀元前一〇四五年になると周王朝があらわれ、商の支配に終止符が打たれる。周は西部の渭河《いか》平原にある故地を本拠に、中央平原（中原）全域へ版図を拡大した。商文明が備えていた儀礼、文字体系、青銅冶金術といった多くの特徴を周は受け継いだが、神権や政治主権などの新しい概念も根づかせ、官僚組織を整えて王権の範囲を広げていった。

「青銅器時代」という名称がふさわしい文明があるとしたら、それは古代中国文明だと断言できる。中国の初期国家で、青銅礼器は政治・社会・文化秩序の中軸をなしていた。この時代の青銅器がどれだけ現存するかのみに着目しても、これに匹敵する古代文明はほかにない。既存の周代青銅礼器は一万二〇〇〇点を超えているし、発掘されずに古墳や貯蔵穴などに埋もれているものが多数あることも疑いない。大きさ自体も並外れている。例えば紀元前一二〇〇年ごろの青銅鼎には八七五キログラムのものがある。また紀元前五世紀の遺跡からは総重量一〇トンを超える青銅器群も発掘されている[1]。商代末期になると、支配階級に属する人々は特別なできごとを記念する目的で青銅器に銘文（金文）を鋳込むようになったが、とくに周王朝成立後はそうした傾向が目立った。銘文はおもに作器の目的を示し、王から恩賞を受賜して一族や祖先が栄誉を受けたことを記念するために記された[2]。周代青銅器の銘文、とくに王による官職任用や賜与、命令遵守の戒告を記録した「冊命金文」からは、国家としての周の構成、また為政者たちの自己認識や文化的慣習についての貴重な情報も読み取ることができる。それだけでなく、金文には今もあまり解明されていない周代の支配層の経済生活や経済資源を知るための有力な手掛かりが残っている。そんなわけで、中国の経済史を扱う本書では、はじめに周王朝の成立を見ていくことにする。

　中国の初期国家の性格、とくに商周代の国家を奴隷制社会と封建制社会のどちらとしてとらえるべきかという問いについては、多くのことが書かれてきた。マルクス主義の歴史発展理論がいまだに強い影響を及ぼしている中国を除けば、こうした古い分類法に価値を見いだす研究者はほとんどいないが、かといって周の国家や社会をどう定義すべきかについて見解が一致しているわけでもない[3]。わたしの見方からすると、家産制国家と言う以外に周を説明する言葉はない。

　家産制国家という概念は、マックス・ヴェーバーの国家社会学で重要な位置を占めていた。ヴェーバーによると、家産制国家とは家父長制に基づく大規模な家共同体（オイコス）で、そこでは「支配者の扶養が被支配者の最も重要な義務とされている」という。家産制国家の支配者は地方の領主や統治者、団体など一定の自律性をもつ「政治的被支配者」に土地その他の支配に有効なものを与えることで、みずからの権威を直接の臣下以外にも行き渡らせる。家産制国家は市場経済などさまざまな経済形態と両立しうるが、とくに対国家奉仕義務《ライトゥルギー》に基づく統治形態とは親和性が強いとヴェーバーは考えていた。特定の階級や身分に属する人々に産業経営の独占を認め、その見返りに用役や財の提供を義務付ける、という形態だ。ヴェーバーは古代エジプトなどの古代社会に加え、後代の中東やインド、中国におこった帝国を家産制国家に分類している[4]。

　家産制国家という用語を借用してはいるが、わたしはこの言葉を社会の歴史的変化に関するヴェーバー理論からは切り離して使っている。わたしの定義する家産制国家とは、君主と貴族が大権を共有する国家のことで、貴族は君主からその地位を授けられ、実際の親族関係や擬制的なそれを通じて君主の家族とつながりをもつ。そして大権は男系の、とくに長子が受け継ぐ。世襲の共有財産である貴族の地位や富は傍系の子弟にも分け与えられる。ある者が貴族に封じられる際には、祖先祭祀から派生した儀礼や家の序列、また貴重な礼器の下賜によって貴族の身分が公認のものとなる。中国史では、家産制国家は専制国家が登場する紀元前四五〇年ごろより前の形態で、この概念をさかんに使用する近年の中国政治論の分野でもそのように考えられている。[5] ヴェーバーは帝政時代後期の中国国家を家産制的統治の典型ととらえていたが、紀元前三世紀に最初の統一帝国が成立すると家産制国家はすっかり影を潜めたというのがわたしの考えだ。

周では家産制的な有力血縁集団を中心に経済生活が営まれていて、こうした有力集団が農民や工匠の労働を掌握していた。これらの集団は同じ場所に居住する血縁者からなり、身分秩序に従って集団ごとの階層がつくられていた（身分は正式な祭礼や儀礼を通じて公認される）。周王は臣下に対し、土地のほかに隷属民を与えた。ヴェーバーの説明にもあるように、こうした人民の「最も重要な義務」は領主を扶養することだった。領主の家共同体をひとつの経済単位として考えると、それは血縁集団の成員だけでなく、運営と経済活動を支える管理人や工匠、隷属民を含む、もっと大きな世帯だと言うことができる。周代の世帯は、ほかの古代社会の場合と構造を異にしていた。メソポタミアの初期王朝時代には神殿や宮殿のなかに大きな世帯があり、大ぜいの人々の生活を維持するために働く聖職者や管理人、農民、工匠、牧人などがいた。[6] ギリシャのオイコス（家共同体）という概念は、紀元前四世紀にクセノフォンが『オイコノミコス』のなかですこぶる的確に説明しているとおり、農業運営を行う紳士と、彼が管理する土地と人の取り扱いをおもに意味していた。[7] 周代の世帯は、夫婦と子供、その他の被扶養者からなる戦国時代の世帯とも明らかに異なる（後者が形成されたのは中央集権へと向かっていった時代で、この形の世帯は帝政時代末まで存続した）。とはいえ周の家産制的な世帯も、他の世帯と同じように、ひとつの場所に住む人からなる生産と消費の一単位ではあった。市場が存在しなかったこの時代の世帯は、おおむね自給自足の生活を送っていた。他方で有力血縁集団は、複雑なやり方で財産や人、また強い象徴性をもつ威信財〔威信を示すための財物〕をやりとりしていた。

それ以外の制度が周代初期の経済生活のなかで大きな役割を果たしたのかどうかは、今もよくわかっていない。文字記録や考古史料が伝えているものは、周の王族や王畿内にいた支配階級の活動に限られる。そんなわけで、まずは家産制国家の構造と活動を掘り下げる必要がある。

家産制国家としての西周——紀元前一〇四五年〜紀元前七七一年

紀元前一〇四五年ごろ、商に対して突然に、そしておそらくは予期せず勝利を収めた周は、商の旧版図に支配を及ぼす過程で、兵站面での深刻な障害に行き当たった。渭河平原にある周の本拠地は商の旧版図の西端に位置していて、起伏の激しい太行山脈によって中央平原と隔てられていたのだ。周公旦（幼い成王の摂政）の強力な指導のもと、周はその権力を拡大するために二方面戦略をつくり上げている。西にある周の本拠地では王臣が統治を担い、六師という名の王室が編成した部隊が防衛にあたった。酆《ほう》・鎬《こう》というふたつの都は宮廷生活の中心地で祭祀などもおもにここで行われたが、西に一〇〇キロメートルほど離れた周の故地、周原（岐邑《きゆう》とも言う）は主要な政治中心地であり続けた。周原には宗廟や墓があり、また多くの貴族が屋敷を構えていた。東方では、中央平原の旧商領に対する周の統治は間接的なものにとどまった。周は商の旧版図にあった土地を少なくとも二四の、というよりおそらくは四〇以上の王族や功臣に授け、統治させている。

周王たちは金文や初期の文字記録（例えば『尚書』の「誥《こう》」篇）のなかで、全権を掌握しつつも、天命に基づいて民を治め正邪を正すという重責を適材の王族に委ねる有徳の君主として描かれている。東の領域を治めていた諸侯は王族と血縁関係になかったが、宗廟で君臣間の義を明らかにする厳かな儀礼を執り行うことで、王と親密な関係を築くことができた。王は家産制的な支配の原則にのっとって、こうした従属的統治者からなる拡大家族とみずからの版図を分かち合った。つまり東の諸侯と子孫は王のもとに来朝し、その意思に従う限り、王からだけでなく王権の源泉である天からも恵みを受けられるものとされていた。何よりだいじなのは、諸侯と王臣のいずれもが土地その他の物財を一族の相続家産として与えられた点だ。多くの金文には、周王から授けられた下賜品や恩賞、官職、義務が記されている。それらを与えられた人は、先祖顕彰と子孫繁栄のため、父や祖父に捧げる青銅器をつくった。

周王たちは行政を三有司という官吏に委ねていた。これは徴税を担当する司土、土木工事を担当する司工、軍事および狩猟を担当する司馬からなる。(8) また大ぜいの文書係〔史〕が王の代弁役を務め、命令書を書いたり、重要な儀礼で読み上げる文書を作成したり、公文書を保存するなどした。その多くは王と近しい関係にある格式高い家柄の出で、王の顧問官や使者の役も担った。だが実権はたいてい、官吏ではなく高位の男性王族が握っていた。また、これは周公旦が摂政になったときに始まった慣習だが、王室の運営に関する全権を王が最高位級の男性王族に委ねることもあった。

新たに獲得した土地には、戦略に基づき、統治者として諸侯が中原の周縁と汾《ふん》河《が》流域に配置された（地図1－1）。紀元前四世紀の歴史書『春秋左氏伝』には、中原の東部に魯という国が建てられたときのことについて、次のように記されて

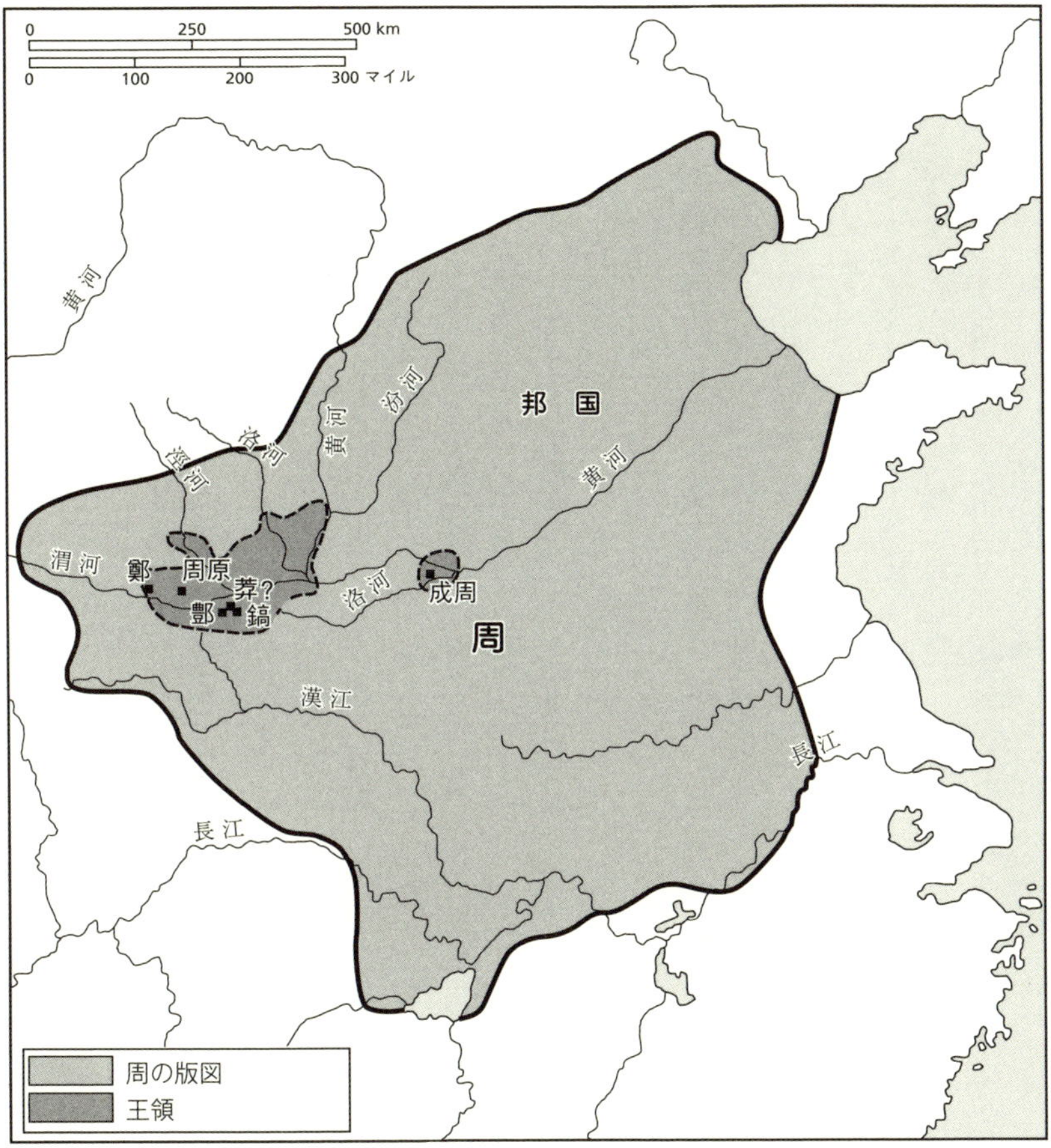

地図 1－1　周の版図
出典：Li Feng 2008: 102, map 2.

いる。

魯公（伯禽《はくきん》）には大路（同姓の諸侯に賜う車）・大旂《き》（交竜を画いた旗）・夏后氏の玉・封父《ほうほ》の繁弱《はんじゃく》という弓・殷の民であった六つの氏族、条氏・徐氏・蕭《しょう》氏・索氏・長勺《ちょうしゃく》氏・尾勺《びしゃく》氏を分け与え、その宗氏（本家）の長として、分族（分家の人々）を寄せあつめさせ、また類醜《るいしゅう》（遠縁の人々）をひきいさせ、こうして周公のおきてによって周の命令を守り、魯の国を治め、周公の美しい徳を天下にあらわさせました。さらに良き土地と祭官卜人と種々の宝物・典籍と、百官・宗廟祭祀の器物とを分け与え、商と奄《えん》の民をそのまま引き受けて治めさせ、『伯禽』と名づけた任命書を授けて、少皞《しょうこう》の虚《しろあと》に国を建てさせました[9]〔伯禽は周公旦の長子〕。

伯禽は土地や宝物に加え、商の遺民の一部を授けられている。新しい主人に仕えることになったこの人々は、魯に移住させられていた。諸侯は民とその労働から得られる収穫物を掌中に収めた。周王に対しては忠義を尽くさねばならず、軍事力による奉仕を求められることもしばしばあった。ただ、諸侯が貢ぎ物を要求されたことを示す明確な記録はない。現在の洛陽からほど近い場所に第二の都、成周があり、王室の権力を東に広げる役割を果たした。この地域には八師という名の王室直轄の軍団があり、東南辺境の防衛を担っていた。

このように、周の支配階級は諸侯と王臣の二集団で構成されていた。諸侯は何よりもまず軍団を率いる指揮官だったが、封土を治める権限ももっていた。民は諸侯の裁判権下におかれ、税を納めねばならなかった。中原地域の北限にあった燕の侯に克という人が任じられたことを記した金文には、王が克に六つの民を授けた、と書かれている。長年にわたり周と同盟関係にあった民や、かつて敵対関係にあり遠隔地から移住させられた民、土着の民などだ。ここから、商の版図だった土地に周が新たな共同体をつくろうとしていたことがうかがえる[10]。もっとも、民に対する諸侯の支配権は絶対的ではなかった。周王たちのほうでは高位の王族を送り込んで諸侯の行動を監視していたし、少なくとも原則上は、諸侯の配置を意のままにできた。

第二の集団、王臣は、生活上の必要を満たすため、定期給与や固定給ではなく土地と隷属民の形で禄を与えられていた。周代初期の金文にはたいてい、王から祭祀のための器物や武器とともに土地と民を賜ったことが記録されている。例えば紀元前九八一年には、周朝の始祖に仕えた高名な人物の孫である盂《う》という人物に康王が軍務を授け、盂はそれを記念して青銅の鼎をつくった。そこには王より授けられた任務に加え、下賜されたものが詳しく記されている。

［王は言った。］汝に神降ろしの酒、被りもの、外套、膝当て、履きもの、馬、車馬を与える。汝の祖父たる南公の旗を与えるから、狩りで使うように。周の土地の四伯、および御者から庶人にいたる六百五十九人の民を与える。異民族の王臣である伯十三人、および千五十人の民を与える。その地から直ちに移動するよう指示せよ。[11]

これによると、盂は隷属民を合わせて一七〇九人、授けられた。また周王の直接の管轄下から盂に移管され、盂の封土に移動させられた役人（周だけでなく異民族の役人も含む）が隷属民の管理にあたった。「伯」は、ここでは血縁集団の長を意味しているのだろう。盂のような王臣が受けた禄は、一族の世襲家産となった。またこうした人々は周原に屋敷と宗廟をおきつつ、王畿に散在する財産も所有し続けた。

　貴族は父や祖父の官位を継ぐことが多かったが、厳密には官位は世襲されるものではなかった。子弟たちは上級官吏の補佐を務めてみずからの能力を示してからでなければ、王の指名を受けることはなかった。[12] 先ほど引用した金文でも、康王は盂が「朝に夕に努力をしていた」と、その忠義と業績を顕彰している。盂に対する王の評価には十分な根拠があることが、のちに証明された。軍の指揮を任せられた二年後に、盂は異民族を討伐したことを記念して再び鼎をあつらえ、捕獲した敵の酋長や捕虜、馬、牛、戦車のほか、戦利品として敵兵の遺体から切り取った耳の数を記している。紀元前九世紀ごろには、たいていの王臣は軍民両分野にわたる数々の任務に就くようになっていた。

　商を滅ぼしたのち一〇〇年間、周王たちは版図に対して絶対的な権力を行使していた。儀礼での重要性も揺るがなかったし、強大な軍事力を自由に使うこともできた。だが紀元前九五七年に周は南の強国、楚に壊滅的な敗北を喫した。周王は殺害され、六師も全滅している。このことは王室の運命を一変させる転換点となった。これを境に、周は敵対的な異民族に対してどちらかと言うと防御の姿勢をとるようになった。王朝政府は再編され、制度的に整えられた。三有司のほかに、大史寮と王家とが別個に行政を担うようになった。大史寮の任務が拡大したのは、情報伝達や記録保存に重点をおくようになったことのあらわれと言える。三有司と大史寮、王家のいずれにおいても、程度の差はあれ階層化が進んだ。

　とはいえ、王室の権威は縮小している。王の実効支配が及んでいたのは西部の王畿と成周地域のみで、東部に対する統制はさほど強くなかった。王が武力を行使して、反抗的な諸侯を従わせねばならないこともあった。

　周王たちの政治的勢力範囲が狭まったのはひとり軍事力の

弱体化によるものではなく、経済基盤が次第に掘り崩されていったためでもある。王臣に土地と民を分け与えていたせいで、王家の自由にできる財源が縮小した。紀元前一〇世紀後半になると功臣にまとまった封土を与えるようなことはなくなったが、各地に分散していた農地と耕作民を授けていた。自由に使える資源が減ったにもかかわらず、周王たちは土地の下賜をやめず、はては王家以外の者の土地を使ってまで与えたこともあった。例えば厲《れい》王（在位　紀元前八五七／八五三年〜紀元前八四二年）は克を重要な軍務に任じた際、七カ所に散在する土地を授けたが、そのなかには井氏が保有していた土地もあった。井氏はかつて周の政府内で大きな力をもっていたが、王が自分の目的のために誰はばかることなく彼らの所有物を処分できるほどに、この一族の威信や影響力は小さくなってしまったようだ。(13) やはり厲王の時代につくられた別の青銅器にも、王が王畿内にあった土地を貴族から取り上げて別の貴族に授けたことが記されている。(14)

厲王はすべての土地に対する大権を行使していたのかもしれないが、いつまでもこんなことがまかり通ったわけではない。このころ、つまり紀元前九世紀半ばには、王家は後継争いで混乱し、王の権威も権力も弱まっていた。紀元前八四二年には、不満を募らせた貴族たちが決起して厲王を亡命に追いやっている。(15) その後は反乱を起こした貴族が政務を担ったが、一四年を経たのちの紀元前八二八年に厲王が没すると、王の息子が即位した。それが宣王（在位　紀元前八二七年〜紀元前七八二年）だが、王室の権威を回復したものの、軍事的敗北を重ねて父と同じく失脚した。

後世の書物では周に当時敵対していた主要な民族——北のオルドス地方にいた玁狁《けんいん》と中部の淮《わい》河《が》流域にいた南淮夷——を夷狄と呼び、文明の敵として扱っている。だが玁狁も南淮夷も強力な軍隊を擁し、周との戦闘では何百台もの戦車を投入していた。ということは人的・物的資源が豊富だったのだろう。周が南淮夷から攻撃を受けるようになったのは紀元前一〇世紀後半だったが、厲王即位のころには玁狁との戦争も長期化しており、周の存続自体が危ぶまれるまでになった。

内紛や辺境の異民族の侵略により王室の権威が危機に瀕し、それが誘因となって周の支配層の文化とイデオロギーは大きく変化した。商征服後の一〇〇年間は、青銅器の種類や模様——当時の主権や神威にとって大きな意味をもつ——にほとんど変化はみられず、商と周代初期の儀礼や政治文化に継続性があったことをうかがわせる。ところが紀元前九五〇年から紀元前八五〇年にかけて、青銅礼器の種類や装飾、用法に、考古学者が「礼制革命」と呼ぶほどの根本的変化が起きる。(16) 青銅器の種類が大きく変わったことは、儀礼のあり方だけでなく、人間の権威と神威との関係にも重大な変化が起きたことを示している。加えて、宗廟祭祀で供物を入れる礼器についても墓地に副葬する礼器についても、身分等級に従って特定の種類のものが多数つくられるようになったが、このことは社会の序列に関わる倫理規定の力のおきどころが変わったことを浮き彫りにしている。周の支配層間の対立が激しさを増していった時代に儀礼文化がこのように均質化したことはまた、自分たちを攻め滅ぼそうとする「夷狄」の文化に対抗して周文明を守り、統一のとれた自己像を確立しようと周の支配層が結束したことをも物語っている[17]。

だが、支配層間の序列や周文化の独自性をはっきりさせたからといって、王家の命運が変わるわけではなかった。宮廷内での党派争いや度重なる軍事的失態が原因で、周は紀元前七七一年、獫狁と離反諸侯の連合軍に壊滅的敗北を喫する。獫狁は酆と鎬を陥落させて周王を殺害し、故地から周の勢力を駆逐した。王族の生存者は成周に落ち延び、新しい王をたてた。歴史学の分野では、この成周への遷都を西周時代（紀元前一〇四五年~紀元前七七一年）から東周時代（紀元前七七一年~紀元前二五六年）への分岐点とみなしている。

周王室の断絶という事態にはいたらなかったが、王の権力と威信は決定的な痛手を負った。経済的基盤は成周周辺の土地から得られる収益のみとなった。大ぜいの貴族――代表的なのは鄭と虢《かく》だが――が王室と同様に東へ移り、中原に新たな封土を得た。鄭と虢は長年にわたって敵対関係にあり、成周の宮廷でもあいも変わらず競争を続けた。また、周王は紀元前七〇七年に鄭の荘公（在位　紀元前七四三年~紀元前七〇一年）を討伐すべく親征したが、逆に敗退した。その後、荘公は軍事力や威嚇といった手段を仮借なく使って中原諸国の支配者の頂点に立ち、みずからの地歩を固めている。これは紀元前七世紀半ばに明確な形をとった「覇」の原型とも言えるだろう（第2章を参照）。周王たちは儀礼上の権威を保ち、諸侯の来朝を受け続けはしたが、諸侯の政治的・経済的な力のほうがはるかに大きくなった。

西周の滅亡後、故地には周以外の国の人々が進出し、中原にも定住するにいたった。それから数世紀にわたり――具体的には紀元前七二〇年ごろから紀元前四八一年までの春秋時代を通じて――周と異民族との紛争が激しくなる。文化上の境界もいっそう明確になり、「華」民族意識が育った。この三世紀のあいだに周の北限沿いの草原地帯に遊牧文化があらわれたことも、文化的・民族的な違いを鮮明にしている。だが版図内については、周のエリート文化がさらに深く根付いていった。周縁地域には、例えば周のかつての故地に発祥した秦や、淮河・長江流域の楚など、さまざまな新興国が出現した。秦と楚の宗教や物質文化には近隣異民族との交流から派生した独特な特徴も見られるが、支配層は周のエリート文化を模倣し、周の制度を下敷きに政治的・社会的制度を築き上げた。

西周の政治経済

　土地と労働力は青銅器時代の経済の土台をなし、周の支配層にとってはおもな富の源泉だったが、両者は必ずしも密接不可分だったわけではない。周代初期の社会や経済は邑《ゆう》を基本単位に形づくられていた。邑は小さな村落を指すこともあれば、王都をあらわす言葉に使う場合もあるなど、その意味する範囲は広い。もともとは血縁集団を意味していたようだが、邑の住民は次第に多様性を増していった。[18] 属邑という小さな邑は王都（大邑）や貴族の住む都市（族邑、宗邑）の支配下におかれていた。ひとつの血縁集団あるいはひとりの地主がいくつもの邑をもっていることもあったかもしれない。西周後期の金文のひとつに、ある官吏の支配下の者が不法占拠していたと思われる土地を正当な専有権者へ返還するよう指示する内容のものがあり、そのなかに一三の邑の名が記されている。[19] 別の金文には、ある国から他の国へ二二の邑が譲渡された旨が書かれている。[20]

　諸侯に国を建てさせること、つまり「封建」を記録した周代の数少ない冊命金文のなかに、紀元前一〇世紀はじめに康王が矢《そく》という人物を宜《ぎ》の侯に任じたときのことを記したものがある。だが矢は、ひとつにまとまった既存の封土を引き継いだのではない――このとき、宜とは違う土地を出身とする民も与えられている（以下の引用中、□は判読不能の文字や意味あるいは発音が不明のものをあらわす）。

［王は言った。］土地を与える。甽《けん》が三百、□が百二十、集落［宅邑］が三十五、□が百四十である。宜の地の王の臣［王人］□七姓を与える。[21] 鄭の七伯と、その□を□五十夫与える。宜の地の庶人六百□夫を与える。[22]

判読不能だったり意味不明の文字があるので正確な文意ははっきりしないが、王が矢に授けたものが耕作地と集落、人員の三種類であることは明らかだ。甽はおそらく低地の耕作地を指すのだろうが、広さはわからない。三五の集落のあとに記されているのは一四〇の農村集落とみられるが、前者と後者の違いは不明だ。[23] 人員も三種類に分けられる。ひとつ目の「王人」は王家の配下にある者で、諸侯に与えたのちも、王はこれらの人員に対して一定程度の影響力を有していたようだ。「伯」は、前述のように血縁集団の長を指すと思われる。つまり、王は七つの血縁集団を渭河平原（畿内）の鄭から中原の宜に移した。三つ目の人員として、宜の住民六〇〇人以上を矢に治めさせることを王は言明した。三種類の人員と新しい支配者との関係性には、はじめのうちは違いがあったようだが、具体的にどう違ったのかはわからない。ともあれ、新しい国を建てることは、複雑な社会秩序をもつ新しい共同体を生み出すことでもあった。

現存する金文は、中原の行政がどうなっていたかについてほとんど何も語っていないが、西の王畿に関しては比較的多くのことがわかっている。初期の周王たちは、王畿、つまり渭河平原と成周地域のほぼ全域を直接統治していた。政治の中心地は鄷と鎬だったが、王室の宗廟や墓は周原にあった。すでに述べたように、周王は徴税、土木工事、軍事の監督を官吏に委ねていた。こうした官吏は通常何人も、というよりおそらく大ぜいいた。例えば司土は特定の土地あるいは民、職業集団などを管轄した。ある金文のなかで、王は司土に任じた者に対し、「鄭近郊の林と山、牧場の管理」を言いつけている。[24] ここから、国家としての周が鉱山や森林、牧場、耕作地などから収益を得ていたことが読み取れる。とは言うものの、王朝政府がどんな方法で臣民から物資を徴発していたのかは明らかでない。

邦や里の行政を担う官吏に触れている金文はいくつかある。李峰の著作から察するに、邦は貴族の封土、里は王家の直接管理下にある土地を意味し、どちらも複数の邑で構成されていたものと思われる。だが里という言葉が貴族の封土の意味で使われることもあり、邦や里の行政に携わる邦君や里君と呼ばれる人々と占有者との関係もはっきりしない。周王が里の占有者を変更したり、邦君に貴族の封土の行政を担わせたりした例もある。[25] とはいえ邦や邦君という言葉が使われることはあまり多くはなく、おそらく貴族は封土を直接支配していたのだろう。

また西周後期の金文には、「五邑」の土地や民の管理を担う官吏の任用に触れているものが少なくない。五邑としてひとつにくくられていることもあれば、個々の邑が記されていることもある。五邑が具体的にはどこなのか正確なところはわからないが、おそらく王畿との関連で触れられることの多い鄭や葊、周原は五邑に数えられ、鄷や鎬も含まれるかもしれない。[26] 五邑がこのころに国家収入のおもな源泉になっていた可能性は高い。

周の政治経済に朝貢がどんな役割を果たしていたのかは明確でない。金文のなかで朝貢について書かれるようになるのは宣王の時代に入ってからで、南淮夷など夷狄による朝貢に関する記述が多い。紀元前八二三年作器の青銅器には、四方（周の支配地域を取り囲む異民族の国家）からの貢納物の貯蔵所を監督する任務を、王が官吏に授けた旨が記されている。この官吏にはまた、南淮夷に行って周王に貢納される物財（織物や農作物などだと一般には考えられている）や人間を徴発する、諸侯からの貢納物を成周に集める、という仕事も課せられた[27]。それから数十年後に記された別の金文のなかで、王は周への貢納を怠った南淮夷の討伐を下命しているほか[28]、同時代の別の金文では、成周の貯蔵所二〇カ所を管理し、新たに建てられた貯蔵所を査察するよう王臣に命じている[29]。これらの金文は、西周後期に成周が財政の中心地だったことを示しているが、貢納物が収入のなかでどれだけの割合を占めていたのかについては、確かなことは言えない。

西周中期になると、王家が国家から分離する。王家を司っていたのは宰で、ひとりのこともあれば複数人の場合もある（なお、商代には王の狩猟や饗宴につき従う者を宰と呼んでいた）。宰は王家のさまざまな事務を司るほか、直轄地や人民、工房を管理していた。儀礼で王の代理を担ったり、宮中で王の命令を官吏に伝達するなどした。また、王とは別に財産と従者をもつ王后の世話にもあたった。西周後期に入ると、王家専属の官吏を擁する別個の行政組織が設けられる。官吏のなかで大きな任務を帯びるようになったのが膳夫で、もともと宮中の飲食をとりしきっていたのが、王の側近あるいは顧問に変化した[30]。

西周中期の金文のなかには、官吏に対して「康王の廟に属し、王家のもとにある男女の隷属民〔male and female bondservants. この語については後述〕」（康宮王家臣妾附庸）や、「康王の廟に属し、王のもとにある男女の隷属民と工匠」（康宮王臣妾百工）の監督を指示したものがある[31]。周原にあった康王の廟（「康宮」）は西周の儀礼で大きな位置を占め、王による官職任用や賜与を記録した金文には、この廟に触れているものが少なくない。康宮は王家に所属していたようで、専属の労働者、工匠、耕作者（隷属的な労働者を意味する「附庸」という言葉は、他の金文では農地との関連で登場することが多い）などがいた。金文には、王家に所属する民がほかの都市にもいたことが記されている。ここから、王家も王朝政府と同じように、渭河平原各地に土地や工房、儀礼の場をもち、管理していたことがうかがわれる。

周王は東部で諸侯に土地や人民を与えたように、西部の王畿のなかでも、それらの付与を通じて貴族階級を形成した。だが独立性の強い諸侯の封土とは違い、もともと王の所有地だった貴族の土地に対しては主権的権利を保持していた。時とともに、貴族血縁集団は本家からいくつもの分家に枝分かれしてはっきりした序列ができてゆき[32]、同じ場所に住まうこと、儀礼や饗宴を行うことで結束がはかられた。貴族の家にも農民や工匠、牧人、家内労働者などさまざまな隷属民がいて、経済生活を支える組織は王家のそれに似ていたと思われる。ただ、一族の長が外部の者に家政機関を切り盛りさせることもしばしばあり、貴族も王朝政府と同じようなしくみを設けた。紀元前八四一年の金文には、亡命した厲王に代わり政務にあたっていた伯龢父《はくわほ》が師毀《しき》なる人物に対して、お前の父はわが家に尽くした、父のようにわが家を取り仕切り、「御者、工匠、牧人、男女の隷属民」（僕馭、百工、牧、臣妾）を監督するように、と伝えた旨が書かれている。このころ逆《げき》という人物がつくった別の青銅器の銘文でも、ある貴族の長が逆の父祖の功績をたたえたうえで、「本家（公室）の家内労働者と男女の隷属民、分家（小子室家）の諸事」を取り仕切るようにと逆にいいつけている。[33] 王臣と同じように、貴族の家臣も仕事を世襲し、やはり固定給の代わりに土地と隷属民の形で禄を与えられていた。家の管理がいかに重要であったかは、分家が経済単位として独立できず、本家がずっと一族の財産を掌握していたことからうかがい知ることができる。[34]

おそらく王家と貴族の世帯構造は、質よりも規模の面で違ったのだろう。先に引用した師毀簋の銘文からも、貴族が工房をはじめ、多様な経済資源を所有していたことがわかる。裘衛《きゅうえい》という人物のつくった青銅器群の銘文には、土地を得るために人に提供したさまざまな皮革製品や車馬具が列挙されていて、専門家のなかには裘衛の家が皮革製造をなりわいとしていたのではないかと考える人もいる。また、衛の家族は貴族の身分を得ており、皮革製品の製造によって富を築いたおかげであることがうかがわれる。[35]

多くの貴族、なかでも上層の貴族は王のいる場所に近い周原に住んでいた（ただし、かなり離れた場所に土地をもつ場合もあった）。西周中期に宮中で権力をふるっていた井氏の場合、本家は周原で生活していたが、地所はずっと西の宝鶏にあった。分家も王畿内の鄷や鄭で暮らしていた。[36] 井氏の封土（「井邦」）は西周末まで存続していたが、少なくとも分家の一部は冷遇されるようになり、土地を取り上げられている。[37]

紀元前九〇〇年ごろになると、貴族の地所は広範囲に散らばり始めた。前にも述べたように、王の自由に処分できる土地は減ってゆき、貴族はまとまった土地ではなく、複数の個別の土地（「田」）を王から与えられるようになった。[38] こうした田が実際にどのくらいの面積だったのかはわからないが、下賜された土地の広さに対する使役者の人数がほぼ同じであることから、一田はひとりで耕作できる広さ——一〇〇畝《ぽ》、およそ一・八二ヘクタール——だったとみられる。田はまた、貴族のあいだで交換されるようになった。紀元前一〇世紀後半の金文には、四頭の良馬を三〇田と交換したことを記念し、そしておそらくは取引の証拠として作器されたことが記されている。[39] ほかにも、玉飾《ぎょくしょく》や礼器、馬車、絹織物などと土地が交換された事例がある。

こうした交換についての記述は、たいてい財産の譲渡（「舍」）のことを記した金文のなかに見られる。土地に対する権利を証明するには、測量を行い、財産の譲渡や土地の境界を証書に記録することが肝心だった。もっとも、そうしたからといって絶対的な所有権が成立したわけではない。王畿内の土地を占有したり、占有者を変更したりする残余的権利は、王がもっていた。財産の相続にも、複雑な儀礼と官吏による認証が必要だった。紀元前八六七年〜紀元前八六六年につくられた青銅器群には、召氏の宗主がふたりの息子に財産を分け与えた際の記録が残されている。召は長男に宗主の地位を継がせるとともに、土地と人員を息子たちのあいだでどのように分割するのかを定めている。作器者は弟の琱生《ちょうせい》で(王の宰でもあった)、父の決定に従うことを誓い、玉飾と絹織物と器を父母と兄に贈って、青銅器を作成した。兄は父の遺言を宮廷の官吏に提出して認証をもらい、証書を琱生に渡している。(40)

王畿にいた貴族は土地への権利を主張するまでになり、それが紛争に発展して王室が介入することもあった。紀元前九一三年の事件では、裘衛——皮革製造業者から貴族にのし上がった前述の人と同一人物だろう——が、補償を求めて裁判を起こしている。裘衛に五つの田を譲渡する(「舍する」)約束を、王臣の厲が破ったためだ。五人の官吏が審理にあたって裘衛の訴えを支持、四田に加えて屋敷を裘衛に譲渡するよう厲に申し渡した。その後、三人の官吏(司土と司馬、司工)が譲渡される土地の調査を行い、境界を確認した。また、三人に時間と手間を取らせた埋め合わせとして、厲氏は宴席を設けることも余儀なくされた。(41)土地をめぐる紛争では、官吏によるこのような仲裁が定着した。

伊藤道治と李峰も述べているように、五祀衛鼎の銘文から、当時の土地保有権が複雑で、複数の貴族が占有する田がモザイクのように入り乱れていたことがわかる(図1-1)。西周後期の渭河平原では、田畑が地続きになった荘園のようなものというより、小さく区切られた土地があちこちに散在するという形態がおそらく根付いた。土地の保有や取引をめぐる紛争はまた、経済的な競争があった可能性を示している。西周後期には、王権の後退と貴族間での富の移動が並行して進んだ。

生産と労働

青銅器職人などの西周の手工業者が腕の冴えを発揮していたのに対し、農業は石器時代の技術を一歩も出ていなかった。華北は乾燥した気候で、雨が少なく、旱魃が起きやすい。黄河の上流から中流域に堆積する黄土は肥沃で、容易に耕すことができた(東アジアの農業は、この地域で紀元前七〇〇〇年に始まっている)。しかし黄土は水の浸透性が非常に高く、川による侵食を受けやすい。川はこの地域におびただしい量の黄土を堆積させ、その土の色から「黄河」と呼ばれる。黄河はしばしば氾濫して中央平原を冠水させ、黄土高原から西にかけて分厚い黄土層を形成した。だが黄河の氾濫は、この平原に広い低湿地をつくりもした。そんなことから中央平原の農民は、渭河平原の農民とは異なる環境で、自分たちの課題に取り組むことになったのだ。

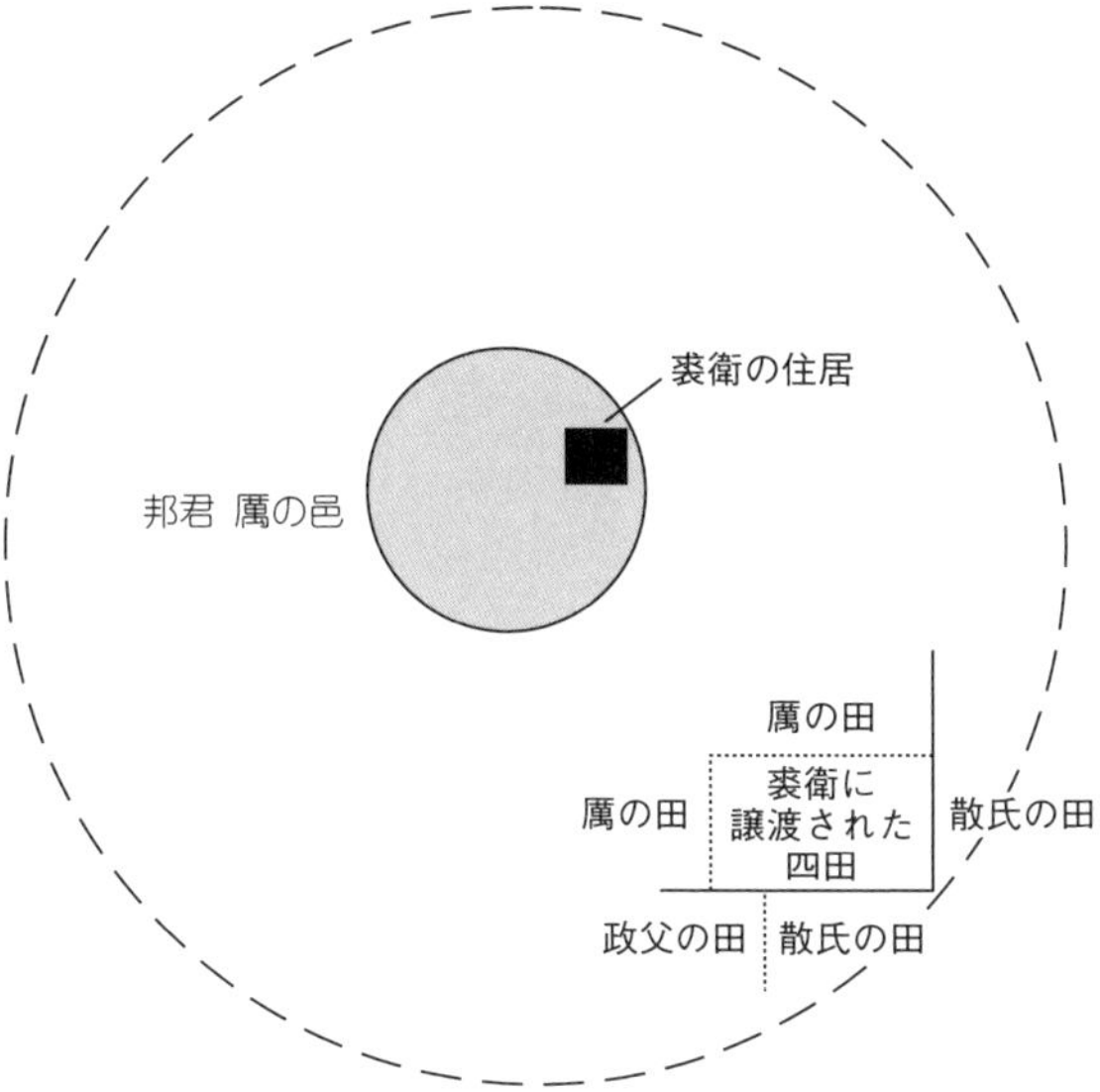

図1－1　五祀衛鼎の金文に記録されている土地の構成
出典：Li Feng 2008: 177; 伊藤 1987: 192.

　青銅器時代の中国で栽培されていたおもな食用作物は雑穀や大豆で、いずれも黄河中流域を栽培発祥の地とする。周の農民はさまざまな雑穀を栽培していたが、なかでも黍《きび》は――蒸したり煮るなどして粥をつくった――最も美味とされていた。ただ、雑穀は粉食に適していない。小麦（西アジアから伝わった）と稲の栽培は、このころの華北ではまださかんではなく、もっぱら支配階級が食していたようだ。ヘンプ麻〔大麻〕はじつに活用範囲が広い作物で、種子は食用にしたり、圧搾して食用油をとるなどし、茎の繊維は織物にした。また、豚や鶏、犬などを食用に飼っていた。祭祀で生贄《いけにえ》に使われることの多い牛や羊は、食用としては豚ほど利用されなかった。酒類は、雑穀を発酵させてつくっている(42)。

　周代初期の農業技術についてはまだあまりよくわかっていないが、（休耕をはさみながらの）常畑農耕がすでに広がっていた。

　わずかな記録によると、隣り合う畑に川の水を引くなどの形で灌漑が行われていた。大規模な灌漑施設が建設されるのは、ずっと後代のことだ。青銅は貴重だったので、農具として広く使われることはなかった。そのため、周の農民は長いこと石や動物の骨、貝殻などを農具にしていた。農具は、掘

削具――二股に分かれている耒《すき》と分かれていない耜《すき》、鏨《のみ》――と鎌のような収穫具に大別できる。(43)

王室や貴族の領地内の労働体系がどうなっていたかも、不明な部分が多い。『詩経』(紀元前六〇〇年ごろ)に収められた一部の「頌」に、周代の領主が大ぜいの農園労働者に土地を耕作させる様子を伝えるものがあり、研究者はこうした歌をさかんに利用してきた。以下に紹介する歌には、周の第二代王が春の祈穀祭に際して、農作業に取り掛かるよう監督官に呼びかける場面が描かれている。

ああ成王、既にはっきりとここに降臨され、
成王のかたしろである農官に、百穀の種を播かせる。
はやく私田をひらき、三十里(広大)ならしめよ。
また耕作に従事し、多くの農民をくりだし彼らに二人並んで
　耕作せしめよ。(44)

『詩経』にはこれ以外にも、王のもとで大ぜいの農民が作業する様子を描いている歌がある。「二人並んで耕作(耦)」するというのは、紀元前三〇〇年ごろに書かれた論考によると、具体的にはふたりが肩を並べて土地を耕すことをあらわす。この耕作法がもとになり、土地面積の単位、畝が生まれた。この間口が一歩、奥行きが百歩の土地の面積が一畝である。(45) この歌の「私田」をどう解釈するかは、研究者のあいだで意見が大きく分かれる。神に五穀豊穣を感謝する「大田」にも、同じ言葉が使われている。

雲がもくもくと空をおおい流れ行き、雨が降ることたっぷり。
私たちの公田に雨が降り、ついに私の私田に及ぶ。
あそこには刈っていない稚《わか》い稲があり、ここには収めていな
　い稲があり、
あそこには取り残しの稲があり、ここには捨てられた稲があ
　る。
これ(余った稲は全部)寡婦の利。(46)

この「私田」は農民が自家消費のために耕す田だと言う向きは多いが、私田と公田との違いは、官吏に割り当てられた土地か、王のための食材を生産する土地かの違いであるように思える。(47)

先に紹介したふたつの歌は王や王臣の視点で書かれたもので、大ぜいの隷属労働者に支えられた大農場《ラティフンディウム》の様子を伝えている。これに対して「七月」は、一年間の畑仕事や家内労働のサイクルを、一介の農民の視点から歌い上げている。小農の生活リズムがありありとわかる歌なので、かなり長いが、以下に引用させてもらう。

七月には火星が西に傾き　九月には袷衣《あわせ》のしたく
一月には風が寒く　二月には凍《こご》えるばかり
衣《きもの》や毛衣《けごろも》がなくては　歳《とし》は越せぬ
三月には耜《すき》の手入れをし　四月には耕し始める
わが家の嫁や子供と共に　南の田畝《たんぼ》に弁当を運ぶ
見廻《みまわ》りの役人も来て喜んでくれる

七月には火星が西に傾き　九月には袷衣《あわせ》のしたく
春の日ざしが暖かくなり　うぐいすが鳴き始める
娘は深い籠を持って　小径《こみち》に添うて往《ゆ》き
柔らかい桑の葉を摘む
春の日はのどかに　蘩《しらよもぎ》を采《と》る人々は野に満つる
娘心《むすめごころ》のやるせなさ　公子さまのお姿をもう見られなくなる

七月には火星が西に傾き　八月には葦《あし》の刈り取り
蚕月《やよい》には桑《くわ》の枝を伐《き》り採《と》り　斧斨《おの》を手にとっては
長く揚がる枝を伐《き》って葉を採《と》り　小さな桑の葉はしごき採《と》る
七月には鵙《もず》が鳴き　八月には麻を績《つむ》ぐ
黒や黄に染めた糸の出来ばえ　わたしの所の赤いのは殊にあざやか
公子さまの裳《もすそ》にささげたい

四月には姫草《ひめくさ》に実がなり　五月には蜩《せみ》が鳴き出す
八月には早稲《わせ》を穫《か》り　十月には木の葉が墜《お》つる
一月には貉《むじな》を狩りし　またあの狐や狸を取って
若殿《わかとの》の毛皮にささげたい
二月には皆と一緒に狩りに出て　軍事の練習
小さい豕《いのこ》はわが家に　大きいのは殿様に……

六月には庭梅《にわうめ》と野葡萄《のぶどう》とを食べ　七月には葵《あおい》と豆とを烹《に》て食べる
八月には棗《なつめ》の実を打ち落とし　十月には稲刈り
それで春の酒をつくって　白眉の老人にすすめる
七月には瓜を食べ　八月には瓠《ふくべ》を蔓《つる》から取り
九月には麻の実を拾い　苦菜《のげし》を採《と》り樗《おうち》を薪《たきぎ》にし
わが農夫たちを養う

九月には稲《いね》打《う》ち場を田畝に造る　十月には収穫を倉に納《い》れる
きび（黍稷《かしょく》）おくて（晩稲《ばんとう》）わせ（早稲《そうとう》）いね（禾《か》）あさ（麻《ま》）まめ（菽《しょく》）むぎ（麦《ばく》）
ああ　わが農夫達よ
穫り入れは見事に聚《あつ》まった　都邑《まち》に帰ってお上《かみ》の仕事
昼は茅《かや》を刈り入れ　夜は縄をなって

早く屋根に升《のぼ》って葺《ふ》き直《なお》せ　種蒔《たねま》きする前に
二月には氷《こおり》をちゅんちゅんと割り　三月にはそれを氷室《ひむろ》に入れ
四月には朝早くから　羔《ひつじ》を供《そな》えて韭《にら》を祭《まつ》り
九月には霜がきびしく　十月には禾打《いねう》ち場を掃《はら》い清め
ふた樽《たる》の酒に　羊を殺して供《そな》え
公堂の上に登って　さかずきを挙げて祝う
君の寿《よわい》の限り無いことを[48]

牧歌的ではあるが、この歌は、農民が四季を通じて主君のためにさまざまな仕事をせねばならなかったことを教えてくれる。狩りのお供をし、家を修繕し、氷室に氷を納め、絹の服を差し出す……。粗末な衣服や食べ物と、絹の衣服や豊富な貯蔵用食料を比べさえすれば、農民と主君のあいだに極端な格差があったことは容易に見て取れる。また、「大田」やそれに類する歌では大ぜいの人が働く様子が表現されているが、この歌に描かれる農業の規模はかなり小さい。

研究者の多くは『詩経』に書かれていることをもとに、西周では「公田」であれ「私田」であれ、監督者が指示して大ぜいの人を集団で働かせるのがふつうだったと考えている。朱鳳瀚は「七月」などに触れつつ、このころの農業労働の基本単位は奴隷の集団ではなく、拡大血縁集団だったとの立場をとる。庶民は血縁集団を形成し、自分たちの生存のために「私田」を耕す一方で、「公田」の生産物を地主に納めたと朱鳳瀚は述べている。さらに、共同作業から生み出された収穫は個々の家の貢献度に従って分けられていたため、「大田」に登場する寡婦やその子供は収穫物の分配にあずかることができず、落ち穂拾いをせねばならなかったという[49]。

今の段階では、朱鳳瀚の説は推論とみなさざるをえない。残念なことに、庶民の生活や社会がどうなっていたのかについて、考古学的研究では今のところあまり多くを解明できていないのだ。ただ、豐からほど近いところで発見された庶民の墓地は、朱鳳瀚の説をある程度裏書きしている。四五基からなる墓群は七ないし八つの支群に分けられているが、どうやらこれらは大きな血縁集団の本家や分家であるらしい。いずれも西周中期から後期の墓である。小さい墓がほとんどで、副葬品も素朴なものが大半を占める。ただ、ひときわ大きな支群がひとつあり、そのうち三基には銅矛が、一基には青銅器が二点副葬されている。青銅器が出土したのはここだけだ。朱鳳瀚は、この支群が一族の家長たちのもので、家長は豐にいた六師で軍務——名誉の証とされていた——に就いていたのではないかと考えているが、その可能性は高い[50]。

『詩経』には大農場《ラティフンディウム》の様子が描かれていたが、西周中期から後期にかけてつくられた青銅器の銘文は、農作業がはるかに小規模な個々の世帯によって担われていたことをうかがわせる。すでに述べたように、いくつかの金文からは、「一田」がひとりで耕作できる広さだったことが読み取れる。そのうちのひとつには、配下の者が穀物を盗んだことから、ある貴族が耕作者五人と四田をもって賠償した、とある。また別の金文によると、官吏が功をねぎらわれ、五世帯の民と一〇田を与えられたという。[51] こうした記述から、家族などの小規模な生産単位で農業が運営されていたことがうかがえる。

労働体系についての疑問を突き詰めると、西周の経済的主従関係の問題に行き着く。本書で「男女の隷属民」（male and female bondservants）と訳している「臣妾」という用語は、大きな争点となってきた。中国のマルクス主義研究者は、臣妾が奴隷と農奴のどちらなのかについて論争をずっと続けていて、そのため西周が奴隷制社会だったのか封建制社会だったのかについても見解が大きく分かれている。時代が下って東周になると、臣妾が売買のできる動産になったことはわかっているが（第2章を参照）、西周で臣妾が正確にどんな存在だったのかははっきりしない。[52] 王が土地を誰かに与えたり、貴族のあいだで土地が取引されるときには、必ずと言っていいほど臣妾も移動しており、ここから土地の占有者に代わって臣妾が耕作していたことがうかがえる。臣妾が耕作地と一体のものとして扱われる場合もあれば、ほかの新しい土地に移される場合もある。さらに、王畿にいる臣妾の場合、他の者に賜与されれば王とのつながりを完全に断ち切られるというわけでもなかった。王は他の者に配下の者（王人）を下賜した場合も、なんらかの潜在的権利を保持していたようだ。

周代の金文には、「僕」「附庸」「鬲」「庶人」など、隷属的な身分を意味する用語が臣妾以外にも数多くみつかる。なかにはこれらをひとくくりにしている金文もあり、現在の知見が不十分であることを踏まえると、附庸が土地に付属する農業労働者であるという以外に確かなことは言えず、違いを明確にするのは難しい。「奴隷」（slave）や「農奴」（serf）などの用語を使うと特定の生産様式を連想させるので、それを避ける意味で、本書ではここにあげたすべての用語をひとまとめにし、「隷属民」（bondservant）という中立的な訳語を採用したい。

農業労働者と支配階級の関係がいかに複雑な問題であるかは、曶鼎《こってい》（紀元前八九九年作器）の銘文が激しい論争の的になってきたことからもわかる。この銘文によると、王家の占術師だった曶が効父《こうふ》という貴族を相手取り、高官の邢叔《けいしゅく》に訴え出た。隷属民を五人、手に入れるため、効父に馬と絹糸を支払ったにもかかわらず、約束が履行されなかったという。邢叔が下した裁定は、対価を馬と絹糸から一〇〇寽の銅に変更するという内容で、曶もこれを受け入れた。五人は曶の配下に入るが、これまで耕作していた土地にとどまり、生産物は曶のもとに届けられる。五人が效父の土地から遠く離れることがなくなったためか、效父は「五人がその邑に住み続け、田を耕作できるようにせよ」と指示された。邢叔は曶に対しても、五人と元の主人である效父とのあいだにくさびを打ち込むようなことはしないよう申し渡している。また、五人は銘文のなかで「王の臣下」（王人）とされていることから、效父に下賜される前は王室の管理下にあったと思われる。「王人」であるため、新たな主人の曶が完全に占有できたわけではないようだが、どんな制約があったのかははっきりしない。曶は最後に、新しい主人になったことのしるしとして、五人を羊肉と酒でもてなし、絹糸を与えている[53]。

この金文は、人間を得るために物資が用いられたことを示す数少ない史料のひとつだ。ここに記された取引は、「購入」というにはやや複雑にすぎる。曶は物資を対価として使い（「償」）、隷属民を手に入れた（「贖」）と書かれている[54]。曶が身柄を所有することになったわけではなく、五人はそれまでと同じところに住まい、耕作を続けることになった。また、売り手の效父は五人のみならず、その土地から得られる生産物への権利も手放した。つまり、土地に対する権利も放棄したことになる。五人に対してはそれまでも複数の者が管轄権を行使できたふしがうかがわれ、それもあってか、新しい主人と関係を結ぶうえで、饗応や贈答品が必要とされた。これ以外にも似た事例はあるのだが、隷属民の経済的価値は労働そのものではなく、そこから生まれる生産物にあるとされた。こうした人々が労働をもって主人に仕えたことを記した金文はみつかっていない。

古い時代の冊命金文には広い土地や大きな人間集団の交換について書かれているが、曶鼎をはじめとする西周中期から後期の青銅器には、個別の田や世帯の交換に関する記述が見受けられる。時とともに土地が細分化されて広範囲に分散し、個々の人間が耕作地と一緒に交換されるようになったことで、農民同士を結び付けていた血縁が弱まり、地縁が強まったのだろう。領主との関係も血縁集団ごとではなく、個人対個人で結ばれるようになった（領主と言っても、遠く離れた町に住んでいる場合もあったが）。庶民のあいだでは血縁が何より重視されていたと朱鳳瀚は述べるが、それとは逆に、西周後期の共同体は血縁ではなく地縁を基盤にしていたのだと伊藤道治は論じている[55]。

王家や貴族の家に工房がおかれていたり工匠がいたりしたことについては、すでに述べた。陶器などの実用品は、自家用や村内での取引のために、家事の一環として一年の決まった季節につくられる場合もあれば、官吏が監督する都の大工房で安定的に生産される場合もあり、製造の形態はさまざまだった。「七月」には、主人に服を捧げるため、紡いだ絹糸を織って染める田舎娘の姿が描かれているが、娘は家族のためにもヘンプ麻で服をつくっていた。周の版図内で鋳造された青銅礼器は、デザインも装飾も見事なばかりに統一されており、冶金術の知識が広く共有されていたことをうかがわせる。これに対して、陶器の場合は地域による違いが目を引く。

　青銅器や骨器、陶器、玉器、瓦の工房が周原地域の各所で発掘されていて、これらは貴族が所有していたと考えられる。製品の一部はなんらかの取引に使ったり、広範囲に流通させるためにつくられた。というのも、工房の大きさは一血縁集団の需要規模をはるかに上回っているからだ。周原の雲塘《うんとう》にあった骨器の工房は髪飾りの生産に特化していたが、このことも、貴族の自家消費以外の目的で製品がつくられていたことを裏付けている。[56]

　王家や貴族のもとで働く工匠はふつう、金文のなかで臣妾などの隷属民とひとくくりにされる。金文のなかには、貴族から貴族へと工匠が譲渡されたことに触れているものもある。周原で発掘されたある墓地の調査は、工匠間の著しい格差を浮き彫りにしている。耳飾り（玦《けつ》。石製のありふれた装飾品）の工房に属する工匠が埋葬された墓について、最近行われた調査がある。それによると、多種多様な青銅器や漆器、玉器、卜骨《ぼくこつ》が玦の製造道具と一緒に副葬されている墓がひとつだけあり、そのことから被葬者が位の高い人物で、おそらく工房を監督する立場にあり、家政の管理も預かっていたであろうことがうかがえる。残りの墓からは青銅器はみつからなかったが、墓群のうち二カ所には、墓の大きさや納められている玉器、あるいは陶器（庶民向けの副葬品）の量で、ほかの墓とのあいだに明らかな違いが見られたという。この違いはきっと、親方と職人という身分の違いに対応しているのだろう。性別を判定できるほど保存状態のよい人骨もわずかながらあったが、いずれも女性の骨だった。工匠の墓や工房が貴族の屋敷からほど近いところにあることから、工匠は自分の仕事について決定権をもつ独立した請負人ではなく、特定の役務を担うべく貴族の家政機関に組み込まれていたと思われる。[57]

　成周の近くからは西周初期の大規模な青銅器の鋳造工房が発掘されており、これは王家の工房だったと考えられている。鄭と鎬の近くでは、もっと小さい鋳造工房がわずかながらみつかっていて、うちひとつは馬車用の取り付け金具に特化していた。貴族も青銅器の鋳造工房を所有していたが、私設工房の職人の腕は概してあまりよくなかった。前出の裘衛の一族は皮革製品を工房で製造する以外に、おそらく青銅器を自分たちでつくっていたと思われる。紀元前九世紀の礼制改革で青銅器の種類や模様は大きく変わったが、青銅冶金技術の面では、西周には見るべき変化は何もなかった。周の青銅器職人は商で編み出された合範法〔内側の型と外側の型のあいだに銅と錫の合金を流し込んで鋳造する方法〕を、紀元前六世紀になっても使い続けている。(58)

　馬車はこの時代の工業技術の粋を集めた製品と言える。商征服後の周では、貴人を埋葬する際に、馬車を馬や御者とともに副葬するという商の習慣を踏襲した。車馬坑は、周の六師が駐屯していた豐と鎬の周辺に集中している。周原地域で西周初期の車馬坑がわずかながら発見されているが、中期のものになると数が増える。馬車の製造には大工や青銅職人、皮革職人、玉職人、漆職人の技術が欠かせない。青銅の精巧な部品を使った馬車は地位の高さを象徴するものとして珍重され、金文中にも周王の下賜品としてしばしばあらわれる。だが馬車工房とおぼしき遺跡は、今のところみつかっていない。

富の蓄積

　西周の支配階級は下賜品や土地から得られる収益、工芸品の製造、同じ階級に属する人々との取引を通じて富を蓄えた。ただ残念ながら、この種の収入が家計全体に占める相対的価値をはかるのに必要な、信頼性ある史料が不足している。西周経済の物質的な土台をなしていたのは土地と農業だったが、位の高い家や人には、多種多様な威信財も授けられた。西周時代に、経済に変化のきざしがあらわれた——とはいえ、あくまで兆しであって一新されてはいない——ことは見てとれる。王室からの下賜品などの形で富が循環する再分配経済から、契約に基づいて永続的保有権や取引が認証される、財産保有に根差した経済へと徐々に変わっていった。

　国家としての周は、王が諸侯や王臣にさまざまなものを下賜することで成り立っていた。何より重要なのは王が土地と労働者を与えたことで、これによって貴族はみずからの経済的基盤を固めることができた。それだけでなく、王は特権階級であることを示すだいじなしるし、つまり青銅器を鋳造して金文を鋳込み、使う権利も与えた。金文に記載され、なおかつ貴族の墓に副葬されていることの多い下賜物には、宝貝《たからがい》(子安貝)、青銅礼器、神酒、銅片、馬車、馬、旗、軍装品(武器や鎧など)、玉器、衣服などがある。こうした品々をもっていることを誇示できるのは位の高い人々だが、紀元前九世紀の礼制改革以前には、はっきりした階層化は起きていなかったようだ。紀元前九世紀の礼制改革によって埋葬についての規則が整えられたが、このことは、貴族階級内の見えない階層が崩壊しつつあったことに対する反応だったのかもしれない。

　周代初期の王たちによる下賜品にはたいてい宝貝が含まれ

ていたが、これは商の慣習が受け継がれたことを物語っている。商の甲骨文に事実上唯一の貢納品として記録されているのが宝貝だ。アジアやアフリカ各地の前近代社会で使われていた。この貝は、希少価値がある、耐久性が高い、大きさや形がそろっている、数えることができるなどの、金属貨幣と同じ長所を備えていた。それになんと言っても複製が不可能だったのだ。西周で物資が交換される際に価値尺度の役割を果たしたが（注59を参照）、交換手段ではなかった。[59] ひところは、宝貝が商や周で貨幣の機能を果たしていたというのが定説になっていたが、今では否定されている。[60] この貝に価値が認められていたのは、儀礼で供物や副葬品として使用されていたからで、金銭的価値などの抽象概念が価値を生んだのではない。もっと言えば、西周時代の終わりにかけて、宝貝が贈与されることはぐっと少なくなった。

　西周での地代がどれほどのものだったか、確証を得られる同時代の史料は存在しない。紀元前四世紀の思想家、孟子によると、商と周代初期の領主は土地から得られる収穫の一割を税として取り立てていたという。[61] 周の国家組織の組み立てを詳しく、かつ理想的に描いた『周礼《しゅらい》』には、諸侯が王により下賜された土地からの収入の三分の二を王に納め、自分たちには三分の一を残していたと書かれている。[62] しかしそれらの記述を裏付ける証拠は存在せず、信憑性を疑わざるをえない。『詩経』の「七月」のような歌からは、農民が主人のために随時働いていたことが読み取れるが、基本的に農民は労働でなく農産物や工芸品を納めていた。大規模な建設工事を民にさせることは、周王でさえも当時はめったになかったのだ。

　西周に市場は存在しなかった。金文に残されている交換の記録は、いずれも貴族間の個人的な取引に関するものだ。土地の保有権が移転されるにあたっては王臣やその地方の官吏が仲立ちし、贈答品の煩雑なやりとりもあった。西周後期には――反発を招いたかもしれないが――王たちが王畿内の土地の保有者を変更することもあったようだ。せっせと土地を獲得してゆき、蓄積に励んだ者がいたことは明らかだが――例えば裘衛の作器した青銅器の銘文などからは、そうしたことが読み取れる――西周では土地保有権がかなり複雑だったことも、数多くの史料が示している。

　すでに述べたように、裘衛は新興の事業家で、王臣などのように王から高い身分を授けられた者ではなく、自分の工房が生み出す富によって地位を築いたことがうかがえる。ふたつの青銅器の銘文には、裘が矩《く》という名の貴族とのあいだで行った土地取引の記録が残されている。ひとつ目の金文によると、矩が裘から王室の儀式で身に着ける衣服や玉をもらい受け、その見返りに、合計で一三枚の田を裘に与えた。

矩伯の庶人が玉を裘衛より手に入れた（「取」）。その価値は貝八十朋分とされた。矩は十田を譲渡（「舍」）した。矩はまた虎をかたどった赤い玉を二個、鹿革の膝当てを二枚、革製の装飾付き膝当てを一枚手に入れた。その価値は貝二十朋分とされた。矩は三田を譲渡した。

裘はそののち、五人の伯にこの取引について報告、これを受けて五人は三有司に確認作業を指示した。そして取引の締めくくりに、裘の親族の者ら何人か（身分ははっきりしないが、矩の配下の者もいただろう）が、役人たちのため宴席を設けている。[63]

一回目の取引では一田あたり八朋として計算されているが、二回目では六と三分の二朋になっている。田の面積か質に違いがあったのかもしれない。[64] 宝貝が土地の価値尺度として使われていたことを教えてくれるものとしてはこの金文以外になく、そうした計測法がどのくらい定着していたのかについては、確実なところはわからない。裘は五人の伯に報告し、三有司が取引の確認を行っているが――こうした手順を踏むのが慣例だったことは、ほかの金文にも示されている――そこから、この種の土地取引には王の代理人による承認が必要だったことがわかる。[65] 官吏の饗応も、義務付けられていたようだ。

ふたつ目の金文に書かれている裘と矩との土地取引は、当時の土地保有権の複雑さを示している。このとき矩は、裘から馬車や皮革製の馬車具をもらい受け、その見返りとして林䜭里という場所にある林を裘に譲渡（「舍」）した。その後、裘は顔陳大なる人物に馬二頭、その妻に衣服、顔の配下の役人である寿商に貉の皮でできた外套と猪の皮でつくった車蓋を譲渡（「舍」）した。土地の測量と境界の表示にあたったのは寿商と顔の部下で、裘は顔に皮革製品などを贈った。そして裘の親族が顔の部下をもてなし、顔の部下は裘の部下にお礼の品を贈ったという。[66] 研究者の多くは、顔が地主である矩のもとでなんらかの仕事、おそらく林䜭里の管理などを任されていたものと考えている。この地の林に対して顔が一定の権利をもっていたことは間違いなく、そのため矩が裘に保有権を移すにあたっては補償が必要とされた。伊藤道治が述べているように、裘が多くの人にさまざまなものを贈ったことを踏まえれば、この取引を功利主義的にとらえ、単なる土地の売却として片付けることはできない。[67]

こうした現象を、西周中期に貴族の地位が不安定になったことのあらわれと考える研究者もいる。つまり、没落した矩は王室の儀式に出席するのに必要な式服を手に入れるため、土地を手放さざるをえなかったのに対して、裘は手工業によって豊を蓄え、社会の階段をのぼりつつある事業家を代表していた、というのだ[68]。ただ西周の社会秩序をつくり変えるほどに富の力が強かったとするのは、過大評価と言えるだろう。さらに付け加えるなら、一口に貴族と言っても、地所を拡張する機会を利用する者ばかりだったとは限らない。例えば、穀物を隷属民たちに盗まれたある貴族は、犯人らの主人から土地と隷属民を譲渡する形での賠償を提案された際、穀物での賠償を求めている[69]。

土地保有権の移転を記録した金文のいくつかは、合意の締めくくりに、取引内容を確認したことを示すしるし（「析」）を当事者が受け取ることを定めている。もちろん、金文自体も認証の役割を果たした。土地取引に関する西周後期の金文は、合意内容が撤回不能であることを追認するため宣誓が行われていたことにも触れている。とはいえ、土地の保有権が自由意思で移転できたと決め付けてはいけない。李零は西周の金文に記録されている土地取引を、売却ではなく負債の償還ととらえている。李零の説によると、当事者の一方がなんらかの品物（儀礼など公の場で威信を示すことができるものが多い）を手に入れ（「取」）、しかるのちに埋め合わせのため土地を「譲渡」（「舍」）した、という表現が使われているのは、このふたつの行為がそれぞれ別の時になされたことを物語っているのであって、取得と譲渡が同時に行われる交換を意味しているのではない[70]。それに、土地が宝貝や貨幣に類するものと交換されたこともない。王臣が土地保有権の移転を認証したり、土地の測量や境界の表示などの役割を果たしていること、また合意の締めくくりに宣誓や饗応が行われていることを考えると、貴族の土地を厳密な意味での私有財産とみなすことはできないだろう。交換の第一の目的は、身分の高さを示す威信財を手に入れることだった。土地や労働力はそのために「譲渡」（「舍」）されるもので、交換されるものではなかった。

もっと言えば、土地も威信財も貴族の身分も、個人ではなく血縁集団としての貴族が保有していた。コンスタンス・クックは、「威信と富の蓄積というプロセスは、世代から世代へ脈々と受け継がれる」と述べている[71]。王室による認証は、一族の土地を確保する最初の段階だけでなく、子孫たちが先祖の身分と役職を世襲したことを再確認するうえでも欠かせなかった。じつのところ、貴族たちは盛衰を繰り返していたから、時代とともに血縁集団が枝分かれしていくと、分家のあいだでは経済的不平等が拡大したと思われる。それでも家産制秩序は温存されていた。市場の媒介する交換は、まだ行われていなかったのだ。

まとめ

西周では、王と諸侯、王臣の各々が土地を一族の共有財産として占有し、そこから収入を得ていた。課税という概念は存在しなかった。つまり西周は一種の領邦国家だったのであり、支配階級の富を生み出していたのは、その地位から得られる収入ではなく、土地や労働力に対する個人や家族の権利だった。[72]だが西周が終わりを迎えるころには、王の権威は弱まっている。周王たちは王朝を開いたときから、商の支配地域だった中央平原の土地や民の管理を諸侯に任せていた。西部にあった王畿では王臣に土地を与えていたため、土地や労働力などの資源に対する直接的支配権が弱まった。とはいえ周王たちは王畿に対し、少なくとも間接的には影響力を及ぼし続けている。王朝政府は官僚組織の整備を進め、貴族間の紛争を王臣が仲裁していることからもわかるように、司法権を行使していた。王家が王朝政府の自律的な一行政部門へと変わったことは、おそらく王個人の力を強めたが、その一方で王権の及ぶ土地は徐々に減っていった。また、王権が縮小していくのに伴い、貴族の社会も不安定化している。貴族階級の家産制秩序は、一族の結束と祖先祭祀という土台の上に成り立っていた。時とともに、分家間の血縁上の距離が大きくなり、親族の絆は弱まった。領地が細分化して各地に散らばったことも、同じ血縁集団内での社会的・経済的な差異を広げた。貴族も庶民も、地域共同体（「邑」）を社会的アイデンティティのよりどころとするようになった。

紀元前七七一年に周が軍事的敗北を喫して故地を喪失すると、周王たちはかつてのような力を失い、政治的秩序が崩れるなかで名ばかりの王になり果てた。そして諸侯たちは王の統制から完全に自由になり、軍事的・経済的な力をつけていった。西周時代に諸侯がどんな活動をしていたのかはあまりわかっていないが、東周時代には舞台の中央に躍り出ている。諸侯は西周後期の王朝政府を模倣していたが、春秋時代の政治・社会・経済環境を支配していたのは、新しい政体、都市国家だった。都市国家は、王が権力の頂点から転落し、周の家産制秩序がつくり変えられるなかで生まれた。だが都市国家では新しい政治的・軍事的・経済的な勢力も伸びてゆき、それが家産制国家の崩壊を早めることになる。

第2章　都市国家から専制君主国家へ
——紀元前七〇七年〜紀元前二五〇年

　紀元前七七一年に西周が滅びると、国王の威光は衰えてゆき、長い動乱の時代に入った。周王の儀礼上の権威は消えていなかったため、各地の大小諸侯は王のもとに来朝し続けたが、周の支配からは解き放たれていった。数百もの政体が新たに独立し、農業都市国家となった。これらの国では、支配権を握る血縁集団が都に居を構え、農民がその周囲の集落に住まい、不自由な条件下で働かされていた。周の版図の周縁地域には、大規模な領域国家が控えていた——北部の晋、東部の斉、西部の秦、南の楚だ（地図２－１）。東周初期——このころに孔子（紀元前五五一年〜紀元前四七九年）が書いた歴史書の名から、春秋時代（紀元前七七一年〜紀元前四八一年）と呼ばれる——の政治環境は、常態化した戦乱のせいでまさに混乱を極めていた。外国からの攻撃だけでなく内紛も頻発し、多くの国が消滅した。強勢を誇った国でさえも、求心力を高めた新興勢力の直撃を受けている。周王室から分家して建てられた晋は、異民族を征伐しながら、本拠点の汾《ふん》河《が》流域の北へと勢力を広げていた。ところが有力貴族が支配権を奪おうとクーデターを起こし、晋の本家は分家に敗れた。紀元前六七八年のことである。強大な軍事力をもつ晋だったが、「実のところ半独立の都市国家の寄せ集めにすぎず、君主と国内勢力との争いや内紛のために蝕まれた年月は、外国との戦争に費やされた年月と変わらなかった(1)」。

　春秋時代に周の版図を覆った慢性的な無秩序は、紀元前六六七年に「覇」という制度が始まったことで、一時的に収拾された。最初に覇者となったのが斉の桓公（在位　紀元前六八五年〜紀元前六四三年）だ。周王の代理をもってみずから任

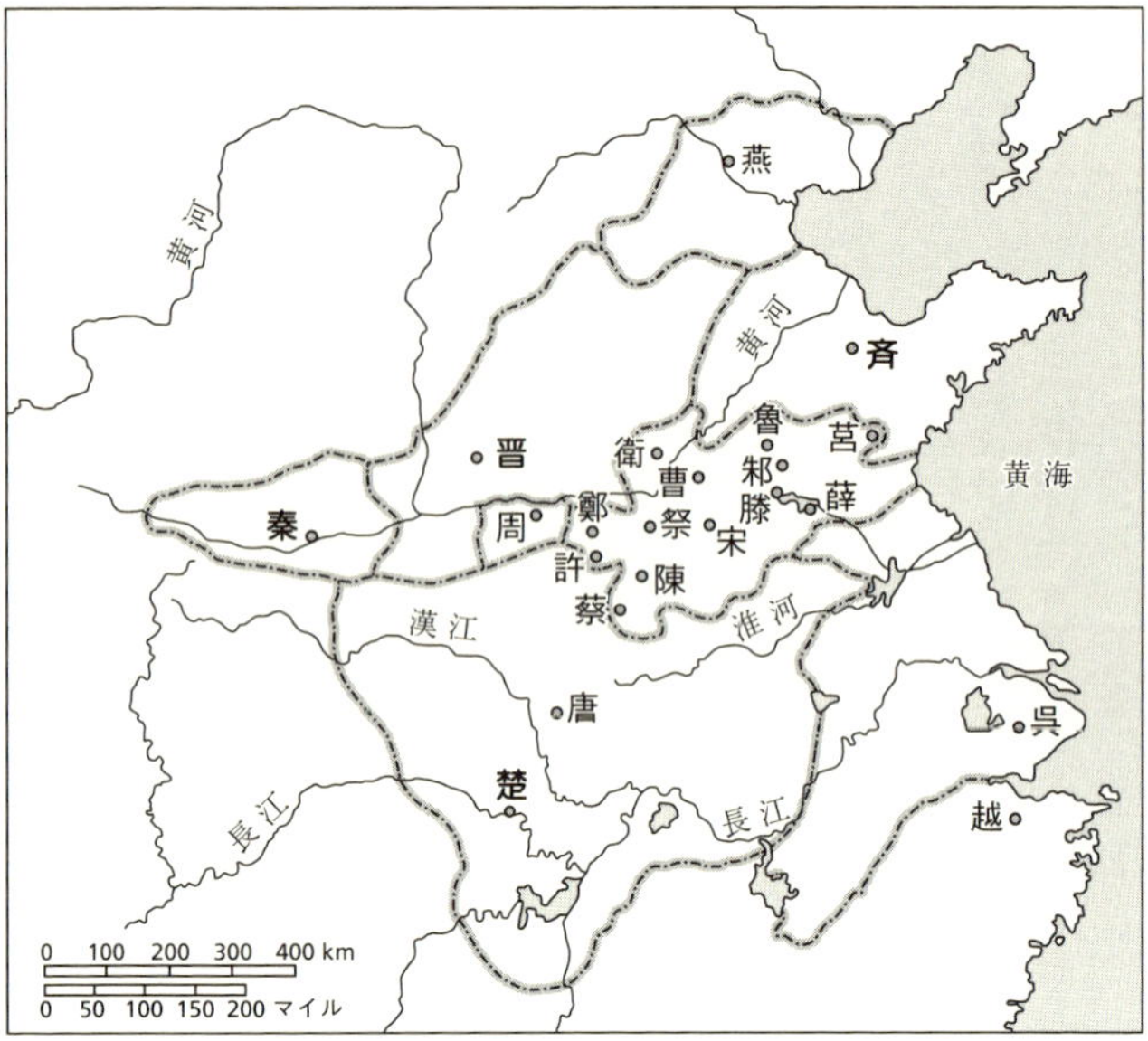

地図２－１　春秋時代のおもな国家（紀元前771年―紀元前481年）

じ、他の諸侯を集めて会合をもち、紛争当事者の仲立ちをして停戦させ、後継争いを収め、諸国の戦力を結集して異民族と戦った。だが斉の君主たちの覇権がよりどころとしていた軍事的優位は著しく不安定で、諸侯間の政治同盟もかりそめのものにすぎなかった。紀元前七世紀末には晋の君主が覇権を奪ったが、とはいえ彼らもまた、南の楚をはじめとする新興勢力の絶え間ない攻撃から、自分たちの勢力圏を守らねばならなかった。孔子の時代になるころには覇者として認知されうるほどの権威を示すことのできる者はいなくなり、覇の制度は風化していく。

　都市国家もまた不安定だった。西周と同じように、君主たちは親族や官吏に土地や民を惜しげもなく与え、権力を生み出してくれる資源をみずから縮小させている。有力な家臣たちが内政や外交で君主よりも大きな力を振るった。家臣間や派閥間で内紛が起こり、世襲君主がその地位を奪われたり、あるいは捨て駒同然になった一部の周王たちのように、殺害されたこともある。官吏が貴族をさしおいて権力を握る流れが強まった。紀元前五世紀には、ひとりの君主に全権が集中し、新しい政治秩序が生まれる。戦国時代（紀元前四五三年～紀元前二二一年）まで存続した国の数は二〇前後だが、そのなかの七雄が権力の頂点をめざして相争った。

　戦国時代は、周代初期の家産制秩序が崩れ、新しい種類の政体が増えていく時代だ。為政者たちが権威を親族や貴族と分かち合っていた時代から、権力や経済的資源が新興の君主に集中する時代へと変わったのだ。専制国家が増えたのは、社会的・技術的・経済的な変革が周の版図に次々に起きたことによる。戦国時代の君主は、対抗勢力に太刀打ちする必要上、収入を増やして軍備を拡大せねばならなかった。貴族から土地や官職を取り上げ、農民には労役と兵役、自分たちへの納税を求める一方で、財産の所有を認めた。このときから、夫婦と被扶養者からなる世帯が農業生産や課税の基本単位になる。家族などの小規模な生産単位で運営される農業は、帝政時代末まで、中国経済の際立った特徴であり続けた。

技術と政治に変化が生じたことで、富や権力もそれまでとは違うところから生まれるようになった。鉄冶金術は、軍事革命の引き金を引いた。鉄兵器が大量生産され、戦車に乗った貴族が戦う戦闘は時代遅れになり、それに代わって、徴集された農民からなる大規模な歩兵部隊が配備された。この時代の為政者たちはまた、新興階級の商人を使って経済的資源の管理を中央に集中させている。貨幣鋳造技術の発明が、遠隔地交易と富の蓄積を後押しした。そして、支配階級がふたつに分断される。専制国家の君主は、官僚組織や軍隊の指揮を行政の専門家集団に任せた。この新しい集団の大半を占めていたのが、下級貴族（「士」）だ。世襲貴族の多くは特権や土地を奪われ、官職からも締め出されて、貧窮に陥り、政治的な力も失った。

戦国時代に成立した専制国家は、中国の帝国としての統一を可能にする制度的な土台を築いた。周の版図の辺境に位置していた秦も中央集権化を推し進めたが、その点で他国に先んじていたわけではまったくない。だが紀元前四世紀から三世紀にかけて、他国を大きく凌駕する富と権力を掌握するまでになった。秦の飛躍は、網羅的な行政法と刑法に負うところが大きい。法によって異論を封じたり、官僚を厳しく律したり、さらには想像を上回るほどの人と資源を国家が動員することが可能になったのだ。

都市国家の最盛期

第1章で見たように、青銅器時代の初期には、邑《ゆう》が社会の基本単位だった。その多くは村である。安陽にあった商代最後の都の面積は、当時の邑の四五倍で、二四平方キロメートルの範囲内に、宮殿や廟、工房、貴人の住居、農民の集落が集まっている。[2] 西周時代には、行政の機能がひとつの場所に集中することはなく、複数の王都にまたがっていたようだ。東周時代に王都となった成周は、儀礼の中心地として象徴的な重要性を帯びていたが、政治的な機能はほとんど何も果たさなくなった。春秋時代に登場した政体には、政治的・軍事的な権力が城塞都市に集中するという特徴が共通して見られる。これらの都市は、各地で続々と独立して支配権を握っていった血縁集団のための都という役割を果たした。こうして春秋時代は、中国における都市国家の最盛期となる。

商や西周の都市は、宮殿や廟、貴人の墓などの核となる施設を取り囲むようにつくられている。こうした儀礼の場を中心に、貴族が居を構えるたくさんの集落が形成されてゆき、それぞれの集落に、貴族の生活を支える農民や工匠、隷属民がおかれた。例えば周原では、一五平方キロメートルほどの地区のあちこちから、二〇を上回る貴人の住居跡と、青銅器や陶器、玉の工房が発掘されている。酆《ほう》と鎬《こう》も、周代の他の都市と同じように、集落が分散しているという特徴を備え、都市空間と農業集落の違いがはっきりしない。何より、春秋時代以降の中国の都市に特有の防衛壁が、西周の王都にはない。[3]

春秋時代に続々と都市が建設され、防衛壁が登場したのは、攻撃に対する守りを固める必要があったことによる。魯は――どちらかと言えば小さい国だが、ほかよりも多くの文字史料が残されている――紀元前七七〇年から紀元前四八〇年のあいだに、少なくとも二〇もの都市の防御を強化した。[4]残念ながら、春秋時代の考古史料はいまだ十分ではない。都市国家のほぼすべてが戦国時代に大々的に再建されているため、それ以前のものはほとんど残っていないのだ。魯や秦、鄭など、春秋時代の国家の一部は全長一三～一五キロメートルの壁で国都を囲んでいたが、この時代の都市の大半はずっと小さかった。[5]大きな力を蓄えた大臣や貴族も、自分たちの屋敷を取り囲むように城塞都市をつくっている（これを「都」と言い、時代が下ると国都を意味するようになったが、当時は貴人一族の住居がある地を指していた）。このころの人たちは、貴族自身による城塞の建設を認めることの危険性をわかっていた。紀元前七二二年に、鄭公が弟に城塞を与えたところ、祭仲という宰相が反対意見を述べている。壁の長さが百雉（四・五キロ）を超えていたからだ。祭仲によると、歴代の王は、「都」の壁が国都の三分の一を超えることを規則で禁じていた。あまりに長い壁は、国に災いを招くというのだ。[6]忠告が正しかったことは、春秋時代の政治史に何度も示されている。紀元前六二六年には、死去した魯公の息子三人に城塞がそれぞれ与えられ、武力紛争の解決がはかられた。それにより、三人の子孫は民に労役を課し、軍事力を蓄え、正統な支配者として振る舞うようになった。紀元前五六二年、魯は事実上、三つに分裂した。[7]

財政面に目を向けると、城塞国家も一種の領邦国家だった。つまり君主と臣下は、自分たちや一族が占有する土地と労働から収入を得ていた。春秋時代の国々の多くは、卿（大臣）と大夫（官吏）という二種類の行政官を設け、宰相に監督を任せた。西周と同じように、大臣の仕事は大きく財務、土木事業、軍事に分けられるが、春秋時代にはたいてい司法担当官も設けられた。官吏は封土（「采邑《さいゆう》」）の形で報酬を受け取り（その多寡は邑と土地の数であらわすことが多い）、自身の領地と領民、資源を手にすることになった。封土の規模は千差万別で、鄭では宰相の封土を八邑と定めていたが、秦の文字史料には、軍功をあげた将軍や官吏が三〇〇邑を与えられていたことに触れたものがある。[8] 前者の場合、邑は町とそれを取り囲む農村を指している可能性が高いが、後者の邑は、たぶん小さい村なのだろう。[9] 紀元前四世紀の兵法書では、九〇世帯を擁する邑を「馬車一台分の邑」（つまり戦闘用馬車一台を主君に提供することを義務付けられた邑）としている。[10] ほかの文字史料に書かれていることを考え合わせると、邑は三〇から一〇〇世帯で構成されていたのだろう。[11]

また、これは西周時代に始まっていたことだが、貴族階級の内部で地位と富の差異がますます大きくなっている。建前上、封土は血縁集団の共有財産とされていたが、分家のあいだで邑や土地を分けることが定着した。こうして、貴族の分家も経済的独立の手段を手に入れた。[12] 埋葬遺構や副葬品などから、分家のあいだにかなり富と地位の差異があったことがわかる。下位の分家の副葬品のほうが上位の分家より贅沢な場合もあった。[13]

春秋時代の貴族は、戦争、狩猟、供犠《くぎ》の「三大行事」を占有する者こそが貴族だと考えていた。それは人や動物を殺害できる威力のしるしにほかならない。「三大行事」は、武力でつながっているという仲間意識を貴族たちに感じさせ、忠誠と政治的団結を誓う血盟の儀式は、その意識をさらに高める役割を果たした。[14] 同時に、貴族内にあった儀礼上の階層がいっそう明確になり、消費に関する規則が細かく定められた。儀礼は供物を通じて祖先との交流を重ねる場ではなくなり、一族の地位を誇示し、現世の成員のあいだに連帯感を育む場へと変わっている。[15] 貴族の身分は世襲されたが、地位や富、権力は官職のいかんに大きく左右された。卿や大夫が新しい政治階級として浮上して、国家の統制権をめぐって君主と競うまでになり――そして魯のように、卿や大夫が勝利を収める場合もあった。土地や富をめぐる貴族間の競争が激しくなり、たいがいは軍事力が勝敗を決めた。

西周時代と同じように、貴族はふつう、地方ではなく、君主のいる国都やその周辺に住んでいた。都市国家の住民は、国都に住む人（「国人」）と、農村や小さな町に住む人（「野人」）に大きく分けられた。とはいえ、国都の住民全員が国人だったわけではない。はじめのうちは、貴族に限られていた——君主のために軍役に就く下級貴族（「士」）もそこには含まれる。時代とともに軍役義務を負う人の範囲が広がると、ときには庶民も国人とみなされるまでになったが、原則として商人や工匠、農民は除外されていた[16]。この時代の中国社会について、「武装した貴族が都市に住まい、農夫の住む農村が周りを取り囲んでいた」という説明がなされているが、まさに本質をとらえている[17]。

　春秋時代の都市国家では、国人が政治勢力として振る舞うことがしばしばあった。軍事的な非常事態や後継者争いが起きたときなどには、自分たちに対する支持を取り付けようと、君主や大臣が討議の場に国人を集めている。君主と貴族の対立や政治的な派閥争いに、国人が決定的な役割を果たすことも多かった。国人が団結して、暴君を退位させたこともある。都市国家を揺るがした国人は、世襲君主や貴族を弱体化させてゆき、鄭の例が示すように、ついにはおのれ自身が権力の座を追われた[18]。

　鄭公の一族は周王の上位の分家に属し、王都が自国からほど近い成周に移された東周時代初期には強盛を誇っていた。ところが紀元前七世紀には、鄭は陰謀や君主の殺害、頻発する政権交代に悩まされるようになった。斉、晋、楚が力をつけて覇権を争うなかにあって、鄭のような小国は消滅の危機にさらされた。対立する晋と楚の板挟みになった鄭の為政者たちは、自衛のため、その時々の権力バランスを見ながらいずれかと同盟を結んでいる。貴族の内紛や大臣と国人との流血の争いは、鄭の政治的混乱をさらに複雑にした[19]。紀元前五六五年に、宰相の子駟《しし》が君主の暗殺をはかって実行し、御しやすい幼君を立てている。その二年後には、貴族五氏から土地を奪おうとしたが、そのことがきっかけで騒動が起こった。反乱は最終的に収拾されたものの、子駟は殺害された。

　子駟の仲間も殺されたが、そのなかに鄭公の分家に属する子産（紀元前五八一年頃〜紀元前五二二年）の父がいた。当時はまだ若かった子産だが、それから二〇年にわたって政治の荒波をうまく乗り切り、権力の座にのし上がった。紀元前五五四年に、子駟の後をおそった宰相が反乱を起こした国人に殺害されると、子産は大臣の座に就いている。その後、子産は軍を率いて隣国の陳に侵攻、戦勝を収めた。これを受けて鄭公が車と礼服、六邑を下賜しようとしたところ、子産は自分の身分で受け取ることができるのは二邑だけと言って辞退したが、最後には三邑だけ受領することにしたという。子産のまれにみる謙虚さは、人々の信頼を集めた。紀元前五四三年、国人が摂政を追い落として殺害すると、鄭公につながる有力者が子産に対し、政府の運営を任せたいと伝えた。はじめ子産は固辞したが、全権を委ねるという保証を得て、ようやく宰相就任を受諾した。

国人の力を謙虚に認めていた子産は、その支持を集めようと努力を重ねてきた。しかしいったん国政の運営権を手にすると、大胆な政策を打ち出している。資源に対する政府の管理を強めるという、子駟が遂げられなかった目標をよみがえらせたのだ。灌漑設備を建設するほか、耕地を均等に区画する方針を明らかにしたが、こうすることで土地への課税や兵役負担を算定する際の基礎を定めることができ、兵役対象者の拡大も可能になった。紀元前五三六年に子産は成文法を制定、これを広く周知し、庶民と貴族に等しく適用するために、君主の大権を象徴する青銅の鼎に規定を鋳込んだ。『春秋左氏伝』によると、国人はこの改革に憤って激しく批判したが、鄭を立て直して繁栄に導いた子産に、ついには敬意を抱くまでになったという。

子産が政治をしはじめて一年たつと、世の人は歌って、

わしの着物やかぶり物
隠さにゃならぬ、だれがため
わしの田んぼを取り上げて
めんどうくさい五人組
だれかあいつを殺すなら
わしもいっしょに手つだおう

と言った。三年するとみなはまた歌った。

こんなりっぱな若い衆《しゅ》を
だれが作ってくださった
こんなに実る田や畑を
だれが殖《ふや》してくださった
だいじなお方が死んだなら
跡継ぐ人もあるまいに[20]

子産はそれからもずっと鄭の国人に受け入れられ、紀元前五二二年に没するときまで宰相の座にとどまった。

都市の国人は斉の君主を田氏が排除した際にも、大きな役割を果たしている。子産が鄭の宰相となったころ、斉の宮廷では田無宇が実権を握っていた。これには田無宇が国人に対し、例えば粟を気前よく与えるなど、寛大な待遇をしていたことがあずかって大きい[21]。息子の田乞《でんきつ》も斉の国人から支持され、一族は紀元前四八一年に政府の統制権を奪うことに成功した。これにより、田氏が斉の世襲君主に名実ともに取って代わることが可能になった。紀元前三八六年のことである[22]。

マーク・ルイスは子産を、民衆の支持を集めて権力を奪い、権力保持のために過酷な支配を行った古代ギリシャの僭主や

デマゴーグになぞらえている。[23] たしかに、子産も田無宇も古代ギリシャの僭主と同じく、新しい政治秩序の到来を告げていた。こののち、政治権力はひとりの為政者に集中し、都市国家も苛烈な政治闘争も影をひそめている。後世の法家の思想家、韓非子（紀元前二八〇年頃～紀元前二三三年）の見るところ、子産は世界を洪水から守った上古の聖王、禹と肩を並べるほどの人物だという。[24] だが韓非子と並び立つ同時代の思想家、荀子（活躍期　紀元前三一〇年頃～紀元前二一五年頃）はもっと厳しい評価を下している。いわく、「鄭国の子産は民心を得た人であったが、まだ政治をするというところまではいかなかった[25]」。

専制国家の台頭

紀元前六世紀には、周の都市国家間の緊張が頂点に達して爆発し、政治的・社会的変化の奔流を放った。それまではっきりと存在していた貴族の身分が崩壊し、君主と他の貴族のあいだで富と権力の格差が広がり、支配階級内の階層化が進んだのだ。君主に全権が集中し、そこから新しい政治秩序が出現している（地図2－2）。以後数世紀のあいだに古い貴族階級は崩壊し、自給自足に近かった封土の経済機構も崩れていった。君主は土地を直接治めるようになり、納税や労役・軍役負担の見返りとして、耕作民に土地を分与した。官職を貴族に世襲させることもなくなり、君主の意のままに役人を動かせる官僚組織がつくられた。鉄器時代の到来もまた、貴族の地位や特権、意識を揺るがすこととなる。貴族が厳格な規則を守りながら戦っていた戦車戦は、鉄製武器（例えば、弩《ど》と呼ばれる弓矢など）を装備した農民歩兵部隊が戦う殺伐とした紛争に変わった。庶民から身をおこした有能な人々が、新しい軍隊を指揮した。

君主と臣民の関係が変化し始めたのは国家の軍事力を増強する必要性が生じていたときで、それに関連して、世帯や世帯員［戸口《ここう》］、財産についての情報を集め、登録する動きも広まった。[26] 登録は当初、徴兵に役立てる目的で行われた。ある歴史書は紀元前六四五年について記した箇所で、秦との戦いに敗れた晋公が、軍役に服したことへの見返りとして、民に土地を与えたと述べている。だが対象は国人に限られ、しかも一回限りの措置だったと思われる。このことは君主の権力というより、弱さを示していると言えるだろう。[27] 課税や軍役の対象者を広げるための取り組みも、戦争で強国に負けた弱い国で始まった――魯では紀元前五九〇年代に、鄭では子産が紀元前五四三年に着手している。魯でも鄭でも官吏が土地の調査を行い、地域の民を徴兵の単位に分けている。ただし土地の登録と徴兵とが具体的にどう対応していたのかにつ

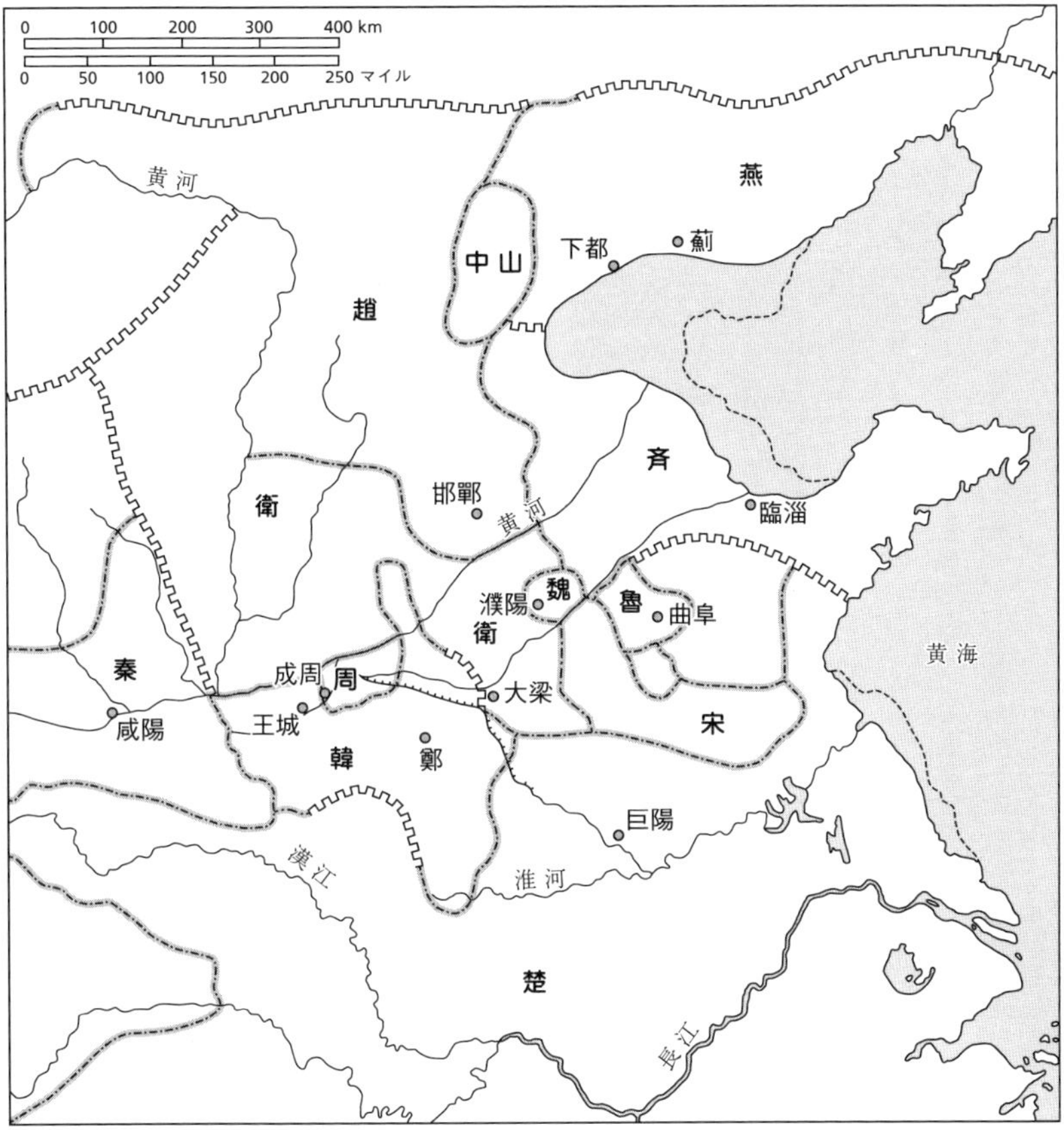

地図2-2　戦国時代のおもな国家（紀元前481年—紀元前221年）

いては、十分な情報はない。南にあった楚は他にさきがけて歩兵部隊を戦闘用馬車に代えて配備し、兵士と軍用品を徴発するための制度を整えている。楚は紀元前五八九年を境に徴兵の目的で健康な成年男子を一律に登録するようになり、紀元前五四八年には土地と山林、鉱物、家畜の大規模な調査を行った。斉も紀元前五〇〇年時点で、すでに人民の登録を行っていたようだ。そのころにはまた晋においても、ほぼ全土で収穫の二〇パーセントを土地税として民から徴収していたが、国土は事実上いわゆる「六卿家」のあいだで分割されていた。耕作民には土地を付与しており、そのうえで土地税を徴収していたが、世帯員なり財産なりの登録を義務付けていた可能性も大いにある。

また、晋や秦、楚などの大国は、辺境地域や新しく獲得した土地に「県」という行政都市を建設していった。はじめ県は軍事目的で設けられたが、これは貴族に与えられる采邑というより、君主が指名した県令の管轄に属する都市だった。とはいうものの、県令が県をみずからの統制下において領地のようにしてしまうことがしばしばあった（県を世襲する権利はなかったのだが）。春秋時代後期、晋には四〇の県があったと言われる。君主は功のあった官吏に県を与え、それは采邑の一部として世襲されるようになった。だが紀元前五一四年には、晋公に対する背信をはたらいたふたりの貴族がとらえられ、宰相が土地を取り上げている。この土地は一〇の県に分割され、国の直接管理下におかれた[28]。春秋時代後期には、卿家も自分たちの采邑のなかに県を建設するまでになった。紀元前四世紀半ばに秦の商鞅《しょうおう》が改革を行うに及んでようやく県は中央政府の直接管理下におかれ、地方支配の基本単位になる[29]。

紀元前四五三年に晋が魏、韓、趙に分裂すると、魏が先陣を切って行政制度を改革した。他の専制国家も改革を行い、それは戦国時代の専制国家の際立った特徴になった。紀元前四一九年、魏は秦に決定的な戦勝を収め、中央平原の西部辺境にあった肥沃な農適地を併合した。魏の宰相、李悝《りかい》が農業の発展と農民の福祉に的を絞った政策を始めたのはこのころだ。当時の魏はおそらく非常に人口密度が高く、そのため李悝は農業の強化をはかった。具体的には、凶作のリスクを分散するために複数の主要作物（雑穀、小麦、ヘンプ麻〔大麻〕、大豆）を栽培する、「地力を尽くす」農法を採用する、放置されていた土地で桑などの非食用作物を植える、といった政策を推し進めた。また、間接的な価格統制も考案している。穀物が豊作で価格が下落した場合に国家が買い上げて農民の所得を上げ、穀物価格が高いときには備蓄分を販売して都市の消費者を守ったという。食品価格の変動を和らげるこうした介入政策は、中国の歴代帝国の政治経済の基本的特徴となる[30]。

李悝はまた法を制定し、おそらく最古と思われる法典、『法経』を編纂したと言われている。この文献は現存しないが、秦漢帝国の法の土台になったとされる。[31] 李悝は法治主義の父とか、富国強兵策の創始者とみなされることも多い。李悝は確かに、最もだいじな国富の源泉である農民を窮乏に陥れることは、国家に最大の危険をもたらすと考えていた。だから君主は農民の税負担を少なくする一方で、奢侈を禁止する規則を設けて浪費を抑え、商人に対しては生産者と消費者に不利益をもたらすような価格操作を禁じるべきだと唱えた。李悝自身は庶民の家に生まれ、前時代の遺物のような貴族階級への軽蔑を隠さず、地位と富、知識の格差は社会の秩序と国家の安定を損なうと警鐘を鳴らした。[32]

専制国家は紀元前四世紀の秦、つまり商鞅の宰相時代に完成形に達した。秦の改革は先行例の魏から強い影響を受けている。紀元前三八五年、秦に太子が戻り（太子はその三〇年前、一〇歳のときに魏に送り込まれていた）、君主として擁立された。献公（在位　紀元前三八五年～紀元前三六二年）として知られる人物だ。献公は魏に範をとった改革を行い、営業税を徴収する調査官を設け、徴兵のために戸籍制度をつくり、行政単位として県を新設した。さらに雍から櫟陽《れきよう》に遷都しているが、櫟陽は雍に比べて中国中心部に近く、魏の商業網や中原地域との往来に便利だった。献公の息子の孝公（在位　紀元前三六一年～紀元前三三八年）は父の政策を踏襲し、また政治手腕に優れた人物を外国から招き寄せた。招きに応じたなかに、公孫鞅がいる（商鞅のこと。紀元前三九〇年～紀元前三三八年）。公孫鞅は衛の公族で、その当時は魏の宰相の家臣だった。商鞅も献公と同じように、豊かな強国である魏を模範と考えていた。

紀元前三五六年に孝公は商鞅を上級の大臣（左庶長）に任じ、行政と法を抜本的に改革することを認める[33]（商鞅の変法）。商鞅は李悝の『法経』をもとにしたと思われる法を速やかに制定し、軍部内に新しい階級制度を設けた。これは一七の「級」からなり、軍功の認定基準になった。[34] 紀元前三世紀に編纂された『商君書』は商鞅の政策と政治理論をまとめたものだが、それによると、敵兵をひとり殺すと一級昇進し、田を一〇〇畝《ぼ》、居住用の土地を九畝、農夫（「庶子」）をひとり、与えられたという。[35] 商鞅はこのように、旧来の貴族の特権を廃止して土地と富の再配分を可能にするような褒賞制度を、国家への貢献度に基づいて組み立てようとした。さらに、民を軍隊式に五世帯の組と一〇世帯の組に分け、連帯責任を負わせている。つまり誰かひとりでも罪を犯せば、同じ組の人が等しく法的責任を負うことになった。商鞅はまた第一次変法で、悪徳商人による搾取を防ぐため、罰則を厳しくしている。李悝と同じように農民の厚生を重視した商鞅にとって、農民は国家の富の源泉、「国の主軸をなす仕事（本業）」にいそしむ人々で、「取るに足らない仕事（末業）」をしている工匠や商人よりはるかに大切だと考えていた。[36]

商鞅の政策は秦の貴族の恨みを買い、反発を招いたが、孝公は忠臣を尊重した。紀元前三五二年に商鞅を宰相の資格で軍の統制権も有する大良造に任じている。商鞅は二年後の紀元前三五〇年に、さらに徹底的な第二次変法を打ち出した。

おもな政策目標のひとつは、一夫婦からなる世帯を社会的・経済的組織の基本単位として根付かせることだった。紀元前三五六年に定めた法のなかには、成人男性がふたり以上いる世帯の税負担を二倍にする、という規定がある。第二次変法では、父と成人した息子の同居を禁じている。さらに長子相続を廃止し、父の財産を兄弟のあいだで均等に相続させる制度を設けた。この一連の法令には、貴族階級の土地を細分化して数多の息子に相続させ、貴族の経済基盤を壊す狙いがあった。近年出土した竹書に記されている戸籍や法からは、この秦にあっても、商鞅の厳しい改革の実施を徹底できなかったことがうかがえる。[37]だが均分相続の原則は、その後二〇〇〇年以上にわたって中国歴代帝国の法に盛り込まれ、小農経済の柱となった。

商鞅が紀元前三五〇年に制定した法のなかには、盛り土をした道（阡陌《せんぱく》）で田を区切り、これを標準区画とするものがある。この構想の起源が魏の李悝が進めた政策や、あるいは鄭の子産にまでさかのぼることは容易に見て取れる――もっとも、これらについてわかっていることは少ないが。近年出土した紀元前三〇九年のものとされる文字史料には、農地などに関する秦の法（田律）が記載されていて、そこには阡陌に関するやや詳しい規定がある。具体的には、土地を間口一歩、奥行き二四〇歩の形に区切って、この区画ふたつ分で一畝とし、国家から農民に分与する土地は一〇〇畝（つまり一頃《けい》）を基本とする、というものだ。境界は盛り土をした道などで区切り、土地の占有者は境界線が消えないように年に一回は手入れをしなければならなかった。[38]秦の政府はこの標準区画を新しい土地制度と課税の土台にした。農民に土地を給付し、その見返りに穀物や飼料、麦わらを納めさせ、さらに労役と軍役を徴発した。おそらくこの種の土地制度はもともと鄭の子産が二〇〇年近く前に導入したもので、魏、韓、趙（つまり晋の後継国家、三晋）にも商鞅の時代の前から存在していたと思われる。商鞅がどれほどの土地を貴族から取り上げ、ふつうの農民に分配できたかは、まだ明らかにされていない。きっと、新たに開拓した場所や、あるいは秦が征服し、もとからいた住民を強制的に移住させた場所の土地が、農民に与えられたのだろう。[39]

商鞅はほかにも、権力を中央に集中する政策を推し進めた。

紀元前三四四年には度量衡を統一し、平等に徴税することを官吏に申し渡している。さらに咸陽《かんよう》に遷都し、秦の君主にふさわしい巨大な宮殿を造営。新しい都を建設したことで、古都である雍の周辺に集中していた貴族の居住地を君主と政府から分離することとなった。だが商鞅は貴族を廃止したわけではない。魏に対して戦勝を収めた紀元前三四〇年には、孝公から新たな爵位と一五の采邑を与えられている。

しかし紀元前三三八年に孝公が死去すると、商鞅を目の敵にしていた人々はすぐさまこの宰相に対する新しい君主の猜疑心をあおった。一年もしないうちに商鞅は国賊としてとらえられ、車裂きという酷い方法で処刑されている。だが彼の残したものは消えなかった。商鞅が死亡したころ、秦は周の旧版図のどこよりも強大な軍事力を擁するまでになり、最初の世界帝国建設にいたる長征に乗り出したところだった。

秦などの専制君主国に設けられた制度は周代からの社会秩序を大きく変えた。旧来の貴族の多くは表舞台から消え、内政や戦争で国家に貢献して爵位を与えられた新興貴族に取って代わられている。国人と野人の区別は曖昧になった。新しく出現した庶民（「庶人」）は納税や労役・軍役の見返りとして土地を分与され、国家と直につながった。[40] 西周時代には、庶人という言葉は貴族の家政機関に属する耕作民を指していた。紀元前六世紀に形をとり始めた新しい体制によって、その呼称にこそ従属性の含みが残っていたが、庶人は独立した小農に変わった。孔子は周代からの貴族階級が崩壊したことを憂え、国事に庶人の声を反映することに強く反対した。[41] これに対して孟子は、紀元前四世紀半ばに著された書物のなかで、庶人には役人になる能力もあるし、実際に役人になった者もいることを認めている。もっとも、国人と野人との区別は意味を失ったとする孟子でさえも、支配エリートと一般庶民との社会的・政治的な区別は維持すべきだと述べていた。[42]

この時代のほかの記録では、庶人は商人や工匠と同列に扱われている。具体的には「士」の下位にあって、「皂《そう》」（しもべ）・「隷」・「臣」と呼ばれる隷属民や、「輿《よ》」（御者）・「圉《ぎょ》」（馬丁）・「牧」（牧童）といった職名の人々の上位に位置付けられていた。[43] 庶人（農業に携わる人という意味合いが残っている）、商人、工匠の三者と隷属民との違いは、自分で生活を維持する手段の有無にあるようだ。とはいえ、庶人に給付された土地は、厳密には私有地となったわけではなく、国家から条件付きで保有権を与えられたのであって、庶民は物を納め、労働を担うことになっていた。

庶人が隷属民とみなされることこそなかったが、専制君主国の政治経済にとって、労役の重要性はかつての都市国家に比べてはるかに大きかった。労役の負担は重い場合が多く、そのことは過重な労役を強いられた人々、とくに工匠による抵抗が頻発していたことからも明らかだ。(44) もっとも、官営の工房では懲役、つまり刑務労働でほとんどの労働力をまかなっていた。こうした措置は三晋で生み出されたものとも考えられるが、秦では法治体制の根本要素になった。商鞅は隷臣《れいしん》妾《しょう》と呼ばれる男女に等しく刑務労働を科すことを始めている。ここには労役刑徒と官奴婢（大半は戦争捕虜）が含まれた。前の時代の隷属民は貴族の家政機関に組み込まれていたが、戦国時代にはそれとは違い、隷属民の大半は国家の監督下にあった。秦の法では労役刑徒と官奴婢を区別していたが、いずれも基本的には労働力を無条件で国家に譲り渡した人々と定義できるだろう。(45) 定職についていないこと自体、犯罪とされた。『商君書』には、怠惰な輩は奴婢にすべしと書かれており、紀元前二五二年の魏の法にも、徒食する者を軍に徴用して一般の兵士よりも厳しく扱うことが定められている。(46) 専制君主国の経済においては、自由民であるか否かを問わず、仕事が人間としての価値を決めるしるしになった。

鉄器時代黎明期に訪れた経済の転換

紀元前二二一年に秦が天下を統一し、最初の帝国が誕生するまでの三〇〇年間に、経済生活には著しい変化が起きている。優位を争っていた秦、楚、斉の大国は土地と労働力、物資の統制権を中央に集めた。領主の管理から解き放たれた隷属民は、土地を分与され、強い保有権を手にすることができた。鉄冶金術と鉄器製造技術によって、農業の生産性が一気に向上した。政治の集権化と貨幣経済は地域間交易を活発にし、都市を発達させ、独立した商人階級を生み出した。秦漢帝国時代に入って、流れが速くなった分野もあれば、遅くなった分野もある。

東周時代に起きた技術的イノベーションのなかでもとくにだいじなのは鉄冶金術の導入だ。製鉄が行われていたことは紀元前九世紀の史料からもわかるが、鉄器の製造となると――手で土を起こす耜《すき》や鍬《くわ》が多いが、牛に引かせる犂《すき》のほか、鎌や刀、斧、鑿《のみ》もあった――紀元前五世紀以降の史料にしか示されていない。当時は鉄を鋳型に流し込む方法が使われていたため、鉄器はどちらかと言うと小型で軽量だった。また、戦国時代の君主たちにとっては、歩兵部隊に鉄器を装備させることのほうが、農具の製造よりも重要性が高かった。それだけでなく、炭素の量を減らして鉄の硬度を上げるには、より高度な冶金技術が必要だった。にもかかわらず、戦国時代の終わりにかけて鉄器の製造と使用は広がってゆき、農業の効率が向上して生産量も増加している。農業生産量が増えたために、君主は大ぜいの兵士の食べ物を賄えるようになり、他方で小農、つまり小規模な生産単位のほうが有利になった。(47)

戦国時代の農業技術にイノベーションを起こした要因は、鉄器の導入以外にもある。畜力用の犂がいつから使われるようになったかは確言できないが、紀元前三世紀以降の秦の文字史料には、耕牛が頻繁に登場する。水害対策の堤防に関しては、紀元前六〇二年に黄河で建設されたとする記録が最古のものだ。魏は紀元前三六二年に大梁《だいりょう》（現在の開封）へと遷都した際、この地域で大規模な灌漑事業を進めている。紀元前三世紀には秦が、新しく獲得した土地でやはり大規模な灌漑事業を行った。例えば現在の河南省地域の鄭国渠《ていこくきょ》は、四万頃（一八万ヘクタール）の農地に水を供給したという。秦の蜀郡太守、李氷が紀元前二五〇年ごろに建設した都江堰《とこうえん》は現在の四川省にある成都平野を肥沃な稲作地帯へとつくり変えた。秦の官吏たちは紀元前四世紀から三世紀にかけてみずからの地位が急激に高まったのは、自国の農業効率が改善したおかげと考えていた。現代の研究者も同意見のようだ[48]。

小農が戦国時代の経済を基礎付け、力を伸ばしていったのは、核家族を課税や労役徴発の基本単位にするという経済政策の裏打ちがあったからだ。すでに見たように、魏の李悝は農民の所得を増やし、国家に収入をもたらすために、土地の集中利用や栽培技術の向上を唱えた。国家が市場に介入して穀物価格を安定させるという政策の根底には、ふつうの農民が経済的に厳しい状況におかれているとの認識がある。李悝は一〇〇畝の土地をもつ五人家族を平均的な例として取り上げ、その土地からは一五〇石の収穫が得られる、とする（一石は二〇リットルに等しい）。土地税として一〇パーセント（一五石）が徴収され、一家の生存には九〇石を要するため、四五石が残る。市場価格は一石あたり三〇銭なので、余剰分は一三五〇銭に換算できる。地域で行われる祭祀に年間三〇〇銭を払い、五人分の衣服をそろえるには一五〇〇銭が必要だ。つまり毎年、四五〇銭の赤字を抱えることになるが、「この中には思いがけない災難や病気、弔いなどの出費をはじめ、おかみの賦斂などはふくまれていない[49]」。だから、余剰穀物を売りさばいて現金収入を得、基本的な必要を満たすことを可能にしてくれる市場は、農民の生活にとってこのうえなくだいじなものだと李悝は考えた。しかし市場に対する農民の依存度が高いということは、極端な価格変動から農民を保護するために国家が介入せねばならないということでもある、と結論付ける。

この時代の農民経済に市場の影響が行き渡っていたかについては、多くの研究者が疑問視している。とくに、この説は李悝自身の言葉とされてはいるが、彼の時代より大きく下った紀元一世紀に編纂された『漢書』に登場するものだ[50]。李悝の説明したことが戦国時代では一般的だったとはもちろん考えられないが、周の旧版図のなかで最も商業が発達していた魏ではふつうだったかもしれない。戦国時代には君主やその親族や高官、そしておそらくは一部の商人に富が集中し、この集団と下級エリートとのあいだの経済的二極化が進んだ。ただ、考古史料は李悝の悲観的評価とは違い、下級エリートと庶民の境界がぼやけるにつれて社会の下層部で富が広く分配されるようになったこともうかがわせる。秦では商鞅の改革が起きたころに埋葬法が大きく変わっており、それは貴族の地位にも大変化が訪れたことを裏付けている。下層部の埋葬の風習に関する考古史料が豊富に残されている楚では、戦国時代に副葬品が徐々に均一化に向かい、下級貴族の特権が切り崩され、富が社会的地位をはかる物差しとして重要性を増していったことを示している。楚の古墳では、質素なものもなかにはあるが、副葬品を納めた墓が大半を占めており、そこには社会が全体的に豊かになったことが映し出されているようだ[51]。楚の社会で青銅礼器の所有が広がったこと、また青銅器の多様化と大型化が進み、細かい装飾が施されるようになったことは、下級貴族や新興庶民の消費欲求を示すものだと、一部の研究者は考えている[52]。斉の庶民やエリートの墓跡から出土した、武器などの副葬品にも均一化が認められ、「エリートから少なくとも一部の庶民のあいだには生活様式の断絶がなく、ひとつの連続体が存在したことがわかる[53]」。

中国に貨幣や市場が出現したのは、拡大する領土から君主が資源を集めねばならないからだった。刀や農具の形をした青銅貨幣は、地中海世界で貨幣が使われ始めたのとほぼ同時期の紀元前六〇〇年ごろにあらわれた。貨幣は実用品をかたどっていて、こうした道具が金《かね》をあらわすしるしとして使われたことは、器具類の経済的価値が大きくなったことをおそらく反映している。農具の形の貨幣（布銭）は当初周王の名で発行され、ほどなく晋、鄭、宋、衛といった中原の他の主要国で模倣された。紀元前五〇〇年ごろには東部沿岸地域の斉と燕が独特の形をした刀銭を発行し始め、およそ紀元前三三五年ごろには秦が最初の環銭、半両銭を導入した。南の楚の貨幣制度はほかのどの国とも違い、金《きん》のかけらや宝貝《たからがい》（小安貝）を模した青銅、布銭が使われていた。何種類もの貨幣があったことから、楚では他にさきがけて貨幣価値をあらわす抽象的な単位が誕生し、種類の異なる貨幣の交換が可能になった。また、楚の金貨は、斉と秦などでは国際通貨に近い役割を果たしている[54]。

各種貨幣や通貨単位の分布に着目すると、四つの流通区域が浮かび上がってくる（地図2－3）。斉の刀銭と秦の半両銭は均質性が高く、秦以外ではあまり流通していない。他方、斉と秦の遺跡から外国の青銅貨幣が出土することは非常に少なく、もっぱら楚が発行していた金《きん》のかけらを国家間の取引に使っていたと思われる。かたや三晋をはじめとする中原の中核国は多種多様な青銅貨幣を発行し、それらは広く行き渡っていた。また三晋のうち趙と魏は、ほかの国々よりも早い時期に、さまざまな額面の青銅貨幣を発行している[55]。楚には独特の貨幣制度があったが、この国の青銅貨幣は——魏の貨幣を模倣した布銭など——魏をはじめとする中原諸国で流通

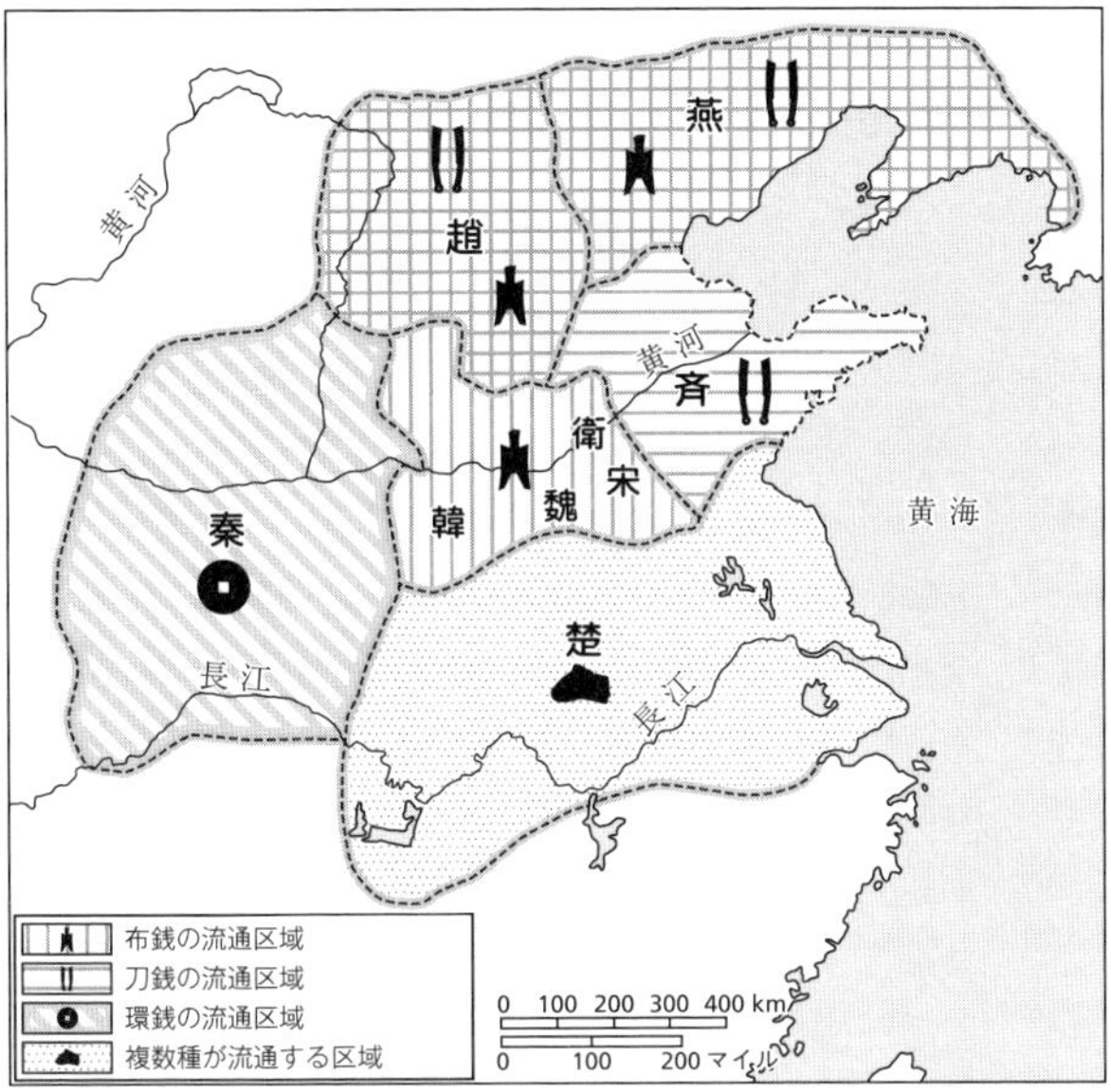

地図2－3　戦国時代の青銅貨幣の分布

しており、この地域で商業交流が広がっていたことをうかがわせる。中原地域の遺跡、なかでも魏と韓の心臓部にあたる現在の河南省地域から各種貨幣が大量に出土していることも、ここで商業交流がさかんに行われていたという見方を裏付ける[56]。

　貨幣の増殖とともに民間の商人階級が誕生し、君主は必要不可欠な物資や資源をもっぱらこうした人々を通じて購入した。財力に加え、そのサービスに対する需要が高まったことから、商人はかなりの独立性を手にした。越の宰相だった范《はん》蠡《れい》は紀元前四七三年に辞任したのち、斉に行って農耕に打ち込み、数十万銭の財産を築いたと言われる。さらに中原地域の交易の中心地だった陶に移り、その地で「産業を営んで商品を蓄え、たくみに時機をつかんで利潤を追求し……十九年のうちに三度、千金の財を手に入れ」た。また魏の商人、白圭（活躍期　紀元前三七〇年頃～紀元前三〇〇年頃）は穀物と絹糸、漆の商いで莫大な富を築いた。魏の君主は商才豊かな白圭を政府の要職に就かせている。宰相となった白圭は、例えば物品税の税率を一〇分の一から二〇分の一にするなど、商業振興策を強力に推し進めたという[57]。商いによる成功をばねに政治の世界に入った人はほかにもいる。衛の呂《りょ》不《ふ》韋《い》という商人は各地を渡り歩いていたが、趙の都邯鄲《かんたん》で莫大な富を得て秦の太子の子（子楚。のちの荘襄王《そうじょうおう》）の関心を引き、友

情を築いた。紀元前二五〇年に子楚が王になると、呂不韋は宰相として迎えられている。紀元前二四七年に荘襄王が没して一三歳の息子が即位すると、呂不韋は将来統一中国初の皇帝となる王のために摂政的な役割を担い、政治上の助言を与えた(58)。

世界の頂点をめざし絶え間ない競争を繰り広げていた戦国時代の君主は、経済的戦略物資の価値をよくわかっていた。『管子』のなかに、楚、斉、燕の君主を「陰王」と呼び、この三者は自分たちが有する資源（楚の金、斉と燕の塩）を最大限活用するすべさえ知っていれば、絶対的な権力を得られる、と述べている箇所がある。例えば斉の君主が民に塩を製造させれば、穀物の生産量が多く塩のない中原の内陸国に販売でき、膨大な量の金《きん》を得ることができる。金を十分に蓄えればあらゆる物資の価格を統制でき、必要なものを必ず手に入れられる。だが領土にある天然資源から利益をあげるすべを知らなければ、その者は君主として不適格だという(59)。

商人企業家の出現は、君主の側に資源を集める必要があったことだけでなく、地域ごとに鉄や塩、漆、絹などの生産の特化が進んでいたことの反映でもある。企業家が製鉄や製塩から生み出した富は「一国の君主と同列に(60)」なり、君主はこれをなんとかして手に入れようとした。秦の君主たちは当時「山沢の物」と呼ばれた鉱山や塩田を自身の領土に組み入れている。ただし、ほかの国でもそうだったのだが、経営には直接関与せず、この収益性の高い産業が生み出す物資に物品税を課した。『管子』には、鉄鉱山を直接経営してはならないと書かれている。官営工房では刑徒と奴婢を働かせることが多かったが、鉱山のある遠隔地でこうした者を使えば、脱走することは間違いなかった。とはいえ鉱山での過酷な労働を労役として自由民に課せば、反感を招く。管子は斉の君主に対し、民間の企業家に鉄鉱山を経営させ、生産物の三〇パーセントを徴収するよう助言している(61)。

国家の経済的厚生のためにも軍事的な安全保障のためにも、商業活動に規制を加えることが必要だった。紀元前三二三年に楚の中央政府が地方官に向けて発行した鄂君啓節《がくくんけいせつ》は、戦国時代の国々が国内の商業にどんな規制をかけていたかを教えてくれる貴重な史料だ。ここには、決められた経路上で免税措置を受けることができる旨が記されている。車を使う場合は五〇台、舟なら一五〇隻を上限とし、免税資格は一年に一回更新される。交易を目的とする移動は政府の監督のもと楚の版図内で行われていたと思われるが、具体的にどんな物資が扱われていたのかや、政府の握っていた商業利権がどのようなものだったのかは、鄂君啓節からはわからない。そのうち車用のもの（「車節」）には楚の北部辺境を走る経路が示されており、輸送禁止の品目として金属や皮革、矢など軍事的

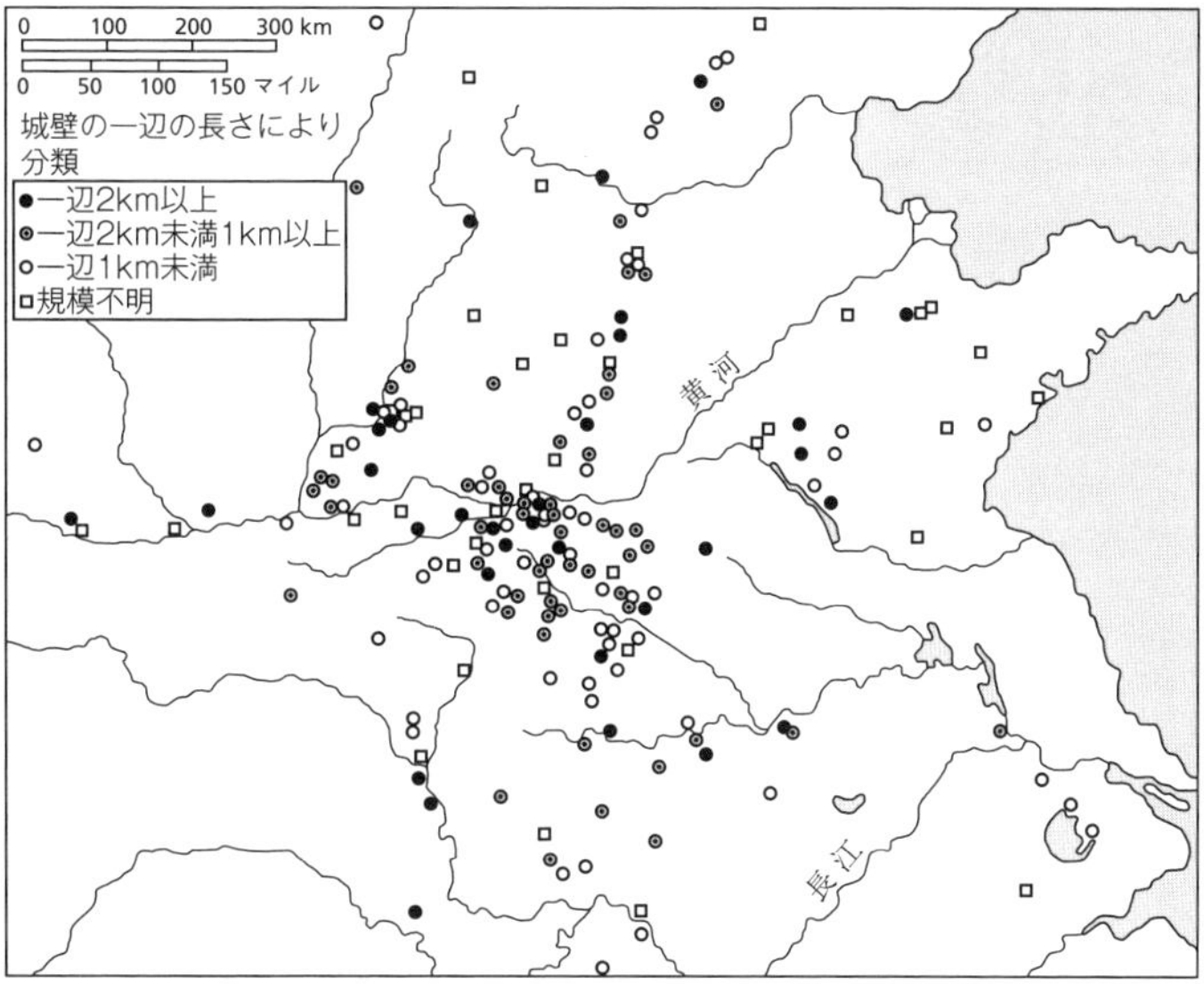

地図2－4　戦国都市遺跡の分布図
出典：江村 2005: 68, 図22.

価値をもつ戦略物資があがっている。ところが南部辺境の経路を示した「舟節」のほうには、その種の規定がない[62]。鄂君啓節は主要な商業ルート上にある関所で楚の政府が関税を徴収していたことを示しているが、斉にも同じような制度があったことがわかっている。これに対して秦では、辺境での交易には厳しい規制を設けていたものの、国内を移動する物資には課税していなかったようだ[63]。

都市の変容

戦国時代の経済が大きく変化したことを何よりも雄弁に物語るのが、都市の数と規模、構造の劇的な変化だ。考古学者がこの時代の城塞都市として確認した場所は四〇〇カ所を超え、面積一平方キロメートル以上のものは一一四カ所にのぼる（地図2－4）。戦国時代の都市が驚くべき成長を遂げたことは、国都の規模を見さえすれば容易にわかる。戦国七雄の国都はいずれも城壁が長く、一辺が四キロメートル以上ある。そのなかで最も大きい燕の下都《かと》の城壁の一辺は八キロにもなる。表2－1は、城壁の最も長い辺の長さから見た、二〇大都市の規模を示している（ただし、紀元前三六二年に魏の都となった大梁など、まだ発掘されていないために記載のない重要都市もいくつかある）。戦国時代の都市は春秋時代の都市に比べ

表2－1 戦国都市の規模

都市名	建造年（記録のあるもの。紀元前）	国名	最長の壁の長さ（m）	面積（㎢）	首都か否か、および首都だった期間
（1）下都		燕	8,000	32	*
（2）咸陽	350	秦	7,200		*
（3）寿春		楚	6,200		*（241–224）
（4）新鄭		韓	5,000		*
（5）邯鄲		趙	4,880	19	*（386–）
（6）臨淄		斉	4,500	20	*
（7）郢（紀南）	519	楚	4,500	16	*（–241）
（8）霊寿		中山	4,500		*（380頃–296）
（9）安邑	385	魏		13	*（–362）
（10）蓼		楚	3,775		
（11）曲阜		魯	3,700	10	*
（12）雍		秦	3,480	10	*（–383）
（13）薛	323	斉	3,300	7.36	
（14）周王城	510	周	3,200		*
（15）蔡（上蔡）		楚	3,187		*（–447）
（16）曲沃		晋	3,100		*（–403）
（17）宋（商丘）		宋	3,050		*
（18）絳（襄汾）		韓	2,700	5.0	
（19）晋陽		趙	2,700		
（20）紀王城		邾	2,530		*

出典：許宏 2000.

てはるかに大きく、その形態にも目覚ましい変化が見られる。春秋時代の都市は、城壁で囲んだ町の中心に、砦で囲んだ王宮を据えるという基本的特徴を備えていて、この都市デザインには君主の防護という機能が色濃くあらわれている。これに対して、戦国時代の国都はふつう壁や運河でふたつの区域に分けられている（三つ以上に分かれている場合もある）。ひとつは宮殿地区で、広い土塁の上に宮殿や離宮、寺院が建てられた。もうひとつは平民の地区で、青銅器や鉄器、玉器、骨器の工房、造幣所のほか、近隣の田畑を耕す農民や工匠、商人の住まいがあった。

戦国時代の都市の形態が変わったことをはっきり示しているのが斉の臨淄《りんし》で、ここは小さな宮殿地区と大きな旧市街からなる。南西部の宮殿地区は周りを壁に囲まれ、内側には鉄器工房や造幣所がある。隣接する旧市街には、道幅が六メートルから二〇メートルの街路が縦横に走っていた（図2－1）。臨淄の宮殿地区はあとから付け加えられたもので、考古学者は田氏が斉の世襲君主を追い落としたのちに開発したと考えている。宮殿地区内にあった工房は国営のものと見てほぼ間違いなく、これよりも小さな私設工房は広い地区の中央部や北東部、西部にあった[64]。戦国時代の最大都市、燕の下都にも同じ特徴が認められ、国営の大規模な造幣所や工房が王宮を取り囲むように点在し、小規模な工房が平民地区のあちこち

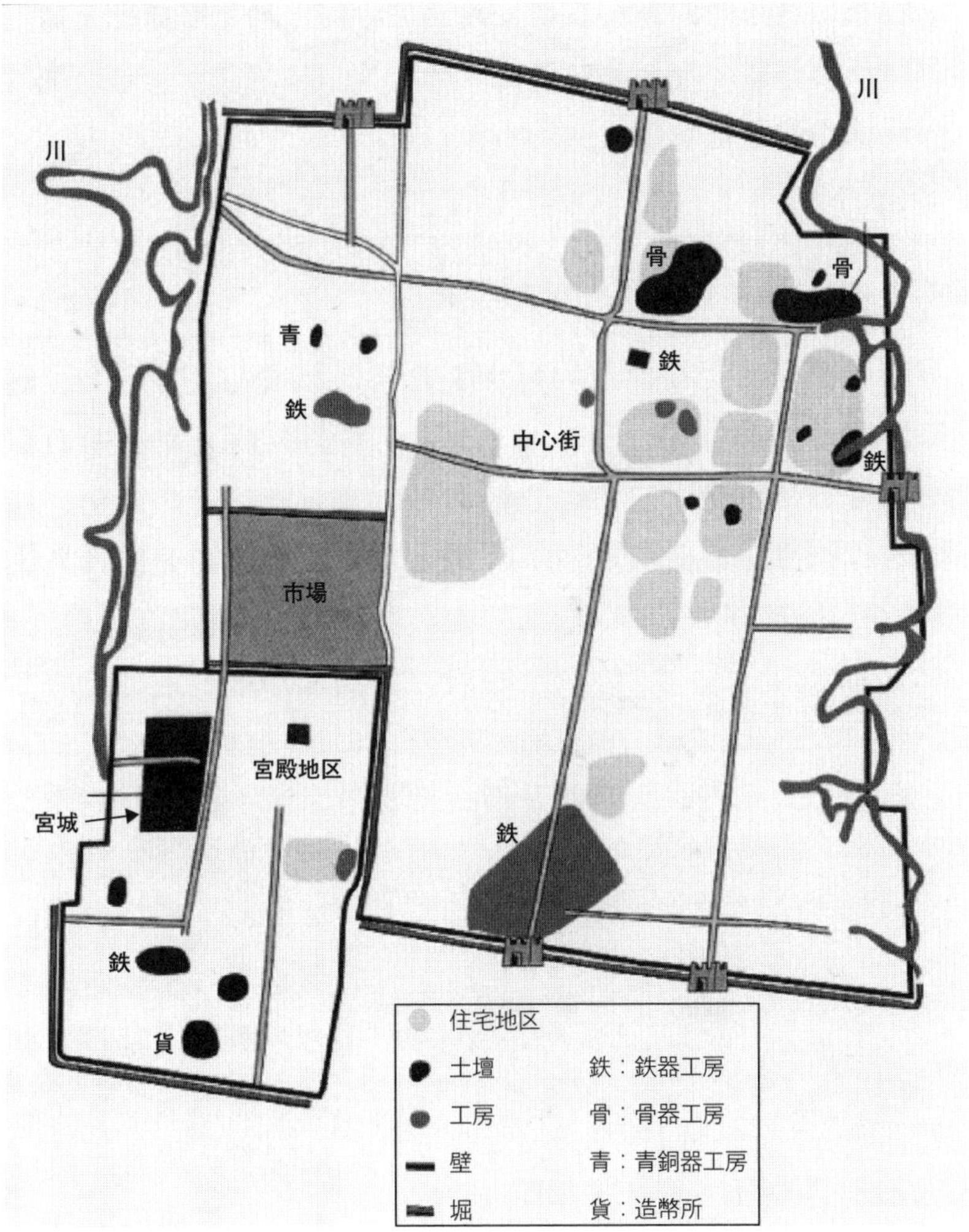
川
川
骨
骨
青
鉄
鉄
中心街
鉄
市場
宮殿地区
宮城
鉄
鉄
貨
住宅地区
土壇
工房
壁
堀
鉄：鉄器工房
骨：骨器工房
青：青銅器工房
貨：造幣所

図2－1　臨淄遺跡

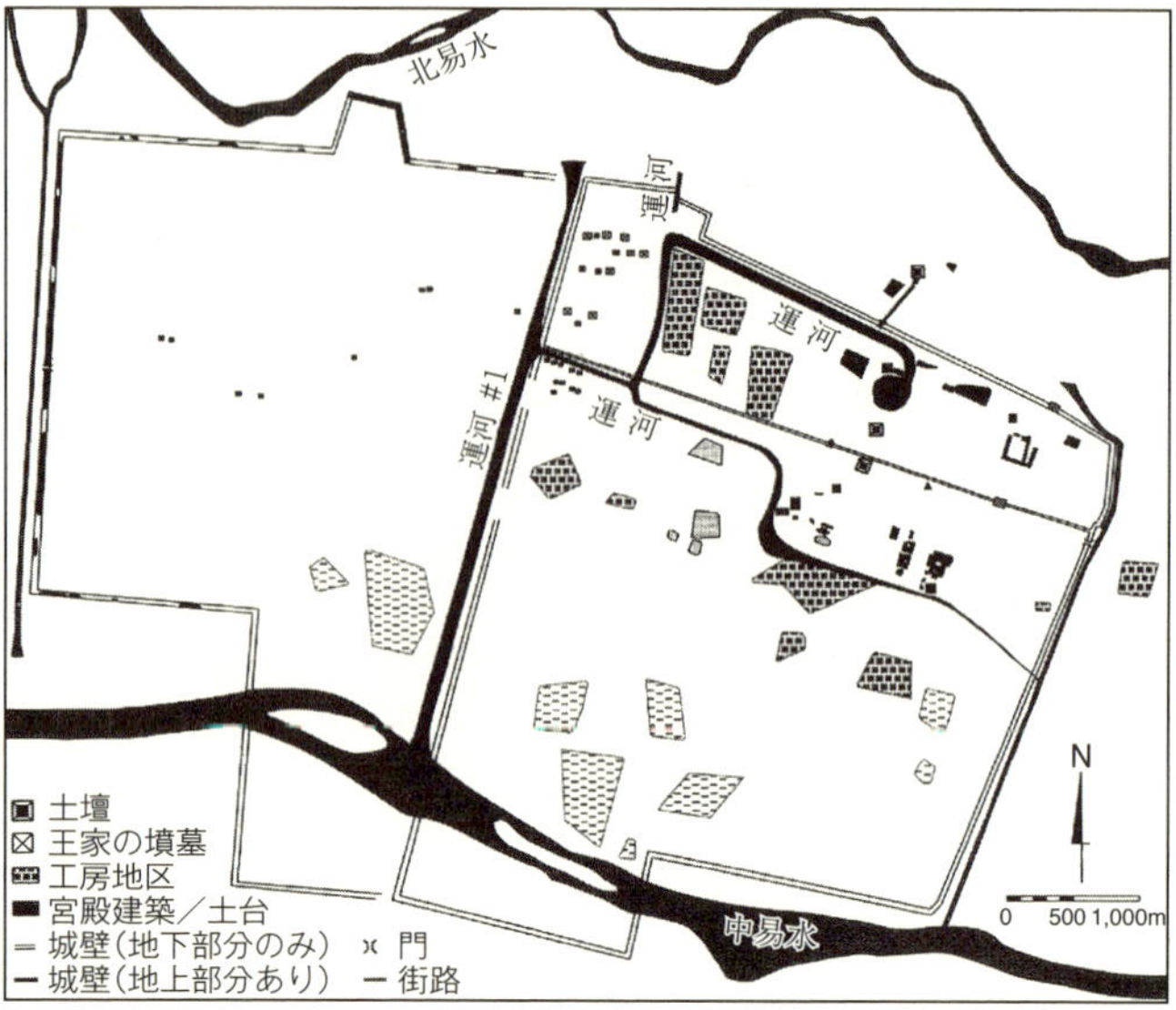

図２－２　下都遺跡
出典：Chen Shen 2003: figure 12.1.

に建っていた（図２－２）。壁に囲まれた西部地区には何も建てられていない。ここは将来、都市を拡大するときのために設けられた場所のようだが、燕は紀元前二二二年、秦に滅ぼされている[65]。

だがこうした大規模な国都よりも重視すべきなのは、それより小規模な商業機能の強い町が、魏や韓をはじめとする中原南部諸国（現在の河南省地域）に次々と出現したことだ。この地域は主要な交易路の中枢を占め、最大の製鉄地域でもあった。青銅器や漆器が普及していたことを示す考古史料も、その多くが魏や韓、さらに南の楚から出土している（地図２－５）。李悝が政権を担ったころの魏では、市場経済の荒波から農民を守る政策がとられていた。しかし白圭が宰相を務めた紀元前四世紀半ばには自由放任の方向に舵が切られ、商人は国家の統制からかなり自由だった[66]。そのおかげで魏では、軍事力こそ縮小したものの、商業は急速に成長した。紀元前二八九年には、李悝の時代に魏が奪った河内を秦が奪還、六〇超の城塞都市を占拠している。また、紀元前二六〇年に魏の政治家が語ったところによると、大梁以東の魏の版図には、「千丈（四方）の城壁で一万戸（規模）の大県が十七、小県で市を備える（規模の）ものが三十あまり」あったという[67]。だが残念ながら、この地域はたびたび黄河の氾濫による被害を受け、地図２－４を一瞥すればわかるように、戦国時代の遺

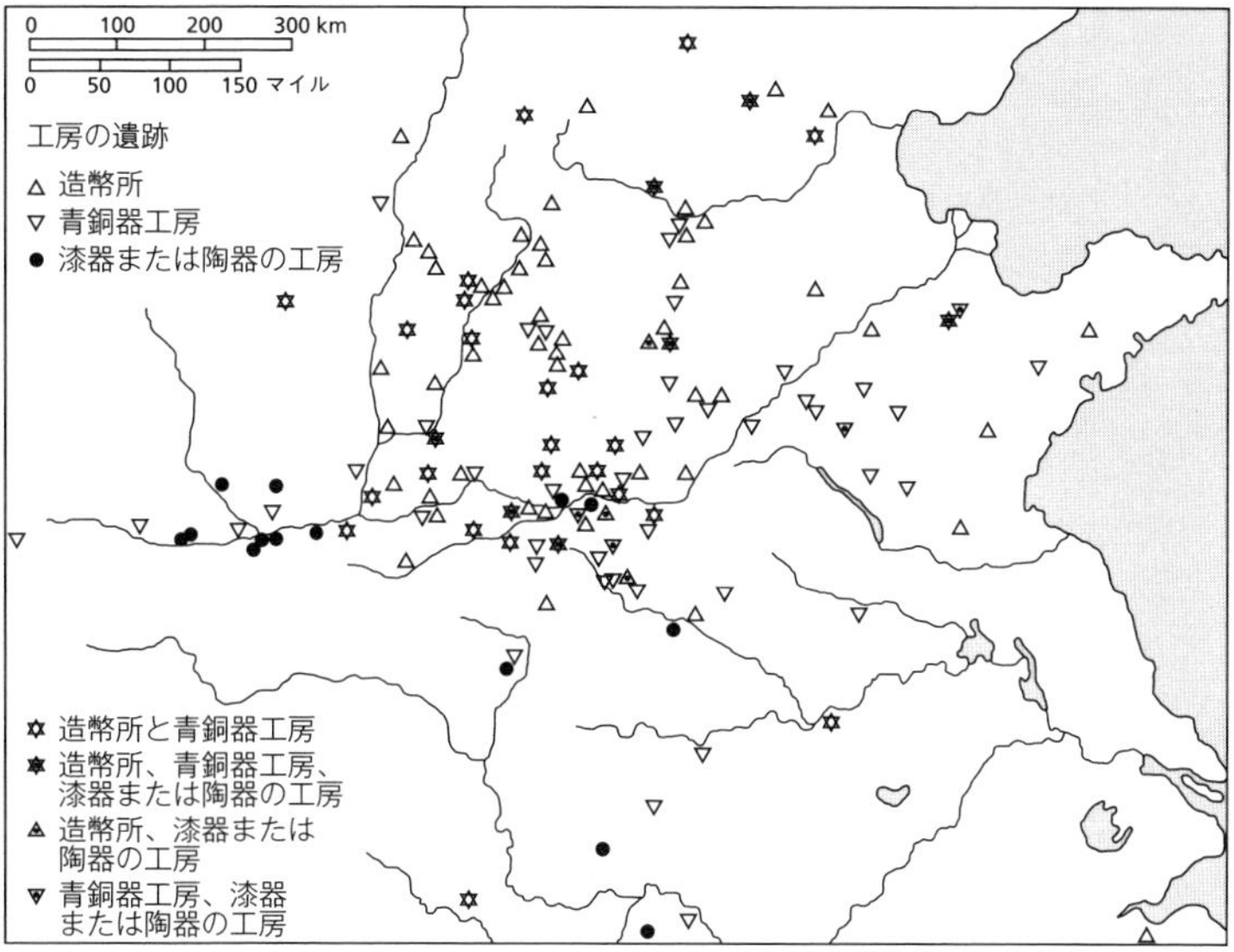

地図2－5　戦国都市の分布と商業活動
出典：江村 2005: 76, 図23.

跡はあまり発掘されていない。

一万戸を擁する県がいくつもあったという言葉を額面どおりに受け取ってはならない。ほかの史料からは、小規模な町には一〇〇〇人、大規模な都市には一万人が住んでいたことがうかがわれ、国都の人口はそれをはるかに上回っていたと思われる——ただし、臨淄が七万戸を擁したという説は誇張以外の何ものでもない。これは紀元前三世紀に、ある政治家〔蘇秦（そしん）〕が口にした言葉とされる(68)。とはいえ、魏の版図内に商業都市が網の目のように広がっていたという説自体は間違っていない。おもな商業中心地はいずれも中間の心臓部に位置している（地図2－4）。宋の陶という都市は東西南北の交易の要衝にあり、「天下の中心に位置し、四方八方の諸侯国と通じ、商品の交易を行う重要な地」と言われていた(69)。衛の国都、濮陽《ぼくよう》も諸国間の交易の要衝として栄えた(70)。

戦国時代の都市が工業品の大量生産に大きな役割を果たしていたことについては、考古学の裏付けがある。青銅器——とくに武器——にも陶器にも、作成した工匠の名が記されており、ここには小さな工房から国営の大工房での生産へと流れが変わったことがあらわれている。紀元前三世紀に編まれた論集〔『呂氏春秋』〕には、諸々の仕事について年間のおもな作業が記された箇所があり、「製品ごとに工人の名前を刻ませ、その善し悪しを考え、もし足らないところがあれば、必ず罰し、その実情を突きとめる」と書かれている。[71] 製品にはたいてい、作成した工匠、製造現場の責任者、製造監督者の名が記されていた。魏の運営する工房でつくられた青銅器には、作器を指示した人の名、作成された日、製造監督者の名、工匠の名、容量、重さが書かれている。[72] 多くの場合、工房は司寇という官吏の監督下におかれていた。司寇はもともと司法や警察活動を司る役職だったが、このころにはしばしば公共事業も監督するようになった。国営工房で労役刑徒を工匠として使っていたためだ。[73] 集権化の進んだ辺境の国々では、国家が大半の工房を運営していた。私設の工房も生産を行っていたが、政府の厳しい統制を受けている。[74]

秦の中央政府は武器の製造と貯蔵を厳格に管理していた。秦で製造された武器の銘文には、製造地から遠く離れた場所が輸送先として記されていることが多い。かたや三晋の魏、韓、趙では、武器の生産地は分散していた。武器庫を兼ねる、「庫」という名の武器工房が各地にあった。魏に関しては、少なくとも一七の工房が発掘されている。[75] 貨幣の鋳造にも、同じような地域差が見受けられる。官僚制国家の秦、楚、斉、燕では国都の造幣所でしか貨幣が製造されていなかったが、三晋の多くの都市は地名を鋳出した独自の貨幣をつくっていた。魏、韓、趙の出土貨幣で国都の名を記したものは多くなく、これらの国の貨幣は、大半が地方の――武器工房がある町の場合が多い――造幣所でつくられたものだった。それだけでなく、ひとつの造幣所がさまざまな種類の貨幣を生産していた。例えば趙の晋陽では刀銭、布銭、環銭を発行しており、斉や秦の貨幣圏とのつながりを明らかにしている。

貨幣や武器の製造について教えてくれるこれらの史料から、三晋の都市は国内経済に対する中央の統制が強かった辺境の官僚制国家とは違い、政治的・軍事的・経済的な独立性が強かったことがはっきりわかる。周の旧版図の心臓部に集中していた三晋の都市は、ほかの国の都市に比べて民間人による交易や商人階級に対する国家の統制が弱く、自由の幅が広かった。[76]

考古学の研究では都市のなかの独立した空間として市場をとらえ、その変化をたどることにあまり注意は向けられていないが、都市は産業の中心であっただけでなく、交易の中心としても栄えた。春秋時代の文字史料では、「市」という文字が都市内の会合の場や、祝祭のための場所、会議場、公開処刑場の意味で使われているが、商業活動にはいっさい触れられていない。[77] ところが戦国時代半ばに入ると、「市」は都市にある市場という意味を帯びるようになる。さらには都市の同義語となり、例えば「城市邑」(城壁と市場のある邑)という言葉がさかんに使われるまでになった。市場に関する斉の法(「市法」)を記した出土史料は、国家の安寧にとって商業が実際的な意味をもつことを理路整然と説いている。

王土には市場がなく、覇者も店舗や露店をつくる必要はない。しかし中規模の国は商業から利益を得、小国は商業によって成り立つ。市場はさまざまな品の源であり、君主が意のままに使うことのできる資源の量をはかるものさしである。市場から利益を得ることができる中規模の国は力をつけ、市場から利益を得ることができる小国は安泰でいられる。市場が栄えれば物資が循環し、物資が循環すれば、人は……［欠字］そして各国の富と財がやってくる。各国の富と財がやってくれば、小国も豊かになる。[78]

王者がいた牧歌的で平和な周代初期とは違い、熾烈な競争が繰り広げられる戦国の世では、交易を通じて入手した物資や商業に対する課税から得た収入は、国家の存立に欠くことができないものだった。商業の重要性は、大規模な軍隊と戦えるだけの人的資源がない小さい国ほど大きかった。

当然と言えば当然だが、専制君主国では商人の活動を監視し、統制不能になるおそれのある都市民の秩序を保つために監督職を設け、市場の動きに目を光らせていた。秦の都がおかれていた雍では、発掘調査の結果、二辺が一五〇メートルと一八〇メートルの長方形の市場が北西部にあったことが明らかになっている。市場を取り囲む四つの壁の中央には門があり、内部には道が縦横に走っていた。[79] 斉の「市法」では、市場は町に設けること、広さは町の規模に見合ったものにすることが規定されていた。例えば国都については、四〇〇平方歩（雍にあった市場のおよそ三倍）にするよう定められている。この法にはまた、市場を壁で囲って人の立ち入りを制限する、ただし物資の運搬を妨げないよう門は十分な大きさにする、という規定も設けられていた。店は種類別に並べねばならず、店舗の規模は商品の重要性に応じて決められた（安価な品物ほど、場所を広くとることができた）[80]。残念なことに、三晋の商業都市の構成を知ることができるような文字史料や考古史料はみつかっていない。

商業活動は、つねに政府の役人が監督していた。戦国時代の陶器と漆器の多くには墨で「市」や「亭」（政府の出先機関や駐在所）、あるいは「市亭」と書かれていて、市場の監督官による品質保証を示すしるしと考えられている。[81] かつて楚の都、蔡《さい》のあった地域（表2－1の15）から、大量の封泥《ふうでい》（粘土に印を押して封印としたもの）が近年出土し、市場に対する政府の規制について新たなことがわかった。封泥の多くには「市」の文字が記され、「夜市」や「工市」などさまざまな市場があったことを裏付けている。そのなかに珍しい文字がひとつあり、民間人の経営する店を指すものと考えられている。金細工や織物、刺繍などの店かもしれない。「市の器」や「蔡の器」を意味する表示も多く、おそらくこれは蔡の市場で広く使われていた計量単位を指すものと思われる。最も多いのが「府」（政府の庫《くら》）の字で、「右府」「東（および西南北）府」「東（および北）門府」「門関府」「栗府」のように、さまざまに使われていた。地名や動物の絵（おそらく商標だろう）、あるいは「信」や「篤」「質」という文字の記されたものもあった。封泥の多くは蔡をはじめとする楚の都市のものだが、魏、秦、斉のものもわずかながらある。[82] 一言でまとめると、蔡の封泥は都市の商業活動がさかんだったこと、市場にはいろいろな種類があったこと、地元の商人だけでなく外国の商人もいたこと、さらに国家が物資を調達したり、市場の活動を規制するなどの形で都市の経済に深く関わっていたことを示している。[83]

財政国家の政治経済

戦国時代の政治家や思想家は一様に、農業を基幹となる仕事（「本業」または「本事」）ととらえていた。農業は民にとっては命の糧であり、君主にとっては富の源なのだった。専制国家にしてみれば、国力は軍事力から生まれるのだから、人口を増やせば君主は強大な軍隊を維持することができる。『商君書』も、「国の興隆する根拠は農業と戦争である」と説く。[84] 例えば李悝のような政治家は、農耕技術を高めて生産力を強め、旱魃や洪水、季節による価格の変動から農民を守る必要性を訴えた。『管子』の古くに書かれた部分にも、君主は耕地を増やし、予定外の労役や軍役で農作業を妨げることを差し控え、飢饉の際に民を養えるよう穀物を十分に備蓄せねばならないと書かれている。「五穀の粒は人民の生命をつかさどるものである」（五穀食米、民之司命也）は、引用されることの多い言葉だ。[85] だが儒家もまた、民に物質的な幸せをもたらしてこそ、君主は臣民の道徳心を育むことができると説いた。孟子の言葉を引くなら「そもそも民というものが、ひとりでにきまって向かう方向は、一定の生産［恒産］がある場合には一定不変の心が保てるが、一定の生産がない時には、心までも動揺して一定の心をなくするものである」。孟子はこうも述べている。「一体、仁政というものは、必ず土地の区ぎりを正しくすることから始まる。区ぎりが正しくないと、井地の分け方が均一公平でなくなる。従って、そこから取り立てられる穀物、言いかえれば禄高も、一様でなくなる」。[86] 孟子によれば「井田制」（「井」の字が使われるのは、同じ面積の九つの土地を表しているためと考えられている）は、農民を自活させ、君主が少量の収穫物を得られるよう、いにしえの賢王たちが考案したものだという。

このように、農業が経済の支柱をなすことについては誰もが認めており、基本食糧に対する庶民のニーズと専制国家の求めるものとが対立しているとの認識も共有されつつあった。戦国時代の政治家たちはまた、市場経済を野放しにすると富の不平等が生まれ、国力と民の生活を蝕むということを徐々に理解していった。政治家たちもはじめのうちは、商人や商業活動に対する自由放任を公言していた。鄭の子産は自国の商人から無償で玉を手に入れようとした晋の大臣に対し、鄭の君主がかつて商活動に干渉せず、圧力もかけないという約束を都市の商人と結んだことを盾にとり、協力を拒んだ(87)。紀元前五二三年には、斉の晏嬰《あんえい》という宰相がこんな批判をしている。君主は鉱山や森、海の資源を独占し、都の商人から物をせしめる宮廷の女たちを許している。辺鄙な町や村の民は都で重労働をさせられ、途方もない額の税を払わされる。ここまで不徳義なことをしていると、斉は立ちゆかなくなる、と(88)。君主が富と権力に執着していることに誰よりも批判的だった孟子は、いにしえの世に官吏たちが市場を監督していたのは単に市場の秩序を守るためであって、物の売買には干渉しなかったと述べている。価格操作を目的に悪党が物を買い占めようとしたときに限り、官吏はそうした卑劣な行為をやめさせる手段として、商品に税金をかけたという(89)。

利益の追求は必ず物欲と欺瞞の種をまくという孟子の確信には、経済や政治の分野で力をつけてきた商人階級についての考え方が大きく転回したことが示されている。孟子と同じく利益追求という動機を批判する思想家はさまざまな学派におり、孟子の強力な敵対陣営である法家はとくに強硬な立場をとっていた。李悝や商鞅をはじめとする政治家は、民間人による商いや、不当利得行為を働く商人階級を、臣民の生活を脅かすものととらえていた。法家の代表的思想家、韓非子も、商人に富が集中すれば社会秩序が損われる、それは何より、商人でない人たちまでが商売で楽に儲けてやろうと、苦しい野良仕事を投げ出すからだと述べている。

今の世では……官爵を買うことができる。それができるから、商人も工芸家も地位が賤しくない。また無用の贅沢品や装飾物が市場でよく売れるから、それを扱う商人（や作る工芸家）は減りはしない。かれらの収入は農民のそれに数倍し、しかも農民や兵士には地位や名誉も与えられないのである。だから律儀な働き手は減って、楽でもうかる商人になる者がふえる(90)。

このように、商人は根絶すべき「五種類の寄生虫」（五蠹《ごと》）のひとつだと韓非子は考えていた。

とはいえ、秦ですら、商業を押さえこむよりは規制しようとした。例えば呂不韋は、秦の執政について述べるなかで、農民が収穫を集めて販売する中秋には、物の売買と流通を促すために、商業に対する課税は低くすべきだと説いている。

> この月には、税を安くして商人を引き寄せ、貨財を運びこませて民の生活に役立てる。商人が四方から集まり、遠方の人も訪れ、財物は豊かになる。君主も欠乏することがなく、百事が達成される。(91)

ここで呂不韋が述べていることは、商活動を押さえ込もうと、煩雑な物品税や市場に対する課税を説いた『商君書』の内容と真っ向から対立する。(92)だが荀子や『管子』の著者陣など、同時代のほかの思想家は、税を軽くし、外国との貿易を促進することは有益だと主張した。

『管子』は、勢いを増しつつあった戦国時代の政治経済の様子を何よりも雄弁に物語っていると言えるだろう。この書物は、斉の桓公と宰相の管仲（紀元前七一〇年頃～紀元前六四五年頃）との会話をまとめたものと伝えられてきたが（管仲にはマキャベリを思わせるところがある。また、桓公との会話はソクラテス式対話と言えるだろうか）、現存するテキストははるか後代に書かれている。成立年代の古い箇所は、戦国時代最後の一世紀、斉の王都にあった学堂で、稷下《しょくか》の学士が執筆した。その諸篇は主題も趣旨もまちまちで、執筆者の思想的立場はかなり多様だ。漢代最初の一世紀に書かれたと思われる「軽重篇」（第六八から第八六まで）では、比較的まとまった経済学説――純然たる重商主義と統制政策――が展開されている。執筆者が複数いるのは間違いないのだが、「軽重篇」はひとりの著者が書いたことにしてもおかしくないくらいまとまりがよいので、ここでは便宜上、著者を指す呼称として「擬似・管子」を使うことにしよう。次の章では「擬似・管子」の経済思想を掘り下げる。ここでは、早くに書かれた諸篇に的を絞り、そこに見られる古い、そしていろいろな点で「軽重篇」とは対照的な政治経済観に分析を加えたい。この部分の著者たちは、やはり便宜的に「原・管子」と呼ぶことにする。(93)

「原・管子」の唱える基本原則は、君主たるもの――本書の第一篇によれば、民を牧養する「牧民」であるので――飢饉が起きたときに民に与えられるよう、穀物と物資を蓄えねばならない、ということだ。君主はしっかり備蓄を行うだけでなく、自分の富を気前よく分け与えることもできなくてはならない、とされた。「原・管子」も、専制国家と市場経済の出現によって緊張が高まり、争いが生じたと認識していた。例えば、以下のように述べている。「農村は都市と民の数を競い、民家は役所の倉庫と物資を競い、金は穀物と価値を競い、地方の村落は朝廷と政治を競うものである」[94]。国家と民を健全に保つには作物の生産も商業も必要だが、君主は両者の微妙な均衡を維持するよう、行動に気を付けねばならない、という。商業で得られる利益が農業からの収入を上回れば農民は土地を放り出し、国家がひどい重税を課すと、民はいざというときの備えができなくなる。穀物の供給と需要は季節や年によって変動するので、食料価格が上下して、致命的な結果をもたらす危険もある。穀物の価格が安ければ生産者が苦しみ、高ければ消費者が苦しむ。だから――かつて李悝が唱えたように――賢明なる君主は市場に介入して価格の均衡を図らなければならない、と説く。

「原・管子」はまた、社会は士農工商の四階級で構成されるという、その後の中国社会に規範として根付いていく考えを打ち出した。いわく、士、農、工、商には、それぞれ社会のなかで果たすべき役割があり、その職業は父から子へと受け継がれ、生活の場も分けるべきである、と。おもしろいのは、工匠は官営工房で、商人の場合は市場で生活するものとされている点だ。企業家精神が求められる商業の世界とは異なる官営の産業があったことが、ここにもはっきり示されている。この篇にはまた、商人の振る舞いや行動について、類型的な見方が示されている。

［商人は］凶作や飢饉を見通し、国家の変事を正確に予想し、四季の気候の変化を調べて各地方の産物の状況を調査し、それによってそれぞれの市場の物価を知り、品物を背負ったり抱きかかえたり、牛の背に積んだり馬車に載せたりして、四方の土地をめぐり歩き、品物の多い少ないを調べ、値段の高い安いを計算し、持っているものを自分にない物と交換し、安い時に買い入れ、高くなった時に売ります。……不思議な見たこともない品物が時を問わずに移入され、珍しい物がすべて集まります。彼らは朝から日暮れまでこの仕事をしつづけて、自分の子弟を教育するのです。彼らは利益について話し合い、売買の時期を示し合い、物価について語り合います[95]。

この部分では倫理的な判断を下していないが、「原・管子」はほかの場所で、商業的利益のみをひたすら追求する行為は生産者に打撃を与えると痛烈に批判している。

だが結局のところ、民の生活や豊かさを実現するのは君主のなすべきことであるという。「物資が多く豊かで、人民の仕事が正しく行われて生産が充実すれば、天下の諸国に供給を求めるものはほとんどなくなる」と、「原・管子」は経済運営についての篇で述べる。君主が資源を浪費すると民を困窮させ、しまいには国の土台を掘り崩すことになると忠告するが、引き締めではなく、節制を説いている。つまり君主は倹約と放漫のバランスを保たねばならないという。

黄金は消費の尺度を示すものである。黄金すなわち貨幣価値の原理を明確にすれば、財政の放漫と引締めを理解することになる。放漫と引締めとを理解すれば、すべての消費が節度をそなえるようになる。つまり、財政を引締めれば生産に害をもたらし、財政を放漫にすれば物資に害をもたらすのである。それというのも、財政が引締められれば倹約となって貨幣価値が下落し、貨幣価値が下落すれば購買力は低下して生産力があがらなくなるのである。それゆえ生産に害をもたらすことになる。また、財政が放漫になれば奢侈となって貨幣価値が上昇し、貨幣価値が上昇すれば物価が安くなって購買力が高くなるのである。それゆえ物資に害をもたらすことになる。物資が無くなってから、そこで始めて足りないことに気づくのは、需要の量を知らないためである。生産事業が終わったあとに、はじめて物資に余剰のあることに気づくのは、供給の節度を知らないためである。[96]

「原・管子」はここで、物や貨幣自体に価値があることを否定し、君主の金融政策が相対的な価値を決めると説く。あまり税を軽くして支出を抑制しすぎると金の需要が下落し、市場に貨幣がだぶついて、物価が高くなる。反対に、税が過度に重く支出が多すぎると、金の需要が高まってデフレーションが起き、生産が阻害される。したがって倹約の度がすぎる君主は、浪費家の君主と同様に害を及ぼすのだという。

『管子』の「侈靡《しび》篇」は別個のものと考えたほうがよいくらい、独特な論を展開している。国家の支出は経済を刺激して繁栄をもたらすところに価値があるとまで力説しているのだ。冒頭では——法家の韓非子も同じ見方を示しているのだが——人口の増加は不幸な結果につながると唱える。なぜなら土地の価格が上昇して農民のあいだに競争が起こり、家庭が崩壊して路頭に迷う人が続出するからだ。だが富裕な者の豪勢な生き方こそが——例えば高価な建材を用い、美しい副葬品を収納した豪華な墓を造営する、といったことが——貧しい人の雇用を生み出すのだという。「富裕になった者が金銭を浪費するようになれば、市況も活発になって貧困の人も働いて物資の生産にあずかり、生活が豊かになるのであります」。侈靡篇は、経済を活性化するうえで商業と派手な消費が果たす役割を手放しで評価し、異色ぶりを示している。

旅商人……は、村落を選ばずに自由に住みつき、家を選ばずに勝手に同居し、外にあっては利益の得られる取り引きに従事し、内にあっては得た利益を守蔵せずに散財します。彼らは国の山林から材木を切り出してこれによって利益を得、商店での仕入れ値は原価の二倍になります。このようにして上層階級の生活は奢侈となり、それとともに下層階級の浪費もふえ、君主が互いに利益を得て、上下が互いに親しんで交際するようになれば、群臣の財貨は自然に流通して私蔵されなくなります。そのようになれば貧賤な者たちも仕事が得られるので手足を動かして働き、十分な食が手に入るようになります。(97)

『管子』のなかで公的支出が益をもたらすと論じるのは「侈靡篇」だけだが、「原・管子」の主張は、少なくとも行きすぎた緊縮政策を批判する点では一貫している。「侈靡篇」の記述はともかく、「原・管子」が唱える政治経済の基本理念は、同時代の思想家や政治家の思想にも通底する。儒家は軍事力を増強するために国を豊かにすることこそ否定していたが、市場の活動を円滑にして必要な物資が民のあいだに行き渡るようにする責任を君主が負うことを認めるのにはやぶさかでなかった。例えば荀子は、すべての民に益をもたらすよう君主が資源を管理し、物資を最大限に流通させ、税を軽くすることについて説いている。

王者の法について。租税に差等を設け、民事を正しくし、万般の事物を整えるのは、畢竟万民を養うためである。今これを詳論すると、田畑の税は十分の一、関所や市場はただ一応不正を取調べるだけで税金は取り立てず、山林や沢梁で物をとることは時期によって或は禁止し或は許可する規制をするだけで、税金を取らず、土地の肥え痩せを調べて課税に差等を設け、道程の遠近を考えて貢物を上納させ、物資や食糧を流通させて一箇所に停滞する事なく、それぞれ必要の地方に輸送させれば、天下中は恰《あたか》も一家の如くなごやかな気が満ちあふれるようになる。(98)

だが、民の生活や国庫のために商人から利益を掻き集めるのは難しかった。個人の蓄財や経済的不平等がもたらす弊害を警戒していた法家は、よく制御された市場経済という主張にも反対した。法家の見解によると、民の生活を守るにはまず国を豊かにするしかなく、国家は商人企業家などが権益を拡大することのないよう徹底して努めるべきだという。

戦国時代の政治経済は、成文法が儀礼や慣習に取って代わったこと、貴族による家産制的統治が国家という公権力による統治に変化したことを映し出している。また、領土的基盤に立脚した春秋時代の都市国家に代わり、財政国家が新しい政体として浮上してきた。(99) 財政国家とは、専制的な君主が、夫婦と被扶養者からなる世帯の集まりとしての社会を、租税と労役、軍役を通じて従属させる体制である。経済的資源を一極に集中し、軍事力を増強することによって、君主は敵対国から版図を守り、臣民を豊かにし、個人の利益より公共の福祉が尊重されるように図った。さらに市場での交易に規制を設け、商売や財産権をめぐる紛争を仲裁し、戦略物資の生産を管理した。もっとも、儒家は民にどんな累が及ぶかを顧みず、「きびしく重税を取り立てる臣」（聚斂之臣）を忌み嫌っていた。[100] 荀子は、君主が税を集めることだけを考えると国は滅ぶと説いている。[101] だが秦漢帝国は財政国家の原理を守り、儒家の政治家も、何人かの例外はいたものの、国を運営する必要から、この考えを認めるにいたった。

まとめ

西周の家産制国家は儀礼体系を土台にし、王は各血縁集団に、序列や王室への貢献度に応じて爵位や官位、富を与えていた。紀元前七七一年に西周が滅びる前から王の権威にはかげりが見え始め、各地の政体は周王からの独立を唱えるようになった。とはいえ春秋初期の新しい都市国家でも、社会の秩序を形づくっていたのは貴族の威信や血縁集団間の序列、儀礼上の決まりだった。周の領域が東に拡大するにつれ、支配層の文化は均質になっている。だが戦乱が続いたことにより、春秋時代の社会は軍事色が強くなり、国人が登場し、権力が世襲貴族から大臣や武人の手に移るなど、新たな動きが生まれた。そして、血縁に根ざした政体ははてしない内紛の渦に引きずりこまれていった。各地に広がった無秩序のなかから官僚組織を備えた集権的な政権が生まれ、機能停止に陥った都市国家を飲み込みながら拡大し、大きな領域国家へと変わっていく。

紀元前六〇〇年ごろから、強い君主に権力が集中するとともに地域の統合が進んで、周の旧版図では経済と社会の構造に大変化が起きた。鉄器革命も社会秩序を一変させている。鉄冶金術のおかげで、破壊の技術も生産の技術も一新され、権力の集中がさらに進んだ。戦国時代に専制国家が勃興したのは、人と資源が戦争に動員されたことによるが、それには国家と臣民とを直につなぐための政治的・経済的・法的支配の新しい手法が必要だった。そうした政策を通じて、小農が農業生産の単位に、夫婦と被扶養者からなる世帯が課税や労役・軍役徴発の基本単位になった。また農業生産量が増加する一方で、鉱業や林業、手工業、運輸の仕事に就く人が増えている。官営工房で大量生産が行われ、支配層だけでなく都市の消費者も多種多様な品物を手に入れることができるようになった。生産の地域別専門化や独立した商人階級の登場、銅銭の流通などの要因が重なり、遠隔地交易が活発になっている。社会的地位を左右する基準として、血筋や身分よりも物質的な豊かさや官位の有無のほうが重視されるようになった。伝統を重んじる儒家は家産制国家の崩壊を憂えたが、孟子の生きていた紀元前四世紀には、領土的基盤の上に築かれた春秋時代の都市国家はすでに背景に後退し、経済活動に軸足をおいた枠組み、すなわち財政国家が姿をあらわしている。君主は国のためという名目で、従来より強大な権力を行使して経済的資源を手中に収めたが、国富と国力を増大させることと臣民の生活を維持することとのあいだで折り合いをつけねばならなかった。

春秋後期になると、経済の展開過程にふたつの方向性があらわれる。人口の稠密な華北平原では、紀元前四五三年に晋が魏、韓、趙の三国に分割されると、政府の権威が弱まっていった。都市やそこに暮らす商工人は、かなり自由に活動できた。市井には進取の気風があふれ、産業と商業の成長を促している。かたや秦、楚、燕などの周縁国では、専制的な為政者が官僚制を打ち立てて経済的資源を管理するようになり、以後はこのような形態が財政国家のおもな特徴となる。こうした国では、工業生産のほとんどが官営工房に集中し、商業に対する統制も三晋などに比べるとかなり強かった。紀元前二二一年に秦が天下を統一して帝国を建設すると、国家が経済を厳しく統制するという後者の形態が支配的になる。

第3章　世界帝国の経済的基盤
——紀元前二五〇年〜紀元前八一年

中華帝国の政治制度や慣行の多くは、秦王政《せい》、つまりのちの始皇帝の治世（紀元前二四七年〜紀元前二一〇年）に形成された。紀元前二二一年に秦が他の国々を打ち負かすことができたのは、始皇帝のあくなき野心と政治的な洞察力によるところが大きい。始皇帝は秦朝を「万世に」いたらしめると宣言していたが、紀元前二一〇年に始皇帝が死去すると秦はたちまち混乱に陥った。太子〔胡《こ》亥《がい》〕は紀元前二〇七年に殺害され、中国はまたもや内紛と戦乱の渦の中に沈んでいった。秦はすぐれた軍事戦略を立案こそすれ、統治の構想を描くことはできなかったと評する向きが今では多いが、それは硬直的な推断というものだろう。秦は広大な統一帝国を実現するための制度的基盤や政治的習慣をも形成していたのだ。

秦が軍事的勝利を収めたのは武力や戦術面での優位性のおかげではなく、社会全体を戦争に動員したことによる。軍は社会を組織化するうえでの雛形だった。官吏は、課税のほか兵役や労役徴発のため、臣民を五世帯ごとにまとめて登録した。社会では軍隊の位階のように、階層構造が形成された。功績をあげた兵士や農民は手厚い報酬を受けたり、高い身分を与えられたりした。地方官吏に対する評価は厳しく、職務を遂行するにあたって失敗を犯すと、ささいな過ちでも厳罰に処されたという。同時代の儒家、荀子の言葉を借りると、秦の国は「国民を使役するには甚だ苛酷であり、これを権勢で脅迫し、これを苛酷な法で苦しめ、これを慶賞で馴らし従わせ、これを刑罰で迫害」していた[1]。

第2章で見たように、戦国時代の中央集権国家は家産制的統治に終止符を打って財政国家を打ち立てた。財政国家はその後も統治の土台をなしているが、帝国の長い歴史のなかで形を変えていった。秦代と漢代初期の財政国家には、軍の組織を下敷きにした身分や義務の制度が農業を基盤とする経済と溶け合っている、というはっきりした特徴があり、軍事重農主義国家とでもいうべきものに分類できる。秦の支配層も漢の支配層も重農主義的な考えから、商業は根本において益にならないと軽視していた（そのことを誰よりも理路整然と語っていたのが法家の思想家たちだ）。労働力は何よりもだいじな資源で、国家は奴婢や刑徒、一般の被徴用者を鉱山や工房や農場だけでなく、大規模工事にも動員した。労働力が核心をなしていたことは、民に課す義務のなかでも全成年男子に対する労役義務が重視されていたことにもあらわれている。労働力の動員の成否は、当然ながら地方にまで支配を浸透させられるかどうかにかかっており、国家は前近代社会とは思えないほど細かく記録をとっていた。

秦は一五年間しか存続しなかったが、その遺産は後継帝国である漢（紀元前二〇二年〜紀元二二〇年）に深く根付いていた。漢代には秦の始皇帝も非難の的にされたが、初期の皇帝たちは秦の統治術の多くを取り入れている。法家と儒家は政府のとるべき経済政策について考えを異にしていたが、強欲な地主や商人に富が集中することを難じる点では一致していた。法家と儒家のあいだにはまた、皇帝の権威は臣民の経済的厚生のいかんに左右されるという共通認識もあった。漢も秦と同じように、小農を民生の土台に据えていた。秦の統治術の要となっていた政策、つまり夫婦と被扶養者からなる世帯を社会組織と課税の単位にする、功績に基づく褒賞制度を設けて土地と富を配分する、血縁集団間や近隣住民間に連帯責任を設ける、商工業を厳しく統制するなどの政策は、漢帝国の統治術の基礎を形づくってもいた。

とはいえ漢代初期の皇帝たちは秦とは違い、過剰なやり方はとっていない。いにしえの賢王たちの慈しみ深い政治に回帰しようと、家産制国家に深く根を下ろしていた権力の分割という理念を復活させた。漢の高祖、劉邦（在位　紀元前二〇二年〜紀元前一九五年）は、周王たちにならって領土の多くを親族に分け与えている。君主は天道に基づいて権力を行使すべしという黄老思想の教えが、漢代初期には広く受け入れられていた。劉邦の息子、文帝（在位　紀元前一八〇年〜紀元前一五七年）も、みずから倹約に取り組み、税を軽くし、民の生活に干渉しないという黄老思想の教えを努めて実践し、民の経済的厚生を守ろうとした。(2) だが武帝（在位　紀元前一四一年〜紀元前八七年）は文帝の自由放任政策を否定し、秦帝国のような高度に集権的な統治術を用いた。武帝は徹底的な制度改革を行い、大半の産業や商業を管理下においている。専制国家によるこうした過剰な介入は復古的な動きを呼び起こし、結局、武帝の統制主義的な政策は廃止された。

考古学調査の進展や古墳から出土した文字史料によって、この時代の中国に関する知見には大幅な肉付けがなされてきた。一九三〇年代には甘粛省の居延（エチナ川下流域）で、保存状態のよい漢代中期の行政文書が発掘されている。漢代にはここに大きな辺塞がおかれていた。[3] 漢帝国全体から見れば、ここがおよそ典型的とは言えない辺境の軍事入植地だったのは確かだが、この居延漢簡《きょえんかんかん》は現存する史料としては珍しく、地方社会や一般民の様子の一端を見せてくれる点でまことに貴重だ。数十年のあいだに考古学調査が急速に進み、一五〇もの遺跡から、種類や量、読みやすさに大きなばらつきはあれ、文字史料が出土している。[4] なかでも経済史にとって大きな重要性をもつのが、以下の三点だ。睡虎地秦簡《すいこちしんかん》――秦の官吏（紀元前二一七年ごろに死去）の墓から出土したもので、行政法の記された史料が含まれる。[5] 張家山漢簡《ちょうかざんかんかん》――紀元前一八六年に漢で発布された「二年律令」がまとまった形で保存されている。[6] 江陵鳳凰山漢簡《こうりょうほうおうざんかんかん》――紀元前二世紀半ばに地方の徴税官が残した記録がとくに有益。この史料群の出土には、文字史料が増えたという以外に、既存の文献に新たな光が当たるという意味もある。例えば、秦の行政法と『周礼《しゅらい》』のあいだにかなりの類似性が認められることから、後者には――はるか後代になってから儒教の経書に組み込まれたものではあるが――秦の統治様式や理念が映し出されていることがわかる。[7]

帝国内の社会の組織化――戸籍、兵役、土地制度

戸籍の整備は専制国家を支える礎石のひとつだった。その基本理念は、「編戸斉民」の制度に端的にあらわれている。貴族から地位や特権を取り上げ、放任状態にあった民を一律に臣民の地位に押し込めるうえで、戸籍制度は欠かせないものになった。[8] 商鞅《しょうおう》の変法により血縁集団は分断されて夫婦と未成年の子供からなる世帯に組み替えられ、[9] 生産や課税、社会的再生産（つまり階級の再生産）の基本単位になった。息子たちは成人すると、別に世帯を構えられるよう財産を分与される。定期的な労役や兵役の負担義務は全世帯に課せられていた。財産権も各世帯に与えられ、財産は父親から息子へと継承され、息子は分家した。

秦は身分秩序の形成や維持に、軍隊の格付け制度や指揮方法を応用した。商鞅の改革（魏などの中原諸国で定着していたことが土台になっている点は強調しておきたい）では統治の階層構造が形づくられ、民と君主は軍隊式の指揮系統によって結び付けられた。ただ、秦は商鞅の時代以前から、民を五世帯ごとに編成し、課税と徴兵の単位としている。これを睡虎

地秦簡では「伍」と称した。[10]第2章でも述べたように、成員の誰かが罪を犯せば、全員が連帯責任を負うことになっていた。伍は血縁ではなく地縁をもとに編成された。

戦国時代の戸籍は残されていないものの、『管子』を見ると、国を治めるうえでどんな情報が必要と考えられていたのか、そのおおまかなところがわかる。

「戦死者の孤児で、田畑と住居を与えられていない者はいるか」と問う。「健康な若者で、軍務に就いたことのない者は何人いるか」と問う。「戦死者の妻は、与えられるべき食料を給付されているか」と問う。

……「連れ合いのいないひとり者、身寄りのない者、身体障害者は何人いるか」と問う。「国内で、扶養する者のいない浮浪者があれば、それはどこの家の子弟であるか」と問う。「村の資産家で、貧民を収容して世話をしている者の数はどれほどか」と問う。「村里の貧乏人で、借金をして生活している家は何軒あるか」と問う。「他人の田畑を耕して生活する小作人は何軒あるか。草野を開拓して耕作している家は何軒あるか。士の身分でありながら生活のために耕作に従事している家は何軒あるか」と問う。「村の貧乏人はどこの家の出身者か」と問う。

……「技能をもつ男女で、器物の生産のために使える者は何人いるか。未婚の女子で家内労働をする者は何人いるか」と問う。「国の世話になるだけで何の仕事もしない者は何人いるか」と問う。「一人の労働で何人が食べていけるか」と問う。「戦車は何台か。私有の馬と、馬にひかせる民間の車の数はどのくらいか」と問う。[11]

集めるべしとされていたデータをすべて列挙すると、かなりの量になる。ここまで細かい情報を集める手段を戦国時代の国々がもっていたかどうかはともかく、生産能力や消費の規模、戦争遂行に必要な資源についての情報は最優先項目だった。女性の労働力を活用することが重視されていた点にも注目したい。[12]

記録手順の詳細は、『周礼』に書かれている。この書物は規範を記したものだが、ここには現実に行われていたこと、つまり秦代の出土史料が伝えるような実態が反映されていると思われる。『周礼』にはこのようにある。[13]郷の官吏は「税額査定に関する国の規則に従い、以下についての調査を定期的に行うものとする。世帯員数。世帯員の老若の別、貴賤の別、障害や病気の有無、家畜の数。また労役の対象者と免除すべき者を区別すること」。[14]また、所有武器も記録するよう指示した箇所もある。[15]睡虎地秦簡のひとつに記されている戸籍記載例から、秦では世帯主と妻、子供、奴婢の名、配偶者の有無、兵役や労役の適否を記録していたことがわかる。さらに、動産（衣服や器具類）、家畜、住居の特徴（門や中庭の数、瓦屋根か否か）といった情報も盛り込まねばならなかった[16]。年齢の記載はなかったが、男児の身長は記されている。秦で男性に年齢の報告が義務付けられたのは紀元前二三一年以後のことだ。それまでは、兵役の適否を年齢ではなく身長で決めていた（つまり、それ以前の戸籍にある出生記録はあまり信頼できないということだ）。『周礼』の記述によると、兵役の対象となるのは都の住人で身長が七尺（一六一センチメートル）の六〇歳未満の者と、農村の住民で身長が六尺（一三八センチ）の六五歳未満の者だった。秦代になると、身長の条件は七・一尺（一六三センチ）に変わった[17]。

現存する最古の戸籍は、楚の遺跡から出土した秦代の竹簡群、里耶秦簡《りやしんかん》に収められている。ある里の二四世帯分のうち、判読しやすく、家族構成のわかるものは一五世帯分にのぼる。そこには一定の書式に従って里の名称と世帯員の名が記され、世帯員は課される労役の種類に従って分類されている（成人男子、成人女子、未成年男子、未成年女子、高齢女子や奴婢などの労役免除者）。やはり夫婦一組と子供からなる家が一般的で、一五世帯中一二世帯がそうだった（うち二世帯では、寡婦が世帯主になっていた）。残り三世帯のうち一世帯では未婚の男兄弟が同居しており、二世帯は結婚した二人兄弟もしくは三人兄弟とそれぞれの子供で構成されていた。里耶秦簡は睡虎地秦簡の戸籍記載例に忠実に従っているわけではないが、労役の種類に基づいて世帯員を分類しているのは、秦が労働力の動員を重視していたことのあらわれと言える[18]。

留意したいのは、課税（「賦」）はもともと兵役を意味していたことで、戦国時代に各国が採用した財政政策は、軍事力増強のための課税という発想の上に成り立っていた。『商君書』には男女ともに兵役の対象にするとはっきり書かれているが、秦帝国でこうした法家の教義が厳守されていたわけではなさそうだ。だが、女性は国家にとって貴重な労働資源ではあった[19]。紀元前三四八年に商鞅が開始した戸賦の制度は、土地税として穀物を納付させるだけでなく、成人男子に兵役を、成人男女に労役を課すものだった。だが秦の出土文字史料には家畜用飼料の納付に関する記述はあるものの、戸賦制度が具体的にどのようなものだったのかが書かれていない。おおまかに言えば、戦国時代の各国は、収穫の一〇分の一を土地税として徴収していた。秦の文字史料からは、穀物の場合、税率は毎年の収穫量に応じて調整したことがうかがえる[20]。戸賦の一部が貨幣で納められていたこともわかっているが、いつどのように始まったのかは明らかでない（おそらくは紀元前三三六年前後、つまり秦で半両銭が発行されたころに始まったのだろう）。

戸籍の編成は国家による土地分配の土台にもなった。春秋時代の中原主要国では、各戸に土地を分配することが一般的だった。商鞅は改革を通じて世襲貴族から特権的地位を奪い、軍功に基づいて社会序列を編成することをめざした。軍功に応じた爵位をつくり、上位一七の身分に対しては相応の法的・経済的特典を与える制度を設けている。特典として、例えば耕作地と住居を与えたが、この措置は「名田宅」と呼ばれる。[21] 土地分配の制度（「分田」と呼ばれることのほうが多い）は秦だけでなく、戦国時代の他の主要国でも実施されていた。

戸籍編成にはほかの目的もある。戦国時代には経済が複雑化して人の移動がさかんになり、強固な社会秩序の上に成り立っていた専制国家は難題を抱えることになった。『商君書』は、民の名を把握し、住居を定めなければ、為政者は必要な資源を集めることができず、民も生活に必要な土地や住居を手に入れることができないということを強調している。[22] 紀元前二五二年の魏の法には、住所や職業が不定の者が世帯を構えることや土地の支給を受けることを禁じた箇所がある。[23] 秦の法では、許可なく住居を変更することは懲役刑に相当する重罪だった。この時代に書かれた数々の論考からは、誰ひとり潜り抜けることができない監視網を国家が張り巡らせていたことがわかる。

社会を安定させるには人の移動を抑えるだけでなく、職業の変動も防ぐ必要があった。戦国時代にまとめられた文献『国語』のなかで、管仲は「昔は聖王が天下を治めるには、その国都を三分し、その郊外を五分して、民の住居をきめ、民の事業をさせました」と述べている。さらに、都を二一の郷に分割して、うち六つは商人と工匠、一五を国軍に仕える士官や農民に割り当てる、と説く（ここにも、兵役に就かない商人や工匠が差別されていたことが見てとれる）。工匠は官営工房に配置され、商人は国の監督下にある市場で営業するよう定められた。[24] 儒家の荀子も、その政治経済思想のなかで職業の固定に力点をおいていた。社会秩序を保つには、職業をはっきり区分して割り振ること、つまり分業が必要で、誰もが才能に見合った仕事をし、社会全体の生み出した富から相応の分け前（「分」）だけを得るようにすべきだという。[25]

秦の統治者たちが嫌う住所や仕事の流動性を体現していたのが商人だった。政策のなかでは、臣民の統制より、外国から来た商人の活動を規制することが重視されていた。秦帝国成立以後の文献中に、商人に対する差別を示す最古の史料がある。紀元前二一四年に秦で制定された法は、商人など住所不定の者を南北の辺境に送り込み、兵役に就かせることを定めている。この警備任務については、すでに庶民のあいだに怒りと反抗が広がっていた。国家は商人についての情報を一般民の戸籍とは別の「市籍」にまとめた。市籍に氏名を記載

表3－1　東海郡の上計集簿（紀元前13年）

住民に関する情報		
行政単位数（合計）	38	県18、侯国18、邑2
郷（合計）	17	1郷あたり1,566戸
里（合計）	2,534	1郷あたり14.9里
世帯数（「戸」）	266,290	1里あたり105世帯
人口（「口」）	1,397,343	1世帯あたり5.25人
男	706,064	全体の50.2%
女	688,132	全体の49.8%
税収に関する情報		
登録されている土地の総面積（単位：頃）	512,092	1世帯あたり192畝
麦畑*の総面積（単位：頃）	107,380	1世帯あたり40.3畝
貨幣収入（合計）	266,642,506銭	1人あたり190銭
米穀収入（合計）	506,637石	1人あたり0.36石
		畑1畝あたり0.047石

*この時代には、「麦」という文字は小麦と大麦の両方を意味した。
出典：連雲港市博物館 1996: 26; 高敏 2004: 95–6.

されている者、あるいは親や祖父母の氏名が記載されている者はこの流刑令の対象になった[26]。市籍は本人が携わる職業に基づいてつくられるのか、世代をまたいで継承されるのかについては、研究者のあいだで意見が分かれているが、商人の身分は世襲するものと広くみなされていたのは間違いないだろう。出生地以外の場所に行く者は必ず通行証を携えねばならず、旅商人が品物を売るには地元の役所に登録して許可を得なくてはならなかった。商人に対する社会的・経済的な締め付けは漢代に入るとさらにきつくなる。市籍は官用物資を徴発したり、さまざまな法制上の差別を課す目的で利用された（例えば商人や工匠は仕官できず、土地の私有を禁じられていた）[27]。

張家山漢簡と居延漢簡は、漢が秦のつくった青写真を生かしつつ戸籍を整備したことを裏付けている。張家山漢簡の「戸律」には各地の官吏が調査せねばならない項目として、世帯構成、不動産、住居、庭、負担させるべき税や労役の五つをあげている。また、財産の相続や移転も戸籍に記録せねばならなかった[28]。毎年陰暦の八月に戸口調査が行われ、各地の官吏が集計結果をまとめて三月に中央政府に送った（これを「上計」と言う[29]）。中国東部の淮河《わいが》流域から出土した紀元前一三年作成の東海郡の「上計集簿」にどのような情報が盛り込まれているかを、表3－1に示した。

漢の高祖は自分を勝利に導いてくれた兵士に報いるために、軍の階級に基づいて土地を与える秦の名田宅制を温存した。[30] だがその対象を、軍功以外の功績をあげた者にも広げ、二〇の爵位を設けている。張家山漢簡に「公卒」「士伍」「庶人」などと記されている無爵者の世帯は、基本的に一頃《けい》（一〇〇畝《ぼ》）の耕地と一軒の家（三〇平方歩の広さと定められている）を与えられた。[31] 有爵者の待遇は、はるかによかった。例えば公乗（二〇あるうちの一三番目で、庶民が得られる最高の爵位）の官吏は二〇頃、最高位の関内侯《かんだいこう》は九五頃の土地を与えられている。土地を購入する場合は、自身の地所に隣接した土地でなくてはならないなどの条件はあったが、それを満たしさえすれば、与えられた土地を譲渡したり売却することもできた。ただし土地を売った者は、その後受給する資格を失った。[32]

　このように、秦と漢では国家が決めた身分に基づき、一〇〇畝を単位として各世帯に土地を与えた。一〇〇畝の土地を「陌《はく》」と言い、これが土地占有や課税の基本単位になった（世帯規模は考慮されない）。ある文献で使われた表現を借りるなら、土地は「一夫一婦」、つまり耕作をする人と機織りをする人に給付するものとされた。この制度で土地の受給者に与えられたのは完全所有権というより使用権だったが、男系子孫が相続する権利は認められている。

　商鞅の改革では、兄弟が財産を均等に相続し、それぞれ別個の世帯を構えることになっていた。だが漢では、いつも均分相続が行われていたわけではない（後代には、均分相続が慣習化、法制化するが）。父の後を継ぐ者、たいていは長男が、父より下位の爵位と土地占有権を継承している。もっとも、長男が兄弟間で均等に遺産を分割するのが一般的だった。分家については、息子が結婚して自分の世帯をもつときに行われることが多かった。父は遺言書によって財産を自由に処分でき、遺言には法的拘束力があった。紀元前一八六年の律令では、兄弟がひとつ屋根の下で暮らすことを認めてはいるが、分家は長年の慣習として定着していた。漢では世帯の分割が推し進められた。自立した小農は社会の経済的基盤、また国家の財政的基盤と考えられ、積極的に増やす政策がとられている。名田宅は、財産と地位の継承を通じて男系相続を維持・強化する役に立った。[33]

　名田宅制で有爵者に与えられた広大な土地は給付の最大限度であって、おそらく土地関係の実態からはかけ離れていた。土地の給付を受けた大多数はふつうの小農だった。[34] 紀元前一八六年の律令には、大土地所有に制限を加えた秦の法を復活させる意図があると言われている。[35] のちに文帝（在位　紀元前一八〇年～紀元前一五七年。儒家の著した史書のなかでは仁君とされる）が、一世帯で占有できる土地の面積や奴婢の数に対する制限を取り払った。[36] また当然のことながら、人口密度や農法、土地の産出力などの地域の条件によって、給付する土地の面積に変更が加えられるようになる。

国家による土地所有と農民による耕作とを組み合わせた給付制度は、小農経済の柱となった。戦国時代の為政者たちは、個々の世帯の経済基盤を支えれば社会が安定するという理由だけでなく、農業生産性を上げるために、この制度を実施した。呂不韋《りょふい》は国を治める方法を説くなかで、共同での農作業の場合は手を抜く人が出るが、土地を与えて個人に耕作させれば熱心に働く、と言い切っている[37]。儒家の学者たちも、辺境地域では商業ばかりがさかんなので貧富の差が激しいが、中原地域では小農が勤勉でつましく暮らしているため、皆が豊かで満たされない者はいないと評価する[38]。だが漢王朝の成立から数十年後には、土地給付制度によって生まれた経済の推進要因そのものが逆にこの制度を蝕み、崩壊させていく。

秦の経済に行政が果たした役割

秦帝国の支柱をなした法家の思想は、国の運営には確固たる目的がある、との考えに根差している。国家は臣民に安全と物質的幸福をもたらすためにあると考えられていた。続々と発見される史料から、秦帝国でも民間の商工業が途切れることなく続いていたことがわかっているが、鋳造場や工房、鉱山、牧場などの生産施設のほか、農業のかなりの部分が国家の直接管理の下におかれていた。そんなことから秦では行政の仕事が増え、官僚組織が大きくなった。呂不韋が編纂したとされる書物〔呂氏春秋〕は、政府が義務を果たすのに必要な二〇の機関に触れている。ここには暦学や占いを担当する五機関に加え、奴婢、衣服、地図、弓、戦車、馬車、船、牛、宮殿、酒、井戸、市場、臼、医術、神託の伝達を担当する機関が列挙されている[39]。占いや医術の占める位置が大きいのは、当時の為政者が神託や不老不死という考えにとらわれていたからだが、ほかの機関は生産資源を活用し、軍事力を増強するためのものだった。残念なことに、秦の中央政府が実際どのような構成だったのかを具体的に教えてくれる公文書は残っていない。ただ、公の機関が経済活動を掌握していたことについては、睡虎地秦簡中の行政文書などの出土文字史料から十分な裏付けをとることができる。

商鞅は「内史」という官を、国家財政全般をつかさどる役職に変更した。これは外交と軍事を管掌する最高位の「相」に次ぐ地位である。だが紀元前三世紀半ばになり、秦が領土を急激に拡大していくなかで、物資補給上の大きな課題が持ち上がってきた。呂不韋が宰相を務めた時代には、「少府」という機関を設け、王や従者などのために奢侈品をつくる官営工房の管理にあたらせた。趙、韓、楚にもこの種の機関があったことがわかっている。[40] 紀元前二二七年ごろには秦の政王と宰相の李斯《りし》が政府の組織を再編し、内史に代わるふたつの役職を設けた。行政機関を監督し、副宰相にあたる「御史《ぎょし》大夫《たいふ》」、米穀収入と直轄田を管理する「治粟内史《ちぞくないし》」だ。同時に、李斯の直接管理下にあった少府は権限を拡大し、財政運営と徴税も管轄することになった。この機関は財政、工房の管理、徴税（金銭納）、国家直轄の庭園・牧場の管理、土木工事の管理などさまざまな業務を担うようになり、肥大化していく。[41]

秦は各地で都市を征服して支配下におき、権力の頂点へと突き進んでいった。紀元前二五七年から紀元前二二六年にかけて趙、韓、魏の三晋が滅亡したことで、自立性を増し繁栄に向かっていた中原地域の都市商人階級は逆方向に押し戻される。おもな都市は郡都にされ、新しい行政機関がおかれた。政王は商人をはじめとする富豪およそ一万世帯を、国都の咸《かん》陽《よう》に強制移住させたという。三晋で力をつけた商人階級を押さえ付けるための措置だ。[42] 強制移住はまた、成功した企業家の才能を利用し、その物財を搾取する手段でもあった。例えば商業が重んじられていた趙と魏の富裕な製鉄業者のなかには、資産を奪われて被征服地の楚や蜀（現在の四川省）のような辺境に追いやられ、その地で製鉄業をさかんにした人もいる。[43]

秦では社会だけでなく、物資の生産や商業の分野でも軍事が優先された。市場も、軍事調達と密接な関わりを保ちながら発達していった。秦では武器庫、財庫、穀倉が都市の財政の中核をなしていた。[44]

商鞅の時代と変わらず、産業は帝国の都に集中していた。税の取り立てを一元的な基準のもとで進めるため度量衡が統一されたが、商鞅がその基礎を築いたと言っていいだろう。睡虎地秦簡には、都市の市場が政府の厳しい監督・統制下にあったことを示す史料がたくさん含まれている。監督官は市場の営業時間を決め、商品の品質や価格を検査し、貨幣の規格を厳しく遵守させた。[45]

秦の積極的な姿勢は、道路、運河、防御施設（城壁や、帝国の北部辺境地帯に築かれた長城など）の建設事業にあらわれているが、これには膨大な労働力が必要だった。法が厳しく、違反するとふつう一年から六年の重労働の刑に処された。規定の文言から、男の労役刑徒は壁などの建設作業に動員されることがほとんどで、女の場合は穀物の脱穀や製粉をさせられることが多かったことがわかる。秦はまた、一般男女の労役にも多くを負っていた。義務労働も刑務労働と同じように建設作業に利用することが多かった。刑務労働に動員された人も義務労働の人も、国家が民に「貸し出す」道具の扱いには責任を負わされ、紛失したり壊したりすれば、厳罰を受けたという。[46]

農業の振興にも、秦は積極的に取り組んだ。自国への移住を促すため秦王たちが官有の土地を提供したのは、異例なことだと言えるだろう。実際の農作業について述べた最古の部類に属する著作が、紀元前二三九年ごろ、つまり呂不韋が宰相をしていたときに編纂した書物（『呂氏春秋』）のなかに収められている。同書は百科全書に似た形式をとっていて、年間の仕事や行事をまとめた箇所がある。農業を取り上げた部分では、耕運のほか、それぞれの作物に適した播種《はしゅ》の季節や方法に焦点を絞っていて、土地が瘦せないよう雑穀類と麦を交互に植えたほうがよいといったことも書かれている。[47]秦の経済と国家財政を支えていたのは小農だが、政府は大規模な農園も経営し、労役刑徒を使っていた。

秦の為政者は商鞅の時代から、鉱業産品や林産品、野生動物産品など、耕作地以外のところでつくられる非農産品も利用していた。民間業者には、採掘権を貸与する見返りに物品税を納めさせている。国家の生産用資産は、水も漏らさぬ監視体制と厳しい法的制裁を設けて守った。例えば国有の狩猟地で違法な狩りをすると、死刑を宣告された。また、国有の森林や牧場では春から夏にかけ、民間人が木を伐採すること（棺桶をつくる場合はその限りではない）、泉や水路の水を堰き止めること、草を燃やすこと、卵を採取することは禁じられていた。

政府は、牧畜の分野でも積極的な政策をとった。地方官は牛や馬をはじめとする役畜の種牛馬《しゅぎゅうば》飼育場を運営して軍馬を育てたほか、家畜を各家に貸し出した。行政法では動物の種類や労働量に応じて、国有家畜に与える餌の量を定めていただけでなく、その家畜が民有地のものを食べるに任せた地方官に対する罰金刑を規定し、国有家畜の購入や売却、輸送、死亡の際の記録方法に細かい規則を設けていた。馬などの家畜の所有者や飼育人は川の渡り場を通行するときや関所を通過するときには、所有関係を証明する書類の提示を求められた。秦の政治経済で役畜が重視されていたことは土地税制度にもあらわれていて、穀物に加えて干し草や藁を納めることも義務付けられていた[48]

秦では穀物を大量に貯蔵し、官吏と兵士の禄や労役刑徒の食料として配っている。郡守に対して一万斗（およそ二〇万リットル）の穀物を常備することを法で義務付けていたほか、国都咸陽の穀物倉には一〇万斗分の穀物を蓄えていた。[49]また穀物倉を適切に維持管理するべく細かい行政規則を設けていた。例えば、検査で屋根からの水漏れや三つ以上の鼠の穴がみつかった場合、担当の地方官は罰金を科された（鼷《はつかねずみ》の穴三つは鼠の穴ひとつ分として計算）[50]。だが困窮者への施しや緊急支援はおろか、労役に服している人の食料として貯蔵穀物を使うのかどうかについてはまったく言及がない。

前段で引用した『管子』の記述からもうかがえるように、貧しい人々は家族を養うために借金を重ねていた。秦では臣民に対し、役畜や種子、農機具などに加え、貨幣や穀物、さらには奴婢も貸していた。戦国時代には、緊急事態が起きたときに穀物や金銭を貸し付けることは一種の社会貢献ととらえられていて、見返りはいっさい求められなかった。[51]だが家畜を死なせたり、道具を壊したりした場合に弁償を求めていた秦では、国家から借りたものは必ず返済せねばならなかった。個人間の貸し借りも取り締まりの対象だった。秦の法では金銭を貸して利子を取ることや、借金のかたに妻や子供の身柄を他人に渡すことを禁じている。[52]とはいえ、当時の文書には、個人間の借金に触れた箇所はあまり多くない。国家自体が、生産と消費のための中心的な信用供給源の役割を果たしていたのだ。

秦は貨幣政策でも、ほかの経済分野と同じように、民間の活動を決まりごとでがんじがらめにしていた。半両銭を紀元前三三六年ごろに発行したことは、経済的独立を宣言したに等しい。[53]秦の君主たちは、中原地域で使われていた刀銭や布銭とはまったく形の違う環銭の半両銭を、自国の正式な通貨にしようとしていた。睡虎地秦簡の行政法には、この貨幣の使用に関する細かい規定のほか、偽造や他国貨幣の使用などの行為に科される厳しい刑罰が記されている。秦の旧故地から出土した貨幣のなかに他国のものが含まれていないことは、官吏たちがこの規則をしっかり施行したことを示している。

漢代の歴史家、司馬遷は、天下統一以前の秦では半両銭（銅銭）、黄金、布（ヘンプ麻〔大麻〕）の三種類が貨幣として使われていたと述べる。だが、交換手段の役割をおもに果たしていたのは半両銭だ。織物は貨幣として市中で流通していたのではなく、国家に対する支払いに使われていた。支払いの規定量は、ひとり分の軍服を仕立てられるほどの織物の分量だった。[54]睡虎地秦簡の法のなかには、支払い手段に織物を使うとの記述がいくつかあるが、紀元前一八六年の漢の法にはそうした記述がまったく見当たらない。[55]黄金が貨幣制度に組み込まれたのは、おそらく秦が楚の国都郢《えい》（のちの江陵）を陥落させた紀元前二七八年よりあとのことだろう。[56]郢は当時の主要な金産出地域に位置し、楚の金貨はここの造幣所でつくられていた。もっとも、功をあげた民や兵士への褒賞として使われはしたものの、秦の財政制度のなかで、黄金はあまり大きな役割を果たしていない。[57]

秦は帝国を拡大する過程で、新たな領土に貨幣を導入していった。だが各地の既存の貨幣を廃止して全国一律の基準を守らせるには、領土拡大の速度はあまりに速かった。中原をはじめ多くの地域では半両銭の利用が広がらず、布銭や刀銭など、以前から使われていた貨幣が流通していた[58]。睡虎地秦簡の貨幣に関する法〔金布律〕には、官吏も民間の商人も、差し出された貨幣は質のいかんにかかわらず受け取らねばならず、貨幣の種類を選り好みしてはならないと強い言葉で書かれている[59]。始皇帝の死後には政治や社会が混乱して貨幣の偽造が横行、二世皇帝の胡亥はやむなく改鋳を行い、半両銭の重さを半分以上減らした[60]。貨幣統一への歩みは、秦帝国が突如崩壊したことでいっとき止まったが、漢王朝が後を継いだ。高祖は半両銭だけでなく、秦の財政制度の枠組みも継承している。

漢代初期の財政・貨幣政策

庶民の子から将軍にのし上がった劉邦はおもな敵を倒し、紀元前二〇二年、自身の漢王朝を秦の後継国家であると宣言した。まだ戦乱が続いていたころ、劉邦は同盟相手に「王」の肩書きを与え、劉邦に代わって占拠した土地に対する統治権を認めることで、忠誠心をつなぎ止めようとした。しかし皇帝の地位に就くや、劉邦はそうした土地のほとんどを近親者に与え、統治権も世襲させた。これらの封土（「王国」）は、漢がある意味で周代初期の家産制に、つまり王が土地と支配権を王族に与え、権威を分かち合う体制に戻ったことを示している。劉邦は、直轄地では秦帝国のような政治制度や行政法、官僚制重視の気風をほぼ温存していた[61]。そんなことから、国家としての漢は、誕生のときから専制的な統治と家産的な統治とのあいだで板挟みになっていた。

ふたつの異質な要素を抱える漢代初期の体制下では、帝国領の三分の二以上が皇族の管理下にあり、一族は財政運営などさまざまな面でかなり自由に行動していた（地図3－1）。また、皇帝たちは同族の者や功臣、寵臣などにさかんに侯国を与えた。それに付随して、侯国内の一定数の世帯――数百のこともあれば一万以上のこともある――から税を徴収する権利や、法秩序を維持する責任ももたせた。紀元前二〇一年から紀元五年にかけて延べ七八八の侯国が新たに設けられたが、各時期に存在していた侯国の数はそれよりもかなり少ない。侯国は、名目上は世襲されるものだったが、さまざまな理由で没収された。紀元前一一二年には武帝が、一世紀前につくられた一〇〇以上の侯国を廃止している[62]。

中央政府は、中原各地にある多くの商業中心地や都市に対する支配権を握っていた。誕生間もなく、なんとかして収入を確保する必要があった漢は、この地域に集中する富を吸い上げようとした。劉邦は紀元前一九八年、戦国各国の貴族を都の長安周辺に強制的に移住させている。さらに、資産が三〇〇万銭を超える一〇〇〇世帯の人々が、劉邦の父の墓の警

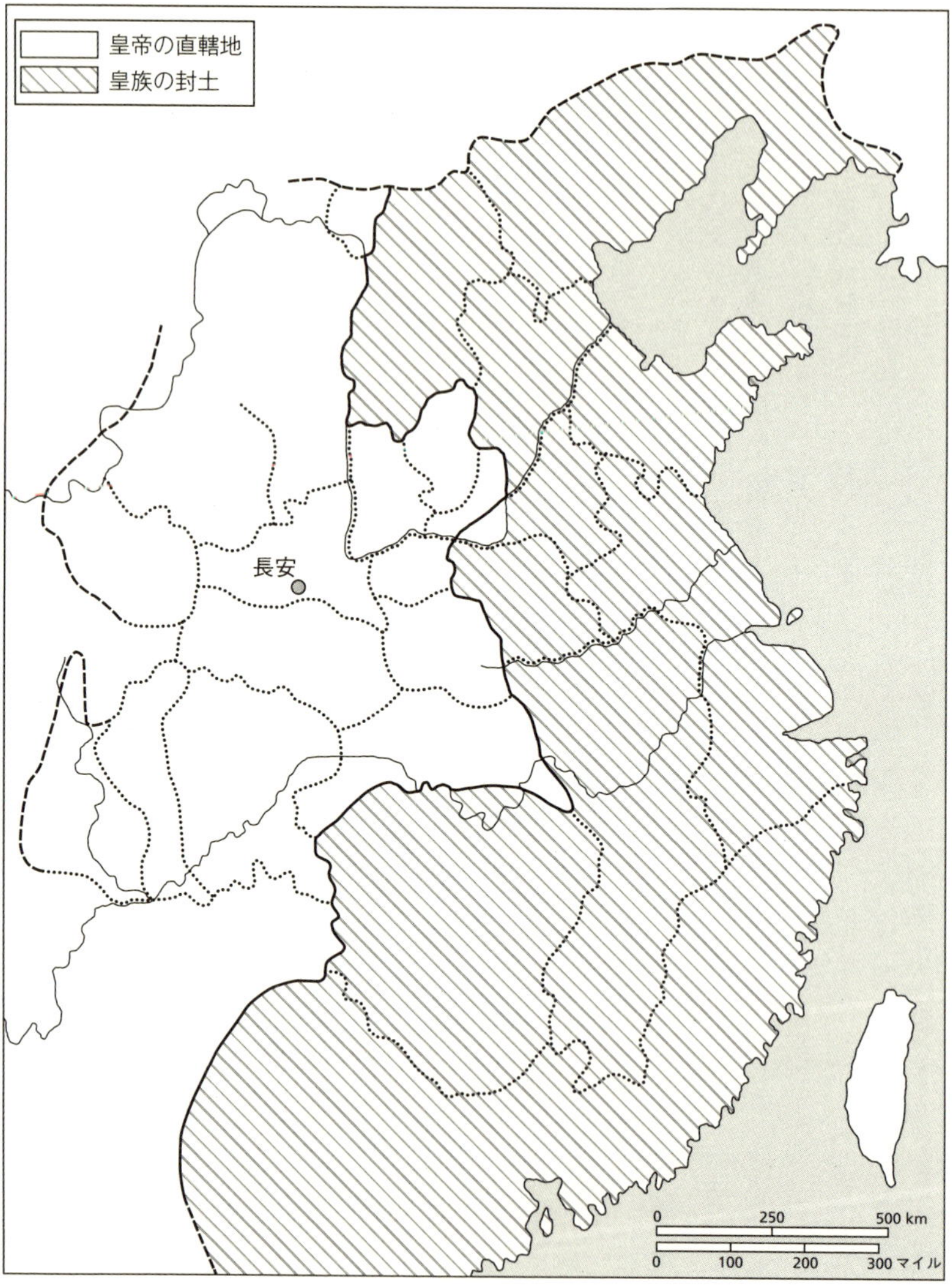

地図 3－1　漢代初期の版図

備を担わされた。商人は奢侈を禁じられ、子孫は仕官の道を阻まれた。

　秦とは違い、初期の漢は帝国の拡大よりも国内の地固めと戦災からの復興を優先していた。内戦の混乱で、たくさんの土地が放棄されていた。紀元前二〇〇年ごろの漢帝国の人口はざっと一五〇〇万から一八〇〇万人と言われているが、これは人口がピークに達していた秦帝国建国時（推計で二五〇〇万から四〇〇〇万人）の半分にあたる。[63] 劉邦は将兵に土地を与え（「名田宅」）、兵役から解いた。穀物や藁の形での税（芻稾税《すうこうぜい》）は保有地の総面積ではなく、耕作地の面積に基づいて税率を決め、土地の質や収穫量に応じて調整していた。劉邦は穀物税（「田税」）の税率を収穫の一五分の一に定めたが、おそらくこれは秦の税率よりも低い。[64]

　紀元前二〇三年、つまり敵の項羽に対して勝利を収める前の段階で、劉邦は算賦《さんぷ》という人頭税の制度を設けた。税額は成人一人あたり一二〇銭（七～一四歳の子供一人につき二〇銭が加算される）。人頭税と労役はいずれも国庫のおもな収入源で、漢王朝は各世帯の全員について年齢と性別を記録せねばならなかった。このため戸籍の作成にあたっては、人頭税と労役（金額や内容は年齢によって異なる）、兵役（内容は年齢と性別によって異なる）の査定に関連する項目を事細かに記録した。そのことは、北西辺境に駐屯していた部隊の指揮官、張彭祖《ちょうほうそ》の通行証（図3－1）からもわかる。

　算賦はまた労役や軍役と組み合わされていた。ただ残念ながら、漢代の労役や兵役の制度が実際どのように運用されていたのかは、基本史料を見てもわからず、断片的な史料の解釈については今も議論が活発に交わされている。近年出土した張家山漢簡などの文字史料のおかげで、知識の欠落もある程度は埋められたが、漢の制度では労役と兵役が明確に区別されていないことなどから、未解決の問題がたくさん残っている。漢代初期には、成人男子はふつう二年間の兵役に就いた。一年は首都の警備を担い、一年は辺境や兵士の居住郡の部隊で任務に当たるのだ。[65] 秦の兵役対象年齢は一七歳だったが、漢ではこれを引き上げて二〇～二四歳とし、さらに爵位による区別を設け、高位の人は免除した。だが、紀元前一五五年にこうした特権を廃止し、「天下の男子を二十歳で始めて夫役《ぶやく》徴用の名簿に登録させた」[66]。

　女性も男性と同じように労役を義務付けられていたが、兵役の対象にはなっていなかった。人口を増やす目的から、国家は妊産婦に対して労役を三年間免除していた。また、一五～三〇歳の未婚女性には算賦を通常の五倍にするという重い懲罰を与え、若い女性を結婚に追い立てた。[67]

　ただ、男女が等しく労役義務を負担したわけではない。男性には「交代役務」（「更卒」）が義務として課せられていた。

永光４年（紀元前40年）正月 己酉

通行証
嚢倫［中隊］延寿［部隊］隊長、張彭祖

妻：成人女性［名の記載なし］。昭武の万歳里出身。年齢四二。
息子二名：
　輔。年齢一九。
　広宗。未成年。年齢一二。
娘：女足。未成年。年齢九。
輔の妻：南来。年齢一五。

皆、色が黒い。

図３－１　通行証（居延漢簡より）
出典：居延漢簡 29.2; 原文と英訳については以下を参照。Loewe 1967, 1: 113, 115（ただし、ここに示したわたしの英訳はローウェの訳とは異なる）。

具体的には五カ月に一回、一カ月間にわたって堤防や道路の建設、あるいは穀物をはじめとする政府調達物資の運搬などの重労働をせねばならなかったのだが、これは算賦と組み合わせられる労役のなかでいちばん過酷だった。「更卒」はどうやら兵役の延長線上にあるようで、居住地から離れた場所での労働であることが多かったが、女性が労役に服する場所は居住地に限られていた。[68] だが、すべての男性が一律に労役を負担していたのではない。南郡（現在の湖北省西部）の労役に関する紀元前一三九年ごろの記録からは、更卒の対象者として登録された人数と実際に服務した人数のあいだに大きな開きがあることがわかる。成人男子の少なくとも半分、ことによると三分の二が免除されているのだ（表３－２）。南郡の人口男女比が、成人（六二パーセントが女性）と未成年（六一パーセントが男性）とで著しく異なる理由は十分解明されていないが、これはおそらく、一定年齢以上では労役義務に男女差があったこと（一五歳になれば性別を問わず算賦の対象になるが、二〇歳になると男子だけが兵役に登録される）、そして何より男性同士が協力し合い、兵役逃れを試みていたことを物語っているのだろう。[69]

こうした例外はさておき、初期の漢は資産や収入、職業のいかんにかかわらず等しく算賦を課すという原則を守っていた。[70] 編戸斉民の平等原則が、ここにも具体的な形となってあ

表3-2　労役登録と免除に関する南郡の記録（紀元前139年前後）

成人男子（「使大男」）	20,362人	21.5%
未成年男子（「小男」）	25,334人	26.7%
男子合計	**45,696人**	**48.2%**
成人女子（「大女」）	32,640人	34.4%
未成年女子（「小女」）	16,534人	17.4%
女子合計	**49,174人**	**51.8%**
登録人口合計	**94,870人**	
徴用者（「卒」）	7,344人	48.7%
徴用対象者（「可事」）	1,828人	12.1%
免除対象高齢者（「免老」）	2,033人	13.5%
障害者（「罷癃」）	2,190人	14.5%
免除特権者（「復」）	1,683人	11.2%
合計	**15,078人**	

出典：楊振紅 2010: 表1, 4.
（南郡の7県と3侯国の数字をまとめたもの。史料には6県と1侯国の数字も記載されているが、情報が一部欠落している）

らわれている。秦から漢の初期にかけての国家は世帯の資産や収入とは関係なく、一律に課税したのだ[71]。紀元前一一九年ごろに作成された東陽県（現在の江蘇省盱眙《くい》県近く）の戸籍と算賦に関する記録は、登録人口のちょうど半分（一世帯あたりの平均では二・二七人）が算賦の対象だったことを示し、この税が男性だけでなく女性にも等しく課せられていたことを裏付けている（表3-3）[72]。

劉邦のために宰相として国務にあたっていた蕭何《しょうか》は、紀元前一九八年から紀元前一九三年にかけ、きわめて中央集権的だった秦帝国とは反対の方向へ漢の財政運営を牽引していった。秦では李斯の率いる少府が財政を取り仕切っていたが、漢では帝室の諸経費をまかなう内廷費係のような地位に戻されている。また、治粟内史が再び財政運営機関として大きな権限をもつようになった。いずれの機関も、独自の収入源があった――土地税、算賦、官有地からの収入は治粟内史、他方、「山沢の税」（つまり鉱物資源や木材に対する税）、市井税（商業税）、子供に対する人頭税、外国からの貢ぎ物、造幣収入、皇帝の私有地から得られる収入は少府のものだった。戦争や自然災害が起き、政府が緊急に対応せねばならないときには、治粟内史が少府に資金面で頼ることもしばしばあった[73]。

戦国時代と同じように、工業品は国家が直接管理していた。漢は、武器や奢侈品の官営工房では主として賃労働者や徴用

表 3-3　東陽県の戸籍と算賦に関する記録（紀元前119年頃）

郷	世帯数（「戸」）	世帯員数（「口」）	算賦対象者数（「事算」）
1. 都（県都）	2,398	10,819	5,055
2. 東	1,783	7,795	3,689
3. 楊池	1,451	6,328	3,169
4. 鞠	880	4,500	1,890
5. 垣雍北	1,375	6,354	3,285
6. 垣雍東	1,282	5,669	3,689
申告数の合計	9,169	40,970	20,009
実際の合計	9,169	41,469	20,777
各郷の平均	1,528	6,912	3,463

出典：「集簿」（天長市文物管理所 2006: 15-16）

した工匠を使い、また鉱山や鋳物工房ではもっぱら刑徒や一般の徴用者を強制的に働かせていた。刑徒はまた官営の染物工房や造幣所、製塩所、瓦工房、建設現場などで働かされ、家畜用飼料の刈り取りや森林の伐採、租税穀物の輸送にも投入されている。帝室工房の多くは宮殿構内にあって少府の下部組織でもあったが、長安の武器庫は首都の治安維持監督官が管轄していた。絹製品や漆器などの奢侈品の製造に携わる工匠は女性が大半を占めていた。張家山漢簡の記述から、工匠として徴用される女性の数は男性や子供の二倍にのぼり、前者のほうが後者よりも好まれたことがうかがわれる。帝室の工房では奴婢も労働力として重きをおかれていた。政府が使用していた奴婢の大半は刑徒の家族で、財産とともに徴用された人々だ。そうした労働者——その多くは工芸技能をもつ女性だった——は危険な鉱山や鋳物工房で働かせるにはあまりに貴重と考えられ、刑徒よりも優遇されていた[74]。

すでに述べたとおり、短命に終わった秦帝国は、半両銭による貨幣統一を果たせなかった。漢では金銭で支払う算賦を設けておもな税収源としたため、貨幣を統一する必要が高まった。当初、秦から受け継いだ半両銭とともに戦国時代の各種貨幣が流通しており、漢はこれを駆逐するべく、自由に私鋳させる政策をあえて採用している。だが私鋳の半両銭の多くは質が悪く、使用する金属もごく少量だった。〔楡の実のさやに似ていることから〕

「楡莢《ゆきょう》銭」とあだ名されたこの貨幣は、激しいインフレーションを引き起こした。紀元前一八六年、つまり皇帝に代わって呂后《りょこう》が国事を運営していた臨朝称制時代（紀元前一八八年～紀元前一八〇年）のことだが、宮廷は経済活動に対する管理を強化するため、新しい法を制定した――その一部は張家山漢簡に収められている。この新法は、貨幣発行の独占権を政府の手に戻したほか、半両銭の重量を五・二グラムに引き上げた。しかし改鋳されたことで民の税負担は重くなり、政府の鋳造費用も増え、新貨幣はたちまちのうちに坩堝の中に消えてしまう。紀元前一八二年に政府は半両銭の重さを半分以上減らし、二・四グラムにした。だがこの妥協策をもってしても偽造や物価上昇に歯止めをかけることはできなかった(75)。

すでに述べたように黄老思想が説く質素倹約の原則を擁護していた文帝は、呂后の死去からいくばくもしないうちに、自由主義的な経済政策を復活させた。紀元前一七五年、民間の業者から免許料を徴収して貨幣を再び自由に鋳造させ、それまで帝室が独占していた塩や鉄などの鉱物資源の民間による開発も許可したのだ。豊かな銅資源に恵まれた呉（国都は現在の揚州）の王、劉濞《りゅうび》、そして長安にいながらにして四川の商人に採掘権や貨幣鋳造権を貸与した商人の鄧通《とうとう》らは、この機会をうまく活用している。わずかに重くなった新しい標準貨幣（二・六グラム）と私鋳貨幣のおかげで、貨幣供給量がある程度安定し、インフレは抑えられたようだ(76)。

紀元前一七〇年には、皇帝の側近、晁錯《ちょうそ》が南北の辺境地域に村を設けることを提案している。これによって安定した税収源を確保でき、食料その他の物資を辺境の前線部隊に運ぶ経済的負担も軽くなった。晁錯はまた、前線の部隊に一定量以上の穀物〔粟〕を納めた者に爵位を与えることも具申した。この政策はすこぶるよい結果を出し、紀元前一六七年に文帝は穀物税を全廃した。官有地でとれる穀物があれば、都にいる臣下の必要を満たすに十分と考えてのことだった。しかし、文帝の寛大な政策は皇帝の権威を削ぎ、劉濞をはじめとする有力諸王による謀反の種をまくことになる。晁錯は皇帝に注意を促したが、顧みられることはなかった。

文帝の政策によって中央政府は巨額の赤字を抱えるにいたり、諸王国に対する影響力も弱まっていった。あとを襲った景帝（在位　紀元前一五七年～紀元前一四一年）は即位直後に穀物税を復活させている。もっとも、税率は収穫の三〇分の一と、劉邦の定めた量の半分にすぎない。晁錯の助言を受けながら、景帝は皇帝の権力を取り戻す政策を推し進め、紀元前一五四年には劉濞らによる抵抗（呉楚七国の乱）を招いた。反乱は鎮圧されたが、その過程で、晁錯は意図的に反乱の原因をつくった罪に問われ、処刑されている。晁錯は死去したものの、呉楚七国を打ち負かしたおかげで、景帝は文帝の自由放任政策を転換することができた。紀元前一四五年、景帝は諸王国から財政上の権限を奪い、これを境に各国の民は中央政府に対して算賦と労役の義務を負うことになった。貨幣の私鋳は禁じられ、偽造は死刑に相当する罪となった。同時に景帝は、仕官への道を開くなど、商人の待遇を改善している。

景帝の政策は経済に対する中央政府の統制を強めた。諸王国からの税収が増え、治粟内史は自身の裁量で使うことのできる資源が飛躍的に増え、地位も高まった[77]。帝国は平和と繁栄を謳歌した。人口は再びピークを迎え、景帝の死去した紀元前一四一年にはおよそ四四〇〇万~五〇〇〇万人に達している。だが人口の増加と富の分配の格差拡大は、全成人一律の税負担を前提とする漢の財政規律の根幹を大きく損なった。そのうえ、漢と北部辺境の匈奴との緊張関係が紀元前一三三年に武力紛争に発展する。匈奴との戦争は長らく収束せず、戦費がかさんだことにより、人々の経済活動に対する政府の干渉が秦の始皇帝のころよりもひどくなった。

漢代初期の地域社会

紀元前一六〇年代~紀元前一五〇年代に造営された鳳凰山漢墓群で出土した文字史料から、漢代初期の地域社会の構造を垣間見ることができる。この古墳群は長江北岸の江陵（現在の湖北省江陵県）にある。かつて楚の国都だったこの街は、漢代にも物流拠点の大都市として栄えた。鳳凰山漢墓群の被葬者のなかに、張偃《ちょうえん》という人がいる。副葬されている文書は多岐にわたり、地域の財政業務に関するものと、張偃が営んでいた商いに関するものとがある。財政関係の文書には、土地税や、政府による穀物の貸与、労役に関することが記載されているが、この文書は農業以外の収入を主として生計を立てる都市住民についての記録であるというのが考古学者の見方だ[78]。

張偃は平という里の長（「里正」）だったようだ。戦国時代の文字史料のいくつかは、都市に関する記述のなかで里に触れている。例えば斉の都の臨淄《りんし》には三〇〇の里があったという。だが秦漢時代になって、里が村落と都市集落の両方を意味するようになったことは間違いない[79]。鳳凰山漢簡に記載されている里は江陵にあったか、あるいはその近くに位置していたのだろう。里には二〇から五〇以上の世帯が住み、行政が機械的につくった区画でなく、村落や共同社会としての実態を伴っていたと広く考えられている[80]。秦代に設けられた里正は地域の富裕層のなかから選ばれ、徴税と治安、農業振興の責任を負った[81]。つまり里正は、国家の行政機構の末端に位置していたのだ。張偃は平里で徴税のほか、労役の振り分けも行ったが、平里に加え四以上の里の行政にもあずかっていた。徴税記録からは毎月の算賦の具体的な納付状況や、芻藁税の銭納が行われていたこと、また労役がどの程度実施されていたかがよくわかる。ある竹簡群では三〜五世帯の成人を一〇人の組に分け、そのなかから男女一人ずつに労役を割り当てており、別の竹簡群では二世帯を一単位にして労役負担の計算をしている。張偃のような里正たちは、地域社会の実態に合わせて徴税制度を柔軟に運用していたようだ(82)。

鳳凰山漢簡には張偃個人の資産に触れた部分はないが、張偃が有爵者であると書かれている。おそらくかなりの金銭と引き換えに爵位を得たのだろう(83)。張偃に関する竹簡のなかには、彼を長とする一〇人で取り決めた共同事業についての契約書もある。各人が事業に二〇〇銭ずつ出資し、一緒に移動販売をすることで合意している。契約書には、移動販売に参加しなかった場合や（代わりの人を雇ったと思われる）、揃えた商品が分担すべき量に満たなかった場合、他人の器物を勝手に使用した場合、長が招集する会議に出席しなかった場合の罰金についての規定もある。商品を紛失したり破損させたりした場合は、参加者全員が費用を負担することとされていた。他の竹簡には、竹の箱や麻糸、酢、木炭などの商品の価格と量、各商品の担当者が記載されている。ある竹簡によると、四カ月にわたる「支出」が一八二八銭だったという(84)。事業の規模は小さかったようだが、竹簡は、張偃が土地以外に商いや徴税業務などからも収入を得ていたことを示している。

共同事業の参加者のなかには、金銭でなく労働力を提供した人もおそらくいただろう。あるいは、臨時雇いの貧しい労働者であったかもしれない。鳳凰山漢簡のなかでとくに関心を集めてきた史料に、鄭里の二五世帯に政府が貸与した種籾《たねもみ》の量に関するものがある（表3－4）。農作業ができる成人の数と世帯員数、つまり各世帯の生産能力と消費需要とともに、耕地面積と貸与された種籾の量（一畝につき一斗）が記録されている。労働可能な成人が一世帯あたり二・八人もいたことから、幼い子供と体の弱い高齢者を除く全世帯員が農作業をするものと考えられていたことがうかがえる。何より目を引くのは、耕地面積が平均してわずか二五畝と、国家から与えられる標準量の一〇〇畝を大きく下回り、もちろん必要最低限の生活を維持するにはまったく不十分だったことだ。鄭里に住む五三世帯の半数近くの状況を記したこの竹簡群は、江陵で土地の集中が進んでいたこと、そして住民の相当程度が貧困化していたことを示しているというのが、研究者の一致した見方だ(85)。

鳳凰山漢墓から出土したほかの史料も、富める者と貧しい者への明確な二極化を示しているようだ。とくに珍しいもののなかに、三基の墓から出土した副葬品がある。奴婢をかたどった木製の人形〔俑《よう》〕で、それぞれに仕事が記され、うちひとつには名も記載されている（表3－5）。人形は実際に各世帯にいた奴婢の業務を示す。農作業を行う人――男女比に偏りはない――は奴婢全体の半分に満たないが、主人たちはかなりの土地を保有していたに違いない[86]。一六八号墓の被葬者である嬰遂《えいすい》が張偃と同じ爵位の持ち主で、都市に住み、貨幣が自由に鋳造できた文帝の時代におそらく造幣所を経営していたこともわかっている[87]。他方、張偃の墓に副葬されていた人形は三体だ。嬰遂の墓、また被葬者の名がわからない八号墓を基準にするなら、張偃は大多数を占める庶民層とほんとうの富裕層のあいだに位置し、適度に豊かな暮らしを送っていたと言える。鳳凰山漢墓には、張偃の墓と大きさや構造が似ているものの、副葬品がない墓もあり[88]、江陵社会における下位中間層の存在をうかがわせる。

　張偃が管理していたのが都市部の里であることはほぼ間違いなく、表3－4に記載されている土地の広さが狭いからといって、これを農民の貧しさの証拠と決め付けてはならない。睡虎地秦簡が示しているように、農業従事者に対する種籾の配布――相手が必要としているか否かは関係なかったようだ――は、国家のさまざまな農業支援策のひとつで、地方の役人のだいじな任務だった。江陵地方は米作が中心で、したがって雑穀や小麦を栽培する華北に比べれば広い土地は必要なかった。だから、表3－4はむしろ住民の多様性を伝えている。世帯主のうち、ふたり（20と25）は公士（二〇の爵位の最下級。与えられる土地は一五〇畝）で、四人（13、17、18、23）は奴隷（「奴」。奴隷は世帯主になることができなかったのでおそらく解放奴隷だろう）、ふたり（22と25）は商人だ。この文書は江陵地方の貧困の指標ではなく、さまざまな経済生活が営まれていたことを物語っているのではないか。江陵地方ではかなりの都市住民がある程度の広さの土地で農業を行い、ほとんど資産をもたない貧しい人も商いをしていたのだ。だが漢の社会は次の一世紀に、一握りの有力者と、大土地所有者に自由を譲り渡すしかない大ぜいの貧困層へと二極化する。

武帝による財政権限の集中

武帝（在位　紀元前一四一年～紀元前八七年）は、漢の政治と制度に決定的な変化をもたらした。諸侯王国から政治と財政の自律性を奪うなど、皇帝と中央政府の至上権を復活させるための政策を一気に推し進めている。また、匈奴に対しては強硬な戦略を用いた。大量の物品を贈り、交易を行うという先代の皇帝たちが進めてきた宥和策を撤回、たびたび軍事作戦を行って北部辺境を平定し、漢の権力をはるか中央アジアにまで拡大している。紀元前一二一年に匈奴を平定すると、

表3-4　鄭里における種籾の貸与

世帯*	農作業が可能な成人の数（「能田」）	世帯員数（「口」）	耕地面積（「畝」）	能田1人あたりの耕地面積（畝）
(1) 聖	1	1	8	8.0
(2) 杍	1	3	10	10.0
(3) 轂牛	2	4	12	6.0
(4) 野	4	8	15	3.75
(5) 厭治	2	2	18	9.0
(6) ？	2	3	20	10.0
(7) 立	2	6	23	11.5
(8) 越人	3	6	30	10.0
(9) 不章	4	7	37	9.25
(10) 勝	3	5	54	18.0
(11) 虜	2	4	20	10.0
(12) 穳	2	6	20	10.0
(13) 小奴	2	3	30	15.0
(14) 佗？	3	4	20	6.67
(15) 安民？	4	4	30	7.5
(16) 青肩	3	6	27	9.0
(17) ？奴	4	7	23	5.75
(18) ？奴	3	—	40	13.33
(19) ？	4	6	33	8.25
(20) 公士	3	6	21	7.0
(21) 駢	4	5	30	7.25
(22) 朱市	3	4	30	10.0
(23) ？奴	3	3	—	—
(24) ？	2	3	20	10.0
(25) 公士市人	3	4	32	10.67
合計：25世帯	71	112	603＋	8.87

*「世帯」欄には個人の名が記されているもののほか、爵位や身分が記されているものがある。
出典：裘錫圭 1974: 51-52.

表3-5　江陵鳳凰山漢墓に副葬された奴婢の人形

	8号墓	167号墓	168号墓
御者・馬丁	5	1	5
侍従	6	2	3
家内労働者	10（女性）	12（女性）	14（女性）
農業労働者	7（男性）	7	8（男性）
	8（女性）		8（女性）
水手	6	—	—
牛車の御者	—	2	1
合計	42	24	39

出典：佐原 2002b: 408, 表1.

漢は全長一〇〇〇キロメートルを超える砦を交易路に沿って建設し、それはのちにシルクロードと呼ばれるようになる。武帝はさらに、南と北東の辺境地域の支配権を握るべく派兵して、今のヴェトナムの北半部〔南越〕と朝鮮半島の大部分を併合した。だが、武帝の軍事的勝利は膨大な経済的負担を伴った。

それだけでなく、武帝は歴代皇帝と同じように同族同士の対立に巻き込まれた。紀元前一二二年には淮南《わいなん》と衡山の王が謀反を企てている。また諸王国の支配層と大商人が結託して土地を集積していると武帝は考え――ほかにもそういう見方をする人はいたが――これをとくに問題視した。何十年も前、晁錯はおびただしい数の農民が飢えと破産の瀬戸際にあり、借金を清算するため支給された土地を売り払わざるをえないところまで追い込まれていると警鐘を鳴らした。[89] だが穀物価格を引き上げて農民を保護するという晁錯の考えた方策にはあまり効果がなく、貴族や大商人による土地の拡大（「兼併」）が進行する一方だった。[90] 自由経済を信奉する司馬遷でさえ、こんなことを述べている。「この時代は法令は簡略で、人民は富み、人を使役し、財物を貯蔵して、身分に過ぎたことをなし、中には土地を兼併した豪族たちは威勢を頼んで、郷党を制圧したり、曲直を武断したりした」[91]。

外征に伴う出費を埋め合わせる財源がどうしても必要だった武帝は、商人たちを顧問に雇い、新しい財政政策を考案させた。小農は窮乏のうちにあったから、人頭税や土地税を引き上げることはできなかった。紀元前一二〇年前後から、武帝の顧問たちは財政組織の改変に着手、税収を大農〔従来の治粟内史に相当〕の管掌とし、新しい財政構想を実施するための特別機関を設けた。例えば紀元前一一五年には水衡都尉《すいこうとい》という職が設置されている。武帝は文帝が残したミニマリスト的統治の遺産を捨て去るべきだという助言を受け、富裕層の税負担を重くしたほか、貨幣を改鋳し、収益性の高い製塩と製鉄を国家の独占にし、交易に積極的に介入する国家機関を設けた。

新しい指導体制で最初にとられた措置は、もともと専業の商人だけに課されていた税を拡大し、商行為に携わるすべての者に課税することだった。算緡《さんびん》と呼ばれる新しい法に基づき、商行為や貸金行為に携わる者はいずれも、営業資産二〇〇〇銭につき一二〇銭（人頭税である算賦の一人あたりの税額、一算分に相当）の税を課されている。つまり税率は六パーセントで、工匠にはその半分の税率が適用された。さらに、舟や車も課税の対象になった。脱税の罪に問われた者は刑事罰に処せられる。財産を取り上げられ、一家が奴婢にされることもあった。この法はまた、名田宅制によって給付された土地を商人が獲得すること、商人が官職に就くことを禁じた。算緡に関する法は、商人を法的差別の対象となる特殊な職業集団として切り離す機能を果たした一方で、専業商人以外が商いに携わることを抑止する働きをした。商行為や貸金行為をなした富豪を罰し、商人の土地私有を阻害したことで、深刻化する「兼併」に歯止めをかける役に立っている。(92)

ふたつ目の措置として、武帝は塩と鉄の製造と販売を国家に独占させることにした。製塩と製鉄は民間の事業のなかで最大の利益があがると考えられており、それを吸い上げることが目的だった。皇帝は「山沢」からあがる収入を大農に移管、大農は時を移さず鉄と塩の生産設備を取り上げて官営にした（地図3－2）。官営の工房や武器庫に原鉄を納入させるための制度はすでに整っており、大農は市場での鉄の製造・販売も統制するまでになった。ほとんどの製鉄業者や製塩業者が、官営企業の管理者として新たに採用されている。漢はまた紀元前九八年に酒の専売制を始めたが、こちらは実施がはるかに困難で、紀元前八〇年に廃止となった。(93)

三つ目の措置として、武帝の財政顧問は市場に出回っていた多種多様な半両銭に代わり、新しく重量のある銅銭、五銖銭を発行した。はじめて登場した紀元前一一八年当時の五銖銭は、地方で鋳造され、重さにも仕上がりにもかなりばらつきがあった。紀元前一一三年には中央で発行されるようになり、水衡都尉が所管した。これを境に政府は大量の五銖銭（四・〇～四・五グラム）を発行し続け、武帝代の発行量は年平均四億枚にのぼった。白鹿の皮でつくった四〇万銭相当の「皮幣」など、あれこれと不換貨幣を発行したことで酷評されてはいるが、武帝は貨幣を統一し、その後何世紀ものあいだ使われ続ける標準的な貨幣をつくることに成功した。(94)

商業に対する国家の干渉のなかで最も広範にわたる影響を及ぼしたのは、桑弘羊《そうこうよう》の考えた均輸法だった。洛陽の商人の息子である桑弘羊は、並外れた経理能力を買われて宮中で財政顧問として働き始めた紀元前一二〇年には、まだ三二歳の若さだった。紀元前一一六年に大農丞になると、豊かな地域で集めた税をもとに、赤字に苦しむ辺境地域への再分配を行い、物資・兵站輸送の効率改善をはかった。そのために塩と鉄の専売から得られた収入も充当している。紀元前一一〇年に治粟都尉《ちぞくとい》に昇進すると、均輸と専売制を組み合わせるという大胆な計画を打ち出した。いわゆる「平準法」である。全国に配置された役人が、専売収益をはじめとする公的資金を使い、物価が下落した場合には買い付けを行い、高騰した場合には販売して価格変動を抑える。地方に貯蔵された物資は、算賦の代わりとして首都に運ばれ、宮殿や帝室工房に届く。平準法によって調達される物資は、輸送が長距離に及んでも費用がさほど高くならない絹やヘンプ麻の織物が大半を占めていた。(95)

武帝の財政顧問がつくり上げた制度は間接税への依存を増

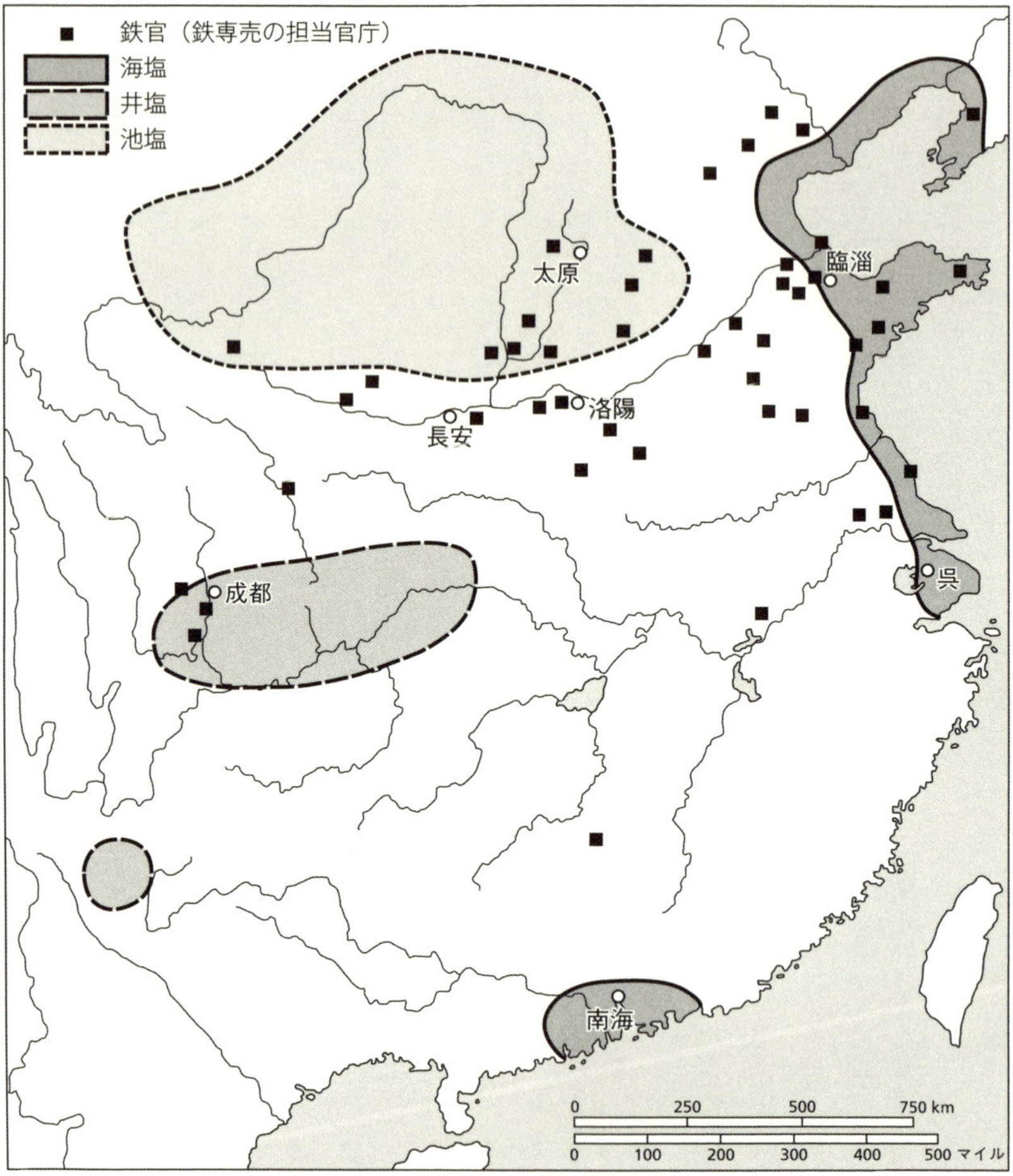

地図 3-2　漢代における鉄・塩の生産

表3－6　前漢の推計財政収入（単位：銭）

財源	中央政府	地方	帝室	合計
土地税（「田租」）	10億	60億		70億
芻藁税	8000万	12億		12億8000万
算賦	20億7126万	20億7126万		41億4252万
塩鉄専売	38億			38億
その他	1億			1億
山沢の税・市井の税			13億	13億
未成年に対する人頭税（「口銭」）			2億8745万	2億8745万
鋳銭			1億5380万	1億5380万
貴族が献納した金（「酎金」）			1850万	1850万
帝室の遊猟地			3億	3億
雑収入			6億	6億
合計	70億5126万	92億7126万	26億5975万	189億8327万

出典：山田 1993: 653–58.

していった。このことは、紀元二年の人口・土地調査をもとに山田勝芳が算出した財政収入にもあらわれている（表3－6。税収を貨幣価値に換算）。それによると全財政収入の半分近くを地方分が占め、それは穀物や藁などの現物納の田租および芻藁税の形で徴収された。中央政府の収入のほとんど、つまり全財政収入のほぼ半分は、貨幣で徴収されていた。貨幣収入の合計（九二億六〇〇〇万銭。〔「算賦」「塩鉄専売」「山沢の税・市井の税」「酎金」の合計か〕）は、一人あたりに換算すると一五四銭となるが、紀元前一三年の東海郡上計集簿（表3－1）が示す一人あたりの税収額一九〇銭とも矛盾しない。中央政府の収入の半分超、国家財政収入の二〇パーセントを占める塩鉄専売制からの収益が、国家としての漢にとってこのうえなく重要なものになったことは疑いない。帝室財政も桑弘羊が管掌するようになっていたが、これも銭納の間接税にもっぱら支えられていた。

桑弘羊の政策は、当初かなりの成功を収めた。司馬遷はこのように書いている。「一年の中に太倉と甘泉の倉庫が満ち、辺境の地にも余穀や諸物貨が有るようになった。漢の武帝が始めた均輸品の帛も五百万匹に達し、人民は賦租を益すことなしに、天下の用達が豊かになった[96]」。桑弘羊は皇帝から全幅の信頼を寄せられ、武帝一代だけでなく次代の皇帝のもとでも国家財政の舵取りを担うことになる。

実を言えば、武帝の顧問たちが考えた財政政策は、根本のところで軍事重農主義国家の原則を逸脱していた。兵力よりは経済資源を掻き集めることに重点をおいているのだ。富が商工業から生み出されることを知っていた桑弘羊らは、交易を押さえ込むのでなく、国家に物財を集めるべく商品の交易条件や貨幣供給量を操作しようとした。政府は最も収益の高い産業や戦略物資の生産を独占し、徴税の形も農産物などの現物や労役から銭納の間接税に変えていった。このことから、武帝の政権は重商主義財政国家に分類できる。[97] だが国内の商人階級の特権を前向きに認めて保護することに力を注いだ近世ヨーロッパの重商主義国家とは対照的に、中国の重商主義者は民間交易を排除し、代わりに商人企業家を官吏として雇って官営の事業所の運営を任せようとした。

当時の政治家や学者は、桑弘羊の財政政策を政府による商工業の不当な乗っ取りととらえ、批判した。司馬遷によると、皇帝の顧問である卜式《ぼくしょく》はいきりたって、「桑弘羊は役人を市場の商店街に坐席を取らせ、物資を販売させて利益を求めさせております」と述べたという。司馬遷自身は武帝の政権を始皇帝統治下の秦にそれとなくなぞらえ、「古代にかつて天下の資力を尽くしてお上を奉養したが、お上の方はなお自分では足らないと思ったことがあった」と書いている。[98]

皇帝の浪費的な運営方法や辺境警備の費用増大により、国家の財政力に過大な負担がかかったのは疑いをいれない。新たに獲得した辺境の領土は、ほとんど収益を出さないにもかかわらず、莫大な出費を強いた。政治的・軍事的な支配を続けるには、他の地域の資源を大量に注ぎ込まなければならない。財政や物資の輸送に関する武帝の政策によって、帝国の経済は空間的に区分され、人的・物的資源が人口の稠密な中央の農業地帯から新しい領土の管理と辺境の防衛に責任を担う軍事施設に振り向けられた。新しい経済圏ができたことは、帝国を以下の三つに分けると明確になる。(一) 首都圏 (「三《さん》輔《ぽ》」。長安を中心とした地域で三つに区分され、いずれも宮廷と首都に食料を供給していた)、(二) 国内の郡 (「内郡」)、(三) 辺境の郡 (「辺郡」)。この空間構造は以後の中華帝国の政治経済に一貫して見られる特徴である (地図3-3)。[99]

五銖銭が標準的な貨幣として根付き、漢には信頼に足る支払い手段ができた。ただ貨幣供給こそ増えたが、漢の貨幣経済の浸透度はローマ帝国に比べてだいぶ低かった。紀元前一世紀の漢における一人あたりの貨幣供給量は、最盛期のローマ帝国のおよそ半分にとどまる。漢の財政収入に関する山田の試算 (表3-6) をもとに考えると、国家は流通している貨幣の三〇パーセント以上を使っていたことになるが、ローマの場合、国家が使用した量はおそらく一〇パーセントに満たない。[100] それだけでなく、漢の貨幣は、ローマとはまったくと言っていいほど異なった。紀元一六〇年ごろのローマで流

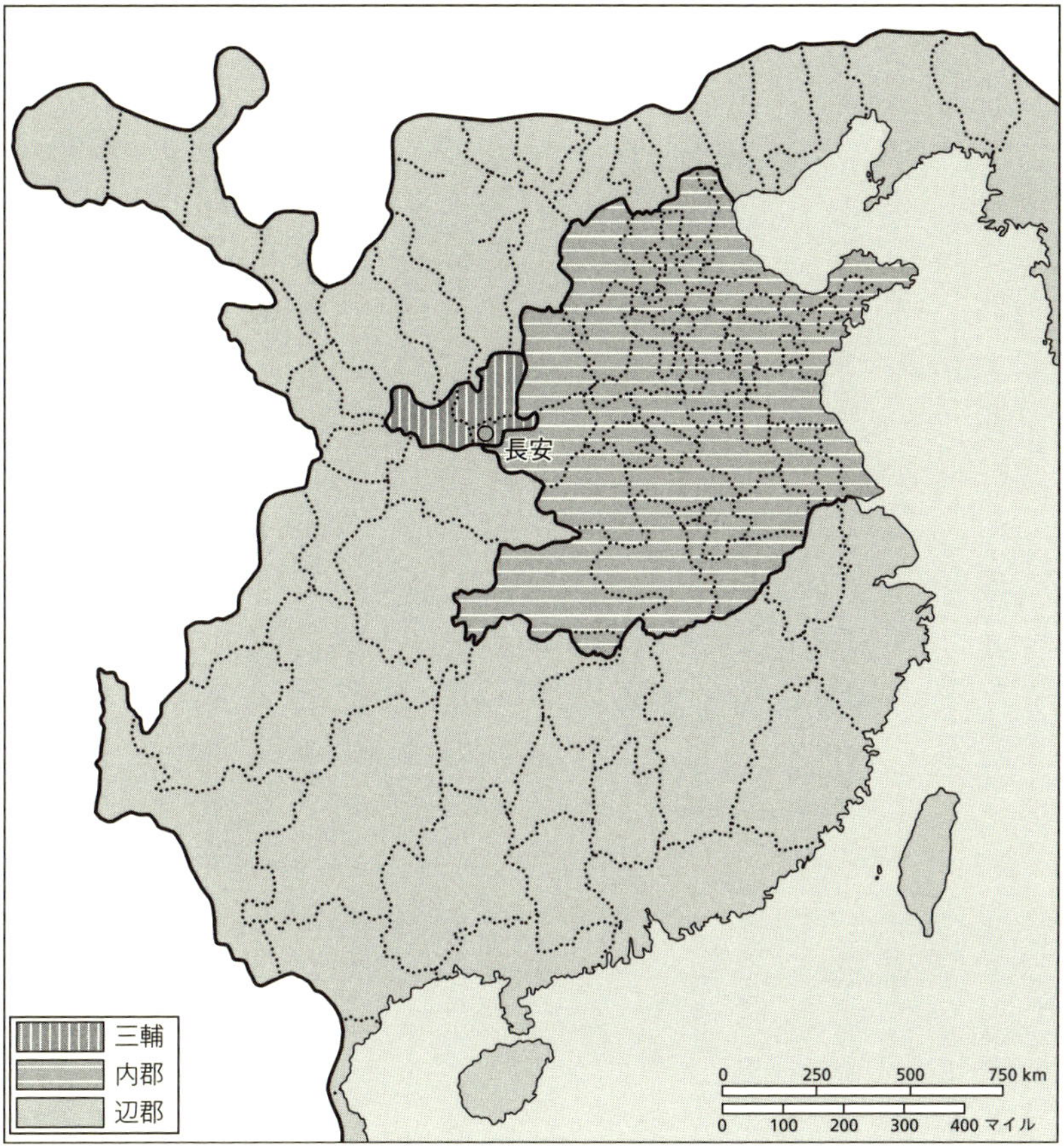

地図 3 - 3　漢帝国の空間構造

通していた貨幣は、（価値で見ると）およそ六〇パーセントが金貨で、三〇～三五パーセントが銀貨、五～一〇パーセントが銅貨だったのに対し、漢で流通していたのはもっぱら価値の小さい銅貨だった。[101] 漢にとって、貨幣は国家の支払い手段としての意味のほうが大きかったが、ローマではかなりの貨幣が交易に使われ、民間貯蓄に回されていた。とはいえ、ローマでは元老院議員や裕福な市民しか金貨を蓄えることができず、漢ではそれより低い階層のあいだにも貨幣が浸透している。[102] 貨幣が広く流通していたおかげで、漢の為政者たちは、貨幣供給に対する政府の影響力を経済全体の強力な統制手段として使うことができると確信するにいたったのだ。

武帝時代の遺産をめぐる論争──『塩鉄論』

桑弘羊をはじめとする武帝の財政顧問は、商人であって思想家ではなかった。しかし彼らが始動させた統制経済の理論的原則は、『管子』の「軽重篇」のそれと軌を一にする。第2章で述べたように、「軽重篇」の議論には『管子』の他の部分の議論との食い違いがある。著者名は不明だが──ここでは便宜上、執筆陣を「擬似・管子」と呼ぶ──この部分はおそらく紀元前二世紀から一世紀にかけて著された。武帝の政策にはっきりした形では触れていないが、ここで描かれる国家の経済運営構想にはそれと相通じるものがある。「擬似・管子」の説く政治経済は、農業、鉱業、製造業から得られるものを最大限利用し、国家収支を良好に保ち、価格と消費の統制を可能にするべく金貨と銅貨を集めることを柱としており、これも重商主義の一形態に分類できる。[103]

まず、「擬似・管子」のなかで、君主は敵国のみならず、商人や金貸し、封土からの収入で暮らす貴族とつねに闘う人として、対立勢力は私利私欲のために市場を利用し、民を搾取し尽くす寄生虫として描かれている。君主たるもの、市場がもたらす不平等から農民を守り、物の需要と供給を均衡させ、富の再分配における著しい歪みを正すために行動するべきであり、そのためには知識と戦術で武装せねばならないという。「擬似・管子」は、物価水準や貨幣供給量などについて正しい判断を下すには人口や資源、生産能力に関する情報を集めることが必要だと力説する。「擬似・管子」のこの側面は、経済統計をまとめ、分析する桑弘羊の天才的能力を思い起こさせる。[104]

「擬似・管子」は、武帝の顧問たちと同じく、国家財政の増収とともに一次生産者の税負担の軽減をめざしていた。労役と兵役は民を疲弊させると警鐘を鳴らし、直接税の代わりに製造業と商業から徴税すべきだと唱えた。税は生産と消費を冷え込ませるが、戦略的に用いれば、利益を生み出し、例えば金貸しや穀物投機家が暴利をむさぼることに歯止めをかける効果も期待できる。また「擬似・管子」の構想では、国家が製造業に大きな役割を果たす。「国准篇」には、君主が行うべきこととして、（一）「山沢」の資源を独占する、（二）道具類だけでなく武器も製造する、（三）塩と鉄の生産と販売から利益を生み出す、（四）貨幣を発行する、（五）農業に適していない山地や沼沢地を鹿や牛馬の牧場として使う、の五つが示されている。[105] さらに、他の箇所にも書かれていることだが、塩と鉄は需要と供給の法則とは無縁だという。これらは需要が非弾力的であるため、君主はそこから大きな収益をあげることができ、直接税の必要をなくすことはないにしても小さくはできる。

だが、塩と鉄はごく一部の例外にすぎず、ほかのものは需要と供給の法則に従うものとされた。なかでも穀物――「擬似・管子」は随所で、民の「生命をつかさどるもの」と呼ぶ――は市場の法則に支配されている。穀物価格の乱高下には日照りや洪水、ペストといった自然の要因だけでなく、余分な財貨を貯蔵し、多くの物資を蓄えている者たち（「擬似・管子」の表現を借りるなら「積余、蔵羡、跱蓄之家」）によっても引き起こされる。こうした人々は穀物をため込んで不足させ、意図的に価格を吊り上げたうえで、追い詰められた消費者に在庫を販売して莫大な利益を得ている。ゆえに君主は買いだめを禁止する法に加え、消費者が高値で苦しんでいるときに分け与えることができるよう、みずから穀物を備蓄し、経済を統制しなければならない。英明な君主なら、穀物をはじめとする物資の価格を引き上げて生産を促したり、特定の物資の輸入を外国の商人に働きかけるなどして、都合のよい方向に市場を操作することもできる。「擬似・管子」は、穀物の価格が高くなれば農家の所得が上がると、その利点を繰り返し強調している。だが他方で、市場を迂回するよう説く場合もある。例えば国家が種籾や農機具、食料を貧困家庭に与えたり、農民や女性の機織り人に前払いすることを勧めている。

それだけでなく、君主は自分だけがもつ強力な武器、つまり貨幣発行権を使いこなすものだという。穀物が生命をつかさどるものなら、貨幣は穀物をはじめとする物資の価格を左右し、「人民の間にくまなく通用するもの」（「通施」）だ。「擬似・管子」の金銭観の勘所は――ギリシャの思想家と同じように――物の適正な価格をいかに決めるかではなく、供給が周期的に多寡を繰り返す問題を克服して、基本的食糧に対する民の必要をどのように満たすかにあった。「擬似・管子」だけでなく、この時代に政治に携わっていた人々は、貨幣の価値も商品の価格も供給量に反比例することをわかっていた。だが「擬似・管子」は、穀物などの物資と違い、貨幣の供給量は君主が統制できるのだと力説した。貨幣そのものには価値がなく、衣食住の物理的な必要を満たすことはできないが、君主は貨幣供給量や税負担を調整するなどの金融・財政政策を用い、貨幣の交換価値のみならず商品の価格を操作できる。このように国家は交換価値を左右できるので、交易条件を決定し、ひいては経済活動を統制できる。『管子』にはこう書かれている。

国家の利権が君主一人の手中にあるような国は、天下無敵である。国家の利権が君主と宰相の二人に握られている国は、その軍隊は強力で敵に屈服することはない。しかし国家の利権が三者に分割された国は、敵に対して戦いをいどむことはできなくなる。まして国家の利権が四者に分割されるようになれば、その国は必ず滅亡するのである。先王はそのことを承知していたのである。それで先王は富裕な者の有り余る財貨の流通を閉ざし、彼らの利益を得る道を狭くしたのである。すなわち、恩沢を人民に与える権力は君主一人にあり、人民から利益を奪い取る権力も君主一人にあり、人民を貧困にするのは君主の権力であり、人民の生活を豊かにするのも君主の権力にあるということになる。そこで人民が君主を日月のように尊んで上に頂き、君主を自分の父母のように親しみなつくのである。[106]

しかし絶えず変化している世界では、君主たる者、既定の戦略にしがみついてはいられない。変化し続ける経済環境にどんな対応をすべきか、適切に判断できるよう、つねに気を配らねばならない。

「軽重篇」は武帝の財政顧問による均輸法にも平準法にも触れていないが、通底する部分がある。『管子』の成立年代の早い箇所は、穀物備蓄の戦略を力説し、市場の機能を円滑にするうえで商人は貢献しうるとの認識を示しているが、「軽重篇」は金融政策を経済運営の主要手段ととらえて詳しく論じ、商人階級だけでなく富めるエリート層をも、庶民の厚生に敵対する者とみなしている。「侈靡《しび》篇」（第2章を参照）のなかでは、富裕層による派手な消費を擁護する独特な議論が繰り広げられていたが、「擬似・管子」はこれに真っ向から反論する。[107]いわく、さまざまな経済的要因が衝突を繰り返すなか、民と国家を豊かにするには均衡（「衡」）と安定（「准」）――「擬似・管子」が好む決まり文句――が必要で、それをもたらすことができるのは君主だけである、と。君主の経済運営力（「能理」）にはその法則を理解することだけでなく、人口や資源について信頼できる統計を集めることも含まれると説く「擬似・管子」は、桑弘羊の思想と寸分の違いもない。[108]

武帝の存命中、その財政政策を表立って批判する声は聞こえなかった。だが紀元前八七年に武帝が死去するや、反対の立場にある官吏たちが、経済に国家が介入することの倫理性、そして民生への効果について疑問を投げかけた。武帝時代に官吏の採用方法の改革が行われ――武帝だったからこそ実施できたのだが――儒家の道徳思想に染まった政治勢力が新たに誕生していた。以来、漢の官界ではこうした人々が幅をきかせるようになる。紀元前八一年、昭帝（在位　紀元前八七年～紀元前七四年）が会議を召集し、武帝の財政政策の遺産について正式に話し合わせた。漢の宮廷でまだ重鎮として重きをなしていた桑弘羊が出席し、異議を申し立てるべく都に入った六〇人あまりの知識人〔賢良・文学〕との論戦のなかで、塩鉄専売制などの主要政策を擁護した。桑弘羊と敵対する儒学者との論争は対話形式に整理され、『塩鉄論』という書物になっている。同書はこの会議から一〇年か二〇年たったのちにまとめられたものと思われる[109]。

『塩鉄論』のなかで、桑弘羊はまず、匈奴の脅威、そして増大する戦費と防衛費の問題をさばくのに必要だったと武帝の財政政策を正当化する。だが言ったそばから、この政策は単なる緊急支出ではないと否定し、君主には国家という共同体のために経済を運営する権利と責任があるのだと、「擬似・管子」とほとんど同じ語法を用いながら主張する。

王者は天産物をまもり、関所の外へ売り出すのを禁じ、物価の規準を維持し、こよみを間違えないようにし、物価の高低を調節することで人民を治めたものです。豊年で穀物がみのると、貯蔵して欠乏に備え、凶作でみのりが悪いと、貨幣や他の物資を流通させました。余剰を放出し、不足を補ったのです[110]。

桑弘羊は重商主義理論に対する信頼を示すにとどまらず、数々の業績をあげ、自分の政策は正しいと述べる。帝国の財政を合理化したこと。健全な統一貨幣制度を成立させたこと。治水事業を進め、新しい農業技術を普及させ、辺境の農業を振興して、帝国の農業基盤を固めたこと。各地の税負担を均等にしたこと。また、世帯レベルでは短期的でその場しのぎの判断がなされるが、系統立った長期的な計画はそれよりずっと優れていると、国家が果たす運営機能を肯定する。

桑弘羊はさらに、経済的正義をもたらすうえで国家はだいじな役割を果たすのだと力説する。君主は「諸侯を従わせ」「富豪と大商人を一掃し」「有力者」（豪民）が私利私欲のために塩や鉄などの必需品の交易を独占しないようにせねばならないと繰り返し説く[111]。富裕層から貧困層に富を再分配すべきだとはっきり唱えているが、地域間の物資面の不均衡を正す必要性も強調している。帝国内の一部の都市が豊かに潤っているのは、農作物の収穫が多いからではなく、地の利がよいおかげ、つまり交易路の交わる場所にあるからだ。君主が介入して物流を調整し、交易からあがる収益を等しく行き渡らせてこそ、地域間の交易は民を豊かにできるという[112]。

これに対し、「賢良・文学」――中級の役人が大半を占めていた――は、農業は富の源泉であるとか、利潤追求は非倫理的だとか、倹約は美徳であるなどと手垢にまみれた主張を繰り広げた。国家は臣民を犠牲にして利益を得ているし、役人が税収の増加を優先すれば、民の精神的な幸せや物質的な安寧を守るという本来の義務がおろそかになる、と賢良・文学は考えていた。また政府の役人についても、市場や商品、税金に対する大きな権力を乱用し、気の毒な農民を苦しめていると、自己正当化も多少は織り交ぜつつも批判した。桑弘羊の敵対勢力は重商主義理論を否定し、重農主義的な社会像、つまり不確実な経済や退廃的な市場から守られた自給自足の農家が支える社会を肯定する。だが文帝時代の自由放任主義に戻ることを求めるあまり、大土地所有者や貴族の利害を擁護する格好になった。

紀元前八一年に宮廷で行われたこの論争は、漢の財政政策の転換につながらなかった。昭帝は、酒の専売こそ廃止したが、塩鉄専売制を継続せねばならないと考えるようになった。最も大きな変化があったのは増大していた労役と兵役の問題で、これについては桑弘羊でさえ農業生産性を下げる障害ととらえていた。「更卒」の義務は五カ月に一回から年一回に減っている。政府が労役を銭納に置き換えた事例が、このころかなりの割合にのぼったとも言われている。この説については傍証史料しかないが、少なからぬ説得力がある[113]。それから数十年のうちに、漢は首都での兵役をほぼ全廃し、「内郡」の人を辺境の軍事施設に送り込むこともめったになくなり、徴兵の対象者が代理人を雇うことも認めた[114]。これにより、帝国の政治経済に対する内郡と辺境の機能の違いがさらにはっきりした。紀元三〇年、漢は内郡からの徴兵を全廃したが、これは秦の建国事業の支柱をなしていた兵農一致の理想を根本から否定することに等しかった。これを境に、漢の宮廷は長城地域の防衛にもっぱら労役刑徒や遊牧民の傭兵、辺境で緊急動員した辺境の住民を投入するようになる[115]。

塩鉄専売制をめぐる論争から数十年たつと、武帝の財政政策に対する保守反動が勢いを増した。桑弘羊の批判派が掲げた国家統制反対論と重農主義理論は、台頭しつつあった儒家の政治家に広く支持された。これらの人々は、皇帝とは本来道徳のあり方を示す鑑であり、その行為も儀礼の範囲にとどめるべきだと考えていた。武帝や、武帝に先んじていた秦帝国が商工業を統制したことだけでなく、市場経済そのものも否定している。元帝（在位　紀元前四九年〜紀元前三三年）が後押ししたことから、この一団の政治思想は、政府の政策や制度に深く行き渡った。少府は収入の大部分を大司農に引き渡すことになり、財政に対する皇帝の権限が狭まった。紀元前四四年には儒家の大臣である貢禹《こうう》が、金属の貨幣を全廃して現物経済に引き戻すことを提唱している。この提案は非現実的と受け止められたが、紀元前四四年から紀元前三一年にかけては、政府の支出、とくに帝室の浪費を減らすことを主眼として、礼制の改革が行われた。

桑弘羊たちの積極的な行動律が退けられる一方、土地や富の集中が深刻になった。それから数十年のあいだに、儒者政治家が新たに勢力を得、「豪族」と呼ばれる寡頭政治勢力へと変化した。この勢力が政治的な勝利を収めたことで、重要な経済的変化が始まった。とくに富や資金が商業から土地に流れたことは大きい。

まとめ

秦から漢へと時代が進むと、軍事力による支配は官僚による支配に変わった。王朝の創始者たちは、英明な為政者は農業生産を促進し、物流をさかんにするため経済に介入することで、民の福利をはかるものだという考えに傾倒していた。民に土地を給付する名田宅制は、戦功によって爵位を決めるという、軍事社会的な秦の方法に端を発する。漢では、軍功でなく非軍事的な道徳律に基づいて新しい爵位制度をつくり上げることがめざされた。だが文帝の自由放任政策は、土地からの収入で生活する貴族が力を増したこともあずかって、名田宅制を支える経済秩序を破壊した。商人、とくに戦国時代に商業がさかんだった中原諸都市の商人は新しい富を生み出し、土地は有力な地主に集中していった。軍事力による支配が官僚制へと変わったことで、官職や爵位、土地を基盤とする新しい支配階級が形成されていく。

帝国がどれだけ経済を規制できるかは、公共財を提供し、経済活動に課税できるか否かと密接に関係していた。統制経済の象徴とも言える秦帝国は、国家が非農業分野の生産資源を掌握し、大半の産業を（たいていは無償労働を利用して）運営し、市場を厳しく監視した。軍事・重農・財政国家という法家の国家モデルでは、労働の果実を刈り取ることよりも労働力そのものを動員することに重点をおく。労役の形での国家による搾取は、耕地に対する税とは比べものにならないくらい重い負担だった。秦は銅銭を発行したが、これは市場での交換の促進のためというより、税を徴収する手段を用意することや、兵士に給与を支払い、養うことが目的だった。秦は版図を広げて紀元前二二一年には天下を統一するが、その過程で楚や中原の三晋の新興商人階級に対し、一方的な政策を押し付ける傾向が強まる。秦帝国の指導層は商人が暴利を貪っているとみなし、これを抑止するため刑罰を設けた。

漢の始祖である劉邦は、はじめ商人を差別待遇し、労役を多用するなど、秦の財政政策の多くを温存した。だが国家の主導で運営していた手工業を除くと、経済の運営に国家は直接関わらなくなった。秦と同じく漢もまた、夫婦一組と被扶養者からなる世帯を生産の基本単位に据え、健康な成人を一律に税金と労役の対象とした。しかし社会的・経済的な不平等が深刻になって多くの農民が自力で生活できなくなるにつれ、一律の課税という前提が意味を失っていく。

外国との戦争や、内陸アジア、朝鮮、南越などの辺境の平定に途方もない費用を投じたことから、武帝は先帝たちの自由放任政策を撤回し、商工業を搾取するという大胆な戦略を始動させた。だがその重商主義政策には、深刻になる経済的不平等を是正したいという願望も込められていた。商業経済を統制し、もっと盤石な土台の上で財政を運営することをめざした武帝の努力は実を結ばず、あとに続く皇帝たちは、塩鉄専売制こそ継続したものの、国家による直接の経済統制から遠ざかっていく。経済に対する国家の影響力が小さくなり、それに従って民のあいだの富の階層化に拍車がかかった。

それだけでなく、武帝の政策は一部に富が集中する流れを押し戻すどころか、かえって激化させている。富裕層から取り立てる税を増やすため、算緡などの強硬な政策がとられたが、大土地所有者をなくすことはできなかった。むしろ、この強硬策は低所得世帯に大打撃を与えた。農民は自力で生活を維持することが次第に難しくなり、多くは莫大な負債を抱えて、土地を売却することになった。名田宅制は消滅している。貧富の差が広がると、もともとすべての農民が同じ量の労働を担い、同じ広さの土地を占有することを前提につくられていた漢の財政制度は、機能を麻痺させていった。武帝の顧問たちが好んだ間接税は、国家の支払い能力を維持するうえで欠かせないものになっていった。そして漢は、戦国時代から国を建てる際の理想とされてきた平等の原則に背を向けることになる(116)。

第4章　豪族社会と荘園経済
——紀元前八一年〜紀元四八五年

漢代初期の社会には、秦帝国が打ち立てた秩序がほぼ温存されていた。帝国政府は民に土地を給付し、農業技術や基幹施設に投資し、市場の規制によって生産者と消費者を保護するなどして、小農経済を支えた。武帝は国家の規制機能を拡大し、財政の構造改革を行った。軍事力を増強し、中央アジアや朝鮮、南越にまで広がった帝国を統治する必要があったためだ。だが武帝後の時代には、その費用が膨れ上がり、儒学を信奉する官吏が重商主義を否定したことから、統治機構の維持が難しくなった。武帝の財政政策が打ち切られてゆき、経済的不平等が深刻になる。

紀元一世紀はじめ、政治家の王莽《おうもう》が介入主義的な新しい国家をつくるべく、黄金時代の周への回帰を名目に、帝位簒奪というゆゆしき行動を起こした。だが、その後王莽が殺害され、直後に漢王朝が再興されるなど、政治・経済の混乱が続き、国家による積極的介入はさらに現実味を失った。後漢（紀元二五年〜紀元二二〇年）の初代皇帝が紀元三〇年に徴兵を廃止したことで、秦漢帝国の秩序にはっきりと終止符が打たれた。国家のための役務が社会秩序の土台をなすという規範は捨て去られ、豪族の支配下に入る人が増えていく。

とはいえ、国内の平和は保たれ、経済が成長した。新技術と耕地拡大によって農業の集約化が進み、王莽が帝位に就く少し前には、人口は六〇〇〇万人に達していた。交易や貨幣は後漢時代に荘園経済を支え、発達へと導いた。だが紀元二世紀になると党派対立によって帝国は不安定化して次第に活力を失い、崩壊へと向かった。紀元二二〇年に後漢はついに滅び、以後ほぼ四世紀近く分裂の時代が続く。

分裂時代〔魏晋南北朝時代〕には、軍事的・政治的・経済的な権力が民間に移った。四世紀はじめに北部が遊牧民に占拠されると流れが加速し、宮廷は遠く離れた南の長江デルタ、いわゆる「江南」に避難を強いられた。貴族も大挙して、宮廷とともに南へ移動した。だが南朝では戦争や派閥争いが打ち続き、政権が頻繁に変わったことがあだとなり、寡頭支配の土台が固まることはなかった。五世紀に入ると、政治権力や官職のほとんどを庶民出身の武将らが掌握するようになる。とはいえ貴族は、亡命貴族か江南の貴族かを問わず、華南社会で影響力を握り続けた。大半の農民は没落の憂き目を見ている。他方、中華帝国に新しい中心地が形成されてゆき、亡命政権こそ無力なままだったが、華南、とくに江南の経済は前例のない勢いで発展していった。豪族は大きな農園を開き、荒地を肥沃な水田地帯に変えた。宮廷と貴族の消費需要に押され、商工業が栄えた。南朝諸国はたしかに軍事的・政治的に衰弱していたが、この時代の江南は日の出の勢いで成長し、中華世界の新しい経済的心臓部になった。

漢代の農業に訪れた変化

漢代には農業が大きく進歩している。頑丈な鉄器が普及し、農業技術が集約化されたことで、農業生産量も人口も着実に増えていった。鉄製の農具は質量ともに成長し、犂《すき》による耕作の効率性では、古代世界で他に並ぶものがないほどの水準に達した[1]。大規模な灌漑事業と新しい農業技術のおかげで、華北の乾燥地帯に耕地が増えていった。帝国全土に新しい農業技術を広めるうえで、国家は大きな役割を果たした。だが農業は大規模経営に好都合な方向に発展し、荘園を基盤とする農業経済に向かう流れを速めることになる。

作付けと食料消費の形は、新石器時代以来最大の変化を遂げた。雑穀が最も重要な作物であることに変わりはなかったが、北部では小麦と大麦の栽培、南部では稲作が広まった。小麦は雑穀に比べて灌漑への依存度が大きいため、栽培が始まったのは中央平原などの水の豊富な地域だった。東海郡の土地に関する記録から、この地域では小麦と大麦が主流の作物だったことがわかる（表3－1）。武帝時代には、農民に確実に給水できるよう、国家が主導して長安を中心とする関中（現在の山西省と陝西省）で数々の灌漑事業を行っている。小麦の収穫量は雑穀の二倍にのぼると言われ、栽培の振興も図られた。紀元前一世紀後半には氾勝《はんしょう》之《し》という農学者が、関中では小麦と大麦が広く栽培されており、収穫が多いと書き残している。小麦栽培がさかんになったのは、主としてマメ科植物、なかでも華北で長いこと主食とされていた大豆の栽培が下火になったことによる。マメ科植物の作付面積は、周代には二五パーセントだったが、漢代には八パーセントに減っている。また、マメ科植物は醤油や味噌のような調味料として消費されることが多くなった(2)。料理の主食が変わっただけでなく、西瓜や胡瓜、葱、大蒜《にんにく》、胡椒、胡麻、葡萄、もやしなどの新しい作物が、中央アジアの交易路を通じて持ち込まれた(3)。

漢の建国により、中国には大きく分けて三つの農営方法があらわれた。関中の肥沃な黄土は耕作が容易な土壌だが、乾燥した気候のせいで水分が蒸発しがちで、侵食を受けやすい。黄土の場合、簡単な犂と鍬《くわ》があれば十分に耕すことができた。この地域の農民にとって何よりだいじなのは、土の湿気を保つにはどの時期に耕し、掻きならし、除草作業をすべきかだった。かたや中央平原の重い沖積土は頻繁に洪水に見舞われ、適度な排水が必要だった。この地域の農民は、撥土板《はつどばん》が付いていて深く耕すことができる牛耕用の犂や播種器《はしゅき》などの高度な農機具、また効率的に種をまく方法を編み出した。不規則な降雨への対処法として、中央平原地域で畝立てが始まり、通常は二頭の牛で犂を引いて行った。二年三毛作（一般には粟、秋まき小麦、大豆または粟の作付けを繰り返す）もおそらくこの地域で最初に行われている(4)。

稲の栽培法は、これとは大きく異なった。漢代の史料には南部の農民が「火を用いて耕し、水を用いて除草した」（火耕水耨《かこうすいどう》）と書かれているが、一部の研究者はこれを焼畑農業を意味するものと誤解してきた。中国にはその時点で水稲栽培の長い歴史があり、漢の稲作民は水田をつくっていた。この言葉はむしろ、収穫後の刈り株を焼き、土を耕して刈り株を肥やしにし、雑草対策として水を注いだという意味なのだろう。育てた苗を田に移し植える方法は、紀元二世紀の農書にも書かれている(5)。三世紀の華南では、水田用に改良された犂を使っていた(6)。とはいえ、長江以南の地域の多くは人口が希薄な辺境で、栽培法もあまり集約化されていなかった。漢代の華南の場合、大規模治水事業といえば、灌漑工事ではなく、沿岸の農地を塩水の流入から守るための堤防の建設だった(7)。

漢の政府はもっぱら関中地方の農業振興に力を注ぎ、首都と辺境軍には毎年一〇万トンを超える穀物が届いた。武帝時代には、政府が先頭に立って関中と北西辺境の軍事入植地に集約的な栽培法を広めている。大規模灌漑事業が政府主導で行われ、この地域の農民も、中原地域で用いられていた畝立てや撥土板付きの犂などの技術を使うようになった。だが紀元前一世紀後半の漢では農業振興のための投資が行われなくなり、関中の農民は集約性の低い栽培法に戻っていく。

許倬雲の計算によると、一般的な農民が人頭税を納め、その他の基本費用を賄うにはかなりの現金収入が必要だったという（総所得の少なくとも二五パーセント）[8]。現金収入源としては、食品加工やたきぎ集めや機織りなどの家内手工業、道具類の製作や修繕、建設作業などが考えられる。農村の女性は家族のために機織りをしたり、衣服を仕立てるものとされていた。「男耕女織」という性別役割分業は、漢代以前に根を下ろしていた。紀元一世紀の漢の公式史家も、理想的な家庭像を描くなかで、「冬には民はむらに入っているから、女達は近所どうし相いつどい、糸つむぎの夜なべをする。……必ず集まって働くのは、光熱の費用を節約し、熟練者と初心者とを一緒にして、世間のならわしに合うようにさせるためである」と述べている[9]。蚕の飼育は農繁期である春から初夏に行わねばならなかったので、養蚕はたいてい女性がするものとされた。もっとも、生糸やヘンプ麻〔大麻〕の糸をつくるなど、高度な技能を使わない作業は「女の仕事」だったが、機織りや服づくりは女性だけでなく男性の仕事でもあった。

中国では集落考古学の研究がまだ初期的段階にとどまっているが、漢代の黄河旧河道の西側、中央平原で近年発掘された三楊荘遺跡の調査からも、右に述べたことを確認できる[10]。三楊荘遺跡のある地域は紀元一世紀に黄河の氾濫によって浸水し、以後は人が住まなくなったことから、遺跡には前漢後期の農村の状況がそのまま残されている。農民は畝立てをし、大きな鉄製の犂先がついた牛耕用の犂を使っていた。出土した桑や機織り機から、家庭内で織物がつくられていたことがわかる。三楊荘遺跡には中庭付きの農家が農地のあいだに建ち、村落を形成してはいない。いくつかの農家から出土したもののあいだには小さな違いしかなく、この地区の住民の経済水準がほぼ等しかったことがうかがえる[11]。

農業生産の基本単位が小農であることに変わりはなかったが、長い年月のあいだに、土地集中の流れが生まれた。爵位に従い耕作地を与える名田宅制は、小自作農を基本とする農業を盤石にするためのものだったが、結局は荘園の形成を促す道具にされてしまった。爵位が高ければ、一般的な農家の四〇～五〇畝《ぽ》よりもはるかに広大な土地をもつことができた。爵位第一三級の場合は二〇〇〇畝、第一級の場合は九五〇〇畝だ。皇帝の顧問を務めた晁錯《ちょうそ》は紀元前一七八年という早い段階で、多くの農民が没落し、債務返済のために田畑を売却せざるをえない状況にあると警鐘を鳴らしている。また、商人と富裕層が貧民の苦境につけ込んで利益を得ているだけでなく、軍に穀物を納入して爵位を買っているとも述べた[12]。武帝は商人による名田の獲得を禁じたが、土地の集中を抑えるうえではほとんど効果がなく、武帝の死後は効力を失ったようだ。武帝政権はまた、土地のない人々を北部辺境など人口の希薄な官有地（「仮田」）に住まわせようとした。だがそれも、有力地主の掌中に落ちていった――債務不履行が原因の場合もあれば強奪されたこともあったろう。[13] 爵制では、かなりの土地を合法的に集めることを認めていたが、紀元前一世紀には法的な許容範囲以上の土地の集積に対する批判が膨れ上がっている。[14]

国家が関中と辺境で振興をはかった新しい農耕技術には、農機具や家畜、水利事業への相当規模の投資を必要とした。武帝時代の積極策が廃止されると、多くの農民の身分はいっそう不安定になった。国家からの経済的支援がなくなり、自力で生活できない人々は負債を抱えて土地を失い、小作人や雇用労働者に転落している。[15] 撥土板付きの犂は牛で引き、三～六人で畝づくり、種まき、土かぶせをする必要があったが、それだけの経済力のない農家がほとんどだったので、複数の世帯が集団で作業せねばならなかった。[16] また、小麦は雑穀と違い、粥にするのではなく製粉して食べたため、高性能の製粉器具が必要だった。紀元一世紀前半に初めて文献に登場する水力利用の臼――「生産性が一〇〇倍になった」（其利乃且百倍）と言われる――は、小麦の栽培拡大とともに普及した。[17] 小作人は地主に使用料を払って牛を借り、製粉所を使った。

農業生産がこのような変化を遂げたことで、荘園形成へと向かう流れが加速した。それだけでなく、武帝の介入政策に終止符が打たれ、新しい体制では富と土地の集積が黙認されたことから、新興の豪族は私腹を肥やすことができた。紀元前一世紀が終わるころには、秦代からずっと帝国の土台を形成してきた小農は背景に後退し、新しい地主エリート層が前面にあらわれる。

荘園経済の出現

名田宅の制度、また功臣と皇族に爵位を与えるなどの皇帝の寛大な政策は、紀元前一世紀に荘園が形成される過程で大きな役割を果たした。于振波は、一〇〇万～三〇〇万銭の資産をもつ豪族の私有地は三〇～一〇〇頃《けい》（三〇〇〇～一万畝）だったと見積もっているが、これは名田宅制で有官者が占有を許された最大限の土地面積に等しい。[18] 有爵者は名田から収入を得ることしか認められておらず、実際の所有権はなかった。しかしこの貴族たちはそれ以外にかなりの私有地をもっていた。例えば成帝の寵臣だった張禹《ちょうう》（紀元前五年没）は紀元前三三年に列侯に次ぐ爵位（関内侯《かんだいこう》）を受けた際に六〇〇戸の封土を与えられたが、宰相を辞して引退した紀元前二〇年には、封土は一〇〇〇戸に増えた。さらに私有地として四〇〇頃を購入している。[19] 宇都宮清吉の計算によると、劉秀（紀元前六年～紀元五七年。紀元二五年に漢王朝を再興）は、四六七戸の民を相続していたが（およそ二〇〇頃分の農地と同じ収入が得られる）、それに加えて二五〇～三〇〇頃の土地を獲得したという。[20]

荘園はとくに、劉秀の一族が代々地盤としてきた現在の河南省地域の南陽で広く普及した。劉秀の母方の祖父である樊《はん》重《ちょう》は、「物を一つとして捨てることが無く、奴隷に仕事を割り当てれば、それぞれ得意とするものと合致していた。このため上下が力をあわせ、財産が年ごとに増え、ついに田土三百余頃を開拓するまでに至った」という。死期が近づくと、樊重は借金の証文を焼却処分し、自分に対する負債を帳消しにした。その額は数百万銭にのぼる。[21] 劉秀の妻の一族である陰氏も、七〇〇頃もの土地をもち、一〇〇〇人を超える人を召しかかえていたという。[22] 南陽郡の経済は漢代、とくに大規模な灌漑事業が行われた紀元前五〇年代〜紀元前四〇年代以降は着実に発展していった。人口集計を見ると、紀元二年から紀元一四〇年にかけては、すべての郡のなかで最も人口の増加幅が大きい。この地域で高度な農業技術が採用されたのは、土地の集中が進んでいたためかもしれない。樊重の話からもうかがえるように、小農が負債を抱えて土地を手放したこと、つまり小農層の消滅によって荘園の形成が進んだ。

荘園を開いた豪族の多くは高級官僚や皇族、皇帝の外戚だ(皇后の一族は宮廷で強大な権力をもっていた)。これに危機感を覚えた政治家や論客は、荘園が形成されるようになったのは民の貧困が拡大したためだと繰り返し訴えた。だが、例えば紀元前七年には一家族が関中で占有できる土地の上限を三〇頃にするなど、私有地の規模を抑えるための試みがなされはしたが、有力地主と結託した官僚たちの妨害にあっている。

漢代の文筆家は、著しい富の格差や社会的不平等を深く意識していた。司馬遷によれば、貧しい人々は蔑まれ、奴隷労働に使われることもしばしばあった。「およそ戸籍に編入されている一般の平民が、財産が自分より十倍多い金持ちに対して平身低頭し、百倍多い者に対して心に恐れを抱き、千倍多い者から使役され、一万倍多い者に対してその奴隷となるのは、物の道理である」。[23] もっとも、司馬遷をはじめとする文筆家は、裕福な「大家」と貧しい「貧家」のあいだに位置する中間層、「中家」に随所で触れている。[24] おそらく全人口の半分を占める中間層世帯は平均一〇〇畝の土地と、五〇〇〇〜一万五〇〇〇銭の家産を所有し、奴婢がひとりかふたりいた、と渡邊信一郎は算定している。総資産額は二万〜四万銭だという。[25] ほかの研究者は、一般の小農の財産はもっと少なく、土地は四〇〜五〇畝、資産は一万銭前後で、貧困層は五〇〇〇銭未満だったと考えている。[26] これに対して漢代の文筆家の多くは、富豪の資産は一〇〇万〜三〇〇万銭と書いている。司馬遷の計算によれば、有爵者や豪商は毎年二〇万銭の収入を得ていたという。[27] 許倬雲は、大臣は一年に一二万銭超の給与を受け、中級の役人はおよそ四万銭、一般的な農家の年収は二万銭と見積もっている。[28]

王莽を突き動かしたのは貧富の差の拡大だった。有力貴族で、紀元前一年に幼帝に代わって国政を担うまでになった王莽は、国家と社会を刷新するため大胆な行動に出る。漢の社会・政治制度を全面的に組み替えて皇帝の権力を再び強化しようとしたのだ。その政治構想は、いにしえの周王国の行政を詳述したと言われる『周礼《しゅらい》』に依拠していた。紀元六年に幼帝が死亡すると、王莽は後継者の決定を遅らせ、三年後には――黄金時代を築いた周の復活を標榜し――みずから「新」という王朝を樹立した。そして行政機構を立て直して地方に対する中央の支配を強め、漢の貴族を庶民に降格させて土地からの収入の世襲も廃止するなど、仮借ない改革に乗り出した。土地と富はすべて君主のものという太古の考え方を持ち出して多くの地主から土地を取り上げ、貧しい人たちに与えた。また即位時には土地と奴婢の売買を禁じたが、三年後に撤回を余儀なくされている。[29]

王莽は商業や貨幣も厳しく統制した。まだ摂政であったころに、実質的な価値のない銅製の名目貨幣を新たに発行し、既存の五銖銭と併用させた。形は二種類あり、うち鍵の形をしたものは、王莽の復古主義的思想を反映し、標準的な円形の貨幣に古代の刀銭のようなものが付け足されていた。皇帝に即位すると、王莽は五銖銭の使用を禁じたうえ、改鋳して多種多様な貨幣を発行した。さらに、政府独占の対象品目を増やし、交易と貸金業を厳しい規制のもとにおき、金を国有化している。こうした政策により、実質的な価値のある貨幣と金の流通が止まって激しいインフレが起き、商工業が深刻な打撃を受けた。この時代の古墳などに副葬された貨幣はほとんどが王莽の発行した新しい貨幣で、既存の五銖銭が坩堝のなかに消えたことがうかがえる。[30]

王莽の大胆な構想は豪族をはじめとする地主の政治的・社会的・経済的な権力と正面から衝突するもので、激しい反発が起きた。官吏は自身の親族の既得権益を脅かす政策の実施にあらがった。政治の混乱から財政は逼迫し、上下を問わず社会のあらゆる階層が政権を嫌悪するまでになる。民衆が蜂起しただけでなく、地主階級も決然と政府への武装抵抗に踏みきり、王莽の政権は倒れた。紀元二三年、反乱軍が宮殿を占拠し、王莽を殺害する。その二年後に、劉秀（光武帝。在位　紀元二五年〜紀元五七年）が漢王朝を再興、首都を長安から洛陽に移した。洛陽は劉秀一族の侯国がある南陽からほど近い。

首都を中原に移したことは、後漢（紀元二五年〜紀元二二〇年）という新時代が漢王朝に訪れたことを意味する。何よりだいじなのは、漢の再興によって社会と経済に対する豪族の支配が強固になったことだ。光武帝を除くと、皇帝たちはその権威を実際に行使することはなかった。紀元八八年以後の後漢の皇帝はいずれも幼少のうちに即位し、四〇歳に満たずして死亡している。軍事力は分散し、郡では太守が常備軍、つまり事実上の私兵組織を編成した。[31] 皇帝の外戚と宦官が宮廷を舞台に勢力争いを繰り返し、帝室から権力を奪った。国家の力が弱まって経済に介入できなくなり、次第に経済的・社会的不平等が深刻になった。没落して生活手段を失い、小作人や奴婢、雇用労働者などに転落する人がさらに増えていく。

後漢末にかけて、富と土地の集中を非難する声が高まった。紀元二世紀には、「中家」という言葉が政治的な言論から姿を消した。だが他方で、王符、崔寔《さいしょく》、仲長統といった人々は社会について論じるなかで、富者が貧者に対して王侯のように振る舞っていると、二極化した当時の状況を描写している。[32] たぶんこうした論客は、富の不均衡より、国家以外のものが労働力を支配することに強い反発を覚えたのだろう。臣民は労役や徴兵の義務こそ課されていなかったが、豪族に隷属する身になっていた。[33]

土地関係と豪族への土地集中を証明するような史料はなきに等しく、豪族が私有していた土地がどれだけを占めていたのか、計測は不可能だ。だが一方には、独立した農地からなる村が存続していたことを示す史料がある。紀元七二年に建てられた石碑のひとつには、現在の河南省偃師《えんし》にあった村の（七つの姓の）二五人が組合（「僤」）をつくり、資金を出し合って八二畝の土地を購入したことが記録されている。土地から得られる収入は、組合員のひとりが村長（「父老」）になった際の負担を軽減するためのもので、村長は徴税の管理や治安維持、村内の共同作業の処理、祭礼の主催などの仕事を担った。[34] 出資金が一人あたり二四六〇銭だったことから、この人々が「中家」の上層にいたことがわかる。おそらく村の全人口の四分の一ほどを占めていた。この村の人々には、地域の豪族に従属しなくても生活できるだけの大きな力があったようだ。

後漢代に荘園が形成された原因としては、名田宅制に基づいて民に土地が分与されたことよりも、土地を購入するとか、負債の担保として土地を獲得するなどの動きが進んだことのほうが大きい。[35] 四川省郫《ひ》県で出土した王孝淵（紀元一〇八年没）の墓碑は、判読可能な部分が限られているものの、荘園の形成に市場が大きな役割を果たしていたことを示している。この石碑は、王孝淵が所有する財産の子孫への分割を記録したものとされている。[36] ここには一〇を超える田の名があげられ——広さは八〜二六〇畝で、うち一〇カ所の面積を合計すると一二五五畝——その耕作者の名と資産（耕牛、家、奴婢）も書かれている。[37] それぞれの資産の価格も記されているが、単位が異なる。ふつう家と奴婢は銭という単位を用いて総額を評価する（「直」）が、ここでは「直」が単位として使われており、この場合は市場価格というより算賦《さんぷ》の税額をあらわしているのかもしれない。一方、土地の価格についてはほとんどの場合、「質」か「賈」の字が使われている。[38] この書き方から、王孝淵の土地はもっぱら購入したものか、債権者として利息代わりに手に入れたものであることがうかがえる。

おそらく王孝淵はかなりの量の田を分散して保有し、小作人に耕作させていた。この人々は土地を抵当に負債を負っていて、名目上の権利者にすぎなかったのだろう。漢代の土地関係はおおむねこうした形をとっていたようだ。豪族が自分自身で生産を管理することはめったになかった。たいていは、地主が収穫の半分（種籾《たねもみ》や農機具、牛や馬などを提供した場合はそれ以上）を受け取る条件で土地を小作人に貸していた。小作の契約期間について、既存の史料は何も語っていないが、小作人の世帯は経済単位として独立していた可能性が高い。また後漢では、雇用労働者も雇い主に賃上げを認めさせることができ、それなりに敬意をもって扱われていた。[39] 王孝淵の時代には、小作人も労働者も後漢末期の数十年間とは違い、隷属状態にあったわけではなかった。[40]

後漢代の荘園はどのように運営されていたか。それについては崔寔（紀元一〇三年頃～紀元一七〇年頃）がまとめた『四《し》民月令《みんがつりょう》』という年中行事記に詳しく書かれている。[41] 崔寔は代々学者を輩出する名家の出身だったが、洛陽の宮廷内での派閥争いに巻き込まれ、紀元一五九年に政治の舞台を去った。[42]『政論』という著作のなかでみずからの政治的憤懣を吐き出し、貧困層の悲惨な状況と、それを遠目に見るだけの高慢な豪族や高級官吏の態度について激しい批判を繰り広げた。いわく、「上家（＝豪族）は鉅億《きょおく》の資産を累《かさ》ね、その屋敷と土地は封君《ほうくん》の領土にも侔《ひと》しく」「下戸（＝貧農）は崎嶇《きく》として足を跱《ふ》む所もなく、父子ともども首を低《た》れて、奴隷のごとく富人に事《つか》えている」[43]。崔寔自身も、その身分にしてはあまり豊かでなかったようだ。父の葬儀代を払ったときには資産をほとんど使い果たしており、農業からの収入を補うために酒の醸造を始めたと言われる。

豪族に向けて書かれた『四民月令』は、荘園の経営について詳しく説明している。崔寔の荘園では雑穀や小麦、大麦、豆、胡麻を栽培する以外にも、醤《ひしお》、酢、漬物、麴、酒などの調味料や加工食品も製造していた。所有する臼で小麦を挽き、絹やヘンプ麻の織物、蠟燭、染料もつくった。農作業と醸造は専門の担当者が監督した。この書物はまた、女性が担うさまざまな作業にも触れている。女性たちは桑の木の手入れをしたほか、繭から糸を紡ぎ、機を織り、服を仕立てたという。ここに描かれる荘園の様子は、同時代の古墳に描かれた壁画

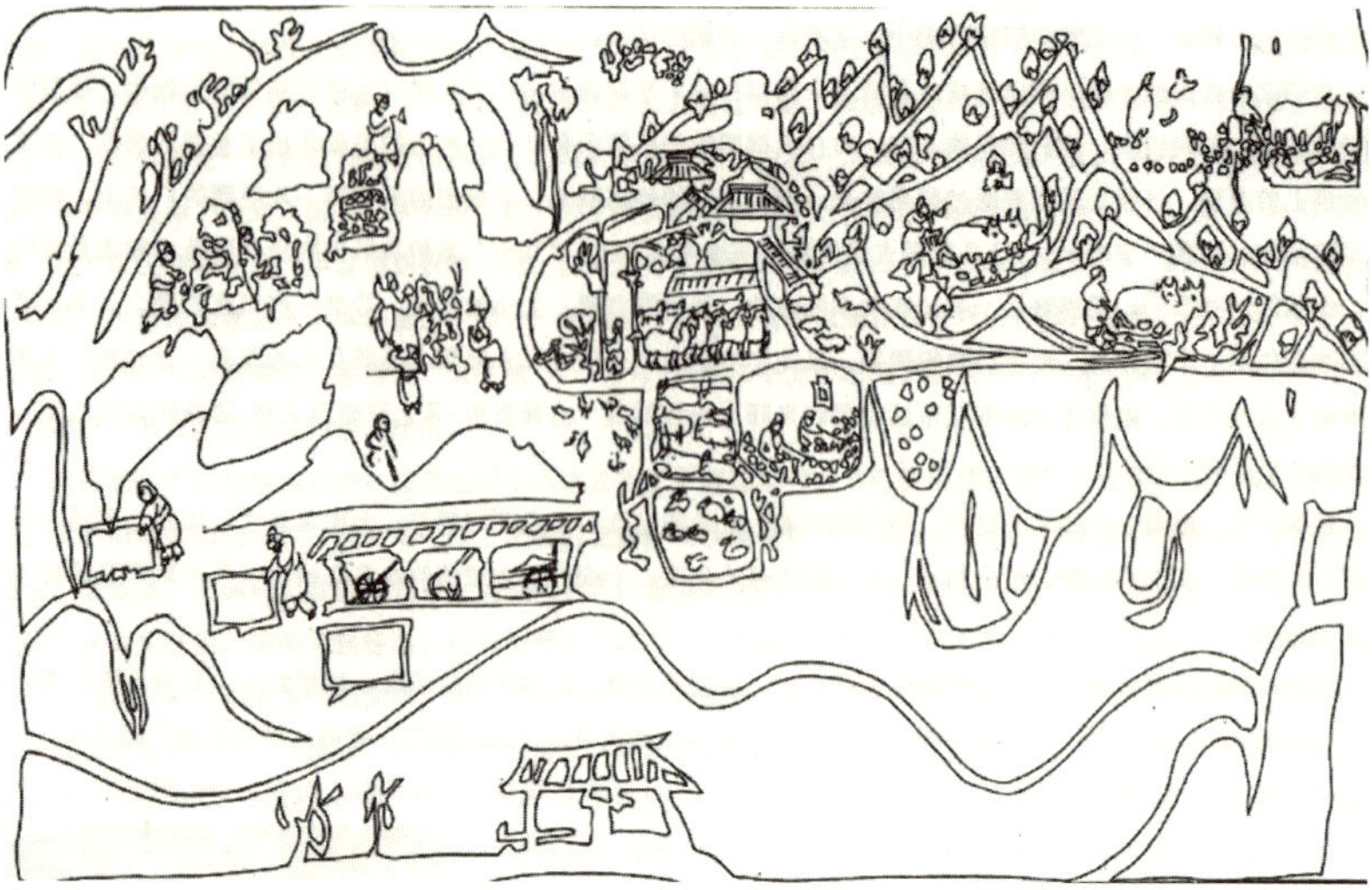

図 4－1　内モンゴル自治区ホリンゴルの漢墓の壁画
出典：内蒙古自治区博物館文物工作隊 1978: 21, 図38.

のひとつ（一四五年～一八〇年頃）との類似点が多い。この壁画はオルドス地方の黄河大湾曲部にあった荘園のものだ（図4－1に模写を掲載）。荘館の近くには馬小屋と、羊や豚、家禽の囲いがあり、傍らで農民が鍬を用い、菜園を耕している。右上のほうでは何頭かの牛を使って農民が作業し、左上では女性たちが桑の葉を集めている。左下に描かれている三つの四角は、ヘンプ麻を浸して柔らかくするための池だ。この古墳にはそれ以外に、穀倉や、穀物の皮をはぐための碓《うす》、収穫した作物を積んだ牛車、醸造所を描いた壁画がある。(44)

崔寔は荘園にどれだけの労働者がいたのかやその地位がどうだったのかがわかるような手がかりを残しておらず、研究者の意見は分かれている。小作を使っていたという人もいれば、雇用労働者か奴婢、あるいはその両方を雇っていたという人もいる。疎外された貧しい人々が隷属状態におかれているることを『政論』で批判していたことを踏まえれば、奴婢に農作業をさせていたとはまず考えられない。地主自身が荘園の経営によく気を配るべきだと崔寔が考えていたのは間違いないが、醸造所と農作業の監督は専任の担当者に任せていた。働かせていたのが小作人であれ雇用労働者であれ、はたまた家内労働者や召使いであれ、家父長としての権限を大なり小なり行使していたのだろう。

この種の著作によくあるとおり、『四民月令』は倹約や勤勉、機略を美徳として説いている。だが崔寔は自分の荘園を自給自足できるものにしようとは考えていない。生活の必要を満たし、副収入を得るため、さまざまな品物について買うべき時季と売るべき時季を具体的に書いている。荘園での酒の醸造のほか、雑穀や豆、胡麻、絹製品の販売による収入を見込んでいた一方で、小麦やふすま、糯米《もちごめ》、ヘンプ麻の織物、糸、木炭は購入していた。こうした品目については、価格の季節変動を利用し、買う月と売る月をずらすことを提案している。熟慮を重ねて商機を制することは、倹約と自助を重んじる崔寔の倫理観と矛盾しなかった。

崔寔が生きていた時代、中央政府の地方社会に対する実効支配力は急速に弱まっていった。崔寔のような人たちは、派閥争いで麻痺状態にある都をあとにし、地方社会を率いる者として新たに出直した。社会秩序が崩れて暴力が蔓延しつつあったことは、『四民月令』の行間からもうかがえる。つねに武器や荘園の防御壁を手入れし、軍事訓練を行うべしと、本書は豪族たちに呼びかけている。一八四年に起きた黄巾の乱が後漢の滅亡を招くと、「民」の力が「官」の力をすっかり呑み込んだ。地方の豪族は親族や小作人、地縁の者を集めて私兵団を結成し、跋扈する盗賊から家族や財産を守ろうとした。豪族に保護してもらう立場になった小作人や労働者は、隷属民のような状態にすべり落ちた。二二〇年に後漢が滅びると、豪族たちは貴族集団としてひとつにまとまり、荘園に深く根ざした秩序が生まれる。

人口の増減

漢代の歴史家、班固は、武帝の引き起こした戦争や経済的混乱に自然災害が重なり、帝国の人口が半分に減ったと述べている。現代の研究者にも班固による評価に同意する人は多く、武帝の統治したおよそ半世紀のあいだに四四〇〇万～五〇〇〇万人から二二〇〇万～二五〇〇万人に減少したと考えている。[45] いくつかの侯国の人口から、武帝の時代に人口の絶対的減少があったことはわかるが、半減という減少幅は大きすぎるように思える。その後、前漢後期のおよそ一〇〇年のあいだに、人口は徐々に増加していった。現存する最古の記録、紀元二年に行われた人口調査は、世帯数が一二二〇万戸、人口が五九六〇万人だったことを示している。次に古い残存史料は紀元五七年のもので、人口はわずか二一〇〇万人だった。ここから王莽の時代に秩序が崩壊し、人口が減少したこと、さらに個人が無戸籍者を労働力として使う事例が増えただろうこともうかがえる。一〇五年になると人口は五三〇〇万人にまで回復したがその後は横ばい状態になった。一五七年に後漢で行われた最後の人口調査によると、世帯数は一〇

表4－1　漢代の地域別人口密度（紀元2年）

地域	人口	人口密度（人／㎢）
(1) 首都圏（三輔）	2,436,360	45.1
(2) 中原地域	26,201,340	70.4
(3) 南陽地域	9,266,019	43.0
(4) 長江下流地域	5,333,272	13.2
(5) 四川地域	3,105,848	8.4
(6) 長江中流地域	1,697,172	3.5
(7) 北部辺境地域	6,740,746	6.6
(8) 南部辺境地域	2,514,518	2.6

出典：梁方仲 1980: 18–9, 表 A.4.

七〇万戸、人口は五六〇〇万人だった。

紀元二年の人口調査から、全人口の半分近くが中原地域に集中し、長安周辺を含むどの地域に比べても人口密度がはるかに高かったことがわかる（表4－1、地図4－1）。後漢になって首都が洛陽に変わると、中原地域への人口集中がさらに進む。洛陽の南方の南陽地域と長江下流の江南地域は後漢代を通じて最も人口の増加率が高かった。それでも、南部の人口は北部に遠く及ばなかった。

近年出土した史料から、漢の人口に関する知見を補強する詳しい情報が明らかになっているが、人口統計の正確さに対する疑問も浮かび上がった。例えば紀元前一三九年に作成された南郡（現在の湖北省江陵県内）の西郷の戸籍簿は、地方の役人が中央政府に送る年次報告のなかで全体的な人口の変化を正確に記していたことを教えてくれる（表4－2）。だが同時に、明らかに兵役逃れのためだろう、男性、とくに成人男性の数が著しく少ない。世帯あたりの人数がたった三・七人であることから（ふつうは四・八〜五・二人）、このときに多くの男性が戸籍への登録を敬遠していたことが読み取れる。

男性の人数の過少報告は、紀元二三〇年代、つまり後漢滅亡の直後に長沙郡（現在の湖南省内）で作成された戸籍簿にも認められる。走馬楼呉簡《そうまろうごかん》には、呉の一県でつくられた五〇〇世帯分の戸籍簿がある（呉では漢の財政制度を温存していた）[46]。

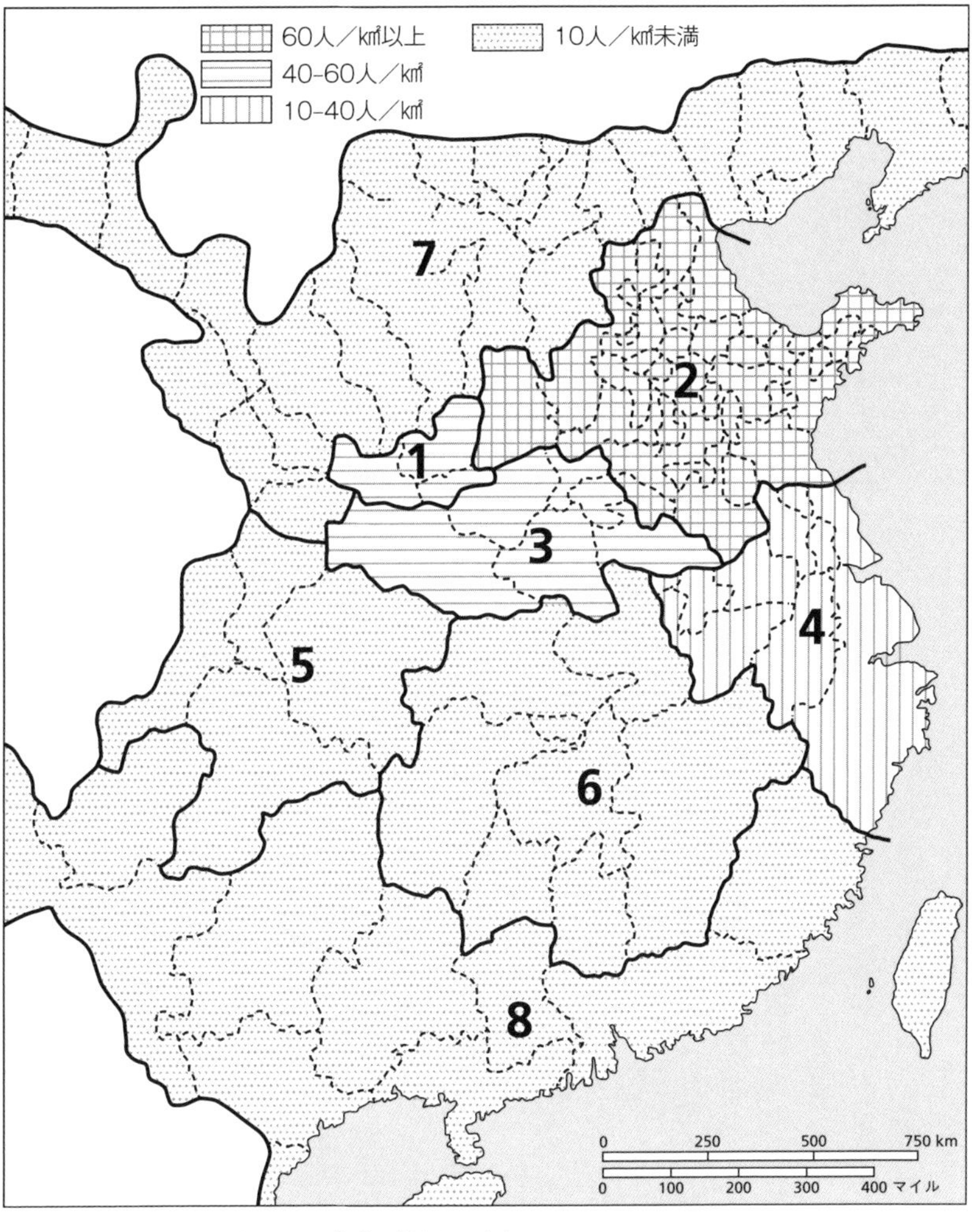

地図４－１　漢代の地域別人口密度（紀元２年）

表4－2 西郷の戸籍簿（紀元前139年）

世帯数合計	1,196	
新規世帯数	70	
消滅世帯数	35	
世帯の純増数	45*	
成人男子	991	男子合計：2,036
未成年男子	1,045	
成人女子	1,695	女子合計：2,337
未成年女子	642	
新世帯員数	86	
死亡または移動した世帯員数	43	
世帯員の純増数	43	
世帯員合計	4,373	同年の純増率：0.99％

*これは明らかに計算違いで、35が正しい。
出典：「二年西郷戸口簿」。以下に引用がある。楊振紅 2010: 1.

一〇七対一〇〇という全体の男女比は、近代以前の男女比とされる範囲内に収まるが、一四歳以下の女子が男子のわずか三分の二なのに対して、二〇～五九歳の男子（兵役の対象）は女子の八八パーセントにすぎない（表4－3）。加えて全人口の一〇パーセント近く――その圧倒的多数（八〇パーセント）を男性が占める――について、身体が虚弱と記されており、労役に不適格とされる疾患や障害を意味していると思われる。[47] また、この戸籍簿は六〇歳以上の人数も著しく多い。とはいえ、戦乱の相次ぐ混沌とした時代、まだ生まれたばかりの三国のひとつである呉にさえ戸籍簿を作成するだけの力があったことは、漢の財政能力がいかに高かったかを示している。

だが歴史人口学者のなかには、新たにみつかった漢の戸籍簿にかなりの改竄がみられるため、漢の全人口に関する数字には疑問符が付くと考える人もいる。[48] ただ、新しい情報をまとめると、漢代の戸籍簿も世帯数や世帯員数に関しては正確であることがわかる。もちろん、成人男子や高齢者の年齢が兵役や労役を回避したり、高齢者の特権を享受するために改変されたうらみはある。こうした歪みを補正すると、漢の年齢構成は一九五三年の中華人民共和国のそれと重なる（表4－4）。当時、この新生国家が初めて行った近代的な人口調査は、農業人口が圧倒的に多い社会の姿を浮き彫りにした。

表４－３　走馬楼呉簡記載の人口データ（235年頃）

年齢	男子	女子	男女比	男女合計	対全人口比（%）
６歳未満	229	182	126：100	411	16.5
７-14歳	298	170	175：100	468	18.7
15-19歳	88	83	106：100	171	6.8
20-29歳	194	212	92：100	406	16.3
30-39歳	180	229	79：100	409	16.4
40-49歳	84	110	76：100	194	7.8
50-59歳	88	81	109：100	169	6.8
60-69歳	72	83	87：100	155	6.2
70歳以上	57	59	97：100	116	4.6
合計	1,290	1,209	107：100	2,499	

出典：于振波 2004b: 123, 表5.1, 5.2.

表４－４　漢の戸籍に見る年齢構成（単位：％）

	南郡（紀元前139年）	東海郡（紀元前13年）	長沙郡（紀元235年頃）	1953年人口調査
６歳以下		18.8	16.5	20.6
14歳以下	44.0*		35.2	36.3
15-59歳	(51.7)*		54.0	56.4
60歳以上	2.14** (4.3)		10.8	9.6
60-70歳			6.2	7.3
70歳以上			4.6	2.3
80歳以上		2.43		0.34

*南郡では「未成年」と「成人」の区別しかない。おそらく20歳以下の男子は「未成年」に、15-20歳の女子は「成人」に分類されていた。

**男子のみ。

60歳以上の欄の丸カッコ内の数字については、60歳以上の男子の数を２倍にして計算した。

出典：高大倫 1998: 115-17; 葛剣雄 2000: 234-35; 于振波 2004b: 123-25; 楊振紅 2010: 3-4.

商業、都市、対外貿易

秦においても漢においても、帝国期にはさまざまな物資に対する国家の需要が飛躍的に増えた。漢の中央政府は尚方を筆頭に手工業関連の役所をいくつも抱え、また武器や衣服、織物、銅製品、黄金その他の金属、船、漆器、葬具、各種工芸品の製造や調達については地方の役所に担当させた。臨淄《りんし》（現在の山東省内）には官営の衣服工場が三軒あり、それぞれ数千人の職人が帝室のために品質の高い絹織物を製造していた。[49]前漢の時代に塩と鉄の製造を政府が独占したことで、国家の影響力はいっそう強くなった。官営の工房はもっぱら徴用者や労役刑徒を労働力として使い、数人の親方に監督役を担わせた。紀元前四四年に帝室の浪費を批判した貢禹《こうう》によると、政府が工房や造幣所、鉱山で使役する労役刑徒は一〇万を超えていたという。[50]

経済に対する国家の干渉が最も色濃くあらわれたのが製鉄の分野だった。[51]製鉄は戦国時代後期、一躍高度な水準に達し、溶鉱炉を用いて鋳鉄を製造できるまでになった。漢の製鉄設備はふたつに大別される。ひとつは鉄鉱石から鉄を取り出す溶鉱場。もうひとつは原鉄からさまざまな器具や武器を製造したり（キューポラ炉を使用）、より強固な製品の原料となる錬鉄をつくる（精製炉を使用）鋳造場だ。紀元前一一九年に鉄の専売制が始まったことにより、各地の製鉄設備が整理され、すべて官営になった。紀元二年の人口調査には地方の鉄専売担当官庁が合計四八カ所掲載されている。おもに現在の山東省、江蘇省北部、河北省と山西省の境界地帯、山西省南部に集中していた（地図3－2）。官営製鉄所の多くが鉱山でなく都市の近くにあったことは、費用より生産管理が重視されていたことを物語っている。政府はおそらく、民間の商工業者を雇って官営工房の監督官や親方として使い、単純作業は労役刑徒にさせたのだろう。

鉄の専売制時代に、小規模な塊鉄炉――一二世紀以前のヨーロッパでは鉄を製錬する唯一の技術だった――は完全に姿を消したようだ。後漢政府が鉄の専売を停止した紀元八八年以後も、大規模な溶鉱場や鋳造場以外で鉄が製造されることはなかった。漢が製鉄業を官営にしたことで、溶鉱炉の技術が発展して規模の経済が生まれ、塊鉄炉は経済面で時代遅れになったのだろう。宋代には小規模な製鉄所が再びあらわれたが、そこで使っていたのは塊鉄炉でなく、小さな溶鉱炉だった。

後漢の政府は、手工業を直接監督下におくことから、民間の商工業者から物資を調達したり、あるいは物資の代わりに商工業者から徴税することへと軸足を移した。[52]漢代に官営工房が果たした役割のうち、特筆すべきは製紙技術を発明、と言うより前進させたことだ。紀元一〇五年、尚方の長官だった蔡倫《さいりん》が、自身の指示した製法でつくった高品質の紙を皇帝に献上した。蔡倫の紙は広く知れ渡り、製法も多くの場所で採用されたが、これはすでに存在していた製法を発展させただけのようだ(53)。漢代の漆器や銅鏡などの銘文は、つくり手の身元だけでなく、尚方の工房など帝室工房で製造された旨が記されていることも多く、そうした銘文が市場において大きな力をもっていたことがわかる。銘文は民間の業者によってしばしば偽造されている(54)。

漢代初期には工業生産に対する国家の関与が大きかったにもかかわらず、民間の事業活動も、とくに自由放任政策がとられた文帝の時代に急拡大した。桑弘羊《そうくよう》も商人の息子で、「計算をやり、物品がいっぱいか不足かに注意し、価格の上下を利用」する企業家の能力を評価していた(55)。司馬遷は、酒造業、食品販売業、皮革製造・販売業、絹製品販売業、染色業、木材販売業、陶器製造業、銅鋳造業、牛車・馬車製造業、漆器製造業などの多様な産業で働く民間の事業者について述べている。また、商業における規模の経済ともいうべき主張の片鱗を、以下のくだりでのぞかせる。いわく、農民と商工業者で一万銭をもつ人は一年に二〇〇〇銭の利息を得られ、同様に一〇〇万銭をもつ商人は毎年二〇万銭の利息を得ることができる。こうした人たちは「その財産において千戸侯に匹敵するという」。また、一〇〇〇万銭あるいは一億銭もの富を築いた同時代の大実業家として、製鉄業者や、塩、魚その他製品の販売業者を取り上げている(56)。とはいえこの金額も、後漢の富豪が保有していた数十億銭もの資産と比べれば取るに足りない(57)。

司馬遷が賛辞をおくった企業は、いずれも家族経営のようだ。第3章で取り上げた張偃《ちょうえん》らによる小規模な移動販売業を除けば、共同事業の存在を裏付ける史料はきわめて少ない。それ以外の漢代の文字史料に登場する「共同出資」は、船や牛馬などの費用を出し合った例に限られ、投資リスクを分担するためのものではない。だが、紀元二七年に起きた商事紛争に関する珍しい法文書が残っていて、商取引には代理人がふつうに使われていたことを教えてくれる。辺境の居延の駐留部隊にいた士官である栗君《りつくん》が、寇恩という代理商を雇い、五〇〇〇匹の魚を觻得《ろくとく》に輸送のうえ販売させた。移動には十数日を要している。栗君はそのための費用と報酬を寇恩に支払う目的で、地元の役人ふたりから穀物と牛二頭を手に入れた。寇恩が牛一頭と二七石の穀物を受け取ることになっていたためだ。事前の交渉で、栗君が魚の売り上げから四〇万銭を得ることが取り決められた。だが実際は、牛一頭を売っても利益は三二万銭にしかならなかった。これに不満を覚えた栗君は、合意した金額の支払い、および牛を売却してしまったことに対する補償を求めて裁判を起こした。取り調べの結果、寇恩が居延に持ち帰った雑貨や肉、大麦など計二万四六〇〇銭相当を栗君が没収したことがわかった。さらに、寇恩の息子が栗君に雇われ、一〇〇日間にわたって魚を獲ったにもかかわらず、八万銭相当の報酬が支払われていなかった。この訴訟は根本において、寇恩が雇われた被用者にすぎず、賃金を支払われるべきなのか、それとも独立請負人なのかをめぐるものだった。調査官は栗君の訴えを法的根拠がないものとし、ほどなく栗君は職を解かれた。だが、解任が法的な原則に基づくものなのか、あるいは栗君が公務員にあるまじき行いをしたことに対する処分なのかははっきりしない(58)。

辺境の役人が私的に交易を行うのはほとんど常態と化していたことが、この文書をはじめとする居延漢簡中のさまざまな文書から明らかになっている。栗君とふたりの役人が行った共同事業がどんなものだったのかはわからない。ほんとうの意味での共同事業というより、役人たちは資金を調達する際、費用の負担を強要されたのかもしれない。寇恩は現在の河南省地域の潁川《えいせん》という遠く離れた場所に住んでいたが、彼のような代理商と契約して、遠方の市場で物資を販売しようとする業者は大ぜいいたことだろう。居延漢簡には、このような掛取引（「貰買」「貰売」）の事例がほかにもたくさん見受けられる(59)。

寇恩も息子も賃金と引き換えに労働しているが、これは漢代には一般的なことだった。崔寔も著書のなかで、高級官僚に「奴無ければ」、ひとりは雇う必要があると述べ、報酬については「庸一月に千、芻《まぐさ》・膏肉《こうにく》五百、薪炭《しんたん》・塩菜又た五百」としている(60)。賃金はふつう役人の禄のように、半分は貨幣で、残りは穀物で支払われた。最も一般的な契約は日払いや月払いだが、年季奉公（「保役」）も行われていて、期間は一年から一五年まで幅があった。債務返済のためのものが多かったが、無期限に働かされることはなかった(61)。

山田勝芳は、後漢代に官営の大規模な工房が減少した結果、工匠たちは豪族のために奢侈品をつくる方向へ傾いていったと述べている。工匠は発注者への隷属性を強めていったという。

だがこの仮説を裏付ける史料は乏しく、後漢代に商工業が衰退したという山田の説に疑問を呈する人もいる(62)。しかし多くの官営工房が解散したことで、女性の役割は小さくなったかもしれない。官営の繊維工房や漆器工房で働いていたのは大半が女性だったが、民間では雇用の機会が減っただろう(63)。価格や賃金を知ることができる史料もやはり限られ、後漢代に雇用労働者の経済的地位が低下したという山田の説を裏打ちするものではない。おおまかに言えば、後漢の穀物価格

（通常は一斛《こく》あたり一五〇〜二〇〇銭）は前漢（一斛あたり八〇〜一一〇銭）の二倍であり、月あたり賃金については少なくとも三倍だったようだ[64]。実質賃金は明らかに上昇していったわけで、このことは後漢代に賃金労働者の経済的・社会的地位が高まり、それに伴い奴隷労働が姿を消したことの証左として引き合いに出されている[65]。

利子付きの貸借（利子は動物が子を産むという意味の文字を使い、「息銭」とか「子銭」と呼ばれていた）は戦国時代から行われていたことが確認できる[66]。漢代には正式な金融機関はなかったが、史料には負債に触れた部分が数多くあり、違法ではあったものの債務不履行者の自由を奪うことも広く行われていた。ここから、漢代の経済にとって金銭の貸し付けは不可欠な要素だったことが読み取れる。王莽の改革に同調していた学者の桓譚《かんたん》（紀元前四三年頃〜紀元二八年）は、高利貸しが荒廃をもたらすと、次のように書いている。「いま豪商たちは、多くの土地や財産を思いのままにし、一般の家の子弟は、その請負人となり、奔走することは奴僕のようで、（豪商の）収入は列侯（の租税）に匹敵しております[67]」。先に紹介した王孝淵の例からも察せられるように、豪族が私有地を拡大するうえで欠かせないのが抵当をとること（「質」）だった。王莽の改革によって、国家が無利子で祭祀や葬儀の費用を貸し付けたり、貧困家庭に低利で融資する信用制度が設けられた（月利三パーセントで、年利は一〇パーセントを超えないものとされた）。この利率も、民間市場に比べれば小さかったのだろう。だが漢代に書かれた算術の論文中にある計算問題では、少なくとも短期（一カ月以下）の月利に関して言えば三パーセントになっている[68]。

宇都宮清吉は三万〜一〇万の人口を抱える前漢代の都市として、二〇カ所以上の地名をあげている（地図4-2）[69]。そのほとんどは中原に集まっており、江南にあるのは二カ所のみだ。秦の前例にならい、漢も都市部の市場を細部にわたって管理し、さまざまな官吏の監督下においた[70]。市場は門の付いた壁に囲まれ、通りは業種ごとに分けられ、市場の中央には望楼があり、官吏はそこで大きな太鼓を叩いて営業の開始時刻と閉鎖時刻を知らせた（図4-2）。第3章で述べたように、漢代の政府は商人を一般民の戸籍とは別の市籍に登録し、土地の獲得や仕官を禁じた。武帝は市籍を利用して商人のみを対象にした税を徴収し、徴兵して辺境の防衛を担わせようとした。

こうした懲罰めいた措置、あるいは市場に対する国家の組織的な規制がどれほど民間交易の障害になったかを判定するのは難しい。塩鉄専売制によって商人が大きな収入源を奪われたことは間違いない。また、漢代には多くの都市が規模も人口も縮小させたことが考古学的調査からわかっている[71]。農

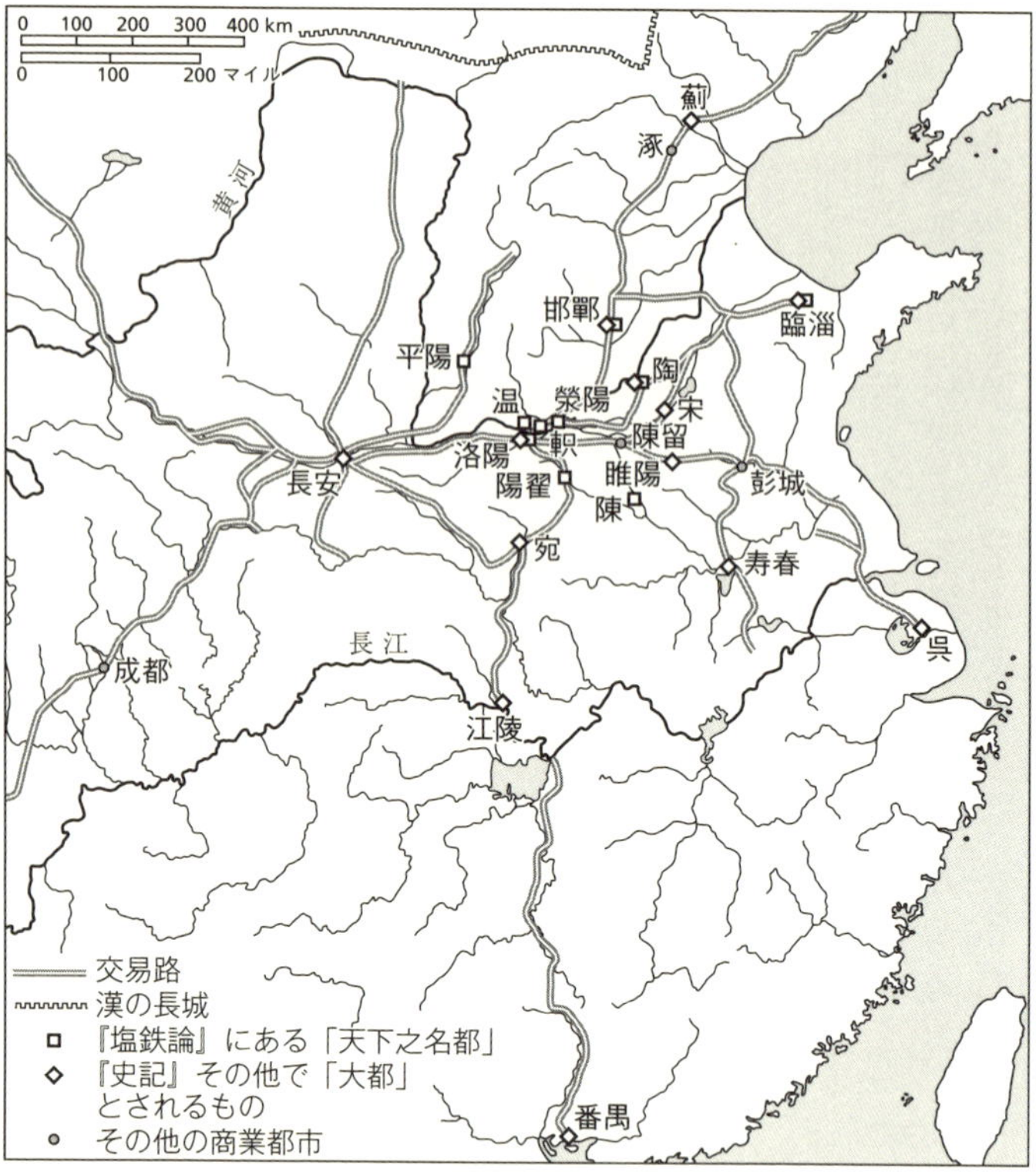

地図 4－2　漢代の商業都市

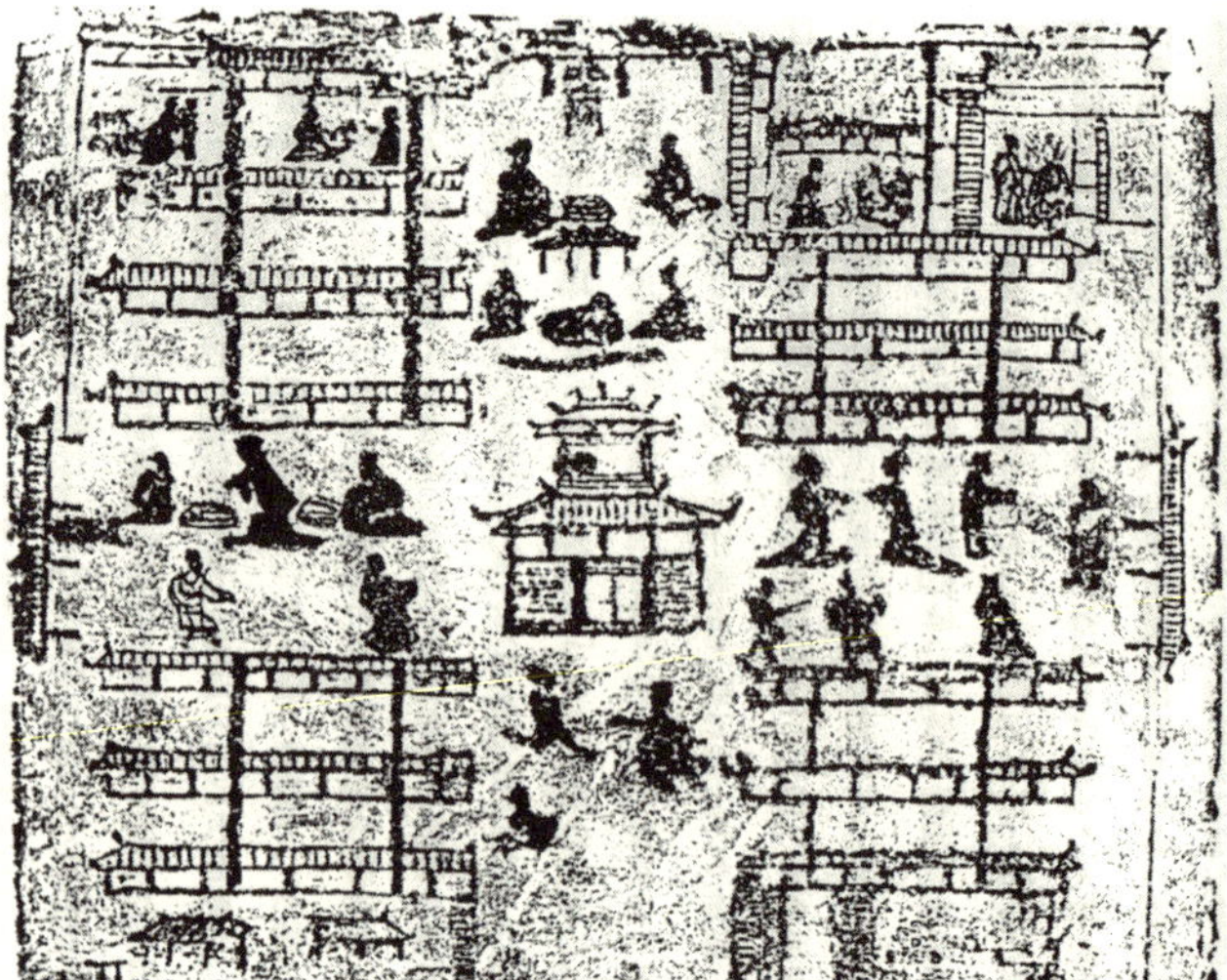

図 4－2　成都で出土した漢墓石刻（後漢後期）

村人口がそれ以前に比べて増えた結果、小さな村落共同体がかなり増えたことを示す史料もある。(72)武帝の財政政策は最終的に、資本と投資が商業から農業に流れていく結果を招いた、と言われている。(73)山田勝芳によると、武帝が統制経済を推進したことに加えて貨幣の製造量が減少したために、民間交易と貨幣の流通は、貨幣制度の刷新を試みた王莽の乱暴な政策を待つまでもなく低調になっていた。そして王莽の改革が失敗したことで、健全な五銖銭の流通は止まり、黄金が金銭として使われることもなくなる。後漢に粗悪な貨幣が大量に偽造されるようになり、穀物や絹などによる税の物納が増えたことは、都市や商業経済が衰退に向かっていたことを物語る。(74)

他方、武帝時代以降には貨幣経済の縮小というより、商業活動の大都市から地域市場への移行が起きたのだとする研究者もいる。(75)王符（七八年頃～一六三年）は著書のなかで「天下には一〇〇の郡と一〇〇〇の県があり、一万の市場と町（市邑《しゆう》）がある」と述べているが、この言葉は後漢中期に市場が農村部にも広がっていたことの証左としてしばしば引用される。(76)だがこの説を証拠立てる史料は今のところみつかっていない。地方の市場がどのような活動をしていたかはほとんどわかっていないが、荘園主たちは余剰農産物を販売するだけでなく、工芸品もつねに製造していた。すでに見たように、崔寔は食品以外に酒や衣類も販売していたし、樊重は漆器の材料として荘園に梓《あずさ》を植えている。豪族はしばしば地方の市場を独占的に支配した。政治的な縁故のある豪族が地元で競争相手の参入を阻み、「市場を独占（辜権《こかく》）している」との申し立てが、紀元前一世紀後半には頻繁になされた。(77)後漢代に荘園が増えたことにより、経済活動の焦点の変化という大きな流れが加速した。人々の経済活動にとって商いはやはり重要だったが、物資が商業都市に蓄積されることはなく、地方の市場に広がっていった。

漢代には危険を冒してまで帝国の外に足を延ばす商人はほとんどいなかった。プリニウス（紀元二三年～七九年）は、中国から絹を輸入したためにローマ帝国から黄金が流出し、経済が疲弊したと嘆いているが、漢代にシルクロードがあったという話はたぶんに神話化されたものだ。ローマの商人はエジプトやシリアを経由してインドで中国製の絹や木綿、香料、宝石を購入したが、漢代の中国にローマの物産はほとんど届いていない。中国に輸入されたものは西アジアやインドの珍しい奢侈品がほとんどで、例えば珊瑚、宝石、真珠、香料などだった。組織立った形の隊商が出現したのは、漢帝国崩壊後の紀元三世紀になってからのようだ。漢の生糸や絹織物、漆器、銅鏡は中央アジアに広く流通していたが、おおかたは交易でなく回賜や略奪、贈与の形で持ち込まれたものだった。(78)

紀元前一〇〇〇年ごろからユーラシア大陸東部のステップ遊牧民が力を伸ばしてゆき、中国の北部辺境は生態系においても経済の面でも特異な地域に変わった。環境が変化して乾燥が進んだためだろう、ステップの民はひとつの場所に定住することをやめ、もっぱら狩猟によって衣食住や燃料の必要を満たすようになった。紀元前六世紀から紀元前四世紀にかけてはユーラシア東部の遊牧文化の核が形成され、戦士のあいだから貴族が生まれて政治的権力を掌握するに及ぶ。鉄冶金術が広がったことで軍事力も増強され、遊牧民は北部辺境に住む人々を支配下におくとともにみずから部族連合を形成し、中国諸国家とのあいだで外交や通商面の交渉を行った。[79]オルドス地方の遊牧文化の遺跡から、紀元前四世紀後半に大きな変化があったことがわかる。武器が減った一方であらゆる種類の鉄器が増えている。また金銀銅製品が埋蔵されており、ここにはエリートが地位の象徴である財宝を蓄積していたことがあらわれている。秦の工房で製造された銅製や金製の帯飾板《おびかざりばん》などの装飾品は、ユーラシアの遊牧民文化から借用された装飾が使われていて、遊牧民向けの製品がつくられていたことを物語るものだ。[80]

漢帝国は誕生のときから強大な遊牧民連合、匈奴に悩まされてきた。[81]建国の年に匈奴の襲撃を受けていた漢は、早くも紀元前一九八年の時点で匈奴に絹や粟を贈り、北部辺境地帯での和平を模索している。文帝の時代から朝貢関係が始まり、匈奴側が武力攻撃を停止し、漢帝国の形式上の権威を認める見返りに、漢側からは毎年粟と黄金、生糸と絹織物を匈奴に贈呈するようになった。また漢は国境沿いに市場を設け、匈奴と自国の商人との交易の場を提供した。だが武帝は「平和を金で買う」ことを屈辱と受け止め、紀元前一三三年に匈奴との休戦を破り、「西域」に対しても軍事攻撃を仕掛けた。桑弘羊は対外貿易によって帝国政府は大きな収益を得ることができると考えたが、辺境の部隊維持や防衛の費用が膨れ上がり、国庫に重くのしかかった。武帝の後代の皇帝は朝貢制度に復帰している。匈奴の連合国家は紀元前一世紀後半にふたつに分裂したが、それでも朝貢は漢の財政にとって重荷であり続けた。そのころには、朝貢は全政府支出の七パーセントを占めていたと言われる。[82]

中国の軍営地や辺境の市場で行われた交易は、一般的な商品の地域内での交換にほぼ限られていた。現在のアフガニスタンに興ったクシャーン朝（紀元三〇年頃～二六〇年）が最盛期を迎える紀元二世紀になってようやく、中央アジアを横断するほどの大規模な遠隔地貿易が行われるにいたる。[83]遊牧民の戦士を先祖にもつクシャーン朝の君主たちは、交易に積極的だった。交易路は、東は中国、南はインド、さらにはアラビア海を経由してローマ世界にまで広がり、クシャーン朝はその十字路に位置した。ベグラムから出土した王室の保管庫にはローマの青銅器やガラス製品や雪花石膏《せっかせっこう》の彫刻、インドの象牙、中国の漆器が収められている。[84] クシャーン朝ではおびただしい量の金貨（インド世界で最初の貨幣。おそらくローマのものを改鋳したと思われる）を発行したが、中央アジアの商人は金貨よりも中国の絹を好んで交易手段に用いた。漢の領域内では、クシャーン朝の貨幣は出土していない。漢は兵士への支払いにあてるため、大量の貨幣を辺境に輸送したが、軍営地の外に貨幣が流通することはなかった。オアシス都市国家のホータンの支配者たちは銅貨を発行している。時期は紀元三〇年にさかのぼれるかもしれず、クシャーン朝の貨幣に似せつつも、質量は中国語で表示していた。この貨幣はホータンの人々がクシャーン朝の貨幣にも漢の貨幣にも価値を認めていたことを浮き彫りにしているが、出土した地域が限られていることを考えると、遠隔地貿易にはあまり使われていなかったようだ。[85]

分裂時代に縮小した経済

一八四年に黄巾の乱が起き、漢帝国の体制は根底から崩れた。王朝は生きながらえこそしたが、権力は武将たちの手に渡り、反乱を鎮圧するため私兵集団が結成された。これら武将の筆頭にあげられるのが、悪名高い曹操《そうそう》だ。二二〇年に曹操が死去すると、息子の曹丕《そうひ》が漢王朝を受け継ぐべく、魏の建国を宣言した。やがて敵対勢力が南西部と南東部でそれぞれ蜀と呉という独立政権を樹立、三国時代の扉を開いた。

二六五年に魏に代わって晋朝が北部に建ち、二八〇年には天下統一を果たし、帝国全域の行政と経済を中央から一元的に統制しようとした。だが宮廷は内紛で荒れ、北部辺境では遊牧民に煩わされた。三一一年には遊牧民の勢力が首都の洛陽を陥落させ、晋朝は南西への遷都を余儀なくされている。三一七年、江南の建康（現在の南京）で晋は再建された。華北は四世紀の大半にわたり、ほとんど略奪軍と化した漢人・非漢人双方の軍隊の戦場となり、荒れ果てた。一定の秩序が戻ったのは三八六年のことで、遊牧民のひとつ、鮮卑の一部首長たちが北魏を建国した。四三九年に、北魏は華北のほぼ全域を掌握している。しかし中国はおよそ三世紀にわたり、南部の漢人王朝と北部の非漢人系の浸透王朝とのあいだで引き裂かれたままだった。

その過程で、社会と経済に対する豪族の支配力が強まっている。地方の武将や裕福な地主は私兵組織（「部曲」）をつくり、財産や家族を守るべく自身の村の防御を固めた。戦争で住み処を失った多くの流民や自作農が地域の豪族とのあいだで私的な主従関係を結んで「客」となり、その庇護のもとに入った。戦乱の脅威が去ると、私兵の多くは農業労働者に変わった。客は一種の隷属民になり、主家に収穫の半分以上を納めたが、国家に対しては税も労役も負担しなかった[86]。

魏は国家の支持基盤を補強するため、官吏任用の新しい制度を設けた。九品中正と呼ばれるこの制度によって、名門の豪族は官位を世襲する権利を手にした。南北の後続王朝でも似たような政策を採用している。また、九品中正制度がつくられたことで、人々は貴族（「士」）と庶民（「庶」）とにはっきり分断され、社会的区分を固定する法的・制度的根拠が整った。士人の家は法的な免責や部分的免税、労役の免除などさまざまな優遇を受け、貴族として他の階級と一線を画す存在になった。分裂時代にはこうした貴族が、社会や人々の経済活動を左右するほどの力を握っていた。

黄巾の乱から打ち続いた戦争によって社会や政治が混乱し、国土も荒れ果てたことで、皇帝の座をめぐって争う武将たちの優先事項が根本から変わった。土地の集中ではなく、むしろ人口が減って土地が放棄されている事態を、武将たちは憂慮した。曹操は一九六年、首都の洛陽も長安も荒廃に帰したことを受け、漢の皇帝を迎えて傀儡とした一方、みずからの足場を固めるために動いた。放棄された土地を兵士や一般民に給付し、自分の軍事政権のために働く事実上の小作人にしたのだ。こうした入植地（「屯田」）が貴重な収入源となり、曹操は華北で支配権を確立することができた。だが魏の建国後、曹操の後継者たちは配下の兵士への報酬として土地や耕作民を与え、それらは事実上の私有財産となる[87]。

曹操はまた、一律の税負担という秦や漢の租税理論に代わり、資産に応じて負担を変える税制を採用している。これにより、長期にわたって進んでいた変化が決定的になった。王莽の時代から、漢ではしばしば不定期に「調」という税を課して戦費をまかなっていた。定期的に金銭の形で納める人頭税の算賦とは違い、調は世帯の資産に基づいて税額が決められ、通常は各種の織物で物納された。後漢では次第に調税が定着していった。一九八年には、曹操が調を中心に据えて、世帯を対象にした税（「戸調」）を新たに設けている[88]。戸調は銭納ではなく物納で、穀物と織物が使われた。戸調によって課税対象が個人から世帯に変わったのに加え、国家財政に貨幣が果たす役割もいっそう小さくなった。後漢の光武帝は五銖銭を再び発行したが、鋳造はもっぱら地方で行われ、やがて生産量は減った。また、偽造されたり重量の軽いものが発行されたりしたせいで、流通する貨幣の価値が下がった。政府が支払いに高級絹織物を使うことが多くなったのは、貨幣価値が下落したことの反映と言える[89]。魏も晋も硬貨の発行を停止し、標準的な貨幣として絹織物が使われるようになった。

敵国の呉の君主、孫権は、銭納の算賦を温存する一方で流民を救済し、国家の財政基盤を固めるためにやはり屯田を活用した。[90]だが魏とは違い、呉では屯田は軍事機関でなく地方の役所の管轄下におかれた。長沙郡の走馬楼呉簡（二三〇年代のもの）によれば、屯田を割り当てられた世帯の多くは流民や犯罪者、捕虜、官奴婢、生活困窮者の家で、政府が大きな強制力を振るうことができる相手だった。これらの人々は屯田への定住を強いられ、支払わされる穀物納の土地税もふつうの地主に比べてかなり多かったようだ。曹操の改革は農家の税負担を減らし、税務を簡略化するためのものだったが、呉の場合は後漢時代の税体系の複雑さをそのままにしていた。呉の官吏は銭納の算賦に加え、穀物、織物、金銭で土地税を集め、調も不定期に徴収した。[91]

曹氏の魏王朝から二六五年に禅譲を受けると、司馬氏の晋は、曹操による戸調の考え方を残しつつ、租税体系を再統一しようとした。屯田と一般の土地の区別をなくして同じ機関の管理下におき、土地税と労役の基準を設けている。[92]二八〇年に呉を滅ぼして統一を果たすと、晋朝は財政制度を再建するため、まずは人口調査を行った。だが二八〇年の調査には、二四六万世帯分の記録しかない。それに先立つ最も新しい調査、つまり漢による一五七年の調査は一〇六八万世帯分なので、その四分の一を下回る。一世紀にわたる内戦で人口が減少したことが大きく影響したのは間違いない。だが数字の減少は、多くの人が豪族の客となり、私的な主従関係の陰に隠れてしまったことを物語ってもいる。二二〇年に魏で始まった九品中正制度では、労役の免除をはじめ、法的・経済的なさまざまな特権を貴族に与えていた。庶民は貴族の庇護下に入ってこうした恩恵のバリケードの裏側に入り込み、戸籍簿から姿を消したのだ。

晋は新しいしくみを導入して、この流れを押し戻そうとした。占田課田というこの制度は、各世帯が保有する土地の面積や、世帯員の性別と年齢に応じて税負担（穀物と絹織物による物納）を調整するものだ。遠隔地の住民や非漢人系の臣民には低い税率が適用された。新制度は農家に土地を割り振るためのものだと、これまでは広く受け止められてきたが、むしろ健康な成人男子の最大限耕作可能な面積（五〇畝）をもとに、課税標準を設けるものだった。[93]つまり、その目的は耕作者の経済的自立よりも、税収を得ることにあった。保有できる佃客（小作人）や土地の上限を設けることで（第一品の官吏の場合、佃客は五〇世帯まで、土地は五〇〇〇畝まで）、大農場《ラティフンディウム》の増加を政府が抑制しようとしたのは間違いない。どの程度実施されたのかは今も明らかでないが、佃客の所有を制限するうえで大きな効果があったとは考えられない。晋の統治下では、九品中正制度を通じ、貴族による特権の世襲が深く根を下ろしていく。

三一一年以後、華北の人々が流民となって華南へ集団移動したことにより、土地と資源に対する国家の統制力はさらに弱まった。東晋代（三一七年～四二〇年）は豪族の全盛期と言える。建康の宮廷は華北から避難してきた人々（と自分たち）の失地回復の願望を紛らわせようと、避難民のための州や郡や県（僑州郡県）を設けた。なかには流民に土地を与え、地方政府の機能をほぼ果たしたところもある。だが流民が各地に離散していたとあって、実質的には統制が及ばないことが多く、流民は仮の戸籍しかもたず、国家への義務がほとんどない状態だった。政府はしばしば、流民を課税可能な一般の戸籍に登録する「土断」の実施を試みたが、一時的な成果しかあがらなかった。[94] 弱体化した晋の実権を武将の劉裕が掌握した四一三年になってようやく、「土断」が遂行される。劉裕は華北出身者を戸籍上別扱いにすることをやめただけでなく、多くの僑州郡県を廃止した。また豪族による未開墾地の違法な占有も禁じている。[95]

四二〇年に劉裕は皇帝として宋王朝（四二〇年～四七九年）を開き、名実ともに権力を握った。劉裕によるクーデターは、この南朝諸王朝と豪族の関係の分岐点となった。宋も後続王朝も軍に対する統制を維持し、庶民を（劉裕自身もそうだったが）軍事指導者として取り立てた。だが将軍たちがつねに反目し合っていたことから、中央政府は徐々に力を失い、しばしば軍事クーデターに見舞われるようになる。豪族は軍事や行政への影響力を削がれたが、それでも地方の社会や経済に対しては支配力を保っていた。

南朝期における江南への植民と経済開発

南北朝時代はこのような政治的混乱状態にあったが、華南は華北に比べてかなりの経済的繁栄を享受している。長らく人口がまばらな辺境だった江南は、南朝経済の心臓部へと変わった。この地域の大半は低湿地だったが、稲作に理想的な地域でもあったのだ。晋王朝とともに南に避難した貴族は、時を移さず広大な未開拓地を占有した。それまでは地域で共有するものとみなされていた未開拓地を貴族が囲い込んだことに、抗議が噴出した。一般に荘園は数百畝から数十万畝の面積を有し、とくに富裕な地主は小作人を何千人も抱えていたと言われる。顔之推《がんしすい》（五三一年～五九一年）は質素倹約を説く家訓を著し、そのなかで、二〇人の世帯なら生活を維持するのに使用人が二〇人、良質な田が一〇頃（一〇〇〇畝）あればよいと述べている。[96] この数字が豪族の保有地面積の下限だったのは間違いない。

荘園はたいてい、次のふたつから成り立っていた。各地に散在し、小作人が耕す土地。荘館（「別墅《べっしょ》」）の周囲にまとま

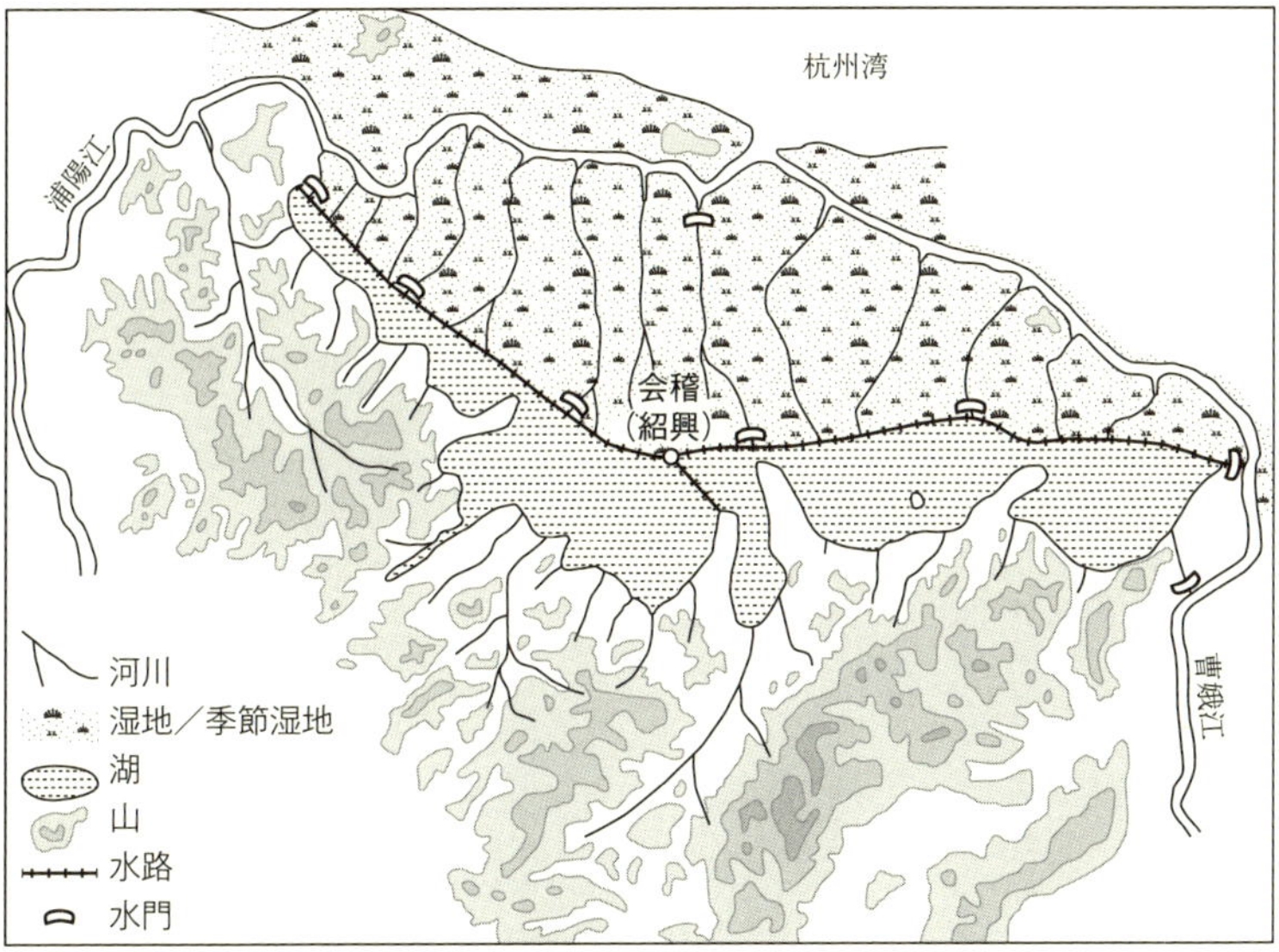

地図4－3　紹興平野の灌漑施設（漢代）
出典：陳橋駅 1962: 191, 図3.

って存在し、隷属民が耕す広大な土地だ。しかし後者も分割されていて、農民か労働者（隷属民や年季奉公の人など）の集団が耕作し、地主自身が管理するわけではなかったようだ。この小規模農耕という様式は、とくに江南の稲作地域に多く見られた[97]。

すでに述べたとおり、三世紀の呉では敵国の魏を真似て、江南平原だけでなく長江全流域に屯田を設けた。だが晋の宮廷が建康に移ってからは、そうした土地のほとんどが豪族のものとなった。この時代には、おもに太湖の南北と杭州湾の南岸の開拓が進んだ。高台に溜池がつくられ、低地の水田に水が引かれた。漢代後期、沿岸の平原に位置する紹興では、丘陵の川の水を集めるための水路が麓に沿うように設けられ、その水をためる施設として東西の幅が五〇キロメートル超にもなる湖もつくられた。湖と海のあいだに広がる水田へと注ぐ湖の水は、六九にのぼる水門で調整していた（地図4－3）。五世紀はじめには、この地方はどこよりも高い生産性を実現し、土地も高く評価されるまでになる。隣接地域の個人地主もそれにならい、隷属民を使って水路や池をつくり、土地に水を引いた[98]。

華北から逃れてきた貴族の多くは紹興に住み着いたが、地域経済を担っていたのはもっぱら在地の豪族だ[99]。これは東晋初期のことだが、紹興のある県に仕事熱心な新しい長官が赴任し、この地の豪族が何千世帯もの客戸を戸籍に登録せず違法に隠していたことを、赴任から二カ月のうちに暴いた。だが脱税を指摘されたこの豪族は大変な有力者だったために体面を傷付けるわけにいかず、代わりに長官が突然召喚されたという。[100]紹興の典型的な豪族に、孔霊符《こうれいふ》（四六五年没）がいる。その荘園は「周囲が三三里で、ふたつの山を含む二六五頃の水陸地、さらに果樹園が九つあった（周回三十三里、水陸地二百六十五頃、含帯二山。又有果園九処）」と言われる。四五七年ごろ、孔霊符は人口の多い紹興の山陰県から人口の少ない東部地域（現在の寧波一帯）に土地のない人を移住させることを上奏した。すると宮廷の官人たちは、以下のように言って激しく反対した。いわく、民が勤勉に働くなら、山陰の土地の広さは十分である。未開拓地に移住させれば、民の生活はさらにおぼつかなくなる。移住にかかる費用は遠隔地の貧農から吸い上げることのできる利益をはるかにしのぐ、と。だが根本的には、山陰県の労働力を意のままに使えなくなることを恐れていた間違いない。結局、宋の皇帝は孔霊符の計画を承認し、よい結果につながったという。だが孔霊符は多くの人を敵に回すことになり、土地の違法な囲い込みの罪を問われて免官された。[101]

四八八年に行われた調査によると、山陰の戸籍に登録されていた二万世帯の半数近くは家産が三〇〇〇銭未満だったという。また、富豪が納税と労役を回避している一方で、貧者は隷属民に転落して戸籍から消えたと、この調査には書かれている。家産の中央値がわずか三〇〇〇銭であるということは、紹興の小農が漢代の「中家」に比べていかに貧しかったかを物語るものだ。[102]

紹興は豊富な農産物に恵まれていただけでなく、商工業の中心地としても栄えた。戦国から漢代にかけて設けられた陶《とう》磁器窯《じきがま》の跡が何百基も発見されている。南朝期には、この地で生産された越磁は、どの地方のものより美しく精巧だとされていた。紹興が青銅器、なかでも漢代から珍重されてきた銅鏡の最重要産地に成長したのもこの時代だ。腕のよい紹興の鏡工は引く手あまたで、各地に移り住んで工房をつくったが、なかには日本に渡った人もいる（この国では、銅鏡は最大の政治的威力をもつ威信財だった）。紹興産の桑や籐《とう》を原料に使った紙もさかんに生産された。[103]

長江デルタで干拓が進み、小運河や池がつくられたことで、この地域一円を結ぶ水路網が形成され、運輸と交易も後押しされた。揚州や蘇州、紹興などの主要都市は運河によって首都の建康とつながり、五～六世紀になると、建康は地域間交易や国際貿易の要衝になった。

建康の人口は、最も多い六世紀前半には——明らかに誇張が入っているが——二八万戸に達したと言われる。[104]建康は華北の城塞都市とは違って宮殿のみが壁で囲まれ、役人や貴族の邸宅、市場、工房、労働者の住居は郊外の農村地帯に広がっていた。穀物や塩、衣服、貝、家畜などの十指に余る市場をはじめ、一〇〇カ所以上の小さな市場が役所の管理下にあったという。唐代のある歴史家は、商業がさかんだった当時の建康について、「庶民は商いに携わり、高位の人々は俸給で暮らす」と書いているが、貴族や皇子でさえ商いや金銭の貸し付けに深入りしていた。(105) 豪族の多くは、みずから商いを行うのではなく、自身の客を代理人に立てた。

だがつねに貨幣が不足していたために、商業の発達が阻害された。魏、呉、蜀が新たに発行した貨幣はわずかにすぎず、晋は発行そのものをやめている。税は、調の制度により、織物や穀物の形で徴収されることが多かった。だが市井の商業活動では、織物でなく貨幣をおもな交換手段として使っていた。(106) 南朝諸国で貨幣が再び発行されるようになったのは、四三〇年に宋が鋳造を再開して以降のことだが、需要が供給量をはるかにしのいでいたために貨幣不足が常態化し、私鋳貨幣が大量に出回った。考古史料から、流通していた貨幣はもっぱら漢の五銖銭か、（こちらのほうがずっと多かったが）その模造品だったことが確認できる。(107)

南朝時代には江南での商業の発達により、国家の財政戦略が変わっている。晋では個人に課税する漢の原理を復活させて占田課田制度を設けたが、宋では耕作地や桑の木、住居などの資産に基づいて課税するしくみに後戻りした。だが土地も人民も完全には把握できなかったため、南朝諸王朝はさまざまな商業税からの収入に依存した。具体的には通行税や売上税、また商店や宿泊施設に対する免許税などで、いずれも銭納だった。さらに、定期徴収の調も金銭で支払われることが多くなった。主要二州における税の滞納について四七六年に作成された報告書によると、滞納金の四七パーセントが穀物、一五パーセントが織物で支払われたのに対し、金銭で支払われたのはおよそ八パーセントだったという（金額ベース）。斉（四七九年〜五〇二年）が建てられた四七九年になると、長江中流地域の三州に納められた税のうち、二一パーセントが穀物、一〇パーセントが布（ヘンプ麻）による物納だったが、六九パーセントは銭納だったという。(108) 四八〇年代には斉の宮廷が、税の銭納に向かう流れを正式に法の形にまとめ、財産税の半分を金銭で、残りを麻布で納めることを各世帯に求めた。この変化をもたらした大きな要因は貨幣の価値が飛躍的に上昇したこと、また穀物と麻布の価格が下落し、国家財政を圧迫していたことにある。価格の下落は農家の所得にも悪影響を及ぼしていたことから、四八八年に斉の政府は、一一の郡から絹や麻布、米、豆、大麦、胡麻を五〇〇〇万銭で購入している。(109)

宋と斉の皇帝たちは国家財政に対する個人的な権限を強化したが、多くは権力を乱用し、浪費を重ねた。これに対し、梁（五〇二年～五五七年）を建てた武帝（在位　五〇二年～五四九年）は、太府卿を新たに設けて帝室財政を含めた財政・金融政策に対する幅広い権限をもたせ、官僚組織の力を強化している[110]。また、財産税が生産資源への投資に水を差すと考え、個人単位での一律の課税を復活させた。とはいえ梁も先行諸王朝と同じように、もっぱら商業に対する間接税によって税収を増やしている。だがこのような努力にもかかわらず、武帝は豪族による客の所有や根深い貧富の格差だけでなく、帝室による浪費さえも抑制することができなかった[111]。皇族、貴族、高級将校などの梁代初期の特権階級は同時代の識者が前代未聞と考えるほどの贅沢な生活を貪った。ある歴史家が「消費ブーム」と呼んだこの現象は、貨幣経済の発展によって可能になったものだ[112]。

梁は南朝のなかでも銅銭に基づく本位制度の立て直しに最も積極的に取り組んだ王朝だが、失敗に終わっている。武帝は即位後すぐに、新しい五銖銭のほか、市井で広く使われていた私鋳銭、「女銭」の公式版を発行した。だが発行量は市場の需要にとても追いつかなかった。銅銭健全化のための努力が水泡に帰すと、武帝は逆に、鉄の貨幣を発行して恒常的な貨幣不足の解決をはかった（五二三年）。しかし鉄銭が大量に出回ったことで金融恐慌が起き、ひどいインフレになった。そして銭一〇〇枚分をひとつの束にまとめた「一貫」の使用が一般化する。だが実際には、銭一〇〇枚分に満たない束が一貫として使われ（短陌《たんぱく》）、七〇枚分を一貫とする地方もあれば、九〇枚分のところもあった。梁代末には「一貫」はわずか三五枚分となった。鉄銭の発行は完全に失敗し、貨幣の代わりに穀物や織物が使われることが多くなる[113]。

梁代における商業の発達が豪族の経済基盤の破壊につながった、と言われる。豪族はみずからの地所を顧みずに都の優雅な文化や華やかな暮らしを享受し、荘園の管理をないがしろにして俸給で生活していた。鉄銭の発行によって金融が混乱すると、農家の所得にさらなる悪影響が加わり、主として金銭で支払われていた俸給の価値が下落したという。だがこの説は推測の域を出ていない。豪族の息の根をとめたのが侯景の乱（五四八年～五五二年）だったのは確かだ。これによって梁王朝は痛手を負い（五年後に滅亡）、建康は荒れ果て、家産を失った豪族の子弟は僻遠の地への避難や華北への亡命を余儀なくされた。梁の後継王朝である陳（五五七年～五八九年）は豪族の生き残りを迎え入れたが、それはもっぱら、華やかなりしころの梁の雰囲気を宮廷内に醸し出すためだった。真の権力は、生まれの卑しい役人や武人の手に渡っていたのだ[114]。

まとめ

漢の武帝の長期にわたる多事多難な治世のあと、秦漢帝国の秩序は徐々に崩れていった。皮肉にも、国家から官吏に与えられた特権が新しい荘園秩序の基盤となり、富と権力が豪族に集中していった。後漢末期に権力は民間に移行し、分裂時代になるとこの動きが加速する。豪族は地方社会で公共秩序と社会福祉を守る責任を担うようになった。荘園経済が発展するにつれ、都市から農村へと人は流れ、経済活動の場も移動したが、これにはおそらく、漢が豪商に対して懲罰的な政策をとっていたことがあずかって大きい。だが後漢代になって商業に対する規制が緩和されると、豪族は市場への投資を自由にできるようになった。洛陽が陥落し、晋の宮廷が江南に避難した三一一年以後の一世紀に、豪族による経済の支配は最高潮に達する。

走馬楼呉簡からも読み取れるように、後漢の終焉にいたるまで、国家の統制力は地域社会にも行き渡っていた。だが国家の要求、とくに兵役に対して民の側が団結して抵抗していたことも、走馬楼呉簡の戸籍簿は浮き彫りにしている。漢代以降の支配者たちは、安定した収入基盤を構築しようとさまざまな努力を重ねた。例えば曹操が始め、のちの魏、蜀、呉の皇帝も採用した屯田制、晋の占田課田、六世紀はじめに梁の武帝が断行した財政改革である。しかしそれでも土地と労働力に対する豪族の支配の手綱を緩めることはできず、ときには皇帝自身の蓄財によって努力が無駄になることもあった。

後漢でもすでに経済格差が深刻になっていたことから、政府は一律の人頭税を放棄せざるをえなくなった。追い詰められた政府は、各世帯の資産に基づいて課税する新方式に切り替えた。それに加え、納税の形も金銭によるものから織物や穀物によるものへと徐々に変わっていく。だが物納へのこうした流れは、これまでの研究でしばしば言われてきたこととは異なり、貨幣経済の消滅に行き着くことはなかった。貨幣は民間交易にとって不可欠だったことから、五～六世紀に南朝で経済が発展するのに伴い、需要も膨れ上がった。

経済が再び活況を呈したのは、南朝の心臓部である江南が発展したことによる。だが、それによって国家が潤うことはほとんどなかった。未開拓の土地を手に入れ、必要な労働力を投入して開墾した豪族たちが、南部における稲作の発展への道を開いた。豪族と客との私的な主従関係が維持されたことで、南朝では荘園に基づく秩序が完成する。

南朝の宮廷が税のかなりの部分を再び金銭の形で徴収できるようになったのは、商業が発達したためだった。だが、国家財政に貨幣が果たす役割が重要になったことを、盤石な財政制度が確立されたしるしととらえてはならない。むしろこれは、北魏の勢力が大きくなり軍事費を増やさねばならない難しい状況にあることのあらわれだった[115]。四六四年に宋で行われた人口調査では、世帯数はわずか九〇万七〇〇〇戸にとどまり、人口は五〇〇万人を下回っている（漢が調査を実施した紀元一四〇年時点での華南の人口の半分以下）が、このことは労働力と資源に対する国家の支配が弱まっていたことを雄弁に物語っている[116]。むしろ異民族の支配する北魏のほうが、新しい制度を設けて強大な軍事機構を打ち立てたのであり、それが六世紀後半における中国再統一を可能にしたのだった。

第5章　異民族との融合と帝国の統一
——四八五年〜七五五年

分裂時代〔魏晋南北朝時代〕、華北と華南の経済は重要な点で別方向に分かれていった。度重なる遊牧民の侵略によって、華北の農業と商業は荒廃した。この動乱にようやく終止符が打たれたのは、遊牧民の一部族、鮮卑を率いる拓跋珪《たくばつけい》が三九八年に中原地域の大部分を征服して北魏（三八六年〜五三四年）を建てたのちのことだ。北魏統治下の華北は漢人の支配する不安定な南朝諸王朝とは違い、政治的に盤石だった。そして、北魏の指導層は遊牧民の政治的・文化的伝統に別れを告げ、中華帝国にならって国家の枠組みを変えていく。北魏はその過程で、官僚支配と職業世襲のカースト的社会秩序を土台にしつつ、漢人の制度と遊牧民の制度との融合を推し進めた。それにより、少なくとも短期的には農業が復活している。隆盛期にあったころ（四八五年以後）の北魏の政治経済は、初期の中華帝国の軍事重農主義を下敷きにしていた。ちょうど秦から漢初の皇帝たちと同じように、北魏の支配者は土地の均等分配や、物納と労役の形での一律課税、皆兵制によって国家の軍事力を強化しようとした。だが華南とは対照的に、商業はあまり発達せず、貨幣もわずかしか流通しなかった。

北魏ではまた、鮮卑の貴族と高位の漢人貴族との婚姻によって、鮮卑と漢人とが融合する形で支配階級が形成されていった。覚えのめでたい一部の漢人貴族は支配エリートの仲間入りを許されたが、華北の漢人豪族の多くは北魏時代に社会的な影響力を失っている。鮮卑による軍事支配も北魏が始めた均田制も、豪族から特権や富を奪うことはなかったが、庶民に対する統制は強まった。(1) 北魏の形づくった制度的土台は、五三四年に王朝が崩壊して東魏と西魏に分裂したあとも存続した。隋（五八一年〜六一八年）を開いた楊堅が五八九年に華北と華南にまたがる統一帝国を築くのに成功したのも、北魏が築いた政治的制度に少なからず負うところがある。

また、隋と唐（六一八年〜九〇七年）の開祖たちは、いにしえの大漢帝国をみずからの政治的模範ととらえ、中央集権的な官僚政治、成文法による支配、儒教に基づく教育・儀礼・道徳規範を復活させた。その一方で、華北の多民族社会とコスモポリタン的な文化をも受け入れている。とくに仏教は分裂時代、華北と華南のいずれにも深く根付いた。楊堅自身が熱心な仏教の信者で、支配下にある多様な民に一体感をもたせようと、信仰と価値体系、社会慣行を支える一本柱として、儒教でなく仏教を後押しした。隋唐時代の皇帝たちは、数世紀前に漢が築いた帝国よりも大きな統一帝国を夢見ていた。周の版図をはるかに超え、ステップ地域のみならず、その向こう側をも含む帝国である。唐の君主たちは皇帝としてのみずからの権威を高めるべく、トルコ語で遊牧国家の王を指す「可汗《カガン》」という称号も用いた。楊堅と武則天（七世紀末から八世紀初頭のごく短期間だが、唐の宮廷から権力を奪った女帝）は、仏教説話の「転輪聖王《てんりんじょうおう》」を意図的に自身と重ね合わせ、真の信仰を広めるとの大義を掲げて戦争を戦った。これはキリスト教徒のビザンティン皇帝やイスラム世界のカリフを彷彿とさせる行いだ。帝国の拡大を強硬に推し進めた結果、隋、唐いずれの帝国も崩壊の憂き目にあった。だが軍事力と富が頂点に達したころの隋唐帝国は、隣国の関心を引き付けている。日本や朝鮮半島諸国、そして短期間ながらチベット〔吐蕃《とばん》〕までもが隋唐帝国にならい、漢字や政治制度、法、イデオロギーとしての儒教、信仰としての仏教を、程度の差はあれ取り入れた。文明を共有する独立国からなる共同体、東アジアが形をなしたのはこの時期のことで、以来、現在にいたるまで維持されている。(2)

東アジアでは他の追随を許さなかった唐だが、その制度の硬直性によって、財政能力や物流はつねに阻害されていた。北魏の均田制は、市場の変動とは無縁の小農からなる安定した均質な社会の上に成り立っていた。かたや華南は富の大きな格差があるだけでなく土地の集中が進み、商業が発達しつつあったことから、均田制を押し付けることはできなかった。人口圧力が高まったうえに税負担格差が拡大したため、土地をもたずに流浪する「浮逃戸」の人々が大勢あらわれ、国家の監視と統制の網の目をすり抜けるようになったのだ。唐の財政は物納の直接税に支えられていて、商工業から徴税するための努力はなされなかった。唐では需要を満たせるだけの銅銭を発行できなかったことから、穀物と織物を税として集めて分配するため、巨額を投じて大規模な輸送網を築かねばならなかった。結局、八世紀半ばに起きた安禄山の乱〔安史の乱〕

がきっかけとなって北魏の生み出した制度に終止符が打たれ、唐の支配者たちは財政運営のまったく新しいパラダイムを組み立てることになる。

北魏統治下での復興と安定

北魏が華北を掌握したことで、中国の心臓部にはある程度の秩序が戻った。とはいえ、鮮卑の皇帝たちが地方の統治に用いていたのは官僚組織ではなく、もっぱら軍事的な主従関係だった。拓拔珪（道武帝。在位　三八六年〜四〇九年）が遊牧民の戦士をそれぞれの族長から切り離して自身の指揮下に収め、北魏政権のために働く軍事組織を編成したことは大きな意味をもつ[3]。最初の一世紀間、鮮卑の皇帝と土着の漢人貴族との関係は安定していなかった。鮮卑側は名門貴族に大幅な裁量権を与え、管轄下の土地で民事・軍事両面の管理を任せた。三九八年、道武帝はさまざまな民族からなる三六万人を一〇万人の熟練工とともに中原地域から新都の平城の周辺に移住させている。平城は長城のすぐ南の草原に位置するが、その近郊に人々を強制移住させたのは、首都の住民に食料を供給し、宮廷の必要を満たすためだった[4]。しばしば鮮卑の牧人の利害と漢人農民の利害が衝突し、紛争に発展している。五世紀半ばになると、中原地域の人口は回復し、土地に対する人口圧力が高まり始めた。北魏の歴代皇帝はまた、有力な漢人貴族を政府に迎え入れるようになったが、これは鮮卑の貴族の恨みを買った（地図5－1）。

漢王朝が崩壊に向かうにつれ、地方の豪族は地域の防衛と福祉に対する責任を担うようになり、とくに三一一年の洛陽陥落後はその流れが加速した。多くの人が豪族の築いた要塞（「塢《う》堡《ほ》」）に避難し、豪族のために兵士（「部曲」）として働いた。そのなかの有力な指揮官が、ときに正式な盟約を結んで連合体を形成することもあった。紛争が収束すると、部曲は豪族の支配下におかれ、貢納の義務を負うにいたる。こうした地域共同体（このころに「村」という言葉が生まれた）の一員であることは、帝国の臣民であることよりも重要視された[5]。豪族が集めた私兵はふつう、親族のほか、血縁関係のない「客」や隷属民で構成されていた。当時の氏族の組織がどのようなものだったかについてはまだ不明な点もあるが、地方豪族の権力がもっぱら一族の忠誠心に支えられていたことは間違いない。例えば趙郡李氏という名門の分家に李顕甫なる人物がおり、一族の数千家を率いて現在の河北省南西部、太行山脈の麓に住まわせ、「五、六十里四方」を開墾したと言われる。父の爵位と職は兄が継いでいたため、李顕甫の地位は一族のなかで低いほうだったにもかかわらず、開拓民からは「宗主」[6]とみなされていた。

当初、北魏の皇帝たちは李顕甫のような在地豪族に地方の秩序維持を委ね、地方豪族の多くを正式に出身地の地方官に指名した。北魏の私的主従関係はこうして豪族内の結び付きを強め、地方社会、とくに河北省および山西省地域での豪族の支配を強めるはたらきをした。[7] だがそのせいで北魏は収入の増加も兵力の増強もかなわなくなり、しかも山東半島から淮北《わいほく》までの地域を宋から奪った四六〇年代を境に、その必要が急激に高まった。他国に勝利を収めると、鮮卑は遊牧民の伝統にのっとり、大ぜいの捕虜を〈「僮隷」「隷戸」などの〉隷属民として、功のあった将軍や官吏、貴族に与えた。北魏の農業労働者に占める隷属民の割合は、過去に例を見ないほどの高さに達した。[8] 北魏ではまた、事務員や芸人、製塩業者、機工、各種の工匠など特殊な技能を有する捕虜はその仕事に就かせ、「雑戸」と呼んで身分を世襲させている。[9] 豪族もまた私的に工匠や芸人を召し使っていた。このように多くの人が漢人や鮮卑の貴族の世帯に組み込まれたので、それに比べて数の少ない自作農の肩に、労役の負担がかかった。そのうえ、四七三年には広大な版図に配置されていた鮮卑兵を補完する目的で、政府が漢人の徴兵を始めた。だがこの政策は、豪族と私的主従関係を結んで客となり、義務の負担を避ける自作農を増やすことになる。[10]

馮太后《ふうたいごう》（四三八年～四九〇年）の専制下、自国を漢人国家型の中央集権官僚国家につくり変えるべく北魏の宮廷が大胆な改革策を繰り出していったのにはこうしたことが背景にある。[11] 孫の孝文帝（在位　四七一年～四九九年）の摂政を務めた馮太后は――なお、孝文帝は祖母の死後、その政策を受け継いでいる――鮮卑貴族と漢人貴族の通婚を推し進め、支配階級の融合をはかった。鮮卑が漢人の言語や衣服、習慣を身に付けることも、奨励された。孝文帝は四九三年に平城を発ち、中原地域にある古来の都、洛陽に首都を移している。この遷都には定住農耕社会を帝国に建設するという強固な姿勢があらわれており、象徴以上の意味をもつ行動だった。

馮太后は、漢人貴族に対し国家の統治に積極的に関わるように求める一方で、財政基盤の強化にも努めている。四八五年には均田制という新しい土地制度を導入した。[12] この政策に基づき、その後の数年間にわたり、さまざまな調整が行われた。とくに重要なのは、綿密な人口調査が行われたこと、そして「三長制」によって〔隣長・里長・党長を設け〕農村を国家の管理下においたことだ。均田制に加え、新しい税法も発布された。魏と晋の戸調をもとにしたもので、国家に納めるべき穀物や織物、労役の量を耕地面積に応じて決めるという法律だ。政府はさらに、一〇世帯のうち一世帯を屯田民にしている。

『魏書』にある均田法規は、四九二年に制定されたと思われる（表5－1）。[13] 各世帯に対し、働き手の数に応じて二種類

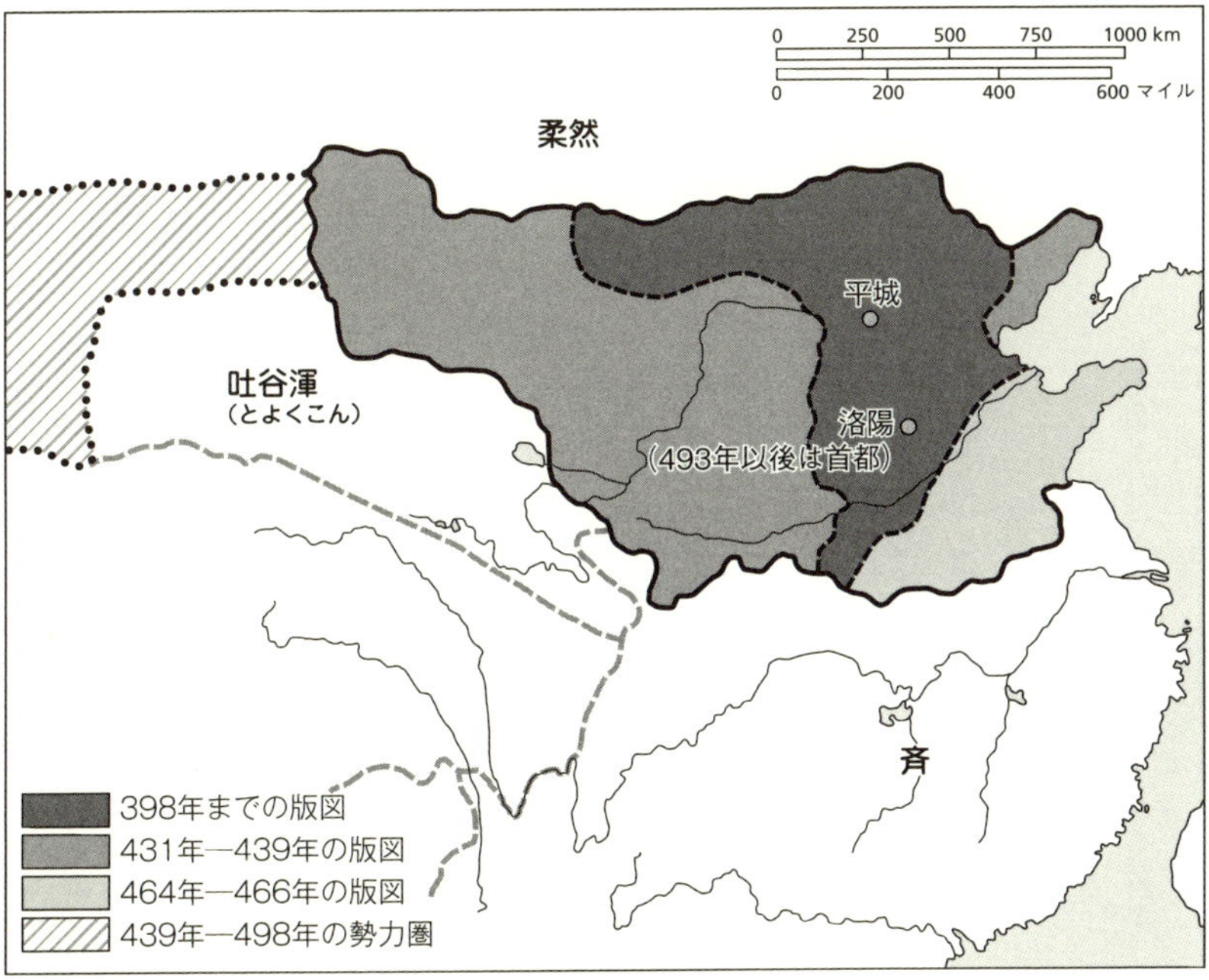

地図5－1　北魏の拡大

表5－1　北魏における土地給付

土地の種類		自由民（良人） 成人男子	自由民（良人） 成人女子	奴婢*	耕牛**
穀物用耕地（露田）	規定面積（正田）	40畝	20畝	自由民に同じ	30畝
	補足分（倍田）	40畝	20畝		30畝
桑田		20畝			
麻田		10畝	5畝		
園宅地		3人に1畝		5人に1畝	

*無制限。

** 4頭まで。

出典：WS 110: 2853–54. 以下をもとに作成。堀 1975: 167, 表1.

の土地が給付されるという内容で、具体的には、（一）穀物生産のための土地（「露田」）、（二）繊維の原料を生産するための土地に分けられる。後者は絹の生産に供する「桑田」で、養蚕に適していない地域の場合は「麻田」〔ヘンプ麻〕だった。成人男子ひとりにつき露田を四〇畝《ぼ》、繊維生産用の土地を（作物に応じて）一〇畝または二〇畝、成人女子にはその半分の土地を割り当てた。奴婢と耕牛を所有する世帯の場合は、これよりもかなり広い土地を与えた。土地が痩せている地域や人口過疎地については二倍または三倍の土地を給付している。原則として、露田と麻田は世帯主が死亡すると国家に返還され、別の世帯に給付された。だが、桑の栽培には長い時間と手間がかかるため、桑田は永代保有を認められ、世帯主の子孫が相続できた。こうした土地の売却は禁じられていたが、一定の条件のもとでなら賃貸に出すことが可能だった。土地の割り当ては世帯構成や耕牛の頭数の変化を反映させるべく毎年調整された。

均田制は、豪族と民のあいだに私的な主従関係が成立するのを抑制し、国家の権威を取り戻して民を直接管理するための包括的な取り組みの一環だった。均田制を構築する過程で、自由民（「良人」）と隷属民（「賤人」）とがはっきり区別され、後者に当てはまるのは奴婢と労役刑徒（およびその家族）のみとされた。この定義に従えば、「客」だけでなく「雑戸」の民も、土地給付の対象となる自由民として扱われる。政府はそれから数十年にわたり、隷属民の定義を明確にする法を次々と制定してゆき、豪族の手から客を奪って管理下におこうとした。[14]

土地を公平に分けるしくみとして孟子が説いた「井田制」を彷彿とさせるが、均田制の直接の目的はもっと実利主義的で、耕作地を可能な限り増やし、国家の収入基盤を安定させることにあった。生計維持にどれだけの土地が必要かでなく、世帯の労働力に基づいて土地を割り振る。これは生活の最低保証よりも国家の収入確保に役立つことだった。桑田や麻田を民に与えたのは、そうすれば織物や糸による物納の形でかなりの税収が得られるとの前提があったからだ。それはともかくとして、均田制には以下のさまざまな目的があった。耕作地を拡大すること。脱税しづらくし、豪族の客に納税させ、兵役に就かせること。税収を増やして官吏に俸給を払えるようにすること。そして四八七〜四八八年の飢餓を境に火急の課題になったことだが、地方に穀物を備蓄すること。だがこの政策は、かつて王莽《おうもう》がめざしたような土地関係の抜本的改革の始動にも、国家による全土所有の実現にも遠く及ばず、機能を停止する。[15] 戸籍登録のあり方の是正に積極的に取り組んだことで、小農に対する国家の支配を再び強化することにはなったものの、奴婢や耕牛の所有者に対する土地の割り当てが著しく多かったために、大土地所有は手つかずのままにされた。均田制が実施されたことから、豪族は土地給付の対象となる自由民、つまり客を耕作に使うのをやめ、奴婢に置き換えたのだろう。

均田制が大土地所有者の利害と衝突したことは間違いない。三長制に基づいて農村に新しい管理網を設け、土地の分配を実施することになっていたとはいえ、この政策の成否は、つまるところ国家の官僚組織を支配する貴族の協力にかかっていた。だからこの法によって、有力貴族の保有地が侵食されたとはまず考えられない。均田制に基づいて民に割り振られたのは、耕作放棄地や未開拓の荒れ地などだったろう。土地が比較的たくさん残っている、人口のまばらな地域で土地の給付が実施された可能性が高い。

西魏期の五四七年に辺境の敦煌で作成された戸籍簿は、均田制が機能していたことを示す唯一の証拠だ[16]。この文書は均田制が当初の構想どおりに機能していたことを伝えていて、土地は病没した世帯主から新しい世帯主の手にきちんと渡っている。だが、規定から大きく逸脱している事例もあった。多くの世帯が、基準の半分以下の土地しか受給していないのだ。とはいえ、敦煌が耕作可能な土地がわずかしかないオアシス都市であることを考えれば、それも意外ではない。給付面積が規定に満たない事例は、世帯主の死去とともに国家に返還される土地〔表5－2の「正田」〕にほぼ限られていて、永代保有と子孫の相続が認められる麻田は、基準面積相当が給付されていた（表5－2）。この地方の役人は、規定に従って露田を割り当てたいとおそらく考えていたのだろう。だが麻田の給付のほうが優先されており、このことから、国家財政にとっていかに麻布が、そして織り手である女性が重要だったかがわかる[17]。働き手の多い世帯への正田の基準給付量が多かったことは、土地と労働力を最大限利用することのほうが、土地保有の平等よりも優先されていたことを裏付けている。ただ、高齢者や障害者、未成年の男子に（著しく少ないとはいえ）基準面積相当の土地を与えていたことは、最低限の生活の保証への配慮もなされていたことのあらわれだ。

土地の分配が首都から遠く離れた遠隔地で順調に実施されていたことは、北魏が版図の全領域での均田制の実施にほぼ成功したことをうかがわせる。だが、敦煌が重要な軍営地で、兵役の徴発という要素がこの地方の均田制にとってとくに重要だったことを忘れてはならない。北魏も後継国家も、軍営地については均田制がしかるべく機能するよう、事細かに注視していたことだろう。

馮太后と顧問たちは国家の財政基盤を安定させるだけでなく、税収に対する中央の統制を強めようと総力をあげ、均田制はその延長線上にあった。三長制施行のために戸籍と地籍

表5-2　敦煌の戸籍簿に記された土地給付の集計（547年）

	世帯数	世帯員数	耕牛数	給付面積（単位：畝）				
					基準面積（「応受田」）	実際の受給面積（「已受田」）	合計	世帯あたり面積
基準面積（「足」）	6	男子の障害者、高齢者、または未成年、計6人	1	耕地（「正田」） 麻田 宅地（「宅園」）	80 30 6	80 30 6	116	19.3
基準の4分の3（「三分未足」）	6	成人男子11人・成人女子9人	3	耕地（「正田」） 麻田 宅地／庭（「宅園」）	370 155 6	244 135 6	531	88.5
基準の半分（「二分未足」）	13	成人男子18人・男子高齢障害者1人・成人女子15人・賤婢1人	2	耕地（「正田」） 麻田 宅地／庭（「宅園」）	570 265 13	170 250 13	848	65.2
基準の4分の1（「一分未足」）	7	成人男子8人・成人女子8人	0	耕地（「正田」） 麻田 宅地／庭（「宅園」）	220 110 7	— — 7	?	?
給付なし（「無田」）	1	女子高齢者1人	0	耕地（「正田」） 麻田 宅地／庭（「宅園」）	10 5 0	0 0 0	0	0
合計	33	成人男子37人・成人女子30人・男子の障害者、高齢者等、計7人・賤婢1人・女子高齢者1人	6	耕地（「正田」） 麻田 宅地／庭（「宅園」）	1,250 565 32	500＋ 415＋ 32	947＋	

出典：British Library manuscripts, Stein no. 613; 以下をもとに作成。池田 1979: 44.

表5－3　北魏の財政表

収入		(a) 経費	
(1) 定期徴収の調（常調・五調）		(1) 中央経費（公調）	175万匹
(a) 粟調	900万石	(a) 軍事経費	
(b) 絹布調	450万匹	(b) 祭祀・儀礼費	
(c) 綿麻調	3600万両	(c) 内廷費	
(2) 臨時徴収の調（雑調）	?	(d) 賞賜費	
(3) 兵調（絹）	450万匹	(e) 食糧費	
(4) 屯田収入（穀物）	3000万石	(f) 保険的経費（中央貯備）	
(5) 寺社への補助（僧祇粟）	?	(2) 官僚の俸給	105万匹
(6) 塩税	30万匹	(3) 地方経費	70万匹
(7) 市税	?	(4) 保険的経費（地方貯備）	100万匹
(8) 国有地の賃貸料（公田賃租）	?		

出典：渡邊 2010: 298, 表13.

に関する調査を行った際に、戸籍上の人口が倍増して五〇〇万世帯以上になったと言われる[18]。この調査をもとに、渡邉信一郎は北魏の財政収支を計算した（表5－3）。経費に関する数字はすべて調（織物による納付）からの支出だが、財政のさまざまなレベルで調がどのように配分されていたかはよくわかる。四八八年の経費構造は以下のようになっている[19]。

中央政府経費　三九％
地方政府経費　二〇％
中央・地方官吏の俸給　三〇％
穀物備蓄　一一％

これまでの研究からわかる限り、帝国政府が地方政府の経費と穀物備蓄のための費用を別のものとして区分したのはこのときが初めてだった。漢では、地方政府は中央への上納分を納めると、量の多寡にかかわらず、その残りでやりくりせねばならなかった。地方政府には一定割合が残されることにはなっていたが、支出に際しては中央の承認が必要だった。

表5－3にもはっきり示されているが、北魏ではもっぱら穀物と織物の形で徴税していた。このころの南朝諸王朝では税収の構成に銅銭がかなりの割合を占めるようになっていたが、北魏の財政はまったく異なり、貨幣はなんの役割も果た

していなかった。四九五年には北魏でも独自に五銖銭の発行を始めたが、流通範囲は洛陽周辺にとどまっている。政府は官吏に対する俸給の一部を織物から貨幣での給付に切り替えたが、貨幣の最低規格や織物との交換比率を定めることはまったくかなわなかった。(20)

当然ながら、兵役の徴発は均田制と不可分だった。三長制では徴兵対象の男子を一五人ごとにまとめ、一年交替で軍務に就かせた（つまり一五年に一度の頻度で服務させた）。五四七年の敦煌戸籍から、服務の頻度が六年に一回へと増えたことがわかる。かたや屯田を割り当てられた世帯は——住民の一〇パーセントと言われるが——重い穀物税を課されたものの、兵役や定期および臨時の調は免除された。つまり国家は兵士や労働者の徴発にはもっぱら均田制を利用し、軍の糧秣確保には軍営地近くの屯田を使っていた。

馮太后と孝文帝は北魏の政治や文化の漢化を推し進めたが、ステップ地域の軍営地にいた鮮卑は遊牧民戦士の伝統を重んじており、この政策に不満をつのらせた。五二三年に軍営地の人々が反乱を起こすと内戦に拡大し、五三四年に北魏王朝は滅亡、華北は東魏と西魏の二国に分断された。五五〇年代に入ると、いずれも新しい王朝に取って代わられ、東には北斉（五五〇年～五七七年）、西には北周（五五七年～五八一年）が建った。西側の諸政権が支配したのは人口が少なく生産性の低い領域で、鮮卑やチベット系遊牧民、漢人系農民などさまざまな民族を抱えていた。中原地域を地盤とする東の諸政権は利用可能な資源こそはるかに多かったが、大貴族が権勢を振るい、多数を占める在地豪族を圧迫していた。東西の後継国家はいずれも北魏の政治制度を温存したが、その方法には違いがある。

中原地域、とくに河北と河南では、北魏滅亡から数十年のあいだに漢人貴族の権力が絶頂に達した。北斉で財務官僚を務めた経験をもつ宋孝王も、土地法が政府の怠慢ゆえに骨抜きにされたと手厳しく批判している。いわく、土地が開墾地として開放されると、「肥沃な場所はすべて、豪族が借りたり許しを受けるなどして占有した。庶民は、傾斜地の一角でさえ得られなかった」。さらに、首都である鄴《ぎょう》の周辺の公有地は鮮卑貴族へ贈与され、官吏への支払いに用いられた土地はその私的占有地になったという。(21)五六四年に北斉で制定された土地法は改革に及び腰で、むしろ官吏や貴族による土地の特権的占有にお墨付きを与えることになった。奴婢への土地の給付に初めて制限が設けられたが、それも非常に手ぬるく——位階によって差はあるものの、六〇人分から三〇〇人分まで受給できた——土地の野放図な集中を抑えるどころか推し進めた。また奴婢に対する税が引き上げられたが、自由民の負担する税の半分にすぎない。桑田が受給者の世襲財産

(「永業」)であると明示されたのも、このときが初めてだ。さらに、負債を負った農民が給付地を売り払うことを役人たちは安易に許可し、貧困の淵へと追いやった[22]。つまり北斉では、身分に基づく不平等な土地配分を法によって承認する結果となったのだ。こうした格差は隋唐帝国の均田制に引き継がれる。

五四二年、西魏の事実上の支配者である宇文泰は東魏との戦闘で壊滅的敗北を喫して軍事力を増強せざるをえなくなり、各地の豪族が結成した私兵組織を役立てることを考えた。それから一〇年ほどかけて、専従兵士からなる新しい軍事組織、「府兵」をつくり上げている[23]。各地の指揮官の地位は世襲されたが、兵士の忠誠心は徐々に弱まり、府兵は中央の統制下におかれるようになった。宇文泰はまた、均田制を復活させ、府兵を補う兵士を集めようとした。六世帯を一組にまとめ、一年交替で兵役に就かせた。兵士を出していない残りの五世帯には、食糧や衣服、馬を供出させた[24]。五四七年の敦煌戸籍からは、この地域が西魏の支配下に入ってわずか三年後には府兵制が十分に機能していたことがわかる[25]。

宇文泰が五五六年に死去すると、一族は正式な形で西魏に終止符を打って、北周を開いた。このころには、軍事力は東の敵国をしのぐまでになっている。鮮卑の北周皇帝たちは婚姻関係を結ぶなど、関中の漢人貴族と緊密に連携したが、その一方で小農を支えようと均田制の活用を進めた。所有する奴婢や耕牛の所有に基づく土地の給付をやめ、兵役は一二年に一回へと減らした。北周の土地法は北斉とは異なり、有位者よりも小農を手厚く遇している[26]。

兵役に就く漢人の数が増えるにつれ、府兵は「軍人」と呼ばれる世襲階級に変化した。府兵は一般の戸籍から軍籍に移され、中央政府に直接統制されるようになった。鮮卑の場合は違っただろうが、漢人の府兵については軍務と並行して農耕も行うことで、生活の糧を得るものと考えられていたようだ。土台となる原理は異なるが、府兵制は曹操の始めた屯田制に似ている。いずれも兵士自身に生活を維持させ、政府の支出を減らすように設計されている。北周期には、府兵は二〇万人に増えた。将軍の楊堅(馮太后の通婚政策によって生まれた鮮卑・漢混血貴族のひとり)は五八一年に、自身の孫でもある北周の幼帝を廃位させているが、そのときには強大な軍隊を手の内に収めていた。ひとりの君主のもとに中国が再統一されたのは、このことがあずかって大きい。

帝国再統一後の国家建設――隋と唐

五八一年のクーデターのあと、楊堅は隋の建国を宣言した。それから一〇年も経ない五八九年に、楊堅(文帝。在位　五八一年～六〇四年）は華南を征服、中華世界の全領域に再び支配を打ち立てる。文帝は自身に政治権力を集中すべく、制度改革と国家建設のための取り組みを積極的に推し進めた。それとともに、均田制や府兵制など、数々の基本制度を北朝から継承した。だが、王朝が二代で滅亡してしまった点は秦に似ている。六一八年、隋は新しい王朝、唐に取って代わられた。唐の皇族も華北の混血民族の血を引いており、隋と同じく北朝の政治手法を踏襲した。

隋は秦や漢に似た統一帝国の再興をめざしたが、難しい問題が立ちはだかった。往時とは違い、そのときの中国は多民族・多文化社会になっており、仏教がさかんになるに伴い、儒教的伝統も色あせていったのだ。政治的な分裂状態が三〇〇年近く続くあいだに、宗教の多様性が増した。また華南でも華北でも、貴族は支配階級として深く根を下ろしていた。

文帝は北西地方の貴族の支持を頼みにしていた。西魏と北周の宮廷で勢力を振るっていたこの人々は、教養ある宮廷人というより戦士と言ったほうがよいだろう。文帝は、中原地域と華南の貴族の抵抗にも直面した。そこで隋は貴族の特権や官位の世襲の法的根拠となっていた九品中正制をたちどころに廃止した。五八三年に新しい法が急遽まとめられ、貴族と庶民を法的に区分するのではなく、いにしえの時代のように官吏と庶民とのあいだに区別が設けられた。皇帝は三省という名称の行政府（門下省、中書省、そして最高機関の尚書省からなる）、および六部と呼ばれる官僚組織を設け、中央の統治機構を強化した。この基本構造は後続王朝の中央政府にも踏襲されることになる。分裂時代に膨れ上がった地方行政区画の数も大幅に減った。長らく州は豪族の領土のようになっていたが、隋では二、三年おきに地方官を入れ替え、軍事権も奪った。こうして豪族は民政権しかもたない官吏へと変わっていく。[27]

隋を政治的・社会的に支えていた北西地方は、経済的には強くなかった。最高の生産性を誇っていたのは中原と江南地域だ。五八九年には最初の人口調査が行われたが、世帯数はわずか四一〇万世帯だった。五七〇年代後半の北周と北斉の数字を合わせた六九〇万世帯に遠く及ばない。六〇九年には隋の全土で調査が実施され、九〇〇万世帯・四六〇〇万人へと回復し、耕地面積は二八〇パーセントも増加している。[28]

隋は均田制を受け継いだが、若干の修正もほどこしている。耕作放棄地の再生より、農家への土地の給付を徹底して収入を増やすことを優先した。奴婢や耕牛を所有する世帯に給付地を追加することもなくなったため、大土地所有者は打撃を受けた。北斉の慣行にならい、隋は女性や独身男性への土地の給付をやめ、夫婦と子供からなる世帯（「床《しょう》」）を均田制の基本単位に定めた。納税や労役の責任は、男性世帯主が負うことになった。この変更には家父長制家族を社会の支柱にする狙いが明らかにあった。また、官吏に忠誠心を植え付けるため、有官者にはかなりの広さの土地を給付している[29]。だが何より重要な点は、文帝が均田制に府兵を組み込もうとしたことだ。華南征服後、除隊した府兵はそれぞれ州や県に編入され、均田制に基づき土地の給付を受けた。また一般男性も徴兵され、主として辺境の警備を担わされた。織物を納入すれば兵役は免除されたが、文帝の政策の根底には兵農一致という秦漢帝国の理想があった[30]。

隋は均田制の帝国全土への拡大をめざしたが、南朝の旧版図で広範に実施されたとは考えにくい。稲作のための灌漑施設を建設・維持するには膨大な資本と労働を投下せねばならず、土地の返還と受給が繰り返されれば、投資の誘因ははなはだしく損なわれる。それに、華南の農業生産力が伸びたのは豪族が積極的に動いたからこそで、この人々は南朝の歴代皇帝が土地所有の制限を試みても頑として受け付けなかった。

文帝と息子の楊広（煬帝。在位　六〇四年～六一八年）は帝国から富を吸い上げ、公共の福祉にかなうと考えた事業に次々と使った。文帝は漢の旧都でもあった長安を破壊し、南東にもっと広い都を新たに建設、その大興城に膨大な人的・物的資源を集めた。大興城と洛陽の穀倉には人々を「五〇年以上食べさせるに十分な」量の穀物が蓄えられたという。隋は飢饉対策用の穀倉を地方に設ける全国規模のシステムを初めて整え、国家福祉の範囲を拡大した。また、文帝は穀物不足に悩む首都圏への食糧供給を安定させるため、輸送用運河の建設に着手している。

父の死後、煬帝は国土の中央に近い陸運と水運の要衝、洛陽を第二の首都とし、開発を進めた[31]。二〇〇万人超の労働力を徴発し、いくつもの区間で運河を建設。のちに大運河と呼ばれるこの運河によって、農業地帯の江南および中原地域と洛陽がつながった。この事業と並行して、同じく野心的な道路・橋梁の建設事業も推し進められている。大運河が完成したことで、中央政府は江南の大量な余剰米を集め、首都の住民と近辺の府兵に供給できるようになった。運河と道路のシステムは、帝国辺境の重要地域に対する軍事統制を高めるはたらきもした。だがこうした事業のために投じられた費用や犠牲はおびただしく、王朝に対する人民の支持は根底から揺らいだ。

隋の皇帝たちは現在のヴェトナム北部（六〇二年に文帝が征服）や朝鮮半島など、かつて漢が版図としていた遠隔地の奪還も試みている。五八二年には中央アジアのトルコ〔突厥〕系帝国をふたつに分裂させ、北西辺境の軍事圧力を減らした。煬帝は朝鮮半島を再び手中に収めようとしたが、北東アジアの政治情勢は漢代とは一変していた。朝鮮半島は三世紀に中国の支配から脱すると、各地の小国がまとまり始め、高句麗、百済、新羅の三国が並び立つようになったのだ。なかでも半島北半部から中国東北部に広がる高句麗は最大の軍事力を誇っていた。煬帝は六一二年、六一三年、六一四年と三次にわたって高句麗に攻撃を仕掛けたが、いずれも恥ずべき敗北に終わった。民の騒乱や官吏の争いが頻発し、煬帝は六一六年に揚州へと逃避。その二年後、彼は北周の貴族の後裔に殺害され、新たに唐王朝が開かれた。

唐を建てた李淵（高祖。在位　六一八年～六二六年）は楊堅や北魏以後の皇帝と同じように、漢人と鮮卑の血を引く貴族だ。唐代初期の皇帝は関中のこうした貴族に支えられていたが、儒教的統治論への傾斜度は、隋の皇帝に比べてはるかに強い。唐の皇帝たちは先行王朝の皇帝と同様、中国の政治的・文学的伝統とともに、尚武の精神や宗教的寛容といったステップ遊牧民の文化も受け継いでいる。首都の長安には非常にコスモポリタン的な文化が花開いた。だが唐の宮廷は内紛が絶えず、政治的にまとまることはなかった。第二代皇帝の李世民（太宗。在位　六二七年～六四九年）は皇太子を殺害して父に譲位させ、武則天は李氏の皇帝たちを排除して周王朝（六九〇年～七〇五年）をおこし、女帝として一五年にわたり仏教政策を推し進めた。武則天の政権はことあるごとに議論を巻き起こし、宮廷を支配する鮮卑・漢混血貴族と中原地域の大貴族、旧南朝地域出身の新興勢力である士大夫のあいだの反目を深くしたのだった。[32]

隋と同じく、唐も若干の修正を加えつつ、北朝の財政制度を温存している。土地法としての均田制は刷新されたが、すでに述べたように華南の稲作地域ではおそらく実施されていない。華北でも、土地の広さを上回るほど人口が増加したため、均田制の完全な実施は難しくなった。規定では、成人男性に給付される土地は、個人に対して与えられるもの（「口分田」。受給者の死後は国家に返還）が八〇畝、永代保有の認められる土地（「永業田」。桑や繊維作物を植える）が二〇畝だったが、実際に基準どおりの土地が給付されたのは人口のまばらな地域（「寛郷」）だけだった。関中や中原地域のような人口過密な地域（「狭郷」）では基準の半分しか給付されていない。オアシス都市の敦煌とトルファン〔当時の名称は高昌〕で六九〇～七六九年にまとめられた戸籍簿は、規定どおりに土地が給付される場合もあったことを示している。敦煌では、永業田については基準どおりだったが、口分田は少ししか給付されておらず、事実上の土地私有が進んでいたことがうかがわれる。[33]かたや「狭郷」とされたトルファンでは、永業田さえもが世帯主の死後に国家へ返還されている。それだけでなく、給付された土地の面積も著しく少ない――成人男性はたった一〇畝で、これは女性や未成年男性、高齢男性が世帯主である家が受給できる額に比べても少ない[34]。土地が限られていたために、国家や寺社の土地を賃貸したり、口分田を貸すなどの違法行為も黙認されていた[35]。トルファンには特殊な点もあるが、均田制の運用においては多かれ少なかれ華北の「狭郷」と同じであったに違いない。

六二四年、唐では均田制を土台に、三つの項目からなる租庸調という税制が設けられた。穀物で納める「租」、世帯ごとに課せられ、織物で納める「調」、成人男性が負担する労役の「庸」で構成される[36]。夫婦を課税の基本単位にしていた従来とは違い、二一～五九歳の男子（課口とか丁と呼ばれる）を基本単位に変えた。建て前としてはすべての成人男性に与えられる土地の面積は等しいことになっているので、負担する税の額も同じだった。穀物は二石（一一九リットル）、織物は二丈（六・二二メートル。ただし絹の代わりにヘンプ麻やラミー麻〔苧麻（ちょま）〕で納める場合は二〇パーセント増）、労役は二〇日間。織物を多く納めることで（華南では穀物の納付量を増やすことで）、労役に代えることはしばしばあった。租庸調は成人男性に個別に課されたが、支払いは世帯主がまとめて行った。重要品目である織物のつくり手は女性が多いにもかかわらず、女性は納税を免除されている。北朝諸国に比べると、唐は雑戸による物納税の支払いや労役をあまり重視していなかった。その代わり、技能のある三〇万ほどの人が一年に数カ月間、輪番制で「特別な役務」（「色役」）を課され、地域機関で役人の下働きや雑務を行ったり、料理や馬の世話などを担った。徴兵も色役のひとつとみなされ、兵役に就けば規定の定期的な労役を免除された[37]。

唐では租庸調に加え、資産に基づいて課す土地税と世帯税を設けている。穀物納の「地税」は、均田制が実施されていない華南においては基本となる税金だった。地税として華南で集められた穀物は年間四〇〇万石（二三八〇万リットル）にのぼり、当初は飢饉対策として地方の穀倉にたくわえられていたものの、八世紀には中央政府の収入に繰り込まれた。世帯税（「戸税」）では、各世帯を資産に基づいて九つの等級に分け、地方政府の支出に充当する税金を銭納させた。戸税はほかの税に比べて低額だったが——七四〇年代の世帯平均は二四〇文で、租庸調の五パーセントにすぎない——耕地をもたない都市住民が支払う唯一の税金だった。

大運河が完成して南北間の交通の便が飛躍的によくなったほか、陸運ではシルクロードの輸送量が増えて、唐代初期は遠隔地交易がさかんになっている。だが銅銭不足が常態化していたため、貨幣経済の発達はさまたげられた。漢代初期以降、さまざまな王朝で各種の五銖銭が発行されてきたが、それに代わる新しい標準貨幣として、唐では六二一年から開元通宝が使われ始めている。だが中央政府が貨幣の鋳造に直接

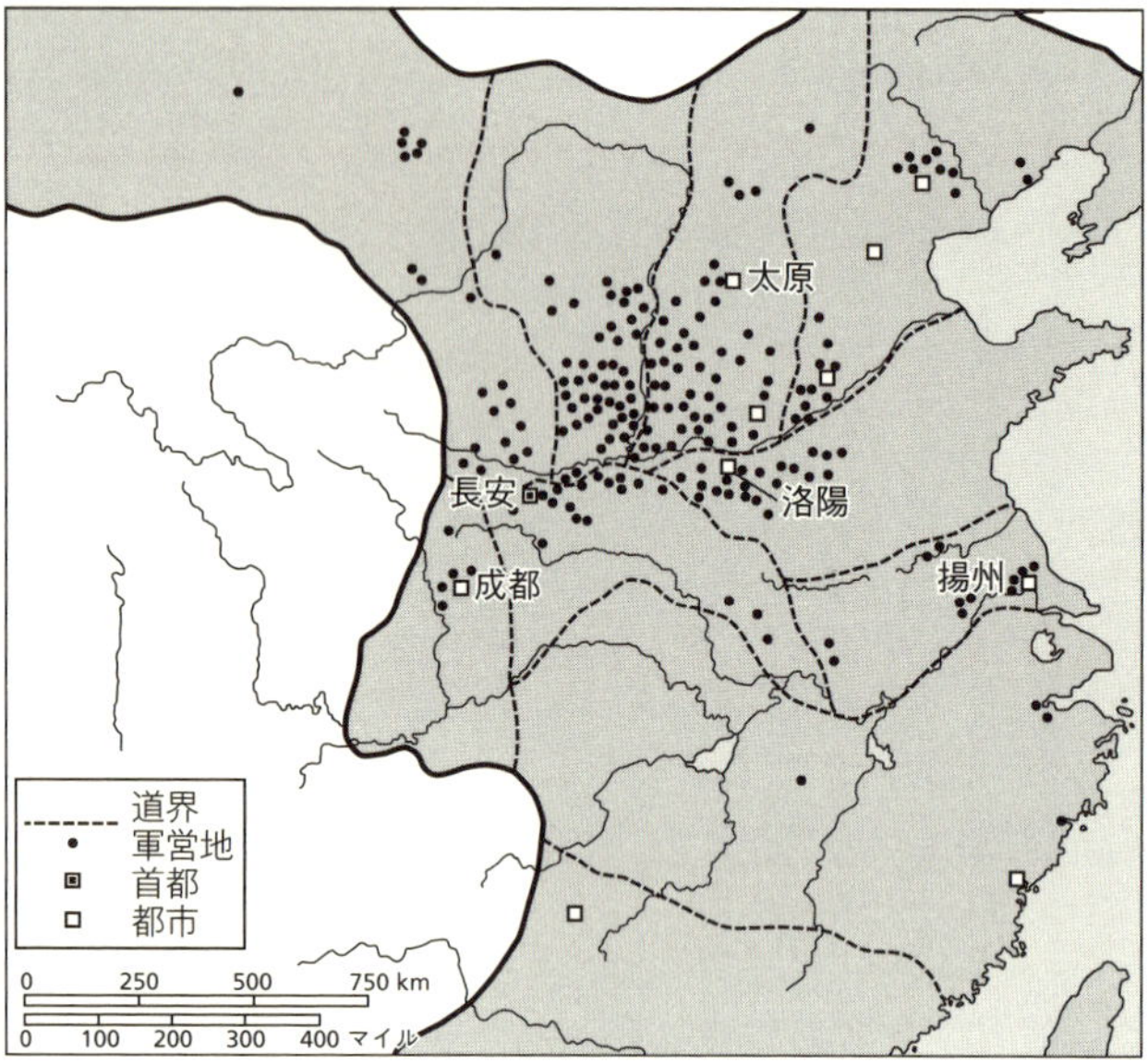

地図5－2　府兵の軍営地（唐代初期）

関わることはなかった。ほとんどの造幣所は地方にあり、唐代前半期には王たちが、その後は州が発行していた。中央が監督していなかったにもかかわらず、八世紀半ばの動乱の時代まで、唐の造幣所で発行された貨幣はかなりの均質性を保っていた。とはいえ発行量は年間二億枚程度にとどまり、市場の需要にはとうてい応えられなかった。そんなわけで、唐代は中国の歴史を通じて最も偽造が多かった。[38] また、絹やヘンプ麻、ラミー麻などの織物が主要貨幣とされ、唐代初期の財政では事実上、標準通貨の機能を果たしていた。繊維製品は銅銭に比べて輸送費が少ないだけでなく、価値が安定していたのだ。繊維製品が国庫収入の大半を占め、役人や兵士への俸給、さらには軍服の形で軍隊への支払いにあてられている。[39]

唐では府兵を軍の支柱にしていた。六三〇年代半ばには、長安のある関中を中心に、およそ三五〇の軍営地が設けられた（地図5－2）。八世紀はじめの時点で、軍営地の数は六三三に膨れ上がり、兵力も六〇万人に達している。[40] 府兵は食料と装備を自分で用意しなくてはならなかったが、この任務は色役に含まれていたため、租庸調は免除された。府兵はふつう、軍営地との往復に要する日数を含め、年間七二～七五日、服務することになっていた。府兵の任務が一般の人に課せられた税や労役の負担に比べて重かったかどうかについては研究者のあいだで意見がわかれている。[41] だが任に就けば、官位に加え、土地も付加的に給付されるなど、ある程度の名誉を手にできた。政府は府兵だけでなく一般の庶民も兵士として徴用し、一年に数百日間、辺境地域で守備や警戒にあたらせた。[42]大半の一般民に課せられる労役（「庸」）は年間わずか二〇日間で、華南では織物の納入で労役に代えることもしばしばあった。緊急事態が起きると、国家は臨時の労役（「雑傜」）を課したが、こちらの服務期間はずっと長かったかもしれない。雑傜に徴用され、四〇日以上就役した人は、租庸調を部分的あるいは全面的に免除された。[43]

唐帝国の基本構造は、根本においては漢帝国のそれと似通っていて、収入を生み出す中原および長江流域と、それを吸い上げる首都および辺境とがはっきりと対照を示していた（地図5－3）。漢と同じように唐の財政運営も中央への権限集中が著しく、事実上、すべての決定権は戸部《こぶ》の度支司《たくしし》が握っていた。表5－4に見えるように、税収の九〇パーセントを穀物や織物などの物納税が占め、銭納税は一〇パーセントに満たない。税収のほとんどは、穀物であれ金銭であれ地方におかれていた。また、辺境の軍営地などへはたいてい絹やヘンプ麻などの織物が税物として輸送され、このことからも支払い手段として織物が中核をなしていたことがわかる。

唐では地方政府の予算を系統立てて編成することはなかったが、穀物税（「租」）は地方の管理下におかれ、行政支出にあてられた。[44]地方で徴収した税の多くは、そのまま地域の軍部隊本部（「都督府」）に移送された。都督府は全土に四三カ所存在し、兵站を担っていた。税物の輸送費はおそらく、最も重い財政負担だったろう。毎年労役のために駆り出される男性八〇〇万人のほぼ半数が、税として納入された穀物や織物の輸送に投入されている。地方の役人が民間業者を使って税物を輸送することや換金することは法で禁じられていた。史料は、この法に抵触する行為をはたらいた地方官がいたことを示している。とはいえ、北魏で確立した方法を踏襲していた唐では、財政は独自財源に基づいて自律的に運営され、市場メカニズムが入り込む余地はなかった。[45]

農業と工業の発達

分裂時代には漢代の農業イノベーションによって生まれた技術が根付き、華北では乾地農法の効率化が進んだ。二年三毛作（たいていは秋まき小麦と粟、大豆または粟の作付けを繰り返す形）が広く行われたようだ。[46]人間や家畜の糞に加え、植物系肥料（小豆をはじめとする豆類など。土に窒素を補給する）が使われるようになった。[47]人力での耕運作業は減り、牛を活用することが増えていった。牽引部の曲がった犂《すき》と牛に取り付ける軛《くびき》が発明され、一頭だけで重い犂を引くことができるようになった。[48]鉄製の耕運爪がついた牛耕用の犂も普及している。[49]こうした流れのなかで、耕牛を所有する人とそうでない人とのあいだに生産性の差が生まれた。格差を認識してい

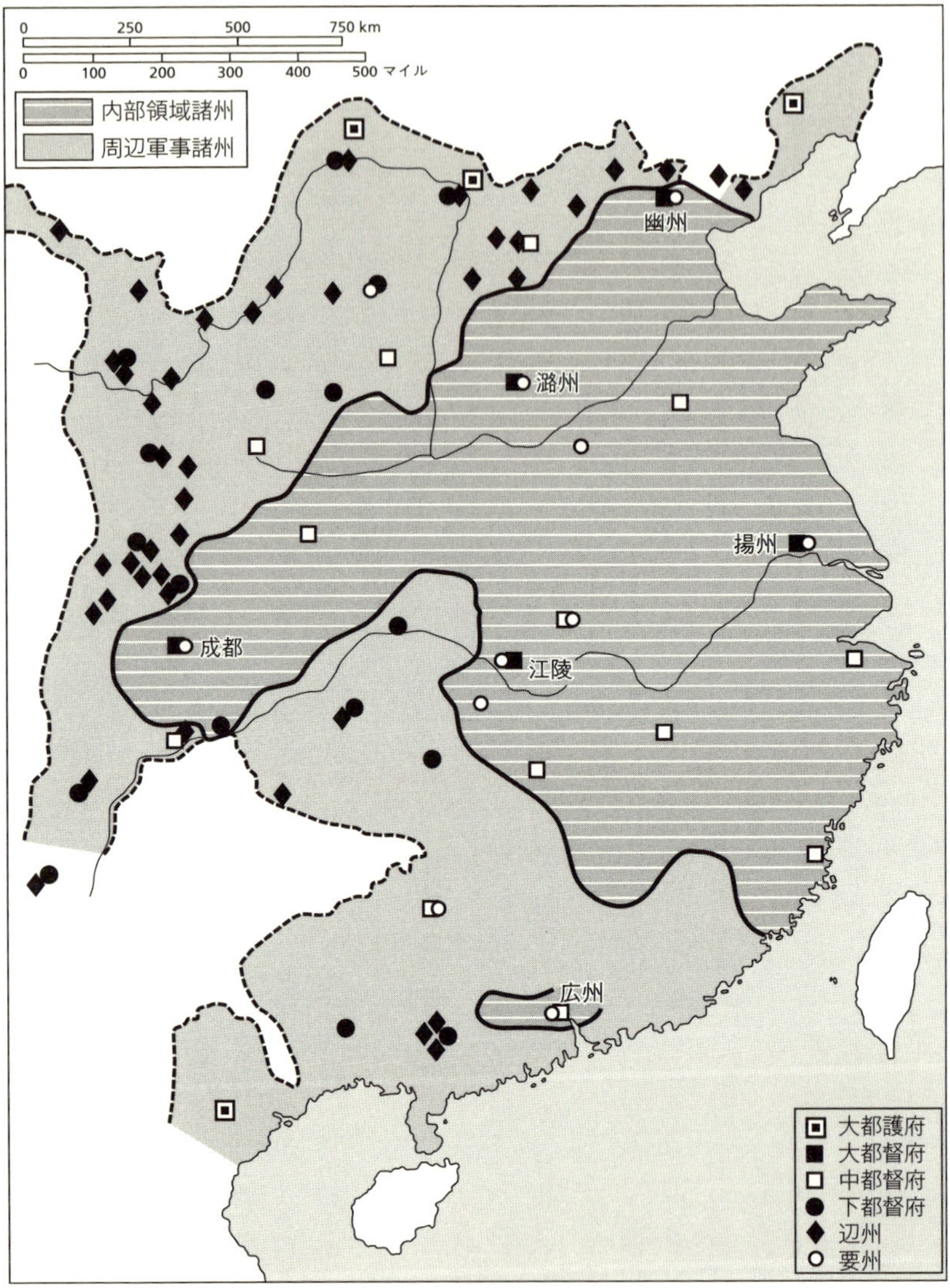

地図 5－3　唐代の財政と物流
出典：渡邊 2010: 433, 図8.

表5-4　国庫収入（742年—755年の特定年度。単位：100万）

収税機関	収入 粟（石）	織物（布）	貨幣（貫）	使途
(1) 首都				
粟	3.0			絹や麻に代えて首都の財庫に納入
粟	3.0			米や大豆に代えて宮廷の食用、中央諸官庁の食用に
粟	4.0			江南から移送。飢饉対策用、ならびに中央官僚の俸禄および中央官庁諸経費に充当
麻、絹、繭綿		13.0		長安に納入
麻、絹、繭綿		1.0		洛陽に納入
(2) 軍				
粟	1.9			道節度使の軍糧
麻、絹、繭綿		11.0		道節度使の軍事経費、および軍糧の買い付け元本として
銅銭			0.6	州軍等の軍糧買い付け元本として
(3) 州				
粟	5.0			州の官僚俸禄、および交通・通信費
粟	8.9			州の飢饉対策用
銅銭			1.4	州官僚の給料、駅馬の購入費その他の経費
(4) その他				
麻、絹、繭綿		2.0		遠隔地小州の官僚の給料、および交通・通信費
合計	25.8	27.0	2.0	
構成比*	55%	35%	9%	

出典：TD 6.34a-b; Twitchett 1963: 153-56; 渡邊 2010: 441-43; * Trombert 2000: 108.

た北魏の政府は、役畜と人間の労働力を共有せよとの指令を幾度も出した。例えば五世紀半ばには、隣人に牛を貸した人に、借りた側が労働力でむくいることを推奨している。借りた牛を使って二〇畝に種をまいたら、貸し手のために七畝分の草取りをする、というものだ。[50] 耕牛を所有することには大きなメリットがあり、大土地所有者に有利にはたらいた。小農の大多数は牛をもっていなかった。例えば五四七年作成の敦煌戸籍には三三世帯が記録されているが、耕牛はわずか六頭にすぎない（表5－2）。

この時代の農業の発達に関する現代の知見の大半は、賈思《かし》勰《きょう》が著した、農業経営に関する網羅的な論文集を拠り所にしている。賈思勰は現在の山東省地域で官職に就いた経歴をもつ。[51] 九〇編を超えるその論文群には、農作物・園芸作物の栽培、畜産、果樹園や養魚池の維持管理、養蚕、酒類の醸造、食品の加工や調味料の製造など、荘園経営に必要とされるさまざまな作業について具体的な記載がある。後から一編が加えられているのだが――追加したのは唐代のことだと考えられている――そこには三〇〇畝の耕地と二頭の牛をもっていれば一家を養うに十分、とある。つまりここに書かれている営農法は荘園での慣行であって、小農のそれではないのだろう。序文のなかで、賈思勰は自分の単純で散文的な文体について謝罪したうえで、本書は学のある人でなく、「家内奴隷（家僮）」――たいていは農業労働者のこと――のために書いたからなのだと述べている。このころは能力のある奴婢を監督係に使うのがふつうだったので、家僮とはそうした監督係を指しているのだろう。[52] 農作業にどんな労働者をどれだけ使っていたのかについて、賈思勰は何も述べていない。奴婢の価格を各種商品のそれに換算している箇所はいくつかあるものの、人を雇って何かをしたことを思わせる箇所は一カ所しかなく、「日当は柴一〇束。一束三銭」と書かれているだけだ。[53] この規模の荘園では、人を雇うのでなく、もっぱら奴婢を使っていたのだろう。賈思勰が理想としていた農園は、五七〇年ごろに蕭大圜《しょうだいえん》が書いた田園賛歌のなかに、あるいは見ることができるかもしれない。蕭大圜は学者で、梁朝皇帝の血を引く皇族でもあるが、「果樹園が裏に……野菜畑が表にあり……田畑が二頃［二〇〇畝］あれば食べることができ、一〇畝あれば養蚕と麻の栽培ができ、下女が三人から五人いれば機織りをさせ、家僮が四人以上いれば畑仕事ができる」と、つましい満足を語った。また、鶏や豚、羊の飼育のほか、黍《きび》や大豆、葵《あおい》の栽培にも触れている。[54]

賈思勰の序文には、商業的利益を得ることを軽んじる常套表現がちりばめられているが、本文には、町や市場の近くにある農場では大きな儲けを得ることができると、はっきり書かれている。いわく、蕪《かぶ》（油料種子の重要な原料で、根は漬物にすることもできる）を植えた土地からは穀物の三倍の収入を、瓜と葵（薬用としても重宝され、一年に三回収穫でき、広く普及していた）からも穀物より多くの収入を得ることができ、楡《にれ》と楊《やなぎ》を材木にすれば野菜よりも大きな儲けをあげられるが、営林には長期にわたる投資が必要で、穀物の栽培との両立はできない、と。[55] また一頃の土地に紅花（食用油だけでなく、蠟燭や染料、車軸用油の原料でもあった）を植えれば、三〇〇布分もの収入を得ることも可能だったという。それには一〇〇人の働き手が必要だが、「子供や僮女を数十人あるいは一〇〇人集めて花を摘ませ、それを公平に二分して半分を労賃にすれば」可能だった。[56] 賈思勰が提示した荘園の経営法はひとつではない。同書では環境や市場との距離などに応じて地主たちがとりうるさまざまな選択肢が示されている。[57]

だが賈思勰の論文集は、熟練労働者を使っての奢侈品の製造に触れていない。桑の栽培と蚕の飼育に随分と紙幅を割いているが、織物の生産への言及はない。漆についての章は、漆器の製造法でなく、手入れ法に割かれている。農産物の加工に関しては、酒類の醸造と漬物や発酵食品、調味料のつくり方しか書かれていない。市場に関心が向いていたとはいえ、荘園で生産されるのは主要作物や日常的に消費する加工食品に限られていた。

賈思勰の描いたような荘園はどのくらい一般的だったのだろう。当然ながら、答えは地域によって異なる。六世紀半ば、現在の山西省北部地域にあたる複数の村でまとめられた文書には、布施をした村民の一覧が記されている。この名簿は、村には特別裕福な大地主がいなかったこと、必ずしも血縁で結びついているとは言えない庶民が雑居していたことを物語っている。[58] 六世紀終わりごろには、農作業に奴婢を使うことはめっきり少なくなった。北周では五七七年に、奴婢にされた全国の捕虜のほか、征服した旧北斉地域の私奴婢や官奴婢を解放したが、それによって実際にどんな効果があらわれたかはわかっていない。北斉の均田制で奴婢への土地給付が減り、最終的に隋で廃止されたことから、奴婢を所有することはあまり魅力的ではなくなった。帝国が秩序を回復するとともに私兵をもつ必要も減り、労働力よりも土地が不足するようになった。[59] 大規模な荘園がなきに等しかった敦煌で八世紀に作成された戸籍簿によると、奴婢は全人口のわずか二パーセントにすぎない。[60]

水力や畜力を使う製粉用や搾油用の臼（「碾磑《てんがい》」）が資産として重視されるようになったことは、この時代の目立った特徴と言える。水力利用の大きな臼があらわれたのは三～四世紀のことで、六世紀以降の財産目録には頻繁に登場するまでになった。六世紀に臼の使用が一気に広がったことは、華北の人々の食生活や農業のなかで大きな変化が起き、粥にして食べる雑穀でなく、製粉して麺類や餅、餃子にする小麦が主流になったことを示している。臼をもつことは所得を得る重要な手段を有していることを意味した。所有者は自分の収穫した小麦を挽いたり、植物油をつくったりするだけでなく、臼を小農に貸して使用料をとった。また、降水量の少ない華北などでは、水力利用の臼のせいで水利権をめぐる紛争が起きている。八世紀には、灌漑に必要な分を取水していると唐の帝室が庶民から苦情を浴び、所有する臼の破壊を余儀なくされることが何度もあった(61)。

分裂時代には戸税の大半を織物の形で納めることになっていたところに技術イノベーションが重なり、織物製造が飛躍的に進歩した。どの家でも当たり前のように繊維製品をつくり、北部では絹とヘンプ麻、南ではラミー麻などの織物が生産された。地図5－4が示すように、北魏時代には経済の中心地である中原地域では絹、辺境ではヘンプ麻の生産がさかんだった。ヘンプ麻やラミー麻、葛《くず》からとれる靭皮《じんぴ》繊維は長く、端と端を重ね合わせてから撚《よ》って糸にするが、木綿や羊毛などの短い繊維は紡いで糸をつくる。農家の女性は小型の素朴な「腰機」（織り手の腰につけたベルトを使って縦糸の張りを均一にするのでこう呼ばれる）を使い、家で機織りをした。絹を織るには一匹あたり八～一六日間と長い時間がかかったが、靭皮繊維は二日間で同じ量を織ることができた（一匹は、長さおよそ一二メートル、幅はおよそ五六センチメートル）。均田制が行われていたころ、女性は糸を紡ぎ、機織りをすることで戸税の半分以上を負担した。他方で家族は必要な着物をそろえることができ、おそらく市場で織物を販売して追加収入を得ていたのだろう。大規模な荘園には、複雑な織り方のできる空引機《そらひきばた》など、もっと進んだ装置を買えるだけの余裕があった。この時代の著作物には、上流女性の機織りの腕前についてのエピソードが頻繁に登場する。おそらくこの人たちは、経済的な必要からでなく、女性らしさや社会的地位の高さを示すために機織りをしていたのだろう(62)。

研究者のあいだでは、空引機を漢代の中国人が開発したのか、それとも緯錦《ぬきにしき》の技法とともに中央アジアから五世紀ごろに伝わったのかで意見が分かれている。ただいずれにせよ、北魏時代には漢代の経錦《たてにしき》の技術に緯錦のそれが取って代わっていた。この時代には色違いの縦糸と横糸を使った縞模様や市松模様もあらわれたが、これはインドで好まれていた類似の柄に影響を受けたのだろう。また、丸を数珠状につなげた「連珠円文《れんじゅえんもん》」と植物、さらには獅子や象、雉《きじ》などの動物をあしらった異国風の模様も使われるようになった(63)。

唐代初期には巨万の富を築く商人もいたものの、商業は複雑な規則に縛られていた(64)。秦漢時代に実施されていた公設市場の制度が、唐でも温存された。商いは周囲の街区から壁で隔てられた所定の場所でするものとされ、役人が営業時間から計器や貨幣の規格が守られているかにいたるまで厳しく検査し、不正の捜査を行った。政府は国内の商人に商業組合（「行《こう》」）への登録を義務付け、業種別に市場に配置している。とはいえ大都市の商業の規模はかなりのもので、長安には巨大市場がふたつあった。シルクロードの終着点で外国からの輸入品が集まる西市では外国の商人が営業し、東市は長安に住む大ぜいの上流階級の需要を満たした。長安の東市には二二〇の行があったと言われ、洛陽の南市は三〇〇〇超の店舗、四〇〇超の宿があったという。[65] 宿は旅商人を宿泊させるだけでなく、仲買や貸し倉庫も手がけていた。

シルクロード最盛期の国際貿易

分裂時代の中国は政治的にはばらばらだったが、国際貿易は隆盛を見せている。シルクロードがユーラシア大陸を横断する貿易路として最盛期を迎えたのはこの時代だ（地図5-5）。現在のインド地域から東アジアに仏教が伝わったこと、また広大な草原帝国が成立したことにより、中央アジアを走る隊商路のいたるところで経済的・文化的な交流がさかんになった。インドとの外交と貿易も急速に活発化した。七五〇年にいたるまで、唐の宮廷とインド諸侯は五〇以上の使節をやり取りしていた。[66] 東南アジアやインド洋地域との海上貿易もこの時代に始まっている。国際貿易を通じて技術の移転が進み、新しい消費の形が生まれた。中国の養蚕・絹織物技術が現在のイラン地域やビザンティン帝国、インドに伝わった。一方、砂糖黍の栽培と製糖の技術がインドから中国に伝わった。八世紀後半には、南インドの黒胡椒は中国料理に欠かせない調味料となり、ペルシャ風の模様が入った銀製の皿は富豪の食卓に必ず並べられるようになった。

いわずもがな、絹はユーラシア大陸横断ルートで運ばれる主要商品だった。ビザンティン帝国と地中海地域への輸出品の大半を占めていたのは生糸や絹糸で、衣類や装飾品の材料として西洋人の好みに合うようコンスタンティノープルで染色・製織されたという。六世紀に地中海東部地域で養蚕が始まると、中国からの輸入量は減った。[67] だがイランやインドでは、独自の養蚕・絹織物業が生まれたあとも、中国製の絹糸と絹織物の人気が衰えることはなかった。中国のおもな輸入品は、インド洋や紅海の珊瑚や真珠、ローマやインドのガラス、翡翠《ひすい》、宝石、香料などの奢侈品だった。そのほとんどは仏事に関連する品々で、儀式で用いたり、寺などの建造物の装飾に使用するものだった。[68]

漢の滅亡後、外国の商人は北西辺境の軍事都市に住み着いた。中央アジア貿易路の隅々に広がるオアシス集落は、各国

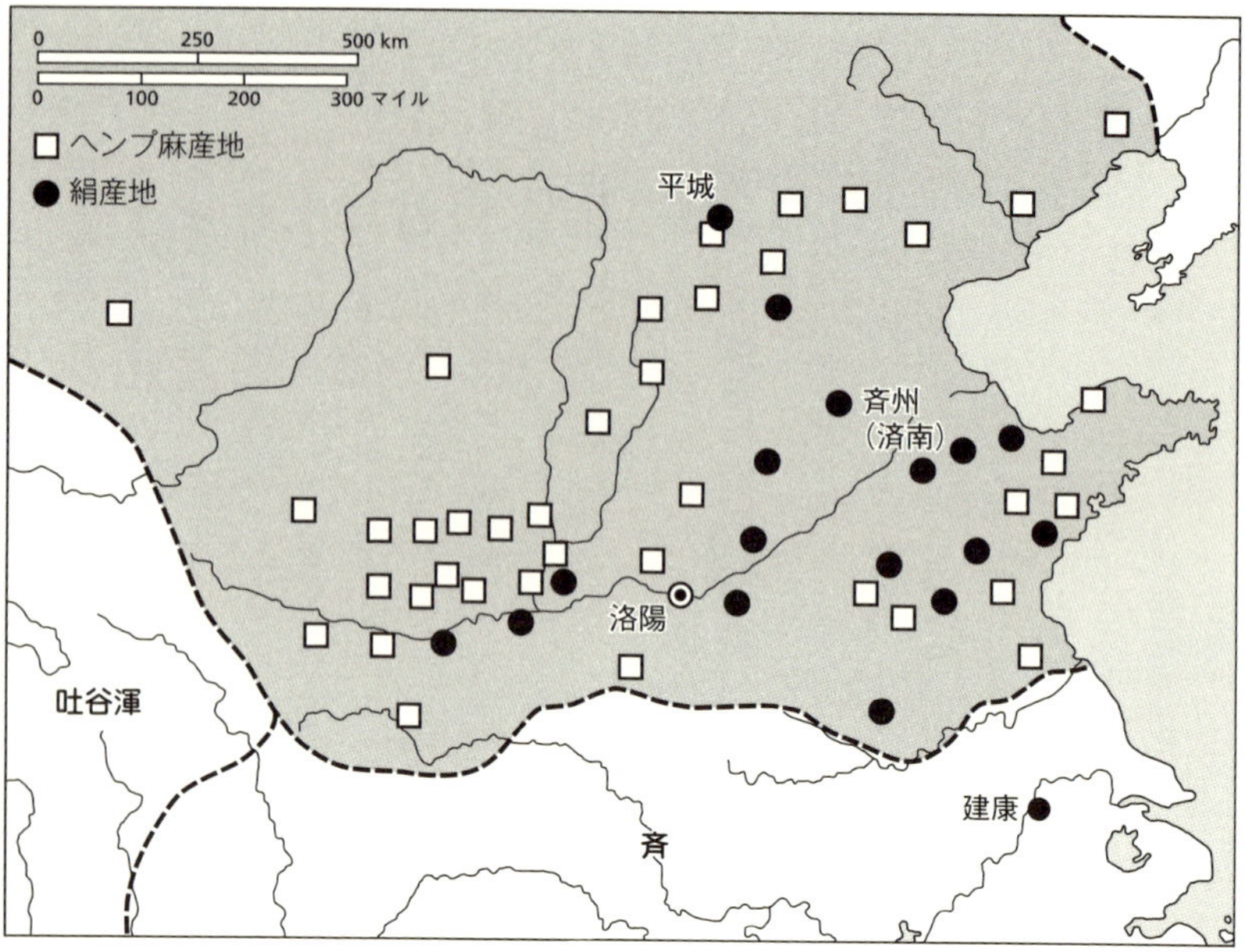

地図 5－4　北魏の絹およびヘンプ麻産地

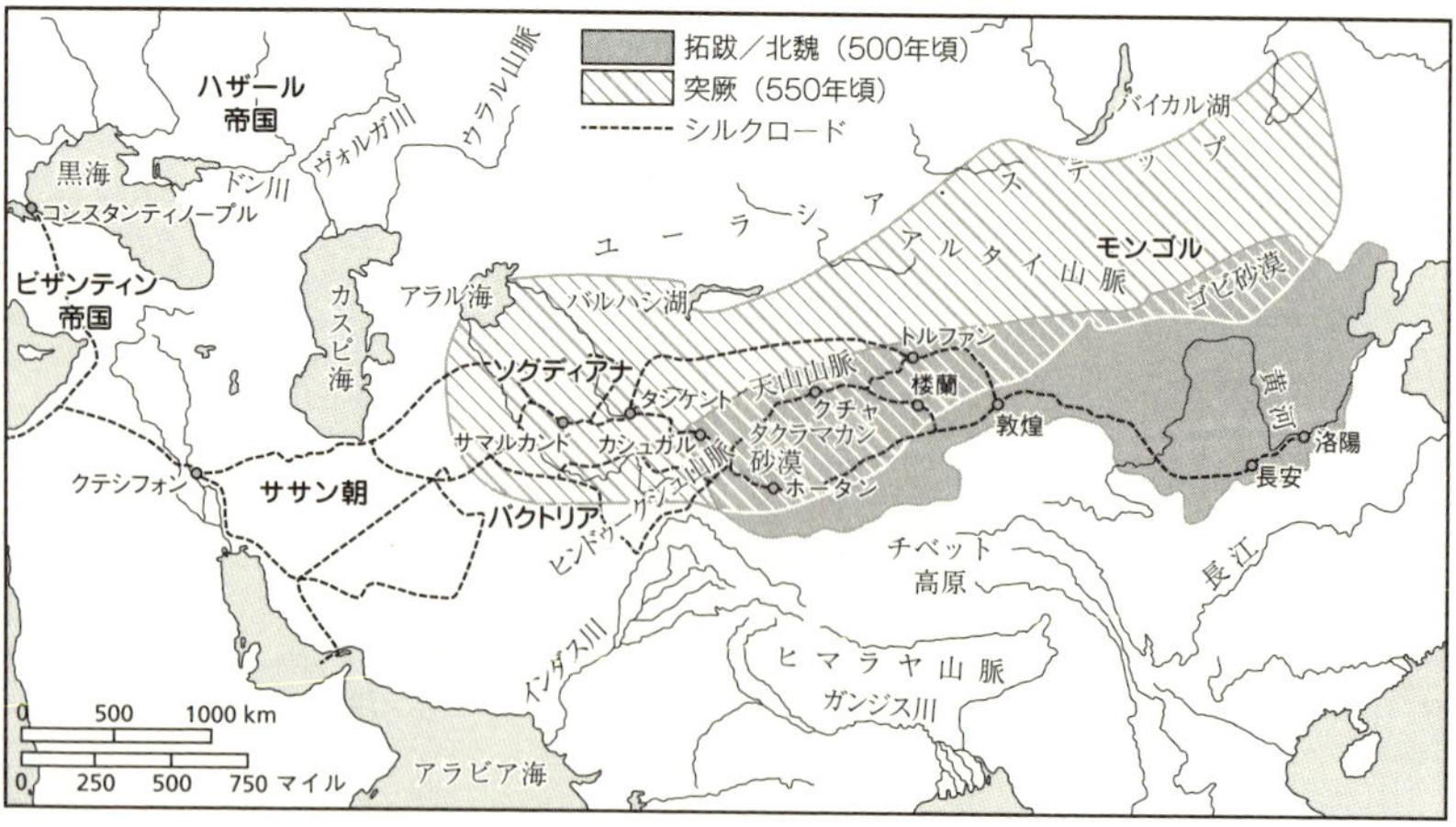

地図 5－5　シルクロード

の商人で活気にあふれた。四～五世紀には、タクラマカン砂漠を迂回して楼蘭とホータンを通過する南回りのルートが好まれた（地図5－5）。一二〇〇とも一一〇〇とも言われる商人が駱駝の隊商を組み、中央アジアの砂漠や山々を越え、苦しい旅路を進んだ。四世紀にホータンで作成された文書には、三一九頭の運搬動物を連れた隊商が四三二六匹の絹など、さまざまな物資を運んだと書かれている。(69) 商人はまた、織物や毛皮、塩、酒類、穀物、金属器をオアシス都市の人々やステップの遊牧民のもとに届けた。

　四世紀末には、イラン・アフガニスタン方面の玄関口であるソグディアナが、シルクロード貿易を支配するにいたった。(70) 六世紀にエフタル人とトルコ人らの遊牧帝国が形成されると、ソグディアナの影響力はさらに強まった。ソグド商人はトルコ人と結び、トルコのカーンの政府や軍隊、外交機関に食い込んだのだ。エフタルとトルコは各国の君主から大規模な朝貢を受けた。六世紀後半に、ササン朝ペルシャは銀貨を積んだ騾馬《らば》の隊商を、北斉と北周は絹一〇万匹を毎年エフタルに送っている。エフタルとトルコの君主は、ソグド人を代理に立てて朝貢物を預け、所望の物と交換させた。トルコの保護下にあったトルファン、クチャ、カシュガルを結ぶタクラマカン砂漠迂回路は、シルクロード貿易の主要ルートになった。七世紀前半に作成された商業税台帳からは、トルファンのソグド商人が絹、銀、金、香料、サフラン、真鍮、薬品、黍砂糖を売買していたことがわかる。(71)

　ソグド人はシルクロード商業網の隅々に広がって「交易離散共同体」を形成し、各地に広がった商人のコロニーは宗教や言語だけでなく、血縁関係や縁故関係によって結び付いていた。(72) トルファンや敦煌などの大きなオアシス都市には、多くのソグド人が住み着いた。トルファン在住のソグド人にはキャラバン商人のほか、宿経営者や酒造業者、皮革業者、食肉処理業者、なめし皮業者、芸術家、蹄鉄工もいた。ソグド人の大集落は華北の商業都市にもあった。北魏では、洛陽城外の商人集落のなかに外国商人のための特別な市場を設けている。ソグド人絹商人の何妥《かだ》は六世紀半ばに中国にやってきた人だが、武陵王に仕え、巨万の富を築いた。その長男と甥は宝石加工の専門家になり、甥は隋の文帝により帝室の宝飾品工房の責任者に取り立てられている。中国にガラス製造技術を伝えたのも何氏だったという。(73) シルクロード貿易のなかであまりに強い勢力をもっていたために、ソグド人は財力こそ豊かだが道徳観は希薄だという固定観念も膨らんだ。求法僧の玄奘《げんじょう》は六三〇年にサマルカンドに立ち寄ったが、ソグド人について、「父子ともに利殖をはかっている。財産の多いものを貴しとなし、〔身分の〕良いもの賤しいものという区別がない」とか「詭詐《うそいつわり》がまかり通っている」と述べ、軽蔑の色を隠さない。[74]

三世紀から五世紀にかけてステップ東部で大変動が続くと、中央アジアのオアシス都市では貨幣があまり使用されなくなり、代わりに織物や絨毯が支払い手段として使われるようになる。五〜六世紀にはササン朝がエフタルに貢いだ膨大な銀が東に流れ始め、中国に向かう隊商の資金となった。トルファンが独立国「高昌」の都だった五〇二年から六四〇年にかけては、ササン朝銀貨はこの地域で標準的な貨幣として使われ、交易や賃金支払いのほか、葡萄園などの果樹園の小作契約に使われている（耕地の賃貸料の支払いは穀物で行った）。唐がトルファンを掌握した六四〇年以後も、この銀貨は、ペルシャを支配するようになったアラブ王朝の発行した模倣貨とともに基軸の役割を果たしていたが、交換手段としての絹の重要性も大きくなった。辺境の軍営地に住む漢人の役人や兵士は絹で支払いを受け、生活必需品と交換した。隋唐いずれの政府も、外国人が支払いに銀貨を用いることは容認したが、ササン朝銀貨を法的な支払い手段として扱うことは認めていない。八世紀になると銀貨はトルファンの経済から姿を消して、絹や、はては中国の銅貨にその座を奪われた。ここには、シルクロード貿易がゆっくりと衰退に向かっていったことだけでなく、トルファンが中国経済にとって大きな存在になっていったことがあらわれている。[75]

一世紀にはメコンデルタにある扶南という通商王国が栄えたことから、中国とインド洋地域との貿易がさかんになった。三世紀の中国の文献は、扶南がインドやペルシャの貿易船の寄港地で、インド文化の強い影響を受けていたことを物語っている。関税の支払いは、金、銀、真珠、香料で行われていたという。扶南の工房では、現在のタイでとれた銅と錫を原料に使った。漢人やマレー人、ペルシャ人の商人がインド産の胡椒やアラビアの乳香、さらに象牙や樟脳《しょうのう》、香辛料、薬草などの珍しい品々を華南に運んできた。五世紀になり、商人たちがそれまでより短い航路、つまりマレー半島とスマトラ島を抜けるマラッカ海峡ルートを使うようになると、扶南の国運は傾いていく。[76]中国の求法僧、法顕《ほっけん》は四一三年に現在のスリランカからジャワ島を経由して戻ったが、「この大船上にも二百人ばかり〔の人がのり〕、五十日分の食料を用意した」という。[77]七世紀には、スマトラ島を支配するシュリーヴィジャヤの王家が東南アジアおよびインド洋地域と中国との中継貿易を掌握した。[78]

中国と日本の直接的な外交が始まったのは、[79]華北の魏と倭の女王卑弥呼が使節を交換した三世紀のことだ。五世紀に外交的結び付きが強くなったが、このころに貿易が大々的に行われていたことを示す史料はほとんどない。考古史料によると、七世紀以前に日本に入ってきた外国の品々はほとんどが朝鮮半島を経由していた。[80] 中国の銅鏡は日本のエリート層に威信財として珍重され、国内でも複製されたが、つくり手は中国から渡来した工匠だったようだ。[81] 隋唐時代の日中間の貿易は、朝貢使節を通じての奢侈品の交換にほぼ限られていた。[82]「唐物《からもの》」は羨望を集めたが、この言葉自体は中国産の贅沢品だけでなく、シルクロード貿易で扱われていた品々をもあらわす表現だった。聖武天皇（在位　七二四年〜七四九年）の遺品などを納めた正倉院には、絹織物や木工品、漆器、仏具、文房具、薬品など中国でつくられたもののほか、ビザンティンのガラス細工やペルシャの銀器が収蔵されている。また、駱駝の背で琵琶を演奏するソグド人が螺鈿《らでん》で描かれた琵琶も、よく知られている。

仏教の経済効果

仏教使節がインドから陸路で中央アジアを越え、中国にやってきたのは一世紀のことだ。はじめのころ、仏教が中国に残したインパクトはわずかにすぎなかった。だが五〜六世紀に、仏教は中国の宗教や社会にとどまらず、経済にも大きな影響を及ぼすにいたる。公式・非公式の人的つながりを通じて、寺院は少なからぬ土地を占有するまでになった。また、僧たちは布施に加え、貸し付けや商いを行ってかなりの収入を得た。

五世紀半ばから六世紀半ばにかけて、仏教寺院は爆発的に増えた。孝文帝が北魏の都に定める四九三年以前、洛陽には一〇〇ほどの寺があった。五三四年ごろには、一三六七に膨れ上がっている。[83] 北魏が滅亡した五三四年ごろには、――

仏僧の法琳《ほうりん》（五七〇年〜六四〇年）によると、北魏時代だけをとっても、国の造営した大寺が四七、王侯貴族や役人の建立した寺が八三九、庶民の建てた寺は三万以上あったという。[84] 寺は華南でも、とくに仏教の庇護者として後世に語り継がれる梁の武帝（在位　五〇二年〜五四九年）の時代に急増した。

仏教は浪費的だと儒者たちは考え、激しく批判した。いわく、寺や仏像の建立、儀式には巨額の費用が必要だし、僧侶は他人の労働に頼って物質的生活を営んでいるし、寺は免税特権を乱用している、と。ただその反面、寺院に流入する富は多岐にわたって経済活動を促進していたのだ。すでに述べたように、シルクロードの最盛期に中国に輸入されたものの多くは仏教ゆかりの品だった。また仏教のおかげで商工業者のネットワークが形成され、出家や在家の別なく、人々は多種多様な仏具を手に入れることができた。寺の建設や仏具の手入れ、祭事には、設計者や大工、石工、煉瓦業者、銅器職人、彫工、金細工師、銀細工師などの働きが必要だった。

六世紀末時点で仏僧の数はせいぜい二〇〇万人、全人口の一パーセントに満たなかった。だがこの当時、華北の人口の五〜六パーセントが身分を僧と偽り、脱税していたとみられる[85]。インドの例にならい、中国の僧侶も寺院を法的な権利や義務の主体と位置付け、そのような戒律や制度を取り入れた。「家」のみが財産を所有する法的単位とされてきた中国では、そうした法的主体は過去に例がなかった。中国に広く伝わる戒律を編纂したことで知られる道璿《どうせん》は、僧伽《そうぎゃ》（サンガ）の共同体がつねにもっているべき「常住物」として、寺や仏具、仏典、住まいのほか、寺に付属する土地や使用人、家畜をあげている[86]。つまり「常住物」には、均分相続制に基づく私有財産の分割が適用されなかった。戒律では、個々の僧の所有物を、職業上必要なもの（袈裟や托鉢の鉢、使用人、日用品）に限っていた[87]。だが実際には多くの僧や尼が土地や役畜、荷車、道具類、金細工や銀細工の形で個人財産を所有し、ある程度は経済的に自立していた[88]。

寺院は国家による保護や個人からの布施により、土地をはじめとするかなりの資産を手に入れた。資産には農業労働者も含まれる。北魏では四六九年に、屯田から得られた税収を寺院に割り振った。四七六年以降は、一部の戦争捕虜や官奴婢、刑徒を「僧祇戸《そうぎこ》」に組み入れ、寺院に「寄進」している。僧祇戸は世襲の奴婢も同然となり、寺院で農作業などの肉体労働に携わった[89]。寺院への奴婢の給付は、華南でもふつうに行われていた。

大寺院の土地は一〇〇〇〜四〇〇〇畝ほどで、これはかなりの広さではあったが、最大級の荘園に比べれば微々たるものにすぎない。八世紀の史料からは、寺田《じでん》は長安と洛陽の両都に集中してはいるものの、帝国全土の農地面積のわずか二パーセントだったことがうかがえる[90]。一二〜一三世紀に作成されたもっと詳しい史料によると、仏教組織の力が強かった福建の福州では、寺院の所有する農地は全体の一七パーセント、非農地は二五パーセントだった。現在の浙江省寧波と台州にあった寺田はかなり少なく、全体の四〜五パーセントにとどまる[91]。荘園の所有者と同じように、寺院も碾き臼や搾油臼などの資産をもち、ここから所得のかなりの部分を得ていた。敦煌の寺院では製粉業者や搾油業者に機材を貸し、決まった年間使用料を支払わせたり、小麦粉や油を納めさせるなどしている[92]。

仏教寺院は、金融制度を飛躍的に発展させもした。担保付きの貸し付けは、中国の寺院がインドから取り入れたものと考えられる。ある史料には、五世紀に華南の寺が貸し付けを行ったことが記されていて、これは品物を質に取って貨幣や織物を貸す庫質銭《くちせん》の存在を示す最古の文献である。たいていの担保貸付は裕福な人、おもに檀家を対象に行われた。寺はしばしば、穀物や貨幣などの常住物の一部を、貧富の別なく利子付きで貸し付けており、その源資を「無尽蔵」と呼んでいた。[93]

敦煌で出土した九世紀作成の貸借契約にも、寺院が第一債権者であることが記されている。[94] 寺による貸し付けの多くは、次の収穫までの期間を乗り切ることができるよう貧農に穀物や種子を貸すというものが多く、借り手のなかにはその寺の僧祇戸（敦煌では寺戸と呼んでいた）に属する小作人もいた。寺は僧祇戸に融資を行う際、通常は利子を取らなかった。たいていは春に貸し付け、収穫のあとに支払期日が来た。この融資は、徳行の責務を寺院が負っていたことを示している。ただが温情にも限度があり、借り手が期日までに返済できなければ、負債は二倍になっている。自作農に対する同種の貸し付けは、民間業者によるものも寺院によるものも、一〇〇パーセントの利子が付いた。これは金利の上限を月六パーセントと定める法規定に違反しているが、総支払利息が元本の一〇〇パーセントを超えてはならないという法的要件は満たしていた。敦煌の大寺院では、実に収入の三分の一を利子が占めている。[95]

貸借契約には、債務不履行に対する制裁として（動）産の差し押さえが規定されている場合が多かったが、一〇世紀になると差し押さえでなく、保証人の設定や担保の提供などの措置がとられるようになった。担保貸付には二通りあり、ひとつは債務不履行の場合に担保物件が債権者に譲渡されるというもので（後代の中国の法では、「抵押」と言われるようになる）、もうひとつは債務履行までのあいだ債権者が抵当物件を所有し、自由に使えるというものだ。敦煌出土の貸借契約書ではどちらの貸し付けも「典」と呼ばれていたが、のちに「典」は（「典売」などの同語源語もそうだが）後者を指すようになり、抵当という意味で使われることもしばしばあった。

敦煌の貸借契約書のいくつかには、困窮した土地所有者が二年以上にわたり一部の土地の使用権を移転させたとの記載があるが、なかには二二年間という事例もある。この種の貸し付けの場合、債権者は元本と利子の代わりに耕作権を手に入れた。[96] 均田制のもとでは土地の譲渡はできなかったが、制度が崩れていくにつれ、この種の非常手段に訴えて土地を失い、貧困に陥る人が大勢あらわれた。

八四五年、強烈な廃仏思想と戦費調達の必要性に駆られた武宗（在位　八四〇年〜八四六年）が、仏教寺院や僧侶から莫大な財産を接収し始め、寺院の財政は大打撃を受けた。伝えられるところでは、およそ四六〇〇の寺院と四万以上の小寺院が国家に接収され、何十万人もの僧侶が還俗させられたという。仏教に対する弾圧には武宗の死後一年で終止符が打たれたものの、多くの仏教施設に取り返しのつかない被害が及んだ。もっとも、一部の地域、とくに現在の福建省や安徽省など首都から離れたところの寺院はかなりの土地を温存していた。だが八四五年の廃仏を境に、人々の経済活動に対する仏教施設の影響力は小さくなっていく。[97]

北魏が残した制度の崩壊

唐が開かれてから一世紀のあいだに、均田制と府兵制には徐々にほころびが広がり、崩壊するにいたった。これらの制度は、深刻なまでの経済的混乱と人口減少の時代にあって、民を定住させて人的・物的な国家資源を確保するべく華北の遊牧民国家が設けたもので、漢人の社会と経済の画一化が徹底された。隋唐時代になって国内に再び平和が訪れると、経済活動が活発になり、均田制の土台は掘り崩されていく。帝国辺境では戦争が打ち続き、府兵をはじめとする応召兵の負担が増大。唐の財政制度は穀物や織物など、農民による生産物の形での税に支えられており、非農業部門から収入を得る努力はいっさいなされなかった。こうした問題は七世紀後半の段階で浮き彫りになっていたが、八世紀には制御できないほどになる。

土地不足が深刻になるにつれ、均田制は機能しなくなっていった。ことに人の定住が始まってから久しく、人口が増え続ける華北では深刻だった。関中や中原など人口が稠密な地域では、農家の受給する土地は規定の半分以下にすぎなかった。重い税負担が華北の小農にのしかかった。実際の耕地面積にかかわらず、小農には一律に租庸調が課せられていたのだ。このため困窮した人々は、土地を手放さざるをえないほど追いつめられた。そうした人の多くは隷属民に転落して大地主の家に引き取られたり、あるいは人口がまばらで土地が豊富にあり、均田制の縛りがない華南に移動するなどした。その結果、貴族や役人、僧侶など課税免除の恩恵を受けられる人のところに土地が集中、この傾向は長安と洛陽の両都でとくに著しかった。八世紀になると、戸籍どおりの場所に住んでいない人々、唐代の為政者の言葉を借りるなら「浮逃戸」が、深刻な経済的・社会的問題になる。戸籍に登録されていながら納税も労役の提供もしない世帯が多く、役人は浮逃戸以外の世帯にこれらの義務を押し付けようとした。こうした問題への取り組みとして、例えば戸籍を離脱し放棄地に住んでいる人（「客戸《きゃくこ》」）に土地の占有権を認め、税負担を軽減する措置が七二四〜七二七年に講じられ、登録世帯が一二パーセント増えるなど、ある程度の成功をおさめた。だがこの改革のあとも、人口の二〇パーセントが戸籍に登録されないままだったとみられる。[98]

東アジアには軍事力で唐にかなう国はなかったが、帝室は六五〇年代以降、西では吐蕃、北では東突厥、北東では契丹や高句麗との紛争に悩まされた。六四〇年代にトルファンやクチャをはじめとするオアシス都市を併合したことで防衛線がイラン国境まで引き伸ばされ、辺境の警備部隊は危険なまでに薄くなっている。六六〇年代には高句麗とのあいだに戦闘が勃発して東アジア全体に広がる「世界大戦」に拡大、唐と新羅の連合は、高句麗だけでなく百済と大和の連合を相手に戦った。六六八年に唐・新羅連合は勝利をおさめて高句麗と百済を滅亡に追いやり、日本を蹴散らしたが、その成果も高句麗の占領を開始してからいくばくもしないうちに損なわれた。六七五年には新羅が唐を退却させ、朝鮮半島を支配下においたのだ。このころになると北西部の軍事バランスも変わった。唐は吐蕃と突厥からの攻勢に対抗するべく遠征軍を設け、国境警備隊を増強する必要に迫られた。府兵が頻繁に徴発されるようになり、従軍忌避者が続出。均田制が崩壊したことで、府兵制の実施基盤も蝕まれた。八世紀初頭になると、政府は一般の庶民の兵役期間を延長してゆき、七一七年には四年間とした。[99]

唐の宮廷内で派閥争いが続いたために、深刻の度を増す国家制度の矛盾を解消するような大胆な措置がとられることはなかった。だが七三六年には宰相の李林甫《りりんぽ》が唐の支配機構を掌握して——独裁と言う人もいるだろう——次々と改革策を繰り出した。李林甫の政権は財政を健全化するため、以下の取り組みを行った。（一）府兵制に基づき設けられた何百もの部隊に代わり、傭兵からなる一〇の地域司令部〔藩鎮〕を編成。（二）新しい穀物輸送システムの構築。地方の役人は輸送のための労働者徴募の責任を解かれ、糧食の市場での買い付けを増やした。（三）労役の大半を銭納に転換する一方で、二二万人の色役を削減した。（四）徴税制度の整理。地方の裁量をひろげ徴税割り当て分を満たしやすくした。[100]この合理化は国家の財政基盤を強化する役に立った。七〇五年時点で戸籍に登録されている世帯はわずか六一六万世帯だったが、七二六年には七一〇万世帯、七四二年に八七〇万世帯となっている。三七年間で四一パーセントも増えたのだ。[101]しかしその反面、こうした改革は均田制と府兵制の機能が停止したことも示している。

まとめ

六世紀になると、中国の経済のありようは秦漢時代から一変した。分裂時代の国家はいずれも、秦や漢代初期と同じようには経済を統制することができなかった。民への土地の給付については、とくに北魏がそうだったように、国家権力が行使されたが、貴族への土地の集中を止めることはできなかった。貴族と庶民との社会的・法的な区分がはっきりするにつれて、貧富の差は広がった。また、仏教施設が経済の担い手として力をつけている。僧侶の多くは貴族階級の出身で、大きな寺院は大地主になり、貸金業から工芸品の生産にいたるさまざまな経済活動を行い、少なからぬ影響力をふるった。この時代に国民経済にとっての華南の存在がかなり大きくなったことは、とくに重要だ。人口の大多数は太古からの中核地域である黄河流域に集中していたが、大転換が起きて、中国経済の中心地は長江デルタの江南をはじめとする華南の稲作地域に移った。

李淵による六一八年の唐建国は、それまで打ち続いていた鮮卑・漢混血の有力貴族によるクーデターに幕を下ろしたものにすぎない、という見方もできる。北魏の崩壊以来、短命な王朝が続いていた。だが唐王朝は三世紀近く存続している。建国から一世紀のあいだ、帝国内は平和のうちに栄え、近隣地域では漢代をはるかにしのぐ範囲に政治的・文化的な影響力を及ぼした。漢人のみならずステップ遊牧民の伝統も受け継いだ帝室は、帝国のコスモポリタン性を伸ばしてゆき、それにより外国貿易がかつてないほど成長した。首都の長安は世界最大の都市で、人口はおそらく一〇〇万を超えていた。だが七五五年に安史の乱が起き、唐の黄金時代は突如終了する。王朝は内戦の続いた八年間をもちこたえたが、中央政府は麻痺状態に陥り、政治的・経済的制度の抜本的変更を余儀なくされた。安史の乱は中国経済の転換点であり、政治制度や知的伝統、社会生活をも大きく変えたのだ。

第6章　唐宋変革期の経済的変化
——七五五年～一一二七年

七五五年に勃発した安禄山の乱〔安史の乱〕は唐王朝に大きな打撃を与えた。ソグド人の血を引く藩鎮の将軍が、帝室に反旗を翻したのだ。長安は七五六年に安禄山の勢力に攻略され、時の皇帝は南西に避難した（長安はその後、チベット〔吐蕃（とばん）〕の略奪軍に占拠されている）。反乱は七六三年に鎮圧されたが、中原の豊かな農業地帯は荒れ果て、何十万もの人が命を落としていた。唐王朝が権力を取り戻すことができたのは、ウイグル〔回鶻（かいこつ）〕の傭兵の助けを得、また北部地域の大半を武将の統制に任せたからにほかならない。反乱後の唐の政体は過去の幻影にすぎず、国家の基本制度は回復不能なまでに崩れていた。

七五〇年から一二五〇年にいたる期間は、学界では「唐宋変革期」と言いならわされ、中華帝国の経済史における分水嶺ととらえられている[1]。それまで中国経済に重要な役割を果たしていた中原に代わり、長江デルタの稲作経済が新しい中心地となったのはこの時代だ。華北から華南へと人口の重心が移り、農業生産、技術、工業、運輸、金融、国際貿易に次々と変革が起きた。経済成長が続いて、人口は空前の増加を遂げた。一一〇〇年の帝国の人口は漢および唐のピーク時（およそ六〇〇〇万人）をはるかに上回る一億人に達している。唐宋変革期につくり変えられた中国経済の土台は、帝国時代末期まで存続する。

唐宋変革期がもたらした経済的変化がすさまじかったということは、さまざまな制度が根底から変わったことを意味している。均田制が崩壊して、土地の私的所有がふつうになった。唐の租庸調を支えていた一律課税が行われなくなり、農村でも都市でも家産に基づく累進課税が実施されるようになった。ほとんどの人に課されていた労役が撤廃され、奴婢等の私有が徐々に減ってゆき、各世帯内の労働配分を制約していた重荷がなくなった。また税の銭納化が進んだこと、とくに織物による納税の割合が激減したことによって、それぞれの世帯が労働力などの資源をみずからの考えに従って投資できる余地が広がっている。人口の持続的増加、余剰農産物の増大、水運の発達、都市化などの要因が、市場の拡大と労働の専門分化を後押しした。貨幣供給量が飛躍的に増え、金融仲介活動が変化し、さらに共同出資や契約履行、商事紛争の解決法に関する信頼性の高いしくみが生まれたおかげで、商取引に伴う費用や犠牲が小さくなった。それでも、国家の財政政策はやはり経済活動のあらゆる分野に大きなインパクトを与え、経済全体に便益と費用が発生した。

この変化が起きたのは、中華帝国の力が急激に衰えていく時代だった。宋は、一〇世紀前半に華北で続発した戦乱を生き延びた武将たちの建てた国だ。九六〇年に趙匡胤《ちょうきょういん》（太祖。在位　九六〇年〜九七六年）が宋王朝を開いたとき、現在の北京を含む中原北部はまだ契丹人の遼に支配されていた。華南諸国の征服、そして天下統一は、九七九年まで達成されなかった。しかも九七九年、九八六年、一〇〇四年と宋の軍隊を打ちのめした遼や、北西部辺境のタングート王国が、宋を圧迫し続けた。北部辺境では緊張が解けないまま休戦が維持されたが、それにも代価が必要で、大規模な常備軍を維持し、相手国側に多額の銀と絹を送らねばならなかった。一一二七年には満州人（女真）が新たに建てた王国、金が宋の防衛を破り、首都の開封を占領。華北はまたも異民族に支配されることになる。宋王朝は華南の杭州に首都を移し〔臨安と改称〕、政府を再建した。華南経済の活力は、宋王朝がモンゴル人に倒される一二七〇年代にいたるまで、その存続に重要このうえない役割を果たした。

安史の乱が経済にもたらしたもの

何十年ものあいだ消えない爪痕を残した安史の乱は、華北の数百万世帯から住居を奪っている。多くの人々が南に避難し、江南や未開拓の長江中流域に住み着いた。華南への人口の移動は四世紀にステップ遊牧民が侵略したときから続いてはいたが、それが一気に加速した。このことは中国の人口現象に大きな転機が訪れたことを示している。安史の乱以前には人口のおよそ三分の二が華北の乾燥農業地域に住み、中心部の中原に集まっていた。一一〇〇年になるとこの比率が反転、人口の三分の二が華南の稲作地域に住むようになり、華北は全人口のわずか三分の一となった。この分布は現在にいたるまでほぼ変わらない（地図6－1および6－2を参照）。

安史の乱で最大の餌食になったのは、均田制と、それと密接に結び付いていた租庸調だった。戦後の混乱期を経て、戸籍上の人口は四分の三以上減り、北部地域で権力を拡大した軍事長官〔節度使〕は、本来ならば中央政府に送付（「上供」）すべき税の提供を拒んだり、免除を受けたりした（地図6－3）。中央政府の財政は、均田制の根付かなかった華南地域がおもに支えるようになる。戸税が税収の柱となったが、消費や商取引への間接税、とくに塩税も帝国の財政運営の新たな柱として加わった。

七二〇年代に財政負担増加の兆しがあらわれると、唐の宮廷は財政についての専門知識をもつ全権大臣を幾人も指名し、浮逃戸や脱税、租税穀物の輸送、貨幣鋳造の問題に取り組ませた。漢代に実施されていた塩と鉄の専売制を復活させる案が浮上してはいたが、このときには特段の措置はとられていない。宮廷は数年にわたり地方レベルで実験を行い、七五八年には塩の生産と販売の独占制度を導入、新たに設けた「塩鉄使」[2]に統制させた。すべての製塩業者が国家に雇われる形になった。生産した塩は「監」という政府機関に提供され、監はかなりの高値で卸売商に販売した。七六〇年から七七九年にかけて塩鉄使を務めた劉晏《りゅうあん》は、塩鉄使を強化している。劉晏の就任期間に塩の徴収額は一〇倍になり、七七九年時点で中央政府税収の半分以上を占めるまでになった。劉晏は鉱業や貨幣の鋳造、また華南から首都への租税穀物の輸送も塩鉄使の監督下においた。後任の塩鉄使は、わずかな収入しか得られなかったものの、酒類や茶に消費税を課している[3]。

劉晏がほとんど無限の権力をふるったことに、官僚たちは衝撃を受けた。劉晏を敵視していた楊炎は、七七九年に宰相に就任すると、臆することなく塩鉄使から財政運営権を奪い、尚書省の金部に戻した。また、直接税を再び国家の主要財源とするべく、徹底的な税制改革に踏み切った。塩鉄使廃止の試みこそ挫折に終わったが、楊炎が築いた新しい税制の枠組みは、帝国時代末期まで存続することになる。

楊炎の改革は、均田制も、唐の財政制度を支えていた租庸調もすでに崩壊しているとの認識に根差していた。楊炎は租庸調を正式に廃止するとともに、のちに両税と呼ばれることになる新しい税法に戸税と地税を組み込んだ。すでに戸税で用いられていた手法にのっとり、家産の多寡に基づいて世帯を九つの等級に分け、徴収すべき貨幣の金額を算定した。だがつねに貨幣が不足していたので、多くの場合、戸税は織物など物品の形で納めてもよいとされた。地税は従来どおり穀物で払うものとされた。晩夏に戸税、秋の収穫後に地税と、一年に二回徴収することから、両税法と言われるようになる[4]。

両税法は本質上、現実に機能停止状態になっていたものを

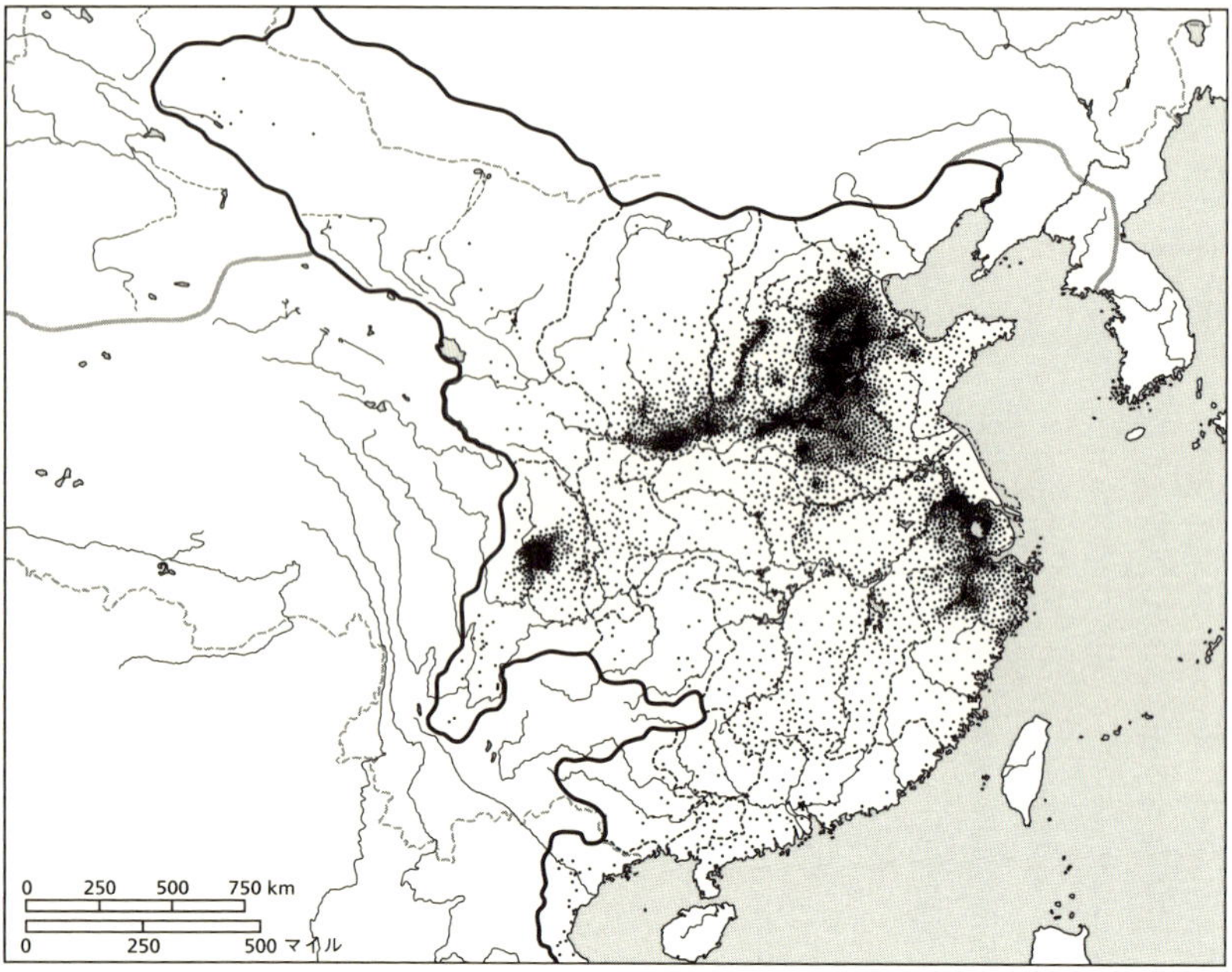

地図 6－1　唐代の人口分布（742年）
出典：陳正祥 1982.

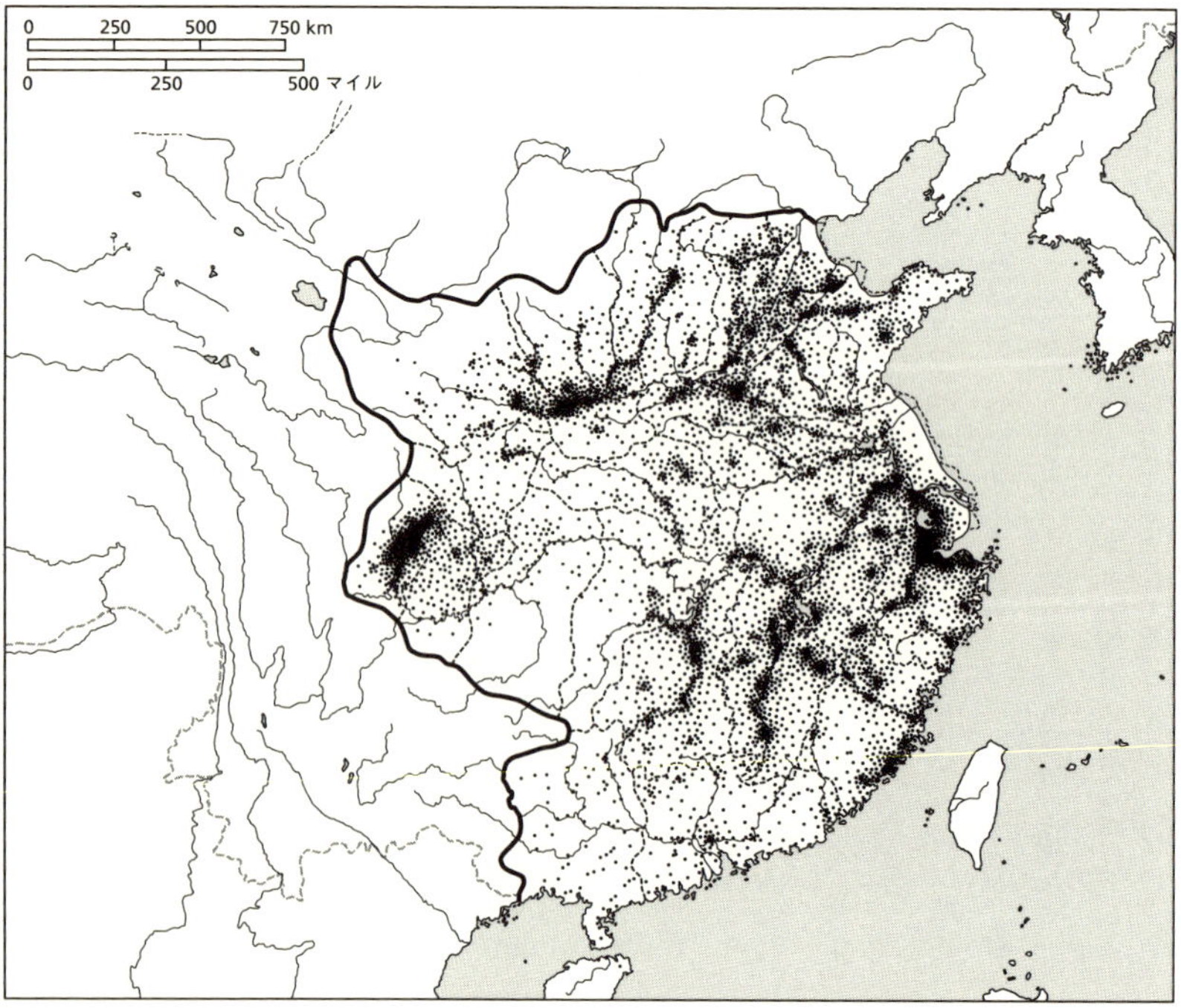

地図 6－2　北宋代の人口分布（1102年）
出典：陳正祥 1982.

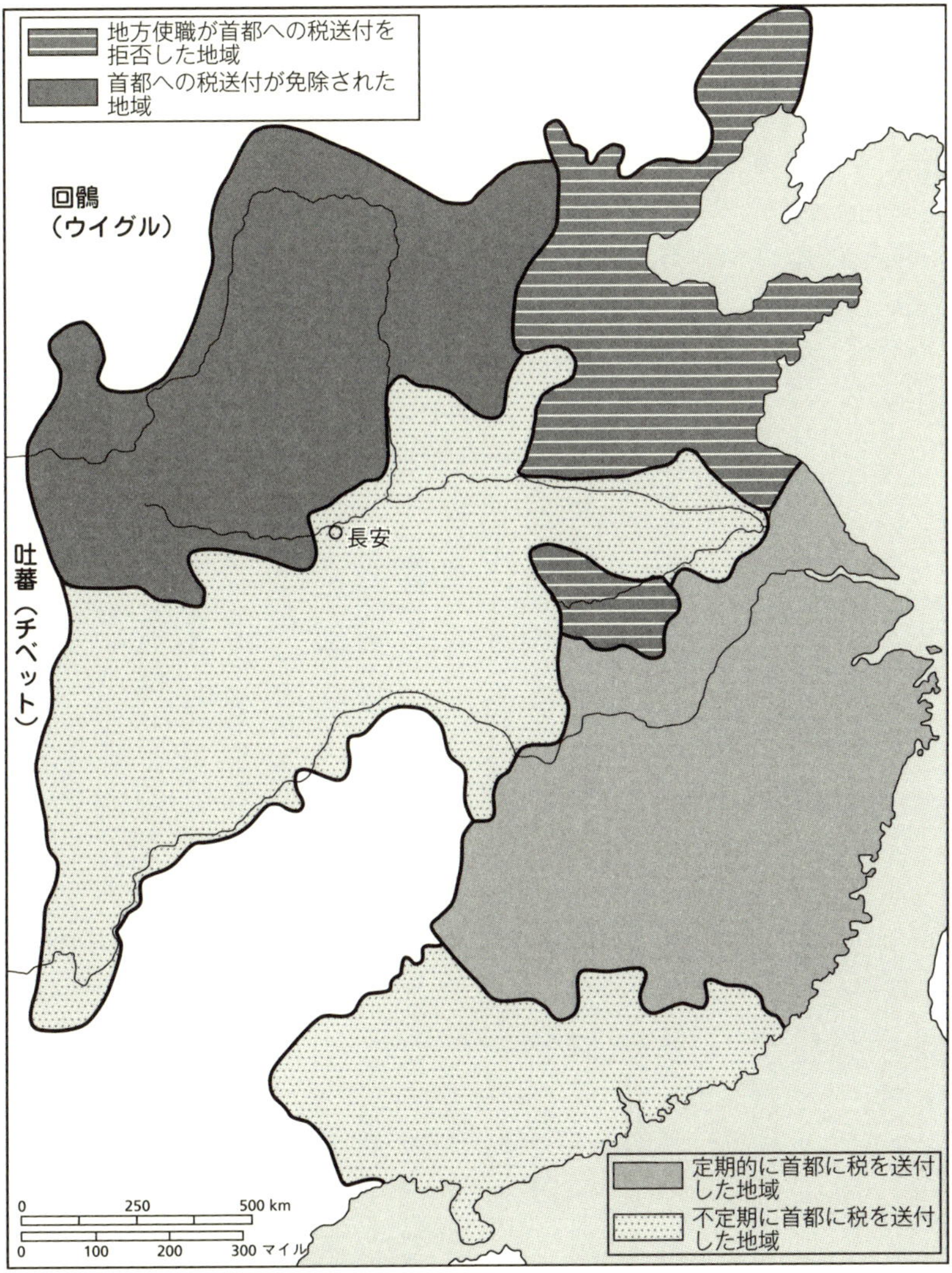

地図6－3　唐代後期の政府税収

表6－1　蘇州の税収（861年前後）

郷	194	
世帯数	143,261	
税収（単位：貫）*	692,885	
1世帯あたり税負担（単位：貫）	4.84	
中央政府への分配分（「上供」）	306,830	44%
地方使職への分配分（「留使」）	207,720**	30%
州への分配分（「留州」）	178,349	26%

*両税、塩・酒類・茶の消費税、その他の税の合計
**明らかな計算違いを修正
出典：WDJ: 1-3.

合理化する取り組みにすぎなかった。だがこれは、経済思想の根本的かつ持続的な転換を示すものでもある。均田制や、土地集中に制限をかける過去のさまざまな措置の根底に流れていた平等思想は打ち捨てられ、中華人民共和国の共産党が一九五〇年代に土地の集団化を行うときまで、復活することはなかった。一方、政府と儒者官吏は土地所有が不均衡である現実に目を向け、耕作地の面積に基づいて累進的な課税を行うことに関心を移している。この新しい税法ではまた、それまで中央政府が一律に課していた労役義務も撤廃された。ただ地方の役人はそれまでどおり、臨時の土木工事などに人を徴発し（「雑徭」）、村長には家柄の最もよい、つまり最も裕福な家の人物を据えた。七三〇年代に一律の兵役義務が廃止されたこともあいまって、定期的な労役の撤廃は、大量の労働力を解放して私的利用を可能にするという好結果をもたらした。

財政官の側から見れば、両税法の効果はてきめんだった。施行後の一年間で、塩の専売収入を含めた前年の総税収に比べ多くの収入を得ることができたのだ。しかし年月の経過とともに地方使職（節度使・観察使）が中央政府からの独立性を強め、首都への上供を減らしていった。地域差はあるものの、おおまかに言うと、地方から中央政府に送られたのは全徴収分の三分の一にすぎない（表６－１の長江デルタ蘇州の実際の数字を参照）。残りは地方使職と州のあいだで分けた。中原を治めていた節度使には帝国政府からの自立志向が強い者が多く、ごくわずかしか首都に送らなかった。中央政府の税収は、長江下流域や四川など南部から徴収されたものが大半を占めていた（地図６－３）。両税による税収の一世帯あたり平均値（四貫三〇〇文）は租庸調のそれ（四貫二〇〇文）とほとんど変わらなかったが、総税収の人口一人あたり平均額は六〇パーセント上昇している。これは多分に茶や酒類、それになんといっても塩の消費税のおかげだった(5)。

平等の促進より国家の税収増のために考案された両税法には、いくつものゆゆしき欠陥がある。耕作地のみを課税基盤としていたため、都市部の不動産や商業部門からは徴税しそこなっていた。中央政府が州の税額を実際の耕地面積にかかわらず定額としていたことから、地方間に税負担の著しい格差が生まれた。戸税を織物で代納させたことも、地方ごと、あるいはその時々の織物価格の違いに起因する不平等をもたらした(6)。

塩専売制と両税法によって物納から銭納へと流れが変わり、貨幣不足が悪化した。七八〇年代から九世紀半ばまでデフレが進行したが、これは貨幣不足によるところが大きい。デフレの結果、銭納の場合の実質負担が重くなり、戸税を絹その他の織物で代納する動きが強まった。八二一年には夏税が全面的に織物での納付に変わっている。[7] 宮廷は大型商取引での支払い手段に絹を用いることを義務化した。九世紀前半には、一〇〇文分に満たない貨幣の束を一貫として使う行為（短陌《たんぱく》。梁代の華南で行われるようになった）とともに貨幣の偽造が横行している。八四五年に皇帝が仏教を禁じて寺院の財産を接収したことで、貨幣不足はいっとき緩和された。銅像や銅鐘などを溶かして、貨幣の原料にしたのだ。貨幣発行のため、各地に少なくとも二三の造幣所が建てられた。だが廃仏は一年も経たないうちに打ち切られ、寺院財産接収の動きも止まった。それとともに、唐突に始まった貨幣の増産にも終止符が打たれている。[8]

貨幣供給量という制約はあったものの、安史の乱以後、商業はさかんになっている。中央政府の影響力が低下するにつれて、商人や商いに対する締め付けも弱まった。地方使職は自立性が強く、独自に財政管理体制を築いて、商人を次々と要員に起用した。地方府は民間の商業活動だけでなく、税物や貢納物も引き寄せた。大運河と長江の交差する揚州は華南で最も栄えた物資集散地となっている。この都市は造船や織維業、皮革業、製鉄や銅の精錬の中心地であり、最大の塩市場であり、主要海外貿易港でもあった。[9] 成都は高品質の絹織物の生産や製紙業、急成長する茶交易の中枢として繁栄した。長安やその他の都市では、商人が信用取引や銀行業を始めた。「櫃房」という機関が取引のための資金を商人に提供したり、軍事的な緊急時に政府に借款を与えるなどした。政府は「飛銭」と呼ばれる手形を発行し、商人が首都から他の都市へ貴重な貨幣を運ばずに送金できるようにした。[10] 第5章で見たように、仏教寺院は裕福な櫃家や困窮した貧しい人々に積極的に貸し付けを行っている。

商業の隆盛は、都市や町の物理的・経済的な形態に如実にあらわれた。周囲から隔てた所定の区域に商いや居住の場を限定するようなことも唐代後期に入ると少なくなり、宋代には完全になくなった。商店や市場が城（都市）の内外の大通りや運河沿いに増加、城壁の外には宿や倉庫、卸売商や仲買人の店舗が雨後の筍のようにできた。役所に厳しく監視されることはなくなったが、商人や工匠が業種ごとに集まって市場をつくる例も多かった。金細工や銀細工、絹製品、書物、さらに肉類や穀物、材木などの専門市場が設けられた。政府は夜間の通行を禁じていたが、にもかかわらず夜市がさかんに開かれている。農村でも市の立つことが著しく多くなった。農村の場合は定期市が多く、たぶん一〇日間に一、二回ほど開いて（中国では一〇日を一週間（旬）としていた）、地元の得意客のための品々を販売した。寺に立つ市（廟市）はこれより大規模で、信者や商人が遠方から集まった。最もよく知られている市は、遅くとも八世紀後半に始まった成都の「蚕市」

だ。宋代には広く好評を博し、成都や周辺の一五カ所を巡回するまでになった。蚕市は毎年正月から数カ月間、養蚕の季節が始まる前に開かれ、養蚕や製糸の器具、織り機が展示された。地元農家はこの市で農機具や種子、荷車、材木、薬、雑貨も買い求めることができた[11]。

　中国の国際貿易も、安史の乱ののちに一変した。ソグディアナのある中央アジアがアラブ人に征服され、甘粛回廊はチベット〔吐蕃〕による略奪の被害にあったことから、ソグド人の貿易網、さらにシルクロード貿易全般が混乱した。敦煌でも貨幣不足が深刻になり、交換手段に穀物や羊毛を使うようになった[12]。とどめをさしたのは、インドやイスラム世界との海上貿易が徐々に多くなって陸上貿易をしのいだことだ[13]。八世紀に入るころには、スマトラ島を支配するシュリーヴィジャヤの王家が、中国とのあいだを行き来する船舶のための季節風待ちの停泊施設をパレンバンなど各地の港に設けた。この海上貿易路はアラブやペルシャのムスリム商人の独壇場になった。九世紀半ばのアラブ人地理学者たちは、ペルシャ湾の港シラーフと華南の港である広州との活発な貿易の様子を活写している。広州では異国から来た商人の数が漢人を大きく上回っていたという[14]。八二五〜八五〇年にスマトラ島に近いブリトゥン島沖で沈没したアラブの船舶〔中国語名「黒石号」〕は揚州から出港して東南アジアの複数の港を経由し、最終目的地であるシラーフをめざしていたと考えられる。積み荷には鉛地金や金製や銀製の皿、銅鏡、香辛料などがあったが、大半は陶磁器で、六万個のうち大半が長沙で製造された鉛釉《なまりゆう》だった[15]。以後数世紀にわたり、東南アジアを経由地とする海上貿易がさかんになり、中国の国際貿易もシルクロードの陸上貿易からこの航路での貿易へと重心を移している。

　以上見てきたように、安史の乱は中国の経済史にとって大きな転換点だった。財政基盤が一律課税の人頭税から累進性のある地税に変わったこともそうだが、経済史上の変化には安史の乱自体が引き金になったものもある。均田制の制約を受けることなく土地を所有することが可能になったが、漢代後期から大土地所有者として勢力を広げていた貴族は市場経済の波にさらされた。農業でも商業でも私的経営がさかんになった。製塩業など一部の経済部門は国家から直に統制されたが、都市部の市場に対する規制は崩れてゆき、大枠において商人はもっと自由に活動できるようになった。だが何より大きな変化は、安史の乱そのものでなく、長きにわたって続いていた流れの加速によるものだった。乾燥した北部に比べはるかに生産性が高い華南の稲作地域へと、人口が移動したのだ。

活発化した稲作経済

均田制が崩れると、土地の私有が中国全土に広がった。宋による天下統一後も、経済のこうした基本的現実を変え、元の状態に戻す努力はいっさいなされなかった。宋では、相続されず国家に返還されるなどして国有になった土地〔官田〕はたいてい売り払われた。一〇八二年には、登録された土地に占める官田の比率はわずか一・四パーセントになっている[16]。土地の私有が進んだために土地の商品化が後押しされ、稲作が拡大したことで土地と農産物の市場がますます競争性を帯びていく。

唐代後期、安史の乱で荒廃した華北をおもな舞台として、土地集中に向かう流れが生じた。同時代の文献には皇族や役人、富豪の所有する荘園の構成についての記述がたびたび登場する。こうした荘園の誕生が、マーク・エルヴィンの言う「荘園制社会秩序」の誕生につながったとかつては考えられていた。「多くの農民が農奴となった状態を土台とし、それ以外の大多数に対しては絶大な影響力を及ぼす」ヨーロッパのそれに似た社会秩序である[17]。だが現在の研究者のあいだでは、荘園があったからといって荘園農奴がいたことになるわけではなく、土地の所有形態や所有関係には地域間だけでなく同一地域内にもさまざまな違いがあった、という見方が共有されている。ふつうの荘園は広大な土地の形でひとつにまとまっているわけではなかった。田畑は地続きになっておらず、少しずつ集められていった土地があちこちに散在していた。大抵の場合、荘園で耕作を担ったのは、小作人や雇用労働者だった。この説明は、とくに華南の場合によく当てはまる。稲作はどちらかと言うと集約的で小規模な農業に適しているからだ。

多くの小地主が自分の耕す土地の一部を貸し出していたことも大きく影響しているのだが、どのくらい小作が広がっていたのかについて、はっきりしたことは言えない。小作農は多くの場合、地主から経済的に自立していた。地域による条件のばらつきはあったものの、湖南や四川のように人口が希薄な内陸の未開拓地を除くと、隷属労働を用いる形よりも小作契約のほうが多かったと言ってよい[18]。最も一般的なものは分益小作で、小作人は収穫の半分を〔地主から種子や農具の提供を受けた場合は六〇パーセントを〕物納の形で地主に差し出した。隷属労働は、負債を抱えた人による年季奉公が多く、そうした人を「佃僕」と言う。佃僕は長期間にわたり、土地でなく地主に縛り付けられていたが、契約や法が制御役を果たしていた。宋では、小作人や雇用労働者に対する地主の専横を許していた古い法を廃止している。とはいえ雇用労働者と小作人の従属性がきれいにぬぐい去られたわけではなかった。例えば地主は雇用労働者や佃僕の結婚相手を選ぶ権利があったし、地主とのあいだに揉めごとを抱える小作人はいろいろな法的差別を受けた[19]。佃僕は現在の江西省地域や安徽省南部など新たに開拓された地域では多く見られたが、長江デルタや福建といった人口の稠密な地域ではあまり一般的ではなかった[20]。基本的に、厳重な拘束を伴う労働契約が結ばれていたのは、華南でも労働力が少なく開拓の進んでいない地域だけだった[21]。

華北の農業は、唐代に効率性をきわめた[22]。小麦は最も重要な食用穀物として不動の地位をものにしている。二年三毛作が広まったことから、それまで栽培されていた穀物に加え、大豆、えんどう豆（西アジアから伝来）、空豆、油菜、白詰草《しろつめくさ》（飼料用）などのさまざまな冬作物がつくられるようになった[23]。荘園の敷地は広かったが、経営は一元的でなく、小さな世帯が生産単位となって敷地を細分化していた。唐代後期の華北では、一般的な荘園は二四〇〜三〇〇畝《ぼ》ほどの広さだったとの考えを大澤正昭は示している。これは二頭の耕牛、一〇人前後の働き手で耕すことができる最大限の面積だという。だが荘園で働く人（「荘客」）の多くは小作人であり、地主になんらかの形で従属していながらも（例えば地主から求められた場合は雑用を引き受けるなど）、自活せねばならなかった[24]。李伯重の計算によると、華北の場合、耕牛が一頭あれば一世帯で平均七七畝を耕すことができるが、他の世帯と牛一頭を共有した場合は五〇畝にとどまる。これは生計をぎりぎり維持できる程度の最低水準と考えられている[25]。中原地域に比べて人口圧力が小さい敦煌で一〇世紀に作成された戸籍簿からは、一世帯あたりの耕地面積が六八畝だったことがわかるが、大きなばらつきがある（表6－2）。敦煌の農業経済は三つの階層に分かれていた。（一）三〇〇〜四〇〇畝ほど、あるいはそれ以上の土地をもつ一握りの大土地所有者、（二）生計維持に十分な土地をもつ分厚い中間層、（三）生計維持のために小作や雇用労働、非農業分野での雇用など、農業自営以外の方法に頼る必要がある、少数派だが無視できない規模（たぶん全人口の二〇〜二五パーセント）の零細農だ。これは敦煌の農村社会の姿だが、華北全域でも一般的だったに違いない。

唐宋変革期に商業と都市が急成長したのは、何よりも長江流域の稲作経済が成熟したためだ。灌漑稲作は乾燥地農業に比べ、労働を集約する必要性がはるかに高い（表6－3）。だが休耕をはさまない連作などの集約的な稲作が行われたことにより生産性が伸び、単位面積あたりの収穫量は小麦や雑穀の五倍以上になった。農具と移植・灌漑技術の改良、除草の頻繁化、乾地作物（おもに小麦）と稲の二毛作といった稲作の進歩はすでに唐代後期に始まってはいたが、それは洪水

表6－2　10世紀の敦煌における耕地面積

耕地面積（畝）	世帯数	対全体比（%）	総耕地面積（畝）	対全体比（%）	1世帯あたり耕地面積（畝）
20未満	29	15.8	383	3.1	13.2
20–130	136	73.9	6,686	53.6	49.2
130–400	14	7.6	3,979	31.9	284.2
400超	3	1.6	1,422	11.4	474.0
合計	184		12,469		67.8

出典：楊際平 2003: 434, 付表24.

表6－3　主要作物の労働強度

作物	100畝の耕作に要する労働日数	指標値（麦＝100）
稲	948	536
禾（アワ）	283	160
麦	177	100
大豆	192	108

出典：TLD, 7: 222–23; 大澤 1996: 98.

時に水が氾濫する地域よりも高い場所、山地の谷に限られていた（地図6－4）[26]。とはいえ、唐代にも稲作が集約化され、収穫量は分裂時代〔魏晋南北朝時代〕に比べてかなり増えている。李伯重によると、唐代には稲と冬作物の輪作はまだ広がっていなかったが、ほとんどの農家が耕牛を保有していた[27]。唐代後期に農家の規模ははるかに小さくなったが、江南では農家が稲作から得る収入が分裂時代に比べて七〇パーセント増加した（表6－4）。織物生産による収入を含めた純世帯所得は五倍以上になったと李伯重は述べている（表6－5）。ただ正確には、この数字は実際の生産量でなく当時の様式に従った計算を土台にしたもので、ごく一部の農家による最優良の取り組みを反映したものだ。さらに言うと、一労働日あたりの純収入はかなり少ない（耕牛一頭を使い単作を行う世帯については、純世帯収入は五四〇パーセントでなく、二五〇パーセントしか増加していない）。稲作と養蚕を営む農家で労働集約化が進み、年間の労働時間が長くなったことを踏まえると、労役の徴発から物納へと両税法の重心が変わったのもゆえなきことではない。また、春の田植えと著しく労働集約性の強い養蚕の最盛期が重なることから性別役割分業が始まり、女性がほとんど一手に養蚕の作業を担うにいたった[28]。

　宋代に農業が遂げた進歩のなかで何より大きいのは、長江デルタの湿地帯の干拓や内陸山地での棚田形成によって稲作

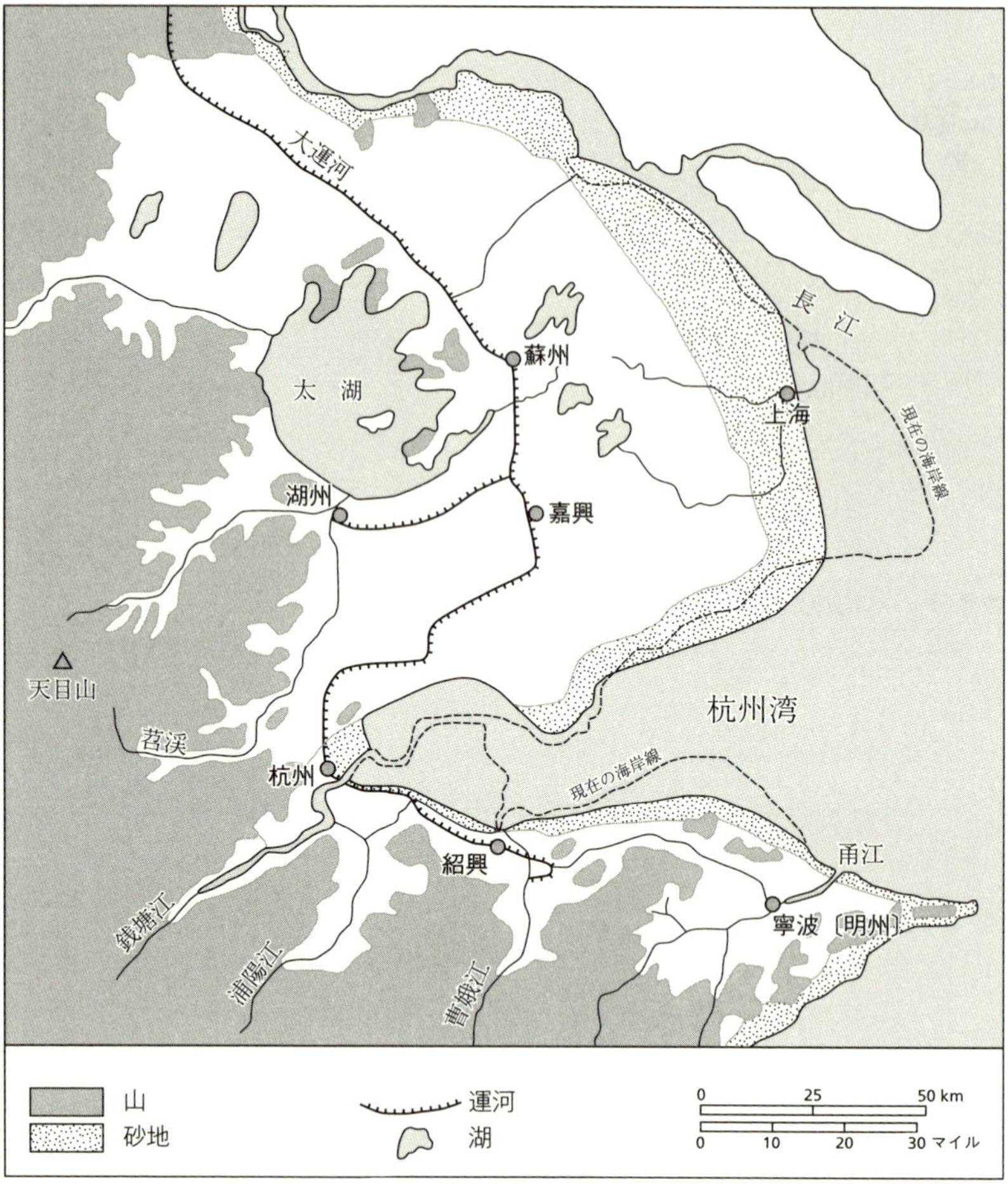

地図 6－4　長江デルタの自然環境

表 6－4　江南の耕地面積と穀物生産量

	分裂時代（耕牛なし）	**唐代**		
		耕牛なし	耕牛あり	米・小麦二毛作（耕牛あり）
1 世帯あたり耕地面積（畝）	77	22	31	23
総穀物生産量（石）	55	66	93	92
総穀物生産量（hl）	32.5	38.9	54.9	54.3
1 畝あたり穀物生産量（l）	42.1	177	177	236
絹に換算した穀物生産の価値（匹）	19.8	23.8	33.5	33.1
指標値（魏晋南北朝時代＝100）	100	120	169	167

出典：李伯重 1990: 212, 表6–14.

表6－5　江南の稲作農家の純所得（推計。単位：匹）

	不変資本	可変資本	総所得	純所得	税引後純所得
魏晋南北朝時代（耕牛なし）	0.5	27	29.8	2.3	－2.9
唐代初期（耕牛なし）	0.3	27	35.4	8.1	3.4
唐代初期（耕牛あり）	8.5	27	45.1	9.6	4.9
唐代中期（耕牛なし）	0.3	27	37.0	9.7	2.8
唐代中期（耕牛あり）	8.5	27	47.5	12.0	5.1
唐代後期（耕牛あり。単作。養蚕兼業）	8.5	27	47.9	12.4	5.0
唐代後期（耕牛あり。二毛作。養蚕兼業）	8.6	27	47.5	13.4	6.0

注：唐代中期までは、織物としては苧麻〔ラミー麻〕が、唐代後期は絹が製造されていた。
出典：李伯重 1990: 227, 表6-18; 244, 表6-25.

が普及したことだ。現在の浙江省、安徽省、江西省地域に住んでいた農民は、高地の沖積谷で数々のイノベーションを稲作にもたらした。灌漑用ため池や棚田が最初につくられたのも、深く耕す、頻繁に除草するなどの労働集約的な方法が初めて用いられたのもこの地域だ[29]。また東南アジア原産で種子が硬質の早熟種、占城稲《せんじょうとう》が取り入れられたおかげで栽培期間が短くなり、不作のリスクも減った。とはいえ、宋代末にかけ、稲作経済の拡大にだいじな役割を果たすようになったのは長江デルタ低地での動きだった。この地域では、灌漑水をためることよりも、湿地や湖から水を排出して土地を農業に適したものにすることに力が注がれた。湿地から水を排出するため（のちには稲田に給水するため）、水路付きの干拓地、「水利田」が設けられたが、それには大量の労働力と資本を投下する必要があった。一〇世紀には呉越が、一一世紀には宋の王安石の政権が、多額の資金を干拓事業に投じている。北宋の建国から半世紀のうちに、両浙路と江東で三五〇〇万エーカー〔およそ一四〇〇万ヘクタール〕以上の土地が干拓された[30]。長江デルタでは南宋期にも干拓地が建設され続けたが、これは国家というより民間の側、地主が主導したものだった[31]。

　干拓が続けられたことで、デルタに耕地が急増しただけでなく、紹興の鑑湖の例に見られるように自然環境も一変した。この湖は灌漑用水の貯蔵を目的に、漢代に設けられた人造湖だ（第4章）。一一世紀前半に周辺の農民が湖底を耕作に使うべく、水利田をつくり始めた。一〇六〇年代にはおよそ七〇〇頃《けい》の土地が埋め立てられたという。一二世紀末時点で二〇〇〇頃超の土地が耕作地になり、鑑湖のあった場所は沼地がまばらにちらばる広大な水田地帯に変わった（地図6－5。地図4－3と比較されたい）[32]。湖が少なくなったこと、また河川については上流地域での浸食のせいで下流に土砂が堆積していったことにより、沿岸地域は洪水が起きやすくなった。水路にたまった土砂を除き、河川の屈曲を矯正するなど迅速に海へと排水するための取り組みがなされたが、かえって水路が圧迫され、海水が内陸に侵入するはめになった。干拓地は水害に見舞われ続けて生産性が下がり、乾地農業向けの冬作物との二毛作など不可能なありさまだった。宋代における干拓地の収穫量は、高地の労働集約的な水田とあまり変わらない[33]。

均田制の崩壊後は土地集中が進んだにもかかわらず、宋代には荘園が減少した。稲作はどちらかと言えば小規模農業が適している。宋で新たに定められた世帯等級に着目すると、一〇三三年時点で、全登録世帯のおよそ一〇～一五パーセントが一〇〇畝（五・六ヘクタール）超の土地をもつ「上戸」で、耕地面積が二五畝に満たない「下戸」は五〇～六〇パーセントだった。残り三分の一は土地のない世帯だ[34]。全耕地の八〇パーセントを上戸が所有してはいたが、前の時代に比べれば耕地は細分化され、広く散在していた。温州（浙江省）で一三世紀に行われた調査によると、四〇〇畝超の土地（最大では二六〇〇畝）をもつ世帯は全地主の一・五パーセントにすぎず、三〇～一五〇畝という人が八五パーセントを占めている[35]。一二世紀の稲作地域では、一世帯あたり耕地面積は低地で三〇～四〇畝、起伏の激しい高地でおよそ一〇畝だった。宋代の江南における小作地を含めた平均耕地面積は、おそらく三〇～四〇畝だろう[36]。夫婦と子供からなる五～六人規模の世帯が農業の生産単位だった。

唐宋代に中国の農業にもたらされた変革をマーク・エルヴィンは「農耕における革命」という言葉で説いているが、それは革命というより、もっと小刻みな段階的変化だった[37]。生産性は唐代にかなり高い水準に達していたので、宋代に江南の干拓地で生産性が伸びたといっても、たぶん唐代との差はさほど大きくはないと思われ、宋の農書に説明されている非常に高度な耕作法の多くも、明清代に入るまで普及しなかった[38]。とはいえ雑穀や小麦に代わり米が主要農作物になったことで穀物総生産量は飛躍的に増え、一二世紀のピーク人口は八世紀のピーク人口の二倍になった。記録上の耕地面積は一〇〇〇年から一〇八〇年の間におよそ五〇パーセント増えているが、世帯数は九八〇年から一一一〇年にかけ、実に三倍

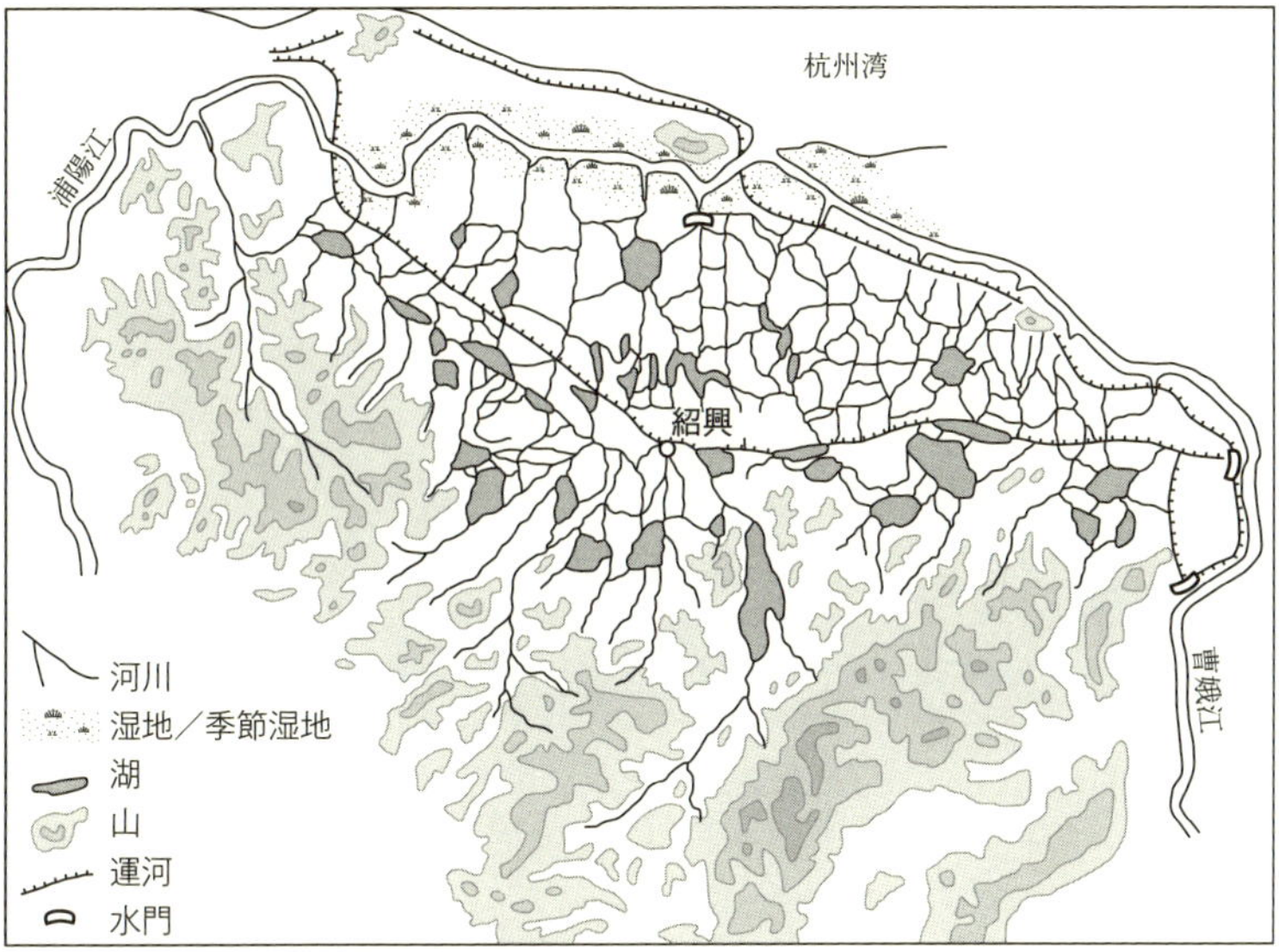

地図６－５　紹興・鑑湖の干拓
出典：陳橋駅 1962.

（図６－１）になっている。何より重要なのは、農業が徐々に商業化したことが、帝国全土と家庭のそれぞれで生産の専門分化にプラスにはたらいた点だ。卸売商や仲買人、宿泊施設（「邸店」）の経営者、委託売買業者、小売店主は穀物だけでなく塩や茶、材木、繊維製品、漆器、紙、陶磁器の地域規模、あるいは全国規模の市場を築き上げた。[39]

重商主義的な財政政策への回帰

九〇七年に唐が崩壊すると、中国はまたも南北の政治圏に分かれた。北部では、九〇七年から九六〇年のあいだに五つの王朝が生まれては消えた（そんなわけでこの時代は五代と呼ばれる）。不安定な状況のなかで、政治の実権はいくつもの地方軍閥政権のあいだに分散していた。だが南部には七つの地方王国が並び立つ、比較的安定した複数国家体制が出現した。最後に残った王国が宋に降伏したのは九七八年のことだ。拡張主義的でコスモポリタン性のある隋唐代の帝国とは打って変わり、この時代の君主たちは各地方レベル、各国レベルで政治的土台を築くことに力を注いだ。華南の複数国家体制のなかから、国ごとの経済発展の型が生まれた。この枠組みは宋の地方運営においても、そして明や清の地方行政区分にも受け継がれる。

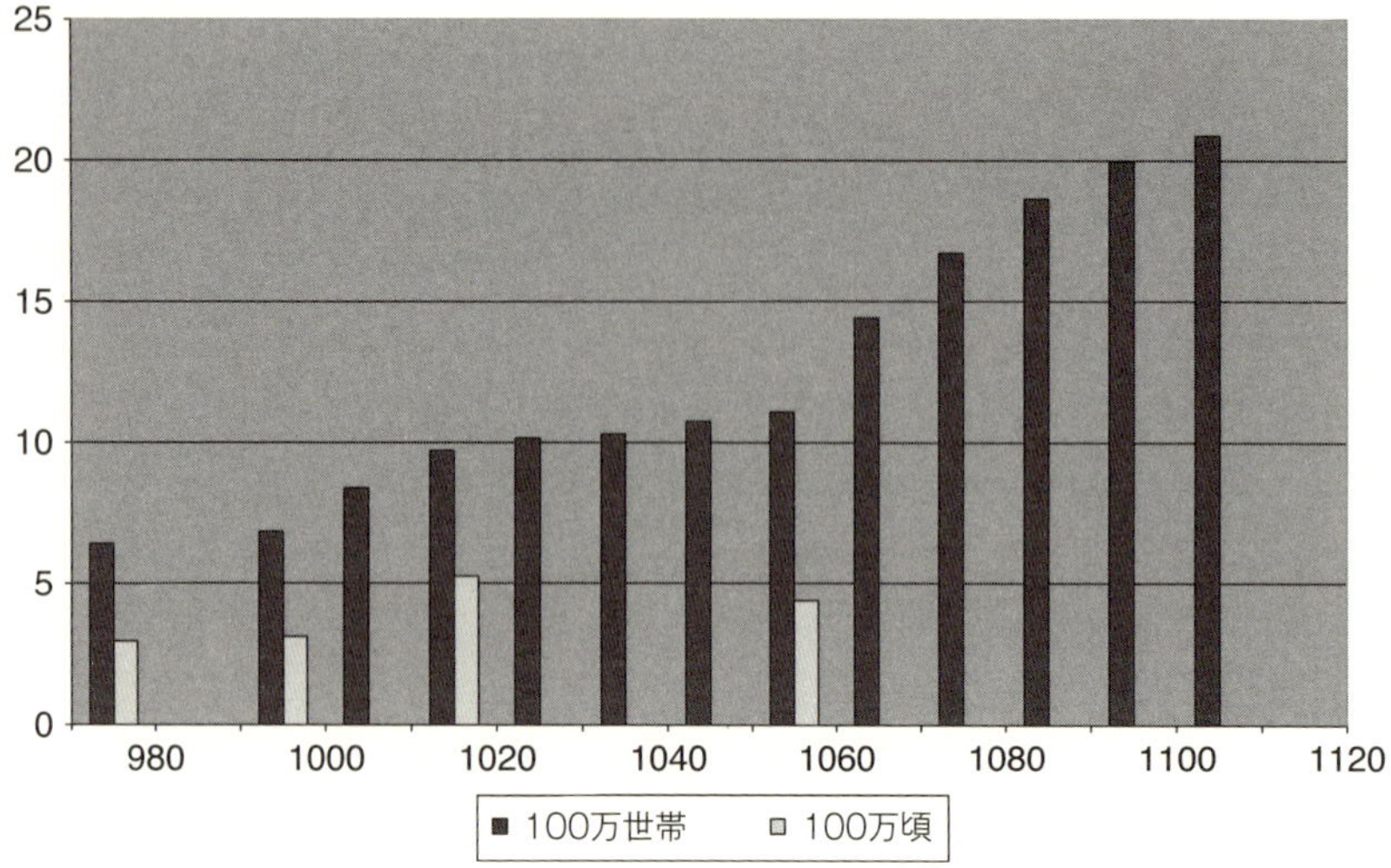

図 6-1　北宋代の戸籍上の人口と耕地面積（980年―1110年）
出典：人口は呉松弟 2000: 346-48, 表8-1; 耕地面積は斯波 1988: 228.

唐代後期に軍事支配が強化されたが、それは五代でも続いた。安史の乱以前から、府兵制は破綻をきたしており、唐は傭兵からなる大部隊を辺境防衛に投入せざるをえなくなっていた。五代の君主たちの権力も、もっぱら常備軍に支えられていた。国庫のかなりの部分が、何十万人もの兵士に糧食や衣服や給与（貨幣）を支給するために使われている。後唐と後周がそれぞれ九二九年と九五八年に実施した地籍調査により、中央政府の財政権限が地方の次元にまで行き渡った[40]。また唐代後期と同じように、貨幣が不足していたことから、政府は両税法の夏税を織物による物納にすることを余儀なくされた[41]。

独立した地域国家が出現し、華南では着実な経済成長が続いた。比較優位をもつ資源を各国が利用するなかで、茶や塩、材木、紙、銅、銀、織物生産の地域ごとの専門分化が加速している。政治的分断や対立のせいで地域間交易は妨げられたが、君主たちは、鉄や塩、硫黄、ミョウバンなどの必需品、またすでに欠かせない消費財となった茶などをもっぱら商業ルートで手に入れていた[42]。華南の諸国家は北部辺境のタングートと遼の両国とも、軍馬と茶の交換を通じて友好的な貿易関係を築いていった。呉越、閩《びん》、南漢の沿岸諸国は、遼や高麗、日本、東南アジアとの貿易を積極的に推し進めた[43]。南漢の政府がみずから海上貿易に携わっていたことは、ジャワ島近くで九二〇~九六〇年ごろに沈んだ「インタン沈没船」がはっきりと示している。この船は東南アジアで建造され、陶磁器（中国産と東南アジア産）、香料、銅や錫の地金（東南アジア産）、金の装身具（東南アジア産）、南漢の鉛銭、それに一九〇キログラム近い銀の地金を積んでいた。銀地金に記されている文字から、これがもともと塩税の支払いに用いられて南漢の財庫にあったもので、広州に輸送された香料や香辛料などの外国産品を購入するために用いられたことがうかがえる。[44]

一〇世紀には日本とのあいだでも海上民間貿易がさかんになった。唐と日本の朝廷との外交使節の交換は八三八年を最後に途絶えている。その後、日本と大陸との接触は中国や高麗の商人が取り持った。寧波〔当時は明州と呼ばれていた〕など現在の浙江省地域の港湾が中国と日本の主要な中継地となり、海上貿易の中心地として揚州に取って代わるとともに、広州と肩を並べるまでになった。[45]九~一〇世紀に日本が中国から輸入した陶磁器では、寧波に近い紹興の越州窯《えっしゅうよう》青磁が群を抜いて多く、河北の南部にある邢州《けいしゅう》の白磁、黒石号で発見された長沙窯磁器がそれに次いで多い。[46]陶磁器以外にも、漢人商人は織物や書物、また中央アジアや東南アジア産の珍しい品々を日本に運び、積み戻し貨物としておもに陸奥《むつ》の黄金を持ち帰った。

華南諸国の君主は自国の経済を強化し、敵対する隣国への銅貨や金貨、銀貨の流出を防ぐべく、典型的な重商主義政策をとった。[47]華北諸国では銅の国内供給がなきに等しく、宮廷は深刻な貨幣不足に悩まされた。君主たちは貨幣の国外への持ち出しや造幣以外の用途に銅を使うことを幾度となく禁じた。後唐は九二五年に四川の前蜀を破り、洛陽に大量の金銀と六〇億の銅貨を持ち帰っている。[48]九五五年に北周が行った廃仏は、寺院や信者がもつ銅像その他の仏具を接収して貨幣の原料にするための見え透いた策略だ。十分な銅資源がある呉越や南唐でさえ、貨幣の海外への流出を抑制しようと鉄貨を発行した。閩、南漢、楚などの華南諸国は低品位の鉛貨まで発行している。こうした政策がとられていたことで、地域的独立性の強い貨幣制度が設けられ、この傾向は宋による天下統一後も続く。

宋は軍事面できわめて不安定な状態だったため、財政政策にもしわ寄せがきた。建国時以来、皇帝たちは軍事力と経済的資源を中央政府に集中させ、唐代後期から作用し続けていた遠心力を押し戻そうとしてきた。財政に関する問題の大部分が、「三司」という新しい機関の管轄下におかれた。三司は国庫を担当する「度支《たくし》」、塩に関する業務を担う「塩鉄使」、人口調査を行う「戸部《こぶ》」からなり、宰相でなく皇帝に直属する。三司は九三〇年に後唐で初めて設置されたものだが、唐代半ばに数々の全権大臣が設けられたのを機に、中央政府では財政政策における専門化の傾向が始まっていた。三司の設置はこの流れを公式に定着させることになった。このしくみができたおかげで、財政問題の専門知識が蓄積されるとともに、業務に関連する知識と経験をもつ官吏が宋の官僚機構のなかで財務専門家としての職業能力を習得しやすくなった。[49]宋ではまた、中央政府と三〇〇あまりの州との政策調整をはかるべく、全国を複数の区域（「路」）に分けている。九七九年時点で、路の総数は二一だった。[50]軍事、財政、司法、教育などの問題を担当する各種の監督官が路ごとにおかれ、宮廷の管轄部署に直属していた。財政をつかさどる転運使は三司の一部門で、おもに地方で集めた税物の配分を決めて輸送すること、それに糧食を兵士に給付する任務を帯びていた。[51]

長城が軍事侵攻に対する防御に役立たなくなり、宋はタングートおよび遼との国境の警備に傭兵からなる大規模な常備軍を用いることを余儀なくされた。宋代前半には、およそ四〇万人の兵士が北辺の防衛を担っている。一〇〇四年に遼との戦争に敗れた宋は、毎年賠償として、遼の君主に銀と絹を支払うことになった。一〇四〇年から一〇四四年にかけてはタングート族の西夏とのあいだで戦争が続き、その間に宋の兵力は一四〇万人に膨れ上がった。なお、この戦争でも大敗を喫し、賠償を支払うはめになっている。一〇六〇年代から七〇年代にかけては北辺に位置する河北、河東、陝西の各路に七〇万～八〇万人の兵士が配備された。[52]国境警備軍の維持には、財政や物流面での重い負担が伴う。中央政府の予算の八〇パーセント超を軍事費が占めた。宋では両税法を温存していたが、同時に、増える一方の軍事費に充当すべく、急拡大していた商業部門から生み出される利益を吸い上げようとした。

宋の建国者が大運河の終点である開封を首都にしたのには、物流の問題が大いに関係している。水運・陸運の要衝になった開封は、全国の物産の流通をさかんにした。一一世紀には、政府の手配した輸送団が毎年四八九万石（四億六四〇〇万リットル）の租税穀物を華南から開封に運んでいる。だがそのおおかたは首都内外の役人と兵士に配られた。辺境軍の糧食には、これとは別に毎年二五〇〇万石（二三億七〇〇〇万リットル）の穀物が必要で、北部諸州の地税では半分しかまかなえなかった。残りは「和糴《わてき》」（合意に基づく買い上げ）と呼ばれるルートで入手した。和糴穀物の大半は地元の北部諸州のものだったが、政府は辺境軍の糧食として、華南の米を毎年二〇〇万～三〇〇万石購入していた。[53]

直接税による収入にあまり大きな変動がないことから、宋も歴代王朝と同じく、もっぱら専売制を使って税収を増やそうとした。淮南《わいなん》ではすでに南唐が茶の専売制を導入しており、宋は巨利を得られる塩専売制に加えて、この地域での茶の専売制を引き継いだ。九六五年には「榷貨務《かくかむ》」という機関を設立している。淮南で茶を買い付け、指定された地域で販売する免許を商人に有償で交付する機関だ。南唐と同じように、宋は当初、茶専売制を他国との経済戦争の武器として使った。だが九七八年に宋が呉越を滅ぼし、指導層の戦略目標が現在の北京地域を遼から奪い返すことへと変化すると、茶専売制の目的も変わる。政府は「入中」という政策に基づいて魅力的な誘導策を使い、辺境軍の糧食を商人に納めさせようとした。九八五年、政府は穀物や藁、金銭（貨幣や銀）などの物資を辺境軍に納入した者に「交引」という引換券を交付し始めた。交引は首都で貨幣のほか香料や象牙などの外国産品と交換できるだけでなく、垂涎の的だった茶と塩の販売免許証〔茶引、塩引〕に取り替えることも可能だった[54]。

　茶の専売制は大きな壁にぶつかった[55]。政府が在庫と免許発行量との均衡を保てなくなり、売れ残り品が腐ったり、逆に商人が免許証と茶をなかなか交換できなくなるなどの事態も生じた。商人が辺境軍に納入する物資の価値を吊り上げることも多く、国庫収入が減少した。何より大きいのは、華南全域の小農が茶を栽培していたので、生産の統制を徹底することが不可能だったことだ。一〇五九年に政府は茶の専売制を廃止し、自由売買を認めた。これとは対照的に、塩は供給源の統制がもっと容易だったことから、専売もうまく機能している。

　一一世紀はじめの数十年にわたり、塩と茶は必ず税収につながる資源として用いられたが、ほかの商業部門に対する間接税に比べればさほど大きな収入にはなっていない（表6－6）。商業税、つまり商品の輸送と販売に対する税は主要な収入源になり、国家の現金収入の二〇～二五パーセントを占めるにいたった[56]。新たに酒の専売も始まり、商業税と同程度の収入をもたらした。主要都市では政府がみずから醸造所を経営し、町や村では民間酒造業者に販売権料を支払わせ、免許を与えた。商業税と酒の専売収入を集める「場務」という機関が全国各地に設けられた。一〇七七年時点で、商業税については一九九三、酒については一八六一の場務が運営されている[57]。宋の宮廷が税収確保のために考案したしくみとしては、絹の生産者に前借りをさせて品物を買い上げる「和預買」の制度もある。養蚕に携わる農家に現金で前金を払い、のちに絹織物を納入させるものだ。和預買によって政府に納められた絹の量は、一〇〇五年には一〇〇万匹だったが、一〇四七年には三〇〇万匹に増えている[58]。

　一〇四〇年代の西夏との戦争によって辺境防衛の費用が急速に膨れ上がり、宋の指導層は税収を増やす方法を探し求めた。何より大きな成果をあげたのは、一〇四八年に入中の制度から塩引を切り離したことだ。商人は軍糧を納めなくても

表6－6 北宋政府の貨幣収入（単位：100万貫）

	997年	1021年	1044年頃	1064年	1077年頃*
塩	3.00	3.00	7.15	11.23	22.30
茶	2.86	3.30	1.50**	1.18	0.77
酒	3.26	11.59	17.10	12.86	12.93
専売品からの収入小計	9.12	17.89	25.75	25.27	34.70
商業税	4.00	12.04	19.75	8.46	8.05
鋳銭	?	?	?	?	5.95
両税法	?	?	?	4.93	5.59
新法による収入	—	—	—	—	18.00
総貨幣収入***	16.93	29.93	45.50	36.82	72.29
総収入（貨幣換算額）	35.59	57.23	?	60.00	89.33
貨幣収入の比率	48%	52%	—	61%	81%

*1076年、1077年、1078年の数字。青苗銭と関税は含まない（いずれも貨幣収入と非貨幣収入が分類されていないため）。

**1034年の数字。1054年は128万。

***総収入には表に記載していない税収も含む。

出典：汪聖鐸 1995, 2: 691, 付表1.6; 2: 705, 付表4; 2: 709-13, 付表7; 2: 748-49, 付表22; 郭正忠 1990: 676-77, 表44; 賈大泉 1981: 53-54; 宮澤 1998: 56, 表 IV.

塩引を購入できるようになり、販売場所の選択肢も多くなった。また、政府は穀物を市場で購入したので、入中制度に付随する価格高騰の問題に煩わされることなく軍事費を節約できた。加えて、塩引は塩の代わりに貨幣に交換することも可能だったので、為替手形の役割を果たした。有価証券としての利便性が高いため、塩引は多くの関心を集め、開封に取引場がつくられるまでになった。一二世紀はじめには、政府から営業免許を受けた民間の商人が塩交易をほぼ掌中に収めていた。塩の専売によって国家収入は増えてゆき、軍糧調達制度の土台も健全になっていく[59]。

一一世紀はじめから半ばにかけて、政府の収入はかなり増えた（表6－7）。一〇四〇～四四年の西夏との戦争中には貨幣収入が急増し、一〇六〇年代になると、貨幣は総収入の六〇パーセント以上を占めるまでになる。一〇〇三年の三司の設置をもって財政運営がひとつの行政機関に一元化されることになったとはいえ、国家財政に対する統制力は皇帝と宦官たちに比べれば弱かった。真宗（在位　九九七年～一〇二二年）と仁宗（在位　一〇二二年～一〇六三年）は帝室財政を管掌する内蔵庫への支給額、つまり自身の裁量で使える資源を大幅に増やしている。従来、「山沢の物」（鉱山の採掘と貨幣鋳造により得られる収入）や国内外からの貢納物については皇帝のものとされていたが、宋代の皇帝はこれに加え、関税や

表6－7　北宋政府のおもな収入源

収入（単位：100万）	**997年**	**1021年**	**1065年**	**1086年**
貨幣（貫）	16.93	29.93	36.82	48.48
絹（絹紬のみ。匹）	4.23	10.97	8.75	1.51
穀物（石）	21.94	29.83	26.94	24.45
銀換算額（1＝1000kg）	**997年**	**1021年**	**1065年**	**1086年**
貨幣	794	1,112	1,381	1,818
絹	203	350	473	74
穀物	322	362	689	1,298
合計	1,319	1,824	2,543	3,190

出典：収入は以下より。汪聖鐸1995, 2: 687–92, 付表1.1, 1.4, 1.6, 1.8; 銀換算額は以下より。彭信威1965: 503–09.

物品専売から得られた利益の多くを自由に使い、三司に対しては毎年の収入の一部を内蔵庫に回すよう求めた。その結果、内蔵庫の収入が全体に占める割合は、一〇〇〇年ごろには一〇パーセントだったのが一〇五〇年代には二三パーセントに増えた（表6－8）。もともと内蔵庫は戦争や飢饉などの緊急時のために物資を備蓄する役割を担うものと考えられていた。三司はつねに予算不足に悩まされ、しかも戦争のあった一〇四〇年代にはかなりの赤字を抱えたため、内蔵庫からしじゅう予算を移さねばならなかった。三司が内蔵庫からの補塡に頼らざるをえなかったために、国家の財政運営を一元化し、調整することが難しくなった[60]。

税の銭納化には、貨幣がふんだんになければならなかった。加えて、商業が拡大したことで信頼できる交換手段がますます必要になった。宋代前半の指導層がめざしていたことのひとつは、統一権力のなかった五代に広く流通した雑多で安価な貨幣を標準的な貨幣に置き換えることだ。しかし貨幣の統一は不可能だった。後蜀の時代から鉄銭を使用していた四川では宋代になっても使い続けていたし、一〇四〇年代には北西辺境地域に鉄銭と銅銭、塩引が貨幣として流通する別の貨幣圏が生まれている[61]。また、大量の鉄銭を運ぶのはあまりに非効率ということで――四川で塩を買うには、その一・五倍の重さの鉄銭が必要だった――成都の商人は交子と呼ばれる

表6-8 政府収入の10年間平均額（960年—1059年。1 ＝銀1,000kg）

	内蔵庫						三司	合計
	鉱山の採掘・鋳銭	貢納・朝貢・関税	和買	物品専売	その他	合計		
960年—969年	16.7	6.7	0	0.9	64.5	88.9	664.9	753.6
970年—979年	16.9	10.3	0	1.5	59.5	88.1	664.9	753.0
980年—989年	15.0	14.7	0	78.4	46.3	154.4	1,093.1	1,247.5
990年—999年	30.7	10.2	0	79.5	50.7	171.1	1,354.3	1,535.4
1000年—1009年	116.4	20.4	0	96.5	41.6	274.8	2,482.2	2,756.9
1010年—1019年	116.3	18.8	27.8	118.1	18.8	299.7	2,488.2	2,787.9
1020年—1029年	97.4	15.1	69.5	362.7	17.1	561.8	2,522.1	3,081.8
1030年—1039年	99.6	17.1	69.5	385.7	17.1	591.2	2,520.4	3,111.6
1040年—1049年	99.6	18.6	100.7	441.3	26.2	686.4	1,817.9	2,504.3
1050年—1059年	62.7	26.0	104.2	463.9	4.2	661.0	2,888.5	3,749.5

出典：Hartwell 1988: 34, table 1; 62, table 5.

紙の手形を独自に振り出すようになった。政府発行の飛銭と同じように、さまざまな額面のものが発行されたが、第三者に譲渡することができた。一〇〇五年には成都の役所が、交子の乱発への対策として手形の標準書式を定め、発行主体を成都の商人一六人に限った。一〇二四年にいたり、政府みずから交子を発行することになる。手形と標準的な鉄銭との交換比率が定まり、流通期間を三年間とされた交子は世界で最初の紙幣になった。だが四川の外では流通していない[62]。

帝国の他の地域では、主要な貨幣としてもっぱら銅銭が流通していた。宋は貨幣供給量を大幅に増やしている。銅銭の年間発行額は、一一世紀前半には唐代平均の五倍から六倍になり、ピーク時の一〇八〇年ごろには毎年六〇億文が発行されていた。これは帝国時代最高の発行額だ。北宋時代に、政府はおよそ二六〇〇億文分発行したとの見方が定着しているが（表6-9）、宋代の経済に貨幣が果たした役割については見解の対立が見られる。民間市場での貨幣の利用はまだ限定的で、特定の地域にとどまっていたと宮澤知之は述べている。貨幣はおもに納税の手段として使われていたという。政府の貨幣収入が七三〇〇万貫のピークに達した一〇七七年ごろ、民間市場に流通していた貨幣は三〇〇〇万貫にすぎず、徴税にとっての貨幣の重要性は商業にとっての重要性よりもはるかに大きかったと宮澤は考えている[63]。高聰明は宮澤と同

表6-9　北宋での銅貨発行額（単位：100万文）

期間	年間平均発行額	当該期間発行額	累積発行額*
976年―982年	70	490	490
983年―996年	300	4,200	4,690
997年―999年	800	2,400	7,090
1000年―1015年	1,250	18,750	25,840
1016年―1048年	1,000	33,000	58,840
1049年―1073年	1,600	40,000	98,840
1074年―1085年	4,500	54,000	152,840
1086年―1125年	2,800	109,200	262,040

*976年より前に発行された貨幣、および磨耗または溶融などにより損耗した貨幣は含まない。
出典：高聡明 1999: 103.

様、「財政的物流」（主として軍事目的で国家が行う物資の調達や長距離輸送）の重要性を認めながらも、結論としては正反対のことを述べる。漆侠による先行研究をもとに高聡明が算定したところによると、一〇七七年ごろの政府収入が六〇〇〇万貫だったのに対し、民間交易は一億五〇〇〇万貫規模だった[64]。わたしはどちらかと言えば、商業と国家のいずれのニーズにも対応できる程度には貨幣供給量は多く、弾力的だったという高聡明の説を支持したい[65]。

王安石の新法

唐宋変革期には政治エリートの性質と構成要素にも変化があらわれた。安史の乱ののち、古い貴族は唐の宮廷と運命をともにした。宋では科挙を政府官吏採用の柱に据え、能力に基づいて厳正に選抜するようになり、貴族はほぼ消滅した。また科挙によって新しい政治文化が育まれ、人々の心のあり方や物質的な生活をよりよいものにしたいという、儒教的な熱意が再びわきあがった[66]。北宋代には多くの高官が中央政府の権威や制度を背景に、果断に社会の変革を促した。一〇四〇年代に西夏との戦争で壊滅的な敗北をこうむったこと、曽我部静雄が言うように、国家が「全時代戦時財政」にあって慢性的に赤字を抱えていたことから、一刻も早く行動をとる必要性が強くなっていった。[67] 抜本的な改革の扉が開かれたのはそれから二〇年後、神宗（在位　一〇六七年～一〇八五年）が若くして皇帝に即位したころのことだ。一〇七〇年、神宗が野心的で優秀な役人、王安石（一〇二一年～一〇八五年）を宰相に抜擢すると、王安石はすぐさま広範囲にわたる制度改革に乗り出した。これを新法と言う。[68] そのなかでとくに重要なのは、財政政策を大幅に転換したことだ。急激に近代化しつつあった経済のなかに生産の活力を解き放つべく、労役を銭納化し、膨大な量の貨幣を経済に投入した。ある面において、新法は財政運営の貨幣化に向かう流れや、安史の乱ののちに強まっていた政府による市場介入の動きと軌を一にしていた。だが同時に、前漢武帝の時代以来、忘れ去られていた財政運営の重商主義的原則を王安石は堅持した。

王安石の政策では、それまで統治者に必要とされていた倫理や儀礼、詩文の才能に代わり、財政を運営すること（「理財」）が重視された。王安石がめざしたのは、具体的には以下のことだ。辺境防衛を強化しつつ、国家の軍事費負担を軽減すること。物品の専売制や外国貿易によって政府の収入を増やすこと。物納税と労役の軽減や撤廃などにより税制を簡素化すること。国家規模の投資や（中央政府は一万一〇〇〇件もの灌漑・洪水対策工事を実施した）、農民に対する低利の融資、公的支援の範囲拡大を通じて社会の土台となる農業を活性化すること。とくにだいじなのは、唾棄すべき「兼幷《けんぺい》の家」たる強欲な大地主や豪商から農家や小規模商店主を自分こそが守るのだと王安石が考えていたことだ。富の分配を不均衡にしたり、商人カルテルによる不正操作の温床になったりすることから、無原則な市場取引を王安石は警戒していた。そのような不平等を防ぐため、政府が商業と貸金業に介入することを唱えた。卸売業を管理し、小売業者に融資するための国家機関を設けたほか、民間の仲買人を政府の代理人として雇い、外国貿易の管理を強化し、専売制を塩以外にも拡大して茶を対象に含めている。

経済的不平等を是正するために均田制を復活させてはどうかと神宗が述べた際、土地を富豪から取り上げることは非現実的だからと、王安石はこの考えを退けた。[69] 農家の困窮は、むしろこの人々がつねに負債を抱え、投資資本に事欠いているせいだと見ていたのだ。王安石が小農経済再活性化のために考えた計画の核心にあったのが「青苗法」だった。「兼幷の家」による高利の融資から農民を解放する一手段として、田植えの季節である春に現金で低利の融資を行うものだ。借り手は五～一〇世帯からなる連帯保証組織に入ることとされ、返済は穀物でなく金銭で行うことも可能だった。青苗法はそもそも農家による自己調達の方法として考えられたもので、破綻回避のために利息が付けられていた（通常は年利二〇パーセント）。だが新法の他の政策もそうだが、増収のための取り組みという面が色濃くなり、経済的福祉の増進という本来の目的が結局は見失われている。

募役法は、労役の徴発に代わり、人を雇って地方政府の仕事に使うもので、その俸給には新税をあてた。この税は富裕地主だけでなく、それまで労役を免除されていた役人や都市住民の世帯も対象にしていた。また、多くの村では従来の郷兵が廃止され、新しくつくられた保甲という自警団に組み込まれた。保甲は当初、各地部隊の傭兵に代わるものとして設けられ、軍事費を節約することがめざされていた。やがて保甲の長は治安維持に加えて戸籍作成や徴税、飢饉救済などの民政を担う村役人へと変わっていく。俸給の支払いはほどなく停止したが、そのために設けられた税は廃止されず、税収は一般財源に組み込まれた[70]。

王安石は自身と同じ目標に身をささげる「同心同徳[71]」の官吏を採用するという決意のもと、作文能力などの文学的才能でなく、政策や時局的課題に重点をおいた新しい選抜試験を取り入れることにした。また硬直化した官僚組織で手続きを踏む手間を避けるため、特定の任務を担う新たな国家機関をいくつも設け、役所に伝わる諸々の慣習にとらわれない新来の官吏をその長に据えた。ある歴史家はこの政治手法を「官僚的進取性」という言葉で説明している[72]。よりすぐった下級官吏で構成する制置三司条例司という機関は、一〇六九年から一〇七〇年という短期間しか存在しなかったが、改革案を次々と考案した。その後、王安石の財政改革に頑強に反対していた三司を飛び越え、司農寺という小さな機関に新法の具体化を任せた。新法の実施は各地の路に配置された提挙常平農田水利使や、開封の市易務、四川の茶場司などの臨時組織が担った。王安石が思い描いていたように国家が経済運営を主導するには官僚組織の規模を大幅に拡大する必要があり、一〇六七年に二万四〇〇〇人だった官吏は一〇八〇年には三万四〇〇〇人に増加した。また公金の横領を防ぐため、王安石は官庁予算を一〇倍にして俸給を増やしている。

「官僚的進取性」を重んじる王安石の理論、つまり財政や行政の専門知識のある人を採用し、なおかつ頻繁な査定でかんじがらめにせず、長期にわたる在職期間を保証し、試行錯誤を重ねる広い裁量権を与えるという理論は、民間の商業と貸金業への直接介入という王安石の構想に、何よりはっきりあらわれている。王安石は商人のカルテルや高利貸しによる価格操作を注視しており、市易務はもともとそれを根絶やしにするために設けられたのだ。この機関は開封その他の都市で卸売商を管理したほか（旅商人は在庫を市易務の代理人に売却させられた）、塩引を売買する、裁判所や役所のために必要な物資を調達する、辺境軍に糧食を送るなどの実務を手広く展開した。市易務はまた、青果商や精肉商などの小規模店に融資を行った。ほどなく貸し付けの種類を増やし、金銭や物品、貴金属などを個人や集団に低利で（年利にして一二～二〇パーセント）貸与した。支払能力を確保するために、借り手は保証人を設定したり抵当にできる担保を提供したりせねばならなかった。市易務は「財務に精通した官吏」だけでなく商人を雇って借り手の信用度の判断や貸し付けの承認を担わせたが、これは役人の管轄権を侵害することでもあり、激しい抵抗を招いた。新法が廃止されると市易務も政府による卸売商への直接介入も取りやめになったが、市易務の融資業務は抵当所という別の機関が行うことになり、これは南宋まで存続している[73]。

一〇七四年、中央アジア産の馬の購入資金をつくること、北西辺境地帯の部隊に物資を送ることを目的に、最初の茶場司が四川に設置された。はじめのころ、茶場司は四川産の茶の独占権をもっておらず、民間市場に競争価格で茶を運び込むだけだった。だが茶場司による買い付け量の増大とともに生産量が増えると、茶場司は四川産の茶の独占を狙い、権利を手にした。市易務と同じように、茶場司もほかの商いや金融業に業務の幅を広げ、茶の栽培農家に穀物を貸与したり、絹や紙、毛皮、薬品などの商品の交易に携わったりした。茶場司は一年で何百万貫もの利益を生み出しただけでなく、軍隊には毎年一万五〇〇〇から二万頭もの馬を供給するなど、際立った業績を残した。だが一一二七年に華北が異民族に奪われると、茶場司の経済原理、とくに馬を調達する意義が薄らいでいく。茶場司は四川の茶産業に対する影響力こそ失いはしなかったが、「官僚的進取性は没収課税に取って代わられてしまった[74]」。

新法は、開始された当初から激しい反発にあった。儒教正統派は理論上の理由からだけでなく、王安石の構想が及ぼす有害な影響も問い、国家権力が民間経済に介入することを批判した。最も厳しい批判を浴びたのは青苗法だろう。地方では役人のせいで農民が国家に借金を負うはめになり、貸し付けが逆進課税に変質したとの声があがった。確かに、社会福祉よりも財政面の目標が重んじられていたように思える。青苗法による収入は、初期には毎年およそ三〇〇万貫、投下した資本に対する純利益の割合は二七パーセントで、洪水や飢饉への対策、辺境軍への物資の供給に支出された[75]。融資は低利で、返済の繰り延べは何度も行われたものの、債務不履行になるケースが多く、青苗法の運営は一〇八〇年代には赤字に転じた。政府は新しい資金を農村経済に注入しようとしたが、多くの農家を苦しめていた借金の連鎖を悪化させこそすれ、弱めることはなかったようだ。

もちろん、新法によって政府の収入はかなり増大し、少なくとも毎年一八〇〇万貫のペースで増えていった。貨幣収入はおよそ四〇パーセント増えたが、これは労役の銭納化と、青苗法がもたらした収入によるところが大きい。四川茶の独占による収入を除くと、商業からはわずかな税収しか得られなかった。国民会計を算定するためのデータに漏れはあるものの、おおまかな計算によれば、中央政府の収入に占める貨幣収入の割合は一〇〇〇年ごろには四八パーセントだったが、新法時代には八一パーセントのピークに達している（表６－６）。同時に、税物としての織物は後漢代から国家財政に欠かすことのできないものとされてきたが、税として納められることはほとんどなくなった（表６－７）。このころを境に、宋の財政制度では銀が織物に取って代わり、絹が貨幣として機能することはいっさいなくなった[76]。

また、新法の推進派は財政に対する影響力をできるだけ大きくしようと、内蔵庫を自分たちの管理下におくとともに、三司の権限も厳しく制限した。一〇七六年に王安石が引退すると、神宗みずから改革の指揮をとった。一〇八二年には、広範囲に及ぶ官制の構造改革に着手し、六部を中心に据えた唐のモデルを復活させている。三司も司農寺も廃止し、戸部に代えた。さらに西夏への新攻勢に向けて戦費を集めるべく元豊庫を設けたが、戦争はまたもや敗北に終わった[77]。おおまかな言い方をするなら、元豊庫はさまざまな物品専売や新法によって得られた収入を集積する場所になった。ロバート・ハートウェルが一〇九三年の中央政府の財政を整理したところによれば、元豊庫の収入は戸部の収入に等しい（表６－10）。つまり新しい戸部もかつての三司と同じく、財政に対しては部分的な影響を及ぼすにとどまっていたのだ。

とはいえ、王安石の改革のおかげで地方から中央政府に届けられる税が増えたことは間違いない。地方では財政再編のおかげで、より安定的な資金源を確保できるようになり、労役は銭納税にほぼ置き換わった。王安石の政権は現金需要の上昇に対応するため、貨幣の発行量を増やした。その結果、新法時代には発行額が年平均で四五億文に膨れ上がっている（表６－９）。このように貨幣供給量は増えたが、反対派の多くは、税の銭納化のせいで深刻な貨幣不足――当時の言葉で「銭荒」――が起こり、農村部の収入が減ったと批判した。

一〇八五年に王安石と神宗が死去すると王安石の敵対勢力が権力を握り、財政引き締めを掲げて改革の廃止に踏み切った。だが一〇九三年に新法推進派が宮廷で息を吹き返し、改革を復活させる。ところが、指導層に力量がなかったところへ軍事情勢の悪化や宮廷での派閥争いが重なって財政政策が一貫性を失ってゆき、税制も略奪的だったことから、経済はとてつもない打撃を受けた。一一二六年の金による侵攻後に宋があっけなく崩壊したことは、王安石の後継者を自認する

表 6 −10 国家収入・支出（1093年。1 ＝銀1,000kg）

収入		対全体比（%）	支出		対全体比（%）
（1）内蔵庫					
貴金属	15.60	0.5	防衛	19.35	0.6
貢納物	6.44	0.2	被災者救済	12.03	0.4
鋳銭	223.50	6.4	特定者・団体への後援	0.59	＜0.1
関税	10.30	0.3	他の国家機関等への補助	34.41	1.0
朝貢	2.26	0.1	遼／西夏への支払い	23.86	0.7
和買	92.45	2.7	皇太后の国葬	15.42	0.5
その他	67.67	2.0	内廷費	119.14	3.5
小計	421.76	12.1	小計	224.79	6.6
（2）元豊庫					
ミョウバン専売	21.97	0.6	防衛	16.33	0.5
塩専売	301.98	8.7	募役従事者への俸給	263.54	7.7
解州の塩	63.98	1.8	他の国家機関等への補助	0.39	＜0.1
酒専売	503.92	14.4	穀物輸送	17.09	0.5
労役免除金	395.93	11.3	専売経費	115.43	3.4
造酒場・渡し場の運営	143.65	4.1	造酒場・渡し場の運営	71.86	2.1
小計	1,431.42	41.0	小計	484.64	14.2
（3）茶場司	192.70	5.5			
茶専売	192.70	5.5			?
（4）戸部					
両税	1,107.45	31.7	官僚の俸給	43.56	1.3
商業税	328.02	9.4	兵士の俸給	1,133.23	33.2
人頭税	5.94	0.2	被災者救済	71.66	2.1
			内蔵庫への補助	16.16	0.5
小計	1,441.41	41.3	小計	1,264.61	37.1
（5）名称不明の機関			使途不明	1,437.06	42.1
合計	3,490.23			3,411.09	

注：税目や収入源は網羅されていない。

出典：Hartwell 1988: 71, table 8.

勢力の財政運営の失敗や腐敗のせいだとされた。一一二七年の開封陥落ののち華南に亡命した宮廷は、王安石の政治思想を否定し、新法のほとんどの政策を廃止した。とはいえ財政国家はしっかり根を下ろし、その後も消え去ることはなかった。[78]

経済生産性の大躍進

宋代にはかつてないほど市場が成長し、経済的生産性が伸びている。水稲農業が国民経済の屋台骨を支えるまでになり、茶、砂糖黍《さとうきび》、桑、藍などの換金作物の栽培も急拡大した。華南の豊かな森林は伐採され、成長著しい建設業や造船業、漆器製造業、製紙・印刷業に供された。主として華北に集中していた製鉄業や石炭生産業も飛躍的に発展した。各地の製陶業も、真磁器の製法が開発されたことや、海外市場が増えたことなどにより活気づき、成長していった。農作物だけでなく陶磁器や絹も、生産地が華北から華南へと徐々に移っている。水運が便利になったことや海上交易が活発化したことも、華南の商工業の成長を促した。貨幣供給量の急増と、新しい金融機関の伸長が経済の貨幣化を後押しした。それだけではない。商業が開花したことで都市化が進み、都市の性格が一変した。農村部に商業街〔鎮。注92を参照〕ができた一方、都市はそれまでの行政的・軍事的な役割に加え、商業活動の要衝としても重要な機能を果たすようになる。

宋代には喫茶が急速に広がり、茶は米、塩、醤《みそ》、油、酢、柴とともに家庭で消費される七大必需品のひとつになった。[79]このころは貯蔵と輸送の便をはかるため、茶葉は焙煎後に緊圧して四角く成形された。この塊を擦るなどして、粉末状にしたもの〔片茶〕を淹れた。固めない状態の茶葉〔散茶〕が次第に好まれるようになったが、完全に片茶に取って代わったのは明代に入ってからだ。都市の社会生活には今や茶館が付き物になり、あらゆる階層の人々が出入りした。品種が多様で等級も設けられたことから、茶をたしなむ人々の舌も肥え、さまざまな消費者に照準を合わせたブランド構築も行われるようになる。例えば饒州《じょうしゅう》（江西）の茶の場合、最も高級なものは一斤（〇・五九キログラム）あたり五〇〇文だったのに対し、一番安価なものはたった三七文だった。[80]中央アジアの遊牧民は茶を手にいれるためなら金に糸目を付けず、四川の茶場司は巨利を得ることができたという。辺境の市場でも華南東部産の茶を扱うことができるようになる一一〇四年まで、四川産の茶の三分の一は国境貿易に振り向けられていた。[81]

茶の栽培が広がるなか、起伏が多く稲作に不向きな華南の高地への定住が進んだ。福建の場合、宋の建国当時に二三万キログラムだった茶の生産量が、一〇八四年には一九〇万キロに増えている。栽培の担い手の大半を占める農村部の小農はふつう年間六〇〜三〇〇キロの収穫をあげていたが、地域によっては最大で一〇〇人ほどの雇用者を抱える大規模な私営・国営の農園もあり、三万キロもの茶を収穫していた[82]。宋代の末期になると、茶摘みは女性の仕事とされるようになり、茶の栽培業に携わる男性もほぼいなくなる[83]。塩と同じように、茶は政府の重要な収入源となり、複雑で厄介な規制の対象となることもあった。だが栽培が何万もの小規模農家に担われているとあって、茶の専売制を実施するのはなかなか難しかった。とはいえ、産地の集中化がかなり進んだこともわかる。一一六二年には、四川を除く五州だけで総生産量（一六〇〇万キロ）の五五パーセントを生産していた（地図6−6）[84]。

宋代の華南で重要な商品作物となったものには、茶のほかにも砂糖黍、藍、油桐《あぶらぎり》（油を船の撥水加工に使う）、柑橘類や龍眼、茘枝《れいし》などの果物がある。氷砂糖は華北や華中の都市で好まれる華南産果物の砂糖漬けをつくるのに広く使われた。中国で用いられていた糖汁の圧搾・精製技術は、無駄がないとはいえ労働集約的だった。製糖所には少なくとも一〇〜二〇人の労働力が必要で、砂糖黍から糖汁を搾り出すのに牛を使って碾磑《てんがい》を――おそらく搾油用のものを転用したのだろう――操作した。四川の砂糖産業について述べた一一四二年の論文によると、遂寧府の一部の県では、砂糖黍を栽培し、氷砂糖を製造する世帯が全体の三〇パーセントを占めていたという。だが経営の規模が大きくなることはなく、遂寧の氷砂糖業者が一年間に製造できる量はせいぜい数十瓶分にとどまり、一瓶か二瓶しかつくれない家もあった。結晶化の工程は時間がかかるうえ、天候に左右されやすかったので、多くの砂糖黍農家は糖汁を搾ると氷砂糖業者に販売していた。おそらく製糖を行っていたのは十分な資本と労働力のある荘園や寺田に限られ、小規模な栽培農家はこうしたところから必要な機器を借りていたのだろう。明代にはもっと高度な圧搾・精製技術が使われるようになったが、中国は欧米と異なり、プランテーション経済が発達して砂糖産業が拡大することはなかった[85]。

宋代には工業も、生産量や組織面でかつてない発展を遂げている。石炭や銅の採掘、製鉄、ミョウバン製造、造船、製塩、製紙、印刷は、いずれも飛躍的に伸びて事業規模が拡大し、経営が革新された。それまで自家消費や納税のために行われていた機織りは、市場向けの生産に転換した。薄絹や紙、漆器、陶磁器などの奢侈品の全国市場が形成されたことで、工芸品の地域特産化が進んだ。

技術革新と市場の需要に押され、製鉄がさかんになった[86]。鉄鉱山は華北に集中していたが、宋代には森林伐採により鋳造場で燃料に使う木炭が非常に入手しづらくなった。瀝青炭

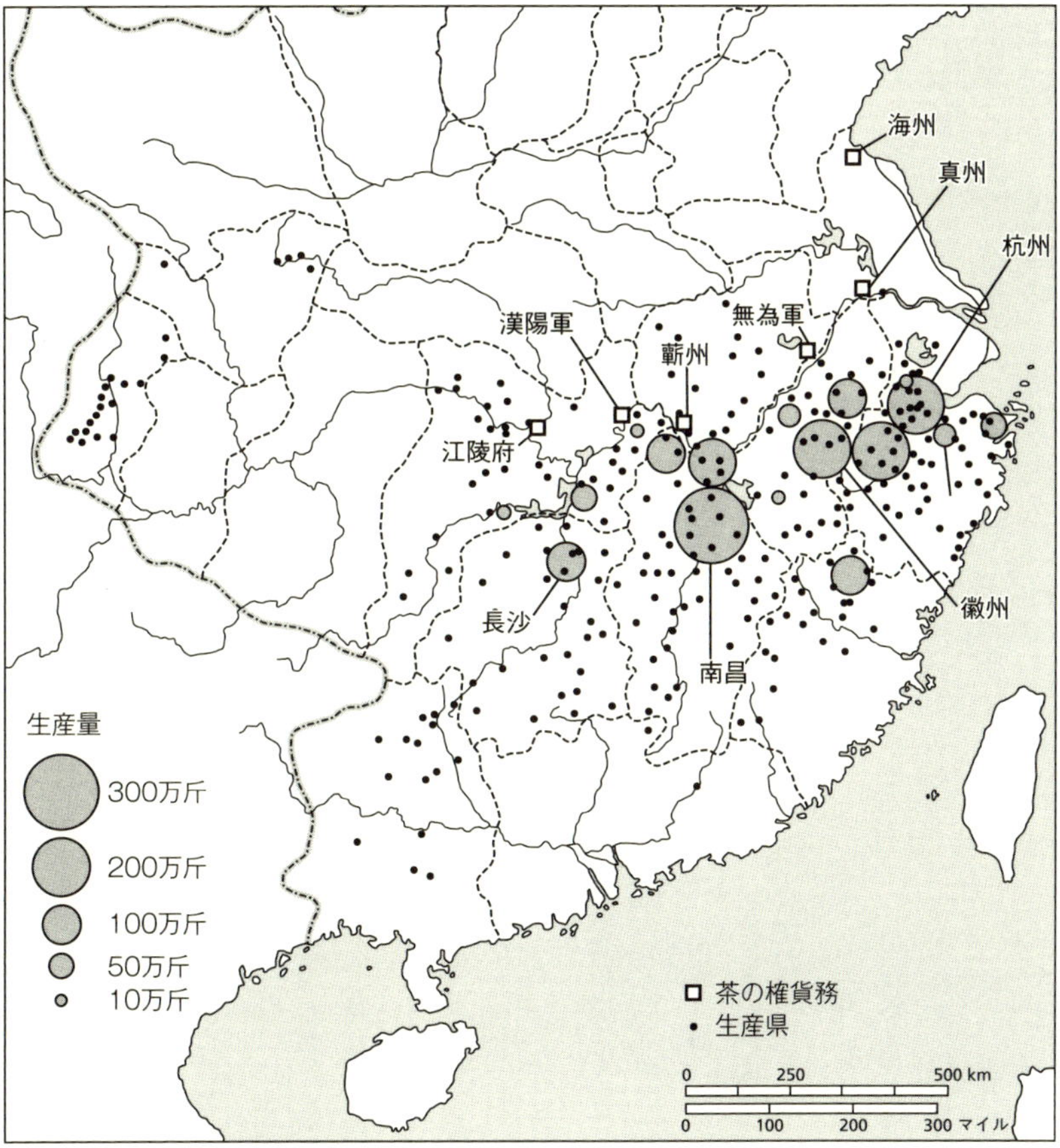

地図 6 - 6　華南東部の茶産業（1162年）

注：四川についてはデータなし。

出典：水野 2000: 95, 図3.

を使ったコークス製造法が発明されたことで、直接脱炭法（ベッセマー製鋼法）用の大型高炉に必要な燃料をつくることができるようになった。コークスと鉄鋼の製造にはかなりの資本が必要だが、規模の経済も大いにはたらく。利国（現在の江蘇省北部）にあった三六の私営鋳造場では平均一〇〇人の賃労働者を使って採掘やコークス製造、製錬を行っており、年間生産量は合わせて七〇〇〇トンだった。一一世紀後半における鉄鋼の年間総生産量はおよそ一二万五〇〇〇トンと考えられている(87)。利国をはじめ主要な製鉄地は、その多くが最大の市場である首都の開封周辺に集まっていた。開封の人口は、一一世紀後半には七五万人に達していたと思われる。開封にあった官営の武器庫兼鋳造場と鋳造場だけを見ても一万三〇〇〇人もの労働者が働いており、刀剣や甲冑、槍その他の武器のほか、鋸、槌、炉、釘、鍋釜、鍵、灯火器、針などの多種多様な器具をつくっていた。大規模な鋳造場では政府の武器庫兼鋳造場に納品する板鉄や鋳鉄を、農村部の小規模な工房では季節労働者を使い、地域の鍛冶工や農民が使う器具を製造した。

絹やヘンプ麻〔大麻〕が税物として必要とされることがめっきり少なくなった一方、消費者の需要が高まったことから、織物業には大きな構造変化が起きている(88)。唐代に好まれた多色使いの重い織物でなく、複雑な織り機でつくる軽い紗《うすぎぬ》の服をまとうのが新たな流行になった。こうした層を顧客基盤とする工房は、官営私営を問わず男性を雇い、高級な織物は熟練した技術をもつ男の工匠が織るものとみなされるようになる。ただ農村の女性は、家庭で絹布を織り続けた。金の侵攻を受けて征服される一一二〇年代まで、華北は技術においても生産量においても絹産業の中心だった。南宋期には亡命政権の都がおかれた杭州〔臨安〕が国民経済の中核になり、養蚕業の主舞台は杭州の周辺地域に移った。江南に生まれ育った陳旉《ちんふ》という人物は著書の『農書』（一一四九年）のなかで、長江デルタ西部は稲作にあまり向かない土地で、絹産業は住民にとり、唯一とはいわないまでも主要な収入源だと述べる。

> 湖州中でも安吉県の人びとは……ただ養蚕のみで生計をまかなっている。一〇人家族の家では一〇箔分の蚕を飼う。一箔当たり繭一二斤（約七・二キログラム）がとれ、一斤ごとに生糸が一両三分（約四八・五グラム）とれる。五両（約一八六・五グラム）の生糸で小絹一匹が織れる。一匹の絹は米一石四斗（約一三二・八リットル）に交換できる。絹と米との価は常に相い等しい。これによって毎年の衣食の費用を計算すれば、極めて標準（的な必要経費の数値）が得られるのである。一カ月の労働（の成果）が、一年間勤勉に〔農業〕労働した（成果）よりも勝って〔いる〕(89)。

安吉産の絹製品は、単純な絹布も、紗や綾《あやぎぬ》などの複雑な織物も品質のよさで知られ、特産物になった。だが、農村では絹織物の製造をやめ、蚕を飼って都市の織物工房におろす生糸の生産に専念する農家がほとんどだった。一二〇一年に公刊された湖州の地方志によると、資産のある家では機織り職人を雇っていたほか数百箔分もの蚕を飼っていたといい、何十人という職人を抱える大規模な工房の存在がうかがわれる。(90) 契約農家と仲買人、卸売商、旅商人からなる集合体によって、農村の生糸生産者と都市の製造業者や消費者がつながった。

製陶や製紙、印刷にも同様の技術の高度化や市場の成長が見られ、産業の発展が加速した。唐代後期から宋代初期にかけて、中国の工匠は真磁器の技術を完成させ、器の本体はもちろん、顔料と釉薬《うわぐすり》もガラス化した。地方的な特色のある様式が全国に次々と生まれ、なかでも華南の景徳鎮（江西）は青みがかった白（「清白」）のつややかな磁器の産地として異彩を放っていた。製鉄業と同じように製陶業も、労働者の専門分化や大規模な資本投下という特徴をあわせもっていた。窯場《かまば》や陶磁器工房のなかには共同出資の形をとるところもあった。景徳鎮には宋代に三〇〇以上の窯場があったと言われ、そこでは一万二〇〇〇人の熟練労働者、そしておそらく同数の未熟練労働者が働いていたと思われる。(91) 景徳鎮よりも小さい生産地でも、窯場や資本、熟練労働者の集中という特徴が見られた。吉州永和鎮（江西）は一〇世紀半ばに陶磁器の中心的な生産地として躍進し、一一世紀には政府から正式に鎮として認められた。(92) この地に住む歴史家は、「六つの大通りと三つの市場（六街三市。大都会を表す詩的表現）」をもつ永和鎮には数千世帯が住むと、誇らしげに書いている。暗い色の釉を施した吉州窯は一二世紀にいっとき海外でもてはやされたこともあるが、その後は背景に退き、景徳鎮の磁器に道を譲っている。(93)

宋代には絹に代わって白磁や青磁が中国の主要輸出品となり、海外での需要の高まりとともに、生産地の地域分布が変わった。景徳鎮や定州（河北省）、龍泉（浙江省）の精緻な磁器は国内でたいへんな人気を集めたが、龍泉窯を除くと、輸出されるものはあまり多くなかった。むしろ輸出に便利な沿岸地域に、陶磁器の生産地が新たに広がった。まずは広東、次に福建へと拡大している。一一世紀後半には高品質の陶磁器を生産する大規模な窯場が泉州近郊の五〇カ所に次々とあらわれ、一〇八七年には泉州に税関（「市舶司」）がおかれた。泉州の陶工ははじめ景徳鎮の高級な清白磁に似たものを生産していたが、一二世紀半ばには独自の様式を編み出し、日本をはじめとする外国で人気を博した。泉州の製陶業では高度な専門技術や経営知識、潤沢な資本に加え、海外市場についての情報が不可欠とされた。広東省や紹興など古くからの生産地が勢いを失って製品が輸出されなくなり、泉州の製品が海外市場を席巻したことは、製陶業者が熾烈な競争にさらされていたことの証左だ。[94]

木版印刷の技術は唐代初期に開発されていたが、宋代になるまで、この技術は仏典の複製に用いられるほかは、暦や御符といった消耗品の生産にもっぱら使われていた。宋代に科挙の制度が定着し、学校が次々と建てられるようになると、書籍の市場が膨らんでいく。政府みずから官撰の儒家経典、歴史書、行政や法令などの事典、さらには医書や技術書を刊行した。南宋期には学校や私企業が出版の主軸を支えた。私企業は官刻の書籍と似たものを廉価で出していたが、政府があまり関心を示すことのない詩や回想録などの非公式な文書も出版した。印刷・出版業の中心地は、北宋期には開封と四川だったが、南宋期には杭州に移っている。[95]

絹や酒、茶、陶磁器、書籍などの消費財の消費量の増加は、宋代に商業が発展したことを物語っている。貨幣供給量の激増も金融分野の変革も、また技術・経営・水運における進歩も、市場経済の成長に役立った。[96] 生産と交易が活発になったのは政府調達によるところが大きいが、調達物資のうち、市場で購入したものの占める割合は大きくなっていった。張錦鵬の見積もりによると、北宋期における商品流通量は、米の量に換算して一人あたり一四八リットルだというが、これは一九世紀前半の商品流通量として引き合いに出されることの多い数字（一人あたり六九リットル）の二倍だ。[97] 一九世紀の値が小さすぎるとも考えられるが、宋代に民間購買力が中華帝国史上で最も高かったことは異論をはさむ余地がなさそうだ。

宋が華北を失い（一一二七年）、杭州〔臨安〕に都を移してからは、江南が中国の経済的な中心地の役割を果たし続け、中原地域は背景に退いていった。もっとも、一〇七七年の商業税収入の地域分布からもわかるように（地図6－7）、長江下流域は北宋期からすでに、どこよりも商業活動が活発な場所として浮上し始めていた。都のおかれた開封の税収は第二の都市である杭州の五倍で、ここが商業都市として群を抜いていたことは明々白々だ。だが開封を除くと、商業活動は南東部、とくに滁州《じょしゅう》から杭州にいたる大運河帯に集中していた。一〇七七年の税収が最高水準にあった一五都市のうち、九都市は長江下流域に位置している。商業活動が広範にわたって行われたことも特筆に値する。全商業税収入のうち、開封の占める割合は五・二パーセントで、税収が三万貫を超える他の二七都市の税収の合計は全体の一五・二パーセントだった。一万〜三万貫の商業税収入のある都市や町九九カ所のうち、五六カ所は州府がおかれている場所で、四三カ所は県か鎮だった。[98] 一〇七七年の史料にある五二〇の鎮からの商業税収入

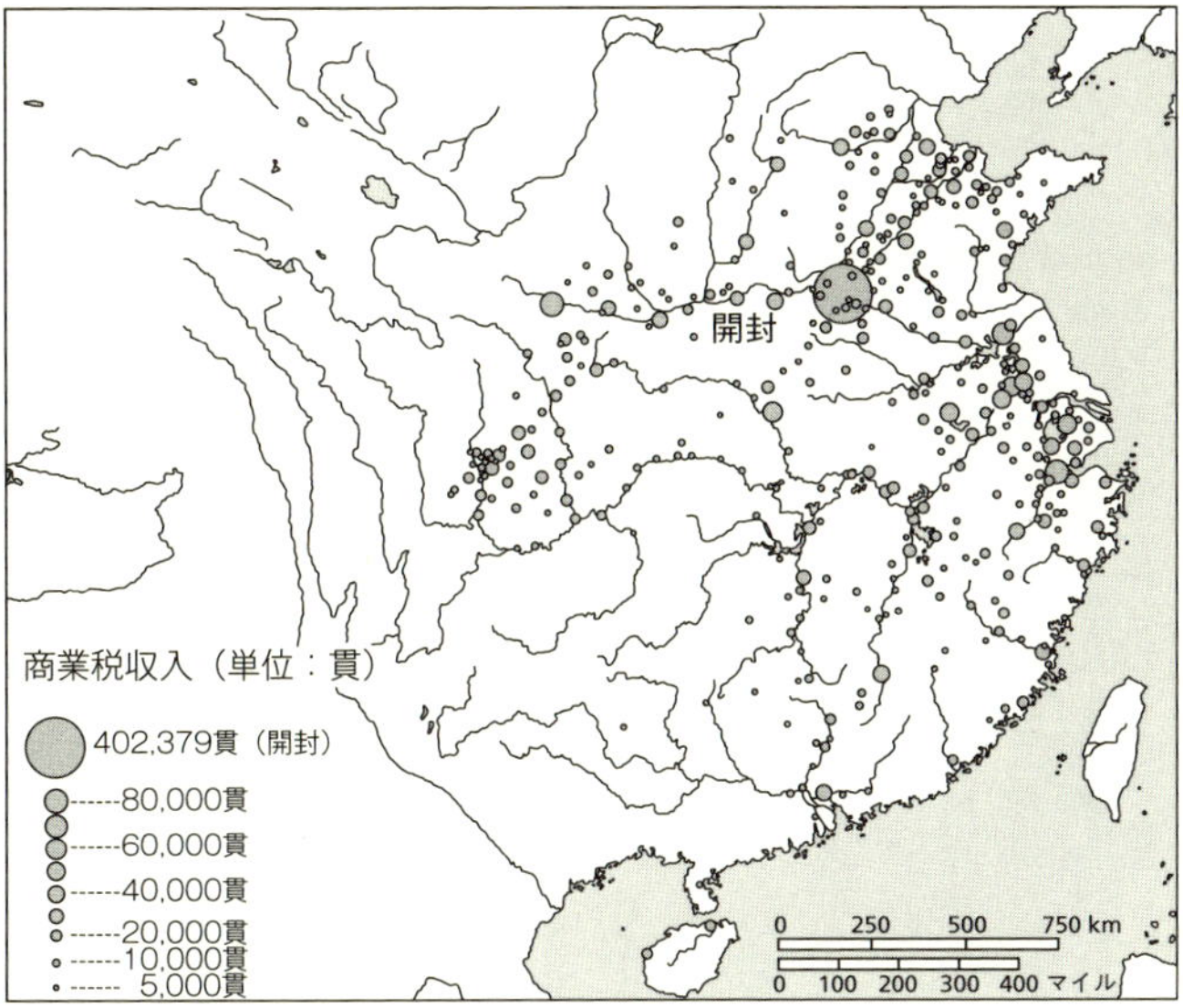

地図6－7　商業税収入の地域分布（1077年）
出典：陳正祥 1982.

は、全体の二九パーセントを占めていた[99]。かつて都市は政治権力の集まる突出した場所だったが、宋代の都市には商業活動という社会の血液が流れていたのだ。

商業税に関するこのデータは都市人口の規模と分布に関するデータの代わりになるかもしれないが、北宋期にどれだけ都市化が進んでいたかを計測するのに直接役立つ史料はない。南宋期の州レベルのデータからは、都市化の水準に地域差があったことが見て取れる。内陸部の高地にある徽州（安徽）が三パーセントだったのに対し、海洋貿易で栄えた泉州（福建）は二五パーセントと幅がある。当然ながら、開封と杭州は飛び抜けて高かった。一三世紀半ばの杭州では、都市住民に分類される世帯がおよそ一七万五〇〇〇世帯（州総人口の四六パーセント）にのぼり、これにおよそ一万人の役人と一〇万人の兵士が加わる。首都郊外の非農業人口を含めた杭州の総人口は、一五〇万人に達していたかもしれない[100]。南宋期の都市人口は全体の二〇パーセントという高い割合だったと推定する研究者もいるが、一二パーセントの範囲内にとどまるのではないか[101]。ヤン・デヴリーズの見立てによると、近世ヨーロッパの都市化率は、一五〇〇年が九・六パーセントで一八〇〇年が一三パーセントというから、南宋は近世ヨーロッパとほぼ同じくらい都市化されていたことになる[102]。

宋の都市化を推し進めたおもな要因は商業の成長だが、都市化に及ぼした影響は千差万別だ。起伏の多い徽州の地形は農業に不向きで、都市の成長にもたががはめられた。徽州は杭州をはじめとする江南の都市に茶や漆器、材木、紙を供給して栄えたが、一二二七年の都市人口は四〇〇〇世帯（全体の三パーセント）に満たず、その半分近くは徽州の都市部に住んでいた。[103]他方、長江デルタの肥沃な農業地帯である湖州は、都市人口の規模に関するデータはないものの、都市と町が密度の高いネットワークでつながっていた。すでに述べたように、湖州は南宋期に絹産業の中心地となり、養蚕業と茶産業の大半は州西部の丘陵地を拠点にしていた（地図６－８）。湖州と一一の鎮の人口は、西部の丘陵地と東部の低地に均等に分布していた。だが、新市、南潯《なんじん》、烏青など、平均的な県城に比べて商業税収入がはるかに多い最大級の鎮も、それより小規模な多くの町も、東部の低地に集中している。東部は余剰米の量も多いうえに水運の便がよく、熟練度の高い都市労働者がいた。宋代以後、湖州では商業や都市の成長は東部に偏ってゆき、西部は影が薄くなり、貧しく人口のまばらな地帯になった。[104]

まとめ

唐宋変革期には官民を問わず広範な制度変革が起き、それにより経済も国家も大きく変わった。土地や労働力、資本などの生産要素の市場で競争が激しくなったこと、新しい生産資源があらわれたこと、官民両部門で需要が高まったことにより、持続的経済成長が促されたのだ。土地の私有がほぼ自明のことになり、税が銭納化され、ほとんどの人が労役から解放されたことで、経済資源の分配がもっと合理的になった。貨幣供給量が増えて官民で金融仲介業務が活発化し、貿易と投資が円滑に行われるようになった。食糧生産や繊維産業、造船、金属工業で生産量が飛躍的に増えたのは新しい知見が得られたためというより、むしろ既存の技術が従来よりも広範囲に使用されるようになったこと、とくに非常に豊かな資源基盤をもつ華南に技術が移転されたことによる。水稲栽培への転換によって食糧生産が大幅に増えたこと、茶や砂糖をはじめとする新しい食品の消費が増大したこと、華南の豊富な森林資源に対する造船業や製紙業、印刷業、漆器産業の需要が増したことに助けられ、商業の成長と所得の向上、消費者需要の多様化が起きた。市場の拡大によって各地に特産物が生まれている。代表的なのは高品質の絹や陶磁器、紙、漆器、茶などだが、それだけでなく、特産地では大量消費向けの廉価商品もつくられた。

民間経済と国家の関係も変わった。安史の乱ののち、土地と労働力に対する政府の統制が弱まり、増収をはからねばな

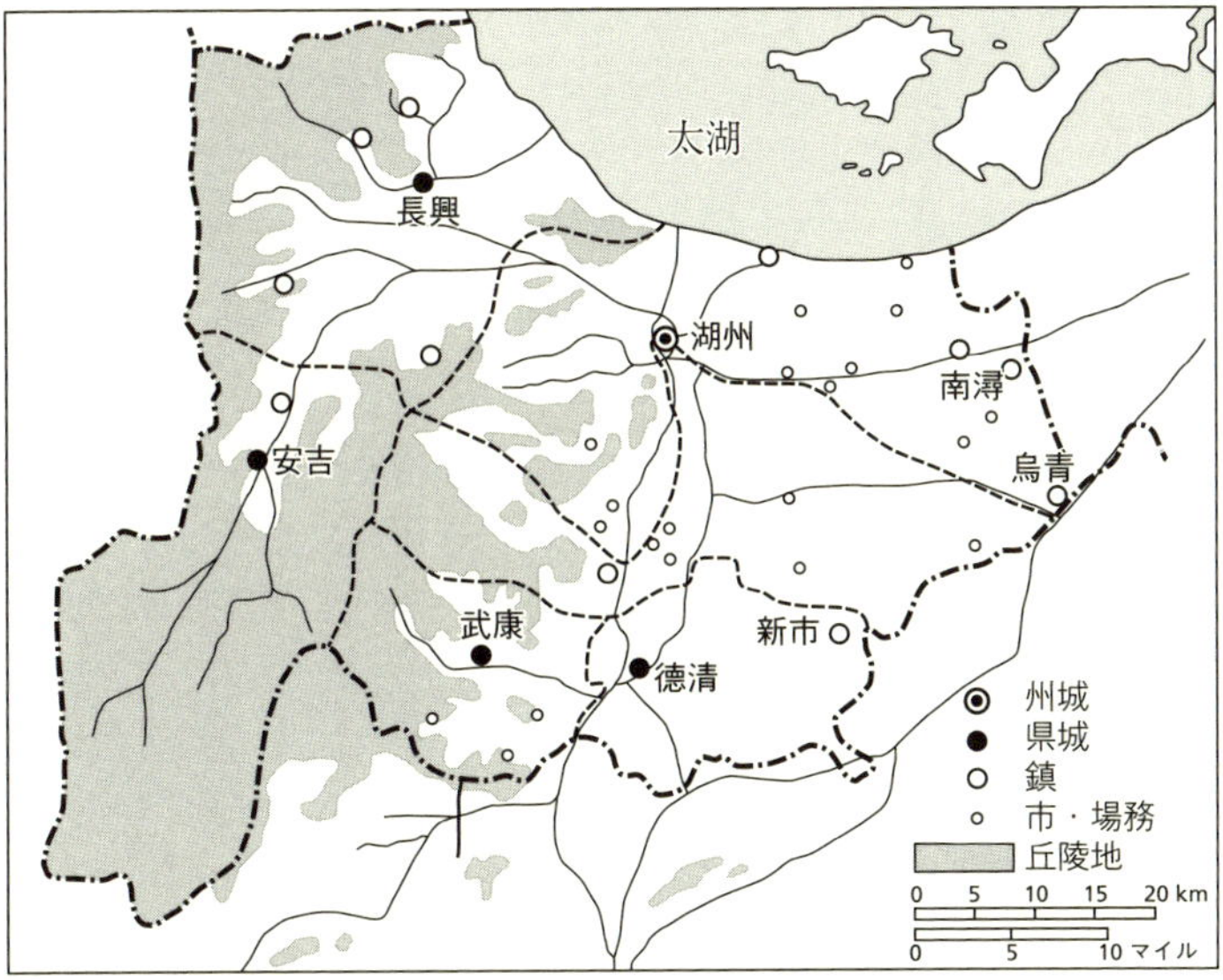

地図6－8　南宋期湖州の市・鎮・場務
出典：斯波 1988: 384.

らなかった唐の宮廷は、間接税、とくに消費税に頼らざるをえなくなった。この流れは一〇世紀に唐王朝が崩壊すると加速する。対立国間の戦乱は、ことに華南では国力増強に役立つ重商主義的な財政金融政策の推進につながった。宋王朝は民と資源を十分に掌握できたが、建国のときから北部辺境に存在する強力な遊牧民国家の脅威にさらされていた。宋の指導層はもっぱら商業への間接税によって、傭兵からなる大規模な常備軍の維持費用をまかなおうとした。一一世紀の末にかけて人口は三倍になり、耕地は五〇パーセント増えたが、土地税からの収入は横ばいだった。王安石と後継者が施行した新法には、拡大する商業部門からの税収を増やす、そして産業の商業化に付随する経済格差を和らげるという、ふたつの目標があった。当初こそ有望な成果がいくつかあがりはしたものの、結局のところ、いずれについても持続的な成功を収めるにはいたらなかった。

　新法は南宋期に廃止されたが、唐宋変革期に帝国が再建される過程で、秦漢両帝国で考えられた軍事重農主義国家の構想とは著しくかけ離れていく。一〇世紀の統一権力のない時代や新法政権のときなど、国家の財政政策のなかで「擬似・管子」の重商主義や、前漢武帝の顧問が考案した介入主義的な政策が息を吹き返すことはあった。王安石とその後継者は、漢代の桑《そう》弘《く》羊《よう》と同じように、重税を取り立てたとか、国家権力を行使しておのれの権力欲のために民の富を奪ったとの非難を浴びた。だが軍事重農主義国家の土台をなす部分、つまり国家による土地給付、さらにはすべての成人に等しく課せられる税と労役によって達成される経済的平等は、とうてい実現不能だった。土地はすっかり私有化され、両税法を支える累進課税の原則は、土地と富におけるひどい不平等という現実の前に崩れていく。塩専売制や王安石の市易務に見られるように、宋の財政運営は武帝の介入主義的政策を部分的に踏襲し、桑弘羊の平準法を下敷きにした。しかし秦漢両帝国とは違い、宋の税制は間接税への依存度が著しく高く、しかも市場の力を押さえ付けるのではなく利用することがめざされていた。そんなことから、入中制では政府が運営する非効率な調達・運輸手段に代わり、商人を誘導して辺境軍に糧食を届けさせた。塩の専売利益の大半は、譲渡可能な有価証券として民間経済で活用された塩引がもたらしたものだ。利益の多い酒の専売制も、宋の財政を消費税が支えていたことを浮き彫りにしている。政府はみずから醸造所を経営するかたわら、小規模な私企業に任せたほうが有利な地方では、製造権と販売権を販売した。市場の成長に呼応して税収を増やそうとするという伝統は、やはり王朝が不安定だった南宋期にも受け継がれる。

第7章　江南経済の繁栄期
——一一二七年〜一五五〇年

一一二七年に金が華北を征服したことで、四世紀はじめの遊牧民侵攻後の分裂時代と同じように、中国は分断された。それから二世紀半のあいだ、はじめは女真人に、次はモンゴル人にと、華北は外国の征服者に支配され、かたや南半部の統制権は南宋の亡命宮廷が維持した。北宋の指導層を悩ませた軍事面と財政面のジレンマは、南宋でも最後まで解消しなかった。とはいえ、王安石の新法のような国家主導の大胆な取り組みは、一一二七年の華北喪失後は支持を失っている。南宋期に政治思想として関心を集めた新儒学では、道徳の刷新を訴え、国家主導の制度変革よりも各地の指導者が行う地域に軸足をおいた改革の大切さを唱えていた。それでも、税制や軍需物資調達の市場メカニズムを通じての近代化という動きが途切れることはなかったし、むしろ南宋末にかけて強まりさえした。ただいずれにせよ、国家は一三世紀はじめに財政運営の力を突如失った。一二〇五〜〇八年にまたも金とのあいだで戦争状態となり、四川では内戦を抱えたことから、中央政府はすっかり破産し、破滅的な財政金融政策の実施を余儀なくされた。一二三四年にモンゴルが金を征服したが、辺境地帯での緊張を高めるだけだった。南宋に対するモンゴルの侵攻が一二五七年に本格化すると、宋の指導層は長江デルタの大土地所有者から土地を接収するなど、再び抜本策をとったが、惨憺たる結果に終わった。一二七六年には大カーン・チンギスの孫にあたるクビライが率いるモンゴル軍が宋の都、杭州〔臨安〕を掌握、一二七九年にはモンゴルが宋の最後の皇帝を退位させる。

　中原の喪失と杭州への遷都により、宋帝国の農業・商業の中心地としての江南の存在感が大きくなった。華北からの避難民で江南の人口は膨れ上がり、一一〇二～一二二三年の南宋全土の増加率は九パーセントだったが、江南では五〇パーセント近く増えた(1)。長江デルタに水利田が広がって鎮や交易網が発達し、杭州をはじめとする大都市と、農村部の穀物や絹織物の生産者がつながった。都市の成長、さらには江南の町や農村における消費需要の増大により、長距離交易と地域特産化が後押しされた。その後も王朝の興亡が繰り返されはしたが、江南は一九世紀まで、中国経済における商工業の中心地として他を圧倒し続ける。

南宋の財政政策

金による華北征服ののち、宋の軍事状況は前にも増してぬきさしならぬものになった。国家存続のためには抜本的な財政手段を講じなければならなかったが、王安石とその後継者による重商主義的取り組みが失敗して支持を失い、国家の変革力がそこなわれた。ただ他方では新しい政治的・知的な空気が広がり、儒学を学んだ各地の名望家は、例えば教育の機会拡大、道路や橋、水利施設などのインフラの改良、農民のための飢饉対策や債務救済など、民間による小規模な改革への傾斜を深めている(2)。思想的にはこうした流れが生まれていたが、戦費の負担という厳しい課題を突き付けられていた帝国政府は、税をかき集めるため、はるかに徹底的な努力をせねばならなかった。

金との戦争が続くあいだ、宮廷は財政の権限を武将たちに譲り渡した。高宗（在位　一一二七年～一一六二年）と宰相の秦檜《しんかい》が金側との交渉の末、一一四一年に休戦に持ち込み、華北に対する金の支配を認めるに及んでようやく、宋の指導層は財政基盤の再建に手をつけることが可能になる。華北の喪失により、帝国の政治経済活動、そして国境防衛のための物資の調達・輸送方法は一変した。宋の防衛線はそれまでと同じように広大な領土に沿って東西に広がっていた。淮河《わいが》流域の湿地には自然の防衛壁がいっさいなく、今や宋金両軍の最前線だった。宋は部隊のほとんどを長江南岸にある大きな軍営地に配置し、少数の部隊を国境近くの前線に割り振っている。だがそこから遠く離れ、北宋期からすでに財政・金融面での独自性が強かった四川は、新都のおかれた杭州からも距離があり、中央政府の統制が及ばなかった。宮廷は北宋期の領土の半分近くを失ったが（三二〇以上あった州が一七〇になっている）、人口についてはおそらく三分の一しか減っていない。何よりだいじなのは、杭州の亡命政権が帝国で最も豊かな地域の支配を維持していた点だ。

一一四一年に金との休戦を国内で認めさせると、高宗と秦檜は文民による支配を回復するためすかさず動いた。秦檜は宋の開祖を思わせる巧みな政治手法を使い、大物武将たちから指揮権を取り上げた。華北回復を先頭に立って唱えていた岳飛に対してはもっと過酷なやり方を使い、投獄のうえ秘密裏に処刑している。こうした流れにもかかわらず、呉玠《ごかい》という武将は四川に自身の王国のような体制を築き、その子孫は一二〇七年にいたるまで軍事と財政に関わる権力を行使した。秦檜は四川を除く地域で軍に対する文民統制を回復するなかで、長江沿岸の運輸の要衝三カ所に「総領所」を設け、軍糧の供給を担わせた（地図7－1）。一一四九年には四つ目の総領所が四川に設けられたが、ここは呉氏の武将の掌中に収められている。

宮廷は唐がたどった道、つまり各地に軍閥が割拠し、帝国が分裂していく事態を防ぐという肝心な目標を達成した。だが財政資源の中央への集中は、一筋縄ではいかない。膨張する戦費をまかなうべく、一一二〇年代から次々と緊急課税を打ち出した。その主軸をなしていたのは、「経総制銭」という税目で集められたさまざまな銭納税だ（その大半を各種の酒税が占める）。一一三〇年代はじめごろに宮廷は、年一回でなく毎月徴収する「月椿銭《げっとうせん》」という付加税を地方政府に納めさせるようになり、これを受けて地方政府は多種多様な料金や印紙税、酒税を考案した。[3] 辺境軍向けの物資や防衛費、月椿銭は総領所と内蔵庫に直に送られ、転運使の管轄外だった。一一四一年の休戦後、これらの臨時税は地方政府へ経常的に課される税へと変わる。[4]

北宋期と同様、内蔵庫〔帝室財政を管掌する〕と戸部《こぶ》の分離という状況は、南宋期にも認められる。内蔵庫はそれまでに得ていた税収に加え、新税の一定割合も確保した。また、帝室は提点刑獄司や提挙茶塩司（地域によっては提挙常平司）などを各路におき、一部の財政権をそこに移して戸部の権力を弱めた。例えば辺境軍への物資の輸送や防衛費は〔戸部の所管する〕転運使でなく提点刑獄司の管轄になり、提点刑獄司は内蔵庫と総領所にこれらを直接納めている。地方の財務機関は国家税収の六〇パーセント近くを、またほかの機関からの移転分を合わせると支出の七〇パーセント強を担うまでになった。戸部の扱う税収は全体の一七パーセントにすぎなかった（表7－1）。総領所は転運使や戸部を飛び越えて、地方から税を手に入れた。鎮江におかれていた淮東総領所は、さまざまな税を徴収している（表7－2、地図7－1）。

一一六〇年代には淮東総領所から兵士六万八〇〇〇人分の物資が送られた（兵力のうち五万人は前線に配備されている）。税穀の大半は江東路と江西路の両税収入だが、少なくとも二〇パーセントは江西路の市場で、和糴《わてき》を通じて買い上げたものだった。これに対し、現金収入源のほとんどは両浙路の塩

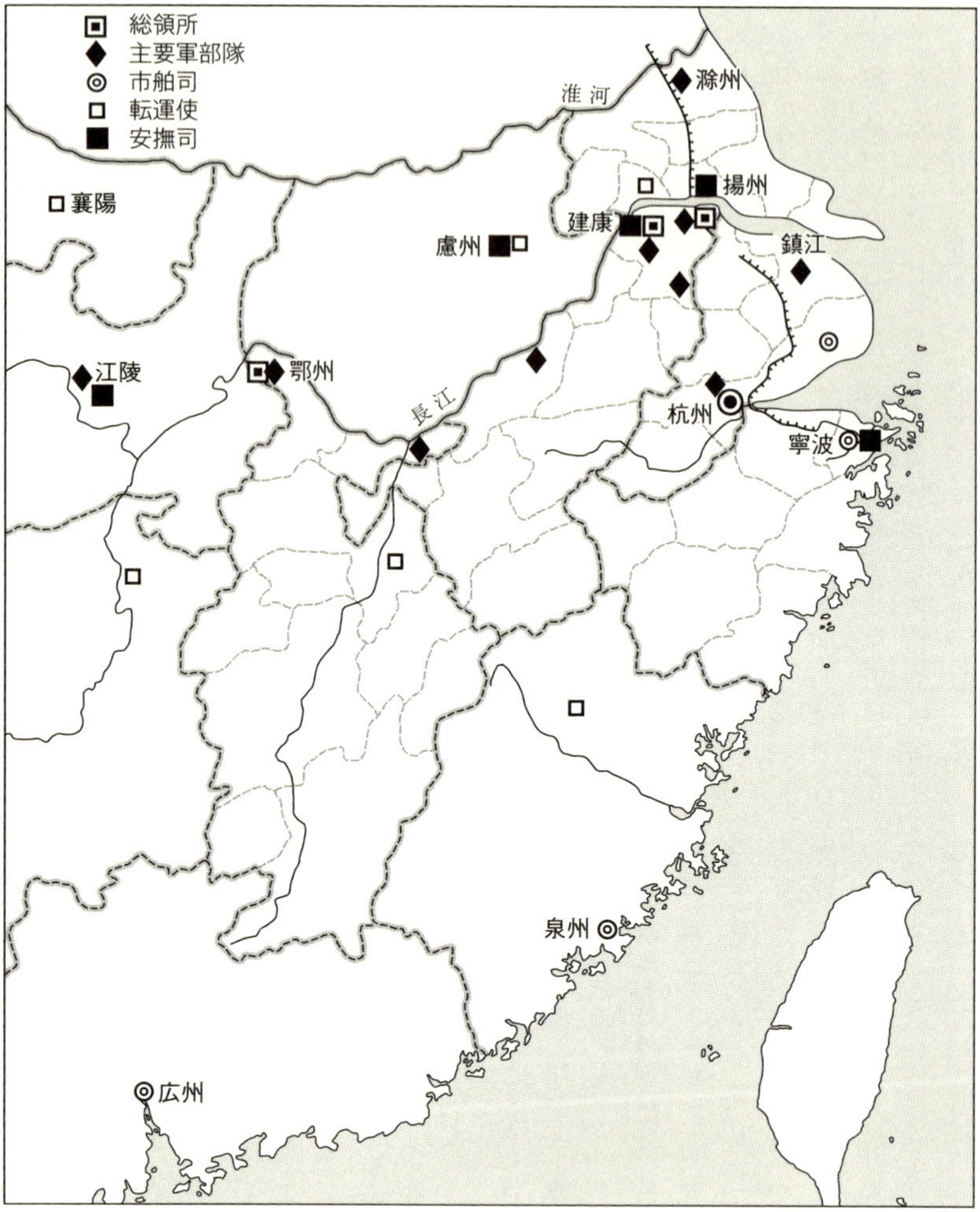

地図７－１　南宋期の軍需物資供給体制
出典：長井 1992: 1249, 地図3.

表7-1　政府収入（1172年）

帝室			**戸部**			**地方財務機関**		
	収入	対全体比(%)		収入	対全体比(%)		収入	対全体比(%)
(1)内蔵庫	134.37	6.1	(5)左蔵西庫	371.98	16.8	(7)転運使	611.21	27.6
経総制銭	88.67	4.0	土地税	99.53	4.50	土地税	362.02	16.4
貢納	0.21	＜0.1	酒専売	159.17	7.2	塩専売	249.20	11.3
鋳銭	5.68	0.3	人頭税	20.36	0.9			
関税	33.88	1.5	(身丁銭)			(8)保甲	120.72	5.5
その他	5.93	0.2	大礼のための税	2.01	0.1			
						(9)総領所	525.93	23.8
(2)帝室	109.71	5.0	物品専売	90.94	4.1	造酒場・渡し場の運営	46.62	2.1
和買	109.21	4.9						
その他	0.50	＜0.1	(6)犒賞酒庫	12.26	0.5	物品専売	181.88	8.2
			酒専売	12.26	0.5	経総制銭	230.37	10.4
(3)左蔵南庫	178.81	8.1				月椿銭	67.06	3.0
造酒場・渡し場の運営	69.23	3.1						
その他	109.59	4.9						
(4)権貨務	148.23	6.7						
総収入		25.9			17.3			56.9

出典：Hartwell 1988: 74, table 10.

表7-2　総領所の収入（1164年頃）

収入	**税種**	**地域**
米（石）		
600,000	両税	江東路、江西路
150,000	和糴	江西路
？*	和糴	両浙路
合計：750,000＋		
貨幣（貫）		
360万	塩専売	両浙路
180万	経総制銭、折帛銭	蘇州、常州、鎮江（両浙路）
156万	月椿銭	江西路
合計：596万		

*両浙路では臨時の和糴が行われていた。

出典：長井 1992.

の専売収入だった（全体の六〇パーセント）。インフレ調整後の淮東総領所の税収は（主として貨幣価値の低下のためにインフレが起きた）、南宋期末まで変動していない(5)。

淮東総領所の数字が示すように、南宋期には物納から銭納への転換が加速した。一二世紀後半時点の米価に換算すると、淮東総領所の現金収入は全収入の七五～八七パーセントを占めていた。穀物で支払われる両税からの収入の全国合計は、一一世紀には年間二五〇〇万～三〇〇〇万石だったが、一二世紀後半には六〇〇万石に減っている(6)。すでに述べたとおり、南宋の政策立案者は経総制銭や月椿銭など、銭納のさまざまな付加税を設けた。この付加税による収入は、正規の両税からの収入のほぼ半分に達した。南宋の税制はつぎはぎが多いので、この時代の政府の収支の全貌を明らかにすることは難しい。一二世紀半ばから末までの断片的な数字をまとめると、付加税と物品専売の収入は、新法時代における現金収入の合計額のピーク（七三〇〇万貫）に等しいことがわかる（表7－3）(7)。だが穀物価格の上昇を考慮して修正すると、南宋期の最初の一世紀における一人あたり実質税収は新法時代に比べると多くはない(8)。

皮肉なことだが、中央政府がさまざまな付加税を設けた結果、地方の自立傾向が強まった。地方機関は割り当て分を達成するため、しばしば非正規税を使ったり、支出削減の方法を考えるなどした。一一八二年ごろに作成された福州（福建）の収支関連の文書からは、予算支出をまかなうのに必要な貨幣収入のうち、正規の税の占める割合が五三パーセントにとどまっていたことがわかる（表7－4）(9)。そこで福州では、例えば兵士や警察官を定員数の八三パーセントに抑えるなどして、支出を大幅に減らした(10)。各地の住民が負担すべき税の割り当てを決めていたのは杭州の政策立案者でなく、地域の行政長で、この人々は競合する関係者の利害の調整も行わねばならなかった(11)。家産に基づく累進課税の実施は成功したと言えるかもしれないが、税負担の地域差は鮮明になっている。

南宋の財政難に貨幣発行量の著しい減少が重なり、政府への支払いにおいても民間の商業活動においても紙幣への依存度が強まっていった。一一世紀に急増した銅生産量は、おもな鉱山が掘り尽くされたことから、九〇パーセント以上減少している。貨幣が不足したため、地方機関や両替商は為替手形を発行したが、首都のほか一握りの都市で流通する程度だった。金と再び干戈を交えていた一一六一年、杭州の宮廷は会子という新しい紙幣を東南部で使うことにした。これとは別に、四川では一一〇七年に、交子に代わって銭引という紙幣が新たに使用されるようになっていた。はじめの数十年間は政府も紙幣の管理に慎重で、流通量を制限したり、硬貨のほかに会子での納税を義務付けたりしたほか、ときには銀準

表7－3　南宋期の中央政府の貨幣収入（単位：100万貫）

	四川＊（1142年頃）	**東南路（1185年頃）**	**東南路（1185年以外）**
両税上供	2.0	2.0	
酒税	2.0		6.3（1160年頃）
塩専売	1.9		27.0（1169年頃）
茶専売	0.5		4.2（1175年頃）
物品専売／和糴／和買収入合計		44.9	
経総制銭	1.2	14.4	
月椿銭	—	4.0	
紙幣交換手数料	0.2	—	
合計	7.8	65.3	

＊四川の数字は銭引の価値に換算しているため50％小さくなっている。銭引は東南路で銅銭／会子のおよそ半分の価値で流通していた。

出典：郭正忠1985: 179, 表6, 181, 表8; 汪聖鐸1995: 703, 付表4, 706, 付表6, 716, 付表7.

表7－4　福建路福州の現金支出（1182年頃。単位：1000貫）

州予算支出		700.0
中央政府への納入分		542.9
上供銀＊	251.2	
上供銭	6.0	
経総制銭	245.8	
その他	39.9	
支出合計		1,242.9
収入		660.0
赤字		582.9

＊銀による支払い額は文に換算。

出典：包偉民 2001: 264, 表6–7.

備を使って余剰紙幣を買い戻すなどした。会子の信用度が高まったことで自信をつけた宮廷は淮南と湖北・湖南に別の紙幣を導入、それにより帝国は四つの貨幣圏に分かれていく。[12]

ところが一三世紀はじめに財政が逼迫して宮廷は膨大な量の紙幣を発行、その結果、貨幣価値が大幅に低下した（表7－5）。一二〇六年、宋は金に無謀な軍事攻撃を仕掛け、そのうえ四川では呉氏の武将が宋からの独立を宣言、これにより軍事支出が激増することとなった。政府は会子の流通量を六〇〇〇万貫から二億三〇〇〇万貫へと四倍に増やした。会子の市場価値はまたたく間に額面の六〇パーセントに減り、大底をつけた一二四〇年代には、七五パーセントも下落した。[13]にもかかわらず、少なくとも大型取引では官民の別を問わず、会子と銭引はほぼ銅銭に取って代わった。一二一五年以降に行われた土地取引の大部分は紙幣建てで行われている。[14]銀もまた——銀貨でなく銀地金だが——貨幣供給において重要な要素だった。表7－4が示すように、福州から中央政府に納められる税の四六パーセントを銀が占めていた。役人や兵士に対する俸給のおよそ三〇パーセントが銀で支払われ、政府は塩引や茶引の代金の少なくとも二四パーセントを銀にすることを義務付けた。[15]交換手段としての銅銭の需要が落ち込んだことにより、外国市場、とくに日本に対する貨幣の輸出が活発になった。会子が使用されるようになって間もない一一七〇年ごろに、日本への輸出が始まっている（後段を参照）。

現代の歴史家は、当時の儒者の主張さながらに、政府支出の放埒さと過剰な課税のせいで農民が困窮して経済的不平等が激しくなり、モンゴルによる征服という屈辱的な事態にいたったと、あたかも宋が略奪的な国家だったかのように描くことが多い。[16]こうした歴史家は、商業や消費に対する新税がさかんに設けられたこと、また一三世紀に紙幣が乱発され、貨幣価値が下落したことを重要な点として指摘する。だが財政・金融政策が民間経済を混乱させたという説を、税負担の計量分析で裏付けることはできていない。[17]宋の財政運営に関する否定的な説では、一一世紀半ば、郷ごとの両税徴収額が実際の人口や農業生産量とは無関係に固定されたことが見過ごされている。[18]この措置の結果、人口や耕地面積、農業総生産量の大きな増加にもかかわらず、両税収入は王朝末にかけてほとんど変化しないどころか、減少さえした。ロバート・ハートウェルは中央政府の税収を再集計し、税負担を最も徹底的に計量化している。その研究によれば、一〇七七年から南宋末期にいたるまで、帝国で生産された財貨の総額に対する国家の税収割合はほぼ一定していたという。[19]

農村世帯に関する研究も、重税が農村を窮乏化させたという説に疑問符を突き付けている。長井千秋は江南の人々の世帯収入と納税額を計算し、二〇畝の高収量田（あるいは四〇

表7－5　南宋における会子流通量

発行回次	流通期限（界）	発行量（単位：100万貫）	発行時の流通量（単位：100万貫）
1	1168-71	10	10
2	1170-73	10	10
3	1171-80	10	10
4	1173-83	10	10
5	1180-86	10	20
6	1183-89	18	28
7	1186-95	23.23	[41.2]*
8	1189-98	?	[46.5]
9	1195-1204	30	[53.2]
10	1195-1205	?	[60.0]
11	1204-11	36.33	83.9
12	1204-11	47.58	83.9
13	1207-11	55.48	139.4
14	1211-34	112.63	232.44**
15	1211-34	119.80	232.44**
16	1231-40	133.55	365.9
17	1234-64	139.86	273.4
18	1240-76	?	?

*［　］内の数字は推計値。発行回次8については発行回次7と、10は9と発行量が同じであるとの想定で算出した。

**発行回次14以降、政府は流通期限を固定するのをやめ、同じ会子を長期間にわたって発行するようになった。したがって、発行回次14と15の「発行時の流通量」欄の数字は最初の発行時の流通量ではなく流通期間（1211年―1234年）を通じての流通量を示す。

出典：von Glahn 2005: 77, table 4.1.

畝《ぼ》の低収量田）をもつ家には納税義務を果たす能力があり、それなりに快適な生活を営むことができたことを示している[20]。定説では、南宋期の江南における営農世帯の平均耕地面積は四〇畝とされており、ほとんどの人は生計維持に必要な資源を十分にもっていた[21]。蘇州の農民の生活水準に関する近年の研究でも、平均的な農家は最低生活水準をはるかに上回る生活をしていたとの結論にいたっている[22]。だが洪水や旱魃などの自然災害が起きたり、交通の便が悪いために市場の非効率性が悪化するなどして食糧が不足し、飢饉が起きることもままあった。

穀物価格が季節によって大きく変動し、買い占めが助長された。商人は春から夏にかけて家庭で食料が減るのを見越し、秋の収穫後に穀物を安く買って在庫を積み増している。一三世紀にある県長官が報告したところによると、その県だけで三〇人強が穀物を買い占めていたという[23]。宋代は唐代や明清代とは違い、政府の運営する「常平倉」が食糧供給や穀物価格の統制に果たす役割はごく限られたものだった。常平倉の備蓄量がピークに達した一〇七六年でも、唐代のピーク時の五分の一にすぎない[24]。共同体を土台にした福祉という新儒学的な済民意識をもつ士大夫たちは「社倉」を設け、民間業者よりも有利な条件で貧しい人々に穀物を貸与した。だが凶作時にも活動を続けることができる施設はめったになく、貧農は苦難をなめた。[25]食糧不足の解決には政府の介入や民間の慈善事業よりも市場の機能に任せたほうが有効だと、多くの地方長官が苦渋をにじませながら述べている。[26]

交易、企業、金融

宋代に農業の商業化と特産化が起きたのは、地方と全国の両レベルで市場の範囲が拡大したからだ。必需品と奢侈品の全国市場が形成された。稲作経済の発展によって農産物の余剰が生まれ、生糸、茶、藍など各地に特産物ができたことにより、町と村のあいだでふつうに交易が行われるようになった。農村には定期市が次々と開かれた。村の人々の必要に応えるために、三日市、六日市、十日市が立った。なかには酒造業者、精肉業者、鍛冶工などの商人を抱える数百世帯規模の町に成長したところもある。第6章で見たように、商業が成長したことで、とくに江南では都市が発展した。南宋期の商業税に関する全国規模のデータはないものの、江南諸都市の商業税収入は北宋期に比べてはるかに多く（表7－6）、そこから地方経済の活力の強靭さがわかる。都市人口は増加し続け、それに呼応して都市への購買力の集中が進んだ。

大多数の人が消費するおもな商品は、依然として食料品だった。文人の呉自牧《ごじぼく》は宋代後期の杭州における都市生活についての記述のなかで、米と柴、油、塩、醤《みそ》、酢、茶の七つは「欠くことのできない生活必需品」だと書いている。[27]同時代人の方回によると、長江流域のある鎮には村人たちが米を持ち込み、線香や蠟燭、護符、料理油、塩、醤油、酢、穀粉、麵、胡椒、生姜、薬と交換していたという。[28]都市の中間層と上流階級が消費するものは農村の住民に比べてずっと種類が多かった。北宋の首都、開封には六四〇〇人を超える商人や職人、専門職者がおり、商業組合（「行《こう》」）は一〇〇種に達した。一三世紀の杭州には合わせて四一四の行があったというから、手工業と小売業が細かく専門分化していたのだろう、それらの行が宮廷や帝国政府、そして一〇〇万人超の都市住民のニーズを満たしていた。

にもかかわらず商人の地位は低く、法令上も経済的特権をもっていなかった。政府の促しによってつくられた行は、例えば、税物の価値を査定したり、会計監査を行ったり、貴金属を査定するなど、何より物品やサービスについての政府の要求を満たすためのものだった。行は緩やかな組織で、業界内での牽引力も弱かった。官吏たちは、行が参入障壁を形成したり価格を固定したりすることのないよう、たびたび介入した。[29]宋代の中国では茶や塩を扱う豪商がカルテルをつくっていたと厳しい見方をされるが、中世ヨーロッパなどのギルドで経済的・社会的な結束が強化されていったのとは違い、

表７－６　南宋期江南の商業税収入（単位：貫）

		1077年の商業税	南宋期の商業税		増加率（%）
			収入	年	
杭州	州	183,814	420,000	1265–74	＋228
鎮江	州	37,503	206,298	1208–24	＋550
常州	州	64,953	135,784	?	＋209
紹興	州	66,207	105,314	1201	＋159
寧波	州	26,947	76,192	1227	＋283
華亭	県	10,618	48,464	1193	＋456
江陰	県	4,272	41,907	1228–33	＋981

出典：梁庚堯 1997: 483–85.

宋の行にはそのような結合はまったく見られない。

都市は商業だけでなく金融の要衝でもあった。主要な商業中心地には、金細工職人、銀細工職人、両替商、質商、さらには塩引や茶引をはじめとする手形の取引業者など、金融や信用取引関連のさまざまな専門職者がいた。一一世紀後半には預金口座に送金して決済するのが商人のあいでは一般的になった。また、商品委託契約（「賒《しゃ》」）を結び、物品を信用で仕入れることも行われた。一〇九二年に杭州の知事〔蘇軾（そしょく）〕が述べたところによると、「このごろは民間の取引で現金を使うことが少なくなった。その代わり、小売商は裕福で信用のおける人物による保証を利用し、旅商人から委託で品物を仕入れる。小売商は次々と古い債務を返済してゆき、新たに商品を買っている」[30]。南宋期には紙幣や銀の利用が増え、金銀銅貨や紙幣、手形などを扱い、預金を受け入れる両替商の需要が高まった。だが預金機関は政府にも個人にも金銭を貸し付けなかったので、金融業では控えめな機能しか果たしていない。送金の件数は増えていったにもかかわらず、長期の融資を行う金融機関の登場は一九世紀を待たねばならなかった。

商業の規制において、政府は小さな役割しか果たしていない。所有権や業務上の責任の裏付けをとるためのおもな方法は、契約を結ぶことだった。印紙税は著しく高く、しかも四パーセントだったのが南宋期末には一二パーセントに引き上げられたが、土地の売買契約について政府の認可を得るのは契約を有効にするうえでだいじなことだった。契約書は、公的な証明がなくても法的拘束力をもつとされていたが、財産権を証明するための土台だったため、土地を買った人はそのほとんどが、取引を証明するために進んで印紙税を支払った。民事訴訟の多くは、婚姻や養子縁組、相続、雇用関係、財産譲渡、商取引などに関する契約の履行をめぐって争われた。地方長官はたいていの場合、個人間の契約を尊重したが、帝国の法や親族関係の規範に反するものは無効にしている。[31]

商取引で契約が重視されるようになると、仲介業に対する需要も生まれた。牙人《がじん》、市儈《しかい》、駔儈《そうかい》と呼ばれる仲介業者は政府から認可を得ている者もいれば無認可で営業する者もおり、物品や不動産の売買を仲介したり、契約の公証や証書の登記を行う、保証人になる、労働者の雇用や納税を仲介する、商品の委託契約を結ぶ、宿泊施設や倉庫を運営するなど、手広く事業を展開した。また、認可を受けた業者は政府の委託業者として、例えば四川では茶の専売業務を行ったほか、「和糴」を通じて米を買い上げたり、輸入品を査定し関税額を計算するなどした。農民は作物の販売に仲介業者を利用した。さらに、前払い契約（これも賒と呼ばれた）の仲介も行われている。仲介業者の斡旋で、商人が予定価格に基づいて農民や織工に前払金を支払った。宋代の末期にかけて、仲介業者に対する政府の統制は強くなっていった。これは自己資金での売買の抑制を徹底するためだ。南宋期には、仲介業者が自己資金で商品を売買する事例が急激に増え、それとともに独占的地位の乱用によって自由な取引活動がさまたげられているとの申し立ても急増した。仲介の制度が整ったことで交易が後押しされた反面、生産者と消費者をつなぐ市場の力に限界があることもはっきりした。[32]

宋では介入主義的な商業政策がとられ、商業や消費に対する税の比重も大きかったが、企業精神が抑え込まれることはまったくなかった。貨幣に経済的・社会的機能をまっとうさせるには流通させなければならないし、資本も投資を通じてはたらかせなければならないことを、この時代の人々は認識していた。一一二六年にはある為政者が、開封の豪商は自分たちの資本を遊ばせたりせず、むしろ卸売業や貸金業、貿易に投資するなどしてつねに活用していたと述べている。[33]『袁氏世範』（一一七八年）を著した元官吏の袁采《えんさい》は、質店に投資したなら三年間で資本を二倍にできると、複利の利点を同書のなかで特筆していている。ある家は財産や相続をめぐる争いのせいで分裂していたが、一族の事業に共同出資して十分な利益を得たおかげで不和がしずまったという。[34]商業からの利益は、農業収入のみを土台にしていた両税法で捕捉されることはなかった。このため王安石の新法の時代から、各地では土地だけでなく各世帯の資産（「物力」「家業」）に基づいて両税を課すのが一般的になった。一一六九年に書かれた記録文書では、質業、卸売業（「停塌」）、商業用不動産業（「坊廊」）、小売店、牛車や船舶の賃貸業を多くの利益を生みだすものとみなし、両税の対象にすべきだとしている[35]。一二世紀後半には、建康府（現在の南京）の質店や不動産の所有者がもつ資本は数万貫分にのぼり、府内にある小さな町の質店や不動産の所有者については、資産は「たったの」六〇〇〇～七〇〇〇貫で、二〇〇〇～三〇〇〇貫を投資していたという[36]。だが両税法に基づけば、後者も一等戸（六〇〇〇貫の資産を有する世帯）に分類され、おそらくこれは総人口の一パーセントにすぎなかったと思われる。当時は、資産が三八貫五〇〇文超の世帯（大半の付加税を免除される五等戸とそうでない四等戸との分岐点）は全体の半分に満たなかった[37]。

企業はおおまかにいって、家制度と深く結び付いていた。中国の法では家族を社会的・経済的な単位にしていた。財産は個人でなく世帯に帰属するものとされた。法的には、企業は所有者一族と切り離して存在することはありえず、当然の流れとして家族経営の形をとった。宋代以降は、資金を出し合ってリスクを軽減するためのさまざまな共同事業が生まれている。法的実体がなかったので、共同事業への出資やその運営においては、ほかのあらゆる事業と同じように契約書が拠りどころになっていた。

旅商人と各地の仲買人、委託売買業者が強い連携関係にあったために、共同事業の形成が後押しされたことはほぼ間違いない。また、隊商交易や海上貿易で複数の商人が一緒に行動していたこともあずかって大きい。共同事業の形は多岐にわたる。一番多かったのは、商人や委託業者に資金を預け、出資者自身は業務に携わらず、利益をあらかじめ決めた配分率で分けたり折半したりする形だ。こうした委託《コンメンダ》型の共同事業は、長距離交易や海上交易では一巡単位で完結し、業務が終了した時点や交易の季節が終わった時点で共同事業者たちは利益を配分し、解散した。だが、質店などで常勤の現場責任者を雇う際にも、このような手法が用いられた。責任者はたいてい、信頼できる使用人のなかから選んだ[38]。共同出資した商人がリスクをともに負担し、出資額に応じて利益を分配する合弁事業も存在した。海外貿易などリスクが高い部門、あるいは塩や茶の取引、質業などの膨大な資本が必要な部門では、共同出資の形がとられるのがふつうだった[39]。酒の醸造権を獲得するために、複数の投資家が合弁会社を設立することもあった。政府は醸造権を競売にかけ、入札した者には毎年決められた金額を支払わせることにしており、これは入札者にとってリスクの高い方法だった[40]。宋代にはこのようにまったく新しい形の共同事業が誕生しているが、商人たちのつくった会社が長きにわたって存続した事例はない。

第6章でも述べたが、すでに一〇世紀の時点で、中国の国際貿易は陸上のシルクロードから海上貿易へと転換しつつあった。宋の北部辺境を敵対国に支配されたことから、シルクロード貿易は瞬く間に縮小したのだ。とはいえ、宋は自国の監督下の「互市場」で、遼、西夏、金と国境貿易を行っていた。中国の茶を販売し、中央アジア産の馬を手に入れることが多かった。南宋でも、穀物や薬品、耕牛、南海諸国の珍しい品々を金に輸出し、絹製品や革製品、人参〔いわゆる高麗人参〕を輸入している。輸出税が重く、厳しく統制されていたこともあり、銅銭や貴金属、鉄製品、革製品、書籍などの禁輸品の密輸が少なからず行われた[41]。

政府の力強い後押しがあり、北宋期には海上貿易が着実に伸びていった。一二世紀には――ただし貿易が制限され、関税が引き上げられる一一六〇年代までだが――年間の関税収入は一〇〇万～二〇〇万貫だった[42]。海上貿易が活発になったことで、中国の産業、なかでも製陶業が刺激され、陶磁器は中国の主要輸出品として絹製品を追い抜くまでになる。華南東部の明州〔現在の寧波〕、泉州の港は押しも押されもしない海外貿易の中心地になり、北部（揚州）や南部（広州）を脇に追いやった。

海上貿易をさかんにした要因に、羅針盤やいわゆる「福船」などの技術革新もあげられる。「福船」は竜骨が深く湾曲し、船体が二重構造になっていたため、外洋航海での安定性が高まった[43]。載荷重量三〇〇トンの福船の場合、明州と日本を五～七日で結んだ。中国からアラビア、ペルシャ、インドなどへの遠洋航海の場合はモンスーンの季節変化に応じ、何段階かに分けて移動した。中国の商人はスマトラ島とマレー半島内のシュリーヴィジャヤの港で積み荷を下ろすことが多く、インド洋にまで持ち込むことはしなかった。インド洋や東南アジア諸国からの輸入品は、乳香などの香料や象牙、珊瑚、辰砂《しんしゃ》〔水銀・硫黄からなる鉱物〕、香木、胡椒などの奢侈品が大半を占めている。一三世紀後半にはインド産の綿織物もおもな輸入品に数えられるようになった[44]。

日本との貿易は南宋期にとりわけ急速に伸びた。漢人商人は材木や硫黄などの大口商品に加えて大量の金を日本から輸入し、陶磁器や絹織物、鉄、書籍、銅銭を輸出した。一二世紀後半、中国では紙幣の使用量が増えて日本への銅銭の輸出が異常なまでに増え、この国では標準的な貨幣として宋銭が流通するにいたった。宋の為政者は海外への銅銭の流出に危機感を覚えた。政府は一一六〇年以降、海上貿易を制限して硬貨の輸出を阻止しようとしたが、密輸を抑える役には立っていない[45]。

宋の建国から一世紀のあいだ、福建の泉州は南洋（東南アジアやインド洋諸国）からの外国商人にとって重要な目的地になり、海外貿易の中心地として広州と競合するようになった。[46] 一〇九五年に刻まれた碑文によると、泉州には毎年、二〇の船からなるふたつの船団が南洋から到着したという。一二〇六年に刊行された書物には、泉州で交易を行う外国人として、アラビア〔大食〕、シュリーヴィジャヤ〔三仏斉〕、アンコール〔真臘〕、ブルネイ〔渤泥〕、ジャワ〔闍婆〕、チャンパ〔占城〕、パガン〔蒲甘〕、高麗、それに現在のフィリピンにあったさまざまな首長国の商人が列挙されている。海上貿易が栄えたおかげで、泉州と近郊では輸出品の陶磁器や砂糖、酒、塩の生産が活発になった。このように、海上貿易が呼び水となって複数の分野が潤い、商業を通じて地域がまとまり、都市が成長した。

だが一三世紀になると、泉州の外国貿易に陰りがさす。一二二〇年代にはアンコールがチャンパに支配され、高麗にモンゴルが侵攻し、シュリーヴィジャヤが崩壊するなど、海外市場に大きな変動が起きた。それが後退を促したのは間違いない。だがそれよりも重要なのは中国の貿易相手国としての日本の重要性が高まるとともに明州が台頭したことで、泉州の衰退はここに原因を求めることができる。日本の主要港があった博多には明州の商人が大ぜい住み着くようになり、日本の社会と経済に大きな影響を及ぼす貴族や寺社、武家とのあいだに人的・経済的つながりのネットワークを築いていった。一二～一三世紀に明州で外国貿易が着実に伸びていったのには、こうした商人のネットワークの強さがあずかって大きい。[47] 一三二三年に明州からの復路、高麗の沖合〔現在の全羅南道新安沖〕で沈没した日本の船には二八トン分の中国の硬貨や陶磁器などの貨物が積み込まれており、ここから明州と博多のつながりの強さがよくわかる。この船の荷主は京都の東福寺で、一三一九年の火災で被害を受けた寺の再建に中国から手に入れた硬貨と物資を充当しようとしていた。この寺の代理を務める博多在住の漢人商人が手配し、明州で船に装備が施されたと思われる。[48]

宋代には、経済面で外国貿易の直接的影響を受けた場所は、明州、泉州、広州などの主要港に近い沿岸に集中していた。とはいえ、外国貿易の規模はじつに大きかった。ロバート・ハートウェルの見積もりによると、海上貿易は一一〇〇年時点で中国の国内総生産（GDP）の一・七パーセントを占めるまでになっていた。[49] これに対し、一八世紀後半のヨーロッパ全体のGDPに国際貿易が占める割合は四パーセントだったとみられ、イングランドやネーデルラント、ポルトガルなど海上貿易に力を入れていた国についてはおよそ一〇パーセントだった。[50] 海上貿易を通じて中国の商業が外国へと拡大したことで、土地の商品化など、農村経済への市場の浸透が後押しされた。

土地の商品化

一二世紀には、華南の大部分は開拓が進んでいなかった。内陸部では木材切り出しや茶の栽培が呼び水となって人が定住するようになり、経済が発展した。すでに見てきたように、稲作は最初、洪水時に水が氾濫する地域よりも高い場所、山地の谷に集中していた。水利田をはじめとする技術によって、長江流域のデルタ平野と河成平野は肥沃な稲作地帯になった。江西や湖南など人口の希薄な地方は余剰米が生じ、ほかの地方に販売していた。だが稲作の発達によって土地が高利の投資対象になったのは、人口が最も稠密で都市化の進んだ江南だ。

江南では、デルタの湿地帯に新たにつくられた水利田を除くと、大土地所有はまれだった。一〇〇〇畝以上の土地を所有する家もあったが、それは稀有な例だ(51)。稲作は労働集約的で灌漑技術にはどうしても限界があったことから、小規模農業のほうが大規模農業よりも好都合だった。農家の耕地面積は平均四〇畝だったが、地主、小作人、自作農の別を問わず、耕地はひとつにまとまっているのではなく、複数の場所に散らばっているのがふつうだった。小作関係や土地売買に関する記録から、長江デルタの水田の多くは一～二畝以下で、最大の区画でも一〇～二〇畝だったことがわかる。八～一〇区画に分かれている一〇～一五畝程度の土地を三人の小作人が耕していた事例もある(52)。

江南の裕福な地主は、方々に散在するいくつもの区画をまとめることなく、個別に小作人を使っていた。儒家の士大夫は、地主と小作との共存を社会秩序の礎であると唱えた。袁采は『袁氏世範』のなかで、自分たち地主の経済的命運を左右する小作人をいたわり、手厚く扱うようにと呼びかけている。

小作人の働きがあってこそ、土地を耕し種を植えることができる。どうして小作人を重んじずにいられよう。小作に子供が生まれたり、あるいは小作が結婚したり、家を建てたり、亡くなったりしたときには、物惜しみなく心遣いを示さなくてはならない。耕作の季節に小作人が借り入れを必要としているなら、利子は少なく抑えるように。洪水や旱魃の年には、被害の状況を調べ、速やかに小作料を減免しなくてはならない。

小作人に対して理不尽な要求をしたり、非常識な時間帯に仕事を押し付けたりしないように。子弟や荘園の管理人による小作への嫌がらせを許してはならない。小作人たちを目のかたきにする誰かに言われたからといって年間小作料を上げたりせぬように。たくさんの利子を取る目的で、借り入れを強制するようなまねをしてはならない。小作人が自分の土地を持っているのがわかっても、さもしい考えを起こさないように。

　自分の身内のように小作人に接して目をかければ、衣食を小作の働きに頼ることができ、誰に恥じることもなく頭をまっすぐにおこすことができる。(53)

言うまでもなく、袁采の言葉からは、地主が小作人を尊厳のある、心を寄せるべき相手として遇していなかったことが読み取れる。地主は小作人の厚生に対する責任をいっさい問われていなかったことが浮き彫りにされている。袁采は収穫が少ないときには小作料を減らすようにと地主たちをさとしてはいるものの、追い詰められた小作人が地主や質商から金銭や穀物の貸し付けを受けるはめに陥ることはしばしばあった。(54) ほかの史料から、小作人に「押し付けられる労働」（役）とは、たいていは水利設備の修復を意味し、有償とされていたことがわかる。(55) 小作人には小作権が保障されていなかった。宋の役所は小作権を恣意的に移転すること（「剗佃《さんでん》」）を断罪したが、効果はなかった。だが地方長官は小作料の支払い義務を果たせなかった小作人を躊躇なく罰したし、滞納者の立ち退きを積極的に承認した。(56)

　儒教思想に染まった家政書の書き手たちは、土地を所有することは経済的に有意義であるにとどまらず、道徳的にもよいことだと述べている。ただ、市場経済が不安定な状況を生み出すことも十分に認識していた。「貧富は固定されてはいない。どの田や家の主人も不変ではない。金銭を持っていれば何かを買い、なければ何かを売る」と袁采は言う。(57) そして自分と同じ地主たちに対し、倹約すること、賢く土地に投資し、金銭を貸し付け、事業に出資すること、資産を分散すること、相手の善意に甘えないことを説く。所得を増やして一家の経済的土台を固めることを、袁采のように率直に唱えた人も珍しい。ほかの書き手は財産を増やすことより、守ることにばかり関心を向けている。みずからを頼むこと、予算を立てるにあたって慎重になること、支出を抑えることを力説する。とはいうものの、一家の経済的厚生を安定させるには土地だけでは十分でないとの懸念もはっきり記されている。官職や教職から得られる給与は家計のたいへんな足しになるというのだ。(58) 貿易や金融で財を築いた企業家が土地を買うことには、収入源というより、もっと投機性の高い事業のバランスを調整する安全な投資という意味があった。土地の利用権をめぐる競争は、耕作地が二〇畝以下しかない農村社会の

底辺近くにいる人々――全人口の半分以上を占める五等戸――のあいだで最も激しかったと思われる。(59)

すでに述べたように、中国社会では帝国時代末期まで、家政機関（「戸」。ふつうは夫婦と子供からなる世帯を指す）が生産、消費、課税の基本単位だった。だが厳密に言えば、財産の所有権は家政機関ではなく父系家族（「家」）に帰属していた。家とは、昔の先祖と未来の子孫をつなぐ、儀礼の主体となる家族を意味する。時代を通じた生物学的・経済的な再生産の重要な単位だ。家長は、自身が適切と考える方法で財産の扱いを決められる幅広い権利をもっていた。ただし、それにはふたつの条件があった。均分相続という法的義務に従うこと、そして家の物質的土台である世襲財産を将来世代のために守るという深く根付いた文化を守ることだ。家の存続を保証する最もだいじな財産、つまり土地の売却は、あくまで最後の手段だった。例えば嫁入り道具や持参金、給与、賃金、家の財産を使わずに始めた事業などを所有することは可能だったし、好きなように取り扱うことができた。だが不動産や、家の財産を使って築いた事業は世襲財産とみなされ、法と慣習に強く縛られた。(60)

家を守ることが政府の財政的な既得権益に合致し、イデオロギー的な基本姿勢でもあったため、土地の譲渡を阻止する力がはたらいた。そうした傾向は、財産権に関する法令にはっきり映し出されている。土地財産権の移転は、たいてい三つの形をとった。一番多いのが条件付きの売却（「典売」）で、売り手は土地の使用権を買い手に移転しつつも、もとの販売価格と同じ額を二〇年以内に払った場合に土地を取り戻せる権利を保持していた。他方、売り切り（「絶売」）では、所有者は土地に対するあらゆる権利を手放すことになった。典売は使用権だけを移転するものなので、販売価格は絶売に比べてずっと安かった。抵当と呼ばれる三つ目の取引形態は、担保貸付の一種といったところだろう。売り手には土地を所有し使う権利が残されるが、決められた期限までに元本と利息を（小作料の形で）支払わなければ所有権を失う。一〇二七年に政府は抵当取引と土地所有権の移転による返済を法で禁じ、債務者の土地を没収から守ろうとした。抵当取引を阻止するため、政府は売り手が土地を手放し、使用権を買い手に渡すことを義務付けた。だが抵当取引は慣習として深く根付いていたため、法規定の存在にもかかわらず、その後も存続している。(61)

土地価格が上昇したため、もともとの所有者やその子孫は、数年あるいは数十年前に典売で手放した土地を取り戻そうとしたり、絶売の有効性に異議を申し立てたりした。一三世紀には、紙幣の価値が下落したことも大きく影響して土地価格が急騰し、買い戻し権に関する訴訟がおびただしい数に達している。[62] そうした訴訟では売買契約が優先され、次いで実際に土地を耕し納税していたのが誰かが考慮された。地籍に関する公記録として残っているもののほとんどは、金との休戦後の一一四二年に行われた全国規模の地籍調査に関するもので、契約よりもずっと古かったのだ。[63] だが、帝国の法令に違反する契約書は無効とされた。明清代とは異なり、宋の地方長官は土地をめぐる訴訟に裁定を下す際、法や判例を参考にするのがふつうだった。また、土地の適正価格に関する訴訟などではその地方の先例（「郷原体例」）を考慮した。

遺産相続訴訟でも財産訴訟でも、宋の裁判では家とその世襲財産に最も重きがおかれた。家長が死んだ場合は、家長の父方の親族でなく残された妻が家の利益代表者の筆頭とみなされた。寡婦は相続権をもたなかったが、財産の譲渡や地所の管理において、子供が成人するまで代理人を務めることがしばしばあった。嫁入り道具や持参金を管理する権利も握っていて、再婚の際には個人資産と一緒に新しい婚家にもっていくこともできたという。一三世紀の地方長官には新儒教的イデオロギーに傾いている人が多く、再婚には倫理的な根拠から反対していたが、寡婦に再婚する法的権利があることは認めていた。未婚の娘には息子の半分の相続権があったが、のちに新儒教的な規範に強く影響を受けた法令が定められると、権利を奪われた。[64]

買い戻し権のある典売は、宋の政府が積極的に後押ししていたこともあってさらに広がり、財産権の不可譲性にいくらかの制限を加える形になった。だが典売に関する法令、とくに買い戻し権に関する制限規定はきちんと守られた。さらに典売と絶売の価格の違いにはっきりあらわれているように、市場では財産権の安定性の違いが考慮されていた。典売は実質的に、財産権を二層に分割するものだ。所有権の保持者も使用権の保持者も、相手の同意を得ることなく、売却や遺産贈与を通じてそれらの権利を第三者に譲渡できた。こうした財産権の分化は宋代後期にはすでに定着しており、のちには「一田両主」と呼ばれるようになった。土地の権利が重層的になっていたことが、不動産に対する絶対的統制権の妨げになっていたことは明らかだ。とはいえ、以下のような効果もあった。ふたつの権利は田底権と田面権と呼ばれるようになり、それぞれの市場が育っていった。それにより、投資家は土地を耕す負担を担わなくとも安定した資産に対する独占的権利を得ることができ、あまり資産のない農民は耕作権の保障を得ることができたのだ。

戦国時代に生まれた原則に従えば、土地はすべて皇帝のものので、政府は収用権を行使し、個人の土地を接収することができた。この原則を根拠に土地が接収されることはめったになかったが、南宋末期の一時期、実際に行われたことがある。

一二五〇年代後半、モンゴルの侵攻を受けた際、宋の宮廷は和糴を大幅に増額して軍糧をまかなおうとした。政府は購入費を捻出するため会子を乱発、その結果会子の価値が急落する。そして一二六三年、宰相の賈似道《かじどう》が公田法を実施した。これにより、二〇〇畝超の土地をもつ者は、その三分の一を政府に売却させられた。こうして国家は税収に加え、土地の小作料を受け取ったのだ。公田法が施行されたのは江南の六府州軍だけだったが、この地域の耕地のおよそ一〇～二〇パーセントが国有財産になったことから、和糴をほとんど不要にするほどの収入を得ることができ、政府は紙幣発行量をかなり減らしている。賈似道の構想は財政政策こそ成功させたが、王朝の政治的命運を逆転させることはできなかった。モンゴル人による杭州掌握を目前にした一二七五年、賈似道は宰相の地位を失い、土地はもとの所有者に戻された[65]。公田法のために、賈似道は末代まで儒者歴史家の軽蔑の対象にされたが、いずれにしろ、この制度の注目すべき点は、何より土地に対する私的権利の保障という帝国時代後期の法や社会慣行に逆行しているところにある。

モンゴル人の支配が経済に及ぼした影響

モンゴル人の征服によって中国は初めて全土を異民族に支配されることになり、社会と経済、統治機構は隅々まで影響を受けた。士大夫は政治権力を失ったが、社会的・文化的な威信は保っていた。元朝（一二七一年～一三六八年）を開いて君臨したクビライ（在位　一二六〇年～一二九四年）と後継者は、中国の政治的伝統のみならず、それまでの異民族王朝の手法も打ち捨てている。中国征服以前はほとんどが定住民だった契丹や女真人とは違い、モンゴル人は生粋の遊牧民だった。華北では一二三四年にモンゴルが金を滅ぼし、漢人に対するモンゴル人の政治的・社会的支配が強まっていった。かたや華南では、直接的影響はずっと小さかった。そんなわけで、モンゴルによる征服は中華世界の経済的中心地としての江南の地位をさらに高めることになる。

モンゴルの社会は、人身支配の原理によって支えられていた。一二三〇年代前半にモンゴルの軍営地を訪れた漢人の使節によると、各部族は民の一定数をカーンに貢がなければならなかったという。また、貴族はみずからの領民に対し、食料や馬、道具類、衣服、労役などの形で税を課していた。まとめてクプチルと呼ばれていたこれらの税は、人身支配の一形態ととらえることができる。クプチルは不定期税で、領主や主人が必要と認めたときにはなんどきでも課された[66]。

一二三四年、モンゴル人は華北の金を征服するや、新たに支配下に収めた民を実際の血統に関わりなく「漢人」と呼び、自分たちの社会制度を押し付けようとした。ステップ世界では、被征服民は奴隷にされた。金の遺民をステップに移住させるのは不可能だったため、チンギスの後を継ぎ大カーンとなったオゴデイ（在位　一二二九年～一二四一年）は分封（「投下」）の制度を設け、親族をはじめとするモンゴル貴族に広大な金の領土と大ぜいの民を与えた。金の遺民の半分強が分封地の所属になり、残りはカーンの直轄下におかれている。分封地には、官僚による統治に代わり、貴族による支配が敷かれることになった。(67) モンゴルの統治下にあったほかの地域と同じように、領主は支配下の定住農耕民から収入を得ようと、税の取り立てにいそしんだ。徴税特権を与えられたのが、オルトク（漢字表記は「斡脱（あっだつ）」）と呼ばれる商人だ。ウイグルやムスリムの人々などからなるオルトクは、モンゴル貴族の代理も務め、貴族の戦利品を貿易や貸金業に投資した。モンゴルの大カーンのおかげで、オルトクは財政と民間における商業活動を掌握した。(68)

　モンゴルは、二〇年にわたる流血の紛争の果てにようやく金を征服したのだった。華北は再び荒廃した。当初モンゴル人は華北平原を牧草地にすることを考えたが、結局はあきらめた。それでも農業経済は壊滅状態に陥り、華北の人口は激減した。一二〇九年に金が行った人口調査の数字と一三九三年の明による調査の数字を比べると、華北の人口は三分の二も減っている。

　遊牧民の社会制度では土地ではなく人の管理に力点をおく。モンゴル人は「漢人」をいくつもの職種に分け——一般民、兵士、工匠（民戸、軍戸、匠戸）などのおおまかな分類もあれば、医者や僧侶、儒学者、易者、オルトクなどの細かい分類もある——戸籍登録や課税に役立てようとした。職業は子孫に継がせるものとされた。華北の全世帯の一五～三〇パーセントを占める軍戸は、時を問わず健康な成年男子をひとり提供することになっていた。また、モンゴル人はとくに熟練した工匠を必要としていた。多くの工匠がモンゴリアの首都（当初はカラコルム。クビライの時代に大都に遷都）に移動させられ、そこでカーンと政府、貴族などのため労役に服した。政府に直接管理される匠戸のほか、地方でものづくりや短期の労役を課せられた匠戸もあり、こちらはかなり大きな割合を占めている。(69)

　オゴデイの顧問で契丹人系の耶律楚材《やりつそざい》が一二三六年に考案した税制により、金で温存されていた両税に代わって土地税と人頭税が併用されることになった。(70) 民戸、軍戸、僧戸は穀物や絹、銀を税として課された。寺院は原則として納税することになっていたが、モンゴル人は仏教と道教を保護していたので、聖職者個人には数々の免税措置が適用されている。遊牧民であるモンゴル人の生活にとって、穀物はあまり大切ではなく、そのため穀物税は比較的軽かった。代わりに絹や銀が税の多くを占め、さらには弓矢、防具などの武具も徴発された。また地主であろうとなかろうと、全世帯に定期的に労役が課せられ、やはり重い負担となった。一二四〇年代には東トルキスタンで、モンゴル人支配者がクプチルに代えて銀で支払う税を導入。これが前例となり、一二五一年にモンケが大カーンに即位すると、旧金国領の住民には銀を徴発する包銀という税が課された。

成人男性に個別に課税されるクプチルとは違って包銀は世帯ごとに課され、はじめは毎年六両（二二五グラム）を納めることとされた。だがこの税率を継続するのには無理があることがはっきりし、一二五五年には四両に軽減され、半分は銀、残り半分は絹糸で納めることになった。とはいえこの税率でもたいへんな負担だった（四両は米一九〇リットル分に等しく、これは成人男性が一年間に消費する米の半分に当たる）。大ぜいの人がオルトクから銀を借りたが結局は税を滞納し、土地を失って逃亡した。一二六一年、クビライの漢人顧問の王惲《おううん》が報告したところによると、包銀による税収は毎年六万錠（一一二・五トン分）にのぼったという。その二〇パーセント近くは行政コストをまかなうために温存され、残りはカラコルムの宮殿に送られた。モンゴル人はこうして得た銀をオルトクに預け、西アジアとの貿易の資金として使わせた。西アジアをはじめとする外国では銀の需要があったため、中国からイスラム世界へは絶えず銀が流出した。ある研究者は王惲のあげた数字をもとに、モンゴル人による支配が始まってからの三〇年間で、九〇〇〇万両（三三七五トン分）ものの銀が中国から中央および西アジアに流れたと見積もっている。この数字が大きすぎることは否めないものの、クビライが大カーンに選出された一二六〇年には、華北は深刻な銀不足に悩まされるようになっていた。[71]

クビライはすぐさま政府の大々的な再編に着手し、権力をみずからに集中させ、自分たちの得た果実のなかで最も大きな中国にモンゴル帝国の支柱を移そうとした。華北全域に地方長官を据えてそれぞれの分封地の徴税権を与え、地域によってまちまちだった紙幣を統一し、多種多様な物品税や商業税を設けて収入を大幅に増やした。一二六二年にはモンゴリアのステップにあった都の移転を決定し、大都、つまり現在の北京に中国風の巨大な帝都の建設を進めていった。そして一二七一年、クビライは中国皇帝のような服をまとい、中国王朝風の元という国号を採用する。[72]

モンゴル人にとって、権威は軍事力に根差すものだった。元の地方政府（「行省」）は占領軍にすぎない。元は数々の官僚機構に加え、モンゴルの伝統に起源をもつ統治官（ダルガチ）の制度も設けたが、指揮系統は一貫せず、任務の重複もしばしばあった。モンゴル人は民政に関わる業務のほとんどを地方に任せてしまった[73]。金、宋の前例にならって、村長《むらおさ》に税や労役の徴発のほか、警察関連の任務などの地方行政の責任を担わせている。また一二七〇年に「漢地」の人口調査を行い、これをもとに従来と似たような地方行政単位、「社」を設置した。社の長は農業の振興のほか学校や飢饉対策用穀倉の維持管理、民事事件の裁定に対する責任を負った。だが学校や穀倉、農業振興のためのこうした基盤づくりが実際に広範囲にわたって行われたことを示す史料はほとんどない[74]。

一二七九年にクビライの軍隊は華南征服を完遂した。華北の「漢地」の六倍もの人口を擁する南宋の領土を吸収したことによって、大都にできたばかりの帝都には財政上や物流上の問題が重くのしかかった。クビライは財政の再編をもっぱら商業に関する顧問に任せた。そうした顧問の筆頭にあげられるのが、一二六二年から八二年に処刑されるまで財政組織を支配した悪名高きペルシャ人のアフマド、そしてクビライ治世末期に宮廷で強大な権力を行使した思慮深いチベット人宰相のサンガだ[75]。アフマドとサンガは商業、なかでも塩の専売に目を向け、新たに収入を生み出そうとした。塩への課税にはなんら新しさはない。モンゴル人たちは金に勝利を収める前から塩の専売を始めていたのだ。しかしサンガの指示によって帝国全土に一四〇もの塩倉が設けられて塩専売制が拡大し、政権を財政面で支えるまでになった。塩の専売による収入は一二八五年に元の現金収入の三分の二を、商業税は一七パーセントを占めるにいたった。何年かのちに、塩の専売収入は国家収入の八〇パーセントに達した[76]。

モンゴル人は南宋を元に組み入れたのちも、華北で築いた税制を華南に適用するのではなく、宋代からの税制を温存するだけでよしとした。つまり、華北の「漢地」ではさまざまな世帯税が課されたのに対し、華南では両税法が残された。兵士の生活を支えるため、またモンゴル人貴族に付与するために土地が公然と接収された事例はいくつかあるものの、それを除くと、モンゴル人は華南の民間経済にほとんど干渉していない。それまで儒教国家が採用してきた抑制政策から解放された富豪や企業家は大量の土地を集め、商業や工業の分野で利益の大きい事業に自分たちの富を投資するようになる。富豪は鎮の創設や拡大に中心的な役割を果たし、それにより商業の発展が後押しされた[77]。だがモンゴル人は華南の農業資源をできるだけ吸い上げようとした。ダルガチは農業から税収を獲得することを柱に据え、もっぱら大土地所有者を使って規定量の穀物税を徴収あるいは輸送させた[78]。

江南で農業と商業の繁栄が続いたことは、税収の分布にあらわれている。一三二八年のデータを見ると、江南が税穀の全国合計の三七パーセントを、また塩税、酒税、商業税については同等かそれ以上の割合を占めていた[79]。サンガは大都と大運河をつなぐ運河を新たに建設した。また海上輸送路を開設して長江デルタから首都に税穀を輸送させている。これによって時間と費用が大幅に節約できたことから、クビライは一二八七年、華南の税穀の輸送に大運河を利用するのをやめ、すべて海上輸送路を使うことにした[80]。

南宋の経済を元の紙幣制度に組み込むことはもっと難しかった。クビライが一二六〇年に発行した新しい紙幣は銅銭や銀銭に代わるものとして考案され、銀と自由に交換することができた。一二六三年、政府は包銀を紙幣による納税に変更。銅銭は華南の一部地域でごく少量が使用されたが、それを除けばほとんど流通しなくなった。アフマド政権が紙幣の流通量を大幅に増やすとその価値は激しく下落し、政府は多額の赤字を抱えることになった。そこでサンガが流通紙幣の価値を切り下げ、供給量のさらなる増大を抑え、ある程度の安定を取り戻した。

銅銭に裏付けられた新紙幣の発行は一三〇九年から一三一〇年までと短命に終わり、壊滅的な結果に終わったものの、それを別にすると元の財務大臣たちは慎重にことを運び、金融の安定を維持した。だがそれも続かず、一三四〇年代にモンゴル人の支配に反対する民衆の蜂起が起きると、深刻な政治的・財政的な危機が生じる[81]。

チンギスと子孫たちがアジア全土にモンゴル帝国を築き上げたことで、中央アジアには陸上貿易網が復活し、東西貿易が再び活発になった。モンゴルによる平和《パックス・モンゴリカ》や積極的な勧商政策の恩恵に浴したのは、当初はウイグルの隊商ばかりだったが、モンゴル人指導層の代理をしていたオルトクが次第にユーラシア貿易で幅をきかせるようになっていった。すでに述べたように、オルトクは中国からイスラム世界に膨大な銀を流出させ、そのため中国の銀保有量が激減した。だが一四世紀前半にフィレンツェの商人、ペゴロッティが書き残したところによると、外国の商人たちは大都や杭州に銀を持ち込み、絹をはじめとする品々を仕入れていたという[82]。

南宋が元の領土に組み込まれたのが、モンゴルの諸カーン国間に内紛が起きたときだったことから、中国の対外貿易は再び海路経由に転換している[83]。一二八五年、元の宮廷は海上貿易を独占し、オルトクに実務を代行させた。だがサンガが海路を民間の商人に再び開放すると、泉州は世界屈指の港になり、外国人商人の集落がいくつもできた。一二九二年に泉州から帰国の途についたマルコ・ポーロは言う。「キリスト教諸国に売りさばこうとしてアレクサンドリアその他の港に胡椒を積んだ一隻の船が入港するとすれば、ここザイトゥン港にはまさにその百倍にあたる百隻の船が入港する。その貿易額からいって、ザイトゥン市〔泉州刺桐城〕は確実に世界最大を誇る二大海港の一であると断言してはばからない」[84]。一三四一年にインド南西部の胡椒生産地を訪れたムスリムの旅行家、イブン・バットゥータもまた、インドから中国へは中国船でなければ航海できないと述べ、こう書き残している。中国のジャンク船は一艘につき「一〇〇〇人が働き」、「船には、四つの甲板が取り付けられ、幾つもの一般船室《バイト》、専用船室《ミスリーヤ》と商人用の［上部］船室《グルファ》が備わっている。そのなかの専用船室には、複数の個室と洗面所があり、その船室に鍵が付いているので、船室の主人がそこに鍵をかけ、女奴隷や女性（妻）たちを一緒に乗せることも出来る」[85]。景徳鎮と福建の陶磁器は泉州を経由して東南アジアとイスラム世界、アフリカに次々と輸出された。景徳鎮でかの名高い青白磁が生まれたのはペルシャからコバルトを輸入するようになったからで、中国ではこの顔料を「ムスリムの青」〔回青〕と呼んでいた[86]。好調な銅銭の輸出により活発になっていた日本との海上貿易は、クビライによる日本侵攻の試みが失敗に終わって混乱が収束すると、再び拡大の方向に向かった。一四世紀はじめには、中国の銅銭がジャワ島のマジャパヒト王国でも標準貨幣として使われている[87]。

モンゴル人による統治下で国際貿易はさかんになったものの、元朝は安定した財政基盤の構築に失敗している。一四世紀にはモンゴルの制度と中華帝国の統治規範とを融合させる取り組みがなされたが、官僚組織に秩序ができるどころか、整合性を欠いた複数の政治的階層が生まれる結果になった。クビライと意志堅固な財政顧問は税収に対する中央の統制を強めることはできたが、クビライが死去すると財政規律が崩れた。国家の財政運営は皇族とモンゴル貴族の浪費癖によってますます複雑になり、政府は大きな負債を抱えるにいたった。また、農業生産量は地球寒冷化の始まりとともに減少に向かった（この気候変動を、一部の歴史家は「小氷河期」と呼んでいる[88]）。河道を変えるほどの規模だった一三四四年の黄河大氾濫、またその後に起きた激しいインフレなどの危機に対する政府の対応は不適切きわまりなかった。一三五〇年代になると元帝国内の漢人の多くは公然と反旗を翻すようになり、モンゴル人はステップの故地の安全を守ろうと、ついに中国の地をあとにした。

明代初期の政策反転

一三四〇年代に元の支配体制が崩壊すると、二〇年にわたる激しい内戦の時代に入る。朱元璋（洪武帝。在位一三六八年～一三九八年）が残存する敵対者を打ち負かし、明を建国した一三六八年ごろには、死者は数百万人にのぼり、経済は壊滅状態になっていた。洪武帝は自身の目にモンゴル的悪弊と映ったものを根絶し、儒教の経典が力説する農耕社会的な制度や価値観を蘇らせる決意だった。その目的のため、モンゴルの遺産だけでなく、唐宋変革期に成長をとげた市場経済からも背を向けた。そのようなことから、明代初期には経済生活の進化の断絶という特徴が見られ、とくにそれは江南で著しかった。

洪武帝の政策は三〇年の治世のあいだに進化したが、根本的な目標は変わらなかった。それは孟子をはじめとする儒家が描いたような理想化されたいにしえの農村、つまり経済的に自立した農村を復活させること、そして市場経済とそこから生まれる不平等を（根絶とまではいかないにせよ）できるかぎり封じ込めることだ。この課題に取り組むべく、皇帝は物納税や労役、自給自足的な屯田、役人や兵士の給与の現物化を復活させることを前提に、財政政策を編み出した。手始めに官僚組織に対するみずからの支配権を強化したが、一三八〇年には政府内で粛清を開始、皇帝に権力を集中するために制度改革を進めた。明代初期の統治モデルには、最高権力者による専制と、末端にいる農村名士への統治業務の委任という特徴がある。個々の具体的な制度はともかく、その精神において、洪武帝の政権は帝国時代初期のそれを思わせる。

洪武帝の政策の根底には皇帝自身の政治思想だけでなく、実用主義的な動機もあった——数十年にわたる戦乱と破壊によって荒廃した帝国を、江南の富を利用して建て直そうとしたのだ。中国の人口は一三四〇〜七〇年に少なくとも一五パーセント、ことによると三分の一も減少したと歴史人口学者は算定している。[89] これはちょうどヨーロッパとイスラム世界の大半でペストが猛威を振るった（一三四七〜五二年）のと同じ時期だ。だがこのころの中国でこれほどの規模で伝染病が大流行したことを示す証拠はまったくない。モンゴル人による支配体制の最後の数十年に人々を死にいたらしめたおもな原因は、戦争と飢饉——さらに、主としてそれらに起因する病気——だろう。[90] それはともかく、江南地域は元代末期の内戦からほとんど打撃を受けず、人口減もさして深刻でなかった。最も壊滅的な被害を受けたのは北部および西部の州で、中国経済における江南の優位はさらに強まる形となった。現在の南京に首都をおくという洪武帝の決定には、支配権を固め、軍事的・政治的な統制力を再び強化するために必要なものは江南地域でしか手に入らない、という経済の現実が映し出されている。

はじめのころ、洪武帝は帝国運営に江南地域のエリートの協力を得ようとした。一三七一年に実施した税制では各地区の裕福な地主を「糧長」に据え、徴税のほか、税物の首都への輸送を義務付けている。だが一三八〇年ごろになると、洪武帝は江南のエリートが官民を問わず、自分の計画の実施を阻んでいると考えるようになった。そこで当初の方針を覆して何千人もの役人を粛清し、江南の大地主の大半から財産を接収した。洪武帝は社会変革についての構想を練り直し、裕福な地主や腐敗した役人による搾取、また貨幣経済の変動から小作人を解放することを最優先すべきだと考えた。洪武帝時代が終わるころには、江南の耕地の半分以上が国家に接収されている。[91]

糧長の多くは洪武帝が始めた腐敗撲滅政策によって一掃された。洪武帝は糧長制自体は廃止しなかったが、一三八一年に「里甲」という農村統治の新しい制度を設けた。これは一一〇世帯を一里とし（通常は既存の村を土台に里をつくったが、小さな複数の集落をまとめて一里にすることもあった）、うち一〇世帯を選んで一〇年輪番制で里長を務めさせるものだ。里長は治安維持や法的紛争の解決、徴税のほか、治水工事などの公共事業における労働の分担、労役の徴発などの任務を担った。洪武帝自身はモンゴル人を嫌っていたが、政府は民を職種別に分けて仕事を世襲させるという元の方法を踏襲している。圧倒的多数を占める民戸は、穀物などの物納税と労役を課された。一四世紀前半には全人口の五分の一を占めていた軍戸は各地の兵営に割り振られて耕作地を与えられ、軍務に就いていないときには農作業を行った。匠戸と竈戸《そうこ》（製塩業者）は労役や物納税の義務を負った。[92]一三八七年と九三年に行われた地籍と戸籍の調査をもとに里甲制が再編され、恒久的な税額が定められた。里甲制も税額も一三九三年以後は変わらず、そのようなことから社会や経済の実情との隔たりが、時代が下るにつれ大きくなっていく。[93]

物流や行政に関わる政府のコストを削減するという洪武帝の意図と軌を一にしてか、明の財政制度下の税収は宋に比べて少ない。穀物で徴収される土地税は、生産量のわずか五〜一〇パーセントにとどまった。[94]兵営は自活するものとされていたので、軍事費には税収が充当されていない。洪武帝は銅銭の健全化を試みているが、すぐさま新しい不換紙幣「宝鈔」を発行し、金銀を貨幣として使用することを（そして、一定期間ながら政府発行の銅銭の使用も）禁じた。だが発行後間もなく、宝鈔の価値は急落する。一三九四年には額面より約八〇パーセントも低くなった。一四二五年には額面の二パーセントになり、信用に足る貨幣としての機能を停止した。[95]明はまた、宋元時代に発展した海上貿易を抑え込んでいる。一三七四年、洪武帝は民間の商人が海外貿易に従事することを禁じた。もっとも、厳しい管理体制のもと、朝貢関係をもつ外国の君主とのある種の貿易は許していた。[96]この海禁政策は一六世紀後半まで続く。

明代初期の財政制度は行政コストの削減こそ実現できたが、昔のように農業からの税収への依存度が高くなった。土地税の額を固定していたために、農業生産量が元の水準に戻り、さらに増加し続けていたにもかかわらず、国家は新たな税収源を生み出すことがまったくといっていいほどできなかった。それだけでなく、財政制度が粗雑で効率も悪かったので、中央政府の税収はほとんどが浪費された。それまでの王朝と異なり、明では国家と帝室の予算が分離されなかったため、とくに宮廷の管理を担う宦官のあいだで放漫運営が横行する結果になった。

明の経済運営のあり方を示す典型例が塩の専売制だ。名称は「入中」から「開中」に変わったが、明は北宋の制度を復活させ、北部の辺境軍に穀物を納入する者に利益の多い塩の販売免許を与えた。だが塩の生産者にしかるべき経済的支援を行わずに塩引を乱発したので、制度にひどい不具合が生じた。竈戸が支払いを受けられないことがしばしばあり、商人は手持ちの塩引を償還するのに何年、ことによると何十年もかかった。その結果、塩の密売が激増し、政府が利用できる塩の量も減っていく。一五世紀末に開中法が崩壊すると新しい方法が編み出され、辺境の商人は自身の塩引を揚州などの生産地の塩商人に販売するようになった。揚州の塩商人は徽州の人が多く、不確実性の高い事業を続けるのに必要な資本がふんだんにあったのだ。一六一七年に政府は揚州の商人集団に塩の販売独占権を与える制度を開始し、供給量の乱高下と構造的欠陥という問題に終止符を打った。やがて揚州の塩商人は帝国内で最強の財力を手にするまでになったが、かたや塩専売による政府の収入はささやかなもので、例えば一五七八年（国民会計のデータがそろっている唯一の年）には、土地税による収入の一〇パーセント程度だった。[97]

一四〇二年に肉親の二代皇帝から帝位を簒奪した永楽帝（在位 一四〇二年～一四二五年）は、モンゴル人を憎んでいた父に比べれば、モンゴル的な世界帝国像の影響を強く受けていた。一四〇七年にヴェトナム北部に侵攻して占領下においたほか、腹心の鄭和が率いる大船団を南海諸国に送り込んでいる。一四〇五年から一四三三年にかけての鄭和の航海は七回にわたり、はるかアラビアやアフリカの海岸にまで及ぶものだった。だがこれは経済的動機による事業というより、帝国建設の野望をめざすものだったことから、国家を疲弊させてしまう。[98]

永楽帝は洪武帝が設けた財政政策や制度を基本的には変えなかったが、大航海のために国家支出が増大し、紙幣の価値はさらに下落した。民が負担する税額は変わらなかったが、労役は増加の一途をたどった。永楽帝の政策で後世にまで影響を残したものは、華南の南京から華北にあった元の旧都に首都を移したことだ（名称は北京に変更）。北京への遷都によって新たに物流の問題が生じた。大運河を改修・拡大せねばならなかったうえ、税穀の輸送費が跳ね上がったのだ。それによって最も大きな打撃を受けたのが糧長や里長、甲首で、税制の土台がさらに崩れていく。

明代前半の皇帝たちが築いた厳重な財政運営制度を維持することは、不可能だった。一四三〇年代になると、政府は紙幣制度を廃止するとともに銅銭の発行も停止している。民間経済に広く行き渡っていた秤量《そうりょう》銀貨を、新しい標準的な貨幣として認めざるをえなくなる。一四三六年には江南から北京へ送られる税穀を銀で代納できるようになり、納税者は少なからず束縛から解き放たれた。一五世紀末になって里甲と職業世襲の制度が崩れたが、これには生産力が自由に使えるようになるという利点があった。結局、里甲制などに基づく労役のほか、それ以外の不定期の労役なども銀納に置き換わる。(99)

明代前半の商業敵視政策は、江南のエリート層からの収奪もあいまって、江南地域で成長していた市場経済に大打撃を与え、モンゴル支配時代にはほとんど途切れることのなかった商業や都市の成長を押しとどめた。(100)貨幣制度の管理の失敗と海外貿易の激減、さらに職業世襲制が合理的な労働の配分を妨げたことは、商工業の挫折につながった。都市人口が減り、多くの鎮は荒れ果てた。モンゴル人から明の支配への転換は傷を残し、経済は一世紀以上低迷したままとなる。

とはいえ国内には平和が戻ったので、農業は復興し、活況を呈するまでになった。新しい政権にとっては、戦争や飢饉、病気によって荒廃した北部諸州、とくに中原に人口を移動させることが最優先課題だった。政府はおびただしい数の人をこの地域に移住させ、里甲制に基づき新しい村をつくっていった。長江中流域（湖南と湖北）にも相当数の人が移り住んでいる。一三九三年以降は全国規模の人口調査が行われていないため、明代の人口動向を捕捉することは難しい。史料が貧弱であることから、明代の人口増加規模に関しこれまでに研究者が提示してきた数字には大きな幅がある。今も正確な値を出すことができていないが、研究者の多くは一六三〇年代になるまで右肩上がりで増加していったと大づかみにとらえている。一番信頼できる江南地域のデータを見ると、一三九三年に九〇〇万人だったのが八〇パーセント以上増加し、一六二〇年には一六五〇万人になったようだ。成長の著しかった湖南や広東などの南部辺境の人口は、明代におそらく三倍になった。(101)

一部研究者によると、明代半ばには帝国内の多くの地域で人口過剰の兆候があらわれていたという。江南では、小農の平均耕地面積が四〇畝から二〇畝に減った。同時に、世帯規模が縮小する一方で（一世帯あたり人員は六人から五人に減少）、生産量はかなり増加した。つまり労働生産性が増大し、耕地面積が縮小したのだ。営農法については、華北ではほとんど変化がなかったものの、華南の農民は大きな歩みを進めていた。南宋代につくられた大規模な水利田が、明代のあいだに排水の容易な小さな区画に分割されてゆき、それによって水田の肥沃度が著しく向上した。水はけがさらによくなったことで、小麦や豆類、油菜などの冬作物の栽培も可能になった。このころには大豆粕《だいずかす》や菜種油粕をはじめとする窒素質肥料も登場した。明代末の江南の米生産量は南宋代の二倍になっている。ここから、世帯あたりの生産量が減らなかったことがわかる。(102)

糧長制は一五世紀に崩壊し、徴税の仕事は里長が担うことになった。江南では里甲の負担増大、小作料の上昇、鎮の復興によって、不在地主が増えている。村は小農や小作人が大多数を占め、里長の任務をこなせるだけの十分な財産をもつ地主はほんの一握りになった。地方では労役銭納化の実験が行われていたが、一四八八年には「均徭法」が全国規模で実施され、規定の労役の多くが銀納化されるに及ぶ。均徭法は歓迎されはしたものの、一方で農村の人的な結び付きを破りもした。労役は共同体で担うものではなく、土地税と同じように個人が引き受けるものとなり、里甲制は形骸化していく。(103)

明代初期の一世紀に起きた政治の大転換によって江南の商業の活力は削がれたものの、農村経済が土地や労働、物品の市場との結び付きを失うことはなかった。江南の大地主を標的にした洪武帝の政策には農村社会を平準化する効果はあったが、貨幣経済を根絶やしにする試みは挫折した。経済的変化の流れが止まらなかったことは、現存する明代最古の戸籍簿に十全に示されている。現在の安徽省内にあった徽州祁門《いもん》県の李舒《りじょ》という人に関する記録だ(概要を表7－7にまとめた)。(104) 徽州は山がちで稲作があまりさかんでなく、宋代には茶や木材、紙の江南向けの一大供給拠点となり、明代半ばから末期にかけては進取の気風あふれる徽州の商人が比類のない存在感を放った(第6章二〇六ページ、第8章二四九～二五二ページを参照)。李舒の例から、少なくとも商業の発達した地域の農民のあいだでは、自分たちの経済状況や世帯構成の変化に合わせて土地を売り買いすることがごく当たり前だったことがありありとわかる。

李舒は一三九八年に死去し、四歳のひとり息子、務本と二二歳の妻、謝栄娘《しゃえいじょう》をあとに残したが、妻は再婚して務本の義父とのあいだにふたりの娘をもうけた。(105) だが人口調査が行われた一四一二年には、状況が大きく変わっていた。謝栄娘の再婚相手も息子の李務本も死去し、遠い親戚でまだ二歳の李景祥が跡取りとして養子になっていたのだ。だが、この幼児は形式的に李舒の戸籍に入れられたにすぎず、実父母と一緒に暮らしていた。一四二二年の調査時にも李景祥は名目上の

表７－７　李舒の戸籍構成員と所有地（1391年―1432年）

調査年	世帯構成				所有地（畝）		
	世帯主	成人男子	女子	合計（人）	耕作地	非耕作地	合計
1391	李舒	李舒	謝栄娘	2	16.34	2.19	18.53
1403	李務本	無	謝栄娘	2	35.58	2.19	37.77
1412	李景祥	無	謝栄娘と娘２人	4	0	0	0
1422	李景祥	無	謝栄娘と娘２人	4	32.27	0.17	32.39
1432	謝栄娘	無	謝栄娘	1	5.43	0	5.43

出典：欒成顕 2007: 131, 表4.1.

世帯主にされていたが、のちに謝栄娘が世帯主から外そうと裁判を起こした。これは、李景祥が務本と世代を異にするという家系上の理由、そして謝栄娘と住居をともにせず、世帯主として家を支えていないという理由によるものだった（景祥は二二歳になっていた）。謝栄娘の訴えは一四三二年に認められ、李景祥は世帯主でなくなり、栄娘は新たに跡取りをみつけるよう指示を受けた。そんなわけで、この年の戸籍簿には五九歳の栄娘が世帯主として記されている。ところが李氏は逆に、謝氏が李氏から購入した山林の代金を支払っていないと、謝氏を相手取って裁判を起こした。だが史料はここで途切れており、最終的にどんな形で決着をみたのかはわからない。

　戸籍簿によると、家産として所有していた土地は一四〇三年の時点で三七・八畝。これは李舒がかつて謝氏の五人から買い集めた面積の半分に相当する。一四〇六年から一四一〇年にかけて作成された三通の契約書から、寡婦の謝栄娘が土地をすべて売却したこと、買い手はもっぱら、企業家精神旺盛な地主であり地元の名士でもある謝栄娘の弟、謝能静だったことがわかる[106]。だが一四一四年に謝能静は一一畝分を栄娘に返還、一四二二年の調査時にはそれとは別に七畝分を購入していた。一四三二年の財産明細書上では、山林も二〇畝分所有しており（山林は非課税だったので、戸籍簿には記録されていない)、人を六人雇って作業させていた。謝栄娘は稲田についても人を雇い、耕作させていたのだろう。四〇年間の経緯をまとめると、この家は何十カ所もの土地の売買契約を一三人の相手と一八件取り交わし、山林と耕地を合わせた所有地面積は最も多い時で五〇畝余りにのぼった。文書にあった注記から、譲渡契約の一部は労役の回避が目的だったことがはっきりわかる。例えば世帯主の李務本がまだ未成年だった一四〇三年に、謝能静はこの家に三カ所以上の土地を譲渡し、務本が一六歳になった一四一〇年に買い戻している。文書はまた、大半が謝氏のものだった家産をめぐり、李氏と謝氏が何十年にもわたって続けた紛争の経過を伝えてくれる。平凡とは言えない面もあるにはあるが、農村のやや裕福な部類に入る李舒らの記録は、マクロ経済の次元では比較的安定した時代にあっても土地所有関係が不安定で経済が競争的環境にあり、市場の直接的影響がかなり大きかったことを浮き彫りにしている。

まとめ

南宋期に商業が開花したことで、中国社会のほとんどの分野に変化が起きた。農家は自家消費用の食料は自分たちで生産したが、数々の日用品は市場での取引によって手に入れた。税の銭納化や市場を通じての軍糧の調達という流れは、新法時代よりも南宋期のほうが歴然としている。一一世紀のようには銅銭を大量に発行し続けることができないので、南宋は貨幣供給の柔軟性を維持するため、新紙幣を発行したり、貨幣として銀を積極的に使うなどの手段に依然頼っていた。金融サービスの制度面では、仲介業や信用融資、為替、売買契約、委託型共同事業、合弁事業などのイノベーションが次々と生まれ、地域間交易や海外貿易を後押しした。さまざまな分野の統合によって飛躍的な成長が促される傾向は、泉州などの港湾地域を除くと、どこよりも江南で顕著に見られる。そうしたことから、江南は中国経済の重心として地歩を固めた。

華北は女真人とモンゴル人に征服されたことで、経済的な大打撃を受けた。かたや江南は元の統治下でも繁栄を続けている。華北にいた金の遺民に対するモンゴル人の取り立ては厳しいものだったが、クビライが南宋を征服すると和らいだ。江南の地主は元代に隆盛を誇ったが、これはモンゴル人の宮廷が富の私的蓄積に寛容だったことや国内交易と海外貿易を奨励したこと、また徴税をもっぱら請負人に代行させたことによる。だが明王朝が開かれると、事態はまったく逆の方向に進む。初代皇帝の洪武帝はモンゴルの遺産や、元の統治下で悪化した富と土地の著しい不平等を払拭したが、同時に市場経済の前提そのものをも否定した。洪武帝が頭に描いていた社会変革とは、腐敗や虚栄や搾取に汚されていない、素朴な農村を基盤にした農耕社会を復活させることだった。純然たる不換紙幣の発行をめざすなどの財政戦略がとられたのは、市場に代えて皇帝の意思に従属する指令経済を敷きたいという願望が動機としてはたらいていたためだ。江南のエリートの所有地を容赦なく接収するなど、洪武帝の政策は江南の市場経済を圧迫する結果となり、その影響を克服するには一世紀以上を要したのだった。

第8章　市場経済の成熟
——一五五〇年～一八〇〇年

洪武帝による社会と経済の改革は商工業に打撃を与えた。その影響は中国経済の心臓部である江南で、とくに顕著にあらわれた。一五〇六年に刊行された蘇州の地方志のなかで、著者は洪武帝が蘇州の地主を弾圧し、富裕層を無理やり首都へ移住させ、工匠を徴用して国家への奉仕を世襲させたために、蘇州の人口の増加が鈍り、経済回復が遅れたと、洪武帝の治世から一世紀ものちに批判している(1)。だが里甲制や糧長制度など、洪武帝による制度改革の柱ともいうべき政策は、一五世紀末にはほとんど機能しなくなり、元代から続いた職業世襲制度も崩れていた。海禁政策はこのころになっても実施されていたが、福建の船乗りたちは運用上の大きな抜け穴をうまく利用していた。また、一四三〇年代に国家が造幣所を閉鎖してからは貨幣供給量が低迷したが、そうした障害にもかかわらず、商業は一六世紀初頭の数十年間に再び成長のきざしを見せ始めている。

一六世紀に経済が発展し、洪武帝の思い描いていた自給自足の農村という構想は完全に消え去った。農業生産量は増加の一途をたどり、木綿や絹、陶磁器などの工業製品の全国市場も形成され、地域特産化が後押しされた。一五四〇年代に外国から——はじめは日本、次にアメリカのスペイン植民地から——銀が突然流入するようになると、海外貿易に対する関心が熱気を帯びていく。海禁に対する批判が高まり、結局、一五六七年に解除された。外国の銀が大量に流れ込んできたことで、明代最後の一世紀には、外国市場への輸送路をすでに有する沿岸地域を中心に、商工業の成長が促された。貨幣経済の拡大や農村工業の成長、市場の地理的な拡大。外国貿易の増大、また隷属労働がなくなったこと。私企業が国家による経済運営を圧倒するほどの勢いをつけたこと。そのすべてが誘因となり、一部の研究者の言う「第二の経済革命」、つまり唐宋変革期に起きた「第一の経済革命」に次ぐ大変化が、一五五〇年ごろに始まった。(2)

明代後半に復活した商業

江南に深く根を張る地主エリート層の抑圧政策を洪武帝が進めた結果、農村社会は水平化に向かい、土地は細切れになって分散した。個人の農地はたくさんの区画に分かれ、広い範囲に散らばっているのがふつうだった。大地主の地所などは、いくつもの県に分散している場合もしばしばあった。そのうえ水稲農業では集約的な栽培法を使わねばならなかったため、この地域での資本集約的な農業経営の成立は必然的に難しくなった。地主は人を雇ってみずから農業を経営するより、小作人に土地を貸すことを選ぶようになる。自分の田畑のある小作人も少なくなかったが、土地は自活が難しいほど狭かった。地主と小作人が収穫を均等に分けたり、あるいは地主が農具や役畜、種子を提供し、収穫の半分以上を手にするという分益小作が多かったが、小作人が小作料を銀で支払うこともあった。

一六世紀には江南の紳士やその親族集団に土地が集中する傾向がまたも見られ、隷属労働の事例も増えている。紳士、つまり科挙に受かった高級官僚や元高級官僚で、広い意味での「士」に分類される人々は、労役を大幅に免除されていた。労役の負担は重かったため、とくに徴税の任務を負う里長ら中産階級に属する庶民は、裕福な紳士にみずから土地を寄進(「投献《とうけん》」)した。江南の大半の県では最低でも三〇〇～四〇〇畝《ぽ》の土地をもつ人が里長になったが、なかには二三〇畝しかない人が里長をさせられる地域もあった。(3)土地を寄進した人は、形式上は奴僕になり(法的には主人の世帯に組み込まれる)、小作人として同じ土地を耕し続けた。また裕福な家では売買や養子縁組を通じ、あるいは抵当として奴僕を手に入れ、農作業でなくおもに家内労働に使った。奴僕が従事する役務や供出すべき物品は、ふつうは契約で決められ、無期限でもなければ親から子へと引き継がれるわけでもなかった。(4)この点で、奴僕の地位は、一定の法的特権をもつ雇い主が父親のように責任を負う長期被用者の地位になぞらえることができる。とはいえ、農業分野における大土地所有と隷属労働は、これまでひどく誇張されてきた。(5)黄仁宇(Ray Huang)によると、一万畝以上を所有していた可能性がある一握りの大富豪を除けば、最大規模の地主の所有地は五〇〇～二〇〇〇畝だったという。(6)そうした地主は、ふつう農村ではなく町や都市に住み、奴僕のうち信頼のおける人に地所の管理や小作料の徴収を任せた。小作人と奴僕は、地主が在地か不在かを問わず、経済的に独立していた。

一六世紀には生産量が増えて遠隔地交易が回復したことから、農業と手工業分野の地域特産化が再び進んだ。江南や常に土地の不足していた福建では、もっぱら他の地域から米を移入するようになり、人々は換金作物の栽培や手工業で生計を立てた（江南の場合は養蚕業と綿業、福建の場合は砂糖と茶、陶磁器）。長江中流域の湖南と湖北の余剰米が下流の江南まで輸送され、珠江デルタの米が福建まで海洋船で運ばれた。一五五〇年以前、ほとんどの鎮は地域間交易の二大経路である長江と大運河に沿って形成されていた。だが一六世紀後半には商業化が加速し始め、帝国の経済的構造が大きく変わる。華北平原をはじめ各地で次々と定期市が立ったことが示すように、市場は農村の人々の生活に拡大していった(7)。

明代前半に労役義務や匠戸の世襲制が崩壊したことで、労働力配分の効率化に向かう地ならしができた。このころには二五の官営絹織物工場が建てられたが、のちに主要産地の南京、杭州、蘇州の三工場だけになった。一七世紀前半の蘇州には絹織物の製造に携わる「織戸」が数千世帯、また染色をはじめとする他の専門的作業に従事する家が数千世帯おり、かたや同地の官営絹織物工場におかれていた機織り機は三〇〇台だった。絹織物業が一定の地域に集中する傾向は、清代も続いた。江南の諸都市で稼働する機織り機の合計は、明代後半には一万五〇〇〇台だったが、一九世紀前半には八万台に増えたものとみられる(8)。全国随一の陶磁器産地である景徳鎮では高度で複雑な分業体制が形成されてゆき、製造工程が二〇以上の専門的作業に分かれていた。ここの官営工場では、もっぱら世襲職人に三カ月間の労役を課して交替で働かせていたが、その後は職人を雇い上げるようになり、最終的には帝室みずから製造することをやめ、民営工場に委託するにいたっている。明代後半の景徳鎮では従業員数三〇人前後の民《みん》窯《よう》が二〇〇以上、また帝室や外国市場向けの高級品、一般消費者向けのさまざまな商品群を製造する小規模な工房は数千も操業していた(9)。

都市における製造業の成長と同じくらい重要なのは、農村手工業、なかでも綿業が明代後半にさまざまな意味で大きな進歩を遂げたことだ。宋代末から長江デルタに入ってきた綿は、海岸に近い同地の砂質の土壌で広く栽培されるようになった。絹織物業から借用した技術のおかげで、一五世紀には長江デルタで綿の糸紡ぎと機織りがさかんになった。現在の上海に近い松江府は綿業の中心地になり、ここで生産される綿布は全国で販売された（地図8－1）。綿の栽培、綿繰り、糸紡ぎ、機織りの工程は農村で、染色と仕上げ加工は都市で

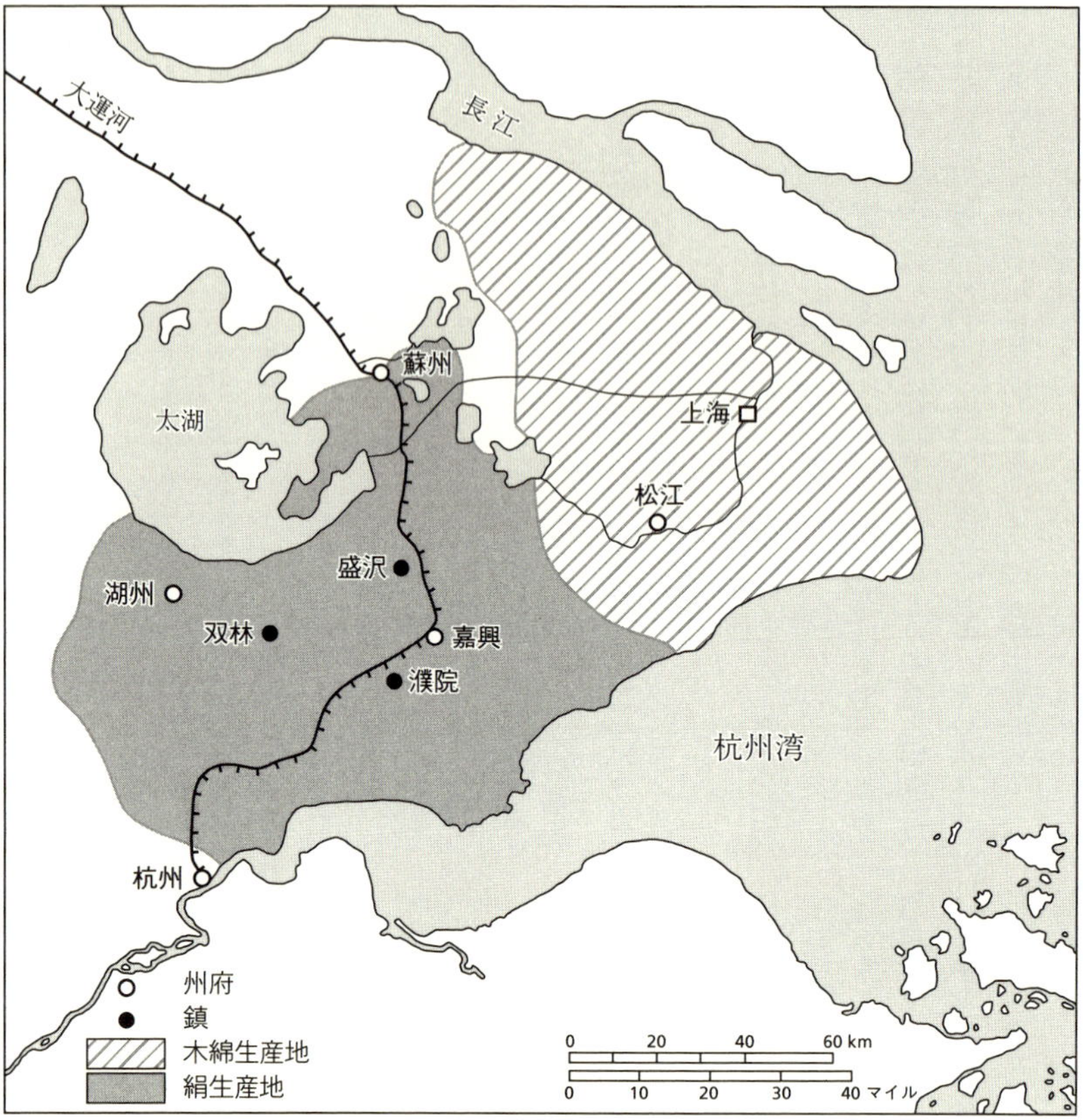

地図 8－1　江南の絹・木綿産業

行われた。江南だけでは高まり続ける綿布の需要を満たせなくなり、商人が中原地域と広東で仕入れた綿花を持ち込むようになる。綿布の製造には、各工程で商人資本が介入するのがふつうだった。農村で糸紡ぎと機織りを担っていたのはほぼ女性で、多くは専業の労働者になって出来高給を支払われていた。鎮に拠点をおく仲買人は繰り綿を紡ぎ手に、糸を織り手に掛け売りし、完成品を安い価格で仕入れた。綿業の作業工程に対する商人の支配力はどの程度だったのか、研究者の意見は分かれているが、農村の多くの世帯が家内制手工業に従事し、製品の売り上げを頼みに生活していたことはほとんど疑いない。(10)

農村工業が特産品産業に発展するという流れは、江南の他の地域でも見られた。例えば紹興の農村部には米を使った酒の醸造に特化する家があらわれた。それがブランド化につながり、一八世紀にはあくまで農村工業の枠内にとどまりつつも、この醸造業は全国市場を席巻するに及ぶ。紹興では半数の水田で、醸造用の糯米《もちごめ》が栽培された。(11) 商業経済に組み込まれる世帯が増えるにつれ、江南の農村部には小さな町が――人口わずか五〇〇〜二〇〇〇人ほどのところがほとんどだった――増えていく。こうした町は農村の生産者と地域市場や全国市場とを仲介する役割を果たした。盛沢や南潯《なんじん》、震沢、烏青、濮院《ぼくいん》、新市、江湾など、絹や綿製品の産地として栄えた鎮は、二万〜五万の人口を抱える大規模な都市に成長している。(12)

都市の繊維産業では労働の形について多種多様な取り決めが結ばれた。多くの織り手は、家族経営の独立した職人だった。それより大きな織物工房は二〇以上の機織り機をもち、長期契約の職人を雇っていた。すぐれた技量の持ち主が大勢いたが、そうした人でも日雇いの労働者として、たまり場の橋や茶館で雇用主を探した。商人のなかには織り手に機織り機を貸して材料を提供する、問屋制を用いる人もいた。(13) 清代に入ると、江南の繊維業界では製造委託が始まって何層かの下請け構造ができていく。これは生産管理の権限を企業主に集中させず、リスクを分散するのに役立った。絹産業では「帳房」と呼ばれる卸商が仲買人から糸を仕入れ、製布と仕上げの契約を織物工房や染色工房と結んだ。帳房と工房は仲介人（「承管」）を通じて契約し、注文の履行と商品の紛失に対する責任は仲介人が負った。(14) 綿織物業でも似たようなことが行われ、完成品をみずからブランド化して販売する卸商（「字号」）がもっぱら下請けを使って染色と仕上げを行った。蘇州では、一七三〇年代の時点で一万人超が木綿加工業界で働いていたという。この地の有力な三〇〇人の下請けは自前の機材をもち、卸商と商品委託契約を結んで布を手に入れた。作業員は出来高契約で雇い、その賃金から一部を徴収して経

費にあてている。(15)

職人が組織力をもつことはなかった。都市の商人や商店主は一七世紀に「行《こう》」を形成し始めていたが、職人が労働者団体をつくったり団体行動をとったりすると国家に押しつぶされた。例えば繊維加工業では、役人は労働者が賃上げを求めて団体交渉をすることを禁じ、業者が規律維持のために強制力を行使することを認めている。(16)契約や負債、怠業をめぐる紛争の際には、地方官は標準的な契約手続きや既存の取引き規則(「現定章程」)を忠実に守った。だが、バランスをとるために、商人による市場の独占を防止しつつ、労働者階級の生活を守ろうともした。(17)

明代後半に遠隔地交易の拡大と地域特産化の流れが生まれ、経済的な組織や経営は新しい局面に向かっている。大半の会社は家族経営だったが、事業規模が拡大すると、必要な資本や人的資源が個人の獲得能力を超えることがままあった。だが新たに共同経営者や従業員を入れようというときには、一族や同郷人のなかから探した。父系親族集団の制度化が進んで社団的な「宗族」がつくられ、家族経営の会社を社団的な事業体に改変することができるようになった。また、遠隔地交易に携わり、各地に拠点をおく商人は、同郷の者同士で協力関係を結んでいる。同郷組織を核にしたこのような協力体制は遠隔地交易を後押ししただけでなく、真の意味での貿易帝国の形成を促した。それを担ったのは徽州と山西の二大商人集団だ。

宋元明変革期に起きた社会的大変化のなかで最も広範囲に及んだもののひとつが、地方的かつ社団的な宗族が新たにつくられたことだ。宗族はもともと一族の祭礼や連帯感から生まれたもので、成員が経済的権益を共有していたから形成されたわけではない。個々の家は、経済的にも金銭的にも独立した単位であり続けた。祭礼のほか、父系集団の血統や結束を強めるような法令変更も手伝って、新儒学的な血族規範が制度として根付いた。先祖祭祀や墳墓の共有、族譜の作成などにより、血族集団の一体感はさらに強まった。(18)宗族は、仲間だけに権利を与えるためにつくられる場合もあれば、新たな仲間と手を結ぶ目的で、大らかな包摂の原則に基づいて形成される場合もあり(ゆえに連携相手は明確な共通の先祖がある者に限らない)、結成の意図はそれぞれ性質を異にする。多くの地域、とくに華南では、破綻した里甲に代わってその地の血縁集団が地域社会や行政の基本単位になった。一六世紀前半には先祖を祀った施設(「祠堂」)の一般人による建設を政府が認めるようになり、宗族の形成過程にとって大きな転機が訪れた。これを境に祠堂の建設が流行し始め、それまで人々をつないでいた土地神のための祭礼や廟に取って代わることもあった。またこうした流れのなかで、単姓村が増えていく。村では、法的特権や土地に対する権利が特定の宗族に属する人に与えられた。宗族が社団になったことで、共通の資産を管理する常設の組織、祠堂が建てられた。また祭礼への寄付、祠堂の維持管理、慈善救済事業、結婚式や葬式への補助のための基金も設けられたほか、経費をまかなうための収入を生み出す不動産が所有されるようになったが、これは分割相続の対象とはならなかった。(19)

徽州（現在の安徽省地域）では早くも一五世紀に、宗族が急増した。この地域において、山林は木材を生み出す貴重な資産であり、また第7章で触れた李舒《りじょ》の例が示すように、多くの世帯を経済的に支える柱でもあった。たいていの場合、宗族は山林を少しずつ手に入れていった。そのためには忍耐強い投資が必要で、恒久的組織の社団が行うのが最も適していた（常盤樫《ときわがし》は生長に三〇年を要する）。一族の資産の管理、また大人数になることもある小作人や木こりの管理は通常、最も裕福な家か社会的地位の高い家に託された。複数の宗族や個人が森の共同所有権を分割するという私的信託も一五世紀に登場している。所有者も小作人も、リスクを和らげるため、購入する土地や耕す土地を分散させていた。小作人はふつう複数の所有者から複数の区画を借りていたが、小作人の権利はかなり強くなっており、一六世紀になると、耕作権を（やはり分割したうえで）売却や転貸借などにより移転することが広く行われた。(20)

一五五〇年以後、農業生産性や人口、商業が飛躍的に伸びた沿岸部の広東と福建では、社会や経済に対する宗族の影響が格別に強かった。珠江デルタでは宗族が利益追求のための制度と化し、地元の経済を左右するにいたった。単姓村が瞬く間に定着している。二〇世紀前半には、一宗族が全耕地の六〇パーセントを所有する県もあったという。(21)番禺《ばんぐう》（広州）に留耕堂という祠堂を保有する一族の場合、一五八七年時点の所有地はわずか一四畝だったが、明代末期には二一四四畝に、また一七八六年には二万七八五二畝に膨れ上がっている。デルタにいた宗族は土地だけでなく、市場の支配権をめぐってしのぎを削っていた。例えば南海県の関氏は二一二人の出資を得て貸金業への投資を始めた。一六三七年に一族は地元の市場に店舗を購入し、一八〇〇年に市場の二三店舗のうち一二を所有するにいたっている。「銀会」とは一族の成員にだけ貸し付けを行う一種の信用組合のことで、祭礼の費用のみならず、事業への投資のための収入をも生み出した。(22)中国最大の製鉄地区である仏山《ぶつざん》では、大きな勢力をもつ四宗族が鋳物工場や窯場《かまば》、埠頭、倉庫を所有し、経営にあたっていた。(23)

もちろん親族だからといって内輪もめとは無縁でなく、企業家のなかには独立して、家族のしがらみや義務を避ける人もいる。例えば方廷珂《ほうていか》という徽州の商人は、親族とも他の徽州商人とも共同事業を行わないようにしていた。一五世紀後半に行商を始めた方廷珂は、二〇年の努力の末に投資資産をこしらえた。その後開封に居を構えて綿製品や亜麻製品を商い、かなりの財を築くと引退し、それからは徽州で隠居生活を送った。方廷珂は息子と孫、甥を自分の事業に引き入れているが、それを除くと、兄弟を含め一族とのあいだに金銭面では距離をおいていた。この一族は景気が活況を呈した明代後期には隆盛を誇ったが——一五五〇年ごろには六つの分家と一〇〇〇人超の成人男子を抱えている——遠隔地交易に挑戦したのは方廷珂の直系の子孫だけだった。息子がひとりしかいない方廷珂は、おおかたの成功した商人とは違い、何人もの子供に財産や事業を分割する必要がなかった。だが子孫はそれぞれ別の道を歩み、流通業に付随するリスクを避けて開封や地元の徽州で手堅い利益が得られる貸金業に携わっている。方氏は繁栄したにもかかわらず、互いの結び付きは弱かった。祠堂を建設するための資金を方廷珂が募ったときに寄付を渋る人は多かったし、方氏のなかでも貧しい人は借金や施しを身内ではなく他人に乞うた。(24)

これに対し、徽州の泰塘《たいとう》程氏はもっぱら宗族を頼みにして広大な企業帝国を築いた。泰塘程氏に属する可周の一門は明代はじめに繊維産業の中心地だった蘇州と松江で貸金業から始め、それから収益の多い塩の専売に投資したようだ。また木綿や木材、石炭、油桐《あぶらぎり》などの大口原材料を湖北で手に入れて江南で販売し、塩と木綿製品を仕入れて湖北で販売した。この一門は一五世紀末には揚州（塩交易の中心）と江南、さらには湖北の二カ所に拠点を設け、徽州の本家から分かれた分家の人々を住まわせた。一門の幹部はさまざまな事業を一元的に統括したが（方氏と同じように程氏も各地で貸金業に投資していた）、徽州以外の地域では一門の四つの分家のあいだで商圏を分割した。程氏の共同事業のしくみについてはよくわかっていないが、遠隔地交易に携わる他の商人と同じように、利益追求という目的のほかに共有するものがほとんどない他人よりは、親族や同郷人と仕事をするほうを好んだことは明らかだ。(25)

明代末の交易の場には、徽州商人の姿が必ず見られるようになった。ただ、この点ではいわゆる「山西商人」のほうが上手を行っていた。山西商人とは中国北西部、現在の山西省と陝西省あたりを出身とする商人に付けられた大雑把な呼び名だ（地図8－2）。山西商人は明代前半、開中法に従い辺境軍に軍糧を納入するなかで頭角をあらわした。このとき、納入の見返りに政府から塩の専売特権を与えられたのだ。そのようなことから、中国東部の主要な塩倉があり、なおかつ江南の市場への交通の便もよい揚州と淮安《わいあん》に根を下ろした。山西商人は穀物と塩の交易で圧倒的地位を築いただけでなく、

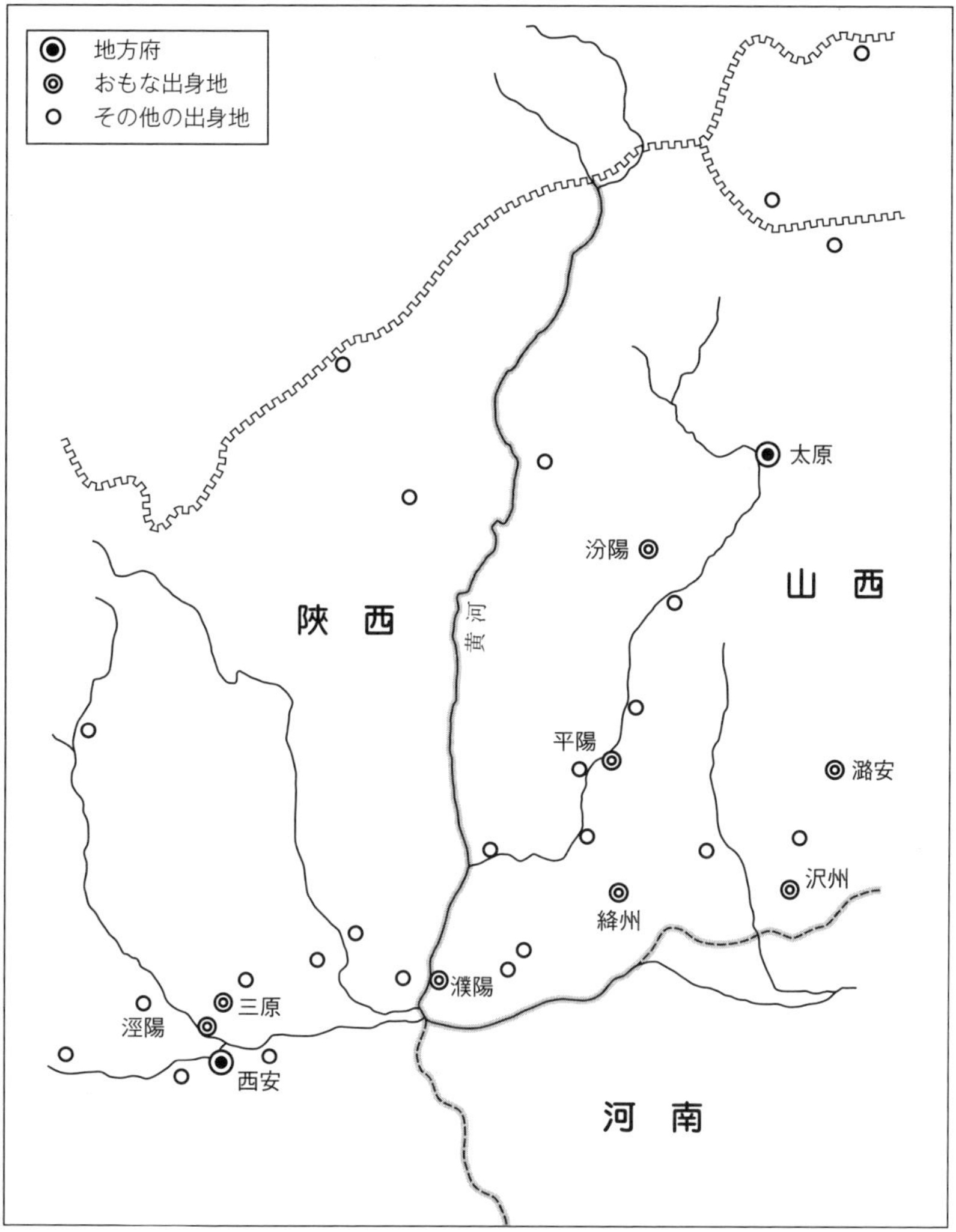

地図 8－2　山西商人の出身地

江南の綿織物を華北全域で販売した。[26] 山西商人と徽州商人は江南の都市という都市、市場という市場で火花を散らし、いずれも地縁を活用して提携を結んだり、共同事業者や代理人、顧客のネットワークを築くなどした。謝肇淛《しゃちょうせい》という福建出身の紳士は一六一六年に刊行した著作の中で山西商人と徽州商人の金満ぶりに触れつつ、そのころ人々に広く共有されていた感情を明らかにしている。

> 家が富んでいることで雄をとなえるのは、江南では新安（今の安徽省黄山市歙《きゅう》県）、江北では山西を推すことができる。
> 新安の代商人は魚と塩を業とする。鏹《きょう》（ぜにさしで貫いた銭）を蔵すること百万にも至るものがあり、その他二、三十万のものは、中程度の商人である。山西は、あるいは塩、あるいは生糸、あるいは仲買い、あるいは籾の貯蔵で、その富は新安よりもずっとまさっている。
> 新安は奢侈型で山西は倹約型である。[27]

その一年後の一六一七年、揚州に拠点をおく豪商の団体に塩の販売独占権が正式に与えられることになり、徽州商人は決定的な勝利を収めた（第7章を参照）。この制度のおかげで、徽州商人はライバルの山西商人から塩交易の支配権を奪い取ったのだ。[28] 広東や福建など他の地域の商人も、出身地の縁故を使って商業ネットワークを形成した。だが「金《きん》のおきては天を司り、金《かね》の神は地上にいる」と、一六〇九年出版の地方志に書かれているのは徽州である。[29]

明代後半に商業が開花したことで、階級や身分、社会秩序に関する従来の考えは時代にそぐわなくなる。[30] 富は社会的権力をもたらし、貧しさは、それまで多くの人がもっていた考えとは異なり、正しい行いのしるしではなくなった。富の力によって、道徳面での汚れが消え去った。紳士のあいだに商人の血統を引く人が増えるにつれ、勤勉さや倹約精神、寛大さを体現する賢く立派な人という企業家像が、強欲で吝嗇な嘘つきという企業家像を過去のものにしたのだ。[31] 皮肉なことだが、社会集団間の線引きが曖昧になっていったために、「良」と「賤」の法的区分を改めてはっきりさせようという動きが生まれた。賤民はそれまで役者や娼婦、さらには理髪師、肉の小売商、かごかきなど、品が悪いとされる職業に就く人を指していた。この人々は依然として社会の隅に追いやられてはいたものの、経済が改善したことで、社会は総体として包摂の方向へ動いた。[32] もちろん奴僕は賤民のままとされたが、雇用労働者が賤民として扱われることはなくなった。賤民の定義が狭まったことで社会的区分としての賤民は背景に退き——最終的には一七二三年に皇帝がこの身分を廃止している——代わって貧民が前面にあらわれる。貧困は大きな社会に必ずあるものというより、無慈悲で競争の激しい市場経済が助長する社会問題なのだという意識が高まり、孤児や寡婦、「援助に値する貧しい人」[33]を救うための社会福祉活動がさかんになった。また、倫理的偏りのない旧来の貧困観が弱まり、貧困は浪費と怠惰の産物なのではという疑いが強まってゆき、道徳面から貧しい人をどうとらえるかに関して多くの文献が書かれるようになった。ひとつはっきりしているのは、貧しい人のために慈善行為をすることは富の立派な使い道であり、その蓄積の正当化にもつながるということだった。[34]

社会の流動性が高まったため、上昇移動が進むとともに、高い身分に対する憧れも強まっている。紳士の生活様式をまねる人が出て文人文化が商業主義に向かい、自宅や書斎におく美術品、骨董品、書物、家具が虚栄のために消費されるようになった。由緒ある家柄（あるいは高い地位を得ることへのこだわり）を物語る品を手に入れたり飾ったりする際には「流行」と「趣味」が重視されるようになった。当然のなりゆきで、「趣味」そのものが地位をめぐる激しい競争の場と化し、傲慢な紳士は俗物的な成金が体裁を飾るのをあざ笑った。人々の所得が増えて、茶、砂糖、酒、陶磁器、絹製品や木綿製品、書籍、漆器、家具が大量消費され、さらには娯楽や祭礼、余暇活動、旅行への出費も増えている。奢侈品と日用品の生産には、消費者の購買意欲と嗜好の多様化の影響が広く浸透していった。[35]

銀経済と一七世紀の危機

明代中国の経済成長に対する大きな足かせになったものとして、建国初期の皇帝たちによる拙劣な財政政策がもたらした金融の混乱があげられる。明は制度として不換紙幣を定着させた元にあやかろうとしたが、結局は惨憺たる失敗に終わった。一四三〇年代に入ると明の宝鈔は無価値になり、銅不足のために政府の造幣所は閉鎖に追い込まれた。それからほぼ一世紀後に、明朝は新しい銅銭を発行した。市中では、銀は重さや純度がまちまちな地金の形で流通しており、米で納められていた土地税の銀による代納が一四三六年に江南で認められたのを境に、税は物納から銀納へと徐々に向かっていった。この流れは一六世紀後半に「一条鞭法」として結実する。雑多な労役が銀で納められることになり、割り当ての対象としては個人よりも所有地が重視された。これは、民間の事実上の銀経済化という現実が追認されたことを意味する。銅銭は一五二七年以後も少量ながら発行され、日常の取引では銀の補助貨幣の役割を果たしたが、明代後半における商業の復興は銀が後押ししたものだ。

とはいえ中国で生産できる銀だけでは、飛躍的に増えた需要を満たすことはできなかった。一五世紀前半には国内の造幣所の発行量が急増したが、その後は取るに足らない水準にまで落ち込んだ。民間での密貿易を通じて多少の銀は入ってきただろうが、一五三〇年代に、大きな転換点が訪れた。西日本の石見銀山で銀の採掘が活発化したのだ。明は一五二三年に日本と断交したが、一五四〇年にもなると華南東岸地域に日本産の銀が大量に密輸されるようになった[36]。加えて、一五二二年にはポルトガルの商船が初めて中国に来航している。ヨーロッパの商人は新世界で拡大していたスペイン帝国の銀を使い、中国製の陶磁器と絹を大量に買い付けた。一五五七年に明がマカオでの居留地開設をポルトガルに許可すると、一五七一年にはスペインがマニラに居留地を設け、太平洋を横断してメキシコと中国を直につなぐ経路を開いた。これにより、ほんとうの意味でのグローバルな経済交流が行われるにいたる[37]。

銀需要の高まりを抑えることはもはや難しく、明が建国期から貫いていた海禁政策は崩れていった。明と密貿易人（漢人が大半を占めていたが倭寇と呼ばれた）の摩擦は全面的な武力紛争に発展し、一五四〇年代から五〇年代まで続いた。沿岸地域に対する倭寇の攻撃が苛烈だったうえ、華南東部の商人や役人からの強い働きかけもあり、一五六七年にいたって、宮廷はついに海禁政策を緩和している。明は新たに免許制度を設けて交易量を制限しようとしたが、日本との直接交易の禁止を解くことはなかった。にもかかわらず、ポルトガル人や、あるいはヴェトナムの会安《ホイアン》などの中立国の港町にいた漢人や日本人が仲介したおかげで、日本との交易は活発になった。中国製品に対する日本側の需要はヨーロッパに劣らず大きかったのだ。

明代後半における商業の爆発的な繁栄ぶりには、一五七〇年以後に外国から銀が流入したことがあずかって大きい。流通していた銀はやはり地金だったが、それでも供給量が飛躍的に増加したために、市場経済にのしかかっていた重しが取りはらわれた。対外貿易の好況と直接つながっていた福建南部では、砂糖黍《さとうきび》やアメリカから持ち込まれた煙草などの換金作物が、稲を脇に追いやった[38]。絹と砂糖の需要の急拡大も、珠江デルタの多くの農民が稲作から桑や砂糖黍の栽培に転換する一因となった。一六〇〇年以後、この地域はもっぱら西方の広西地方をはじめとする外部の米で供給をまかなうようになっている[39]。

中国の銀需要は、新たに出現した世界貿易にとてつもない影響を及ぼした。一七世紀前半に、銀は世界貿易の主要品目になっていた。中国ほど銀が高値で取引されるところはほかになく、中国の市場には銀を持ち込もうとするヨーロッパの

表8－1　中国の銀輸入量（1550年―1645年。推計。単位：トン）

	日本から	米大陸から（太平洋経由）	米大陸から（大西洋経由）	合計
梁方仲（1939）	2,795	948		3,743
Yamamura and Kamiki（1983）	7,350–9,450	1,320		8,670–10,780
庄国土（1995）	6,527	2,250	1,013	9,800
李隆生（2005）	6,375	4,688		11,250
von Glahn（2013）	3,634–3,825	2,481	1,230	7,345–7,536

出典：梁方仲 1939: 173–79; Yamamura and Kamiki 1983: 351–53; 庄国土1995: 3; 李隆生2005: 165; von Glahn 2013: 32, 41.

表8－2　明代の米穀収入と貨幣収入

	1435年―1449年頃	1612年
米穀（石）	26,871,152	28,369,247
銀換算額（両）	6,717,783	18,069,584
織物の銀換算額（両）	239,385	370,002
紙幣の銀換算額（両）	4,379	—
銀（両）	2,430,000	4,000,000
合計の銀換算額（両）	9,391,552	22,439,586
銀納分の対全体比（％）	25.9	17.8

出典：呉慧 1990: 41.

商人が殺到した。あるポルトガル商人は引退後の一六二一年にリスボンで出版した本のなかで、こう述べている。「銀は世界遍歴の旅を終えると群れをなして中国に向かい、この地に落ち着く。まるでそこに本拠地をおくのが当然と言うかのように」[40]。一六世紀後半に、中国は銀を少なくとも年間五〇トン輸入していた。一七世紀はじめの四〇年間で、年間輸入量は一一五トン以上に膨れ上がったとわたしは見ているが、研究者のなかにはそれ以上の数値を示す向きもある（表8－1）。こうした銀の半分近くが日本から来たもので、残りはペルーやメキシコが原産のものだ。ヨーロッパや日本の商人は銀貿易で得た大きな収益を中国製の絹や陶磁器の購入に使い、中国の工業生産高を増やすこととなった。

だが商業経済が成長したからといって、国家としての明が強くなったわけではない。明は物納だった多くの税を銀納に置き換えたが、税率は建国初期に決めた割り当て率と連動したままだった。政府は農業や商業の成長が生み出した利益を捕捉できず、恒常的な資金不足に悩まされた。輸入銀が中国の国内市場でだぶつくようになると銀の購買力が低下してゆき、税として徴収した銀の価値も一五世紀に比べて下落してしまった（表8－2）。さらに、商業と都市の成長は繁栄をもたらしただけでなく、経済の変動性を高め、貧困層を生み出し、社会に亀裂を走らせている。一五九〇年代を境に、多くの都市では激しいもめごとが起き、暴力沙汰に発展するようになった。[41] 社会の混乱と政治対立に悩まされた明は、一六一八年に満州人（女真）の侵攻を受けたときにも体制が整わず、惨敗を喫した。

それからの二〇年、明は報復合戦に振り回された。防衛線の完全崩壊をどうにか食い止めようと臨時税を幾度も徴収したが、その高騰もすさまじく、一六一七〜三七年に銀税収入は四倍になった。それでも戦費は国家収入をはるかに超え、かたや人民の不満は増税のせいで増幅していった。一六三〇年代には凶作により華北で大規模な反乱が起き、中央政府は一六三七年から三九年にかけて五〇パーセントの増税を実施した。[42] あまつさえ一六三八〜四二年に起きた大洪水と飢饉、伝染病の大流行にとどめを刺され、明の経済と国家は麻痺状態に陥る。一六四四年に農民の反乱軍が北京を攻略するとその数カ月後には満州人がこの地を占領し、清（一六四四年〜一九一一年）という新王朝を開くにいたった。

一六四四年における明の滅亡は、ユーラシア大陸全体の動きと連動していたと一部の研究者は見ている。社会的混乱と支配層に対する民衆の抗議を巻き起こすような政治の危機が全般的に認められるというのだ。「一七世紀の全般的危機」という言葉はもともとヨーロッパ研究の領域で生まれたもので、西洋史学で近代への移行について考える際に押さえるべき点とされている。近代への移行に関してはさまざまに説明されるが、ヨーロッパが一六世紀末から一八世紀初頭という長きにわたり経済危機に悩まされ、それが人口減少、農業生産高および工業生産高の落ち込み、国際貿易の衰退、デフレーションの形をとってあらわれたという点では認識が一致している。[43] アジア史研究者のなかには、国際貿易の崩壊、さらにはアジア市場への銀地金の流れが滞ったことがすさまじい経済縮小につながったと論じる人がある。[44] ウィリアム・アトウェルによれば、中国で著しい経済成長ののち、一六三〇年代後半に銀の流れが突然鈍くなったのは、日本が鎖国したこと、スペインが中国－フィリピン間の貿易を抑制したこと、一六四〇年にポルトガルがスペインとの連合を解消し、マニラ－マカオ間の貿易が途絶えたことが原因だという。そのうえ政府が増税によって民間から膨大な量の銀を吸い上げたために、商業と工業生産高が落ち込み、農業にも影響が及んだ。銀の価値が上昇して税負担や負債が実質的に重くなり、農民が破産した。商業の深刻な不振はこうして生産の危機に転じたのだ、とされる。[45]

だが国際貿易の崩壊がもたらした銀不足のために中国で広範囲に及ぶ経済不況が起きたという仮説は、理論的検証にも実証的検証にも堪えるものではない。外国貿易と銀の輸入は、一六四二年にいたるまで活発だった。[46] 穀物価格は一六三〇年

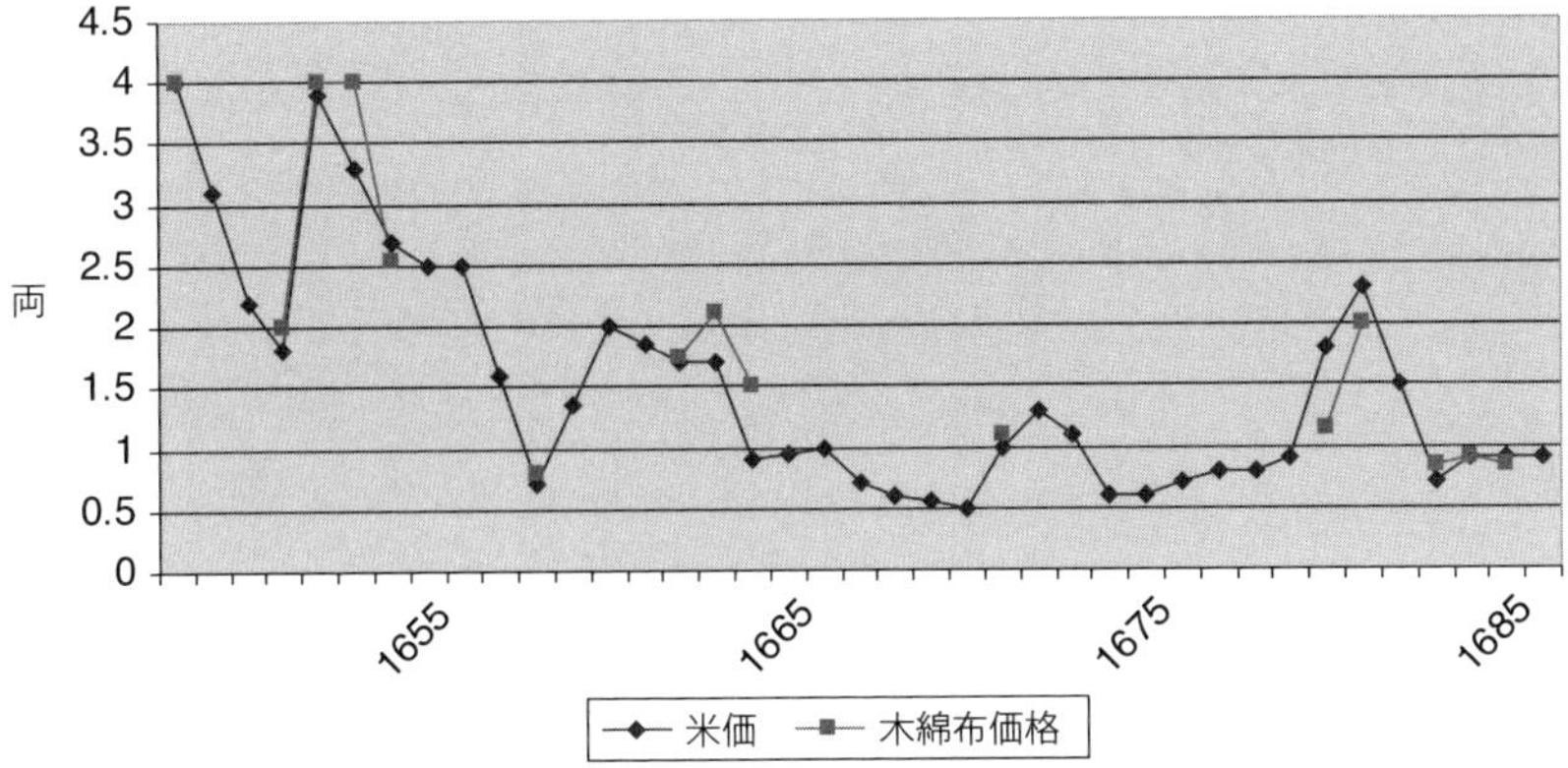

図8－1　江南における米・木綿布の価格（1644年—1684年）
出典：米価（原典の単位は銭／石）：Wang Yeh-chien 1992: 40, table 1.1; 木綿布価格（原典の単位は銭／疋）：岸本 1997: 151, 表4.7.

代後半に跳ね上がったが、土地の価格も木綿や絹製品などの工業製品の価格も安定していた。それに、四〇年代の銀輸入量の落ち込みは中国の貨幣ストック全体に劇的な影響を及ぼすには小さすぎるし、まさにこの時期に中国での銀の金換算額が国際水準にまで落ち込んだことも、深刻な銀不足という説を覆す格好になっている。貿易の流れ、物価、交換比率のすべてが指し示しているのはむしろ、大凶作と民衆反乱によって深刻な生存の危機が引き起こされたことだ[47]。アトウェルは一六三八年から四二年まで続いた凶作の原因を、天候異変や一七世紀に北半球全体を襲った寒さに求めており、ずっと説得力がある[48]。戦争と自然災害、伝染病はすさまじい破壊と死を招き、その結果全人口の二〇パーセントが失われるという深刻な状況となった[49]。

満州人による中国の攻略自体は比較的流血が少なかったが、経済の回復は鈍かった。一六二〇年代から九〇年代まで冷湿な天候が続き、農業の復興が阻まれた。明代末期に起きた深刻な生存の危機は清代初期になっても解消せず、繊維製品その他の工業製品の需要は著しく落ち込んだ。工業製品の価格が急落したため、工業と商業もあおりを受けている（図8－1）。一六五〇年代終盤には穀物価格も激しく下落して、九〇年代まで続くデフレーションを招き寄せた。一六六〇～九〇年の「康熙不況」には——康熙帝（在位　一六六一年～一七

二二年）の名をとってそう呼ばれる――物価と賃金、小作料、地価の下落という特徴が見られる。(50)

経済の低迷は、一六六一年に清が実施した政策のせいで深刻の度を増した。台湾に逃れた福建出身の豪商、鄭成功の政権を孤立させるための政策だ。満州人たちは鄭成功を経済的に封鎖するべく、やはり海禁を行い、華南東岸の大勢の住民を内陸へと強制的に移住させた。一六八三年に清が台湾を攻略するときまで、鄭成功政権は中国‐日本間の活発な密貿易をつかさどり、なんとか生きながらえた。だが海禁と移住政策のせいで華南東岸が損害を受けたのは明らかだ。

一六八三年には、清は政権に歯向かうあらゆる武装勢力を鎮圧していた。翌年に海禁が解かれ、史上最多規模の中国船が長崎へ押し寄せた。人口の増加も農業の復興も徐々に進み、康熙不況に終止符が打たれた。国内に訪れた平和と繁栄の時代は、一八世紀末にいたる長きにわたって続く。

清の財政

一六八三年時点で満州人は明の旧版図を掌握したが、それから一八世紀にいたるまで、満州人の帝国はモンゴルやチベットを征服し、さらにはウイグル人、モンゴル人が住む中央アジアから「新しい辺境」（新疆）をえぐり取って拡大を続けた（地図8‐3）。先行する漢人王朝と同じように、清も土台となる農業の復興を何より優先している。辺境への入植や農業振興に力を入れ、大規模な水利事業に労働力を動員し、免税をはじめ紳士に与えられていた特権を廃止した。先代の王朝、明と同様に、清はイデオロギー面では重税の緩和に傾注し、他方で土地への直接課税を財政制度の支柱に据えた。国家としての清を形容するなら、物資供応国家といったところだろう。つまり飢饉対策や水利事業への投資などによって民生の向上をはかる国家だった。だが国家による積極的介入を重視する宋とは対照的に、清の国家運営では臣民の経済生活に対する介入は最小限にとどめることが前提になっていた。民の福祉に関する実務責任の多くは、地域レベルで官民のそれぞれが担った。清の支配者たちが商業の自由放任政策をとったことで、アダム・スミス的な力学がはたらき、市場の拡大や分業、地域特産化が後押しされている。だが同時に、清の財政能力には限界があったため、経済成長を維持可能にするような公共財への投資が妨げられた。

清は満州の伝統に起源をもつ数々の新しい政治制度を持ち込んだが、一八世紀になると、多くは官僚による統治という漢人的な形態に収まった。満州人による中国統治は、最初期の段階では、軍事支配に大きく頼っていた。それを支えていたのは旗《き》と呼ばれる常備軍で（満州人、モンゴル人、漢人の組

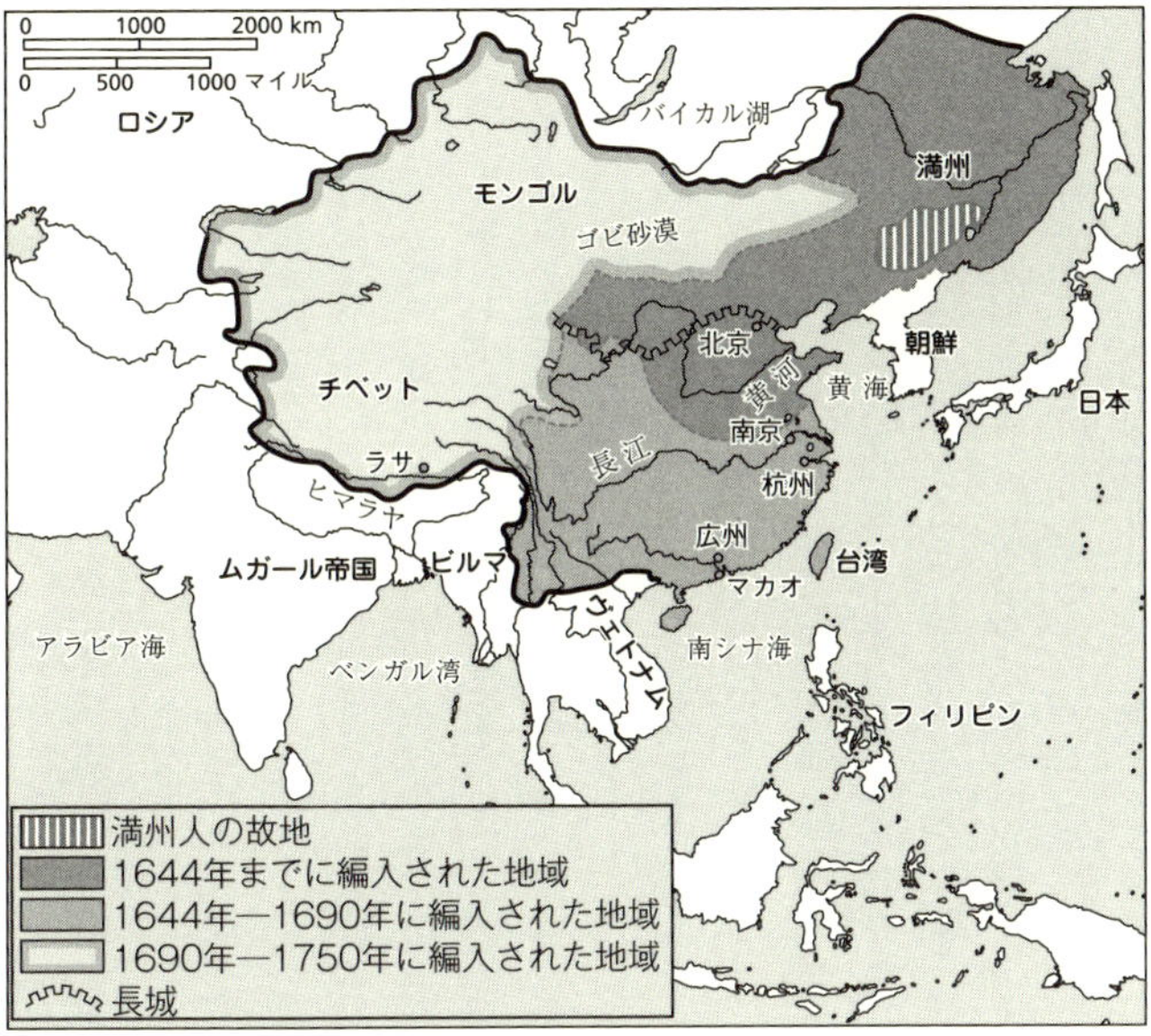

地図8－3　清の版図の拡大

織からなり、全部で二四旗あった）、帝国各地の戦略拠点に配置された。かなりの土地が旗を支えるために振り向けられた。満州人はまた、「内務府」という新しい機関を漢人の奉公人で構成し、帝室の事務や財政を管理させている。内務府は、明の宮廷を悩ませていた宦官による帝権の侵害に歯止めを掛けるために設けられた機関だ。その活動は旗地の管理に始まり、物品専売や業務独占（例えば塩や満州人参の専売、日本との銅貿易の独占、絹織物や陶磁器の官営工房の運営）、学術研究の公定版刊行など多岐にわたった。[51] おおまかに言うと、清は首都でも地方でも明朝の行政機構を温存した。だが戸部《こぶ》と地方の出先は、税収に対する中央の統制を強くした。中央政府は会計処理の厳格化をはかっただけでなく、地方で徴収される税の八〇パーセントを上納させている。[52]

R・ビン・ウォンが述べたように、同時代のヨーロッパ人に比べれば、清の支配者たちは民の社会的・経済的福祉に気を配っていた。[53] だが漢や宋との比較では、村落レベルでの国家の存在感は最小限にとどまっている。清の政府が全国一律に地籍調査を行ったことはないし、古い記録を全面的に更新することもなかった。それどころか、税額の算定には一五八一年から八二年にかけて明が実施した地籍調査の記録を使い続けている。明末には労役のほとんどが、個々の成人男子（「丁《ちょう》」）に割り当てる形ではあるものの、銀納に変わっていた。

清では一七一二年、前年に確認できた人口をもとに労役（「丁銀」）の税額が固定され、一三年には康熙帝の温情により、土地税が一一年の水準に据えおかれることになった(54)。一七二九年になると、丁銀が全国で正式に土地税に組み込まれ、以後は個々の地主が一括税を銀で納めることになった。これにより、課税対象の（さらに言うと、国家による地方統制の対象の）人から土地への変化が完了した。このころの清は大幅な財政黒字を謳歌していた。だが一八世紀末には、国家に新しい税収を確保する能力がないことがあだとなり、政治的・経済的な危機に対処する力が著しく弱まっていく。

　清代初期の税制改革によって、世帯構成を詳細に調べる必要がなくなった。社会の単位である家は課税対象ではなくなったのだ。清は一六六八年、明代に土地税と労役の台帳の役割を果たしていた黄冊の作成を中止した。その代わりに、編審という調査を各地で五年ごとに実施することになった。全世帯員の情報が記載されている黄冊とは違い、編審は丁銀対象者の情報を集めたものにすぎない。一七二九年に丁銀が土地税に組み込まれると、編審はもはや無意味となったが、正式に廃止されたのは一七七二年のことだ(55)。夫婦と子供からなる世帯が中国の社会的・経済的制度の土台であることに変わりはなかったが、弱体化した帝国の影響力からかつてなかったほど距離をおき、自立を手にしていた。

　里甲は清代になっても残っていたが、農村社会の統治機能をおもに担ったのは、宋の制度に改変を加えた保甲という自警機構だった。清代の保甲も宋代と同じように、徴税や飢饉救済などの民政に関わる業務も行うようになっていった。一七四〇年に、政府は戸籍編成の任務を正式に里甲から保甲の長へと移管した。だが戸籍が財政上の意味を失っていたので、人口調査は内容のない役所仕事に成り果てている。G・ウィリアム・スキナーが明らかにしたように、一九世紀前半から、地方の役人は古い数字に必ず加算するようになっていたので（というのも人口の増加は繁栄のしるしと考えられていたからだ）、同世紀末の時点で人口は著しく水増しされていた(56)。

　一七六六年には土地税収入が国家財政の四分の三を占め、塩の専売や関税による収入は一六パーセントだった（表8-3）。清の税制のうち、他にあまり類をみないものに、自由意思による寄付の体裁をとった「捐納《えんのう》」（または「捐輸《えんゆ》」）がある。これを支えていたのは以下の三者だ。俸給の一部を地方府に納める義務を負う一部の役人。高い身分を得るため、対価を払って科挙資格や爵位、官名（時には実際の職務も）を得ようとする者。国家から特恵待遇を受けている大商人（おもに塩商人のカルテルや、一七五七年以後、ヨーロッパ商人との交易権を独占した公行と呼ばれる広州の商人など）(57)。清も明と同様、国家収入の多くを土地税から得ていたが、その大半を米穀納

表８－３　中央政府の税収（1766年。単位：100万銀両）

収入源	収入	全体比（%）
土地税（田賦・田租）、米穀（漕糧）	31.06 20.31*	73.8
塩税（塩課）	5.75	8.2
関税	5.42	7.7
付加税（耗羨）	3.50	5.0
正規の捐納（常例捐輸）	2.00	2.9
地方雑税	0.86	1.2
印紙税（契税）	0.19	0.3
仲介商・質商への課税	0.16	0.2
山林産物・海産物への課税（蘆課魚課）	0.15	0.2
鉱物資源への課税（鉱課定額）	0.08	0.1
茶税（茶課）	0.07	0.1
合計	69.55	

*穀物で納められた土地税を1753年の交換レートに基づき銀両に換算した数値。以下による。Yeh-chien Wang 1973: 70.
出典：陳鋒 2008: 369, 表6-3.a

から銭納に変更した[58]。また、一七一三年の土地税額の凍結後から一八世紀末にかけて人口が増えたことにより、一人あたりの税負担が軽くなった。一人あたりの土地税（米穀の量に換算した数値）は一五世紀半ばにすでに控えめな水準になっていたが、一七六六年にはさらに七〇パーセント減少している（表８－４）。史料が限られているため、帝国時代のどの時期のものであれ、中国の国民所得の概算値は憶測の域を出ないが、ほぼ間違いないのは、清代では国民経済に占める税収の割合が、商業や消費に対する課税に大きく依存していた宋代や、おそらく明代に比べてもずいぶん少ないということだ。

先行国家とは異なり、清は国内の商業の取り扱いにあまり手間をかけなかった。塩の独占販売制を明から継承したのを除けば、物の生産と流通に関して受け継いだものはほとんどない。塩の専売制にしても、生産と輸送を担うのは商人で、国家は税を徴収するだけだった。商人と職人の自己決定権は、以前よりずっと強かった。「行」は一九世紀になるまで、同業者でなく同郷人の組織であることが多く、帝国全土の商業都市に次々とつくられていった。行には会費や義務事項、賃金、価格、徒弟期間を決める権限があったが、業界への新規参入に制限を設けることは禁止されていた[59]。揚州で活動する徽州の塩商などの一部の大商人は、独占権を手にしていたお

表8－4　明・清代の税収

	土地税					全税収			
	耕地面積（100万畝）	米穀（100万石）	銀貨（100万両）	1畝あたり米穀（石）	1畝あたり銀（両）	人口（100万人）	1人あたり米穀（石）	1人あたり銀（両）	1人あたり税負担（米穀に換算）
1435年頃—1449年頃	424.7	26.87	1.0	0.063	0.002	53.7	0.49	0.019	0.56
1766年	741.4	8.32	29.92	0.011	0.040	208.1	0.04	0.233	0.17

出典：呉慧 1990: 45.

かげで莫大な富を築くことができた。[60] だがほとんどの商人や職人は競争の激しい市場経済のなかに生きていたのだ。

清の経済運営の手法のありようを示す好例として、牙行《がこう》制があげられる。宋代以来、政府は各地の商人と遠隔地交易に携わる商人とを仲介する業者（牙行）に免許を与え、遠隔地交易商人を、顧客獲得、交渉、保証行為、さらには輸送・宿泊・融資・倉庫に関わる業務手配の面で支えてきた。清代になると、牙行は取引記録、交易場の警備、紛争の調停、各種商業税の徴収などを、地方長官の代わりに行うことが多くなる。政府はその見返りに、免許の発行件数の上限を地域ごとに定め、牙行に十分な収入を保証した。免許料は少額だったが、政府は収入を増やすことよりも、通商を確実に円滑化することにむしろ関心を向けていた。[61] 一部の地域、とくに山東などでは、地域名望家や宗族の長、商人が「自由な市場」（「義集」）をつくる権利を得ようと、そのために必要な商業税の支払いを、自己資金（例えば宗族の基金や「行」の分担金）を使って行った。義集を設ける表向きの目的は悪質な仲買業者による強制取り立てを一掃することだったが、この制度のせいで既存のエリートが地域の商業に権力を行使したり情実を持ち込んだりする余地がたちどころに広がった。[62] 牙行制も義集も徴税強化の手段に変質し、各地の商業に対する政府の影響力を狭めることにつながった。包攬《ほうらん》という業者による納税の代行も、徴税強化の手段に数えられる。[63]

清の政府は外国貿易についても自由放任政策をとり、朝貢外交と通商特権を組み合わせるという洪武帝の構想を打ち捨てた。一六六二年には、台湾の鄭成功が率いる無法者政権を討伐する作戦の一環として、海禁を実施している。だが一六八三年の台湾平定後は康熙帝が海禁の勅令を解き、外国商人に中国の港を開放するとともに自国の商人には海外への渡航を許可。すると商人たちは大挙して海に乗り出した。[64]日本との貿易も再び活発化したが、このころには徳川幕府が銀の輸出を厳しく制限していたので、中国の商人は日本の銅を大量に買い求め（一六八五〜一七一五年には年間二六〇〇トン）、造幣所に納入した。だが一七一五年に日本の幕府が外国貿易に対する統制をさらに強めたことから、銅の輸出量が激減。中国と日本の貿易は、一八世紀末にかけて著しく縮小した。絹織物や陶磁器、砂糖は中国からの輸入品に日本の国産品が取って代わり、国内生産者が需要を満たすようになる。[65]

ヨーロッパ商人との交易も一六八三年以後に再開したが、一八世紀はじめには、中国の海上貿易の大半は東南アジアを舞台に行われるようになった。世紀前半に中国から東南アジアに運ばれた積荷は、両に換算すると、年間六〇〇万〜一四〇〇万両（およそ二二一〜五二一トン分）にのぼった。[66]現在のタイやマレー半島、ジャワ島、フィリピンにあたる地域に移住した福建や広東の出身者は、華南から東南アジアに広がる商業網を築き、ある歴史家の言葉を借りるなら、インドネシア群島水域を「中国の地中海」[67]に変えた。一八世紀後半になると、中国出身の商人や労働者、金融業者は東南アジアの商業を席巻するまでになった（第9章を参照）。

ヨーロッパ人と中国人の直接交易は一七〇〇年前後には低調だったが、一八世紀末にかけて拡大の一途をたどっている。一七五七年、税関の役人についてのヨーロッパ商人の苦情に対抗すべく、宮廷はヨーロッパ商人の交易市場を広州一港に限った。さらに、交易にあたっては二〇前後の牙行からなるカルテルに仲介させることにした（これがのちに公行と呼ばれる。[68]）そんなことからヨーロッパ人との貿易の拡大速度は落ち、数十年にわたって不振が続いた。だが一七八〇年代になると、貿易量が再び急増する。茶がイギリス人に欠かせない飲み物になって茶貿易が爆発的に拡大したこと、メキシコ産の銀でつくったスペイン銀貨が大量に輸入されたことが、強力な要因になった。だがヨーロッパ製品を中国の市場で販売することができなかったため、イギリス商人は植民地のインドで仕入れた綿織物とアヘンを中国に持ち込むことにした。東インド会社によるアジア貿易独占体制から独立を果たしたばかりのアメリカも中国貿易に急ぎ参入し、中国市場にとって銀の主要な供給源になった。

清では税制改革、公共投資、地方の統制強化などの積極政策が進められたこともある。それは雍正帝（在位　一七二二年～一七三六年）の主導による場合がほとんどだった。[69] だが雍正帝の後を継ぎ、長寿を全うした乾隆帝（在位　一七三六年～一七九五年）は、父の構想の多くを撤回したり、あるいは手を引くなどした。乾隆帝の政府は「民のところに富を蓄積する」（蔵富於民）べく、民が蓄積した富を国家やその代理機関に搾取させるより、少しでも増やすことに努めた。[70] これまで研究者は、乾隆帝の政権を「不干渉的」と説明してきた。もっと踏み込んで、中国の財政政策や財政思想が「経済的自由主義」にいたる転換期に位置していたと説明する人もいる。[71] 物や資源の最適配分、ひいては民生の保護を可能にするうえで市場原理がもつ利点に、清の為政者がほかの王朝の為政者に比べて前向きな姿勢を見せていたことは間違いない。もっとも、宰相として大きな影響を及ぼした陳宏謀（一六九六年～一七七一年）に関する研究のなかで、ウィリアム・ロウは、「蔵富於民とは……何よりもまず一人あたり労働生産性を増やすことを意味していた」と唱えているが、これは過大評価というほかない。[72] 清の政治経済の知的環境から生産量や生産性の持続的向上という発想が生まれることはなかったろうし、役人たちが強い関心を向け続けていたのは土地と労働力の効率的な利用や、無駄（とくに奢侈品の消費）の排除、最も効果のある耕作法といったことがらだった。乾隆帝の宮廷に顕著だった不干渉主義的な姿勢が、その後国家による経済発展の促進に役立つことはほとんどなかった。[73]

その結果、清帝国の政府は地方社会についてはもっぱら地域のエリートの仲立ちに頼り、かろうじて間接的に統治するにとどまった。明朝末期の数十年間に、地方の紳士（「郷紳」）は土木工事や水利事業、治安、飢饉対策、貧民救済、学校、廟など、地方行政や社会福祉に関わるさまざまな分野へと責任領域を拡大していった。[74] この流れは一八世紀を通じて加速した。加えて清代には、宗族、商人や職人の行、同郷会館、水利共同体、また各種の宗教組織、共済組合、慈善団体など、社会的な新しい中継組織が次々と生まれ、国家は地方社会の運営を委ねている。各地の指導層は地方官や中央政府の役人に頼ることなく行動していたが、その多くは科挙に合格した高級官僚や元高級官僚だった。本質的には、中央政府も郷紳も社会の統制、民の厚生、道徳指導という共通の課題を抱えていたのだ。ゆえにR・ビン・ウォンは、郷紳が行政に果たす役割が拡大したことを、公権力の国家による地方への移譲でなく地方による代行ととらえ、それが国家の行動範囲を狭める恐れこそあったが、威令を損なうことはなかったと述べている。[75] とはいえ、地方のエリートたちが管理の役割を担ったことで、公共の福祉のためと見せかけて個人の利益を追求することも容易になった。

官民の利害対立が象徴的にあらわれているのが水利事業だ。例えば華南では、稲作に携わる農民が耕作のために低地湖を使い、水路つきの干拓地を造成していった。だが森林の伐採や水路の建設、貯水池の消失によって川の流れが強くなり、土砂などの堆積が進んで大洪水のリスクが増した。明代後半、江南地方の役所は水路の維持管理を小作人と地主に分担させる規則を設け、前者には労働を、後者には作業員に提供する金銭と物資、食料を負担させようとした。だが長江中流域では民間の力が強く、民の協力を得ることはほかの地域よりも難しかった。政府は干拓を制限して生態系を原状に回復するべく、水利事業の調整に力を入れたが、管理負担は地元民に課すことを見込んでいた。当然と言えば当然だが、人口増と食料価格の高騰のため、干拓地を拡大するほど大きな利益を得られる民間の利害関係者のほうが、たいていは勝利を収めた。この地域の生態系の脆さが露呈したのは一九世紀のこと、長江中流域は大洪水に幾度も見舞われるようになったのだ[76]。

政府が民生に積極的に介入した分野に、食料供給と飢饉救済がある。清は全国各地に「常平倉」を設け、飢饉の被災者を救済するだけでなく穀物価格を適正に安定させるために備蓄を使わせた[77]。一七四〇年に国家が掲げた常平倉の備蓄目標は、五八〇〇万石に達している。八五〇〇万の成人男子を一カ月間食べさせるのに十分な量だ。政府が穀物を買い上げて貯蔵したために穀物は余剰から不足に転じたが、役人たちは官僚組織による穀物市場への介入に限界があることを認識しており、民間での穀物取引に干渉することには総じて消極的だった。一八世紀半ばの史料からは、飢饉救済策が穀物価格の乱高下の緩和と、凶作期における食料危機の封じ込めに成功したことがうかがえる[78]。一八世紀を通じて中国の繁栄が維持され、人口が増えたのは、間違いなく国家の常平倉制度と飢饉救済策の賜物だ。

一八世紀の好景気

一六八三年の台湾平定から一七九六年の白蓮教徒の乱の発生まで、中国国内では一世紀にわたる素晴らしい平和が続いた。一八世紀の好景気は、人口と農業生産量の継続的増加という土台のうえに成り立っている。一七世紀終盤に中国の人口は一億五〇〇〇万人になり、明代のピーク時の水準に戻った。一八世紀のあいだに人口は二倍に増え、世紀前半にはとくに顕著な増加を示した（表8－5）。明代後半に経済が成長したのは南東部の沿岸地方だけだったが、清代前半には南の内陸部（湖南、湖北、四川）、中原地域、南西部辺境でも人口と農業生産量が著しく増加した。この増加はたぶんに、内

表8－5　清代の人口

	人口（単位：100万人）
1680年	150
1776年	311
1820年	383
1850年	436

出典：曹樹基 2000b: 704, 表16-2.

陸にある僻遠の高地に定住する漢人が増え、農業が推し進められたことによるものだ。

一八世紀に商業が拡大し続けたのは、貨幣供給量が大幅に増加したためでもある。内陸の農村地帯が市場経済に組み込まれていくにつれ、交換手段に対する需要が高まった。一八世紀前半に銀の輸入量はピーク時の一世紀前に比べて少なくなったが、日本から銅が輸入されただけでなく、一七三〇年代から九〇年代にかけて雲南で銅山の開発が急テンポで進んだため、清では一七世紀終盤のおよそ一〇倍もの硬貨を発行することができた[79]。一七四〇年から八五年にかけて、銅銭の年平均発行量は銀に換算して一二五トン、かたや同時期の銀の輸入量は年平均五〇トンだった（図8－2）。明では北京と南京にだけ造幣所をおいていたが、清では各省に設けている。それでも、商業の発達した地域、例えば一八世紀半ばに銅銭が銀に代わり標準貨幣として流通するようになっていた江南などでは、銅銭の需要が著しく高かった[80]。

清代の営農体制には、強い小作権をもち多分に自由な世帯を土台にした労働集約的な小規模農業への転換という、宋代以後の流れが到達点を迎えたことがあらわれている。清代初期には、耕地の多くは国家や帝室の所有地か旗地だった。だが一八世紀前半には、そのほとんどが私有地になっている[81]。すでに清朝はじめから、土地市場は競争性が高く、活況を呈していた。だが土地を完全に譲渡可能なものにするうえでの制約が、いくつかあった。法令では個人でなく世帯を所有の単位とみなしていたし、血縁集団には法的にも慣習上も一定の財産権が与えられていた。均分相続の原則が長きにわたって守られてきたために、親から引き継ぐ私的所有権は息子たちのあいだに分散することになり、土地集中の動きは封じられていた。

土地の譲渡しやすさに影響を及ぼした大きな要因に、小作権が恒久的権利として発展していったこともあげられる。稲作には灌漑設備の建設と維持に大規模な投資が必要で、長期にわたる利益の保証がなければ、小作人にはそのような投資はできない。小作契約には期間に関する取り決めがなく、使用権の相続が慣習によって認められていた。土地を売り切るのでなく、買い戻し権を組み合わせて条件付きで売却する習慣（「典売」または「活売」）が広がったことも、小作権を恒久的なものにする動きを後押しした。地主が法的所有権（「田皮」）を保持しつつ使用権（「田骨」）を売却するという一田両主の制度によって、権利関係はすでに宋代から幾重にも分かれていた（第7章を参照）。使用権の保持者が小作人に土地を

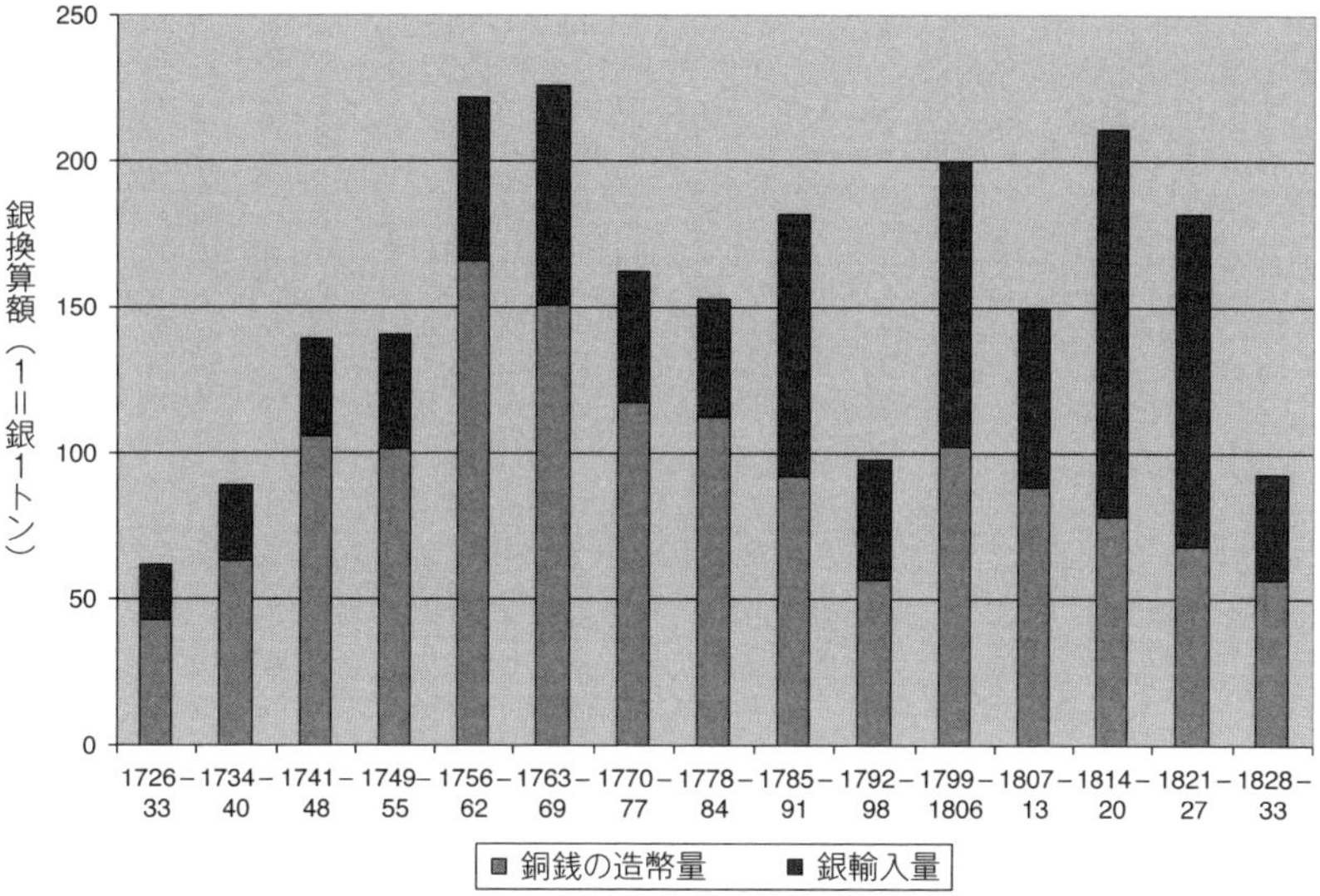

図8－2　貨幣供給量の増加（1726年―1833年）
出典：銅銭の造幣量：Vogel n.d.: 606-40, appendix D.4; 銀輸入量：Dermigny 1964, 2: 735; 硬貨と銀の交換比率：Vogel 1987: 17-23, appendix 3.

又貸しし、権利を三重にすることもありえた。土地に対する権利が二重三重になっていることで小作権は磐石になり、耕作民は土地生産性の保持や向上に対する意欲を掻き立てられた。またこの制度によって、競争が激しい市場経済のなかで（田皮か田骨かを問わず）権利を簡単に移転することが可能になり、農家は働き手の数など自分たちの経済環境の変化に応じ、土地を自在に拡大したり縮小したりできた。土地に対する権利の多層化は帝国の津々浦々で見られるが、不在地主や土地需要の高さ、営農にかかる間接費の多さといった特徴をもつ、福建、広東、長江デルタなどの沿岸地帯に最も浸透している。例えば福建の泉州で一六〇〇年から一九〇〇年にかけて結ばれた四一八の契約の二三パーセントは、二重三重に分かれた権利の売却に関するものだった。同様に、海から離れていながらはるかに商業化の進んでいた徽州で清代に結ばれた土地売却契約の三〇パーセント、小作契約の二九パーセントは「田骨」か「田皮」の移転に関する取り決めだった。[82]頻繁に売買を行う企業家的な土地所有者のあいだでは、多層化した権利の取引の頻度がぐっと高くなる。一六六二年から一七九五年にかけて徽州の孫氏が結んだ四二の土地取引契約の三分の二が、また一七一〇年から一八四三年にかけて汪《おう》氏が結んだ三九の土地譲渡契約のうち二〇がそのような取引に関するものだった。[83]このように、土地に対する権利の多層化は安定した収入源を求める投資家と、耕作地に対する権利を確保したい農民の双方の利益にかなうものだったのだ[84]。

一八世紀、小作制は各地の地域差がかなり大きかった。傾向として最も目を引くのは、分益小作から穀納か銭納による定額小作への転換が起きたことだ。穀納による定額小作に転換した地域がほとんどだが、華北では銭納のほうが多かった（表８－６）。ここにはたぶん、河北や山東の土地は貴族の土地と旗地が多く、両者が不在地主化していたことが反映されている[85]。全体として、華北は華南に比べて小作料がはるかに安く、また華南では小作権が恒久化していたのに対し、華北では短期の、しかも一年間の小作契約が多かった。現在の河北省石家荘に近い場所に、獲鹿《かくろく》県というあまり豊かでない地域があった。そこで作成された編審の記録からは、農地が細切れになっていたことがわかる。獲鹿では、成人男子の耕作能力は二〇～三〇畝とされていたが、所有地が二〇畝に満たない世帯が全体の五分の四を占め、大地主の所有地面積も平均二〇〇～四〇〇畝だった。一八世紀を通じて人口は大幅に増加したが、獲鹿の土地分布にはこの時期、変化が非常に少なかった。大きな変化と言えば、時とともに大土地所有者に占める紳士の割合が減少したこと、大規模地所が縮小していったことくらいだ（表８－７および表８－８）。ほかの地域に関する断片的な情報からも、土地が細分化されていたこと、またいくばくかの土地をもつ農家が大半を占め、大きな地所をもつ農家はあまり多くなかったことがわかる[86]。

営農体制の著しい地域差がなくなることはなかった。華北では土地をもつことが華南に比べれば一般的で規模にも均質性があり、大土地所有者も小作農も少なかった。土地をもたない貧しい層は厚く、こうした人は他人に雇われていた。華北には零細農が多かったが、高粱《コーリャン》（蒸留すると酒になる）、木綿、煙草、落花生などの新しい換金作物がこの地域の生態系によくなじんだため、農民は商品の生産を始めている。中原の一部地域では木綿の耕作地が全農地の二〇～三〇パーセントを占めた。なお、木綿がこの地域の農業生産量に占める割合も同じくらい高かったと言われることがままあるが、そこまで多くはない[87]。

江南のほか、福建や広東などの華南沿岸地域では小作人の割合が高かったが、自分の土地をもつ人は多かった。表８－６が示すように、明代後半に進行していた定額小作への転換が加速し、小作人は生産性向上の見返りを確実に得られるようになった反面、不作の場合には以前より大きなリスクを背負うことになった。小作料は秋の米収穫量をもとに算出される場合が多く、小作人はこれにも強く背中を押され、二毛作や二期作に取り組むようになった。稲と冬作物（小麦、豆類、油菜）とを組み合わせる二毛作が広く浸透し、福建や広東の

表8-6　小作制の地域差

	小作件数	分益小作・穀納（%）	定額小作・穀納（%）	銭納（%）
華北	168	23.2	29.2	47.6
南部・南東部	506	7.9	71.9	20.2
湖南・湖北	97	7.2	57.7	35.1
南西部	110	10.0	56.4	33.6
合計	881	11.0	60.3	28.7

出典：乾隆帝時代（1736年—1795年）の刑部の訴訟関連文書に記載された数字をもとに作成したもの。史志宏 1994: 77, 表2.3.

表8-7　獲鹿県（河北）の登録世帯と土地面積（1706年—1771年。右欄を除き単位は%）

		土地なし	0-10畝	11-20畝	21-50畝	51-100畝	100畝以上	
1706年	世帯数	18	37	23	16	5	1.2	7,520
	耕地	—	12	22	29	17	20	114,882
1726年	世帯数	22	42	18	11	5	1.5	5,592
	耕地	—	13	17	22	22	26	79,867
1746年	世帯数	26	38	16	12	6	1.8	11,713
	耕地	—	11	15	23	25	26	177,847
1771年	世帯数	16	45	17	16	5	1.8	1,483
	耕地	—	12	16	23	29	20	22,417

出典：李文治・江太新 2005: 304-05, 表7-9, 7-10.

表8-8　獲鹿の紳士と庶民の大土地所有者（1706年—1771年）

		世帯数	全体比（%）	耕地面積	全体比（%）	平均面積
1706年	紳士	54	61	17,837	16	330
	庶民	35	39	5,294	29	151
1726年	紳士	48	56	14,902	11	310
	庶民	38	44	5,848	22	154
1746年	紳士	78	36	24,293	12	311
	庶民	137	64	22,636	23	165
1771年	紳士	5	19	1,224	16	245
	庶民	22	81	3,196	23	145

出典：李文治・江太新 2005: 304-05, 表7-9, 7-10.

熱帯部では一年に二回、場合によっては三回も稲の栽培と収穫が行われている。

江南では、大豆粕《だいずかす》などの新しい肥料のおかげで稲作に投下される労働の集約度が高まり、生産量は明代後半に比べて五〇パーセント増加した。だが農村部で養蚕や木綿栽培、綿業、その他の手工業に労働力を振り向ける世帯が増えるにつれて、江南の米生産量は減少していく。繊維製造業の担い手はほぼ女性や子供に限られ、世帯収入に占める割合は小さくないどころか、おそらく最大だった。一八世紀半ばの江南の農村世帯が耕作にあてていた土地は一〇畝以下にすぎなかったが、木綿産業から得られる収益のおかげで所得は増えた（この時代の江南の農業に関して、詳しくは第9章を参照されたい[88]）。

福建と広東の沿岸地域では、商業的農業もさかんになった。広東の珠江デルタでは一五五〇年以後、飛躍的に農業の生産性が上がり、人口が増え、商業が活発になっている。水利田や灌漑設備の建設など、デルタの湿地や沿岸部の砂地では干拓が進んで耕地面積が大幅に増えた。国内外の市場との往来が便利になったことで市場指向の生産が後押しされた。珠江デルタの多くの農民は稲作に見切りをつけ、換金作物の砂糖黍の栽培を始めた。すでに一七世紀前半に、広東は日本をはじめとする海域東アジア、さらには――カリブ海地域ではまだ砂糖産業が本格化していなかった――ヨーロッパにも砂糖を輸出している。資本集約的で奴隷労働に頼っていたアメリカ植民地の砂糖プランテーションとは対照的に、広東と福建の砂糖産業は小規模な家族経営の形を維持していた。砂糖黍の栽培農家はふつう、製糖場の所有者と前契約を結び、貸し付けを受けた。また、賃貸料を払って製糖場を使う栽培農家もいれば、複数の農家で組合を結成し、共同で製糖場を運営する場合もあった[89]。商人は加工・精製された砂糖を江南で販売すると、綿花を持ち帰り、地元の紡ぎ手と織り手に納品した。

ある算定によると、一八世紀前半には、広東の耕地の半分で換金作物が栽培されていたという[90]。アメリカの食用作物が入ってきたため、広東と福建では水田の砂糖黍畑への転換が後押しされたのだ。落花生は、砂糖黍栽培のせいで窒素を奪われた土壌を再び肥沃にする効果があるので砂糖黍栽培の欠点を補うことができたし、落花生油粕は肥料にすることもできた。落花生油の抽出には砂糖黍の破砕技術を応用でき、製糖場の所有者のなかには砂糖と落花生油の両方を精製する人も多くいた[91]。サツマイモも落花生と同じように、デルタの砂地でさかんに栽培されるようになり、人手も最低限ですんだ。一六一二年に発行された地方志には、福建南部に広東からサツマイモが伝わったのはわずか五、六年前にすぎないのに、貧しい人が主食にするようになったと書かれている[92]。

華南の内陸省、台湾、また貴州や広西、雲南をはじめとする南西の新しい辺境地帯では移民の入植がかなり進んだ。こうした起伏の激しい土地に農業が拡大したのは、玉蜀黍《とうもろこし》やサツマイモなどのアメリカの作物が持ち込まれるのと同時に、森林が伐採され茶が栽培されるようになったためだ。企業家たちが多くの地域で、手つかずの広大な土地に対する権利を得、小作人を集めて森林を開墾した。だが内陸省の農業開発はあまりに急速で、生態系が大きな影響を受けている。乱伐と土壌侵食によって、低地では洪水のリスクが高まった。すでに述べたように、長江中流域の洞庭湖や鄱陽《はよう》湖周辺では、農民が水利田をつくり、湖底の肥沃な土を稲作のために使っていたが、洪水の危険性が著しく増した。地主と小作人はともに物財を投入して複雑な給排水システムを建設し、すでに小さくなっていた湖へと注ぐ川の流れを変えてしまった[93]。

内陸部の急速な人口増と農業開発を象徴的にあらわしているのが四川だ。かつて経済の中枢をなしていた四川の多くの地域は、一三世紀のモンゴル侵攻や一七世紀の農民反乱で荒れ果てていた。だが耕した土地に対する恒久的な権利を入植者に与える法、非漢人の平定と強制移住、一七四〇年代から五〇年代にかけて長江中流域などを襲った凶作と自然災害が誘因となり、湖南と湖北から西に向かう人の流れが強まった。一八世紀に四川で起きた人口増加はおそらくどこよりも激しい。一六七三年の三〇〇万人から一七七六年には六倍の一七〇〇万人になり、一八二〇年には二三〇〇万人を超えている[94]。四川への入植が進んだことで、経済の中枢は成都平野から長江流域の重慶へと移った[95]。

人口は一七世紀後半に急激に増加し、一八五〇年まで一直線に増え続けた（図8－3）。図8－4が示すように、一七七六年から一八二〇年にかけては人口のまばらな西部（とくに四川と陝西）での増加率が非常に高く、なおかつ人口の稠密な江南でも著しい増加を記録した。この時代の人々も増加の激しさを十分に認識し、例えばすでに一七四八年の時点で、指導的な政治家たちは、人口の増加が——それ自体は善政のしるしと古くからみなされていたのだが——食料生産量を追い越しつつあり、不均衡が生じて物価が上昇し、長きにわたって生活の維持と生存が脅かされるとの懸念をあらわにしている[96]。当然ながら、一八世紀には長らく物価水準が上昇を続けた。一七三〇年から五八年にかけて、江南や広東などの米の不作地域では、物価は際立った上昇を見せた。とはいえその後は減速し、一七九〇年代にはついに下落に転じた[97]。インフレーションについての最も包括的な証拠は米価から得られるが（図8－5）、他の穀物のほか、木綿や絹、さらに（衣服、燃料、酒、薬品、紙などの）その他の消費財も、一八世紀には同じような傾向を示している[98]。だから相対価格はかなり安定

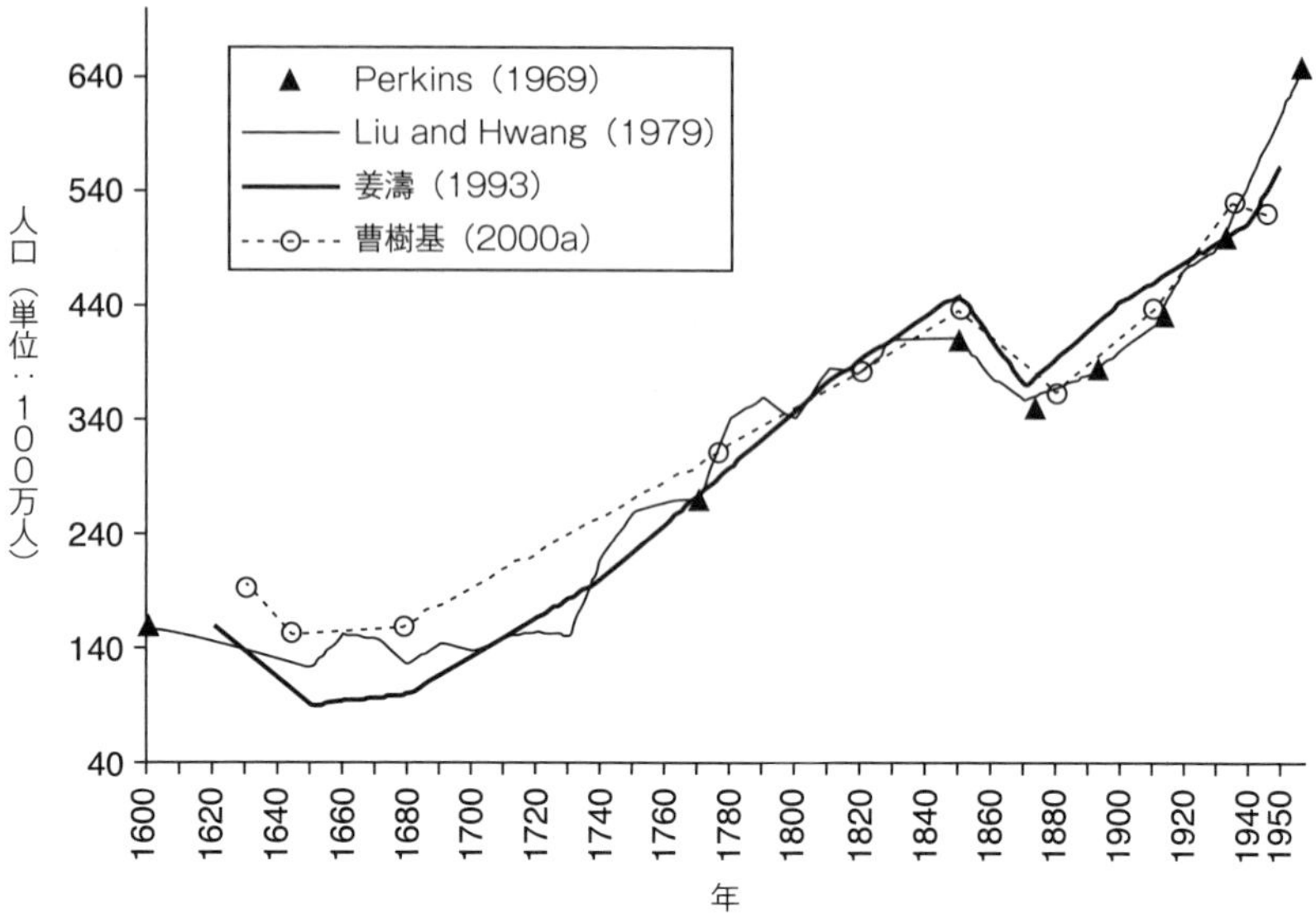

図 8－3　中国の人口変化（1600年—1950年）
出典：彭凱翔 2006: 148, 図 A2.1.

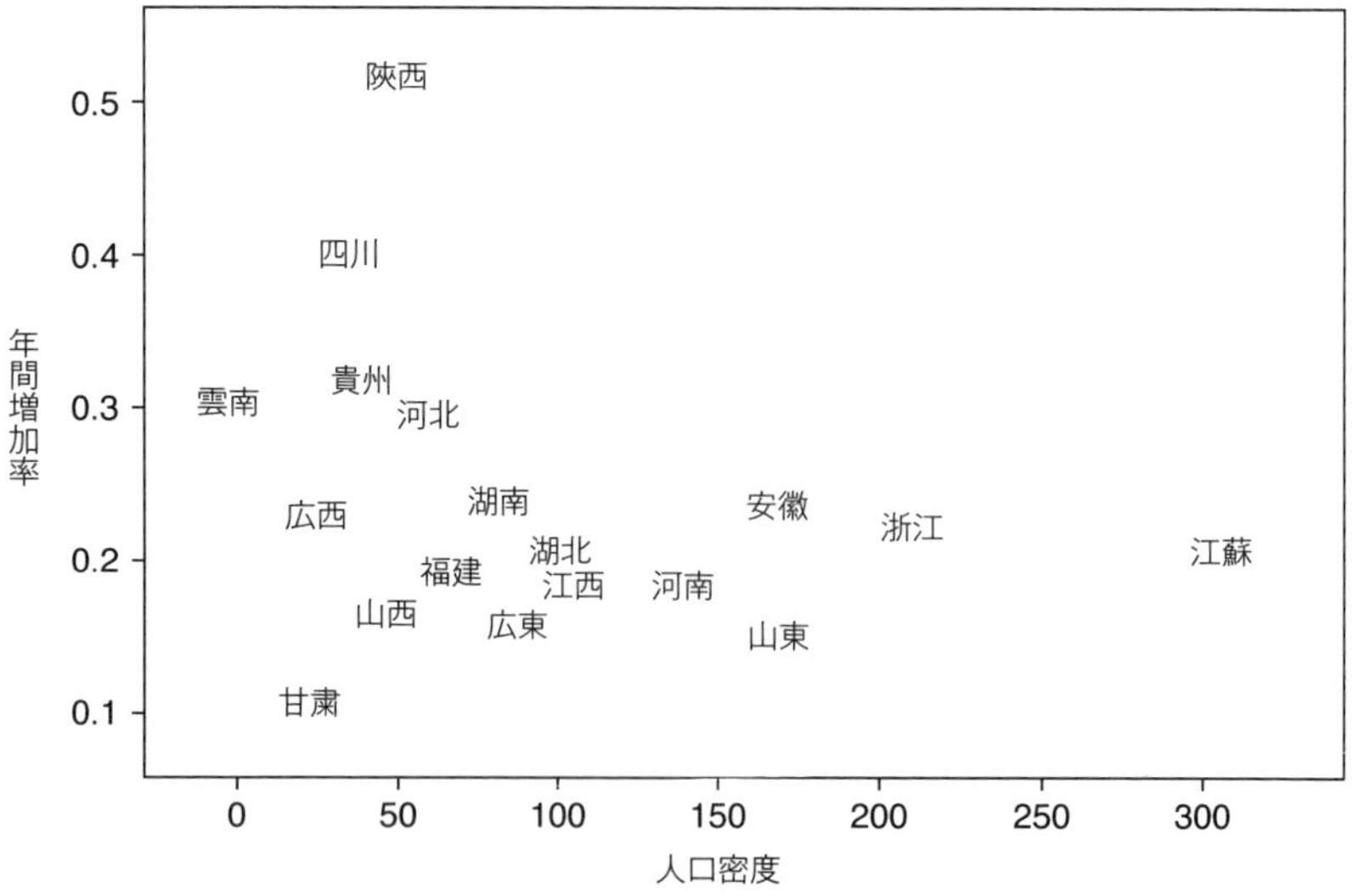

図 8－4　人口密度と増加率（1776年—1820年）
出典：彭凱翔 2006: 61, 図4.4.

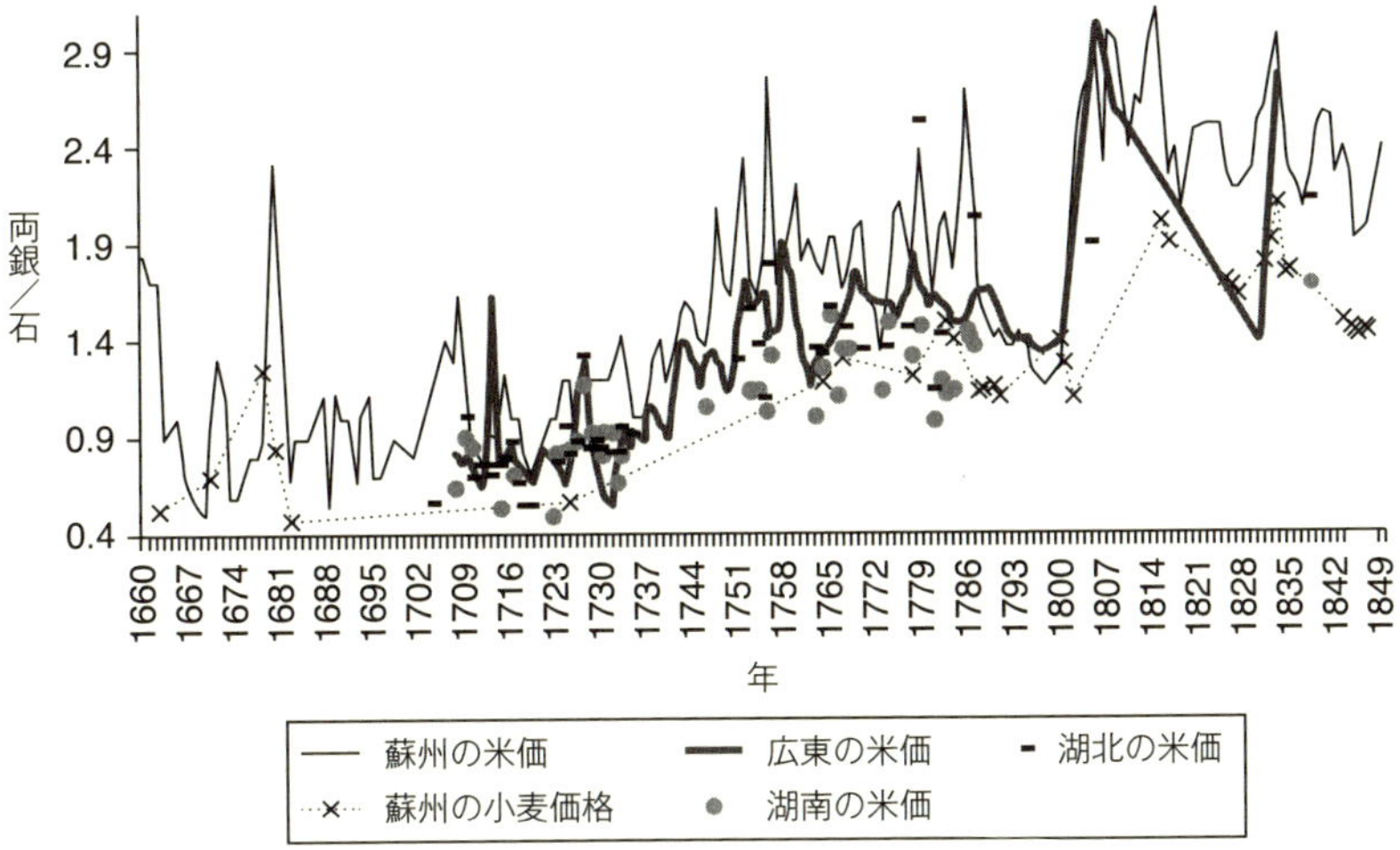

図8－5　華南の穀物価格（1660年—1850年）
出典：彭凱翔 2006: 33, 図3.1.

していた。広東のデータからは米価の銅銭換算額と銀換算額が一七四〇年から八〇年にかけては同じ動きをしたことがわかる。その後、銀の価値は下落傾向で推移するが、銀の輸入が激増したためであることは疑いない（図8－6）。一八世紀のインフレは人口増加という負荷よりも、貨幣供給の総量が大幅に増えたことによって引き起こされたのだろう（図8－2）[99]。このころの中国が直面していたのは、マルサスの言う食糧危機ではなかった。

食糧供給に対する人口圧力は、遠隔地交易網を通じて穀物が流通したおかげで和らいでいた。長江流域全体から大運河地帯に沿って北部に伸びる、高密度の米の流通網をまとめる要衝として頭角をあらわしたのが蘇州だ[100]。一八世紀後半に、蘇州近郊の大集積地、楓橋《ふうきょう》を経由する米の量は年平均一七〇〇万石（三〇〇万トン超）にのぼった。長距離交易網（地図8－4）で流通していたとされる米の総量は六二〇〇万石なので、その四分の一を上回っている[101]。米が不足状態にある南部沿岸地域へは、別の経路で供給されていた。例えば広東には広西以西の地域などから毎年三〇〇万石が移入され、福建には台湾から（ここでは一八世紀に漢人の入植が急速に進んだ）、一〇〇万石が入ってきた[102]。

大運河は、北京と近郊地域に年間一〇〇万トンの米を供給する役割を果たし（半分は上納物だった）、長江デルタに大量

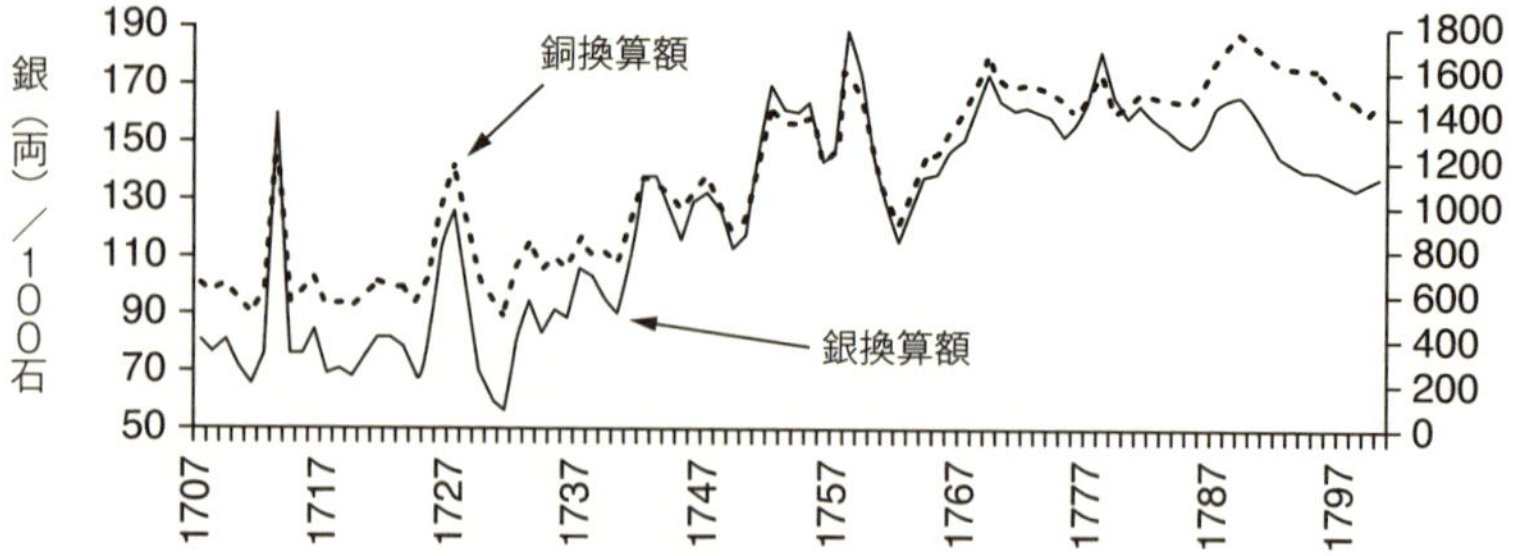

図 8－6　18世紀広東の米価の銀・銅換算額

出典：Marks and Chen 1995: 122, figure 5.

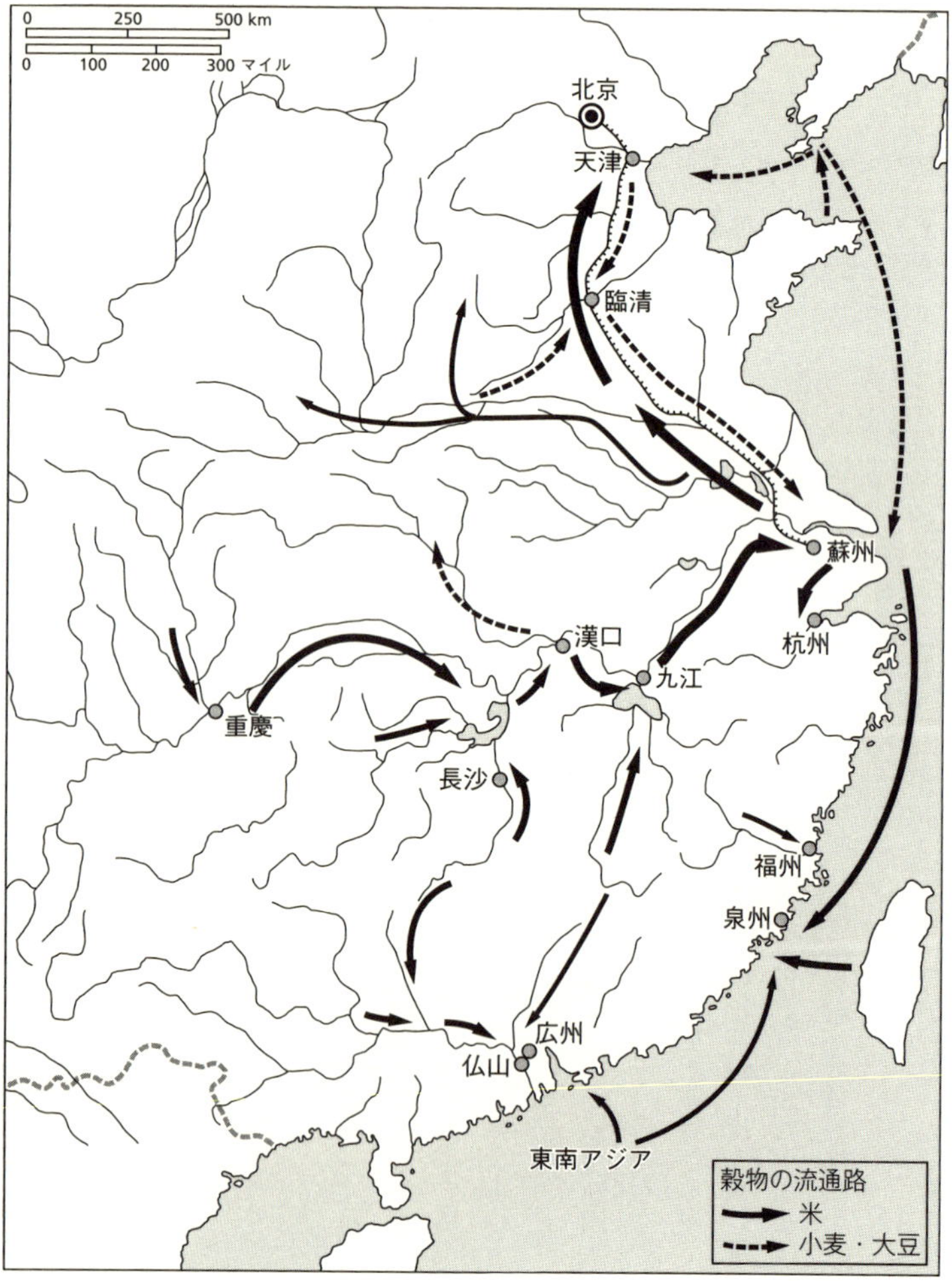

地図 8－4　18世紀中国の穀物の主要流通路

出典：鄭亦兵 1994.

の小麦と大豆を届ける輸送路としても役立った[103]。穀物の地域内・地域間流通が緊密に行われていたおかげで、少なくとも都市部の穀物価格には、不作の際にも小さな変化しか起きていない[104]。官営の倉も、穀物価格に対する供給の大変動の影響を最小限にとどめるのに役立った。だが一七五〇年以後は、国家が大量の穀物を備蓄するのではなく、常平倉の運営者に資金を与えて市場で穀物を購入させるようになった。一八世紀後半の穀物価格に関する近年の比較研究では、中国のほうがヨーロッパに比べて長距離交易がうまく機能していたことが示されている。全体的な市場の効率性では、長江デルタ地域はイングランドにこそ及ばないが、大陸部西ヨーロッパとの比較では、同等または凌駕するほどの水準に達していたという[105]。

高度な交易網は一八世紀中国の主要な商業中心地と大半の都市とをつないではいたものの、多くの地域で農村を迂回する形になっていた。清代には農村の定期市が活況を呈したが——ある試算によると、地方市場の数は一八世紀末に二万二〇〇〇を超えたという——その大多数は雑貨程度しか扱っていなかったうえ、卸売商がほとんど関与せず、地域間交易網との接点もほぼなかった[106]。輸送費が高いことが、町と農村との結合を阻んだ。水運の便が悪い華北の一部では、市場統合がいっさい進展していないし、一八〇〇年以後にはむしろ逆の方向へ向かったかに見える[107]。G・ウィリアム・スキナーは一九世紀のデータを引き、鉄道と蒸気船が登場する前、中国経済の全国規模での市場統合は緩やかなものにすぎなかったと述べている。帝国の経済構造はむしろ、各地のおもな水運路を軸に八つの地形学的な地域圏に分かれていたという。各地域圏内で都市の序列や交易路が生まれ、資源採掘方法が編み出された。商業の発達が見られるのはそれぞれの核となる地域だけで、周縁では人口も交易量も富も減少していった（地図8－5）[108]。スキナーの説には、とくに地域間交易のもつ強力な求心作用が軽視されているという意味で欠陥がある。もっとも、清代前半には地域間交易と市場統合が飛躍的に進んだにもかかわらず、一八世紀末の数十年間には勢いが弱まっている。一九世紀には政治的・経済的な危機が訪れ、全国規模での市場統合の流れが逆流した。世紀末に近づくにつれ、清帝国の経済構造はスキナーの言う地域圏構造にますます近づいていく。

簡単に言えば、清代前半には国内市場の効率化、地域特産化、貨幣供給量の増加のおかげで経済成長と人口増加が後押しされた。一八世紀を通じて物価が上昇し続けたことは、人口の増加と密接な関係にある。そこから、急速な人口増加に劣らぬ速度で農業と工業の生産量が増え続け、一人あたり所得の大きな減少もなかったことがうかがえる。とはいえ、生

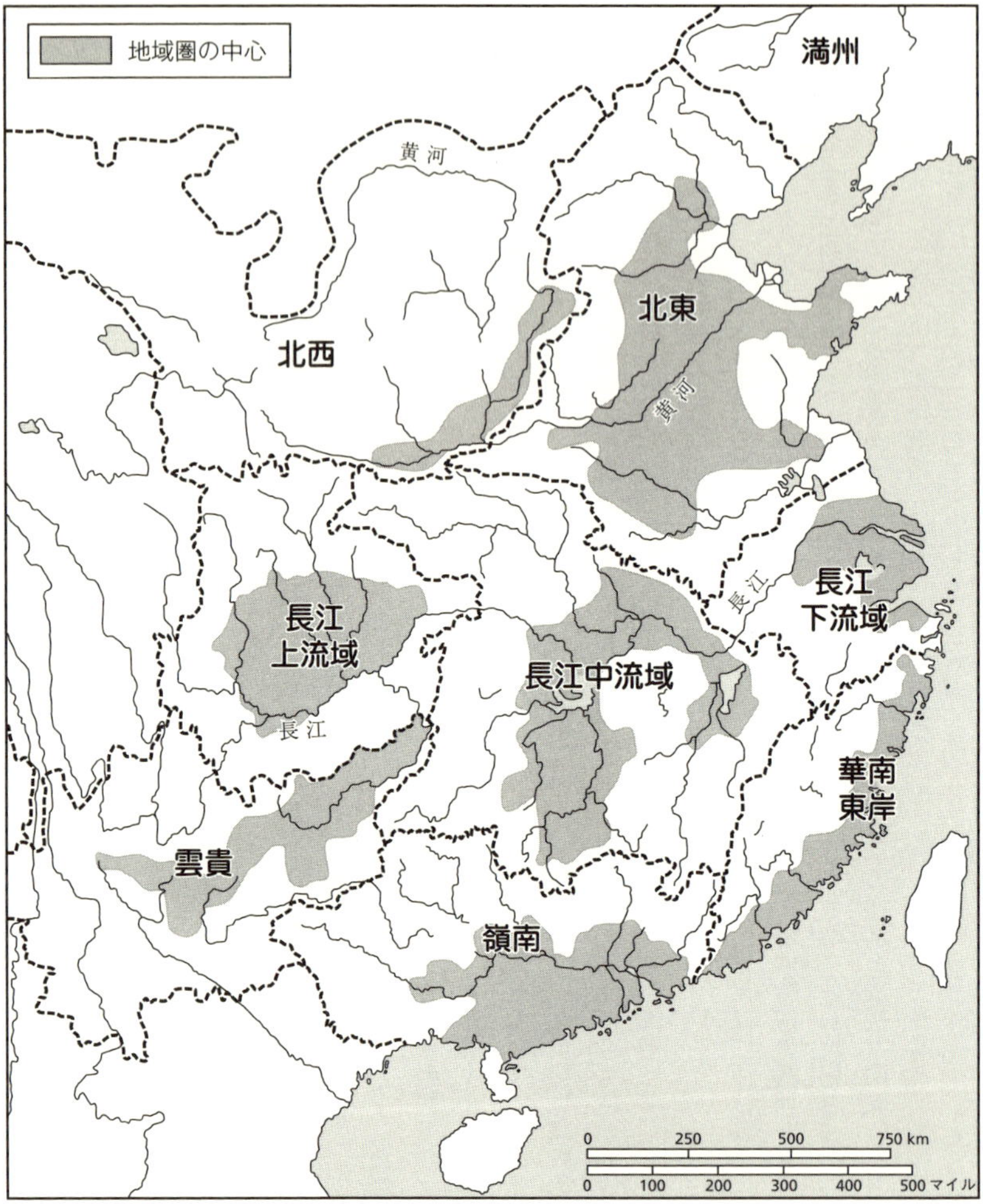

地図 8－5　帝国時代後期の地域圏
出典：Skinner 1977.

産の質的成長によって生み出された繁栄は、生産技術の大イノベーションが生まれなかったことを覆い隠すこととなった。

経営の形態と信用市場

中国の農業では、大土地所有者に土地が集中した時代にも、生産の基本単位としての農家は存続した。企業についても、労働力と資本、専門知識をもっぱら家族に頼る家族経営の形が主流だった。ただ、明清代には複数の出資者が共同事業体を立ち上げ、物財の調達、リスクの低減、営業地域の拡大で協力することがふつうになっていった。委託《コンメンダ》型を含め、こうした事業体には短命に終わるものが多かった。だが個人出資者から独立した恒久的な会社として事業を組織化した新しい共同事業体も出現している。すでに述べたように、一六世紀以降、宗族は恒久的な社団として発展した。また、家族経営の枠をこえた合資組合のようなものも徐々に増えていった。恒久的な共同事業体は、株式資本の登場により発展していった。株式会社はすでに宋代に誕生していたと述べる研究者もいるが、はっきりした証拠が確認できるのは一六世紀以降のことだ。共同事業を株式の形で分割すると、出資者は会社の資本資産を損なうことなく事業から撤退できるし、大ぜいの子孫が自分の持ち分を確保すること（均分相続は中華帝国の法原則のもとでは珍しくない）も可能なので、企業は長期にわたって存続できるようになった。経営者がみずからの知識と労働力だけを提供し、出資しない形態にすることも増えた。一八世紀になると、株の売買が行われていたことを示す史料が非常に多くなる。とはいえ株の売買はもっぱら人脈の枠内で行われ、株式市場が生まれることはなかった。

既存の共同事業体（「合夥《ごうか》」）にはさまざまな形があった。例えば、（一）委託型のもの、（二）合資型のもの（「合本《ごうほん》」または「合股《ごうこ》」と呼ばれる）、（三）代理型のものだ。委託型の事業では、ひとりが資本金を出資し、「実務」を担当するもう一方が実際に遠方の市場に出向き、商いをする。実務担当者はそのスキル——商品の質と価値を見定めるのに必要な専門知識、顧客や仲介商、荷主についての情報、市場や流通経路についての土地勘——に加え、時間を提供する。出資者は実務担当者に資本を自由に使わせるのでもっと大きなリスクを負うことになるが、たいていは収益の半分以上を手にした。もっとも、収益は均等に分ける場合も多かった。委託型事業体はふつう、一業務単位で完結する。

合資型では複数の人が出資し、その額に応じて持ち分（「分」）が決まった。経営権限を担うのは出資者のうち主要なひとり以上で、一般の出資者は意思決定に関与しなかった。代理型では、専門経営者——委託型の場合の実務担当者に相当する――のほか、場合によっては他の経営陣に株が与えられる（専門知識と労働力を提供するので、一定の権利が認められた）。委託型とは異なり、合資型と代理型は寿命の長いものが多い[109]。

中華帝国には合夥についての厳密な法的定義はなく、その形態や活動に適用される民法もなかった[110]。すでに見たように、契約書は帝国時代には欠くことのできないものになっており、合夥の設立も契約書を使って行った[111]。契約書に記載されている商業活動は、法規定と矛盾しなければ、地方官が承認を与え、履行させた[112]。ただし、曖昧な部分も残されていた。これには、帝国の法令で財産権を認められる単位が（また債務を負担する単位が）個人でなく世帯だったことがおおいに関係している。商事訴訟事件はふつう、法廷でなく民間機関が仲裁した。例えば破産手続きは、公式の司法手続きによらず、慣習にのっとって進めるのが一般的だった。地方官が介入するのは、仲裁の遂行に当事者の協力が必要なときや詐欺行為を処罰するときだけだった[113]。

すでに述べたように、宗族は恒久的な事業体を形成するしくみのひとつだった。もちろん、近代資本主義の会社とは大きな違いがある。宗族は、本質においては祭祀や道徳のためにあるものだった。つまり祠堂と墳墓を維持し、一族の結束を保つことを目的にしていたのだ。資金は一族の成員が出資し、出資者は株主になった。持ち株から収入を得ることはできたが、所有権を行使することはなかったし、株を自由に処分することもできなかった。科大衛（David Faure）は宗族について、営利目的の共同事業体というより持株会社に近いと述べている[114]。祭祀という側面をもつ宗族は、利益を目的とした企業と明らかに異なると力説する[115]。とはいえ、宗族は利益の最大化にも強い関心を示していた。科大衛が取り上げた一七四五年の契約では、ある宗族の五五世帯が、それぞれ五五両を出資して珠江デルタに市場をつくることが取り決められている。出資金は壁や出入り口、柱、廟、三八の店舗をつくるのに使われた。この不動産は一一の株に分割され、五世帯が保有した。店子をみつけ、商業施設の賃貸交渉を行う責任は株主が負った。科大衛の言葉を借りるなら、「宗族が商行為に深く関わっていたことからすれば、商人と紳士を厳密に区別しようとすることは意味をなさない[116]」。

合本は、新たに資本を得る手段になるだけでなく、創業者や出資者から独立した形で、恒久的な土台の上に企業を設立する手段にもなる。大口出資者が経営権限と責任を担うことが定着していった。一般の出資者は日常業務に関する決定事項についての発言権をもたない有限責任者だったが、年末の決算日には自分の意思で事業に参加したり手を引いたりすることができた。資本市場には制約があったが、出資者が比較的自由に出入りできたことで、会社は柔軟になり、新しい投資を呼び込むことができた。だが出資者が突然資金を引き揚げた場合などは、財務上の深刻な困難が生じる恐れもあった[117]。

会社が恒久的な組織として存続する力をもっていたことを具体的に示しているのが、一八世紀初頭の北京に楽鳳儀《らくほうぎ》という医者一家の御曹司が設立した薬局、万全堂だ[118]。楽鳳儀と子孫は家族で万全堂を経営していたが、一七四〇年代に店は資金上の問題にぶつかり、債務を負うことになった。一七四六年、楽氏はやむなく索某を迎え、経営を代行させる（表8－9）[119]。万全堂の社運は索氏のおかげで上向き、楽氏は債務を完済することができたが、一七五一年に索氏が仕官することになり、事業から手を引いてしまった。一七五五年には薬局が火災で破壊され、楽氏は新たに四人の出資者を招いて――いずれも自分の薬局を経営していた――楽毓麟《らくいくりん》を総支配人に据え、一五年間の契約を結んだ。一七七二年には楽毓麟の弟の毓秀《いくしゅう》を総支配人とする形で共同事業の契約が更新されたが、一七九二年に楽毓秀が死去すると、外部の出資者が総支配人に収まった。

原因は不明だが、一八一〇年に万全堂は解散している。五人の出資者は二人の山西商人、姜《きょう》氏と韓氏の設立した会社に事業と株を売却し、一世紀にわたる楽氏と会社との関係に終止符を打った[120]。だが同郷人による共同事業だからといって、けっして円満にことが進んだわけではない。一八一七年、株の過半数をもつ韓氏が意思決定に際して自分たちにわずかな発言権しか認めていないという理由で、姜氏が撤退した。そこで韓氏は店を買い戻し権付きで売却し、欠損を補おうとした。ほどなくして一族は姜声遠（韓氏の姻戚でもあった）を説得して事業に呼び戻したが、出資金は全体の四分の一と、以前に比べてだいぶ少なかった。その後、会社は韓氏の支配下に入っている。社運に浮き沈みがあり、新しい出資者が来ては去っていったが、万全堂は二〇世紀前半、つまり中華人民共和国によって国有化されるときまで繁盛していた[121]。

二五〇年にわたる万全堂の歴史は、合夥という形態が備えていた柔軟性を具体的に示す例だ。この形をとったおかげで、会社は創業者や子孫の利害やスキル、個人的財務状況に影響されることなく、資金を増やして専門経営者を雇い、組織を存続させることができた[122]。徽州の馬氏が所有する絹織物店、万全号の帳簿にも、出資者が比較的自由に出入りできた会社の一例が示されている（表8－10）。ただ情報はもっぱら華という分家（「房」）がとっていた元帳からのものなので、完璧なものとは言えない[123]。はじめ会社は三房が共同で所有していた。一七四六年に華房の馬鳴周と馬康侯が株を所有することになり、ふたりで分け合った（また、いずれかが毎年交替で会社の総支配人に就いた）。一七四八年に創業時から参加して

表8－9　万全堂の所有者の変遷

	創業家	出資金・物	新出資者	出資金	利潤分配率
1746年	楽氏	店舗・在庫・屋号	索某	2,724両	等分
1751年	楽毓麟	3,251両	菅	2,490両	等分
1755年	楽、姜	屋号	姜、孫	5,000両	楽、菅：30％、 姜、孫：70％
1772年	楽、菅、 姜、孫				孫ほか：60％、 楽：20％、菅：20％
1810年	—	—	姜承齋、 韓晋堂	姜：8,200両、 韓：12,000両	等分
1817年	韓晋堂、 姜声遠	韓：15,000両、 姜：5,000両			？

出典：劉永成・赫治清 1983.

表8－10　万全号の株主

<table>
<tr><td>1724年―1745年</td><td rowspan="5">華</td><td rowspan="2">B</td><td rowspan="2">C</td><td></td><td></td><td></td><td></td><td></td></tr>
<tr><td>1746年―1748年</td><td rowspan="4">鳴周、康侯</td><td rowspan="2">君礼</td><td>佐臣</td><td></td><td></td></tr>
<tr><td>1748年―1751年</td><td></td><td></td><td rowspan="2">4房（鳳・君・慕・立）</td><td></td><td></td></tr>
<tr><td>1752年―1755年</td><td></td><td></td><td></td><td></td><td></td></tr>
<tr><td>1756年―1759年</td><td></td><td></td><td></td><td></td><td>家</td><td>鳳</td></tr>
</table>

出典：劉秋根 2007: 432–33, 付表8.

いた二房（名が不明なので仮にB、Cとする）が離脱。Bと馬君礼は投資先を別の絹織物店、日盛店に移した。同時に、華房の別の四房が万全号の株を取得している。一七五六年から会社は損失を出すようになり、四株主が債務を補うことで合意し、会社を再編した。こうして華房、その分家（家房と鳳房）、馬鳴周、馬康侯が再び共同株主になった。馬氏が独占する会社ではあったが、万全号は宗族の組織に取り込まれていたわけではなく、株主の経済的目標の変化に応じて所有構造を自在に変化させている。

ここにあげた会社の収益について詳しいことはわからないが、こうした合夥ではふつう毎年一定額の配当金が株主に支払われ、経営株主が追加の支払いを受けていた。会社の業績がとくによい年には、出資者と経営陣に賞与が払われた。たいてい配当は出資比率に比例していたが、ときには（表8－9にある一七四六年、一七五一年、一八一〇年の万全堂の事例のように）、出資金額にかかわらず同じ額が支払われることもあった。万全号の場合、出資比率が等しくなくても、出資者は毎年同額の配当を得ている[124]。さらに、万全堂も万全号も慣習にならい、冠婚葬祭や不動産の購入、官位の昇進のためなど、出資者が会社とは関係のない目的で出資金を引き出すことを認めていた。会社の資本金を侵食し、長期的な財務健全性を損なう深刻な脅威ともなるこうした行為は――少なくとも投資家の目から見れば——会社の資本と個人資産がほとんど区別されていなかったことを明らかにしている。投資家が自由に撤退したり出資金を引き出したりできたために、会社が長期にわたって資本を蓄える妨げになり、しばしば倒産の原因になった[125]。

　株式を取引する正式な市場がなかったこと、また、一般的には契約で禁じられていたにもかかわらず、独断的な資金引き揚げという問題が蔓延していたことにより、どの会社にとっても長期的な存続は不確かだった。多くの合夥は投資家個人の気まぐれに振り回されるリスクを抱えていた。清代には専門経営者を柱とする代理型への流れが広がり、投資家が実務に果たす役割が減っている。専門経営者の持分比率がかなり高い場合も多く、そうした経営者は投資家と利害をともにしていた。

　帝国時代の経営形態に見られるもうひとつの特徴として——研究者はほとんど関心を向けてこなかったが——「聯号」が形成されたことがあげられる。成功を収めた会社は支社を増やし、一元管理するのではなく支社ごとに管理させ、組織を拡大することが多かった。このゆるやかな構造のおかげで支社の運営者は組織を自由に切り盛りでき、おそらく親会社は財務上の負担を軽減することができた。質商の組織は聯号の形をとることが多かったが、実業の分野でもこうした組織を形成する場合があった。その一例として、蔡氏が福建と台湾に築いた通商帝国を紹介しよう。

　一七二三年、銀細工職人の蔡達光《さいたつこう》が、姓を異にする地元の人々と協力して福建省泉州に近い東石に港湾施設を建設するため、宗族を結成して資金を出し合おうと、それまで組織としてまとまりのなかった蔡氏に呼びかけた[126]。新しい港には一六の埠頭や倉庫が並ぶ全長二キロメートルの水路があった（埠頭の多くは各姓の所有で、うち六施設は蔡氏のもの。一施設は公共埠頭）。一九世紀後半の最盛期に、東石港では五〇超の船会社が二〇〇超の船を運行させていた。三〇社は蔡氏のもので、そのなかで最大の会社は三〇超の船を所有していた。

　東石港が開港したとき、蔡氏は新しくつくった宗族を三つの大きな分家（「房」）と小さな一〇の分家（「柱」）からなる組織にする[127]。一七三〇年代から四〇年代にかけ、蔡継招のふたりの兄弟を含め、蔡氏の多くが台湾に渡った。移住した人は農民になったが、本土の親族とのつながりはしっかり保っていた。東石港で海運業を続けていた蔡継招は、台湾の親族と共同で三件の養殖事業を始めたほか、それぞれ別のところから資金を得て、保有する商船を二一に増やした（うち一隻は蔡氏の女性たちが出資したもので、元手は嫁入り持参金だった）。そして蔡継招は、水田、塩田、質店、油精製所、小売店を傘下におく通商帝国を育て上げた。分家も福建－台湾間の貿易に投資し、台湾の親戚と双方向的な関係を続けて聯号をつくり、栄えていった。台湾側は穀物、砂糖、皮革、海産物、硫黄、蠟、樟脳、胃石、籐、果物を輸出し、福建の薬品や煙草、紙、茶、陶磁器、建設資材などを輸入した。

蔡氏の事業は躍進し、今も存続しているが、例えば一八二〇~四〇年の不況など（第9章を参照）、景気循環の影響も受けた。事業の拡大期、とくに新規投資が必要なときなど、蔡氏は共同出資者の持ち分を買収して所有基盤を固めようとした。だが分家を立てたときや事業環境が厳しいときなどは、協力関係が解消されたり、資産が処分されたりした（船は大きな資産だったので、遺言書では船を株にして子孫のあいだで分けるようにしていた）。時を重ねて子孫が各地に分散し、付き合いが希薄になっても、事業の成功を維持するには一族の絆がことのほか重要だった。家族を土台にしたこのような事業網を守るうえで、聯号は必要欠くべからざるしくみなのだ。

ここまで紹介してきた共同事業体に共通する特徴のひとつは、資金源として信用市場でなく、直接の出資に依存していたことだ。万全堂も、質商などの貸金業者に頼っていないことを誇示していた。企業がしばしば合夥を形成していたこと自体、信用市場がそれに代わりうる資金源として十分に育っていなかったことを物語っている。宋代から為替による送金が発達していたとはいえ、長期的な信用を供給する機関という意味での銀行の登場は一九世紀を待たねばならなかった。

万全堂と万全号の例が示すように、負債を抱えた会社は、農家のように不動産を買い戻し権付きで売却することがしばしばあった。この場合、会社は新しい所有者から店舗を賃借した。一定期間内に買い戻す権利があったが、ふつうは延長が可能だった。例えば一八一七年に万全堂の店舗を韓氏が売却した際、契約書には二年以内に買い戻す、つまり借入金の元本を返済すると書かれていたが、実際に店舗が買い戻されたのは一八三〇年のことだ。短期資金の調達先として、株主もあげられる。程氏の染物店（程氏と呉氏をはじめとする七人の徽州商人による共同経営）の一五九一~一六〇四年の帳簿からは、共同事業者の出資比率が平均わずか四八パーセントだったことがわかる。残りは共同事業者や親族、質商、信用組合からの短期融資だった。共同事業者や外部の出資者の投資収益率は、月間一・二~一・五パーセント、つまり年間およそ二〇パーセントだった。[128] この種の資金調達法がどの程度広がっていたのかは明らかでない。

帝国時代後期に信用供給源として大きな役割を果たしたのは、言うまでもなく質商だった。農村地帯では主として農民に、種子や農具、役畜の購入費、あるいは生活費として一~六カ月間の短期融資を行った。江南の養蚕業にとって、こうした融資はきわめて重要だった。この地で絹織物生産に携わる人々は、桑の葉や生糸の購入費をもっぱら質商に借りていたのだ[129]。質商は融資に際して高い利息を取るうえ、かなりの担保——ふつうは貸付価額の五〇パーセント——を要求した。ここには借り手の信用力の低さや債務不履行の頻度の高さが反映されている。質商以外にも、宗族、共済組合、宗教団体などのさまざまな団体が、成員向けの業務の一環として、あるいは営利目的の一般向け融資として金銭の貸し付けを行っていた。

清代前半、質業は大変な成長産業だった。一六八五年には七六九五軒だったのが、一八一二年には二万三一三九軒に伸びている[130]。ほかの一般的な分野と同じように質業も、山西商人と徽州商人がそれぞれ華北と華南で圧倒的地位にあった。都市や農村の質店に投資するにあたって、いずれも塩の販売などの商業活動から得た莫大な利益を利用した。また、質店は個人や宗族、寺院運営団体、慈善団体などから利付き預金を受け入れていた。清代にはそれだけでなく、政府機関が給与資金などを質店に預けることもあった。質業は一種の小売企業だったと言える。大都市には一〇〇超の店舗があったし（一七四〇年ごろの北京では二〇〇を超えていた）、ひとつの業者が同じ街に十数店舗以上を聯号の形で展開することもあった。資本金には大きなばらつきがあり、農村では一〇〇〇両もあれば十分だったが、大都市では少なくとも五〇〇〇両から一万両、北京では二万両が必要とされていた。

清の法では月利を三パーセント以下、経過利息の合計を元本以下に抑えることが定められていた。実勢は法定利息より低かったが、それでも年利二〇〜三〇パーセントの高さだった（表8-11）。銀建ての融資は月利一・五〜二パーセントが一般的だった（法定利息の上限である三パーセントになる場合もあった）。穀物による融資の場合、（穀物価格が基準になっていたので）利率はもっと不規則に変動したが、均《なら》してみると名目利率は銀に比べて低かった。そこには、農家は債務返済に必要な収穫量を達成できるものだという信頼感が反映されている。大きな流れでは、質商の年利は一七世紀の三〇パーセントから一九世紀の二〇パーセントへと下落に向かった[131]。その傾向が最も著しかったのは江南で、一八世紀後半には評価の高い借り手なら月利〇・八〜一パーセント、年利一〇〜一二パーセントで融資を受けることができた[132]。

とはいえ、質商その他の貸金業者の利息から見ると、資本コストはヨーロッパに比べてはるかに高い。ここに紹介してきた例が示すように、商人組織や宗族が内部的な信用市場として機能していたため、商業信用に対する需要が押し下げられた[133]。中国で銀行の発達が遅かったのは、公的債務というものがなかったしるしでもある。ヨーロッパ諸国とは違い、中華帝国の政府は借り入れをしたことがなく、資金はその時々

表8-11 質利息（17世紀—20世紀）

	安徽・徽州 (1617—1936)		福建・漳州 (1665—1935)		四川・巴県 (1756-1850)		台湾・新竹 (1816-1895)	
	銀	穀物	銀	穀物	銀	穀物	銀	穀物
契約数	469	272	20	184	153	0	46	29
平均年利	18.92	25.34	30.40	19.13	24.23	—	26.50	16.36
年利中央値	20.00	20.30	30.00	14.35	24.00	—	24.00	13.00
標準偏差	6.03	19.99	6.00	18.52	10.88	—	7.67	10.71

出典：彭凱翔ほか 2008: 152, 表1.

の税収でまかなっていた。だが一八世紀に遠隔地交易が発達して、新しい資金需要が生まれたのも確かだ。同世紀末には、事業者に短期融資を行う地域金融機関、「銭荘《せんそう》」が次々とつくられている。一八二〇年代以降は「票号」という大規模な為替銀行――山西省に拠点をおく二〇あまりの銀行による連合――が民間の商人や帝国政府のために幅広い金融業務を行うようになった（第9章を参照）。

まとめ

一六世紀には国内の平和と安定が長らく続き、農業生産量が増えて商業も息を吹き返した。一五五〇年以降は、商業活動の活発化が加速した。海外で中国産の絹や陶磁器の市場が拡大したおかげで工業生産量がさらに増加し、日本やアメリカ大陸から銀が大量に流入したことから商業活動がさらに勢いづいた。成長著しい江南の蘇州や杭州、南京などの都市は顕著な発展を遂げ、その地の職人たちは多種多様な仕事に携わり、奢侈品や新しい必需品に対する需要の増大を満たしていった。これら大都市は江南の農村部も重力圏内に入れ、新たに生まれた数百もの鎮は、織物製造をはじめとする農村産業を遠近を問わず都市部の市場とつないだ。同時代の紳士の目には、都市や町が大きくなり富が蓄積されるにつれ、公衆道徳と社会秩序が損なわれていくかに映った。農業について論じた書物の序文で、馬一龍（一四九九年～一五七一年）は「父の時代には」と説き起こしている。「人はみずからの働きの成果の上に暮らしを立て、行商人や商店主はあちこちの農村にいた。……今や人は他人の働きに寄りかかっている。農村からは人が群れをなして町や市場に出てゆき、定職につかずに駆けずり回り、腕一本で話術を操って、自分の売り物をなんとしてもさばこうと売り口上を並べ立てる」[134]。社会生活のあらゆる面に貨幣が浸透したために、きっと経済だけでなく文化も深い反響を受けたことだろう。軍事的・政治的な危機は一六四四年における明朝の突然の崩壊と満州人による中国征服をもたらしはしたが、明朝最後の一世紀に生まれた経済的活力に対してはごく短期間しか打撃を与えなかった。経済は一九世紀になっても勢いを失っていない。

帝国時代末期の経済には市場の成熟という特徴が見られる。商品の流れが広大な農村部を迂回する形になってはいたが、遠隔地交易網は帝国の津々浦々に広がった。遠隔地交易は、宗族や同郷人組織、地域特産化、合本、聯号など広範囲にわたる制度上のイノベーションが進んだことで後押しされた。国家による調達を介して遠隔地交易網の形成と組織化が起きた宋代とは対照的に、帝国時代末期には私企業が市場の成長を推し進めた。民間の商業活動が自由に発展してゆき、市場の拡大と労働の専門化によって経済効率性が増大するという「アダム・スミス的成長」が推し進められた。

これと同じ理由で、国家が財政に果たす役割は宋代に比べて小さくなっている。清代前半に税が銀納になり、労役がほぼ全廃されたことにより、国家と各世帯とは金銭だけでつながることになった。ただ、清は先行王朝の明と同じく、徴税を最低限に抑えるという儒教的原理を守ろうとしていたので、インフラ投資や社会福祉を実施する能力は制約を受けた。一七二〇年代から三〇年代にかけて雍正帝が推し進めた積極政策は、自由放任をよしとする後継者の乾隆帝時代に後退した。清の指導者たちには、その意思があったとしても、経済発展を促すことができるほどの財源がなかったのだ。

一七世紀後半以降、中国は前近代の世界史に例を見ないほどの人口増を遂げた。一六八〇年から一八五〇年にかけては、三倍になっている。これは国内の平和が長期にわたって保たれたことや、市場効率、地域特産化、貨幣供給量の増加によって経済産出量が増え続けたことによる。

だが生産の量的成長によってもたらされた繁栄のせいで、土地や水、食料、エネルギーなど、不足しつつある資源の問題を和らげるような生産技術の大イノベーションが起こらなかったことが見落とされている。実のところ、同時代の為政者でさえ、人口があまりに速く増加していること、経済の土台となる農業への負担が大きくなっていることに危機感を覚えていたのだ。一七九六年に西部で起きた白蓮教徒の乱は、国内の平安を打ち砕いただけでなく、混乱を鎮圧する体制を政府が整えていなかったことをも浮き彫りにした。それから何十年ものあいだ、中国経済は不景気に悩まされ続け、民衆の不満に火がつけられた。そのうえ中国市場の開放を狙う西洋の産業大国に、清朝は包囲されることになる。

第9章 国内の危機と世界から突き付けられた課題
——帝国経済の変革（一八〇〇年～一九〇〇年）

一九世紀前半、中国は長い不況に陥った。人口は一八五〇年まで増加し続けたが、景気低迷の兆候はすでに一八二〇年の時点であらわれていた。「道光不況」（道光帝［在位 一八二〇年～一八五〇年］の名を取ってそう呼ばれる）は、深刻な政治的問題と社会的混乱が起きた時期と重なる。中国はアヘン戦争（一八三九～四二年）でイギリスに敗北し、イギリス人が決めた条件に基づいて外国貿易に門戸を開放させられた。太平天国の乱（一八五一～六四年）は清朝の存続にとってもっと大きな脅威となった。最終的に反乱は鎮圧されたものの、最も豊かな地方は荒れ果て、死者は数千万にのぼった。改めて考えてみるに、貧しく遅れた国という今でも広く抱かれている一九世紀中国のイメージは、アヘン戦争での敗北と太平天国の乱による荒廃が生み出したものだ。

多くの同時代人が「盛世」と呼んでいた一八世紀の繁栄と、一九世紀の歴然たる貧困や停滞。両者の落差があまりに大きいため、研究者たちは長年、中国の運命にこれほど激しい変化が起きたのはなぜなのかを考えてきた。多くの歴史家は、次のような構造的要因によって説明している。小農経済に内在する制約、前近代的な技術の限界、さらにこうした限界の克服につながる技術や科学のイノベーションを後押しするような知の体系がなかったこと、などだ。一方で、もっと歴史に重点をおく歴史家もいる。とくに中国が西洋帝国主義国の支配するグローバル経済に組み込まれて海外に富が流出したこと、綿業など古くからある産業部門が空洞化したこと、中国が周縁に追いやられ、工業国のために安価な原料を生産する側に回ったこと、などだ。

前近代の中国経済の性質と近代の非運をめぐる疑問は、「序」で簡単に述べたように、グローバル経済史の「大分岐」に関する近年の議論のなかで、新しい観点から考察されている。かつては、都市の発展や重商主義、人口の変化、自由主義的で民主主義的な政治文化などの産業の土台が中世あるいは近世にできあがったからこそヨーロッパで産業革命が始まったと考えるのが当然とされてきた。「カリフォルニア学派」はこうした制度と産業革命との因果関係に関する定説、さらに中国は専制主義国家のせいで経済が停滞したという、やはり自明視されてきた考えに疑問を呈した。なかでもケネス・ポメランツは、ヨーロッパの経済先進国とアジアのあいだに生産性と生活水準の「大分岐」が起きたのは一八〇〇年以後だという、自身の精緻な理論を支持する新しい資料をまとめている。[1]

過去一五年にわたり、「大分岐」に関する疑問は、経済史の全分野に白熱した、しかも建設的な論争を巻き起こしてきた。[2]同時期に世界史学がさかんになったことによって数々の成果がもたらされたが、なかでもだいじなのは、経済史家はみずからの仕事を長期的かつ世界史的な視野のなかに位置付け、経済制度間・行動間の比較だけでなく関連も考察せねばならないという認識が高まったことだ。一九世紀の中国経済に生じた葛藤について考える前に、一八〇〇年の段階でこの国の経済が好調だったこと、とくに産業革命——持続的かつ資本集約的な経済の成長をもたらすことになる大変革——を目前にした西ヨーロッパの先進国と比較しても、中国が好調だったことについて考察する価値はあるだろう。

帝国時代終盤の中国経済の経済実績を計測する

一八世紀の中国経済は同時代のヨーロッパに比べてはるかに自由度が高い。土地、労働、物の競争市場が存在した。清は民間の商業活動を積極的に後押しした。塩と銅を除けばあらゆるものが自由市場で取引され、国内での取引に対する課税は軽く、輸入品には関税がかからなかった。都市の「行」の力は一定程度にとどまり、行による規制が農村の産業に及ぶこともなかった。農村では産業が育ったことで、それまで十分に活かされていなかった女性や子供の労働力が活用されるようになった。歴史家が「プロト工業化」と呼ぶこうした現象は、一八世紀ヨーロッパのあちこちに、また日本にもあらわれている。家庭内で市場向けの商品を生産する人が増えるに従い、食料品や衣服、履き物、蠟燭、道具類など、それまで自家消費用につくられていたものは購入されるようになった。[3]

一八世紀、中国人の経済的な厚生は、多くの面で同時代の

表9－1　江南の農家の家計消費（18世紀—1930年代。家計消費に占める割合：%）

	18世紀半ば	19世紀半ば	1930年代
食費合計	56.6	59.8	60.2
穀物	39.7	45.0	41.8
野菜、魚、肉、卵	11.2	9.5	12.1
油、塩、砂糖、その他調味料	5.7	5.4	6.3
被服費	11.2	8.0	9.7
光熱費	7.4	7.0	5.1
房租	3.8	5.8	3.9
日用品費	0.6	0.6	0.6
交通費	1.9	2.1	2.0
冠婚葬祭費	9.7	8.1	8.7
娯楽費	0.4	0.5	0.4
教育費	1.0	0.8	1.0
医療費	2.9	2.3	2.7
茶、酒、煙草	4.6	4.8	4.8

出典：黄敬斌 2009: 307–08, 表8.1.

どこにも劣らなかった。無事に幼少期を生き延びた比較的裕福な男性の平均寿命は三五〜四〇歳で（女性はこれを若干下回る）、西ヨーロッパや日本とほぼ同水準だった(4)。富の形態として最も重要な土地についてはヨーロッパに比べてずっと分布の偏りが小さく、このことを踏まえれば、所得格差はヨーロッパほど深刻ではなかった。江南の家計消費に関する比較研究によると、一般的な家庭では食費が家計の五六パーセントを占めており、これは一七九〇年代イングランドの場合（五三パーセント）とほぼ同水準だった（表9－1）(5)。一般家庭にとっては贅沢品だった砂糖や茶、煙草の消費についても中国と西ヨーロッパのあいだにはほとんど違いがない。一八〇〇年の中国における砂糖の一人あたり消費量（概算値）は、イングランドの消費量にこそ遠く及ばないものの、他のヨーロッパ地域の二倍にのぼっている。もちろん、砂糖や茶、煙草はヨーロッパと違い、中国では舶来品として珍重されるようなものではない。国内の農家によって生産され、競争の激しい市場を介して流通するもので、国家の税収にはほとんどつながらなかった(6)。住宅や家具、衣服などの耐久消費財に関する定量的な史料は数少なく、中国での消費についての史料は最も古くて一九二〇年のものだ。だが、このころに比べて一八世紀の消費水準が低くなかったとすると（表9－1からは、二〇世紀にかけて食費以外の消費がやや減少していることが

わかる)、江南の家計消費は西ヨーロッパの先進地域と同じ水準だったのだろう。(7)

にもかかわらず、清代の農業経済は行き詰まっていたと、多くの研究では述べられている。農家は食いつなぐために労働力をつぎ込んでいったが、利益は縮小する一方だったというのだ。中国の農業は宋代以後、技術的に停滞したと言われることが多く、マーク・エルヴィンが中国経済全般について述べた言葉を借りるなら、「量的成長、質的停滞」(8)に行き着いたとされる。中国農業の定量的な評価を行って新生面を切り開いたドワイト・パーキンズによれば、一四〇〇年から一九五〇年代にかけて、一人あたり穀物生産量は低迷を続けた。耕地が増えたことにより生産量が増加し、単位あたり収穫量も増加したが、その速度は人口の増加速度にやっと追いつく程度だったという。(9)一方、これですら過大評価だとする論者もいる。宋代以降、集約的な栽培方法がとられたにもかかわらず、人口の増加速度は穀物生産量のそれを上回ったと趙岡は主張している。労働に対する土地面積の減少は賃金を押し下げて土地価格を上昇させ、労働節約的な技術革新により生産性を向上させる誘因を阻害したという。(10)趙岡も黄宗智(Philip Huang)も、土地や労働力、物を容易に売買できたために、農業や手工業における労働が強化され、人々は生産性(一日あたり賃金で算定)が低下しているにもかかわらず、生活を維持できるだけの収入を得ることができたのだという。その結果、内巻化《インボルーション》が起きて労働集約的で小規模な農業が席巻し、大規模な投資と賃金労働、規模の経済への依存度が大きい経営的農業は脇に追いやられた。(11)黄宗智の見方によれば、商業化によって実質賃金が押し上げられることはなく、むしろ家庭内での労働が増えて労働収益は下がったのであり、その逆ではなかった。

これに対し、江南の農業に関する李伯重の研究では、土地の利用法や資本投下、労働生産性が明清代に大幅に向上し、農業生産量は宋代の水準をはるかにしのいだとされる。(12)江南では平均耕地面積は宋代の四〇畝《ぽ》から明代の二五畝、一八〇〇年の一〇畝へと減少するなど、営農規模が小さくなっていったものの、家族規模の縮小、単位あたり収穫量の増加、稲と冬作物の二毛作の定着、桑と木綿の畑の増大、また女性の労働力が農業でなく繊維の生産に投入されるようになったことで相殺されたと李伯重は考えている。耕牛が再び使用されるようになったこと(宋代にはよく使われていたが、明代の江南ではほとんど姿を消した)、また大豆粕《だいずかす》が肥料として普及したことを省力化投資の例としてあげ、人口圧力が強く、労働の余剰が生じていたという趙岡の説が誤りであることを示している。稲作の労働集約度は、二〇世紀には高まったものの、帝国時代終盤とそれ以前とではほとんど変わらない(表9-

表9-2　江南における1畝あたり労働日数

820年頃	9.48
1630年頃	11.5
1830年頃	10+
1936年	13.75
1941年	11.25
1957年	15

出典：李伯重 2002: 116, 表3-5.

表9-3　江南における家計所得（16—18世紀）

	16世紀		18世紀	
	農業	綿布製造業	農業	綿布製造業
投入				
土地（畝）	25	—	10	—
男性の1年あたり労働日数	275	25	217	83
女性の1年あたり労働日数	163	37	0	200
所得（穀物換算額：石）	18.7	1.4	15.7	7.1
家計総所得（石）	20.1		22.8	

出典：Li Bozhong 1998: 151-53.

2)。李伯重の計算によると、江南の家計純所得は一六世紀から一八世紀にかけて一五パーセント上昇し、それはたぶんに、繊維産業に占める女性の労働力が増えたためだった（表9-3）。

そのようなわけで、江南の農村経済の状態をめぐる論争は、繊維生産に携わる女性がどれだけの所得を生み出したかという問題に火をつけた。経時的な変化を追跡できるデータはおろか、ある時期に限っても計測に必要なデータが限られているため、確定的な評価を下すことは難しい。ただ木綿糸づくりで得られる収入がごくわずかだったことに関しては、見解が一致している。紡ぎ手がやっと食べていける程度だったので、木綿糸を生産していたのはおもに少女だった。李伯重の示す数字からは、機織りと糸紡ぎの両方を行う世帯——江南の圧倒的多数派——のほうが高収入だったことがうかがえる。[13]だが一七五〇年以降に米と綿花の価格が上昇したうえ、一八〇〇年以降は綿布価格が下落したために、綿業の収益は目減りしていった。ポメランツによれば、糸紡ぎと機織りから得られる実質収入は、一七五〇〜一八四〇年に三分の一減少している。[14]これに比べれば、絹産業ははるかに好調だった。一八七三年ごろの無錫《むしゃく》における養蚕業を丹念に再現した張麗の分析からは、この時期——海外需要が高まり、養蚕の収益性が著しく高かった時期——の一労働日・一畝あたりの純利益を桑栽培と稲作とで比較すると、前者が後者の八倍を上回っていたことがわかる。[15]繰り糸作業の一労働日あたり利益も稲作の二倍から四倍だった。[16]張麗の調査結果をもとに推測するなら、一九世紀前半も養蚕の収益性は高かったに違いない。この時期、絹の価格は高騰傾向を続けていたのだ。後述するように、一八〇〇年になると、国内木綿市場を席巻していた江南は安価な、だが品質の劣る木綿を生産する内陸地方との厳しい競争にさらされたが、江南の絹生産者は誰にも負けなかった。

張麗も説き明かしているように、それまで養蚕が行われてこなかった無錫では、農家が市場の動きを受けて稲作から養蚕に転換している。この調査結果を李伯重やケネス・ポメランツの調査結果と重ね合わせると、少なくとも江南については、インボルーション的な経済行動という黄宗智の説明はあてはまらないと言わざるをえない。[17]それどころか、江南の農村経済を眺めると、同時期にあたる徳川時代の日本と同じように、農業でも手工業でも労働吸引の流れが強まったことがわかる。[18]もっとも、繊維製造をはじめとする家内制手工業の労働収益性がそれほど高くなかった他の地域のなかには、黄宗智の説明がしっくりなじむ場合もあるかもしれない。

一八世紀江南の所得水準はイングランドやネーデルラントなどヨーロッパの経済先進国にひけをとらなかった、とケネス・ポメランツが大胆な説を唱えたことによって、中国史の研究者は経済の諸制度が経済成長に及ぼした正負の役割に改めて注意を向けるようになった。例えば所有権や契約、紛争処理メカニズム、信用市場、商人組織、宗族、企業統治の制度などだ。[19]また経済史家はこぞって、帝国時代終盤の中国の経済業績をヨーロッパやアジアの経済先進国と比較するための定量的尺度の考案に努めた。その場合に使われるのは主として国内総生産（GDP）概算値と実質賃金のふたつだ。実のところ、GDPも実質賃金もその算定には理論および実証面での問題に加え、比較の尺度として使うことに伴う問題が少なからずあり、そのような研究の成果を眺める際には注意せねばならない。[20]

故アンガス・マディソンはGDP概算値を活用して長期的な経済業績を地球規模で比較することを、他に先駆けて行った。マディソンによると、一七〇〇年に中国の一人あたりGDPは、一九九〇年の米ドルに換算して六〇〇ドルもの高水準に達したという。これはヨーロッパの値の三分の二をわずかに下回るが、日本やインドに比べれば高かった。また、一七〇〇年から一八二〇年にかけての中国のGDPの伸びはヨーロッパのそれを上回り、世界のGDPに占める割合は一八二〇年に三三パーセントになってヨーロッパ（二七パーセント）を凌駕した、とマディソンは述べている。だがこれは中

表9-4　中国のGDP概算値（GDP1＝1人あたりGDP）

Feuerwerker 1984			Maddison 2007		Liu Guanglin 2005			管漢暉・李稲葵 2010			劉逖 2009			Broadberry, Guan, and L[i] 2014	
年	GDP（100万両）	GDP1（両）	年	GDP1（1990年ドル）	年	GDP（100万両）	GDP1（石）	年	GDP（100万両）	GDP1（石）	年	GDP（100万両）	GDP1（1990年ドル）	年	GDP1（1990年ドル）
1080年	381	4.2	960年	450	1120年代	764	7.5							1090年	1,204
			1300年	600	1420年代	62-81	2.9-3.8	1402年	150	6.0-6.3				1400年	960
1550年	635-847	4.2-5.6			1580年代	346-576	3.95	1578年	325	5.2-5.4				1570年	968
								1626年	290-300	5.5-6.0	1600年	900	388	1600年	977
1750年	952-1,713	3.5-6.3	1700年	600	1770年代	2,009	5.28				1750年	1,664	340	1750年	685
1880年代	3,339	8.3	1820年	600	1880年代	2,781	5.96				1840年	4,480	318	1850年	594
1908年	3,032-6,063		1952年	538											

出典：Feuerwerker 1984: 300, table 1; Maddison 2007: 44, tables 2.1-2.2c; Liu Guanglin 2005: 338, 表D.5; 管漢暉・李稲葵 2010: 807; 劉逖 200[9]（各所）; Broadberry, Guan, and Li 2014: 34, table 4.

国の人口が飛躍的に増えた結果であって、経済発展によるものではない。一人あたりGDPでは、一七〇〇年以降ヨーロッパが上昇を続けたのに対して、中国は低迷したままだった。マディソンの計算によれば、一八二〇年になると、中国の一人あたりGDPはヨーロッパのわずか五五パーセントにまで落ち込んだ[21]。

一九八〇年代にアルバート・フォイアーワーカーが提示したかなり大雑把な概算値を別にすると、帝国時代終盤の中国の経済規模を量的にとらえるための研究の多くは、マディソンの編み出した手法と調査結果に対する反応の域を出ていない。マディソンの手法はどちらかと言えば荒削りで、宋代末から一九世紀にいたるまで一人あたりGDPに変化がないものとされていることには注意すべきだ（表9-4）。フォイアーワーカーの用いた手法においても、宋代から近代までの一人あたり穀物生産量が固定されていた。近年の研究は歴史への傾斜が深まり、緻密になっている。劉光臨によると、宋代に著しく高かった一人あたりGDPは明代に急激に落ち込み、清代に若干回復している。この概算値は一人あたり所得の代わりに兵士の実質賃金を使って導き出されたものだ。管漢暉と李稲葵はデータの少ない明代については国民経済計算の分析を用いるようにし、その結果、劉光臨と同じく、明代の一人あたりGDPがマディソンの概算値の半分にすぎない水準で低迷していたことを明らかにした。ただ、この手法では工業生産高を正確に捕捉できないこと、また農業生産量が国民所得の八八パーセントを占めていたという計算（しかも明代後半にはこの比率が増えている！）は異論に耐えないだろうことを、この著者たち自身も認めている。[22] 明代の一人あたりGDPが二二〇ドルから二三九ドル（一九九〇年の米ドルに換算）のあいだを推移していたと管漢暉と李稲葵は算定しているが、これは必要最低限の生活を維持できる水準と一般にみなされる値を大きく下回る。著者たちも、明代の中国はマルサスの罠にはまり込んで、人口の増加速度が食料供給量をしのぎ、一六二〇年から一六四〇年代にかけては飢饉や戦争、疫病といった人口増加の積極的妨げ〔死亡の増加〕が作用するにいたったと確言している。

劉逖も国民経済計算を活用したが、まったく異なる結論を導き出している。それによると、一六〇〇年時点で工業および建設業がGDPに占める割合は三四パーセントだったのに対し、農業はわずか五四パーセントだったという。名目GDPは一六〇〇年から一八四〇年のあいだに五倍になっているが、実質値の伸びははるかに小幅で、一人あたりGDPについてはおよそ二〇パーセント下がっている（図9－1および図9－2）。これはひとつには、工業部門の比率が縮小したためで、一八四〇年にはほぼ半分の二〇パーセントになっている（これに対して農業は六九パーセントに増加）。サービス部門は全体の一一～一二パーセントと規模こそ一定しているが、その構成はがらりと変わった。劉逖によれば、一六〇〇年にサービス部門の四パーセントにすぎなかった金融が一八四〇年には三分の一になり、同部門に占める政府支出の割合は四五パーセントから二二パーセントに減ったという。だが管漢暉・李稲葵と同じく劉逖も、中国の一人あたりGDPはヨーロッパのそれに遠く及ばなかったとの結論に達している。一六〇〇年にはイギリスの四〇パーセントだったのが、一八四〇年には二〇パーセントを下回るまでになった。[23] 劉逖の示した一人あたりGDPの絶対値もやはり小さすぎるが、GDPの構成や一人あたりGDPの長期動向に関する分析には、より説得力が感じられる。

また、中国の一人あたりGDPの長期的変化についてスティーヴン・ブロードベリーと共著者が行った近年の分析からは、北宋代にピークに達したのち、下落傾向が続いたことがわかる。明代を通じて、北宋代後半のおよそ八〇パーセントの水準で均衡を保ったが、清代に激しく落ち込んだことがうかがえる。著者らの計算によると、人口の増加によって早くも一七五〇年の時点で一人あたりGDPが激減し、一八五〇年にはさらに押し下げられて宋代のピーク時の半分になった。この調査結果には、宋代以来、穀物収穫量が人口の増加速度

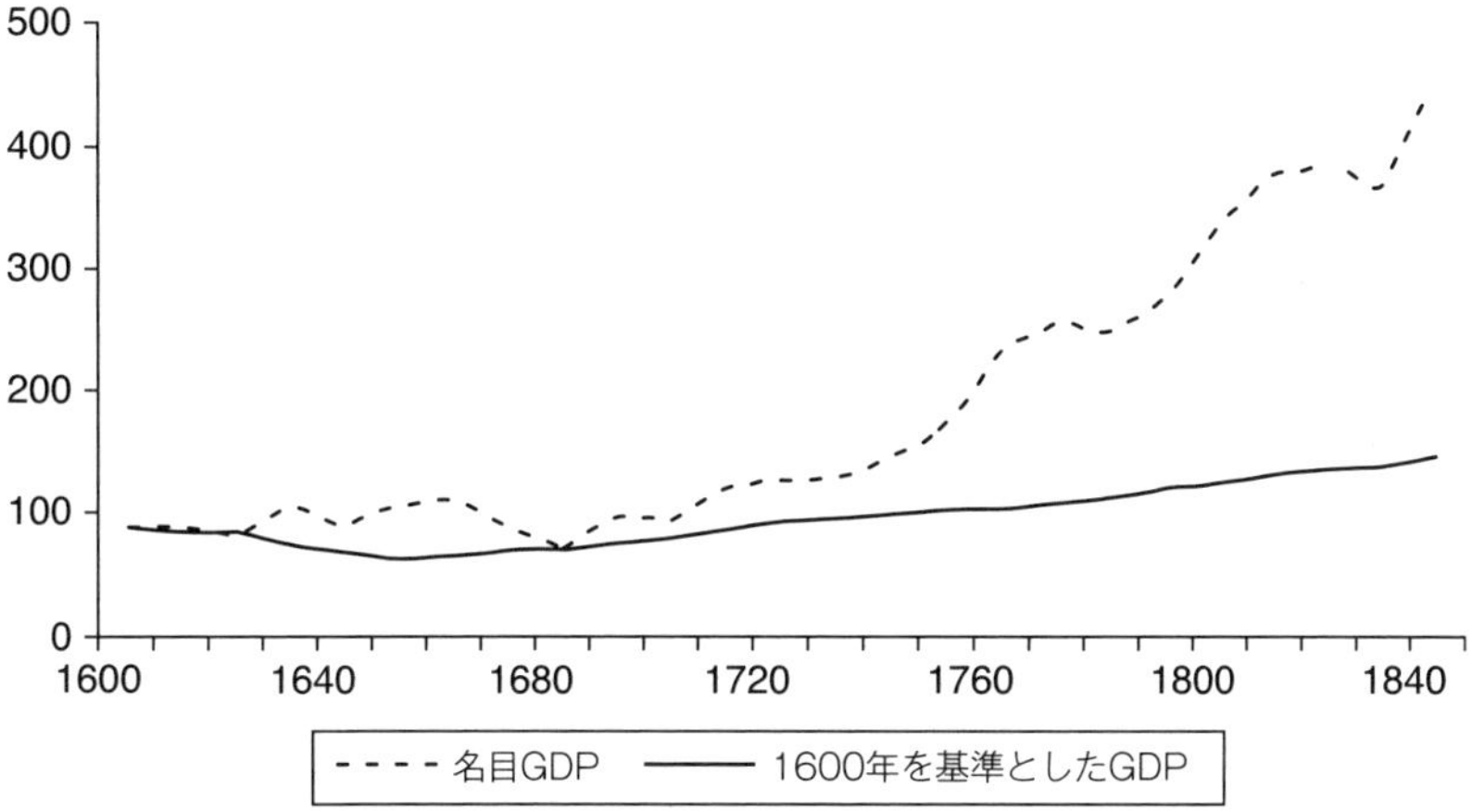

図 9－1　名目・実質の GDP 概算値（1600年―1840年）
1600年＝100
出典：劉逖 2009: 151, 図2.

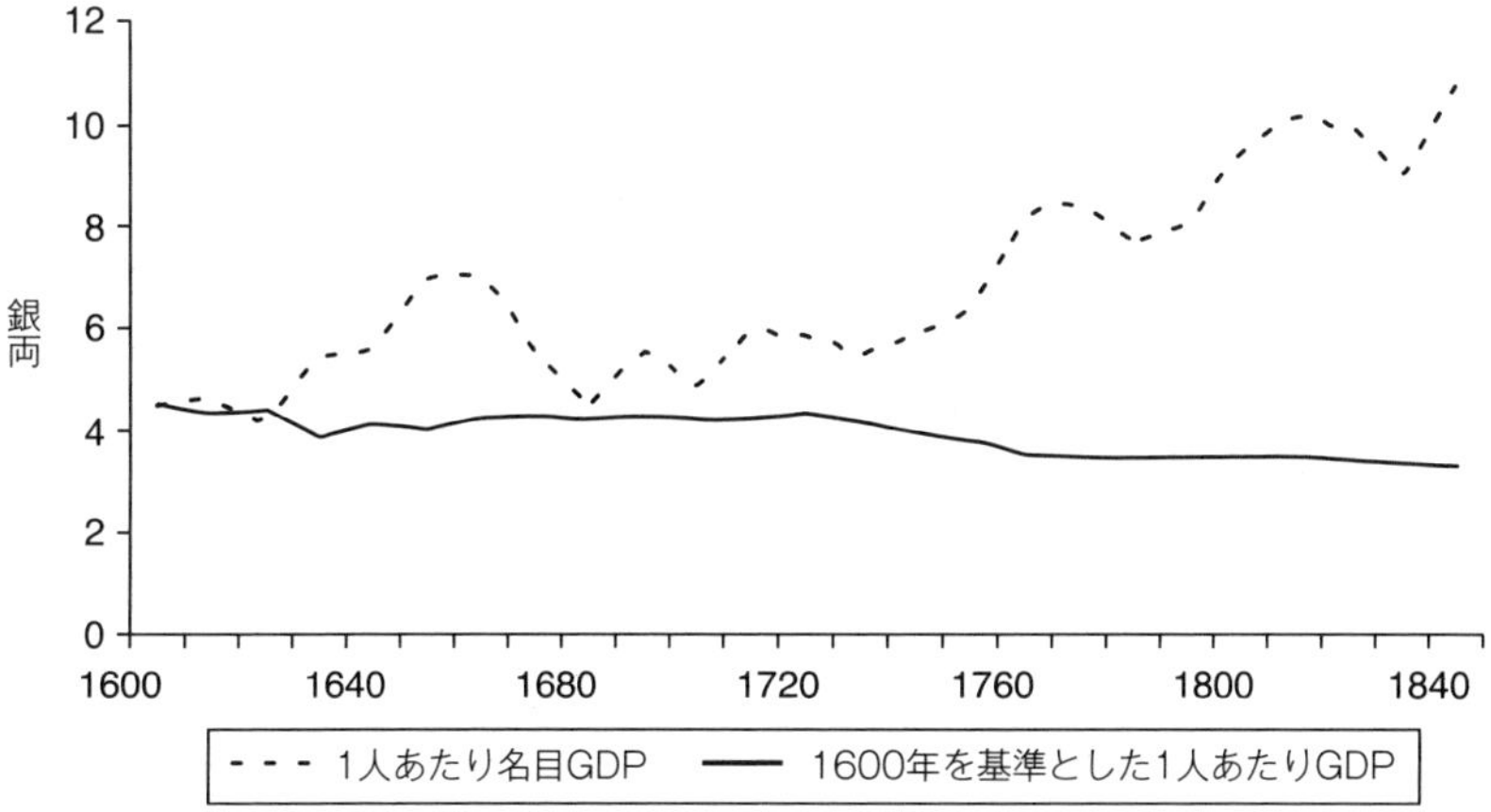

図 9－2　名目・実質の 1 人あたり GDP 概算値（1600年―1840年）
出典：劉逖 2009: 151, 図3.

に追いついていなかったことがあらわれている（つまり趙岡の分析とほぼ同じ内容だ）。著者らは、自分たちの分析は黄宗智のインボルーション説を裏付ける形になった、と述べている[24]。

資料がはなはだしく限られているために、壮大かつ不確かな推計にならざるをえないことを踏まえれば、前近代中国のＧＤＰの規模や構造を分析するこうした取り組みは、どうしても試行錯誤の域を出ることはないだろう。時代をさかのぼるほど数字の開きは大きくなり、ますます注意が必要になる。一人あたりＧＤＰが北宋代にピークに達したという劉光臨の説は、やはり兵士の給与をもとに計算し、一〇七七年のＧＤＰを九億八〇〇万両としたロバート・ハートウェルの結論を裏付ける形になっている[25]。ピーター・ゴラスはフォイアーワーカーの数字をもとに宋代のＧＤＰを計算しているが、導き出された数字は四億一三〇〇万両と、はるかに小さい。もっとも、これでは政府税収の対ＧＤＰ比が二四パーセントになることから、この数字は小さすぎて説得力に欠けると認めている[26]。ハートウェルの計算によると、宋代の政府税収の対ＧＤＰ比は一一〜一二パーセントで、これはきわめて積極的な宋代の財政というわたしたちの認識と矛盾しないように見える。帝国時代後期の一人あたりＧＤＰに関しては、現在の知見からすると、絶対値はともかく傾向を示すものとしては劉逖の割り出した概算値が最も適切であるとわたしには思える。

もちろん、ポメランツがいみじくも説いているように、経済発展に大きな偏りのあった中華帝国全体とイギリスなどのヨーロッパ諸国とを比較することは、はなはだしく異質で著しい差のある分析単位を一緒くたにすることを意味する。むしろポメランツは、例えばイングランド、ネーデルラント、江南、日本の関東平野など、規模がほぼ等しい経済先進地域同士を比較する必要性を唱える。李伯重とヤン・ライテン・ファン・ザンデンはこの原則に基づいて、一八二〇年代のネーデルラントと松江の二県（華亭県と婁《ろう》県）〔現在は上海市に組み込まれている〕のＧＤＰと労働生産性を比較する研究を共同で行った[27]。両地域は地理的に類似しているし（いずれも内陸水運の便がよい低地平原）、高度な都市化と商業化という特徴を備えている（李伯重の計算によれば、両県の生産物の八〇パーセント、消費物資の六七パーセントが市場を経由していた）。だがふたつの地域経済には大きな違いがある。松江の綿業中心地である華亭・婁県ではネーデルラントに比べて製造業人口の割合がはるかに大きく、後者では前者に比べて商業および銀行業の従業員の占める割合がずっと大きかった。李伯重とファン・ザンデンによると、農業の労働生産性はいずれの地域でも著しく高かったが、華亭・婁県の手工業・工業の賃金はネーデルラントに比べてはるかに少ないことが判明し、そこには前者の製造業人口の圧倒的多数を女性の紡ぎ手や織り手が占めていたことが反映されている。そのようなことから、両地域の一人あたり所得のあいだには大きな開きがあった。ネーデルラントの所得水準は華亭・婁県よりも八一パーセント（購買力平価［PPP］で見ると八六パーセント）高い。李伯重とファン・ザンデンはその理由を、前者では後者に比べ、工業、運輸業、またある程度は農業に対し、多くの労働節約的投資を行ったからだとしている。著者たちはまた、一八二〇年のネーデルラントの一人あたりGDPを（一九九〇年の米ドルに換算して）一八三八ドルとするマディソンの計算に基づき、同年の華亭・婁県の一人あたりGDPを九八八ドル、つまり西ヨーロッパ全体のおよそ八三パーセントと割り出している。ポメランツや消費に的を絞った研究者とは対照的に、李伯重とファン・ザンデンは、江南とヨーロッパの経済先進地域とのあいだにGDPの大きな格差があったことを突き止めた。だが著者たちが華亭・婁県の一人あたりGDPとして示した数字は、一八五〇年時点の中国全体の一人あたりGDPとしてブロードベリーら（五九八ドル）や史志宏ら（五四五ドル）が提示した数字に比べて七〇〜八〇パーセント高い(28)。

経済史家はふつう、賃金生活者も前近代経済の一角を占めていたので、経済全体のおおまかな限界労働生産力の目安として賃金が役立つという理屈から、生活水準の指標として実質賃金を使う。中国とヨーロッパの実質賃金を比較したロバート・アレンによる研究は、明清代の中国の賃金水準がイングランドとネーデルラントに比べてかなり低く、ドイツやイタリアなど他のヨーロッパ諸国とは大差がなかったことを明らかにした(29)。アレンはおもに李伯重の数字を調整しつつ利用して所得に関するデータをPPPベースのレートで換算し、江南の農民の生産性はすでに一六〇〇年の時点で高い水準に達し、一八〇〇年になっても変わらなかったと結論付けている。イングランドの豊かな農村地帯に引けをとらない水準だったという。江南の営農法のほうがはるかに集約的で、労働集約度（単位面積の耕作に要する労働日数）はイングランドの八倍だったが、生産量は九倍だった。一七世紀前半の江南の農家は、イングランドの農家よりもかなり所得が高かった。だが一七世紀から一九世紀にかけて、繊維産業に携わる女性労働者が手にする純所得（米に換算した値）は半減している。アレンの計算によると、江南の世帯所得は一六二〇年から一八二〇年にかけて四二パーセント減少しており、これは主として繊維製品の価格が下落したことと営農規模が急激に縮小したことによる。実のところ、一八二〇年ごろの江南の農家の所得はイングランドに比べて低くはなかった。しかし、人口の増加と土地労働比率の悪化のせいで、江南においてさえ貧困化が進んだとアレンは結論付けている(30)。

別の研究でアレンと共同研究者は、北京、蘇州、広東の未熟練労働者の実質賃金とヨーロッパやアジアの他の都市のそれとの比較を試みている。[31] そして、中国の都市の実質賃金は一九世紀まで中欧・南欧地域と肩を並べてはいたものの、ロンドンやアムステルダムとの比較では、一八世紀前半に大きく引き離されており、ようやく半分に届く水準だったという結論に行き着いた。[32] だがこのような比較の利用価値には疑問符がつく。江南では常勤の賃金労働者が全労働者に占める割合はヨーロッパに比べてずっと小さく、おそらく一〇～一五パーセントだった。かたやイングランドやネーデルラントでは二分の一を超えていた。江南の賃金労働者の所得は、小作権を保障された小作人の三〇～四〇パーセントにすぎず、小作農との差はさらに大きかった。[33] こうした労働者の圧倒的多数を占めていたのは独身男性で、この人々は自身の生活の維持がやっとで、家族を養うこともできなかった（そのため「皮を剝いでつくった棍棒」を意味する光棍《こうこん》という蔑称で呼ばれている）。アレンと共同研究者が示した各地のプロレタリアの賃金には格差が見られるが、そのことと、世帯所得と生活水準がほぼ同等であることのあいだには矛盾がない。

だが、一八世紀の経済成長をそのまま維持することは不可能だった。一八〇〇年には中国の生産能力が限界に向かっていったことを示す多くの史料がある。清代前半には著しい経済成長が見られたにもかかわらず、生産能力の限界を打ち破るほどの新しい制度は、官でも民でも発展しなかった。一八二〇年に中国は不況に陥り、それは三〇年以上続く。

一九世紀前半の不況

経済悪化の最初の兆候が突如あらわれたのは、のちに白蓮教徒の乱と呼ばれる反乱が起きた一八世紀末のことだ。一七九六年、謀反が疑われる宗教的反体制派を抑え込むべく清朝政府が湖北省西部で苛烈な処置をとり、それが民衆蜂起を引き起こした。白蓮教徒たちの不屈の抵抗は帝室に衝撃を与えるとともに、清朝軍の軍備がいかに脆弱化しているかを浮き彫りにした。反乱は隣接する四川・河南の両省にも飛び火し、鎮圧には一〇年を要している。また、それまでの半世紀間に蓄積された政府の剰余金は払底した（図9－3）。

研究者のあいだでは、白蓮教徒の乱を重要な節目とみなすことが一般的で、このときに一八世紀の活力と経済的繁栄の時代（「盛世」または「High Qing」）が終わって政治や制度が劣化の一途をたどり始め、一九一一年の清朝の終焉にいたったのだとされる。[34] 白蓮教徒の乱は清朝の体制から活力を奪っていた根深い政治的・社会的問題を象徴している。この反乱が勃発したのは中国西部、漢江流域の高地に位置する「内陸

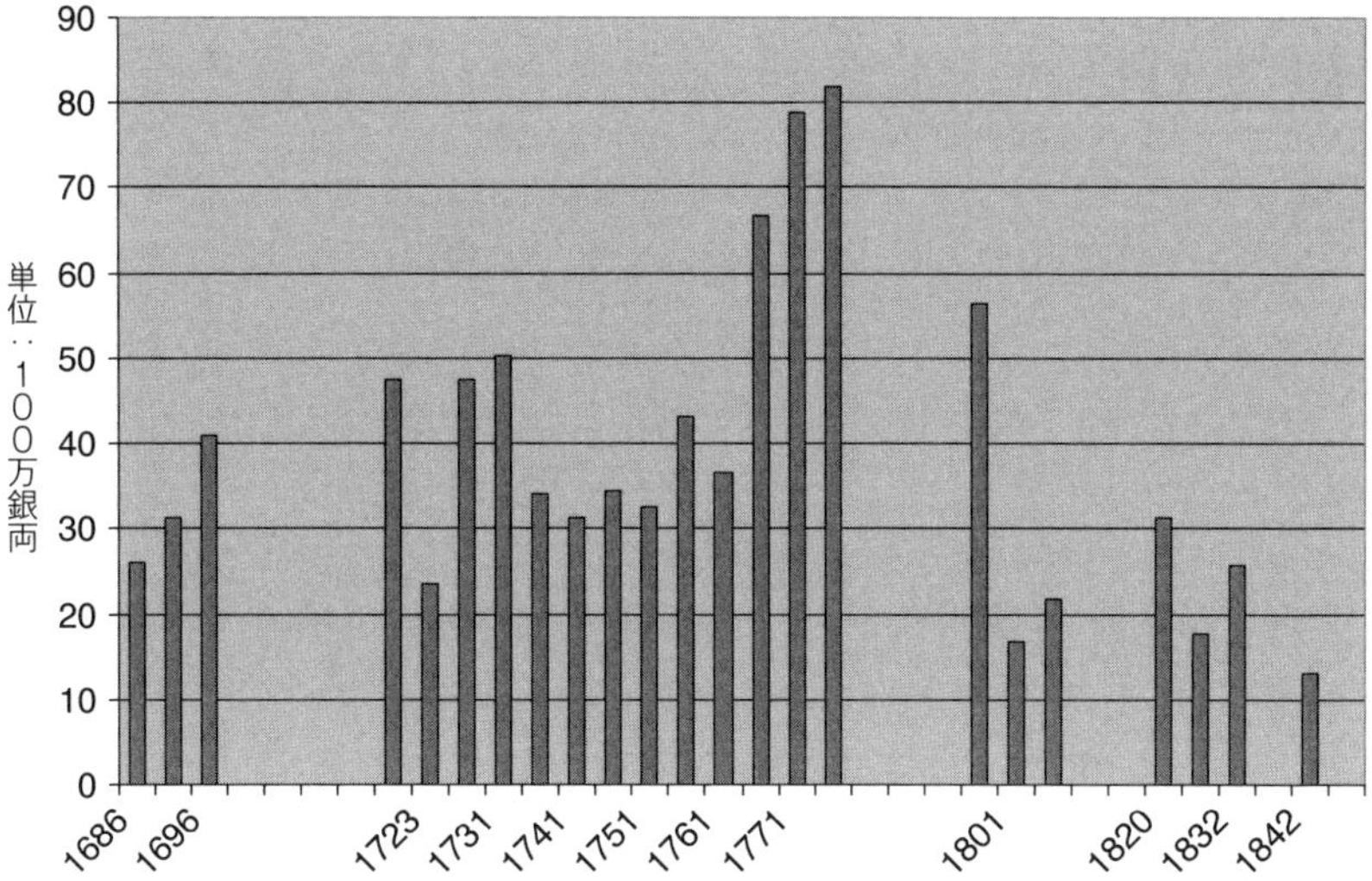

図９−３　戸部銀庫の貯蔵額（1686年—1842年）
出典：史志宏 2008: 104, 表1.31, 253-55, 表2.28.

辺境」で、この地方は一八世紀後半に大量の入植者を受け入れてきた。入植者の流れがこの辺境地の生産資源を圧迫するまでに、いくらの時間もかからなかった[35]。経済的な困難に加え、国家が分派的宗教集団を弾圧したことから、高地に住む多くの人々のなかに火がついた。それは盗賊や塩密売人、そして険しい山中の痩せ地で焼き畑農業に携わる「棚民《ほうみん》」と呼ばれる人々などだった。政府は清朝軍の腐敗と役人体質、戦力の低下などにより、反乱の鎮圧に手間取った。これはこのときに初めてあらわれた図式だが、さらに大規模な反乱が起きた一九世紀半ばにも繰り返されることになる。

白蓮教徒の乱を受け、嘉慶帝（在位　一七九六年～一八二〇年）は幅広い政治改革を行い、汚職を根絶やしにして政治的・経済的危機に対する態勢を強化しようとした。近年の研究では、嘉慶帝の改革で「持続的な政治発展」の土台ができ、政府の過大な強硬姿勢が緩和されて王朝の衰退にいったん歯止めがかかったと、その長所に光を当てている[36]。だが、この改革は行政能力の改善にはほとんど役立たなかった。土地税を固定する一七一三年の勅令のせいで財政基盤の強化が難しかったことから、軍事上の非常事態や自然災害への対応能力が損なわれた。非漢人の住む南西・北西辺境に漢人入植者が押し入ったために民族的・宗教的緊張が高まり、暴力事件に火がつくことが多くなった。また、一九世紀はじめの数十年間は飢饉が幾度も起き、政府の米穀収入が激減した。一八一五年に現在のインドネシアにあるタンボラ山ですさまじい大噴火が発生したあとは、異常気象のために世界中で収穫量が急減している。道光不況の兆しがあらわれ、「長い一八世紀」が完全に終わったことがはっきりした。

　一八世紀後半から一九世紀前半にかけて清が直面した問題のうち、最悪とは言わないまでもそれに近い深刻な問題として、多くの研究者は人口の増加とそれによる資源の逼迫をあげている。[37] 一八世紀の人口急増は、凄惨な太平天国の乱が起きる一八五〇年代直前まで、途切れることなく続いた（図8－3）。土地を酷使する傾向が強まったことで、多くのだいじな資源、なかでも燃料や建材として使われる森林資源が失われてゆき、中国は生態系の危機に瀕した。内陸では長江流域の高地に「棚民」が入植し、主食の玉蜀黍《とうもろこし》を栽培したため、森林が大々的に破壊されている。サツマイモに比べて栽培に手がかからないとはいえ、玉蜀黍は土地をすぐに消耗させるため、棚民は数年ごとに自然林を求めて移動せねばならなかった。森林破壊により地表が侵食され、低地では洪水や治水の問題が深刻化する。[38] 斜面で茶を栽培すれば緩和できたが、それでも環境の悪化を止めることにはならなかった。一八二四年には黄河の堆積物が増えすぎて、堤防、閘門《こうもん》、護岸、浚《しゅん》渫機《せっき》、貯水池からなる政府管理の精緻なシステムを突破してしまい、中原地域と淮河《わいが》流域という広範囲に洪水を引き起こした。洪水を制御しようと政府は膨大な資金と労働力を投じたが、黄河は流路が変わり、新たな流路が山東半島の北側に定まる一八五五年まで、数十年にわたって大洪水が繰り返されている。[39]

　人口の増加が環境と生産資源に及ぼす重圧はますます大きくなっていったが、史料は中国がマルサス的な人口危機のレベルに達していたことを示してはいない。実のところ、死亡数が周期的に急増していたのだ。一八一三～一四年には深刻な旱魃が起きて河北で穀物価格が二倍に跳ね上がり、死亡数がまさに危機的なまでに増えたが、政府には飢餓や窮乏から人々を救済する力がなかった。河北は一八二〇年代前半にも大凶作に襲われている。[40] 満州遼寧省地域の農村部の人口に関する調査は、死亡に抗する活力と短期的な物価変動のあいだに相関関係があることを示している。結婚件数と出生数は食料価格が高い時期には減少して低い時期には増加し、逆に死亡数は穀物価格に呼応し、価格が上昇すれば増え、下落すれば減った。[41] 人口の増加が貧しい人々の経済的困窮に拍車をかけたことは間違いない。遼寧地域の長期動向を見ると、一八〇〇年から一八五〇年にかけては、男性の死亡数こそ増加していないものの、世帯形成数、結婚件数、出生数は減少しており、社会に人口圧力がかかっていたことがうかがえる。口

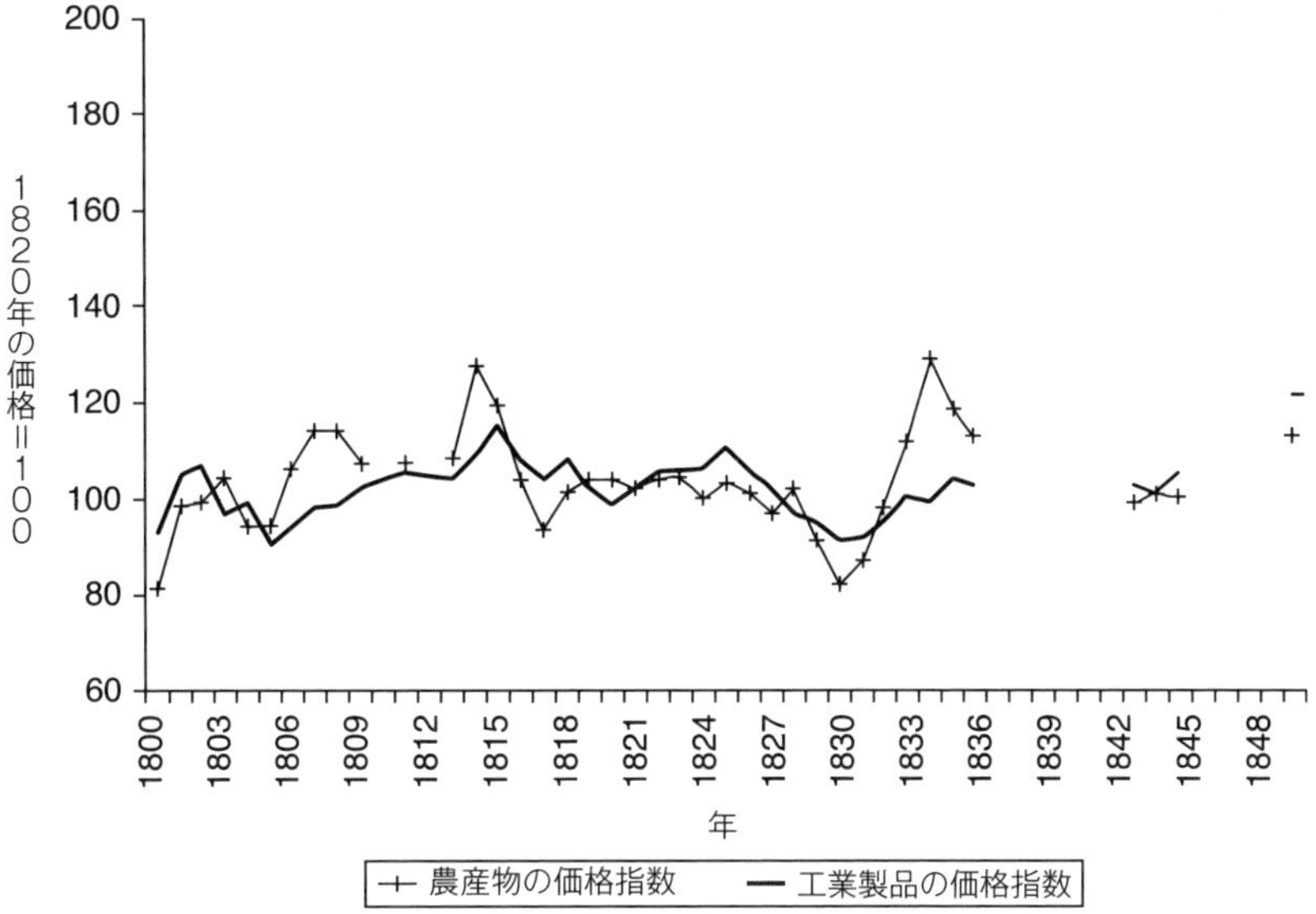

図9-4　河北省寧晋県の農産物・工業製品の価格（1800年—1850年）
出典：寧晋県の統泰升の会計原簿（彭凱翔 2006: 90, 図5.4）.

減らしと倹約のために女児を殺害することが横行した。産児制限の方法として特定の性の嬰児を殺害するという非情な手段がとられたことは、経済環境の変化によって家族計画が変化をとげたことを示している[42]。

だが人口の増加と物価変動の長期的な相関関係はそれほど明確でない。穀物価格は一八世紀はじめから上昇し続け、一七九〇年代に暴落、そして一八〇〇年には上昇に転じた。一八一〇年代には華北でも華南でも高騰したが、二〇年代にはほとんどの地域で下落した（ただし、四〇年代まで高い水準にとどまっていた蘇州などの例外もある[43]）。河北省寧晋県を本拠地とする雑貨店「統泰升」の会計原簿からは、農産物と工業製品の名目価格が一八一〇年代に上昇して二〇年代には下落傾向となり（三〇年代はじめには大きく落ち込んだ）、その後もとの水準に戻ったことがわかる（図9-4[44]）。だが（もともとは「文」で表示された価格から）銀価格に換算すると、農産物と工業製品の価格に加えて賃金も、一八三〇年代半ばに短期間回復を見せたのを除くと、一八一五年から五〇年にかけて下落し続けた（図9-5）。ほかのデータもこうした傾向を裏付けている。例えば一八〇七年から三八年にかけて、北京の未熟練労働者の実質賃金（穀物価格に換算）は比較的安定していた。また同じ時期に貨幣で支払われる日給（北京では貨幣による日給支払いが定着していた）の名目値はわずかに上

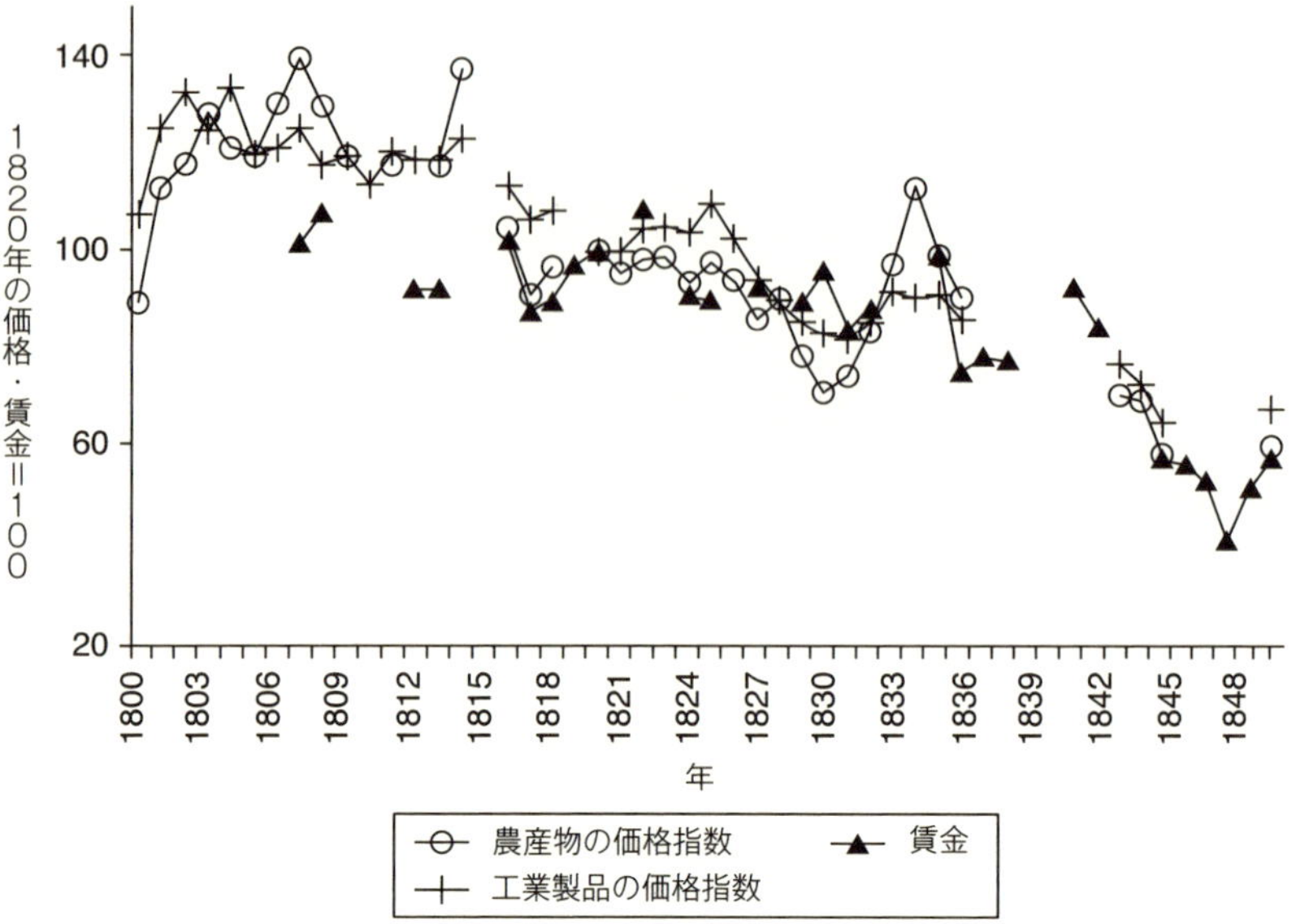

図9－5　河北省寧晋県の物価・賃金（銀価格に換算。1800年—1850年）
出典：寧晋県の統泰升の会計原簿（彭凱翔 2006: 37, 図3.5）.

昇しているものの、銀に換算した購買力はかなり落ちている（図9－6）。

　ここから、一八二〇～五〇年の道光不況には人口が一直線に増加したのに対し、実質価格と実質賃金は安定または下落し、銀換算値では激減したと言うことができる。銀換算値が下落したのは、このころアヘン輸入量が激増して中国への銀の流入という何世紀にもわたる傾向が変わり、流出に転じたことがおもな原因であると、これまで論じられてきた[45]。こうした議論は当時の役人や政治家の発言に源流を発しており、すでに一八二〇年の時点で、包世臣《ほうせいしん》（地方長官の顧問として重用された人物）は、外国商人によるアヘン密輸のせいで毎年一億両もの銀が国外に流れ出ていると警告していた[46]。だが銀の純流出が見られるのは一八二七年になってからで、ピークに達したのも一八四〇年代のことだ（表9－5）。

　わたしを含め、一部の研究者は、銀の流れが逆転したおもな原因はアヘンにあるとする見方を疑問視している。何年も昔にルイ・デルミニーが指摘したところによると、一八三〇年代から四〇年代までのアヘン輸入量は、中国の銀総輸出量の半分以下だったという。銀の純流出の原因としてその代わりにデルミニーがあげているのは、国際市場での銀価格の上昇だ[47]。近年の研究でも、例えば林満紅はアヘン輸入原因説を退けている。一八五七年以後はアヘン輸入量が前例のない水

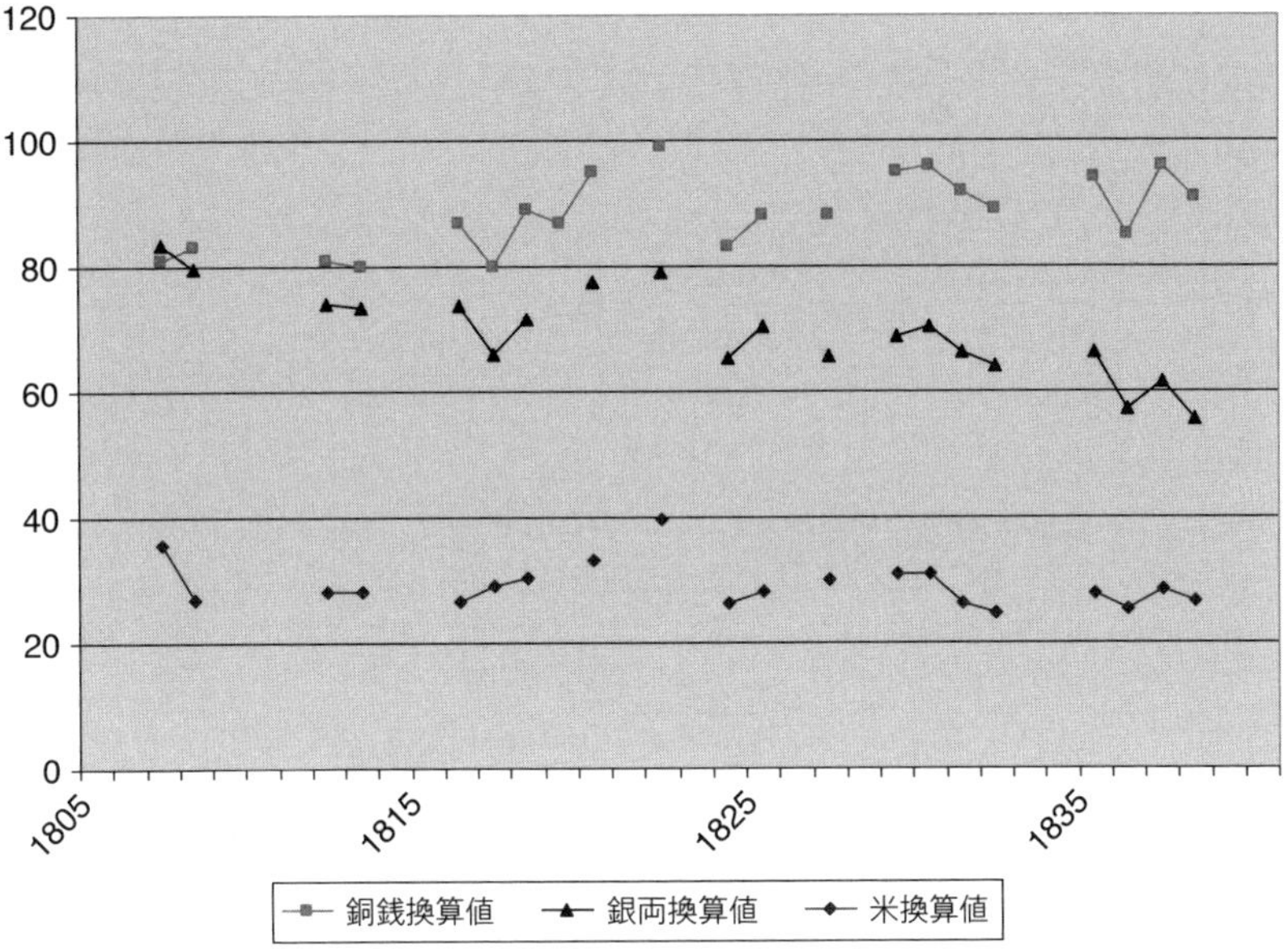

図9－6　北京の未熟練労働者の日給（1807年—1838年）
出典：李隆生 2010: 174, 表3.17.

表9－5　中国からの銀の純流出（1818年—1854年。単位：100万ペソ）

	輸入（A）	輸出（B）	純流出（A－B）
1818年—1820年	19.31	9.42	＋9.89
1821年—1825年	26.13	5.12	＋21.01
1826年—1830年	12.72	25.68	－12.96
1831年—1835年	5.17	24.98	－19.81
1836年—1840年	2.77	32.26	－29.49
1841年—1845年	2.34	53.67	－51.33
1846年—1850年	0.24	30.82	－30.57
1851年—1854年	0.82	21.51	－20.69
合計	69.51	203.46	－133.95

出典：von Glahn 2013: 50, table 2.10.367

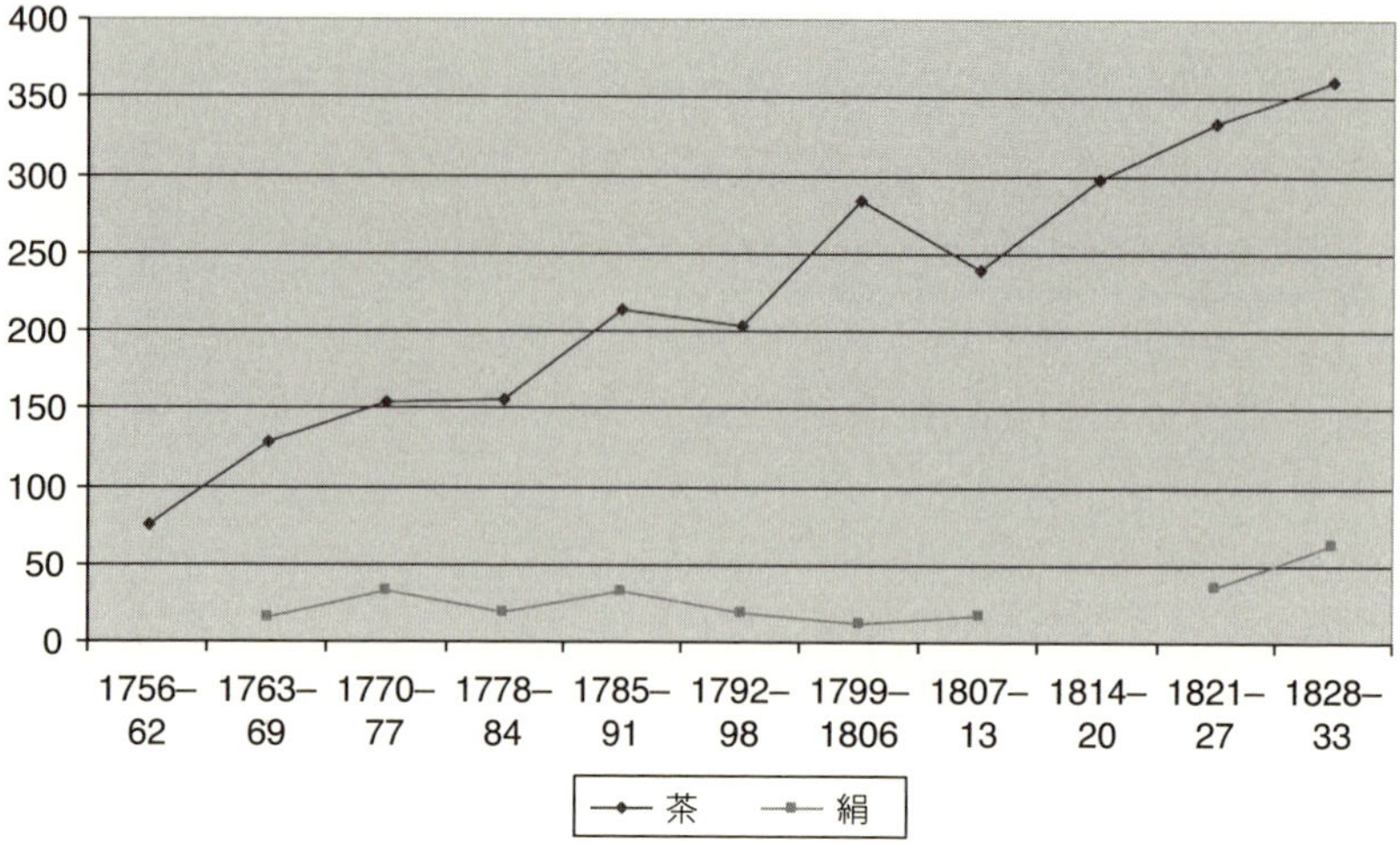

図9－7　茶と絹の輸出量（1756年—1833年。単位：茶は1000担、絹は100担）
出典：Dermigny 1964: 2, 549-53.
絹に関しては、1756年—1762年および1814年—1820年のデータは入手不能

準に達し、全輸入に占める割合も拡大したが、銀は再び中国に流入し始めたと力説する。むしろ一九世紀前半に銀生産量が地球規模で減少したこと、そしてヨーロッパの茶と絹の市場が縮小したことが原因で中国の貿易収支が悪化し、銀の純流出が見られたのだと述べている。そして一八五〇年代に金と銀の生産量が回復し、茶と絹の輸出が急激に伸びるに及び、再び銀が中国に入ってくるようになったのだという[48]。

林満紅はアヘン以外に焦点を絞っているものの、銀の流出を中国の不況の至近要因としていることに変わりはない。だがこの説は支持しがたいとわたしは思う。なぜならひとつひとつの項目が説得力を欠いているからだ[49]。林満紅の主張とは反対に、一八一〇年代にラテンアメリカでスペインの植民地支配体制が崩れても、銀生産が危機に見舞われることはなかった。メキシコの貨幣発行量は一八〇〇万ペソという一八一〇年の史上最高額より少なくなってはいたものの、中国から銀が流出し始めた一八二七年には、年間発行量は少なくとも一〇〇〇万ペソに回復していた[50]。このころに中国産の茶や絹の輸出量が減った、ということもない。それどころか、一八三〇年代に前例のない水準に達している（図9－7）。中国の輸出量はその後横ばい状態を続け、一八五〇年代には飛躍的に増えた。

一九世紀前半に中国で銀が不足したことを示すおもな証拠

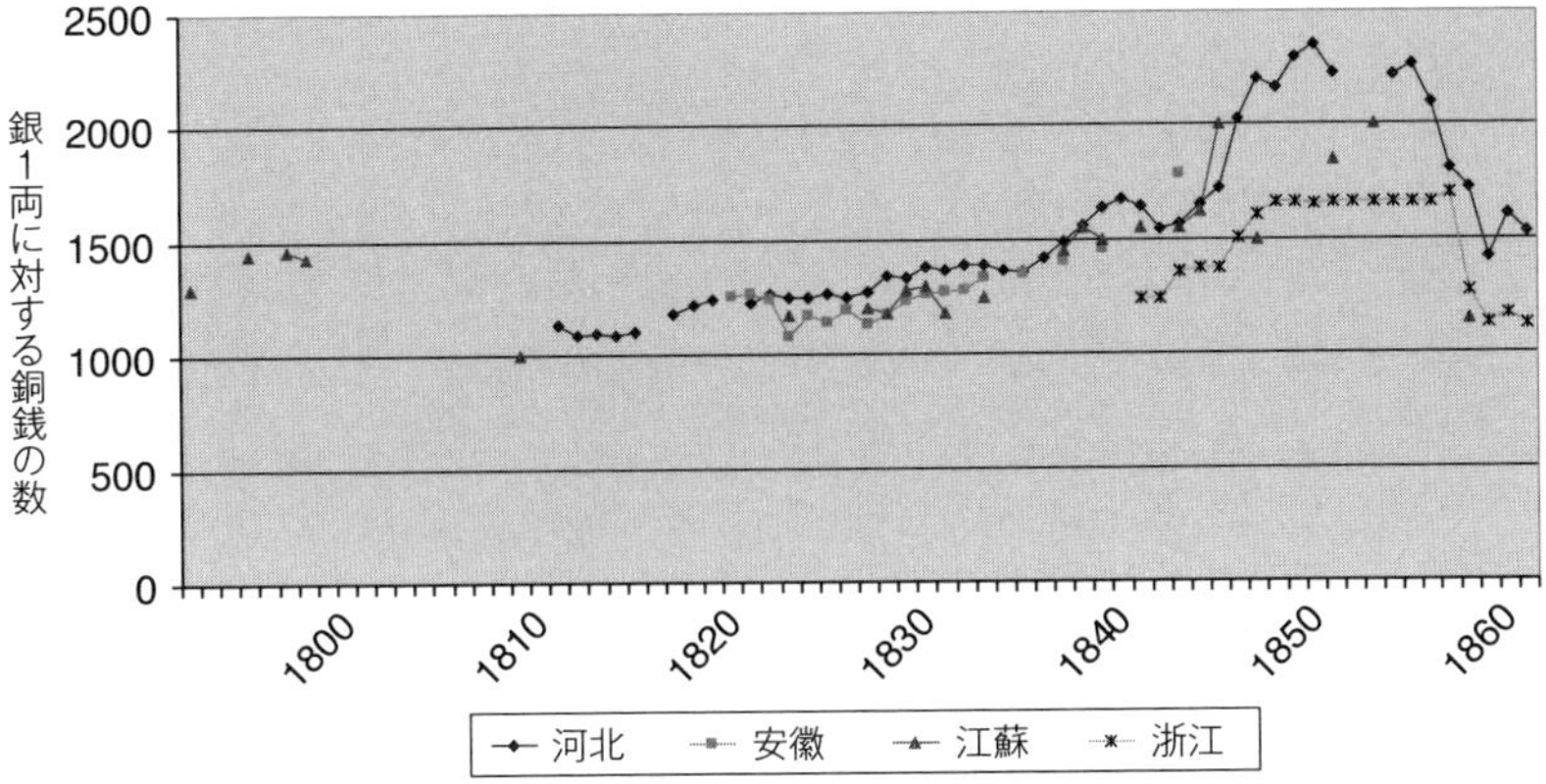

図9－8　銀と銅銭の交換比率（1790年―1860年）
出典：von Glahn 2013: 55, figure 2.20.

として、一八三〇年代半ばから（銅銭に対する）銀貨の価値が急激に上がったことがあげられる（図9－8）。当時の政治家は、メキシコの銀貨が交換手段として広く使われるようになったために銅銭の価値が下がったと考え、外国貨幣の流通を停止させるよう宮廷に訴えた。スペイン貨幣のように重量と純度が一定している銀貨の利用が拡大して銅銭の価値が下がるのは当然だが、秤量《しょうりょう》貨幣《かへい》である銀錠《ぎんじょう》に対する価値も下落した。貨幣学の観点からも実証されているとおり、国家の発行する銅銭の価値が低下し、粗悪な貨幣の私鋳が横行するようになった[51]。こうして銅銭の質も悪くなってゆき、それが価値の下落につながった。価値を押し下げた要因には、銅銭との引換が可能な紙幣、銭票《せんぴょう》の発行数が増えたこともある。これを発行していたのは銭荘《せんそう》あるいは銀号と呼ばれる民間銀行で、一八世紀末以降、華北を中心に増加していた[52]。

意外にも、図9－8はこんなことを明らかにしている。銀の使用が華北よりも定着し、交換手段としてスペイン銀貨が広く使われていた江南でなく、それまで銅銭への依存度が高かった華北で銅銭の価値の低下が深刻だったらしいのだ。銀と銅銭の交換レートの変動は、銀の不足などではなく、それぞれの需要に違いがあったことを物語っている。黒田明伸がいみじくも述べているように、帝政期後半に貨幣の流通分布が細分化していたこと、また貨幣需要が季節要因に大きく左右されたことにより、各地の市場のあいだに支払い手段、とくに銅銭に対する需要のばらつきが見られるようになった。支払い手段の需要を満たすものとして清代に使用が拡大していったのが、銭票などの貨幣代用物だ。黒田は、中国で不足していたのは銀でなく銅銭だったと考えている。地域的な市場と上層市場とが統合されていなかったため、海外から銀が流入していても、各地の支払い共同体の自立性が土台から変わることはなかった[53]。

このように、一九世紀前半における物価の下落は、人口の動きとも、銀輸入量（あるいは総貿易量）の変動とも相関性が認められない。それよりも貨幣供給量との相関性のほうが強いことがわかる。（図8－2と図8－5を比較されたい[54]）。一八世紀に長期の上昇を続けた物価は、一七九〇年代に急落した。白蓮教徒の乱が起きたこと、またフランス革命とナポレオン戦争の勃発でヨーロッパの海外貿易が大幅に減ったことが、硬貨か銀かを問わず、この時期の貨幣供給量の著しい縮小につながった。だが物価とのあいだに正確な相関性があるわけではない。とくに一八一八年から二七年にかけては、銀輸入量がピークに達したにもかかわらず、銀価格は下落している。一八一五年ごろに始まった物価の下落傾向を貨幣供給量の変動で説明することはできない。それに、貨幣供給量の概算値とされている標準的な数字を使っても、華南で広く使われていた銭票や銀票をはじめとする紙製代用物の普及を説明できない。李隆生にいたっては、一八二〇～五一年に流通した銀票の量（六一〇〇万両と算定）は銀の純流出（六二〇〇万両）をほぼ補うほどだったと述べている[55]。しかし紙幣の流通量に関する明確な証拠がないので、これも仮説の域を出ない。

一七九〇年代における穀物価格の顕著な下落は統計的異常として無視されることが多いが、（白蓮教徒の乱の勃発もはっきり示しているように）中国の国内経済に深刻な負担がかかり始めていたことをうかがわせる[56]。生産と交易の変化を正確に計測したデータはないものの、内陸と港におかれた税関の資料は多くを教えてくれる。表9－6は、主要な税関四カ所の税収を示したものだ。このデータは、淮安《わいあん》（大運河の物流拠点で、とくに塩交易の要衝）や蘇州（米の全国市場の中心）、九江（長江の重要河港で、中流域の茶産地への入り口に相当）といった国内交易の中心地で、一七七〇年代～九〇年代に交易量が頂点に達し、その後は減少したことを物語っている。これに対し、広州では一八世紀後半に海上交易が急拡大した。一八〇二年以降、広州の海関収入が国内税関三カ所の税収合計額を超えたことは、海外貿易が勢いを増していたこと、そして国内交易が沈滞したことを示すものだ。一九世紀前半の国内税関に関するより正確なデータも、こうした傾向を裏書きする（図9－9）。広州と九江の税収は一九世紀初頭から

表９－６　関税収入（1725年—1831年。単位：1000銀両）

淮安（内関）		滸浦（蘇州・内関）		九江（内関）		広州（海関）	
1725	84	1727	353	1727	91		
1736	484	1738	382	1739	352	1742	310
1753	325	1753	495	1753	354	1753	515
1773	557	1764	542	1776	662	1765	600
1818	441	1791	583	1801	539	1804	1,642
1828	302	1818	427	1820	585	1812	1,375
1831	324	1831	391	1829	600	1831	1,462

出典：呉承明 2001b: 271, 表18.

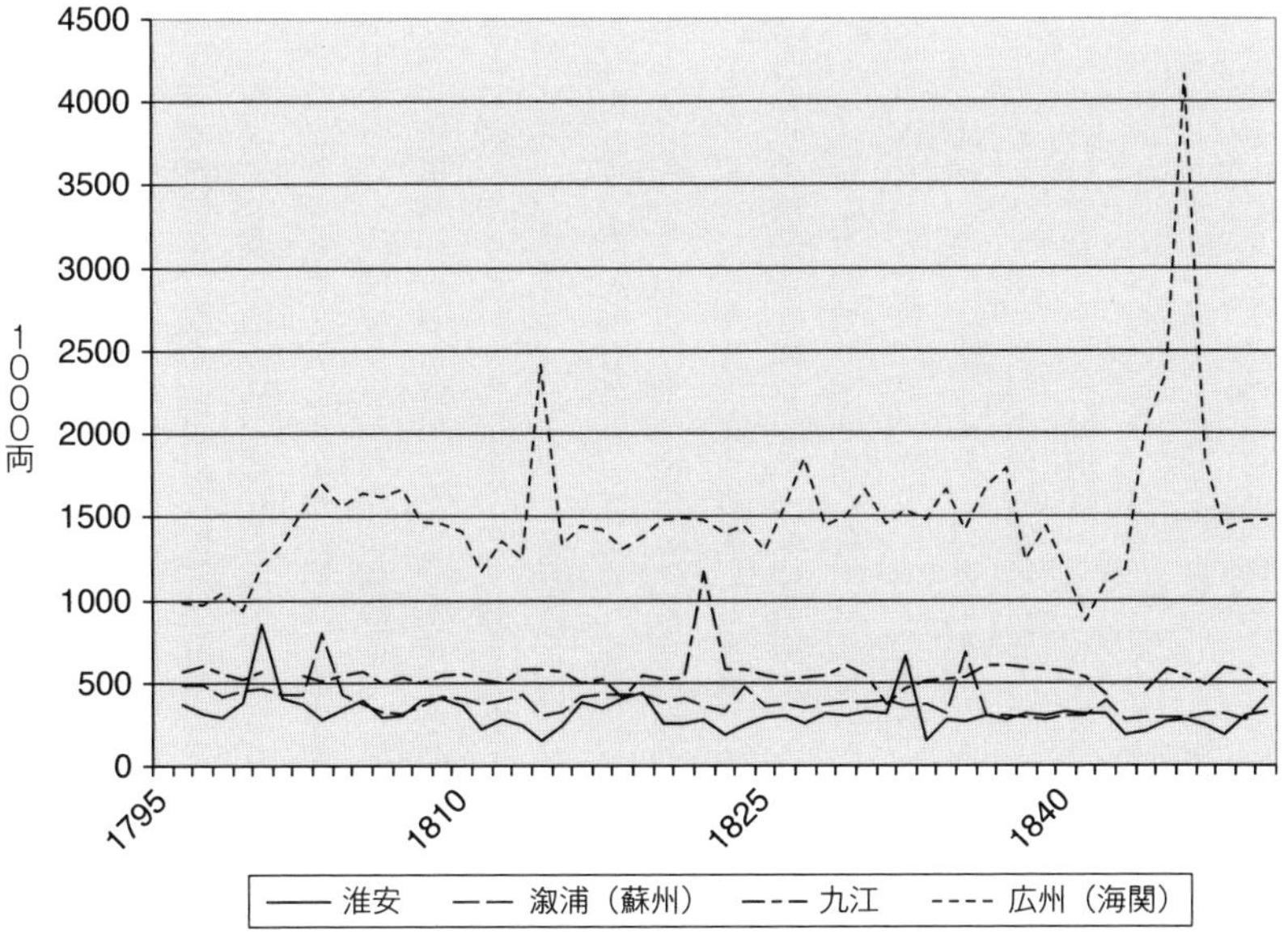

図９－９　関税収入（1796年—1850年）
出典：倪玉平 2010: 153–56, 表5.1.

アヘン戦争のころまでほぼ安定していた（もっとも、九江の税収はピーク時の一八世紀を下回る水準だったが）。蘇州と淮安の税収に関する数字は、一九世紀前半に一八世紀の水準を大きく下回りつつ、減少傾向を続けたことを浮き彫りにしている。[57]

一八世紀に経済が拡大し、はじめは江南を中心とする全国市場が形成されたが、世紀末には地域化に向かう強い遠心力がはたらき始めた。内陸辺境の農業地帯へと人が移動するようになって、労働生産性の伸びが止まっている。穀物の収穫量は江南でこそ増え続けたものの、全体的な農業の生産性はおそらく落ちた。華北では人口が急増し続けて生計維持のための農業への転換が起きたことを反映し、一七五〇年以後は綿花をはじめとする非食用作物の生産量が減った。[58]蘇州や広州などの大商業地の人口は五〇万人を超えるまでに膨れ上がり、景徳鎮（製陶業）や仏山《ぶつざん》（製鉄・繊維産業）などの工業都市は二〇万人以上を擁する大都市に発展した。だがこれらの都市の規模が異常に大きかったために、一三九一年には一四パーセントだった江南の主要八州の人口の対全体比が一七七六年には七・六パーセントになった現実が見えなくなっている。[59]都市人口の対全体比は一九世紀半ばに五パーセントに縮小。これは南宋代の都市化率の半分を下回る水準だ。[60]

国内経済で一頭地を抜いていた江南も役割を縮小させている。例えば、湖北の農家では粗い綿織物をつくり、湖南や四川など、湖北よりも農業生産性に富む地域の米と交換するようになった。その後、四川で「地元産の織物」（「土布《どふ》」）の生産業が伸び、製品は四川に加え雲南や貴州などの辺境省でも販売された。内陸部で農村工業が成長したことで、高品質で高額な織物を生産していた江南などの重要地域は犠牲を払わされた。内陸部にあった江南産織物の市場が干上がると、長江下流域へと運ばれていた米や木材、その他の原材料の流れは鈍くなっていく。[61]国内での「輸入代替」の傾向が生まれたことで、（表9－5が示すように）地域間交易が縮小して地域経済が自給自足化するとともに、全国市場がG・ウィリアム・スキナーの言う地域圏構造に置き換わっていった。

このように、中国で最も経済的に発展していた江南は、国内経済の構造変化に対してとくに脆弱だった。一九世紀前半には、全土で農村秩序が保たれていたにもかかわらず、江南だけがそれとは無縁だった。一八二〇年代の華亭・婁県の経済を考証した李伯重によると、製造業が全成人労働者の五六パーセントを雇用し、全付加価値の三三パーセントを占めていたのに対し、農業では前者が二七パーセント、後者が三一パーセントだったという。華亭・婁県の都市化率は四〇パーセントと高く、域内の生産物（ほとんどが綿製品）のおよそ三〇パーセントが域外の市場に供給されていた。[62]だが綿業が活況を呈していたとは、とても言えない。李伯重のデータによれば、綿業は華亭・婁県の雇用総数の四三パーセントを占めてはいたが、域内総生産に占める割合は九パーセントだ。わずかに残された綿業の価格データをかき集めると、一八世紀よりも価格が低く、下落を続けていたことがうかがえる。中国の木綿輸出業に関するデータから、広州における綿織物（その大部分が松江の「南京木綿」）の価格が、一八一〇年代の平均価格の二八パーセントになったことがわかる。[63] 松江の農業に関する一八三四年の論文には、松江産織物の市場が一〇年以上も不振に陥ったままで、一八二九年から木綿の不作が続いたせいで綿花の価格が高騰した、と書かれている。[64]

呉承明は道光不況のあらましを述べるなかで、中国の長期不況は土地に対する人口圧力や、小農を基盤とする中国的農業様式に内在する限界など、複数の原因によるものだと力説する。物価の下落が続いた一番の原因として、消費者の購買力の弱さをはじめとする内部的な要素をあげている。[65] 李伯重も多様な原因が重なって道光不況が起きたことを強調しつつ、とくに異常気象のために凶作となったことを指摘する。その観察によれば、すでに一八二〇年の時点、つまり銅銭の価値下落が深刻になるはるか前に、生活苦を訴える声が聞かれ、貧困化が階層を問わず広がり始めていたという。[66] 一八三〇年代から五〇年代にかけて銅銭の価値が急落したことは、もっぱら銅銭の形で収入を得、貯蓄をしていた農民や職人に大きな痛手となった。だが一八二七年ごろから銀の流れが逆転したこと、そして銅銭の価値が下落したことは、一八世紀末の一〇年に端を発する不況の原因ではなく、むしろ結果だったようだ。

清代後期の財政・経済戦略

一九世紀前半には、（とくに貧困地域で顕著な）人口の増加、資源の制約、国内交易の減少によって景気が低迷し、社会が不安定になった。一八一五年以降は、自然災害が社会危機の引き金になることが増えている。食糧要求の暴動や穀類の移送制限が急増し、納税拒否や小作料金の滞納が深刻になった。自称「救世主」が起こした太平天国の乱は、膨れ上がる一方のこうした不満を吸い上げたものだった。広西省の山深い村で一八四〇年代に巻き起こった運動は、一八五一年に武装蜂起に発展、当初は勝利を重ねて貧困層や不満層の賛同を集めた。その後も太平天国軍は快進撃を続け、華中を経て長江デルタに侵入した。南京に都をおく太平天国は、一八五三年から最終的に敗北を喫する一八六四年にいたるまで、経済中心地である長江の中下流域をほぼ掌握していた。この大規模な内戦が続いた一五年のあいだに少なくとも二〇〇〇万から三〇〇〇万人、最大で七三〇〇万が死亡したとみられる。[67] 太平天国の乱による経済的損害は、繁栄した州に集中した。太平天国軍に占領された南京、蘇州、杭州などの大都市は荒れ果て、この地域の製造業、なかでも絹織物業ははかりしれない損害を受けた。それだけではない。弱体化した王朝は、中央から東部にかけては捻軍《ねんぐん》（一八五一～六八年）に、南西部ではミャオ族（一八五四～七三年）の反乱に、新疆ではイスラム教徒の回民（一八七五～八四年）に対処せねばならなかった（地図9－1）。

太平天国の乱に劣らず大きな打撃となったのが西洋帝国主義国家との対決で、これは結局、清朝を滅亡させることになる。清がアヘンの密輸入――イギリスにとってインド統治を資金的に支えるうえで欠かせなかった――を禁止しようとしたところ、イギリスが軍事報復に踏み切ったのだ。アヘン戦争（一八三九～四二年）は清朝側の大敗北に終わっている。南京条約（一八四二年）により、清は五港の開港、西洋諸国の商人への居住許可、公行による外国貿易独占の廃止、アヘン輸入の容認、莫大な賠償金等のイギリスへの支払いを余儀なくされた。イギリスは植民地として香港を手に入れるとともに、のちに「条約港」と呼ばれる制度、つまり列強が主要な港に治外法権地区を設けることを清朝側に許めさせる（「割譲させる」）制度を押し付けた。とはいえ、条約を起草したヘンリー・ポッティンジャーの予言はまるで見当違いだ。「ランカシャーの工場という工場が束になっても中国の一省分の靴下を供給することはできない」と踏んでいたのだ。[68] その後の二〇年間を見ると、アヘン輸入量は激増したものの、中国の茶輸出量の伸びははるかに大きく、他方イギリス製品は中国の市場でまったくふるわなかった。これに不満を覚えたイギリス商人は政府を焚き付けて第二次アヘン戦争（一八五六～六〇年）を仕掛けさせ、長江流域の漢口、九江、さらには北京への玄関口である天津を含めた九つの条約港などを清に割譲させている（地図9－2）。[69] そのうえ、他の帝国主義諸国にも敗北を喫したことから――一八八四～八五年の戦争ではフランスに破れ、一八九四～九五年には日清戦争で大敗した――中国の主権は徐々に狭められていく。

中国が市場の開放を強要されたことは、玉虫色の結果をもたらした。国内経済の一部部門が活発化した一方（茶や絹など従来の輸出品）、他の部門は土台を掘り崩されている（手紡ぎ木綿糸はほどなく機械製品に取って代わられた）。また、影響は時とともに移り変わった。公行による独占は廃止されたが、西洋の商人が国内の交易網や金融網を利用するには中国の仲介業者（「買弁」）を経由しなければならなかった。外国企業が製造設備を建設する権利を手にしたのは一八九五年になってからだ。海外貿易は既存の交易路を通じて行われたものの、

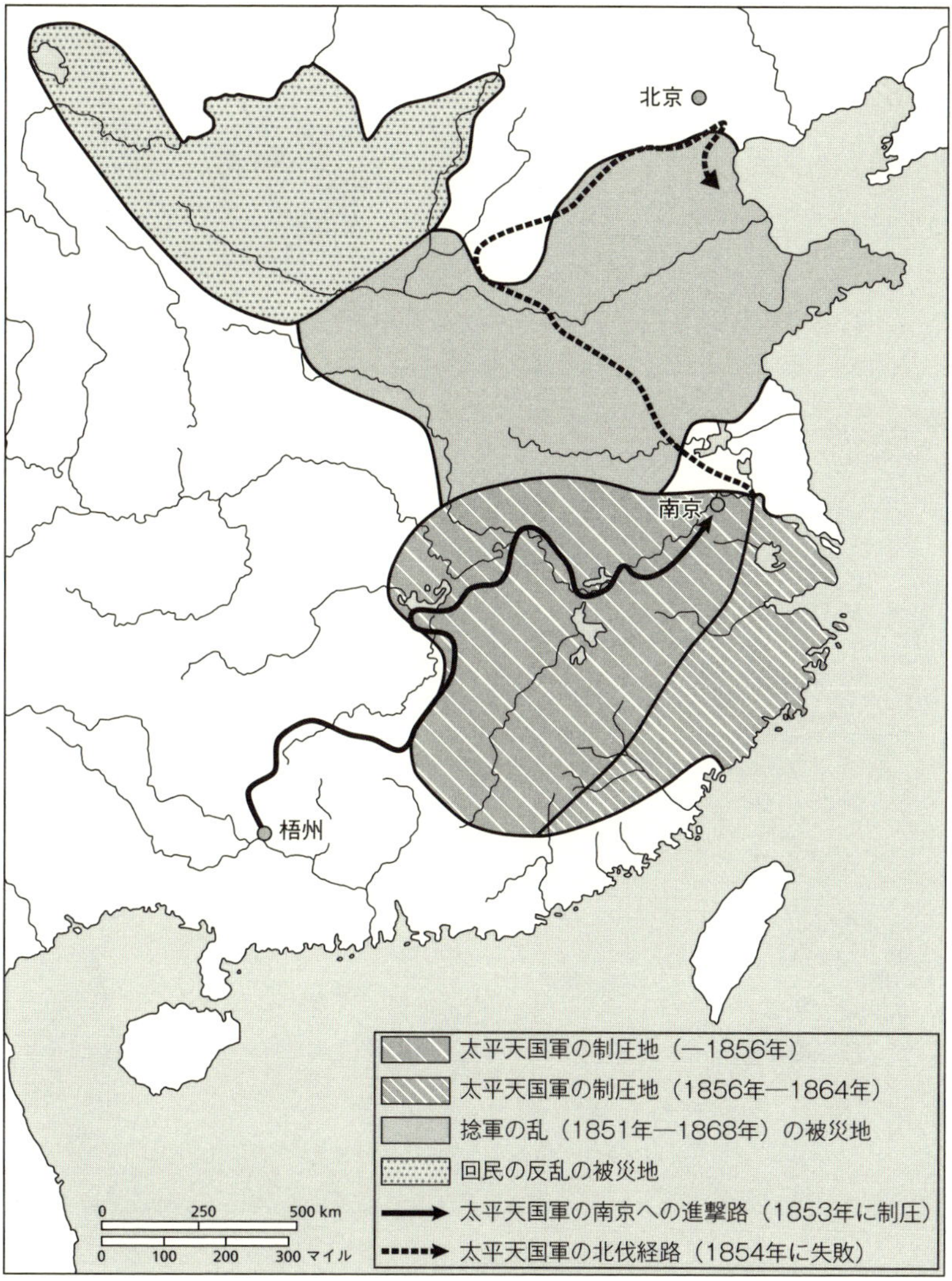

地図９－１　19世紀半ばに発生した反乱

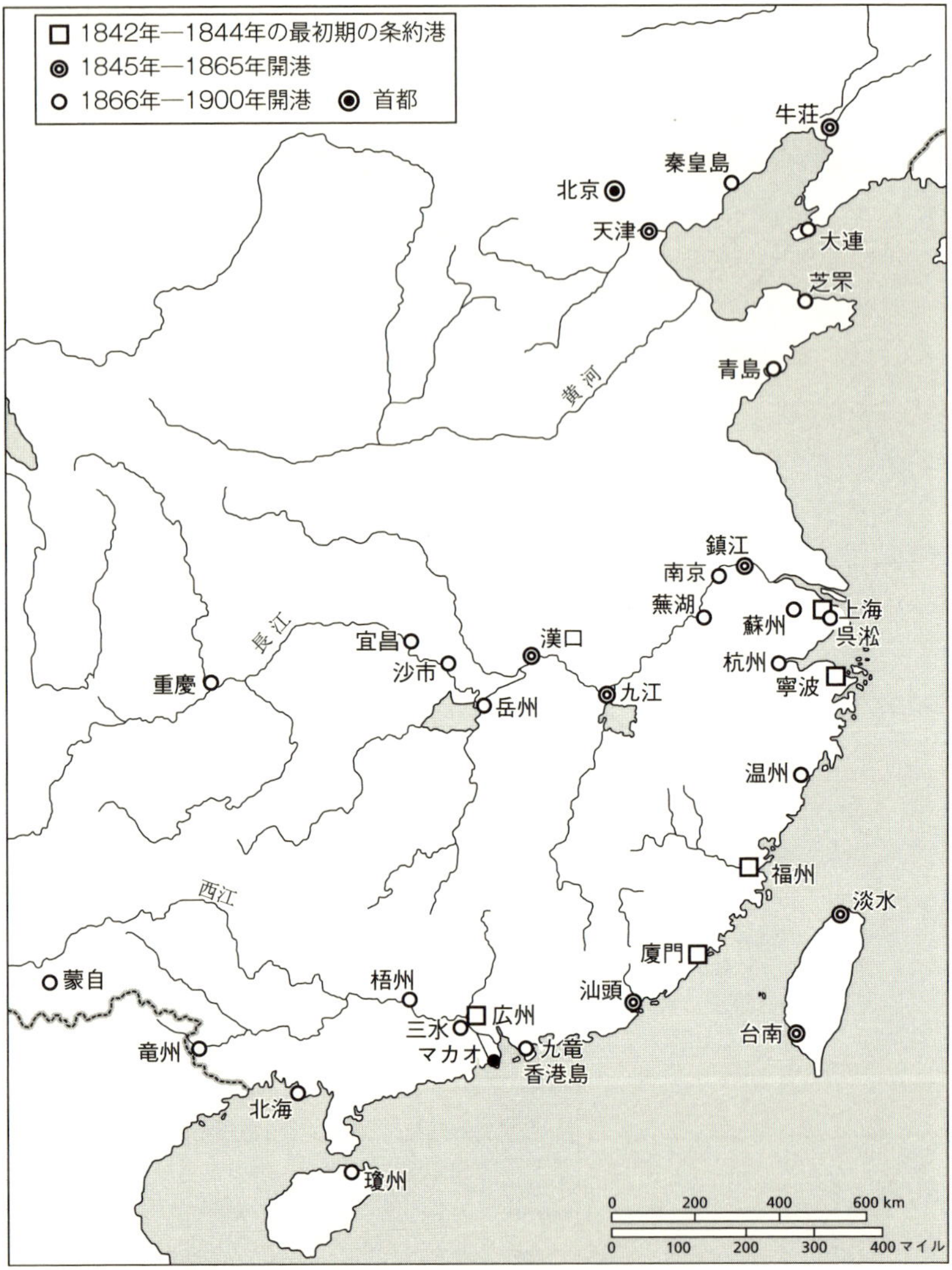

地図 9－2　条約港のネットワーク

造船や軍需、鉄道など、戦略的重要性のある近代技術については、官営あるいは官許の会社が独占していた。機械化の進んだ消費財産業、例えば綿織物業などは、二〇世紀に入る前にほとんど重要性がなくなっている。条約港近辺をはじめ、沿岸地域では海外市場への扉が新たに開かれたが、北西の辺境地域は交易の波に取り残され、ますます貧しくなっていた。また条約港の開港は、とくに東南アジアなどの海外市場網の急発展につながった。移住や商業活動、送金にこの市場網が駆使されたこと、また港湾設備や汽船の開発、銀行・保険業の発展によりアジア域内の交易が促進されたことは、ヨーロッパとの貿易よりも大きな影響を中国経済に及ぼしたことだろう。

　もちろん、アヘン戦争の政治的影響は何より深刻だった。イギリスの軍事力は清の指導層の自尊心を傷つけただけでなく、儒教による統治という深く根付いていた価値観を揺るがしもした。儒教の教えとはあべこべに、西洋の帝国主義政権は軍事占領と経済支配を通じ、みずからの国民の富と力を貪欲に拡大している。長い歴史をもつ価値観や信念を捨てることは、宮廷にとって辛いことだ。だが太平天国の乱と、一八六〇年の外国軍による北京占領によって深手を負ったことで清の指導層は目を覚まし、「自強」運動に乗り出した。直近の目的は、西洋の産業技術を使って兵器廠や造船所を建て、軍を近代化することだったが、さんざんな結果に終わっている。西洋の技術顧問を雇ったにもかかわらず、官営会社で製造した小銃や大砲、軍艦は粗悪なうえにとてつもなく高額だった。新しい軍事組織を軌道に乗せることも一筋縄ではいかない。宮廷は、太平天国の乱などの反乱を鎮圧した地方長官（「総督」・「巡撫」）に広範な軍事的・財政的権限を委譲した。総督や巡撫は新たに軍を編成し、近代的な武器を供給するため工場を建設したが、もっぱら縁故関係を使い、軍の指揮官や配下の文官の忠誠心を利用するなどした。だが情実に頼ったために、長期的な計画や開発を阻害することになり、軍備の刷新事業は本腰の支援も専用資金も得られず頓挫した。[70] 一八九四年には清国海軍が日本の小さな戦艦に大敗を喫する。このことは軍近代化の取り組みの不十分さを浮き彫りにし、中国は西洋列強に追いつくどころか、大きく水をあけられているということを示す教訓となった。

　一八七〇年代になると、中国の為政者は領土保全だけでなく、経済的主権（「利権」）を守るための「商戦」を口にし始めた。[71] 政治戦略と経済開発とを組み合わせた好例が、一八七二年に設立された輪船招商局だ。当時政治家として絶大な影響力をもっていた直隷総督、李鴻章が陣頭に立ち、政府の監督する合資型の会社として考案された。輪船招商局はある面で、いにしえの塩専売制に源流を発する。政府は民間投資を呼び込むべく、北京に税穀を輸送する独占権をこの会社に付与して競合外国企業に対する競争優位性を与え、見返りとして国家に収益の一部を納めさせようとしたのだ。[72] 汽船は初めて使われた一八五〇年代後半以来、とくに一八六九年にスエズ運河が開通し、中国－ヨーロッパ間の移動時間が短縮されてからは、中国の外国貿易に大変化をもたらしてきた。中国貿易に従事する西洋の主要企業は一八六〇年代前半以降、資金の多くを中国人から調達しつつ、合資の気船会社を設立していた。輪船招商局は、沿岸航路や内航路から得られる大きな事業収益を外国人でなく確実に中国人のものとする目的で設けられたのだった。[73] この会社はまた、民間資本、なかでも外国の貿易会社の代理業務を行って巨利を占めていた買弁の資本を新たな資金源とすることもめざしていた。李鴻章は輪船招商局の設立資金として貸付金を用意し（のちにまったくの補助金と化した）、民間の出資者に年間一〇パーセントの配当を保証している。一八七三年にふたりの商人が会社を切り盛りするようになると民間投資の誘致が一気に進み、一八七四年末にその額は五〇万両に達した。輪船招商局は七七年時点で三一隻を七航路で運航し（競合二社は一四隻を五航路で運航）、八三年には資本金を二〇〇万両に増やした。

輪船招商局が早々に大きな成功を収めたため、莫大な政府債務を株式に切り替えて招商局を買収するよう多くの官吏が進言したが、李鴻章はいっさい手を出させなかった。だが一八八三年に金融恐慌が起き、会社の運命は一変する。輪船招商局の躍進に刺激された地方長官らが鉱山採掘の合弁会社を設立するようになって株式投機熱が高まり、在来銀行（銭荘）からの無謀な借り入れによって事態が悪化していた。八三年八月にバブルが弾け（フランスとの開戦が間近に迫っていたことも一因だ）、上海の銀行九九行のうち八九行が倒産。株価は大きく落ち込み、多くの株主が退場することとなった。[74]

一八八三年の危機を受けて輪船招商局は再編され、商人に代わり政府の官僚が監督する「官督商弁」会社に変わった。清仏戦争の進行中は李鴻章が輪船招商局から海軍に物財を振り向け、八五年の終戦後も同社の資金を幾度も流用したことから、民間投資家は背を向けた。知見豊富な舵取り役も民間資金も失った同社は停滞し、汽船事業でのシェアを徐々に縮小させていく。輪船招商局をはじめとする官督商弁会社は政治的目標と経済的目標の板挟みになり、失敗する運命を決定付けられた。[75] 政府の干渉と搾取を恐れた民間投資家は官督商弁を避けて外資系の合弁会社に関心を向けるようになった。中国の株主は条約港で操業する外資系の銀行や倉庫、絹糸工場、汽船、保険会社、電灯会社の資本の半分以上に投資している。[76] だが二〇世紀はじめの一〇年間に鉄道株への過剰な投機が行われたのを別にすれば、中国の投資家は国営企業の株

表９－７　清代後半の国家収入（単位：100万銀両）

	1849年		1893年		1908年	
土地税	32.8	77%	35.6	40%	102.4	35%
雑税			6.5	7%	65.0*	22%
塩税	5.0	12%	153	17%	45.0	15%
内関収入	4.7	11%	1.1	1%	6.7	2%
海関収入			14.7	17%	32.9	11%
釐金	—		17.1**	19%	40.0**	14%
合計	42.5		89.0		292.0	

1893年の数字は1892—94年の３年間の平均
*王業鍵（Yeh-chien Wang）は1908年の雑税のデータを広東省の詳しい記録をもとに割り出している。広東省は雑税の３分の２を賭博税が占めており（残りは雑多な商業税）、賭博が帝国全域でそこまでの収入をもたらしたとは、わたしには思えない。
**1891年に始まったアヘンの国内取引に対する釐金も含む。1893年には220万両の税収をもたらした。
出典：1849・1893年：陳鋒 2008: 397-98, 表6-12, 6-14. 1908年：Yeh-chien Wang 1973: 74, table 4.3.

の保有にはほとんど関心を示さなかった。

　世紀半ばに起きた反乱の影響を克服し、帝国の支配能力を強化するには国家の財政権限を拡大せねばならなかった。だが財源に対する権限は、かなり大幅に総督や巡撫へと移譲された。公式には中央政府が監督権を保持してはいたが（それだけでなく地方官の忠誠心もつなぎ止めていたが）、国家の財政機関の改革を主導する力は戦略的に重要な地域の指導者の手に移っていた。太平天国軍の鎮圧作戦を進めていた総督や巡撫は経済的な必要に迫られ、商業から収入を得る手段として、以下のふたつを考案している。（一）国内交易に課す釐金《りきん》税（一八五三年に導入）、（二）大清皇家海関総税務司（一八六一年に設立。外国貿易関税を徴収）である。[77] 太平天国軍が平定されると、釐金と関税は重要な収入源になり、一八八〇年代から九〇年代にかけては国家収入の三分の一超を占めるにいたった。一八四九〜九三年に国家収入は二倍以上に増えているが、これはほとんど新旧の商業税や消費税によるものだ（表9－7）。一八世紀半ばに収入の七四パーセントを生み出していた土地税（表8－3）は重要性を失っていった。税の重点が間接税に移ったことは、明清代の財政政策の土台をなす儒教的な物資供応国家モデルとの決別をあらわしてもいる。だが、農業分野の税負担を軽くするという原則、つまり土地税を据え置く康熙帝の一七一三年の決定でうたわれた原則は揺らいでいなかった。一八九三〜一九〇八年に名目税収が飛躍的に伸びたのは、物価が二倍になったことが反映されているからだ。実質ベース（米価）で計測すると、上昇率はおよそ六五パーセントとなる（雑多な税収を集計した王業鍵の数字はいかにも大きすぎるので、おそらく六五パーセントを下回るだろう）。

清代最後の半世紀に国家収入は大きく増加したが、必ずしも中央政府の財政能力は向上していない。新しい税収源も、「自強」のための工場や会社も、真の意味では戸部《こぶ》が管理しているとは言えなかった。むしろ徴税と財政的決定の機能は省やさらに下位のレベルに分散した。太平天国後は、地方エリートを正式に徴税や構造改革、経済開発に関与させることが増えている。[78] だが新しい財政制度が地方で次々と設けられていったために、中央での調整がさらに難しくなった。釐金と関税は、中央の直接監督下にない行政官が管理した。税収がすべて単一の国庫に入っていたわけではなく、戸部が地方会計の一元管理体制を整えたのは一八八〇年代になってからだ。釐金など地方で集めた税金からの支出は、原則として戸部の承認を受けることになったが、総督や巡撫はしばしば緊急性の高いほかのことを優先し、中央の指令をはねつけた。[79] 北京政府は一九世紀最後の数十年間に、関税（外資系銀行に預金し、北京へと送金した）や塩専売収入、釐金の多くを徐々に掌握していった。それでも、北京が直接管理していたのは国家収入の半分程度にとどまった。フォイアーワーカーの見積もりによると、一九〇八年の中央政府の収入はGDPの三パーセントにすぎなかったが、全国家収入は二億九二〇〇万両で、これはGDPの七・五パーセントだった。[80] 王業鍵は、経済全体に占める国家収入の割合はもっと少なく、一九〇八年にはGDPのわずか二・四パーセントだったのではないかとする。[81] 一人あたり政府支出は、一八四九〜一九一〇年に二倍になったが、この水準では西洋諸国はもちろん、ロシアやオスマン帝国にも遠く及ばなかった。[82]

さらに、民間金融でイノベーションが起きていたにもかかわらず（三一八〜三二三ページ）、清は金融制度の土台を健全化できなかった。一八二〇年代から四〇年代にかけての不況期、つまり銀に対する銅銭の価値が大幅に下がっていたころ、政治家と学者は再び紙幣を使用するかどうかを議論したが、やはり不換貨幣に反対する声が多数を占めた。[83] だが太平天国の乱によって財政が危機に瀕し、宮廷はやむなく窮余の策をとる。主要な税収源だった華南から徴税できないにもかかわらず、軍に支払いを行わねばならなかった北京政府は、一八五三年に不換紙幣（銅銭や銀の価値で表示されていた）のほか額面より価値が低い銅の大銭を発行し、売官の制度を拡大するなど間に合わせの財政措置を講じたのだ。[84] 新紙幣と大銭は

表9－8　貨幣供給量の概算値（1910年頃。単位：100万銀ドル）

	銀ドル換算値	全体比（%）	合計	全体比（%）
新型貨幣			1,629	65
銀幣	1,320			
中国銀元	240	10		
外国銀元	1,080	43		
銅銭	146	6		
紙幣	160			
銀票	50	2		
外国鈔票	110	4		
旧来型貨幣			862	35
銀両	347	14		
銅銭	373	15		
銀両票	42	2		
銅銭票	100	4		
			2,491	

出典：彭信威 1965: 888–89; Yen-p'ing Hao 1986: 68, table 5.

市場で敬遠され、結局はインフレの悪循環が生じた。一八六〇年代前半に政府は新貨幣の発行が大失策だったことを認め、それらの貨幣を引き揚げて標準貨幣を発行することにしたが、発行量はあまり多くなかった。

貨幣供給量の増大という一九世紀後半の重要事と時を同じくして、メキシコの銀貨が再び大量に流入するようになっていた。一八五〇年代に海外から銀が流入したことは、またもや中国にとって有利にはたらいた。一八七〇年代には、すでに貿易相手国が金本位制を採用していたため、外国からの銀の流入量が再び最高値に達した。メキシコドルは商取引の場に行き渡ったことから、「圓《えん》」あるいは「元」と呼ばれ、事実上の新しい標準貨幣になった[85]。一八八九年には広東省の造幣局が銀圓（および銅の補助貨幣）の発行を開始、宮廷はこれを法定貨幣として認めた。だが、一八五〇年代の失敗に懲りた北京政府は、紙幣の発行を求める請願は却下している[86]。銀行は外資系も内資系も独自の紙幣を発行していたが、流通の範囲は限られていた。清朝末期の中国ではいまだ銀貨が主流で、各種紙幣が全貨幣供給量に占める割合は一二パーセントだった[87]。（表9－8）

財政に劇的変化が起きたのは一八九〇年代のことだ。このころ清は長年維持してきた政策を捨て、財政上の必要に迫られ赤字を出す羽目に陥った。太平天国の乱以後、地方や、の

表9－9　中国の対外債務（1853年―1894年）

	債務（100万銀両）	全体比（%）
軍事費	34.3	75
産業開発費	4.7	10
帝室費	4.5	10
水利事業費	2.3	5
その他	0.2	<1
合計	46.0	

出典：陳鋒 2008: 434, 表7-12.

ちには中央も、主として軍事上の必要から、わずかながら外国の借款を受けるようになっていた。債務は四〇年間で四六〇〇万両にとどまっている（表9-9）。だが一八九〇年代半ばには日清戦争の戦費をまかなうため、そして敗戦後は日本に二億三〇〇〇万両という莫大な賠償金を支払うため、宮廷は外国の銀行に借款を求めることとなり、これを境に国家債務が財政を支える事実上の柱になった。清は債務の返済にもっぱら海関収入と釐金を使ったが、各省にも債務の一部を肩代わりさせた。だが返済のための債券を発行する中央銀行の設立には及んでいない。中央政府は一八九八年、利回りが五パーセントの二〇年債を一億両分発行する計画を明らかにした。北京政府が直に市場で売り出すことはせず、各省に割り当てて利払い義務を負わせ、買い手を探させた。だが実際に販売されたのは一〇〇〇万両分のみにとどまり、実験は失敗に終わる。

清は適時に債務を返済したので、政府には長期借入金を使って近代的財政国家を建設する道が確かに残されていたと和文凱は述べている[88]。だが、ここでは国家支出の目的が考慮に入っていない。巨額の債務に苦しんでいた清は、経済開発や教育、福祉にほとんど支出しなかった。一九〇〇年の義和団の乱によって四億五〇〇〇万両という巨額の賠償金を課されてからは、その傾向がさらに強まった。一八九四〜一九一一年に清の対外債務は七億四六〇〇万両もの途方もない額に達した。内訳で最も多いのは賠償金で、残りのうち三億三一〇〇万両は鉄道建設費だったが、他の産業分野の債務はわずか二六〇〇万両にすぎない。清は賠償金の元本および利息として毎年平均三〇〇〇万両を払っている。これは同期間に設立された内外の製造企業の当初資本金合計額の二倍に相当する[89]。財政の構造が決定的に変わりはしていたが、政権には経済発展にとって有意義な計画を行うのに十分な資源が欠けていた。

金融と通商を発展させた新制度

中国はグローバルな交易網に組み込まれたが、二〇世紀に入るまで、産業革命へと向かう動きはなきに等しかった。とはいえ制度的に意味のある流れは進んでそれが土台となり、一九〇〇年以後の比較的速い近代経済への転換が可能になった。新しい金融機関のおかげで信用コストが下がり、商取引が制御され、国内市場と外国との関係が密接になっていった。

明代以降の長距離交易の特徴として際立っていた商人のネットワークはもっと正式な制度に育ち、土着性を感じさせる部分も削ぎ落とされていく。地縁は（とくにリスクの高い銀行業などでは）やはり重視されていたが、商行為を制御したり紛争を解決したりする制度的メカニズムとして、同郷会館などに代わり「行」が浮上している。加えて、よく練られた形の共同事業体が出現し、企業家は従来に比べはるかに大規模な長期産業資金を集めることができるようになった。中国の国際経済への統合が進んだことが、こうした制度上のイノベーションを後押ししたのは間違いなく、西洋の前例をまねた部分も一定程度はあった。だがそのほとんどは、新しい取引サービスの多様な需要に合わせて既存の制度を改変したものだった。

一八世紀以降、さまざまな新しい金融機関があらわれて商取引が後押しされた。そうした新しい銀行の初期の部類に、「帳局」がある。一七二七年のキャフタ条約締結後に急拡大したロシアとの貿易、とくに茶の取引のための資金を供与する機関として設けられた。最初の帳局は一七三六年、辺境の交易地、張家口にあった山西人の会社が設立したものだ。山西商人は昔から華北で遠隔地交易を一手に握っており、ロシアとの交易も山西人の会社がたちまちのうちに掌握した。帳局はおもに北京や張家口に集中し、事業者に五、六カ月間から一年間の融資を行っていた。一説によると、一八五二年には北京だけで一一〇の帳局があり、総資産は一〇〇〇万両を超えていたという。ただそれぞれの資産規模はかなり小さく、北京の一般的な質店とほぼ同じで、四万～五万両程度だった。[90]

在来銀行（「銭荘」）は、条約港が設けられるようになってから外国貿易に携わったことを別にすれば、帳局と似たような組み立てになっていた。銭荘がいつどこでつくられたのかは不明だが、一七七〇年代にはすでに上海で営業しており、一七九六年時点でおよそ一〇〇の銭荘からなる同業組織が同地にあったという。銭荘は預金受入、商人への短期融資、両替を行うほか、為替手形（「荘票」）をはじめとする各種の商業手形を発行した。条約港が開港して外国貿易が伸びたことで、銭荘の業務に対する需要が急拡大している。外国の会社は各地の茶や絹の生産者のところへ出向くことができなかったため、もっぱら買弁と呼ばれる中国の代理業者に仲介させた。多くの買弁が銭荘を設けており、外国企業の資金を国内の顧客に供与していた。銭荘は外国の企業や銀行の余剰資金の受け入れ先にもなった。一八六〇年代以降、銭荘はしばしば、自分たちの荘票だけを担保に外国企業から融資を受け――「拆票」と呼ばれる一種のコールローン――中国の商人に短期融資を行った。銭荘の資産は一般に二万～六万両と小規模だったため、拆票ではクレジット・リソースが著しく拡大されることが多かった。しかし拆票がわずか一日か二日後に償還日を迎えることもあったうえ、手元資金が少なかったため、銭荘は経済の急激な変動による打撃を受けやすかった。一八七三年、八三年と金融危機が重なり、上海では半分以上の銭荘が倒産している（もっとも、すぐに新しい店が開店したが）。一八九〇年には上海で営業する銭荘の同業組織が独自に手形交換所を設け、これを境に商人たちは毎日ここに集まり、決済を行い、利率を設定するようになった。外国企業は取引先の銭荘との決済をもっぱらこの交換所で行うまでになる。寧波や紹興出身の企業家が経営する会社など、同業組織で幅をきかせる大規模な銭荘は、手形交換所のおかげで大きな恩恵を受けることができた(91)。

銭荘はおもに無担保融資を行っていたうえに無限責任を負わされていたため、事業の成否は個人間の信頼や縁故関係に大きく左右された。地縁から生まれた親近感が、提携相手や取引先、顧客の信頼性を高めるはたらきをした。ある研究者はこうしたありようを「信託共同体」と名付けている(92)。上海の銭荘業者はほとんどが寧波や紹興などの都市、つまり上海から一六〇キロメートルも離れた南の浙江省からやってきた商人だった。寧紹地域出身の銭荘業者が互いに太い絆で結ばれていたことが、債務の償還にあたり現金を使わず資金を移し変える「過帳」という方法を盤石なものにした。上海で寧紹出身の銭荘業者の相互扶助組織（「幇《ほう》」）が圧倒的地位を築いたおかげで、漢口をはじめとする内陸の輸出拠点でも同郷の金融業者は大きなシェアを確保できた。リスクを分散して支店に得意客を開拓させる「聯号」の形はとくに金融業に浸透していた。寧波の方氏は一族だけで上海の二五店舗を含め、四二店舗もの銭荘を所有していたという。寧紹出身者は清代後半の銭荘にとどまらず、一九〇八年以後に台頭した近代的な民間銀行でも最高幹部の座に君臨していた(93)。

輸出業への出資という大きな役割を果たしていたにもかかわらず、銭荘は基本的に地方企業の域を出なかった。この点で、銭荘は山西票号と呼ばれる銀行とは大きく異なる。後者は当初、遠隔地交易の促進事業に力を入れていたが、最終的には事業の軸足を政府機関への出資業務に移している(94)。ことの起こりは一八二三年、北京など各地の都市で顔料を商っていた李大全が、商人のための送金業務に乗り出したことだった。李大全は三〇万両を投じて、送金業を行う別会社を設立。日昇昌というその会社は、天津と漢口のほか、故郷の平遥（山西省）に支店をおいた。日昇昌は有利子預金の受け入れのほか、商業融資も行った。他の山西商人も、すかさずこれにならった。一八五〇年までに一五の票号ができ、およそ三〇の都市に一五〇の支店が設置されている。当時票号が保管する預金は推定で六〇〇万～七〇〇万両、取り扱った送金金額は四七〇〇万両だったという。

太平天国の乱が勃発してから、中央政府は地方税の北京への送金に票号を使うようになった。金額は莫大で、一八七〇年代から九〇年代にかけ、山西票号は政府収入の三〇パーセント分を取り扱っていた。そのおかげで票号は事業規模を拡大できた。一八八〇年代に票号の数は二八、支店数は四四六、預金総額は一億一四〇〇万両に達している（表9－10）。一九一〇年前後には、票号が発行した銀票一億四八〇〇万両分が流通するまでになり、二〇世紀はじめの一〇年間、票号の発行する紙幣は個人融資（とくに高給の職を約束された官吏向け）、政府機関への前貸し、さらに鉄道建設などの事業への外国銀行による融資の仲介に使われた[95]。このように、票号は銭荘よりも大々的に資本を集めていた。旨味の多い帝国政府の仕事への依存度が大きくなるにつれ、票号の命運は国家財政の健全性と切り離せなくなる。

銭荘など、ある種の金融機関は不安定だったものの、一九世紀に新しい金融機関が生まれたことで、商業信用の金利は大幅に下がった。一八四四年時点で、北京で営業する帳局の月次金利は〇・三八～〇・五パーセント、つまり年利五～六パーセントだった[96]。票号の預金金利は年五パーセント、貸付金利は一〇パーセントだったという[97]。これは、同時期のイングランドやフランスの最低金利のおよそ二倍に当たる（これらの地域では、為替手形の利子や政府債の割引率は最低四～四・五パーセント）[98]。外国の商館が中国の顧客に行っていた個人融資は年利一〇～一五パーセントだった[99]。中国のほうがヨーロッパに比べて資本コストが高かったことは確かだが、しばしば言われるほど大きな違いがあったわけではない。とはいえ、外国貿易部門を除けば、ほとんどの営利企業が事業の拡大に際しては自己資本だけを使っていた。

外資系銀行は条約港の外で営業できなかったため、その足跡はかすかなものにとどまった。一八四八～七二年に上海に支店を設けた外資系十数行は国際送金や外国貿易では圧倒的地位にあったものの、中国の国内金融では銀行券を発行するだけであまり大した業務を行わず、銀行券は一八七〇年代後半以降、条約港間で広く流通した[100]。安心・安全であることが中国の人々から高く評価され、外資系銀行はその預金のほとんどを中国人から集めた。とはいえ、一九一二年に外資系銀行の預金額が全銀行の総預金額に占める割合は、わずか二九パーセントにすぎない[101]。

日清戦争後は政治改革を唱える声が強くなり、清の宮廷はやむなく政府資金を使って準公共銀行を設立した。中国初の近代的銀行、中国通商銀行は一八九七年に上海で設立されている。中国で操業する最大の外資系銀行、香港上海銀行をモデルにした同行は有限責任株式会社の形をとっていた。一般

表 9-10 山西票号の資金基盤（推定値。1850年代—1910年代）

	本店総数	支店総数	手形発行量（単位：100万両）	預金（単位：100万両）	貸付金（単位：100万両）	純資本（単位：100万両）	純利益（単位：100万両）	総資力（単位：100万両）
1850年代	15(5)*	150	46.6	6.4	7.8	0.7	0.5	53.7
1870年代—80年代	28(17)	446	118.8	114.0	48.6	38.6	1.3	236.6
1900年代—11年	26(22)	500	588.7	173.5	128.4	52.5	2.1	767.4
1913年	20(8)	320	—	36.2	45.4	?	赤字	?
1917年頃	12(6)	120	—	27.6	4.4	30.7	赤字	?

*データの残っている支店（カッコ内の数字はその店舗数）の平均値から割り出した数値。
出典：燕紅忠 2007: 131, 表3.

の営利企業や官督商弁に融資したほか、帝国政府の代理として硬貨や紙幣を発行したが、いずれもあまり浸透しなかった。一九〇五年、政府は中国通商銀行に代わり、北京に支店をおく大清銀行に中央銀行の役割を与えている。大清銀行は公的融資に加え、公募株の売却、預金の受け入れを行った。通貨発行権を独占し（もっとも、ほとんど建前だけの行為だったが）、戸部を管理する排他的権限を握っていたほか、送金業務のほとんどを票号に代わって行った。(102)

一九一一年には清朝が倒れ、中国の金融システムは大打撃を受けた。大清銀行では暴力を伴う取り付け騒ぎが起き、同行は扉を閉める羽目になった。それより深刻な影響を受けたのは、屋台骨を支えていた送金業務を大清銀行に侵食され、すでに足元のふらついていた票号だ。数年のうちに、半分近くの票号が倒産している。そのなかには、二二二の支店を擁する国内最大の会社も含まれていた（表9－10）。民国初期には、票号はほぼ姿を消していたが、経営者の多くは歩みを止めず、近代的な銀行を設立している。

銭荘と票号はもっぱら無担保貸付を行っていたため、顧客や従業員のことは念入りに調べ、ひたすら個人的な信頼や長期にわたる取引関係、保証人を頼みにした。近代的銀行の場合も個人融資が貸し出しに占める割合が大きく、それは一九三〇年代まで続いている。(103) 銭荘は地方の域内で操業し、顧客とは顔の見える関係にあった。かたや票号は利益の保証されている公的送金の取り扱いに的を絞り、私企業への融資に付きもののリスクを回避した。銭荘も票号も、預金を呼び込んで資金を増やすことにさほど注意を向けなかった。中国の金融業界は引き続き、民間への短期融資や政府機関への出資業務に軸足をおいていた。民国期になっても、近代的銀行は産業資本の形成にほとんど貢献していない。大半の資金は銀行の融債や個人融資に注ぎ込まれ、一九三六年になっても銀行の融資額が全産業融資額に占める割合はわずか一二パーセントにとどまっていた[104]。

一九世紀の動きのなかで、見過ごされがちだが重要なもうひとつのこととして、とくに一七八〇年以降、アジア域内の交易が飛躍的に拡大していたことがあげられる。一六八三年に清朝が海禁政策を解除すると、東南アジア全域、なかでもフィリピンやメコンデルタ、シャム湾、ジャワ島に新たな商機を求めて広東と福建の商人がわれ先にと向かった。一七五四年になると宮廷は海外居住に対する制限を撤廃、これを境に中国からの移住が始まる。東南アジアへの漢人の流入のあり方は、「交易離散共同体」の古典的類型にぴたりとはまる[105]。漢人商人は商品を納入し、徴税を請け負い、行政を担うなどして、バタヴィアの現地支配層やオランダ植民政権と密接な関係を築いた。また中国の船や商人は東南アジアと中国の貿易だけでなく域内の貿易も席巻し、昔から根を下ろしていた南アジアや西アジア出身の商人に取って代わった[106]。中国の商人は例えばカンボジア沿岸地方のハティエンのように、自分たちの街も形成している（もちろん、この時代の商業の開花によって、スラウェシ島のブギス人やスールー諸島の人々など、その地の社会にも企業家精神が持ち込まれた）。

他の海洋社会の人々とは違い、中国の商人は港湾都市の奥の内陸部とも商業的なつながりを築いている。マレー半島やメコンデルタ、カリマンタン（ボルネオ島）をはじめとする人のまばらな地域では、現地の支配層は中国の入植者や鉱山労働者、農園主を歓迎した。東南アジアの政治経済に中国の資本と労働力が広く浸透したことをもって、歴史家は一七四〇年から一八四〇年にいたる時代を東南アジアにおける「中国の世紀」と称している[107]。

東南アジアで漢人が成功を収めたのは、緊密な社会的・経済的共同体を「水のフロンティア」[108]に築き上げる能力があったため、と言われる。漢人移民の多くは、広東省と福建省のごく一部の地域の出身者だったが、集団間には民族的にも言語的にも大きな違いがあった。移民のあいだでは、廟や宗親会などの制度のおかげで、習俗や宗教を通じて社会的な絆がはぐくまれた。廟は、義兄弟の関係を結ぶ習慣〔拝結〕と故郷の土地神への信仰とを結び付けるはたらきをした。宗親会は、血縁のない同姓の人々のあいだに擬制の親族関係を形づくる役割を果たしている。例えば共通の先祖の崇拝など、宗族が用いる作法を通じて、疑似家族のつながりが形成されていった。[109]海外開拓者、とくに鉱山労働者には、華南の荒れ地で昔から過酷な生活を強いられていた少数民族、客家《ハッカ》が多くいた。カリマンタンやマレーシアの金や錫の採掘労働者は客家の言葉で公司（「kongsi」。北京語では「gongsi」）と呼ばれる組織を結成し、採掘した鉱物の対価を得るまでにかかる諸経費をまかなえるよう、共同で出資した。義兄弟の感覚が色濃く残るこの組織は、やがてもっと正式な形の階層型の合資事業体になる。その多くは商人資本家が経営し、鉱山労働者の報酬は賃金の形に簡素化された。[110]マレーシアの漢人系農園主も公司型の合資事業体を形成した。[111]一九世紀に入ると、「公司」は条約港で操業する外資系企業を指すようになり、さらには合資事業体を意味するふつうの日常語に加わった。[112]

　一七八〇年代から、アジア域内の交易がさかんになった。これは主として米やアヘン、胡椒、阿仙薬（東南アジア全域でよく見られる興奮剤と一緒に使われる植物エキス）などの大口商品の取引が急拡大したためだ。杉原薫の算定によると、アヘン戦争直前、アジア間交易の額は対欧米のそれよりもおよそ三分の一多くなっていたという。[113]穀物不足に悩む華南の一部地域は、ルソンやシャム、メコンデルタから大量の米を輸入するようになった。胡椒やガンビール（阿仙薬の原材料）の農園を漢人企業家がマレーシアやブルネイに開き、世界の胡椒市場に東南アジアが占める割合はインドを追い抜くまでになった。漢人商人はまた、域内の多元的な交易ネットワークの構築を率先する役割を果たしている。おもな拠点となったのは、東南アジアの新しい交易中心地バンコクとシンガポール。前者は一七八二年にシャムのチャクリ朝の首都となり、後者は一八一九年以降、イギリス交易帝国のアジアにおける要衝になった。[114]一八五〇年ごろから、漢人系の商社や商店主は卸売業か小売業かを問わず、東南アジア海域の大半で現地の商人に取って代わった。また公司を使って資金を集め、精米所や製糖所、製材所、錫精錬所、パイナップル缶詰工場などの加工場を建てるなどしている。[115]香港に拠点をおく漢人系送金機関は、一九世紀後半には海外交易のおもな資金提供源になり、例えばマレーシアのゴム農園業や錫採掘業など、東南アジアで展開される事業にとっても欠かすことのできない資金源になった。[116]

　条約港が開港し、グローバル市場への統合が進んだことで、中国の企業家には新たな機会が訪れた。まず、絹と茶の輸出量が急増した。絹の輸出量は激しい増減を繰り返しはしたが、一八四四年の年間二〇〇〇担から五〇年代後半の六万担へと三〇倍になり、九〇年代に年間輸出量は一〇万担を突破して

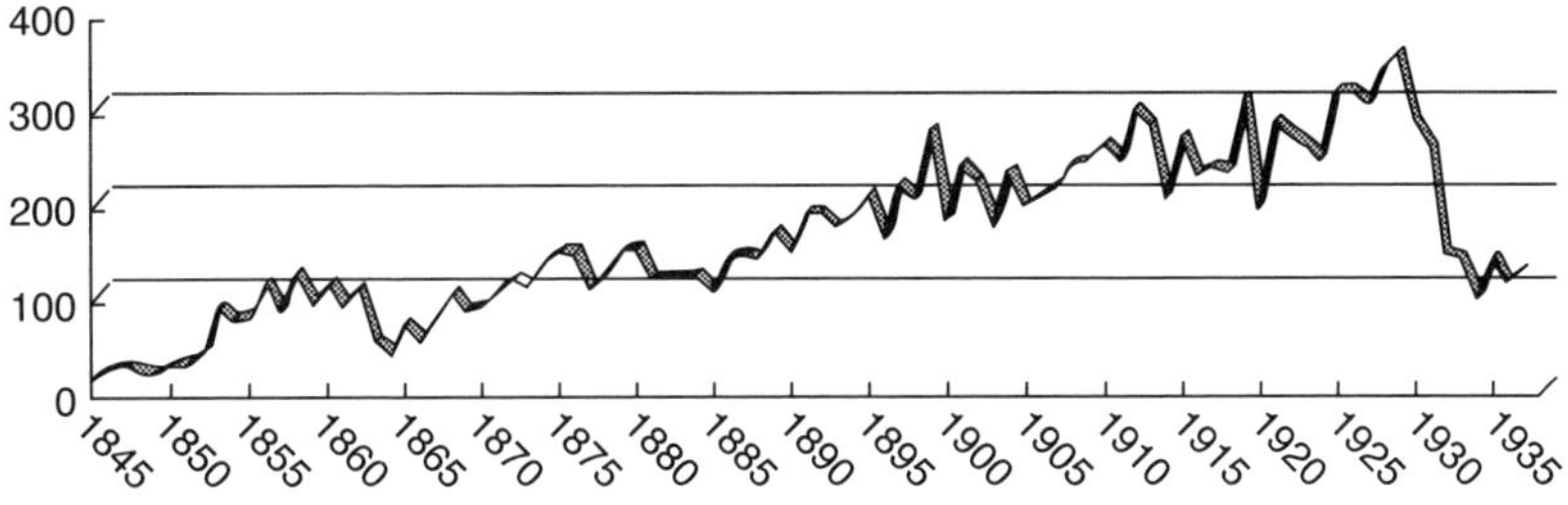

図９－10　中国の絹輸出量（1844年―1937年。単位：1000担）
出典：張麗 2010: 98, 表1.

いる（図９－10[117]）〔「担」はこの地域の海運で用いられた単位。約六〇キログラム＝一担〕。茶の輸出も五〇年代に活況を呈し、八〇年のピーク時には二億八〇〇〇万ポンドに達して中国の輸出全体の半分以上を占めるまでになった。だが一九世紀最後の一〇年でインド産の茶が国際市場の大半を掌握するようになり、中国の茶輸出量は急激に落ち込んでいる[118]。漢人企業家は東南アジアと同じように東アジアでも市場を拡大した。日本と朝鮮が（中国の場合と同様、西欧列強の圧力で）開国するや、商人たちは神戸（一八六八年～）、仁川（一八八三年～）に居を構えた。漢人商人は一八九〇年代にいたるまで、上海経由で神戸に入ってくるほとんどのイギリス製木綿製品、中国産の綿花の取り扱いを一手に担っていた[119]。仁川の漢人が朝鮮の輸入貿易を席巻していたのは、朝鮮と日本に票号の支店があり、資本と信用を手に入れやすかったためと言われる[120]。

条約港体制はまた、国際貿易網の要衝としての上海の地位を固めている。上海は中国の国内交易や海外交易だけでなく、西洋の工業製品や中国製品の朝鮮と日本への輸出をも制した[121]。一八七四年には、総輸入量の七〇パーセント、総輸出量のほぼ五〇パーセントが上海を経由している[122]。条約港が増えるにつれて外国貿易に占める上海の比重は軽くなっていったが、一九〇〇年時点でも、輸入・輸出を問わず、全体の半分近い比重を占めていた。ほかの条約港では、外国からの輸入品も国内からの移入品も地元で消費されていたが、上海はそのほとんどが他地域に輸出・移出されていた[123]。さらに言うと、一八八〇年以後に中国の貿易収支は赤字化したが、こと上海に関しては、日清戦争期という例外はあれ、貿易収支は好調を維持している（図9－11）。

　上海が東アジアの国際交易網の拠点として急成長したのは、西洋資本主義の侵入よりも、中国人商人の企業家精神によるところがはるかに大きい。貿易は一貫して外国企業に掌握されてはいたが、輸入や、輸入品の再輸出では中国企業の比重がかなり大きくなった。一八八〇年以後は厳しい競争と利益の縮小という状況のなか、多くの外資系老舗貿易会社が事業に失敗あるいは市場から撤退し、一部は金融や海運、保険へと事業を転換している[124]。成長する外国貿易によって生み出される果実の多くを中国の商人が手にすることができたのは、その事業網があってこそとされてきた。漢人商人たちは、東南アジア産の米や、輸入糸を使用した中国製綿製品の輸出・移出で、製造や融資など川下に位置する分野とのあいだに後方関連を築き、かたや販売や流通といった川上産業とのあいだに前方関連を築いた[125]。

　一九世紀の国内交易の拡大と並行して、地縁を土台にした商人のネットワークも広がった。だが太平天国後の復興期には、業種を同じくする人による、同郷者限定でない「行」が新たに形成されるようになった（これを「公所」と言う）。既存の同郷会館のほうも、業種ごとの幇ができ、内部が細かく分かれている[126]。行は釐金の徴収など政府機関のような仕事も担い始めて国家からの信認を高め、実業に関しそれまでにないほどの発言権を得るにいたった[127]。商人は自分たちの組織を通じ、商業や金融への規制だけでなく、行政にも直に影響力を行使するに及んでいる。新しい住民を受け入れていた条約港の漢口では、旗振り役の商人が出身地の枠を超え、市中の人々のための自警団や消防団、慈善団体などを結成した。いわゆる「八大行」が率いる形で、漢口のエリート商人は行政や保安、公共工事など、幅広く取り仕切った。一八九八年に結成された商業会議所〔商会〕の土台となったのは、この八大行だ[128]。重慶の八省会館や天津の八大家など、他の商業都市でもエリート商人が全市的な集まりを形成して商取引上の紛争の仲裁にあたるようになり、一八五〇年以降は地域社会のために采配を振るにいたった[129]。

　とはいえ、山西や寧波の会社が金融業に君臨し続けたことからもわかるように、「信託共同体」内の個人の位置付けを決めるうえでは、やはり血縁や縁故関係、地縁が重視された[130]。中国の商慣行で社会的ネットワークや宗族などの血縁制度の比重が目立って大きいことを情実経済《パトロネージ・エコノミー》の偏重とみなし、このために非属人的かつ専門的経営の発展や近代的な法人形

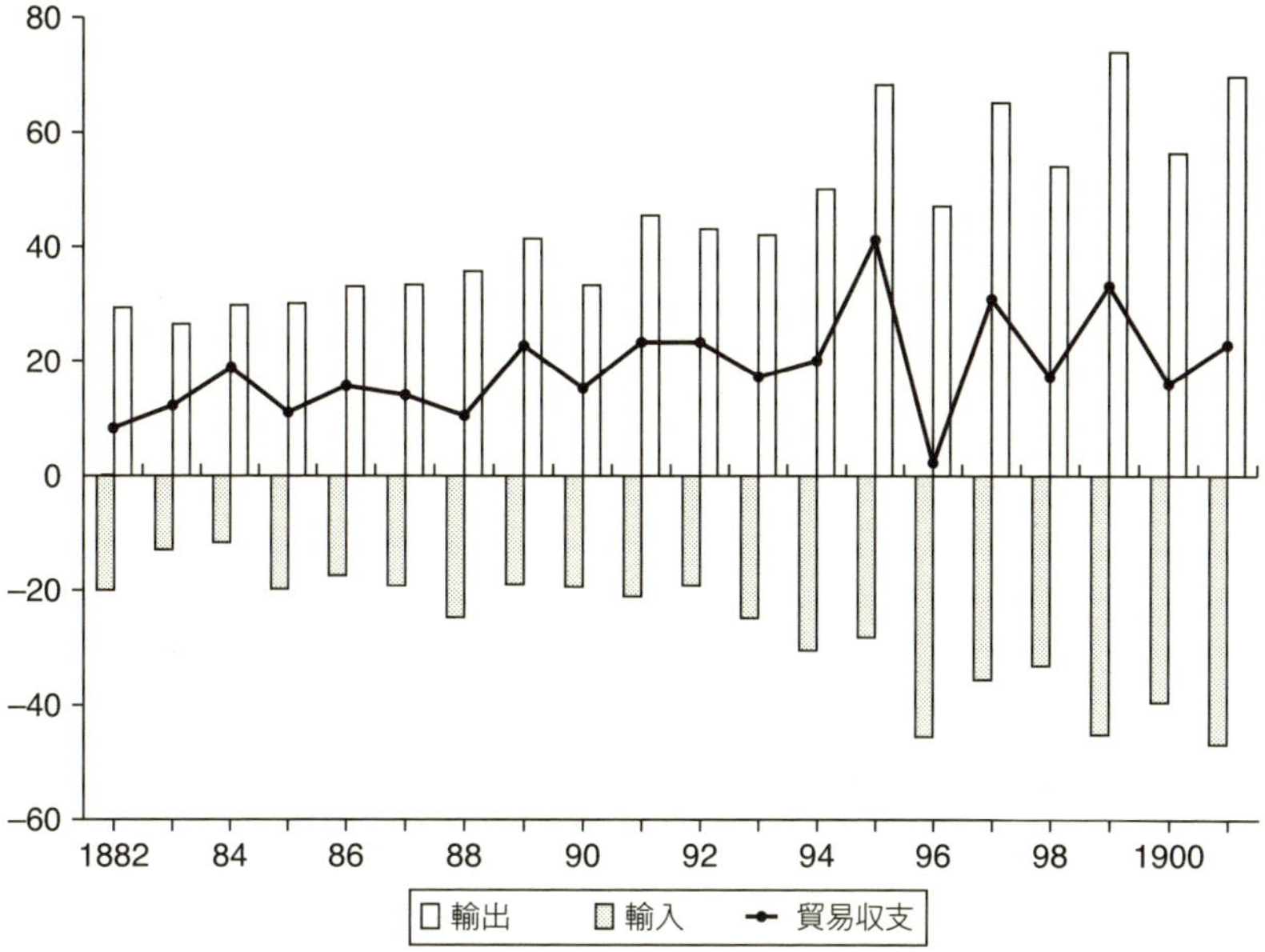

図 9-11　上海の輸出入量（1882年—1901年。単位：100万海関両）
出典：古田 2000: 170, 図6-4.

態の採用、さらには資本主義の出現そのものが阻害された、とする見方がしばしば示されている。[131] もちろん中国の企業家も、血縁関係が手かせ足かせになることを十二分に認識していた。例えば、山西票号で働くには同郷者の「つて」がなければいけなかったが、山西票号では、原則として血縁者は雇わなかった。身内びいきや血縁のしがらみは意思決定の効果を薄め、会社の最善の利益の妨げになりうるからだ。また、株主が専門経営者に意思決定を委任する代理型の共同事業の形態（第8章二七七―二八一ページを参照）は、家族経営の会社にも広く見られた。[132] さらに、宗族も個人事業主と同じように、利益追求と安定とを両立させるために、不動産だけでなくさまざまな営利事業に資金を投資していた。産業の機械化が進む前は、大規模かつ長期にわたる資本の蓄積を必要とする事業はほとんどなかった（そうしたものは近代的法人にこそ適している）。ただ鉱業は、資本と技術的要件がかなり多いうえに、規模も拡大し続けていた。四川省自貢の製塩所の場合、地元の地主や宗族、山西商人などが今でいうベンチャーキャピタリストに誘われて共同出資者となり、専門経営者が採鉱から生産・精製、販売までを一括管理するのがふつうになった。[133] 二〇世紀前半の中国の主立った製造業者は、たいてい社会的ネットワークと階層型法人組織のいずれの特徴も備えている。それにブリティッシュ・アメリカン・タバコやスタンダード・オイルなどの外国企業も、垂直型の組織運営の枠を出なかったわけでなく、むしろ中国の代理業者や納入業者との提携や販売網の利用を進めることで発展した[134]。帝国時代末期に多くの会社や企業家がみずからの利益を脅かすようなイノベーションを阻みに阻んだのは事実だが、今日の資本主義世界とまったく同じように、他方ではビジネスの新しい様式への適応力を示す開放的な人もいたのだ。

まとめ

帝室の大権はアヘン戦争での敗北によって骨抜きになり、一九世紀半ばに反乱が頻発して国土が荒れ果てたことから、経済に対する影響力も蝕まれた。国家が農業という社会の土台を支え、課税を最小限に抑え、民生の保護と維持のための取り組みを続けるという儒教的理念の上に成り立つ清の財政制度は、こうして崩壊する。「自強」の号令のもと、政府は直接税から間接税に転換して税収を増やし、外国の技術を必要とする兵器産業や造船業、鉱業、通信業に投資するなど、新しい形の政治経済活動に乗り出した。だが、民間の活力を生かすことにも、これら企業の財務状況を健全にするための経営スキルを育てることにもつながらなかった。地方官は恣意的でしばしば搾取的なまでの取り立てを行い、ただでさえ脆弱だった帝国の財政基盤がさらに弱くなった。みずからの利害と清朝の利害とのあいだに関連性を見いだせなくなってきた地方エリートと帝国政府との関係は緊迫化する。清朝による近代化の取り組みが失敗だったことは、日清戦争での屈辱的敗北によって無残な形で示された。

日清戦争で大敗北を喫したことで、ようやく経済政策が根本から変わった。一八九五年に下関条約が締結されたのち、外国企業は三〇超の条約港で操業できるようになり、鉄道建設のための共同事業体を設けることが可能になった。外国資本や機械化産業が中国経済に大きな直接的影響を与えたのは、このときが初めてだ。また、条約に規定された賠償金が莫大だったことから、政府は支払いのため民間の融資や外国の借款の利用を余儀なくされる。実のある政治的変革を探究した人々が政治改革運動を起こすと、皇帝はこれを支持したもの の(一八九八年)、いくらもしないうちに失敗に終わった。これに対し、一九〇〇年に起きた義和団の乱は、否応なしに清を改革に向けて歩ませることになった。二〇世紀最初の一〇年間に、帝国を立憲君主制につくり変えるための試みがなされ、西洋から取り入れた公的融資や商法、銀行、学校などの制度が、改組された官僚組織に移植されている。だが一九世紀末に萌え出た新しい経済環境は、帝国の終焉(一九一一年)を早めただけだった。

グローバル経済に組み込まれていくなかで、中国は挑戦課題と機会を与えられた。一八六〇年から急成長した外国経済が、変化を促す触媒としてはたらいた。世界の商品輸出に中国が占める割合は、一九一三年時点で日本の二倍。一九二九年でも五〇パーセント大きかった（もっとも、一人あたりに換算すると著しく小さくなる）[135]。一八八〇年代には絹製品の生産総量の半分以上が輸出に回されていた[136]。輸入価格と輸出価格で計測した交易条件も、一八七〇〜一九一三年に二五パーセント改善している[137]。だが商工業分野の新しい動きが引き起こした経済の変化は、地域格差を悪化させることになった。沿岸地域は内陸部よりも優位に立った。実質所得や社会的厚生の点で、内陸部は沿岸部にじりじりと後れをとっていく[138]。豊かな地域から貧しい地域へと物財を移転することは、これまでずっと中華帝国の政治経済活動を特徴付けてきたことで、社会の安定を支えるだいじな柱でもあったのだが、政府にはその能力もなくなった。さらに、一八〇〇年には生態系の不安定化の症状がはっきりあらわれ、人道上の惨劇につながるような自然災害が起こりやすくなった。一八七六〜七九年には華北を大飢饉が遅い、一〇〇〇万人超の命を奪っている[139]。

二〇世紀はじめの十数年間に、中国はどの点から見ても目覚ましい経済成長を遂げた。とはいえ、実際の変化の速度は外面から受ける印象ほど劇的なものではない。一九三三年の段階で近代産業の四〇パーセントが集まっていた上海の変化があまりに大きかったため、もっとなだらかで不均等な、他の地域での発展の様子が見えにくくなっている。近代産業は一九一二〜三六年に年率八パーセントを超える速いペースで成長したが、GDPに占める割合は、手工業がこの期間を通じて七・五パーセントを維持していたのとは対照的に、一九三三年時点で依然二・五パーセントにすぎなかった。輸出量も一八七〇〜一九二九年に五倍に増えはしたが、中国が世界の商品輸出に占める割合は二パーセントにとどまっていたのだ[140]。国家は今や軍閥と弱体化した中央政府、次第に自立傾向を強める地方有力者とに分裂していたが、近代的な交通や武器のおかげもあって、徴税能力は強くなった。だが新しい指導者層がサービスや公共投資、社会福祉などを人々のために整えることはほとんどなかった。地方政府や経済界のエリートは、中央政府よりも大きな影響力を経済開発に及ぼした。新しい製品や貨幣、信用市場が導入されるかどうかは、その地域の利害関係者のいかんによって決まることが多かった[141]。だが支配層は民の福祉向上という歴史を通じて君主が担ってきた役割を果たすことができず、また絶え間ない戦乱と社会の混乱、さらには世界的な大不況によって悪化した中国の経済を改善する能力もなかったことから、正統性を失っていく。近代という時代に必要とされる形に政治経済が建て直されることはなく、政治権力は新興の共産主義指導者の手に移り、やがてこの人々は中国を過激な経済実験に供することになる。

父が子に語る世界歴史

全8巻

ジャワーハルラール・ネルー　大山聰訳

1	文明の誕生と起伏	2700
2	中世の世界	2700
3	ルネサンスから産業革命へ	2700
4	激動の十九世紀	2700
5	民主主義の前進	2700
6	第一次世界大戦と戦後	2700
7	中東・西アジアのめざめ	2700
8	新たな戦争の地鳴り	2700

（価格は税別です）

みすず書房

リチャード・フォン・グラン

中国経済史

古代から19世紀まで

山岡由美訳

2019年 3月22日 第1刷発行

発行所 株式会社 みすず書房
〒113-0033 東京都文京区本郷2丁目20-7
電話 03-3814-0131(営業) 03-3815-9181(編集)
www.msz.co.jp

本文組版 キャップス
本文印刷所 萩原印刷
扉・表紙・カバー印刷所 リヒトプランニング
製本所 誠製本

Printed in Japan
ISBN 978-4-622-08784-7
[ちゅうごくけいざいし]

著者略歴

（Richard von Glahn）

カリフォルニア大学ロサンゼルス校歴史学教授．著書 *The Country of Streams and Grottoes: Expansion, Settlement, and the Civilizing of the Sichuan Frontier in Song Times*（Council on East Asian Studies, Harvard University, 1987），*Fountain of Fortune: Money and Monetary Policy in China, 1000–1700*（University of California Press, 1996），*The Sinister Way: The Divine and the Demonic in Chinese Religious Culture*（University of California Press, 2004）．共著 *Crossroads and Cultures: A History of the World*（Co-authored with Bonnie Smith, Marc van der Mieroop, and Kris Lane. St. Martin's Press, 2012）．編著 *The Song-Yuan-Ming Transition in Chinese History*（Co-edited with Paul Jakov Smith. Harvard University Asia Center, 2003），*Monetary History in Global Perspective, 1470–1800*（Co-edited with Dennis O. Flynn and Arturo Giráldez. Ashgate Press, 2003），『宋銭の世界』（伊原弘編，勉誠出版，2009）．

訳者略歴

山岡由美〈やまおか・ゆみ〉津田塾大学学芸学部国際関係学科卒業．出版社勤務を経て翻訳業に従事．訳書 カミングス『朝鮮戦争の起源　第2巻』（上下，共訳，明石書店，2012）ゴールドマン『ノモンハン 1939』（みすず書房，2013）カミングス『朝鮮戦争論』（共訳，明石書店，2014）ドッジ『イラク戦争は民主主義をもたらしたのか』（みすず書房，2014）ランコフ『北朝鮮の核心』（みすず書房，2015）張彧暋『鉄道への夢が日本人を作った』（朝日新聞出版，2015）橋本明子『日本の長い戦後』（みすず書房，2017）ポイントン『「招待所」という名の収容所』（柏書房，2017）ゴードン『アメリカ経済 成長の終焉』（上下，共訳，日経BP社，2018）．

人名索引

【あ行】

アトウェル，ウィリアム Atwell, William　256, 257
アフマド Ahmad　231, 232
アレン，ロバート Allen, Robert C.　297, 298
晏嬰 Yan Ying　63
安禄山 An Lushan　140, 171
池田温 Ikeda On　146
伊藤道治 Itō Michiharu　24, 30, 34
イブン・バットゥータ Ibn Battuta　233
禹（聖王）Yu the Great　44
盂（西周）Yu　16, 17
ヴェーバー，マックス Weber, Max　1, 12, 13
ウォン，R・ビン Wong, R. Bin　7, 259, 264
于振波 Yu Zhenbo　111, 121
宇都宮清吉 Utsunomiya Kiyoyoshi　111, 125
宇文泰 Yuwen Tai　149
永楽帝 Yongle　236
江村治樹 Emura Haruki　55, 59
エルヴィン，マーク Elvin, Mark　2-4, 6, 179, 184, 290
袁采 Yuan Cai　220, 224, 225
王安石 Wang Anshi　183, 193-197, 199, 207-210, 221
王惲 Wang Yun　230
王業鍵 Wang, Yeh-chien　315, 316
黄敬斌 Huang Jingbin　289
王孝淵 Wang Xiaoyuan　114, 115, 125
黄仁宇 Huang, Ray（Ray Huang）　244
黄宗智 Huang, Philip C. C.　3-5, 290, 292, 296
王符 Wang Fu　114, 127
王莽 Wang Mang　107, 113, 117, 125, 127, 130, 144
大澤正昭 Ōsawa Masaaki　180, 181
岡本隆司 Okamoto Takashi　6
オゴデイ Ögödei　229

【か行】

岳飛 Yue Fei　211
楽毓秀 Yue Yuxiu　279
楽毓麟 Yue Yulin　279, 280
楽鳳儀 Yue Fengyi　279
嘉慶帝 Jiaqing　299
賈思勰 Jia Sixie　158, 159
賈似道 Jia Sidao　228
何妥 He Tuo　163
科大衛 Faure, David（David Faure）　278
華房 Hua branch　279, 280
管漢暉 Guan Hanhui　293, 294
桓公（斉）Huan　37, 64
顔之推 Yen Chitui　132
韓晋堂 Han Jintang　280
桓譚 Huan Tan　125
管仲 Guan Zhong　64, 76
顔陳大 Yan Chenda　34
韓非子 Han Fei Zi　44, 63, 66
裘衛 Qiu Wei　23-25, 31, 33, 34
裘錫圭 Qiu Xigui　93
姜承齋 Jiang Chengzhai　280
姜声遠 Jiang Shengyuan　279, 280
許倬雲 Hsu, Cho-yun　109, 112
矩（西周）Ju　33, 34
クセノフォン Xenophon　13
クック，コンスタンス Cook, Constance A.　35
クビライ Qubilai　209, 228-233, 240
黒田明伸 Kuroda Akinobu　305, 306
倪玉平 Ni Yuping　307
邢叔 Jing Shu　29, 30
景帝（漢）Jing　89, 90
逆 Ni　23
献公（秦）Xiang　47
玄奘 Xuanzang　163
元帝（漢）Yuan　104
乾隆帝 Qianlong　264, 269, 285
康（西周）Kang　16, 17, 20, 22
貢禹 Gong Yu　105, 122

項羽 Xiang Yu　85
康熙帝 Kangxi　257, 260, 263, 315
孝公（秦）Xiao　47-49
孔子 Confucius　37, 38, 49
高祖（漢）Gaozu　72, 78, 83
高宗（南宋）Gaozong　210
高聡明 Gao Congming　192, 193
公孫鞅 Gongsun Yang　47
江太新 Jiang Taixin　269
高大倫 Gao Dalun　121
高敏 Gao Min　77
效父 Xiaofu　29, 30
洪武帝 Hongwu　233-236, 238, 240, 241, 243, 244, 263
光武帝 Guangwu　113, 130
孝文帝 Xiaowen　142, 148, 165
孔霊符 Kong Yingfu　134
胡亥（秦）Huhai　83
呉玠 Wu Jie　211
克（燕）Ke　16, 18
呉自牧 Wu Zimu　218
呉松弟 Wu Songdi　186
呉承明 Wu Chengming　307, 309
ゴラス，ピーター Golas, Peter J.　296

【さ行】

蔡継招 Cai Jizhao　281
崔寔 Cui Shi　114-117, 124, 127
蔡達光 Cai Daguang　281
祭仲 Ji Zhong　40
蔡倫 Cai Lun　123
佐原康夫 Sahara Yasuo　93
師毀 Shi Hui　23
始皇帝（政）Zheng　71, 72, 80, 83, 90, 98
子産 Zichan　42-44, 48, 63
子駟 Zisi　42, 43
史志宏 Shi Zhihong　269, 297, 299
司馬遷 Sima Qian　82, 94, 97, 98, 112, 123
斯波義信 Shiba Yoshinobu　2, 3, 186, 207
謝栄娘 Xie Rongniang　238-240
謝肇淛 Xie Zhaozhe　252
謝能静 Xie Nengjing　239, 240
周公旦 Duke of Zhou　14, 16
朱鳳瀚 Zhu Fenghan　28, 30
寿商 Shou Shang　34
シュモラー，グスタフ Schmoller, Gustav　8
荀子 Xun Zi　44, 64, 67, 68, 71, 76
シュンペーター，ヨーゼフ Schumpeter, Joseph A.　8, 9
蕭 Xiao　16
商鞅 Shang Yang　46-50, 52, 63, 73, 75, 76, 78-81
蕭何 Xiao He　87
少皞 Shaohao　16
蕭大圜 Xiao Zihuan　158
昭帝（漢）Zhao　103, 104
秦檜 Qin Gui　210, 211
神宗（北宋）Shenzong　194, 197
真宗（宋）Zhenzong　190
仁宗（北宋）Renzong　190
スキナー，G・ウィリアム Skinner, G. William　260, 275, 308
杉原薫 Sugihara Kaoru　324
スミス，アダム Smith, Adam　5, 8, 9, 258, 285
成王（周）Cheng　14, 26
成帝（漢）Cheng　111
宣（周王）Xuan　18, 21
桑弘羊 Sang Hongyang　95, 97, 98, 100, 102-105, 123, 128, 207, 208
荘公（鄭）Zhuang　19
宋孝王 Song Xiaoyou　148
曹樹基 Cao Shuji　266, 272
曹操 Cao Cao　129-131, 137, 149
曹丕 Cao Pei　129
曽我部静雄 Sogabe Shizuo　193
夨 Ze　20, 21
孫権 Sun Quan　130

【た行】

太宗（唐）Taizong　152
拓跋珪 Tuoba Gui　139, 141
仲長統 Zhongchang Tong　114
張禹 Zhang Yu　111
張偃 Zhang Yan　90-92, 123
趙匡胤 Zhao Kuangyin　172
張錦鵬 Zhang Jinpeng　204
趙岡 Chao, Kang　3, 290, 296
長勺 Changshao　16
琱生 Zhousheng　24
晁錯 Chao Cuo　89, 94, 110
張彭祖 Zhang Pengzu　85, 86
張麗 Zhang Li　291, 292, 325
チンギス Chinggis　209, 229, 232
陳宏謀 Chen Hongmou　264
陳旉 Chen Fu　202

鄭亦兵 Zheng Yibing　274
鄭成功 Zheng Chenggong　258, 263
鄭和 Zheng He　236
デヴリーズ，ヤン De Vries, Jan　205
デルミニー，ルイ Dermigny, Louis　302
田乞 Tian Qi　43
田無宇 Tian Wuyu　43, 44
鄧鋼 Deng, Kent G.　4
道光帝 Daoguang　287
道璿 Daoxuan　166
鄧通 Deng Tong　89
道武帝 Daowu　141

【な行】

内藤湖南 Naito Konan　1
長井千秋 Nagai Chiaki　212, 213, 216

【は行】

パーキンズ，ドワイト Perkins, Dwight H.　290
白圭 Bai Gui　53, 58
伯龢父 Bo Hefu　23
ハートウェル，ロバート Hartwell, Robert　2, 3, 197, 216, 223, 296
班固 Ban Gu　117
氾勝之 Fan Shengzhi　108
樊重 Fan Zhong　112, 127
范蠡 Fan Li　53
尾勺 Weishao　16
卑弥呼 Himiko　164
ファン・ザンデン，ヤン・ライテン van Zanden, Jan Luiten　296, 297
馮太后 Dowager Wenming　142, 145, 148, 149
フォイアーワーカー，アルバート Feuerwerker, Albert　293, 296, 316
武宗（唐）Wuzong　167
武則天 Wu Zetian　140, 152
武帝（漢）Wu　72, 73, 83, 92, 94, 95, 97, 98, 100, 102-104, 106-111, 117, 125, 127, 128, 137, 194, 207
武帝（梁）Wu　136, 137, 165
プリニウス Pliny the Elder　127
ブロードベリー，スティーヴン Broadberry, Stephen　294, 297
文帝（漢）Wen　72, 78, 89, 92, 94, 104, 105, 123, 128
文帝（隋）Wen　149-151, 163
ペゴロッティ，フランチェスコ Pegolotti, Francesco　232
包偉民 Bao Weimin　215
方回 Fang Hui　218
包世臣 Bao Shichen　302
方廷珂 Fang Tingke　249, 250
鳳房 Feng branch　280
法琳 Falin　165
卜式 Bu Shi　98
法顕 Faxian　164
ポッティンジャー，ヘンリー Pottinger, Henry　310
ポメランツ，ケネス Pomeranz, Kenneth　4-6, 288, 291, 292, 296, 297

【ま行】

馬一龍 Ma Yilong　285
馬君礼 Ma Junli　280
馬康侯 Ma Kanghou　279, 280
マディソン，アンガス Maddison, Angus　292, 293, 297
馬鳴周 Ma Mingzhou　279, 280
マルコ・ポーロ Marco Polo　232
宮崎市定 Miyazaki Ichisada　1
宮澤知之 Miyazawa Tomoyuki　190, 192
孟子 Mencius　33, 49, 62, 63, 69, 144, 234
モンケ Möngke　230

【や行】

山田勝芳 Yamada Katsuyoshi　97, 98, 124, 127
耶律楚材 Yelü Chucai　229
楊炎 Yang Yan　173
楊堅 Yang Jian　140, 149, 152
楊際平 Yang Jiping　181
雍正帝 Yongzheng　264, 285
煬帝 Yang　151, 152

【ら行】

李淵 Li Yuan　152, 170
李悝 Li Kui　46-48, 51, 52, 58, 62, 63, 65
李景祥 Li Jingxiang　238, 239
李顕甫 Li Xianfu　141, 142
李鴻章 Li Hongzhang　313, 314
李斯 Li Si　80, 87
李舒 Li Shu　238-240, 249
李世民 Li Shimin　152
李大全 Li Daquan　320
栗君 Master Li　123, 124
李稲葵 Li Daokui　293, 294
李伯重 Li Bozhong　4, 180-183, 290-292, 296, 297,

308, 309
李氷 Li Bing　51
李文治 Li Wenzhi　269
李峰 Li, Feng　21, 24
李務本 Li Wuben　238-240
劉晏 Liu Yan　173
劉光臨 Liu Guanglin　293, 296
劉秀 Liu Xiu　111-113
劉逖 Liu Ti　293-296
劉濞 Liu Pi　89
劉邦 Liu Bang　72, 83, 85, 87, 89, 106
劉裕 Liu Yu　132
梁庚堯 Liang Gengyao　219
呂后 Empress Lü　89
呂不韋 Lü Buwei　53, 54, 64, 79, 81
李隆生 Li Longsheng　255, 303, 306
李林甫 Li Linfu　169
李零 Li, Ling　35
林満紅 Lin Man-houng　302, 304
ルイス，マーク Lewis, Mark Edward　43
厲王（周）Li　18, 23
ロウ，ウィリアム Rowe, William T.　264
ローウェ，マイケル Loewe, Michael　86

【わ行】

寇恩 Kou En　123, 124
渡邊信一郎 Watanabe Shinichirō　112, 147, 156, 157
和文凱 He, Wenkai　318

事項索引
（地名を含む）

【アルファベット】

GDP　223, 292-297, 316, 329
PPP　297

【あ行】

油菜　180, 238, 268
アフリカ　33, 233, 236
アヘン　263, 302, 304, 310, 315, 324
アヘン戦争　287, 308, 310, 313, 324, 328
廈門　312
アラビア　128, 162, 164, 222, 223, 236, 259
安徽　167, 180, 183, 205, 238, 249, 252, 272, 284, 305
アンコール　223
安史の乱　140, 170, 171-173, 177-179, 186, 193, 194, 206
硫黄　186, 222, 282
渭河　11, 14, 15, 20-22, 24, 25
威信財　13, 32, 35, 134, 165
一条鞭法　253
一田両主　227, 266
イノベーション　3, 4, 7, 8, 50, 51, 155, 160, 183, 240, 277, 285, 287, 316, 319, 328
石見銀山　254
イングランド　223, 275, 289, 292, 296-298
印紙税　211, 219, 220, 261
インド　5, 12, 127-129, 160, 161, 164-166, 178, 222, 233, 263, 292, 310, 324, 325
インド洋　161, 164, 222, 223
ヴェトナム　94, 151, 236, 254, 259
塢堡　141
永業田　152
衡山　94
エフタル　163, 164
『袁氏世範』　220, 224
『塩鉄論』　100, 103, 126
えんどう豆　180
大麦　77, 108, 115, 124, 135
オルトク　229, 230, 232
温州　184, 312

【か行】

海禁政策　3, 235, 243, 254, 323
開元通宝　153
会子　214-217, 228
塊鉄炉　122
開封　2, 51, 172, 188, 190, 195, 199, 202, 204, 205, 218, 220, 250
価格統制　46, 54, 217
科挙　193, 204, 244, 260
権貨務　189, 201, 213
岳州　312
嘉興　182, 246
家父長制　2, 12, 151
貨幣供給量　89, 98, 100, 102, 172, 177, 192, 193, 197, 199, 204, 206, 243, 266, 267, 275, 285, 306, 317
カラコルム　229, 230
ガラス　129, 161, 163, 165, 203
カリフォルニア学派　4-6, 288
カリマンタン　323, 324
カルテル　194, 195, 218, 260, 263
灌漑　25, 43, 51, 108, 109, 112, 133, 151, 160, 180, 183, 194, 224, 266, 270
漢口　274, 310, 312, 320, 326
『管子』　54, 62, 64, 66, 67, 74, 82, 100, 102
『漢書』　51
間接税　95, 97, 98, 106, 136, 173, 189, 207, 208, 315, 328
邯鄲　45, 53, 56, 126
広東　203, 204, 237, 247, 249, 252, 263, 267, 268, 270-274, 298, 315, 317, 323
ガンビール　324
咸陽　45, 49, 56, 80, 81
徽州　201, 205, 206, 236, 238, 248-250, 252, 261, 267,

279, 282-284
『魏書』　142
宜昌　312
吉州窯　203
契丹　168, 172, 228, 229
キャフタ条約　319
岐邑　14
九江　274, 306-308, 310, 312
牛荘　312
九品中正　130, 131, 150
胡瓜　109
匈奴　90, 92, 103, 128
居延漢簡　73, 77, 86, 124
玉器　31, 32, 56
曲阜　45, 56
御史大夫　80
巨陽　45
義和団の乱　318, 328
金貨　52, 82, 100, 129, 187
銀貨　100, 163, 164, 187, 216, 237, 262, 263, 305, 317
銀号　305
金細工　61, 165, 166, 177, 219
銀錠　305
均田制　139, 140, 142, 144, 145, 148-153, 159, 160, 167-169, 171, 173, 176, 178, 179, 184, 194
均分相続　48, 78, 166, 226, 266, 277
金本位　317
金融恐慌　136, 314
金融政策　66, 102, 136, 207, 209, 216
均徭法　238
クシャーン朝　128, 129
百済　152, 169
庫質銭　166
クチャ　162, 163, 169
軏　155
クプチル　228, 230
瓊州　312
景徳鎮　203, 233, 245, 308
月椿銭　211, 213-215
獫允　18, 19
建康　129, 132-136, 162, 212, 221
兼併　94, 95, 194
元豊庫　197, 198
鎬　14, 15, 19, 21, 31, 32, 40
合夥　277-282
康熙不況　257, 258
公共投資　264, 329
黄巾の乱　117, 129, 130
高句麗　152, 169
侯景の乱　136
交子　191, 192, 214
広州　156, 178, 187, 212, 222, 223, 249, 259, 260, 263, 274, 306, 307, 309, 312
杭州　133, 172, 182, 185, 201, 202, 204-206, 209, 210, 212, 214, 218, 219, 228, 232, 245, 246, 259, 274, 284, 310, 312
郷紳　1, 264
公田法　228
江南　108, 118, 125, 129, 132, 133, 135, 137, 150, 151, 157, 170, 172, 181-184, 202, 204, 206, 209, 210, 216-219, 224, 228, 231, 234, 235, 237, 238, 240, 241, 243-247, 250, 252, 253, 257, 265, 266, 268, 270, 271, 282-284, 289-292, 296-298, 305, 308
合弁会社　221, 314
高麗　186, 187, 223
高利貸し　125, 195
江陵　82, 90-93, 118, 126, 156, 201, 212
香料　127, 161, 163, 164, 187, 189, 222
江陵鳳凰山漢簡　73, 90, 91
穀物税　85, 89, 148, 155, 230, 231
五祀衛鼎　24, 25
湖州　182, 202, 203, 206, 207, 246
梧州　311, 312
五銖銭　95, 98, 113, 127, 130, 135, 136, 148, 153
胡椒　109, 161, 164, 218, 222, 232, 233, 324
呉淞　312
呉楚七国の乱　89
戸調　130, 131, 142
骨器　31, 56, 57
曶鼎　29, 30
後唐　186, 187
胡麻　109, 115, 117, 135
小麦　25, 46, 77, 92, 108, 109, 111, 115, 117, 155, 160, 166, 180, 182, 184, 238, 268, 273-275
五邑　21
高粱　268

【さ行】

財政国家　62, 67-69, 71, 72, 98, 105, 199, 318
債務不履行　110, 125, 167, 196, 283
詐欺　278
冊命金文　12, 20, 30
沙市　312
サツマイモ　270, 271, 300

砂糖黍　161, 199, 200, 254, 270
サマルカンド　162, 163
珊瑚　127, 161, 222
三水　312
算緡　94, 106
算賦　85-88, 90, 91, 94, 95, 97, 115, 130, 131
三有司（周）　14, 17, 34
三楊荘遺跡　110
師毀簋　23
『詩経』　26, 28, 33
市籍　76, 77, 125
漆器　31, 58, 59, 61, 88, 122-124, 127, 129, 159, 165, 187, 199, 200, 206, 253
司農寺　195, 197
芝罘　312
『四民月令』　115-117
ジャワ　164, 186, 223, 233, 263, 323
重慶　271, 274, 312, 326
周原　14, 15, 17, 21-23, 31, 32, 40
重商主義　8, 64, 98, 100, 103, 104, 106, 107, 185, 187, 194, 207, 210, 288
一七世紀の全般的危機　256
自由放任政策　72, 105, 106, 123, 258, 263
『周礼』　33, 73-75, 113
珠江　245, 249, 254, 270, 278
シュリーヴィジャヤ　164, 178, 222, 223
『春秋左氏伝』　14, 43
『商君書』　47, 50, 62, 64, 75, 76
紹興　133, 134, 182, 183, 185, 187, 204, 219, 247, 320
饒州　199
『尚書』　14
醸造　115-117, 158, 159, 189, 208, 221, 247
樟脳　164, 282
小氷河期　233
少府　79, 80, 87, 88, 105
常平倉　217, 265, 275
聖武天皇　165
滁州　204, 212
女真　172, 209, 228, 240, 256
書物　18, 49, 64, 74, 79, 81, 103, 115, 177, 187, 223, 253, 285
新羅　152, 169
シルクロード　94, 127, 153, 161-165, 178, 222
白詰草　180
晋（春秋）　37, 38, 42, 44, 46, 48, 52, 56, 63, 69
秦皇島　312
辰砂　222
真珠　127, 161, 164
新儒学　8, 209, 217, 248
人頭税　85, 87, 94, 97, 109, 130, 137, 178, 198, 213, 229
信用市場　277, 282, 283, 292, 329
水衡都尉　94, 95
睡虎地秦簡　73-75, 79, 80, 82, 83, 92
芻藁税　85, 91
スタンダード・オイル　328
スペイン　254, 256
　——貨幣　305
　——銀貨　263, 305
　——植民地　243, 304
　——帝国　254
スマトラ島　164, 178, 222
スラウェシ島　323
スールー諸島　323
斉（春秋）　37, 38, 42, 43, 45, 46, 50, 52-56, 60-64, 90
西夏　188-190, 193, 197, 198, 222
製紙　123, 177, 199, 200, 203, 206
青磁　187, 203
成周　15-17, 19, 21, 22, 31, 39, 42, 45
製鉄　2, 50, 54, 58, 80, 94, 95, 122, 123, 177, 199, 200, 202, 203, 249, 308
井田制　62, 144
成都　51, 96, 126, 154, 156, 177, 178, 191, 192, 271
青苗法　194, 196, 197
『政論』　115, 116
石炭　2, 5, 199, 200, 250
雪花石膏　129
拆票　319, 320
銭引　214-216
銭荒　197
泉州　203-205, 212, 222, 223, 232, 233, 240, 267, 274, 281
占城稲　183
前蜀　187
銭荘　284, 305, 314, 319-323
占田課田　131, 135, 137
汕頭　312
専売　95-97, 103, 104, 106, 122, 125, 173, 176, 188-192, 194, 197, 198, 200, 208, 213-215, 220, 231, 236, 250, 259, 260, 261, 313, 316
鮮卑　129, 139, 141, 142, 148, 149, 152, 170
銭票　305, 306, 317
楚（春秋）　17, 19, 37, 38, 42, 45, 46, 50, 52-56, 58,

60-62, 69, 75, 79, 80, 82, 90, 105, 187
僧祇戸　166, 167
造船　177, 199, 200, 206, 313, 328
造幣所　56, 57, 59, 60, 82, 88, 92, 122, 154, 177, 243, 253, 254, 263, 266
走馬楼呉簡　118, 121, 131, 137
ソグディアナ　162, 163, 178
蘇州　134, 175, 176, 182, 213, 218, 243, 245-247, 250, 273, 274, 284, 298, 301, 306-308, 310, 312
空豆　180

【た行】

大運河　151, 153, 177, 182, 188, 204, 232, 236, 245, 246, 273, 306
太原　96, 154, 251
太行山脈　14, 141
大興城　151
大司農　105
大史寮（周）　17
大豆　25, 46, 108, 109, 155, 157, 158, 180, 181, 238, 270, 274, 275, 290
台南　312
大農丞　95
太府卿　136
大分岐　4, 5, 288
太平天国の乱　287, 300, 309-311, 313, 315-317, 321, 326
大梁　45, 51, 55, 58
大連　312
台湾　258, 259, 263, 265, 271, 273, 281, 282, 284
宝貝　32-35
度支司　155, 187
煙草　254, 268, 282, 289
ダルガチ　230, 231
タングート　172, 188
短陌　136, 177
タンボラ山　300
治粟内史　80, 87, 90, 94
チベット　140, 148, 162, 171, 175, 178, 231, 258, 259
茶　2, 176, 185, 186, 189, 190, 194, 196, 197, 199-201, 204, 206, 211, 216, 218, 219, 221, 222, 224, 238, 245, 247, 253, 261, 263, 271, 282, 289, 300, 304, 306, 310, 319, 324, 325
——交易　177, 263
——産業　196, 201, 206
——税　173, 175, 261
専売制と　188, 189, 198, 200, 215, 220
茶場司　195, 196, 198, 199
チャンパ　223
中央集権　13, 39, 71, 87, 140, 142
中央平原　11, 14, 25, 36, 46, 108-110
『中国経済通史』　6
『中国史の形式』（エルヴィン）　2, 6
中世経済革命（エルヴィン）　2
長安　83, 84, 88, 89, 96, 98, 99, 108, 113, 118, 126, 130, 151, 152, 154, 157, 161, 162, 166, 168, 170, 171, 175, 177
張家山漢簡　73, 77, 78, 85, 88, 89
丁銀　260
朝貢　21, 128, 163, 165, 192, 198, 235, 263
朝鮮半島　94, 140, 151, 165, 169
陳（南朝）　136
賃金　124, 125, 164, 226, 247, 258, 261, 290, 292, 293, 296-298, 301, 302, 324
鎮江　211-213, 219, 312
青島　312
鉄銭　136, 191, 192
碾磑　159, 200
佃客　131
天津　274, 310, 312, 320, 326
銅貨　100, 129, 164, 187, 193, 219
銅鏡　123, 127, 134, 165, 178
道光不況　287, 300, 302, 309
刀銭　52, 53, 60, 82, 113
唐宋変革論　1
洞庭湖　271
東福寺　223
玉蜀黍　271, 300
東海郡上計集簿　77, 97
『東洋的近世』（宮崎）　1
徳川幕府　263, 292
都督府　155, 156
吐蕃　140, 168, 169, 171, 175, 178
吐谷渾　143, 162
度量衡　49, 80
トルファン　152, 153, 162-164, 169
敦煌　145, 146, 148, 149, 152, 158, 159, 162, 163, 166, 167, 178, 180, 181
屯田制　130, 131, 133, 137, 142, 147-149, 166, 234

【な行】

内蔵庫　190-192, 197, 198, 211, 213
南京　129, 221, 234, 236, 245, 259, 266, 284, 309-312
日清戦争　310, 318, 321, 326, 328

日本　1, 2, 4-6, 134, 140, 164, 165, 169, 186, 187, 203, 216, 222, 223, 233, 243, 254-256, 258, 259, 263, 266, 270, 284, 288, 289, 292, 296, 313, 318, 325, 329
乳香　164, 222
大蒜　109
寧波　134, 166, 182, 187, 212, 219, 222, 312, 320, 326
葱　109
ネーデルラント　5, 223, 292, 296-298
捻軍　310, 311
『農書』　202

【は行】

博多　223
パガン　223
白磁　187, 203, 233
馬車　23, 31, 32, 34, 41, 46, 65, 79, 123
播種器　109
バタヴィア　323
バンコク　324
半両銭　52, 75, 82, 83, 88, 89, 95
東突厥　168
ビザンティン帝国　140, 161, 162, 165
翡翠　161
飛銭　177, 192
備蓄　46, 62, 64, 101, 102, 144, 147, 191, 217, 265, 275
櫃房　177
白蓮教徒の乱　266, 286, 298, 299, 306
票号　284, 320-323, 325, 327
肥料　155, 238, 270, 290
フィリピン　223, 256, 259, 263, 323
フィレンツェ　232
楓橋　273
封泥　61, 62
武器庫　60, 80, 88, 95, 202
ブギス人　323
部曲　129, 141
蕪湖　312
布銭　52, 53, 60, 82
福船　222
仏教　140, 150, 152, 161, 165-168, 170, 177, 229
福建　166, 167, 180, 199, 203, 205, 214, 215, 223, 233, 243, 245, 249, 252, 254, 258, 263, 267, 268, 270, 272, 273, 281, 282, 284, 323
仏山　249, 274, 308
浮逃　140, 168, 173
葡萄　27, 109, 164
扶南　164
歩兵　39, 44, 46, 50
府兵制　149, 150, 151, 154, 168, 169, 186
フランス革命　306
ブリティッシュ・アメリカン・タバコ　327
プロト工業化　288
汾河　14, 15, 37
北京　172, 189, 230, 236, 237, 256, 259, 266, 273, 274, 279, 283, 298, 301, 303, 310-314, 316-322, 324
ベグラム　129
ペスト　101, 234
編戸斉民　73, 86
ヘンプ麻　25, 31, 46, 82, 95, 110, 115-117, 135, 144, 153, 155, 160, 162, 202
会安　254
鄷　14, 15, 19, 21, 23, 28, 31, 32, 40
鳳凰山漢墓群　90-93
包銀　230, 232
『法経』　47
宝鈔　235, 253
棚民　299, 300
北魏　129, 138-143, 145, 147, 148, 152, 155, 158, 160, 162, 163, 165, 166, 168-170
卜骨　31
北斉　148-150, 159, 163
濮陽　45, 59, 251
ホータン　129, 162, 163
北海　312
ポルトガル商人　255
香港島　312

【ま行】

マカオ　254, 256, 259, 312
マニラ　254, 256
マルクス主義　1, 2, 6, 12, 29
マレー半島　164, 222, 263, 323
密輸　222, 254, 258, 302, 310
ミャオ族　310
名田宅　76, 78, 85, 94, 105, 106, 110, 111, 114
ミョウバン　186, 198, 200
メキシコ　254, 255, 263, 304, 305, 317
メコンデルタ　164, 323, 324
木版印刷　204
木綿　127, 160, 243, 246, 247, 250, 253, 257, 268, 270, 271, 290-292, 309, 310, 325

【や行】

冶金　11, 31, 39, 50, 68, 128
幽州　156
溶鉱炉　122
養蚕　110, 144, 158, 161, 178, 181, 183, 189, 202, 206, 245, 270, 282, 291, 292
揚州　89, 134, 152, 154, 156, 177, 178, 187, 212, 222, 236, 250, 252, 261
養殖　158, 281

【ら行】

洛陽　16, 95, 96, 113, 115, 118, 126, 129, 130, 137, 141-143, 148, 151, 154, 157, 161-163, 165, 166, 168, 187
羅針盤　222
六師（周）　14, 17, 28, 32
里甲制　235, 237, 238, 243
里耶秦簡　75
竜州　312
龍泉　203
梁（南朝）　136, 137, 165
領域国家　7, 37, 68
糧長　234, 235, 237, 238, 243
臨淄　45, 56, 57, 59, 90, 96, 122, 126
輪船招商局　313, 314
礼制革命　18, 31, 32, 105
瀝青炭　200
櫟陽　47
聯号　281-283, 285, 320
労働収益性　290, 292
六卿家　46
ローマ帝国　98, 100, 127-129, 161

【わ行】

淮安　250, 306-308
淮河　18, 19, 38, 45, 77, 210, 212
淮南　94, 188, 189, 216
倭寇　254

原注

序

1. 中華帝国に関する歴史研究についてさらに詳しく論じたものとして、以下を参照のこと。von Glahn 2003a.
2. 宮崎 1950.
3. 斯波 1968.
4. Hartwell 1962, 1966, 1967.
5. Rowe 1985.
6. Chao 1986; Philip Huang 1985, 1990.
7. Gang Deng 1999.
8. 以下の文献では、こうした議論のあらましと研究成果の概略を読むことができる。Myers 1991.
9. Li Bozhong 1998, 2003.
10. 「カリフォルニア学派」という呼び方はジャック・ゴールドストーンが考案した（Goldstone 2002）。これに属する研究のうちとくに啓発的なものとして、Wong 1997 と Pomeranz 2000 がある。それ以外に特筆すべき論考としては、分析過程や結論は千差万別だが、以下のものがあげられる。Flynn and Giráldez 1995; von Glahn 1996a; Lee and Campbell 1997; Frank 1998; Li Bozhong 1998; Marks 1999; Goldstone 2002; Sugihara 2003. カリフォルニア学派はまた、16世紀以降のグローバル経済への統合が中国人を貧困に陥れ、中国を西洋の帝国主義と資本主義に屈服させるという負の反動を生んだという一般的な見方にも疑問符をつけた。この点については、とくに以下の文献を参照されたい。von Glahn 1996b, Frank 1998.
11. Pomeranz 2000.
12. 中国の農村経済をめぐる議論とカリフォルニア学派については、第９章で詳述する。
13. 岡本 2013. 同書には１～３ページ分の独立した59の論文が収められており、全体の半分近くを占める。そのなかで具体的な物事や制度などを取り上げ、的確に要約している。
14. とくに大きな影響を及ぼした著作として以下を参照。Mann 1986, Landes 1998, Macfarlane 2000, Acemoglu and Robinson 2012.
15. Wong 1997, 2012.
16. Brandt, Ma, and Rawski 2014: 79. これは同書の著者らが帝国の特徴として分析している数々の要素のひとつにすぎないが、それでも「情実経済」は今日の中華人民共和国に帝国が残した――おそらくは最大の――遺物であると著者らは考えている。同上 : 106.
17. この点に関してはとくに以下の著作から多くを学んだ。Reinert 1999; Epstein 2000; Reinert and Reinert 2005; O'Brien 2012. 新しい研究であるため、本文に反映させることはかなわなかったが、以下も参照されたい。Vries 2015.
18. Schmoller 1967: 51. 残念なのは、重商主義の考えや政策についてのわたしたちの理解が、エリ・ヘクシャー（Heckscher 1955）という重商主義に最も批判的だった人に大きく影響されていることだ。歴史に基づき、重商主義についてもっとバランスのとれた説明をしている論考として以下を参照されたい。Magnusson 1994〔引用部分は以下より。シュモラー『重商主義とその歴史的意義』正木一夫訳，未來社，1971: 56〕
19. Epstein 2000.

20. Findlay and O'Rourke 2007; Rosenthal and Wong 2011.
21. Reinert and Reinert 2005; O'Brien 2012.

第1章

1. Bagley 1999: 137.
2. 周代青銅器の銘文に関する解説については以下を参照。Shaughnessy 1991. 商代青銅器の場合、銘文の記されているものは100点ほどにすぎないが、周代の青銅器は大部分に銘文がある。中国の学界は西周の経済史を読み解くのに、東周青銅器に記された思想や儀礼、歴史にいまだ大きく依拠している（例えば周自強 2007）。わたしの見るところ、こうした後代の金文はすでに諸制度が確立してからのものなので、西周について確かなことを伝える証拠とはなりえない。このため本書の分析には東周青銅器の銘文を用いなかった。
3. 李峰は最近の著作で、西周を「権限代理型の親族邑制国家」と考えることを提案している（Li Feng 2008: 23, 294–98）。この定義は正確な説明ではあるが、比較分析にとっての有効性という点では限界がある。
4. Weber 1978: 2, 1006–69. 引用は1014ページより。
5. 中国政治論の分野で周代初期は封建制として認識されていたが、封建制は「feudalism」の現代中国語訳であることから、周代社会の性格について残念な誤解が生じている。封建は「境界をつくる」を意味する「封」と、「設立する」という意味の「建」というふたつの動詞からなる。近年の研究では、周代青銅器の銘文にある「封」は貴族に王室の土地を分けることを表し、「建」は商の版図だった場所に国を建てるという意味に使われたとの解釈が示されている。以下を参照。Li Feng 2008: 47–49.
6. Van De Mieroop 2004: 53–55.
7. Finley 1973: 17–21. クセノフォンの定義する「オイコス」は生産と消費、再生産の基本単位として一夫婦とその子供のみを中心に据えているが、これは複雑な現実の社会経済を単純化したものだと今では認識されている。Cox 1998: 130–67.
8. ここでは周の行政組織とその変化に関する記述を以下の文献に依った。Li Feng 2008.
9. *ZZ* 3A: 780（定公四年）. 少皐は太古の君主とされる伝説上の人物。商の王ではない〔引用部分は以下より。貝塚茂樹編／大島利一・内藤戊申・伊藤道治・永田英正訳『春秋左氏伝』筑摩書房，1970: 407〕
10. Li Feng 2008: 241–43.
11. 大盂鼎（馬承源 1988: #62）。備考：金文を特定するに際しては、馬承源（1988）中の番号を使用した。英訳にあたっては以下の文献を参考にした。Cook 1997: 274; Li Feng 2006: 127〔引用部分は英語からの翻訳。なお、佐藤信弥による書き下し文（佐藤信弥「会同型儀礼から冊命儀礼へ」『中国古代史論叢 4』立命館東洋史学会，2007: 16）は以下のとおり。「王曰はく「……汝に鬯一卣・冋衣・市・舃・車馬を賜ふ。乃の祖南公の旂を賜ふ。用て獸せよ。汝に邦司四伯・人鬲の馭自り庶人に至るまで六百又五十又九夫を賜ふ。夷司王臣十又三伯・人鬲千又五十夫を賜ふ。亟かに厥の土自り𨶹遷せよ」と」〕。
12. Li Feng 2008: 190–234.
13. 大克鼎（馬承源 1988: #297）; Shaughnessy 1999: 328.
14. 大簋（馬承源 1988: #393）; Li Feng 2006: 133.
15. 後世の歴史家は、厲王は富を独占し（「専利」）、側近の賢明な助言にも耳を貸さぬ暴君だったとし、失脚は王自身が招いた結果とみなした。以下を参照。Li Feng 2006: 131–34. また、厲王がつくらせた青銅器の銘文には「傲慢であると同時に神経質、自身の業績に慢心すると同時にみずからを権威づけるに汲々たる」王の性格があらわれているとショーネシーは述べている。Shaughnessy 1991: 170.

16. 「礼制革命」のようなものが起きたという説は現在広く受け入れられているが、その時期については見解の相違がある。ローソンは紀元前10世紀後半としているが（Rawson 1999）、ファルケンハウゼン——「礼制革命」ではなく「礼制改革」という言葉を使っている——は紀元前 9 世紀前半だったとする。
17. Von Falkenhausen 2006.
18. 伊藤1975: 214-15.
19. 鬲从盨（馬承源 1988: #424）; 以下に英訳がある。Li Feng 2008: 176. 以下も参照。伊藤 1975: 194-95.
20. 散氏盤（馬承源 1988: #428）。
21. □の部分は数をあらわし、おそらく十と思われる。伊藤（1987: 98）はこの部分を「十と七姓」と訳している。
22. 宜侯夨簋（馬承源 1988: #57）。英訳は李峰による訳（Li Feng 2008: 238-39）に部分的な変更を加えたもの。李零（Li Ling 1998: 89）に比べ李峰の訳のほうがよいように思われる。〔日本語訳は山岡による。佐藤信弥『周：理想化された古代王朝』（中央公論新社，2016）を部分的に参考にしつつ、英語から翻訳〕
23. 伊藤 1987: 101.
24. 免簠（馬承源 1988: #252）。Li Feng 2008: 168; 伊藤 1987: 130-31.
25. Li Feng 2008: 180-88.
26. 同上 : 166-69.
27. 兮甲盤（馬承源 1988: #437）。馬承源はこの銘文に関する注釈のなかで、異民族や周の諸侯が献納した物に周が物品税を課していたと解釈しているが、このころに市場が存在したことを示す証拠がほかにみつからないことを考えると、こうした推論は根拠薄弱と言わざるをえない。
28. 師寰簋（馬承源 1988: #439）。以下に英訳がある。Li Feng 2008: 266. 西周中期の金文（乖伯簋; 馬承源 1988: #206）にも、渭河平原の西端にあった眉敖が周の討伐を受け、貢納を行ったことが記されている。以下を参照。松井 2002: 47; Li Feng 2006: 184.
29. 頌鼎（馬承源 1988: #434）。以下に英訳がある。Li Feng 2008: 105-6.
30. 松井 2002: 94-121; Li Feng 2008: 67-70, 90-93. 朱鳳瀚（2004: 333）は、王族のなかの有力者が宰の地位に就くことが多かったと述べている。
31. 宰獣簋（以下に引用がある。羅西章 1998）および伊簋（馬承源1988: #222）。Li Feng 2008: 153-54; 松井 2002: 96-97.
32. ファルケンハウゼンによると、貴族が多くの分家に分裂していったことは、紀元前900年以降の金文からわかるという（von Falkenhausen 2006: 69-70）。
33. 師毀簋（馬承源1988: #384）; 逆鐘（馬承源1988: #274）. 以下に引用がある。朱鳳瀚 2004: 313, 319.
34. 朱鳳瀚 2004: 328.
35. 伊藤 1987: 219; 朱鳳瀚 2004: 326-27; Li Feng 2008: 169.
36. 血縁集団としての井氏の構成については以下を参照。松井 2002: 215-27.
37. 井氏の土地が没収され、他の者に下賜されたことは、大克鼎（馬承源 1988: #297）に記録されている。以下を参照。Shaughnessy 1999: 328.
38. 例えば卯簋（馬承源 1988: #244）の銘文によると、ある貴族の家を管理していた卯という人物が、 4 カ所の邑にある田を与えられている。
39. 倗生簋（馬承源 1988: #210）。
40. 五年琱生簋（馬承源 1988: #289）の銘文は解読が難しいことで知られ、財産をめぐるふたりの貴族間の争いを記録したものだと長らく思われていた（例えば、松丸・竹内 1993: 29-33 を参照）。ところが比較的最近に出土した五年琱生尊によって、銘文に記録されている

のは相続財産の兄弟間での分割であることがはっきりした。以下を参照。徐義華 2007.

41. 五祀衛鼎（馬承源 1988: #198）。以下に翻訳がある。Shaughnessy 1999: 327; Cook 1997: 271; 伊藤 1987: 188–89; 松丸・竹内 1993: 10–13. 実際はどのような約束になっていたのかは明確でない。わたし自身は、松丸と竹内の解釈が最も実態に近いのではないかと考えている。それによると、王から命じられた工事を厲が請け負い、裘は工事に力を貸す代わりに厲から土地の譲渡を受けることになっていたようだ。ショーネシーは厲が裘に土地を「売った」と訳しているが、原文には「譲渡（舎）」されたという表現が繰り返し出てくる（このような土地の移転に関しては以下を参照。李零 1998: 99）。裁判ではおもに、厲が裘に譲渡すると言っていた田の数が争われた。
42. Chang 1977.
43. 当時の農業技術と農具については以下に概略が示されている。Hsu and Linduff 1988: 351–55; 周自強 2007: 576–602. 中国の農業に関する最も網羅的な研究にブレイの著作があるが（Bray 1984）、同書の記述は時間軸に沿ってはいない。
44. 「噫嘻」（Ode 277）in *ShJ*, 1: 770〔引用部分は以下より。石川忠久『詩経 下』明治書院, 2000: 331–32. ただし、石川による注釈を一部削除した〕
45. 「考工記、匠人」（*ZL*, 2A: 395）。面積の単位、畝と耕作法との関係については以下を参照。李学勤 1982: 70.
46. 「大田」（Ode 212), in *ShJ*, 1: 680–81〔引用部分は以下より。石川忠久『詩経 中』明治書院, 1998: 424. ただし、石川による注釈を一部削除した〕
47. この点については、わたしは周自強（1987）と同意見だが、この論文は西周を奴隷制社会ととらえているため、総論については同意できない。
48. 「七月」（Ode 154), in *ShJ*, 1: 604–07〔引用部分は以下より。高田眞治『詩経 上』集英社, 1996: 529–42. ただし2、4、12、21、23行目、最後から5、6行目は本書著者による英訳に合わせるため、部分的に変えた。主として月の名の変更である〕
49. 朱鳳瀚 2004: 322–26.
50. 同上 : 421–23.
51. 曶鼎（馬承源 1988: #242); 不嬰簋（馬承源 1988: #441). 以下に引用がある。李零 1998: 93.
52. イェーツは臣妾が奴隷か否かについて判断できるほどの情報がそろっていないと述べ、慎重な態度をとっている（Yates 2002)。李峰は臣妾の訳語に「servant」や「retainer」を用いている（Li Feng 2008)。
53. 曶鼎（馬承源 1988: #242)。銘文の解釈については伊藤道治の著作（伊藤 1987: 193–202）に準拠している。これとは別の解釈をし、異なる結論を出しているものに以下の文献がある。松丸 1984。馬承源（馬承源 1988: 169–72）は伊藤に近い解釈をしている。曶鼎の作器された時期については以下を参照。Shaughnessy 1991: 284.
54. 伊藤によると、銘文のなかで「贖」という字が「購入する」の意味で使われているのは、青銅器のなかではこの曶鼎だけだという（伊藤 1987: 206)。
55. 伊藤 1987: 207–20.
56. Sun Zhouyong 2008: 20–22, 106.
57. 同上 : 95–100.
58. Hsu and Linduff 1988: 311–18.
59. 馬承源は亢鼎（西周初期の青銅器で、1998年に上海博物館に収蔵された）の銘文に、宝貝と青銅器、酒、雄牛を支払って玉器を購入した（「買」）との記録があると論じている（馬承源 2000)。だがこの解釈には同意しかねる。馬承源自身も認めているように、「買」の文字が購入するという意味で使われている金文はみつかっていない。柿沼陽平は、これは贈り物の交換を記録したもので、宝貝は交換手段でなく価値尺度の機能を果たすと述べており、こちらの解釈のほうが説得力がある（柿沼 2011: 108–9)。この点については以下も参

照。Li Yung-ti 2006: 9–11.

60. Cook 1997: 262–65; Li Yung-ti 2006; 柿沼 2011: 73–104.
61. Mencius, IIIA.3（『孟子』滕文公章句上）
62. 「夏官司馬、司勲」(*ZL*, 2: 257)
63. 衛盉（馬承源 1988: #193)。この銘文について論じているものに、以下の文献がある。趙光賢 1979; 伊藤 1987: 190–91; Hsu and Lindruff 1988: 275–78; Cook 1997: 271–73; Li Yung-ti 2006: 6–9〔書き下し文については、伊藤 1987: 190–91 を参照されたい〕
64. 商代や周代の青銅器銘文では貝を「朋」という単位で数えているが、1朋あたりの貝の枚数は確定できていない。
65. 重要な民事裁判で裁定を下す「五人委員会」が通常どのように指名されたのかについては、以下を参照。Li Feng 2008: 84–85.
66. 九年衛鼎（馬承源 1988: #203)。この銘文について論じたものに、以下の文献がある。曹瑋 2002: 237–41; 伊藤 1987: 163–64; 李零 1998: 97.
67. 伊藤 1987: 164.
68. 趙光賢 1979.
69. 曶鼎（馬承源 1988; #242)。
70. 李零 1998: 99. クックも、西周ではどの土地も王に「所属し」、その性格上、「譲渡不能」だったと強調している。Cook 1997: 282.
71. Cook 1997: 278.
72. ここで言う「領邦国家」は、シュンペーターが「租税国家」と区別して使っている「領邦国家」の概念に基づいている。以下を参照。Schumpeter 1991; Musgrave 1992; Bonney 1999.

第2章

1. Lewis 2000a: 364.
2. Li Feng 2008: 25.
3. 許宏 2000: 61, 81–2.
4. 同上 : 166, 付表4.
5. 同上 : 128.
6. *ZZ*, 3A: 3（隱公元年).
7. 杜正勝 1990: 41; 楊寬 1998: 165; Lewis 1999: 598.
8. 杜正勝 1990: 112.
9. 朱鳳瀚 2004: 491–92.
10. 司馬法。現在はほとんどが失われているが、杜預が著した『左伝』の注釈書のなかで引用されている。以下を参照。杜正勝 1990: 100.
11. 杜正勝 1990: 100–1. 紀元前300年ごろに書かれたとされる『周書』のなかの一篇には、農作業を効率的に進めるには、地方の城塞都市（「都」）と村（「鄙」）の規模を100世帯以下に抑えるべきだと書かれている。以下を参照。*YZS*, 1: 531（作雒).
12. 朱鳳瀚 2004: 493–99.
13. von Falkenhausen 2006: 144.
14. Lewis 1990: 17–36.
15. von Falkenhausen 2006: 294–97.
16. マーク・エドワード・ルイスは増淵龍夫の説を支持し、都市の庶民を国人に含めたほうがよいと述べている（Lewis 2000a: 369, 2006: 144–45)。中国の研究者（例えば、斯維至 1978、楊英 1996）はこの言葉をもっと広く定義し、農民や商人、工匠も入れている。これに対して吉本道雅は、軍役こそが国人かどうかを決める要素であり、商人や工匠が国人として扱

われた事例がひとつだけあるものの、それは軍役に就くことが義務付けられていたからだと、説得力ある論を展開している（吉本 1986）。

17. Lewis 2000a: 361.『周礼』によると、国人は兵士として戦ったが、野人は土木や建築、武器の輸送、兵馬への給餌などの兵站業務を担った。以下を参照。杜正勝 1990: 39.
18. 後段に記した鄭の子産の話は山岡利一による綿密な研究（山岡 1978）に基づいている。以下も参照。Lewis 2000a: 369–70.
19. 鄭はまた、高位の貴族が儀礼や埋葬の方法によって下位の貴族との違いを示す傾向がかなり早い段階であらわれた国でもある。以下を参照。von Falkenhausen 2006: 361–62.
20. *ZZ*, 3A: 564（襄公三十年）〔引用部分は以下より。竹内照夫訳『春秋左氏伝』平凡社，1968: 314〕
21. Zhao 3rd Year; in *ZZ*, 3A: 598.
22. Lewis 1999: 598.
23. Lewis 2000a: 370.
24. *HFZ*, 2: 1104（顯学）. このなかで韓非子は子産を、民に多大な益をもたらしたにもかかわらず、嘲りを受けた歴史上の人物（あるいは伝説上の人物）になぞらえ、庶民は無知だと述べている。
25. *XZ*: 168（王制篇第九）〔引用部分は以下より。金谷治訳注『荀子 下』岩波書店，1961: 152〕
26. この段落の記述は以下をもとにしている。杜正勝 1990: 22–25, 175–78; 堀 1996: 47–55; 楊寛 1998: 151–67.
27. 杜正勝 1990: 177–78.
28. *ZZ*, 3A: 753（昭公二十八年）.
29. 杜正勝 1990: 119–23. 晋はまた、春秋時代の国のなかで最初に「郡」を設けた国であると思われる。郡は軍事戦略面で重要な地域で、面積は県よりも広いが、経済的な価値は低い。これはおそらく、郡のほうが人口が少なく、土壌もよくなかったためだろう。同上 : 123–24.
30. 李悝が推し進めた経済政策については以下を参照。楊寛 1998: 188–92; 胡寄窓 1962: 1, 265–78.
31. 紀元前252年に魏で制定された法のなかのふたつの規定が、睡虎地で出土した『為吏之道』という秦代の竹簡に記録されている。李悝の『法経』から引いたと言われる10の規定が明代後期の歴史書に記載されているが、同書の典拠には疑問が呈されてきた。以下を参照。池田 2008a: 112–31.
32. 李悝の政治観についての記述は、以下の文献に引用されているさまざまな情報を縫い合わせたものである。池田 2008a.
33. Lewis 1999: 612–16; 楊寛 1998: 201–11; 堀 1996: 33–38.
34. 秦で商鞅が制定した法が李悝の『法経』をもとにしているという説はずっと後代の文献にしか出ておらず、一部の研究者により否定されている（例えば、曹旅寧 2002: 57–63）。この説を支持する立場で議論を深めた論考として以下を参照。池田 2008a.
35. Chapter 19, *SJS*: 119（境内篇）; 以下も参照。楊寛 1998: 180.
36. 『商君書』の言葉を引くと、「農業をもとにしてその国を富まそうとすれば境域内の食糧は必ず高価となり、農業に努めない者の徴発は必ず多くなり、マーケットの租税も必ず重くなる」。Chapter 22, *SJS*: 129（外内篇）〔引用部分は以下より。好並隆司『商君書研究』渓水社，1992: 326〕
37. 例えば、里耶から出土した竹簡には分家していない世帯についての記述がある。また張家山で発掘された竹簡からは、漢代初期になっても、長男はほかの兄弟に比べて序列上の地位が高かった（そして占有する土地も多かった）ことがわかる。マキシム・コロリコフとアンソニー・バルビエリ＝ローより個人的に教示を受けた。
38. 黄盛璋 1982; 李学勤 1982; 山田 1993: 34–6; 堀 1996: 33–7. 秦の土地区分は趙で広く行われて

いた方法をもとにしたものと思われる。趙の1畝は魏などの国よりも大きかった。つまり農民に国家から与えられる土地が広いということを意味するが、魏や韓などの大国は、周縁に位置する趙や秦のような国に比べて土地の生産性が高かったはずで、そのことを忘れてはならない。『呂氏春秋』によると、魏では鄴の周辺の土地は生産性があまり高くなかったため、農民には200畝分を給付していたという。以下を参照。朱紅林 2008: 223.

39. マキシム・コロリコフより個人的に教示を受けた。
40. 庶人という階級の変遷については以下を参照。斯維至 1978; 楊英 1996. だが、わたしは多くの点で斯と楊の分析には賛成できない。とくに春秋時代の国人には庶人も含まれていたという説には同意しかねる（注16を参照）。
41. Analects 16.2（孔子『論語』季氏第十六）
42. Mencius 5B.2, 5B.7（『孟子』萬章章句下）
43. 以下の文献にある『春秋左氏伝』からの引用を参照。斯維至 1978: 105; 吉本 1986: 635.
44. 斯維至 1978: 108.
45. 黄盛璋 2001; Yates 2002; 李力 2007. 労役刑徒は普通、3年から6年の重労働を科せられたが、結果として事実上の終身刑になった。また、一般的には、奴婢にされるのは戦争捕虜か特定の罪を犯した犯罪者だけだったが、功のあった官吏や兵士に奴婢が与えられることもあり、奴婢を扱う市場も少なくとも紀元前3世紀までは存在した。
46. Yates 2002: 312.
47. 江村 2005: 110.
48. Hsu 1980: 99–100. 本田 2000a: 6.
49. *HS* 24A: 1124–25. 以下に英訳がある。Hsu 1980: 235–36; Swann 1950: 140–43〔賦斂とは農民の税役負担のこと。引用部分は以下より。永田英正・梅原郁訳注『漢書 食貨・地理・溝洫志』平凡社，1988: 46〕
50. 金谷治は、この部分は戦国末に書かれたと考えており（金谷 1987: 147）、胡寄窓は前漢に書かれたのではないかと述べている（胡寄窓 1962, 1: 277）。
51. 秦と楚の埋葬に関する史料については以下を参照。von Falkenhausen 2006: 370–99. もっとも、ファルケンハウゼン自身は、研究の現段階で社会経済的動向について推論を立てることには慎重である。
52. 江村 2005: 104–07.
53. Li Min 2003: 109–11.
54. 秦以前の貨幣の概要については以下を参照。山田 2000: 29–51. 各地域の特徴を詳しく分析したものとしては、以下の文献がある。江村 2011.
55. 呉良宝 2005: 59–60.
56. 江村2005: 125–31; 矢沢 2008.
57. *SJ* 129.3257–59（第六十九 貨殖列伝）. 白圭の減税に関する考えについては以下を参照。Mencius 6B.10（『孟子』告子章句下）. また、以下も参照。胡寄窓 1962: 1: 174–92, 278–84.
58. 政治に関わるようになってからの呂不韋の経歴については諸説ある。以下を参照。Knoblock and Riegel 2000.
59. *GZ*, 1: 1422–23（第八十篇 軽重甲）. 英訳については以下を参照。Rickett 1998: 456–57.
60. *SJ* 129.3259（第六十九 貨殖列伝）.〔引用部分は以下より。青木五郎『史記 十四』明治書院，2014: 23〕
61. *GZ*, 3: 1448（第八十一篇 軽重乙）. 原文には国家が徴収する税率として13分の3と記載されているが、馬非百の解釈に従い、より合理的な10分の3に修正した（馬非百1979, 2: 577）。秦が鉱業に課していた税については以下を参照。何清谷 2003a.
62. 以下の文献は、鄂君啓節の銘文を英語に訳し、考察を加えている。von Falkenhausen 2005.
63. 山田 1993: 446–49.

64. 許宏 2000: 98–100.
65. Chen Shen 2003.
66. 江村 2005: 132–34.
67. *ZGZH*: 165（第二六章 見田偞於梁南章）; 以下も参照。江村 2005: 78–87; 佐原 2002a: 310〔引用部分は以下より。馬王堆出土文献訳注叢書編集委員会編／大西克也・大櫛敦弘著『戦国縦横家書』東方書店, 2015: 232〕
68. 江村 2005: 60. 臨淄に7万戸があったという記述は以下にある。*SJ* 69.2257（第九 蘇秦列伝）. 同時代人の目に、臨淄は巨大商業都市と映ったに違いない。斉人のひとりは漢の武帝（在位　紀元前141年〜紀元前187年）に対し、臨淄には10万戸があり、人口が多くて富んでいる点では漢の都、長安にまさると述べている。以下を参照。*SJ* 52.2008（斉悼恵王世家 第二十二）.
69. *SJ* 129.3257（第六十九 貨殖列伝）.〔引用部分は以下より。青木五郎『史記 十四』明治書院, 2014: 16〕
70. 江村 2005: 93–94; 宇都宮 1955: 110.
71. *LSCQ*, 1: 516（孟冬紀）; 英訳には以下の文献もある。Knoblock and Riegel 2000: 225.『礼記』にも同様の記述がある。以下を参照。*LJ*, 2A:273–74（第六 月令）〔引用部分は以下より。楠山春樹『呂氏春秋 上』明治書院, 1996: 248〕
72. 黄盛璋 1974b.
73. 楊寛 1998: 107.
74. 燕と秦にあった陶器、青銅器、骨器、装飾石、鉄器の私設工房についてはそれぞれ以下を参照。Chen Shen 2003; 何清谷2003a.
75. 黄盛璋 1974b: 40.
76. 江村治樹と佐原康夫は、三晋の都市は根本において官僚の運営する軍事都市だったと述べ、こうした見方に異論をはさんでおり（江村 2005: 116–37、佐原 2002a: 152）、江村の説には説得力があるように思う。どの都市でも防衛産業が大きな位置を占めていたが、三晋は政治構造や経済活動の点で、中央集権的な官僚制国家とは大きく異なる都市連合としてとらえるのが最も理にかなっている。例えば、秦では行政単位である県の上部に郡という別の単位を設け（総計36に及ぶ）、全国に軍事的管理体制を敷いた。一方、三晋は国境に緩衝地帯として数カ所（3〜6カ所ほど）の郡をおくのみだった。
77. 堀 1996: 211–14; 佐原 2002a: 307.
78. 銀雀山漢墓竹簡整理小組 1985: 31.
79. 楊寛 1998: 128. この市場がいつ設けられたのかは不明である。雍に秦の都がおかれていたのは紀元前677年から紀元前383年までで、その後も重要な都市とみなされていた。秦が市場に規制を導入したのは紀元前378年と言われる。
80. 銀雀山漢墓竹簡整理小組 1985: 32. 以下も参照。江村 2005: 160.
81. 江村 2005: 117.
82. 周暁陸・路東之 2005.
83. これとは別の封泥群もあり、利益の大きい製塩業の規制を担当する役人が使っていたものであることが確認されている。以下を参照。趙平安 2004.
84. Chapter 3, *SJS*: 22（農戦篇）〔引用部分は以下より。好並 1992: 295〕
85. *GZ*, 3（第七十三篇 国蓄）: 1259. 以下も参照。Rickett 1998: 377〔引用部分は以下より。遠藤哲夫『管子 下』明治書院, 1992: 1145, 1146〕
86. Mencius IIIA.3（『孟子』滕文公章句上）〔引用部分は以下より。内野熊一郎『孟子』明治書院, 1962: 166, 174〕
87. *ZZ*, 3A: 683–84（昭公十六年）.
88. *ZZ*, 3A: 706（昭公二十年）.

89. Mencius IIB.10（『孟子』公孫丑章句下）.
90. *HFZ*, 2: 1075-76（第四十九 五蠹）〔引用部分は以下より。竹内照夫『韓非子 下』明治書院，1964: 857〕
91. *LSCQ*, 1: 422（巻八 仲秋紀）. 英訳には以下の文献もある。Knoblock and Riegel 2000: 192〔引用部分は、以下を参考にしつつ英語から翻訳。楠山春樹『呂氏春秋 上』明治書院，1996: 197〕
92. Chapter 2, *SJS*: 17（墾令篇）.
93. 「軽重篇」の経済思想と、成立年代の古い箇所に見られる多様な経済思想とを区別したのは、以下の文献によるところが大きい。金谷 1987: 119-75. この著作から、わたしは『管子』の経済思想について最も深い洞察を得た。以下も参照。胡寄窓 1962, 1: 288-377; Rickett 1985, 1998. 中国の学界では、今も『管子』の経済観をひとつにまとまったものとしてとらえている。例えば、以下を参照されたい。周俊敏 2003.
94. 野與市争民、家與府争貨、金與粟争貴、郷與朝争治。*GZ*, 1（第三 権修）: 52. 英訳には以下の文献もある。Rickett 1985: 94-5〔引用部分は以下より。遠藤哲夫『管子 上』明治書院，1989: 46〕
95. *GZ*, 1: 402（第二十 小匡）. 以下の英訳も参照。Rickett 1985: 327.『国語』にも、少し異なる部分はあるものの、同じ言葉が掲載されている。以下を参照。*GY*: 200-21（第六 斉語）〔引用部分は以下より。遠藤哲夫『管子 上』明治書院，1989: 406-07〕
96. *GZ*, 1（第五 乗馬）: 88-89. 以下の英訳も参照。Rickett 1985: 118〔引用部分は以下より。遠藤哲夫『管子 上』明治書院，1989: 80, 84〕
97. *GZ*, 2: 652, 730（第三十五 侈靡）. 以下の英訳も参照。Rickett 1998: 311, 330〔引用部分は以下より。遠藤哲夫『管子 中』明治書院，1991: 632, 667〕
98. *XZ*: 175（第九 王制）. 孟子は、斉の桓公はかつて国内外で穀物を流通させることを認めたが、今の諸侯は許可していないと述べている（VIB. 7［告子章句下］）〔引用部分は以下より。藤井専英『荀子 上』明治書院，1966: 233-34〕
99. ここでいう財政国家はシュンペーターによる租税国家の概念に基づいているが（第 1 章の注72にあげた文献を参照）、シュンペーターはこの概念を近代の民主的な国民国家に用いているので、財政国家と租税国家は同じものではない。近年の研究（Bonney 1999; Yun-Casalilla 2012）は、おおまかに言えば「財政国家」を西洋の歴史的経験から生まれたものといまだにとらえているが、その原型となる考えが戦国時代の中国に存在したことを示す証拠はふんだんにある。以下を参照。Deng 2012. ヨーロッパの研究者が定義する「財政国家」では、国債を通じての借り入れ能力と、借り入れ力および課税力に対する制約が重視されている。帝政時代の中国には、前者は当てはまらないが、後者は西洋とは異質な制度を通じて達成されていた。
100. 孔子は弟子の冉求が、悪辣な大臣が「租税をきびしく取り立て」（聚斂）、「周公よりも富」むのを助けたことを非難している。以下を参照。Analects 11.17（孔子『論語』先進第十一）。「聚斂之臣」という言葉は漢代にまとめられた『大学』に記載されている。以下を参照。*LJ*, 2A: 778（大学 第四十二）. 税収を増やすために国家が産業に介入することを近世フランスでは「fiscalisme」と言っていた。ロバート・ハートウェルはここから「fiscalist」という表現を借用したが、わたしもそれにならい、「聚斂」を「fiscalist」と訳している。以下を参照。Heckscher 1955, 1: 178-84〔引用部分は以下より。赤塚忠『大学・中庸』明治書院，1967: 100; 吉田賢抗『論語』明治書院，1960: 244〕
101. *XZ*: 168（第九 王制）.

第3章

1. *XZ*: 317（議兵篇第十五）. 以下に英訳がある。Watson 1967: 61–62〔引用部分は以下より。藤井専英『荀子 上』明治書院，1966: 412〕
2. 黄老思想の政治や経済に関する理論については以下を参照。Peerenboom 1993.
3. 居延漢簡は墨と筆で文字の書かれた木片。当時は絹布や竹片に書くのが普通だったが、居延のある乾燥した西北地方では桑の木や竹が育たなかった。紀元1世紀に記録用として紙が広く使われるようになったことは、歴史家にはマイナスに働いた。紙は竹簡や木簡に比べて耐久性がなく、7世紀より前の史料で紙に書かれたものは皆無と言っていい。ローウェの著作（Loewe 1967）は居延漢簡に関する英語の文献として、今でも重要視されている。
4. 秦漢代の出土文字史料を解説したものとしては以下の文献がある。Giele 2010.
5. 英訳については以下を参照。Hulsewé 1985b.
6. 概略については以下を参照。Li Xueqin and Xing Wen 2001; Loewe 2010a. 全訳（英語）が近く公刊される予定（Barbieri-Low and Yates）。
7. 李学勤 1999; Schaberg 2010.
8. 「一律」と書いたが、例外はあった。後段でも見るように、秦では軍の階級に基づいた新しい身分制が設けられ、奴婢や刑徒などの隷属民もいた。
9. 秦の法では、世帯は住居をともにする人の集団で、ここには奴婢なども含まれた。だが同じ住居に住む集団が法的な世帯（戸）と一致したわけではない。以下を参照。堀 1996: 56–61, 75–76.
10. Yates 1987.
11. *GZ*, 1: 486–87（問 第二十四）. この篇の全訳（英訳）については以下を参照。Rickett 1985: 368–75〔引用部分のうち1、3段落目は英語からの翻訳。2段落目のみ以下を使用。遠藤哲夫『管子 中』明治書院，1991: 488–89〕
12. 『管子』には、織物生産などにおける女性の経済的価値を説いた箇所がたびたび出てくる。以下を参照。Chin 2014: 194–99.
13. 郷は地方行政の基本単位で、1000～5000世帯で構成するものとされていたが、実際はもっと小さく、300～2000世帯ほどが住んでいた（黄今言 2005: 151）。ひとつの郷のなかに10から数十の里があった（里には10～100世帯が住み、平均すると40～50世帯）。郷が任意に設けられた行政単位であるのに対し、里は村や住宅街などの、実際に人の住む集落だった。以下を参照。杜正勝 1990: 108–15; 何双全 1989: 179–80. 秦では以下のような役割が郷に与えられていた。国有地、国有林、国営の牧場や倉庫、工房の管理。徴税。労役の割り当て。警察行為。司法運営。農業や市場の監督。以下を参照。橋本 2007.
14. *ZL*, 2A: 102（郷師）.『周礼』によると、子供は歯が生え始める月齢（男児は生後8カ月、女児は7カ月）に達したときに戸籍に登録する。生後6カ月以内の乳児の死亡率が高いという前近代社会共通の現象が、ここには反映されている。
15. この時代に社会の軍事化が急速に進んだことを踏まえると、武器の登録は特段驚くようなことでもない。だが庶民の武器所有についての方針には、主要国のあいだにも違いがあった。楚の場合、紀元前5世紀以前の古墳には武器類がなく、戦国時代の古墳については、男性の墓の半数で被葬者の所有物とともに武器が埋葬されている。これに対して秦の古墳には武器がまったく埋葬されていない。おそらく秦では武器を国の武器庫に収め、軍役に就いた者にのみ使わせていたのだろう。以下を参照。von Falkenhausen 2006: 384, 413.
16. 杜正勝 1990: 7.
17. 同上 : 106.17–21. 居延漢簡によると、漢代の兵士の平均身長は168cm（同上 : 18）。
18. 陳絜 2009; 黎明釗 2009; 鷲尾 2009: 148–54. 里耶は湖南省西部（楚国の辺境）に位置している。里耶秦簡の戸籍が単純化されているのは、こうした地理的条件も関係しているのかも

しれない。

19. 秦代に書かれた『墨子』が、武器を手に籠城する女性に触れているのはよく知られるところだが、秦で実際に女性が徴兵されていたことを示す史料はない。後世の文献では、秦の厳格な体制を批判するなかで、男性に過酷な軍役が課されたことや、税物を女性が国都に運搬させられたことを大書している。以下を参照。張栄強 2005: 31-32.
20. 楊振紅 2009: 173-81.
21. 朱紹侯 1985: 16-24. 漢代の歴史家、司馬遷（*SJ* 78.2230）は商鞅の改革について、「軍功に基づいて土地や住居の広さを決め、家の等級によって所有可能な奴婢や衣服についての決定を下す」（各以差次名田宅、臣妾衣服以家次）ものだったと述べている。張家山漢簡には各爵位に与えられる土地と住居が記されており、これは秦帝国で実施されていた政策に基づいているものと考えられる。以下を参照。楊振紅 2003, 2009: 126-86.
22. Chapter 15, *SJS*: 87（来民篇）. 以下も参照。杜正勝 1990: 34; 曹旅寧 2002: 70.
23. これについて、旅商人を指すものと大半の研究者は解釈しているが（例えば以下の文献。杜正勝 1990: 182; 堀 1996: 55; 佐原 2002a: 312）、曹旅寧は、ここでは商人ではなく「流れ者」が標的にされていると論じる（曹旅寧 2002: 64-72）。
24. *GY*, 6.219（斉語）.『管子』の「小匡」にも、同じ趣旨の議論が収められている（*GZ*, 1: 480）. 英語の全訳については以下を参照されたい。Rickett 1985: 323-24〔引用部分は以下より。大野峻『国語 上』明治書院，1975: 316〕.「原・管子」はほかの箇所で、官吏は外国からの訪問者の氏名を確認し、「顔つき」を見て、仕事や職務を調べるようにと述べている。*GZ*, 1: 499（問 第二十四）.
25. とくに『荀子』の「王制篇」と「富国篇」で、この点が強調されている。以下を参照。Knoblock 1988: II: 85-138.
26. 山田 1979, 1988: 12-13; 重近 1990: 28-29; 曹旅寧 2002: 64-72; 佐原 2002a: 312-13; Barbieri-Low 2007: 126.
27. Barbieri-Low 2007: 126-27; 山田 1979.
28. 朱紅林 2008: 243-56.
29. 佐藤 1967: 2-7; 堀 1996: 62-63.
30. 朱紹侯 1985: 25-29. 高祖は戦乱によって流民となった人に定住を促すため、土地を給付した。ここでも、秦で世帯主に与えられていた軍階級が土台となっている。以下を参照。王彦輝 2006: 24.
31. この3つはそれぞれに異なる。公卒は低い身分ではあったが、平民である士伍の上に位置していた。庶人は自由身分になった奴婢や刑徒のことで、差別を受けていた。子供の代になってようやく平民とみなされた。アンソニー・バルビエリ＝ローより個人的に教示を受けた。
32. 楊振紅 2003. 張家山漢簡からは名田宅制がどのように運用されているかがわかる。これについては以下も参照。張金光 2007; 朱紅林 2008: 210-30; 池田 2008b: 487-511. 漢代の爵位制度については、以下の文献に概略が示されている。Loewe 2010b: 297-99.
33. 王彦輝 2006. 居延漢簡の一部（紀元前1世紀後半のもの）から、47世帯のうち67％が夫婦と子供からなる世帯で、9％が夫婦と子供、夫婦の親で構成されていたことがわかる。残りの24％では未婚のきょうだいが同居していたが、結婚した男きょうだいが同居している例はなかった。同上 : 28-29.
34. 張金光 2007.
35. 楊振紅 2003: 62-63.
36. *HS* 29A.1142.
37. *LSCQ*: 1029（巻十七 審分覧）; Knoblock and Riegel 2000: 405. 以下も参照。堀 1996: 31-32.
38. *YTL*, 1: 42（巻一 三　通有）.

39. *LSCQ*: 1077–78（巻十七 勿躬）; Knoblock and Riegel 2000: 420.
40. 佐原 2002a: 130–35.
41. 山田 1987, 1993.
42. 江村 2005: 210.
43. 卓氏、程氏、孔氏に関する司馬遷の記述を参照。（秦では蓄財がいやしむべきこととされていたにもかかわらず）司馬遷はこの3人が再起して富を築いたことを評価している。だがその一方で、経済に対する貢献は過小評価している。以下を参照。*SJ* 129.3278–79（貨殖列伝 第六十九）; Wagner 2008: 140–44.
44. 佐原 2002a: 153.
45. Hulsewé 1985a: 227–33; 曹旅寧 2002: 130–42; 佐原 2002a: 312–13.
46. Hulsewé 1985a: 226–27.
47. 『呂子春秋』の農業に関連する部分についての簡潔な解説として次を参照。Hsu 1980: 7–9. 以下の文献にある『呂子春秋』に関する記述も参照。Bray 1984.
48. 池田 2008b: 452–53, 460–68, 494–95, 497–98.
49. Hulsewé 1985a: 222–24.
50. Hulsewé 1981: 17.
51. 岡田 1990.
52. 『周礼』では、国家が借金の返済を強制する責任を負うべきだとされている。秦でも、そうした政策がとられていたかもしれない。以下を参照。朱紅林 2008: 151–54.
53. 秦の貨幣政策については以下を参照。稲葉 1978, 2007; 山田 2000: 43–75; 何清谷 2003b; 石俊志 2009; 柿沼 2011: 170–90; 江村 2011: 374–98.
54. この記述は、始皇帝陵墓から出土した陶製兵馬俑の着ていた服の大きさに基づいている。以下を参照。曹旅寧 2002: 132.
55. 睡虎地秦簡に記録されている罰金は、11の倍数が多く（例えば22銭、660銭など）、明らかに硬貨と織物の公定交換レートをもとにしている（1布＝11銭とされていた）。これは織物が価値表示尺度として使われていたことを示しているが、だからといって織物が実際に交換手段として使われていた証拠にはならない。研究者の多くは（例えば、山田 2000: 70–75; 曹旅寧 2002: 131–34; 朱紅林 2008: 180）、秦漢帝国では織物を交換手段として使っていなかったと見ている。かたや柿沼陽平は、織物が貨幣の機能を果たしたと述べているが（柿沼 2011: 283–302）、あまり説得力がないとわたしは思う。
56. 稲葉 2007: 247–55.
57. 黄金が秦帝国で勘定貨幣として使われ始めたことを示す史料が、楚の旧版図から出土している。ここから、この地域で黄金が重要性をもっていたことがうかがわれる。以下を参照。Yates 2013: 305–11.
58. 江村 2011: 73.
59. Hulsewé 1985b: 52–53.
60. 始皇帝の時代、半両銭はおよそ8グラムだったが、紀元前210年に二世皇帝が改鋳を行い、3～4グラムのものや、時にはわずか2グラムのものまで流通するようになった。以下を参照。何清谷 2003b: 318–24. 漢は早々に、半両銭の重さを5.2グラムに定めた。以下を参照。山田 2000: 87–88.
61. 漢の統治機構やその運営については、以下に概略が示されている。Loewe 2006.
62. 漢における侯国の制度に関しては以下を参照。Loewe 2006: 49–51. 次の文献には、一部の侯国内の世帯数が示されている。葛剣雄 2002: 329–30, 表7－1.
63. 肥後 1990; 葛剣雄 1999. ただし、この数字の扱いには注意を要する。文献にあらわれる最も古い全国規模の人口集計は紀元2年に漢で行われたもので、ここにあげた数字はそれをもとに導き出されているからだ。

64. 漢代初期の土地税に関しては以下を参照。山田 1993: 60–70.
65. 杜正勝 1990: 32; Lewis 2000b: 34–36; 渡邊 2010: 108–11.
66. *HS* 5.141（景帝紀第五）. 女性はこのころから労役を免除されるようになったと張栄強（2005: 34）は述べているが、説得力が弱いとわたしは思う〔引用部分は以下より。小竹武夫訳『漢書 1 帝紀』筑摩書房，1997: 146〕
67. 女性に対する免除措置や懲罰に関しては以下を参照。山田 1993: 178–83.
68. 史料に見られる男性の更卒と女性の労役との質的違いに関しては、以下に依拠しているが、この文献の解釈がいちばん的を射ていると思う。鷲尾 2009: 58–65; 164–65.
69. 南郡に関する記録は、松柏区――かつて楚の国都、郢があった地域の一角――から出土したもので、現在公刊されているのはそのごく一部にすぎない。暫定的な解釈を加えたものとして以下を参照。楊振紅 2010.
70. 算賦に関するきわめて網羅的な研究として以下を参照。山田 1993: 137–262。概説的な説明としては以下のものがある。馬大英 1983: 59–66.
71. 山田 1993: 49–54, 140–42, 190–91.
72. 東陽県では合計2055人（全人口の５％）が算賦を免除されていたが、これは高齢者や爵位の高い人、あるいはなんらかの理由で帝室が免除を認めている人だろう。史料の年代については、以下の文献に基づき、紀元前119年ごろとした。山田 2007: 2.
73. 漢代初期の財政機構とその機能に関しては以下を参照。山田 1987; Loewe 2006: 29–32.
74. Barbieri-Low 2007: 107–14, 212–56.
75. 山田 2000: 73–88.
76. 同上 : 89–93.
77. 紀元前143年に治粟内史の名称は大農令に変わり、紀元前104年には大司農になった。
78. 江陵鳳凰山漢簡はその内容が公表されたときから、両極端の解釈がなされてきた。そのことは、中国で最初期に書かれた以下の文献にもあらわれている。黄盛璋 1974a, 1977; 裘錫圭 1974; 弘一 1974. 裘錫圭と佐原康夫（佐原 2002b）は張偃が里正として果たした役割に的を絞っているが、黄盛璋や弘一、山田勝芳（山田 1981）、鈴木直美（鈴木 1990）はいずれも張偃が個人として行った商業活動に注目する。
79. 杜正勝 1990: 102–10. 里は都市群を指すという杜正勝の説は明らかに間違いだが、都市か農村かを問わず、里は農業集落を意味するという堀敏一の説（堀 1994: 271–74）も採用できない。
80. 杜正勝 1990: 104; 朱紅林 2008: 228–29.
81. 睡虎地秦簡には里典として記載されている。始皇帝の諱が「正」だったため、この字を使うことはタブーだった。秦および漢代初期における里の構造と機能については以下を参照。飯尾 2007.
82. 佐原 2002b: 429.
83. 鈴木 1990: 52; 山田 1981: 185. 紀元前186年に定められた爵位の売買についての規則によると、この爵位は、辺境の部隊に4000石の穀物を納めた者に与えられた。これは金額にして６万～12万銭に相当する（輸送費は含まない）。以下を参照。丁邦友 2009: 94.
84. 山田 1981: 183–86; 鈴木 1990: 51–55. また竹簡のうち10点には、各人が毎日用意すべき商品が記されている。価格は50～800銭だった（平均は236銭）。
85. 注78にあげた論文以外にも、詳細な研究が行われている。それについては以下を参照。渡邊 1986: 21–23.
86. 167号墓の被葬者は女性。農業労働者に比べて家内労働者が多いのは、あるいはこのためかもしれない。
87. 嬰遂の墓には貨幣の重さを計測するための天秤ばかりが副葬されており、このことは嬰遂が貨幣の鋳造に携わっていたことを示すものと黄盛璋は述べている（黄盛璋 1977: 45）。戦

国時代、江陵（旧称は郢。楚の国都）には、楚の主要な造幣所があった。

88. 鈴木 1990: 57-62.
89. 晁錯が文帝に出した奏上文は、漢王朝の公式史ではとくに重要なものとされている。以下を参照。*HS* 29A.1130-34.
90. 朱紹侯 1985: 63-72.
91. *SJ* 30.1420（平準書第八）〔引用部分は以下より。吉田賢抗『史記 四（八書）』明治書院, 1995: 274〕
92. 山田 1993: 220-38.
93. 鉄と塩、酒の専売、およびそこからの収入に関しては以下を参照。馬大英 1983: 114-34; 山田 1993: 485-521. 鉄の専売については以下も参照。Wagner 2001b, 2008: 171-248.
94. 山田 2000: 99-105. 皮幣など武帝が発行した不換貨幣に関しては以下を参照。同上: 126-30. 現存する各種の五銖銭については次を参照。昭明・馬利清 2007: 119-20.
95. 平準法は主として税収を各地に再分配するための手段なのか（渡邊 1989）、それとも新たな収入源をつくるため国家が直接に介入したものなのか（山田 1993: 522-31）で、研究者の意見は分かれている。わたしは両方の目的があったと考える。平準法と塩鉄専売制の関係については以下を参照。柿沼 2011: 309-50.
96. *SJ* 30.1441（平準書第八）〔引用部分は以下より。吉田 1995: 308〕
97. 以下の文献には重商主義理論のあらましがまとめられている。Vaggi and Groenewegen 2003: 15-22. 近世ヨーロッパにおける重商主義政策を詳しく分析したものとして以下を参照。Schumpeter 1954: 335-76; Heckscher 1955. 近世ヨーロッパの経済発展に重商主義が及ぼした影響のプラス面に力点をおき、修正主義的な解釈を加えたものとしては以下を参照。O'Brien 2012.
98. *SJ* 30.1442-43（平準書第八）〔引用部分は以下より。吉田 1995: 308, 311〕
99. 飯田 2004; 渡邊 2010: 165-99.
100. Scheidel 2009: 204.
101. ローマに関しては以下を参照。同上 : 177-78.
102. ローマ帝国で金貨を保有していたのは豊かなエリートだけと言ってもよい。銀貨は交易や兵士への支払いなどに使われ、地理的にも社会的にも広範に使われていた。だが銅貨は生産も流通も特定の地域に偏っていた。以下を参照。Katsari 2011: 167-78, 207-8; von Reden 2010: 86-91.
103. 『管子』の「軽重篇」に見られる経済思想については以下を参照。von Glahn 1996a: 28-33; 金谷 1987: 152-75; 胡寄窓 1962: 238-377; 馬非百 1979. タマラ・チンの新著（Chin 2014）は「軽重篇」の思想とレトリックを理解するうえでの必読書だ。
104. 『管子』の、とくに財政・金融政策に対する数学的計算の重要性について書かれた箇所に関しては以下を参照。Chin 2014: 40-48.
105. *GZ*, 3: 1394（第七十九篇 国准）. 英訳については以下を参照。Rickett 1998: 444-45.
106. *GZ*, 3: 1262（第七十三篇 国蓄）. 英訳については以下を参照。Rickett 1998: 378〔前の2段落を含め、引用部分は以下より。遠藤哲夫『管子 下』明治書院, 1992: 1146, 1149-50〕
107. *GZ*, 3: 1322-51（第七十六篇　山至数）. 英訳については以下を参照。Rickett 1998: 406-20.
108. 君主の経済運営力を強調している箇所は以下。*GZ*, 3: 1453（第八十一篇　軽重乙）. 英訳に関しては以下を参照。Rickett 1998: 472. 『塩鉄論』のなかで桑弘羊は、家計を切り盛りする力（「能理」）があり、家族の物質的な生活を安定させることができる者にしか、帝国の統治を任せられないと述べている。*YTL*, 1: 220（巻四 一七 貧富）.
109. 塩と鉄をめぐる論争については以下を参照。Loewe 1974: 91-112; Kroll 1978-79. 以下は『塩鉄論』の英訳で、役には立つものの、とても満足のいく水準ではない。Gale 1931. 『塩鉄論』の両陣営の思想やレトリックに明快な分析を加えたものとして、以下を参照。Chin 2014.

110. *YTL*, 1: 28（巻一 二 力耕）〔引用部分は以下より。佐藤武敏訳注『塩鉄論』平凡社，1989: 11〕
111. *YTL*, 1: 27, 1: 179, and 1: 68（巻一 二 力耕；巻三 一四 軽重；巻一 五 禁耕）.
112. *YTL*, 1: 41-43（巻一 三 通有）.
113. 昭帝の治世が始まったころ、義務者本人による労役（「更徭」）に代えて「更賦」が行われるようになり、渡邊信一郎はこれを労役の銭納化ととらえている（渡邊 2010: 94-100)。労役が銭納に変わったことを示す確証はないものの、相矛盾する史料群を読み解いた研究のなかでは渡邊の分析が最も信頼でき、同意を集めている（例えば以下を参照。鷲尾 2009: 73; 石洋 2012: 199)。
114. 飯田 2004: 17-21. 辺境防衛の代理を雇う行為に関しては以下を参照。謝桂華 1989. 謝桂華によると、内郡の男性はたいてい自分と同じ県の人（そして同じ爵位をもつ人）を雇い、一定水準の賃金を支払った。少なくともこの意味で、代理人の雇用は本人による就役を金銭に置き換えたものとみなすことができる。
115. Lewis 2000b.
116. 山田 1993: 239-42.

第 4 章

1. 耕牛に触れている最も古い文字史料は、紀元前 3 世紀後半の睡虎地秦簡である（Hulsewé 1985a: 221)。ほとんどの研究者は、牛に引かせる犂が使われ始めたのは紀元前 5 世紀ごろとの立場をとるが、フランチェスカ・ブレイはもっと早い時期に取り入れられたと考えている。以下を参照。Bray 1984: 130-79.
2. 彭衛 2010.
3. Hsu 1980: 89.
4. Bray 1979-80: 4-5; Hsu 1980: 111-16; 米田 1989: 6-9.
5. Bray 1979-80: 6-7; Hsu 1980: 121.
6. 渡邊 1986: 187; 方高峰 2009: 18-22.
7. 本田 2000b: 43-45.
8. Hsu 1980: 79.
9. *HS* 24A.1121〔引用部分は以下より。永田英正著／梅原郁編『漢書食貨・地理・溝洫志』平凡社，1988: 40〕
10. 以下の予備調査報告を参照。Kidder et al. 2012.
11. 現在調査が行われている漢代の農村遺跡は 6 、 7 カ所あり、三楊荘は保存状態が最もよい遺跡だが、村落を形成しているほうが一般的だったことは指摘しておくべきだろう。目立った特徴として、いずれの遺跡にも囲い壁がないことがあげられるが、文字史料から、この時代には農村集落も都市集落も基本的に囲い壁がなかったことがわかる。以下を参照。白雲翔 2010.
12. *HS* 24A.1132-33. 英訳については以下を参照。Hsu 1980: 162.
13. 朱紹侯 1985: 116-42.
14. 于振波 2004a: 36-38.
15. Bray 1979-80; Bray 1984: 591-96.
16. 米田 1989: 16-17.
17. 天野 1979: 860-62. 引用部分は、桓譚（かんたん、紀元前43年頃～紀元28年）の『新論』より。以下に引用がある。*TPYL*: 829. 3699b.
18. 于振波 2004a: 37. 于振波は、土地が豪族の資産の 3 分の 1 を占めていると仮定し、農地 1 畝あたり100銭として計算している。

19. *HS* 81.3348-49.
20. 宇都宮 1955: 375-402. 宇都宮の説については以下に概略が紹介されている。Hsu 1980: 50-51. 貴族が得られる税収は土地税のみだったが（税率は収穫の30分の1）、私有地（小作料は50%）からははるかに多くの収入を得ることができた。
21. *HHS* 32.1119. 樊重については以下も参照。Wilbur 1943: 212-13; Gao Min 1986: 55-6; 稲葉 1984: 95-8, 105-07〔引用部分は以下より。渡邊義浩・高橋康浩編『全訳後漢書 第13冊』汲古書院，2011: 75〕
22. 宇都宮 1955: 391-93.
23. *SJ* 129.3274〔引用部分は以下より。青木五郎『史記 十四（列伝七）』明治書院，2014: 56〕
24. 渡邊 1986: 20-21. 儒家の目から見れば、武帝の時代には「金持」だけでなく「中程度の人」でさえも贅沢な暮らしをしていたという。以下を参照。*YTL* 1: 348-400（巻六 二九 散不足）.〔引用部分は以下より。佐藤武敏訳注『塩鉄論』平凡社，1989: 153〕
25. 渡邊 1986: 26.
26. 大櫛 1985: 1188.
27. *SJ* 129.3272. 英訳については以下を参照。Sima Qian 1993: 448. 司馬遷は、貴族が1000戸から収入を得、商人は100万銭を投資して20%の利息を得るとの仮定で計算している。
28. Hsu 1980: 52-53, 76.
29. 王莽の治世の概略を示したものとして以下を参照。Bielenstein 1986: 224-40. 財政政策に関しては以下を参照。山田 1975.
30. 王莽の貨幣政策に関しては以下を参照。山田 2000: 143-86.
31. Lewis 2000b: 69-74.
32. 宇都宮 1955: 316-18; 多田 1964: 18; 渡邊 1986: 86. 王符、崔寔、仲長統などに関しては以下を参照。Balazs 1964b.
33. Ebrey 1986a: 626.
34. 寧可 1982; 山田 1993: 391-403. 紀元182年に建てられた別の石碑には、労役の代行者を雇う費用を軽減するために村人が僤をつくったことが記されている。以下を参照。寧可 1982: 23-24.
35. 高敏 1986: 41-42; 山田 1993: 207.
36. 王孝淵碑は当初、保有財産を登録するためのものと考えられていたが、張勲燎と劉磐石（1980）はこれを財産分割に関するものと論じ、賛同を集めた。山田勝芳もこの説を支持している（山田 1993: 202-07）。石碑の原文については以下を参照。謝雁翔 1974.
37. 田と一緒に譲渡された奴婢（合計32人。6カ所の田のあいだで分割されている）は農業労働者であると一部の研究者は考えているが、根拠に乏しい。奴婢は田の規模とは関係なく、5人ずつに分けられている（7人になっている田もひとつある）。田はいずれもかなり小さく、5人もの労働者は必要ないだろう。また、判読できる16の名のうち、6つは女性の名で、家内労働者であることは明らかだ。
38. 価格の単位については以下を参照。大櫛 1985.
39. 石洋 2012. 豪族は奴婢の所有を禁じる法に違反してばかりいたが、庶民は人を雇うようになり、したがって庶民による奴婢の所有は法のおかげで減少したと石洋は主張している。また秦と異なり、漢では出稼ぎ労働者が犯罪者として罰せられることはなくなった。
40. 多田 1964, 1965.
41. 崔寔の『四民月令』に関する論考として以下を参照。楊聯陞 1934; 西嶋 1966: 49-57; 天野 1967; Ebrey 1974; 朱紹侯 1985: 101-06.
42. 崔寔が『四民月令』を著した時期については見解が分かれている。萬国鼎は隠居後の晩年に書いたとしているが、石声漢はもっと早い時期、140年代だと主張する。だが、これを著したころに崔寔が洛陽に住んでいたこと、またそこには首都の経済的状況が映し出されて

いることについてはふたりとも意見が一致している。以下を参照。天野 1967: 363-64.

43. *ZhL*: 48〔引用部分は以下より。川勝義雄『魏晋南北朝』講談社, 2003: 109〕
44. Wang Zhongshu 1982: 60.
45. 肥後 1990: 119-22, 129: 葛剣雄 2002: 375-95.
46. 走馬楼呉簡は現時点で 3 つに分類のうえ公刊されている。以下はその第一集のみに基づいているが、最も詳細な研究である。于振波 2004b.
47. 同上: 134-41. 身体が虚弱とは具体的にどういう意味なのかはわからない。
48. 例えば以下など。高大倫 1998. 高大倫の批判的意見に対する反論としては以下の文献がある。葛剣雄 2002: 323-27.
49. 『漢書』のこの部署に触れている部分については、3 カ所に散在する工房で数千人が働いていたという解釈が長らくなされていたが（例えば、佐藤 1962: 145-47)、近年の研究者は 3 つの工房がいずれも臨淄にあったと考えている。以下を参照。王子今 2005.
50. 漢が官営工房で徴用者や労役刑徒に大きく依存していたことについては以下を参照。Barbieri-Low 2007: 212-56. 貢禹による労役刑徒数の算定に関しては、同上: 220.
51. 漢代の政府独占体制下における製鉄業についての記述は、以下に基づいている。Wagner 2001, 2008: 171-248.
52. 山田 1998: 726.
53. Tsien 1985: 38-41. 最古の紙製品は紀元前 2 ～ 1 世紀のものだが、文字の書かれた最古の紙は蔡倫の時代のものである。同上参照。
54. Barbieri-Low 2007: 142-52.
55. *YTL*, 1: 220（巻四 一七 貧富).〔引用部分は以下より。佐藤訳注 1989: 92〕
56. *SJ* 129.3271-74. 英訳については以下を参照。Sima Qian 1993: 447-50〔引用部分は以下より。青木 2013: 53〕
57. 山田 2000: 210.
58. 訴訟の概略は以下に基づく。孔祥軍 2012。この論考は居延の司法官がまとめた証言や文書を新しい切り口で分析し、説得力もある。以下の文献でもこの訴訟を取り上げている。Scogin 1990: 1362-65; Helen Wang 2004: 52-53. 丁邦友は、交渉のなかで魚の 1 匹あたりの価格が80銭とされていることについて、居延漢簡中の他の史料にある一般的な価格（10銭以下）に比べて著しく高いと指摘する（丁邦友 2009: 318-19)。だがこの史料に記載されている金額はいずれも非常に高く、王莽の過激な金融実験によってハイパーインフレーションが起きたことが影を投げかけている。当時、辺境地帯では多種多様な貨幣が発行され、標準以下の粗悪なものが大量に流通していた。以下を参照。Helen Wang 2004: 48-49.
59. 居延漢簡中に見られる他の事例に関しては以下を参照。徐楽堯 1989: 55-56; 角谷 1994; Helen Wang 2004: 53-54. 土地売却や物品購入、その他の取引に関する契約が漢代ではどのように使われ、どんな性質のものだったかに関しては以下を参照されたい。Scogin 1990.
60. *ZhL*: 41〔引用部分は以下より。石洋「秦漢経済史研究：財政制度と基層社会」京都大学博士学位申請論文, 2014. https://repository.kulib.kyoto-u.ac.jp/dspace/bitstream/2433/188404/1/dbunk00638.pdf. 2018年 2 月 2 日アクセス〕
61. 佐藤 1962: 287-90. 年季奉公を意味する「保」（あるいは「葆」）という言葉に関しては以下を参照。裘錫圭 1979: 109-10.
62. 山田 1998. 高敏は山田の仮説とは反対の説を唱えており（高敏 1987)、柿沼陽平も遠回しながら反論している（柿沼 2011)。
63. 漢代の女性工匠については以下を参照。Barbieri-Low 2007: 107-14. それによると、秦漢時代につくられた漆器の銘文の圧倒的多数に女性や子供の名が書かれているという。
64. 穀物価格に関しては以下を参照。丁邦友 2009: 10-11, 162-89; 余耀華 2000: 235-57. 賃金については以下を参照されたい。石洋 2012. 漢代の 1 斛はおよそ20リットル。

65. 石洋 2012. 石洋は実質賃金に対する物価の影響を考慮せず、後漢に名目賃金が伸びたことを指摘するにとどまっているが、本文でわたしが示したように、実質賃金が伸びたという仮説は物価のデータによって裏付けられる。
66. 山田 2000: 245.
67. *HHS* 28A: 1014–15〔引用部分は以下より。渡邊義浩・堀内淳一・島田悠編『全訳後漢書 第12冊』汲古書院, 2007: 492〕
68. 叶玉英 2005: 42–43. 漢では高利貸しの抑制に成果を収めたと叶玉英は述べている。
69. 宇都宮 1955: 112–17.
70. 政府が市場を監督下においたことについては以下を参照。徐楽堯 1989; 佐原 2002a: 281–323.
71. 首都の長安を除くと、漢代の主要都市はいずれも、戦国時代の都市に比べて規模も居住空間も小さい。以下を参照。江村 2005: 265; Pirazzoli-t'Serstevens 2010: 185. 佐原康夫はこの時代の商業よりも軍事的な側面に注目し、漢代に都市人口が減少したのは交易が縮小したことによるのではなく、都市に大規模な部隊を駐屯させる必要がなくなったためだと論じている（佐原 2002a: 30–31）。
72. Underhill et al. 2008: 21–24.
73. 山田 1993: 238; 江村 2005: 264–71.
74. 山田 2000: 143–222. 山田は宮崎市定や労幹の説を採用し、黄金の多くが西域ルートを経由して輸出されたと述べている。同上: 133–35. だが海外に黄金が流出したことを裏付ける史料は少ない。
75. 多田 1965; 重近 1990; 紙屋 1994.
76. Chapter 12, in *QL*: 120（浮侈篇）. 黄今言はさらに踏み込んで、すべての郷と里（前漢代は7万2000を超え、後漢代はおよそ4万存在した）に市場があり、かなり主体的に活動していたと論じている（黄今言 2005: 153）。佐原康夫も農村部の多くに定期市があったことに注目しているが、農村の市場も都市の市場と同様に厳しい規制を受けたと見ており、「亭」（駐在所）のおかれていた場所に市は立ったと述べる（佐原 2002a: 303–5）。第2章で見たように、秦においては、「市亭」という文字は官営工房でつくられた工芸品を意味していた。紙屋正和も佐原と同じく、亭があった場所と農村の定期市の場所は一致すると述べている（紙屋 1994）。紙屋は、武帝時代以降に商業が衰退に向かったという通説に疑問符を付け、前漢後期から後漢にかけて農村部では市場が増え、地域の役人が市場を厳しく統制したと主張する。後漢代の亭の数（紀元153年に1万2442カ所）と王符の見立てによる市邑の数とがほぼ同じであることを指摘したうえで、市邑は都市の市場でなく農村の市場を意味すると紙屋は断を下している。
77. 紙屋 1994: 662–66.
78. この点に関しては以下の精緻な論考を参照。Raschke 1978.
79. ステップ遊牧民が国家を形成したのは、根本的には定住民社会から品物を手に入れる必要がつねにあったためで、その過程で戦士のなかから支配者が生まれ、戦略的に略奪が行われ、武力衝突を朝貢と交易によって終結させるようになったのだという説明がされることが多い。以下を参照。Khazanov 1989; Barfield 1989. これに対してニコラ・ディ・コスモは遊牧民と定住民の経済活動様式の相違点でなく遊牧民の政体と定住民国家の政治的関係を重視している（Di Cosmo 2002: 167–74）。
80. So and Bunker 1995: 53–67; Di Cosmo 2002: 83–87.
81. 漢と匈奴の関係については以下を参照。Di Cosmo 2002: 161–311.
82. Yü 1967: 64.
83. ユーラシア大陸をまたぐ交易にこの時代のクシャーン朝が果たした重要な役割に関しては以下を参照。Liu Xinru 1988.

84. ベグラム遺宝に関しては以下を参照。Raschke 1978: 632–34; Mehendale 1996. ベグラム遺宝は王室の宝物でなく商人の蔵にあったものだとサンジョット・メヘンデールは述べているが、わたしにはあまり説得力が感じられない。

85. Helen Wang 2004: 37–8.

86. Tang Changru 1990.

87. 藤家 1989: 119–40; 高敏 1986: 109–20.

88. 唐長孺 1955; 楊際平 2006: 43–6; 渡邊 2010: 239–54. とはいえ戸調という用語は後代の史料にしかみつからない。

89. 山田 2000: 204–22.

90. 高敏 1986: 120–25; 方高峰 2009: 28–33.

91. 于振波 2004b: 25–31, 89–91; 蔣福亜 2008: 56–7. 高敏（2006: 26–27）によると、呉の算賦は漢に比べて少し税率が高い程度だったが（漢では成人 1 人あたり120銭で、呉は130銭）、呉には各種の調があったほか、土地税がはるかに重かった。三国のうち、残る蜀漢も漢の財政制度を温存したが、260年代に魏晋に吸収される。蜀漢の財政に関する史料はほとんど残っていない。

92. 藤家 1989: 141–54.

93. 占田課田について論じた英語の論文は著しく少ないうえにかなり内容が古く、この制度が井田制にならって世帯構成に基づき平等に土地を給付するものであり、5 世紀に北魏で実施された均田制へと連なる流れに位置するという、ひところ広く唱えられた仮説を支持している（例えば以下など。Lien-sheng Yang 1961: 135–39; Balazs 1964a: 104–05）。今では、占田課田は課税のための制度であり、土地制度ではないと広く考えられている。例えば以下を参照。高敏 1986: 190–99; 蔣福亜 2005: 140–49; 渡邊 2010: 207–28.

94. Crowell 1990; 陳明光 1997: 110–20.

95. 藤家 1989: 240, 253.

96. *YSJX*: 317（止足第十三）.

97. 唐長孺（Tang Changru）1954, 1990; 渡邊 1986: 132–72.

98. 本田 2000b: 47.

99. 紹興の有力豪族が同地域にどんな影響を及ぼしたかについては以下を参照。劉淑芬 1992: 255–315.

100. Tang Changru 1990: 120–21; 劉淑芬 1992: 289.

101. *SoS*, 54.1532–33. 以下も参照。渡邊 1986: 188–89.

102. 現代の研究者は、この時代の物価はそれ以前に比べ著しく安かったと論じている。だが、当時の米の通常価格は 1 斛あたり100銭で（余耀華 2000: 357–58）、これは中間層の家産がはるかに多かった前漢の米価とほぼ同じである。同上: 135–36.

103. 劉淑芬 1992: 210–16; 2001: 46.

104. 南朝時代における建康の都市の発展や経済成長に関しては以下を参照。劉淑芬 1992: 3–192; Liu Shufen 2001.

105. 以下に引用がある。*SS*, 31.887（巻三十一地理志）.

106. 王怡辰 2007: 106–27. 柿沼陽平は、政府による支払いや贈与などにおいて、織物のもつ貨幣的な価値が重要だったことを無視すべきではないと述べる一方で、市場取引では貨幣が幅をきかせていたことを認めている（柿沼 2010）。

107. 宮澤 2000: 57–58.

108. 陳明光 1997: 155, 163; 渡邊 2010: 284. この数字が租税の全額に占める穀物と金銭、織物の比率を反映しているのか否かははっきりしないが、多くの研究者がこの概算値を受け入れている。

109. 渡邊 2010: 270–71; 陳明光 1997: 147–51; 164–65; 藤家 1989: 147–50.

110. 渡邊 2010: 266–68.
111. 陳明光 1997: 215–26.
112. 川勝 1982: 386.
113. 川勝 1982: 359–66; 宮澤 2000: 46–48, 60. 当時は1貫（1陌とも言った）が銭100枚に相当したが、唐以降は1000枚分だった。
114. 川勝 1982: 407–35.
115. 渡邊 2010: 289.
116. 数字は以下より。梁方仲 1980: 22（表A.6）, 47（表A.16）.

第5章

1. 陳爽 1998: 189–202.
2. 世界史のこの時代に独立した文明圏としての東アジアが形成されたことについては以下を参照。Holcombe 2001.
3. Graff 2002: 69–72; Lewis 2009: 79–81.
4. 堀 1975: 102.
5. Miyakawa 1955; 堀1975: 132–33; 劉淑芬 1992: 368–73; 范兆飛・張明明 2011. 豪族は地方社会を抑圧的に支配してきたという従来の見方に谷川道雄は疑問を呈し、当時の社会構造はすぐれて「共同体的」で、貴族は庶民と倫理的・宗教的な価値観を共有しており、民の側の納得のもとで舵取りを行っていたと述べるが（Tanigawa 1985: 100–10）、説得力があるとはまったく思えない。谷川の共同体説に対する批判として、以下を参照。Chittick 2009.
6. *BS* 33.1202. 以下も参照。范兆飛・張明明 2011: 18. 楊際平と李卿は、李顕甫の地位に関するこの解釈を、否定とまではいかないが疑問視している（楊際平・李卿 2003）。北魏の地方社会における宗主の役割に関しては以下を参照。李憑 2000: 365–407.
7. そうした支配形態の効果に関する事例研究のひとつである以下の文献は、現在の河北省中部にいた博陵崔氏を取り上げている。Ebrey 1978: 52–61 and Holmgren 1983. 毛漢光1990a は、山西省南部の河東薛氏について、陳爽 1998: 81–134 は河北省北部の范陽盧について論じている。
8. Wang Yi-t'ung 1953; 堀 1975: 178–79.
9. 堀 1975: 377–88. 北魏の雑戸には職業や主人を変更する自由が与えられず、自由民との結婚が禁じられ、身分を世襲させられてはいたが、法規上は奴婢とは別に扱われ、身分も上に位置していた。雑戸は家産でなく家族であると考えられていたのに対し、奴婢は主人に隷属するだけのものとみなされていた。以下を参照。Pearce 1991.
10. 以下を参照。兵力を増強する必要性があったことが、均田制導入の一要素であったことに触れている。佐川 1999.
11. 476年から死去する490年まで馮太后がどのような政治を行ったのかやその漢化政策については、以下を参照。李憑 2000: 194–280; Holmgren 1983.
12. 均田制に関する文献は数多く存在する。日本での研究について概観したものとして以下を参照。佐川 2001a. わたしの考察はおもに堀敏一の著作を土台にしているが（堀 1975）、佐川英治の研究を参考にしつつ一部修正した（佐川 1999, 2001b）。中国語で書かれたもののなかでは、以下の文献がとくに重要である。楊際平 2003.
13. 均田法規の解釈については以下を参照。高敏 1987. ただし、均田法規の制定を高敏は485年としているが、大方の日本の研究者は492年と考えており、わたしは後者にくみする。
14. 堀 1975: 380–86; 竹浪 1984; Pearce 1991: 120.
15. この点に関しては以下を参照。堀 1975: 173–75. 中国の研究の多く――例えば、楊際平 2003――は、均田制は国家による全土所有を目指したもの（だが失敗に終わった）という見方

にいまだとらわれている。

16. この戸籍簿に関する論文は膨大な数にのぼる。わたしの記述は以下の文献に依った。堀 1975（各所）; 池田 1979: 37–56.
17. この点に関しては以下を参照。池田 1979: 47–50. 西魏が敦煌を支配下に収めたのは、3年前の544年のことだった。北魏の滅亡によって失効した均田制を復活させる取り組みが始まったのもこの年だ。各世帯が実際に耕している土地の広さでなく、世帯構成（そして給付されるべき土地の面積）に基づいて税負担が決まったという事実は、池田の推論と一致している。
18. *TD* 7.40a.
19. 渡邊 2010: 308. ただしこの経費構造は定期徴収の調（「常調」）からの支出にしか当てはまらず、その他の税収は中央政府の管轄外だった可能性もあることを忘れてはいけない。例えば、「兵調」（表5.3の（3））は中央政府を経由せず、各部隊長に直接届いた。屯田収入（同（4））にも同じことが言えるだろう。
20. 宮澤 2000: 62–66, 2007: 125–29. 安陽（河南省）の北魏代の地下埋納坑から出土した2885枚の埋蔵銭のうち55%が後漢銭で、漢代以後の各種銅銭が43%を占めていた。後者の60%はかなり粗悪なものだった（同上 : 128）。
21. 以下に宋孝王の『関東風俗伝』（現存せず）からの引用がある。*TD* 2.15c. 北周による北斉の征服のあとに編まれた同書には、君主たちの暴政によって北斉が滅亡したともっともな批判が記されているが、唐の歴史家は北斉を高く評価した。陳爽 1998: 152–54.
22. 佐川 2001b: 20–25. 564年制定の北斉の土地法の規定に関しては以下を参照。*SS* 24.677–78.
23. 私兵組織と府兵との関係については定論がない。府兵は私兵組織が再編統合されたものとする見方がある一方、戸籍に基づき直接採用した兵士からなる新しい制度だという主張もある。以下の文献は府兵制に関する最も網羅的な研究である。氣賀澤 1999. また府兵制の初期の展開過程に関しては以下を参照。毛漢光 1990b; Graff 2002: 107–16.
24. 氣賀澤 1999: 76–144; 渡邊 2010: 339–41.
25. 池田 1979: 45–50.
26. 佐川 2001b: 27–30. 軍事バランスが東から西へと傾いていった6世紀の動きについては以下を参照。Graff 2002: 97–116.
27. 隋の建国と文帝による政治制度改革については以下を参照。Wright 1978.
28. 梁方仲 1980: 38（表 A.13）, 69（表 A.21）.
29. 堀 1975: 171–72, 193–226, 235.
30. 渡邊 2010: 357–58, 377–83; Graff 2002: 138–41.
31. Xiong 1993.
32. 唐の支配階級間にあった反目については以下を参照。Twitchett 1973.
33. 仁井田 1937: 756–92; Twitchett 1963: 6–9.
34. 西嶋 1966: 672–715; 池田 1988; Xiong 1999.
35. 堀 1975: 278–326.
36. 以下、唐代初期の直接税に関する記述は次の文献に依った。Twitchett 1963: 24–34.
37. Twitchett 1963: 30–31; 渡邊 2010: 409–12. 金銭や物資を納入すれば色役を免除されることもあった。
38. 宮澤 2007: 144–53. 以下も参照。Twitchett 1963: 66–77.
39. Cartier 1976; Trombert 2000.
40. 以下には唐の府兵制の概略が述べられている。Graff 2002: 189–91. 詳細に関しては以下を参照。氣賀澤 1999: 267–319.
41. 府兵の任務は租庸調の負担とほぼ同じだったと、多くの日本の研究者がかつては考えていた。これに対して、氣賀澤保規は、府兵の義務のほうが軽かったとするが（氣賀澤 1999:

306-09)、張国剛は租庸調の義務より重かったと主張している（張国剛 2006: 183)。
42. 渡邊 2010: 357-64, 397-99.
43. 同上 : 403-07.
44. 大津 1986; 渡邊 2010: 430-38. 以下には唐の財政運営の概略が示されている。Twitchett 1963: 98-106. 唐代初期の地方の役人に財政面での自治権がなかったことについては以下を参照。Twitchett 1969-70.
45. 渡邊 2010: 438-50.
46. 米田 1989: 199-291. 西嶋定生の説は、このころ二年三毛作が広範に行われていたという米田賢次郎の議論と対立するが（西嶋 1966: 249-78)、米田の説が広く支持されてきた。以下を参照。Bray 1984: 464.
47. Bray 1984: 293-94.
48. 同上 : 180.
49. 同上 : 223-38.
50. *TD* 1.12c. 以下を参照。Elvin 1973: 45; 渡邊 1986: 177.
51. 賈思勰の論文集については以下を参照。Bray 1984: 55-59. 以下には、この書物で説明されている営農法が簡単にまとめられている。Lewis 2009: 118-25.
52. *QMYS*, 1: 9（序).
53. *QMYS*, 2: 303（巻第五 種楡白楊第四十六)〔引用部分は以下より。米田 1989: 29〕
54. *ZS*: 42.758. 蕭大圜は滅亡した梁の最後の皇帝の息子で、北部に避難し、西魏と北斉の皇帝から手厚い待遇を受けた。
55. 米田 1989: 23-28.
56. *QMYS*, 2: 330-31（巻第五 種紅藍花梔子第五十二).
57. 米田 1989: 37.
58. 侯旭東 2005: 231-64. 侯旭東の記述からは、村人の結束が強くなかったこともうかがえる。調査した村には宗派別の集団がいくつもあり、結束力においてはおそらく肩を並べていた。ただ、この村の事例をどれだけ一般化できるかは明らかでない。
59. 堀 1975: 190-97: Wang Yi-t'ung 1953: 360-61. 唐長孺は逆に、北周から隋にかけて奴婢の主人に対する従属度が強まったと述べている。しかし、隋唐時代には、土地をもたないが法的には自由民とされる「浮客」がおそらく小作人として働くようになり、労働力の供給源として荘園にとって何より重要になったという点については、堀と見解をともにしている。(Tang Changru 1990: 130-34)。
60. Ikeda 1973: 139. 池田温によると、トルファンの戸籍簿に記載されている奴婢の割合はもっと高い（おそらく20％近い)。トルファンでは商業が大きな位置を占めていたことが経済的な階層形成につながり、それが奴婢の多さとなってあらわれたのだと池田は述べている。
61. 西嶋 1966: 233-49; 天野 1979: 860-62, 905-07; Gernet 1995: 142-50.
62. Bray 1997: 191-202.
63. Liu Xinru 1988: 72-75; Li Wenying 2012.
64. 唐代初期の市場や国家の規制については以下を参照。Twitchett 1966.
65. 長安と洛陽の市場についてはそれぞれ以下を参照。Xiong 2000: 165-94, Xiong 1993.
66. 唐代の中国とインドの外交や商業はおもに仏教を媒介にしていた。この点については以下を参照。Sen 2003.
67. 養蚕技術のビザンティン帝国への移転と同地での絹産業の発展については以下を参照。Liu Xinru 1996: 73-91. 養蚕は5世紀にビザンティン帝国統治下のシリアに伝わった。以下を参照。Muthesius 2002.
68. Liu Xinru 1988: 54-64, 93-5.
69. De la Vaissière 2005: 188.

70. 以下、数段落の記述は次の文献に依った。de la Vaissière 2005.
71. Skaff 1998: 89–93.
72. Skaff 2003. 交易離散共同体という概念については以下を参照。Curtin 1984〔「trade diaspora」の訳は以下より。カーティン『異文化間交易の世界史』田村愛理・中堂幸政・山影進訳, NTT 出版, 2002: 30〕
73. 何氏については以下を参照。de la Vaissière 2005: 144–45.
74. *XYJ*: 1.8〔引用部分は以下より。水谷真成訳『大唐西域記』平凡社, 1971: 20〕
75. Thierry 1993; Skaff 1998; Helen Wang 2004: 78–88.
76. Hall 2011: 33–66.
77. *FXZ*: 5.145〔引用部分は以下より。長沢和俊訳注『法顕伝・宋雲行紀』平凡社, 1971: 150〕
78. Hall 2011: 103–33.
79. 卑弥呼は文献にあらわれる日本の最初の支配者だが、その人物像はベールに包まれている。以下を参照。Kidder 2007. 次の文献は、日中外交の黎明期における使節団の交換に考察を加えている。Wang Zhenping 2006.
80. Farris 1998: 68–97.
81. 日本の 3 ～ 5 世紀の古墳から出土した銅鏡がどこでつくられたものなのかについては、今も見解が対立している。以下を参照。Farris 1998: 42–46; Kidder 2007: 160–85.
82. 隋唐時代の日中の朝貢貿易については以下を参照。von Verschuer 2006: 1–22.
83. 湯用彤 2006, 2: 451.
84. 以下に引用がある。Gernet 1995: 4.
85. 同上 : 10–2, 39–40.
86. 同上 : 66–73.
87. 僧侶の所有物については以下を参照。Kieschnick 2003: 83–156.
88. Gernet 1995: 78–93, 131–34. 僧侶による商行為や金銭貸し付けについては以下も参照。Trombert 1995.
89. Gernet 1995: 100–12.
90. 同上 : 138–40.
91. 游彪 2003: 110, 116–17.
92. Gernet 1995: 142–52.
93. 同上 : 161–71.
94. 以下の 2 段落分の記述は次の文献に依った。Trombert 1995.
95. Gernet 1995: 178.
96. Trombert 1995: 173–78.
97. 仏教施設の富を計測し、その経済的影響力を測る試みとして、以下の文献がある。Ch'en 1956.
98. 浮逃戸の問題については以下を参照。中川 1962; 唐長孺 1961; Twitchett 1963: 12–6, 27–8; 凍国棟 2002: 152–82.
99. 府兵制の崩壊に関しては以下を参照。栗原 1964; Graff 2002: 205–9. 兵役期間の延長については次を参照。渡邊 2010: 367–68.
100. 李林甫の政権とその改革については以下を参照。Twitchett 1979: 409–20; 渡邊 2010: 453–61. 府兵の廃止と藩鎮の設置に関しては次を参照。Graff 2002: 205–14; 徴税の分権化については以下を参照。Twitchett 1969–70: 91–2; 大津 1986: 1856–59.
101. 凍国棟 2002: 97, 表 2 – 2 .

第6章

1. 中国史の重要な転換点として「唐宋変革期」という概念が打ち出されたのは、20世紀前半に日本の研究者、内藤湖南が著した論考のなかである。唐宋時代は中国史における（そして世界史における）「近世」の始まりを意味するとの立場を内藤はとっていた。内藤に師事した宮崎市定は、とくに経済史に焦点を絞ってこの仮説を練り上げた（宮崎 1950）。内藤の説とその影響力については以下を参照。Miyakawa 1955; Fogel 1984; von Glahn 2003a: 37–42. 唐宋変革論、とりわけ宮崎の唱えた説は、日本では宋代の歴史に関する研究に大きな影響を及ぼしてきた（佐竹 1996; 丸橋 2001）。唐宋変革論は欧米の学界でも影響力が大きく、例えばそのことは以下の独創的な研究にも見て取れる。Elvin 1973; Hartwell 1982（ロバート・ハートウェルの説は唐宋変革期に生じた社会経済的な変化を最も重層的にとらえたものだが、次の論考はこれに分析を加え批判的に論じている。Luo Yinan 2005）。唐宋変革論は、中国の公式な歴史記述における時代区分と衝突するため、中国の歴史家にほとんどインパクトを与えていない。だが1990年代後半以降は、中国の歴史家もみずからの論考に唐宋変革論のいくつかの重要部分を取り入れるようになった。経済史にこの説を取り入れた代表的な論考として、以下を参照。林文勲 2011.
2. 正式には「榷塩鉄使」という。漢代の塩鉄専売を連想させるが、唐代に設けられた塩鉄使は塩のみを取り扱った。鉄の専売に向けた取り組みは行われていない。
3. Twitchett 1954, 1963: 49–53. 塩の徴税額に関するデータは以下より。Twitchett 1954, 1963: 264, n. 20.
4. Twitchett 1963: 39–43.
5. 安史の乱以後に唐で行われた財政制度改革と経済への効果に関しては以下を参照。渡邊 2010: 467–561.
6. Twitchett 1963: 43–48. 変化する市場価格に金銭と代納物との交換比率を連動させるための取り組みに関しては以下を参照。島居 1990.
7. 島居 1990: 338–44.
8. Twitchett 1963: 67–69, 76–83; 宮澤 2007: 154–63.
9. 揚州が唐代に商業の中心として繁栄したこと（またその後没落したこと）については以下を参照。全漢昇 1972.
10. 以下の文献は、この金融機関と「飛銭」に関する最も網羅的な研究である。日野 1982: 15–230. また、次も参照。繆坤和 2002: 15–27.
11. 加藤 1952b, 1952d; Twitchett 1966: 230–43.
12. ソグディアナのアラブ人による征服後にソグド人の交易網が崩壊したことに関しては以下を参照。de la Vaissière 2005: 261–330. 安史の乱ののちも敦煌は貿易の中心地としての活気を保ち続けたとする研究者もいるが（例えば以下。鄭炳林 2004）、市場は国際性が薄くなった（Hansen 2012: 196）。さらに言うと、敦煌の対外貿易は中国よりもトルファンや中央アジアに重心をおいていた（Trombert 1995: 106）。
13. Sen 2003: 142–96.
14. Heng 2009: 23–36.
15. Guy 2010; Hsieh 2010.
16. 張錦鵬 2003: 203–04.
17. Elvin 1973: 69. エルヴィンの分析は加藤繁（加藤 1952e）や周藤吉之（周藤 1954c）の研究に依拠している。
18. 柳田 1973; Golas 1980: 299–309; McDermott 1984; 草野 1996.
19. 高橋 2001.
20. McDermott 1984: 24–30.

21. von Glahn 1987: 48–58.
22. 唐代の華北で用いられていた農営方法については以下を参照。大澤 1996: 79–124; 張国剛 2012.
23. 大半の研究者は唐代に二年三毛作が広がったという米田賢次郎の説（米田 1989）に同調している（例えば以下。李伯重 1990: 253; 張国剛 2012: 36。李伯重によれば農家の 3 分の 2 が実施していた）。だが大澤正昭は留保をつけ、宋以前には一般的ではなく、それ以後もあるいは浸透していなかった可能性を指摘する（大澤 1996: 91–94）。
24. 大澤 1996: 106.
25. 李伯重 1990: 256–58.
26. 斯波 1988: 179–93; 大澤 1996: 253–82.
27. 李伯重 1990: 129–57.
28. 同上 : 203, 208.
29. 大澤 1996: 253–82.
30. Mihelich 1979: 193.
31. 斯波 1988: 203–22; 大澤 1996: 236–52.
32. 本田 2000b: 51. 12世紀前半、紹興西部に灌漑用貯水池として人工的につくられた湘湖を埋め立てから守るための活動については以下を参照。Schoppa 1989: 9–27.
33. 足立 1985; 斯波 1988: 137–39; Li Bozhong 2003: 147–53. 杭州・紹興における自然環境の変化と農業の発展に関しては以下を参照。Shiba 1998.
34. この推計は以下の文献に依った。柳田 1986: 192–97.
35. 漆俠 1999, 1: 286–87.
36. 梁庚堯 1984: 101–11; Li Bozhong 2003: 162–65.
37. Elvin 1973: 113–30.
38. Li Bozhong 2003: 147–53. 宋代江南における稲作の生産性について李伯重はこのように慎重な見方を示しているが、その前提となる小作料と収穫量の関係についての議論は説得力に欠ける。李伯重の分析に批判を加えたものとして以下を参照。葛金芳・顧蓉 2000.
39. 斯波 1968: 167–84, 391–420; Shiba 1970: 67–80, 165–80.
40. 周藤 1954a.
41. 以下の文献には、五代諸政権の財政運営や財政政策に関する概略が述べられている。日野 1980: 87–124.
42. 宮崎 1943: 83–117. 華南諸政権の経済政策を概観したものとしては以下を参照。Clark 2009.
43. 長江デルタの呉越と福建の閩による海上貿易の振興については以下を参照。日野 1984: 17–248; 山崎 2010b.
44. Twitchett and Stargardt 2002. 船には織物などの消耗品も積み込まれていた。
45. 山崎 2010a.
46. 亀井 1992: 120.
47. 以下はこの時代の財政戦略と貨幣戦略に関する研究の古典とされている。宮崎 1943. 次の文献も参照。Elvin 1973: 150–55; 宮澤 2008.
48. 日野 1980: 46–47.
49. Hartwell 1971. デニス・トゥウィチェットが述べているように（Twitchett 1954）、すでに唐代の塩鉄使を通じて、財政官僚機構の専門化は進行していた。
50. 路の数は時代とともに変わっている。宋代の国家の空間的な構成と変遷については以下を参照。Mostern 2011.
51. 宋代の転運使の役割については以下を参照。包偉民 2001: 13–45; Lamouroux 2003: 107–11.
52. 斯波 1988: 236.
53. 同上 : 234–44.「和糴」という言葉は本来、政府が市場価格で穀物を買い上げることを意味

していたが、非常時などには、無償かそれに近い値で買い叩くこともあったかもしれない。北宋後期以降、和糴は次第に強制的な課税の色彩を帯びていった。

54. 交引について、また入中法のなかでこれがどのように用いられたかに関しては以下を参照。繆坤和 2002: 47–90.
55. 宋が茶の専売で用いた財政戦略の変化については以下を参照。Lamouroux 1991.
56. 商業税の制度については以下を参照。郭正忠 1997: 123–233.
57. 漆俠 1999, 2: 1142; 李華瑞 1995: 151.
58. 曽我部 1941a; 島居 1990: 354–57. 茶についても前払いの制度が使われていた。以下を参照。Smith 1992: 68.
59. 宋代における塩専売制度の運営に関しては以下を参照。Chien 2004; 郭正忠 1990.
60. 程民生 1984; Hartwell 1988; Lamouroux 2003.
61. 四川の貨幣政策については以下を参照。Schifferli 1986; 宮澤 1998: 419–51; 高聡明 1999: 243–80. 北西辺境に特有の貨幣圏については次を参照。宮澤 1998: 377–418; 高聡明 1999: 123–64; Lamouroux 2007.
62. 宋代における紙幣の登場と発達については以下を参照。von Glahn 2005.
63. 宮澤 1998: 498〔直後の引用部分は以下より。宮澤 1998: 497〕
64. 高聡明 1999: 311–12. 漆俠は1077年の商業税の記録をもとに、商品取引が1億4300万貫の規模（鉄銭を用いていた四川も含めると1億7500万貫）だったとの見方を示している（漆俠 1999, 2: 1156)。張錦鵬はこれと同じ記録を使用し、市場での取引は7000万～1億貫の規模だったと述べる（張錦鵬 2003: 76)。
65. 高聡明と宮澤知之の見解の対立点を詳しく分析したものとして以下を参照。von Glahn 2004.
66. 宋代における政治文化の変化については以下を参照。Bol 2008; Kuhn 2009.
67. 曽我部 1941b: 3.
68. 以下、王安石の新法の概略については次の文献に依拠した。Smith 2009; 漆俠 1979. 東一夫による綿密な研究（東 1970）も参照されたい。
69. 漆俠 1979: 193–99.
70. McKnight 1971: 31–37, 73–94.
71. 以下に引用がある。*XCB*: 213.5169〔引用部分は以下より。中国哲学書電子化計画　維基 続資治通鑑長編 巻二百十三（https://ctext.org/wiki.pl?if=gb&chapter=559650. 2018年10月18日アクセス)〕
72. Smith 1992: 111–18.
73. 熊本 1983; 宮澤 1998: 91–137.
74. Smith 1992. 引用は以下より。p. 245.
75. Smith 1993: 97.
76. 高聡明 1999: 17; 王文成 2001: 148.
77. Hartwell 1988: 70.
78. 以下の文献は、刊行されたばかりであるため拙著で詳細に論じることはできないが、間接税、税の銭納化、専門家による財政運営という要素を踏まえ、宋代の中国に「財政国家」が出現したことを明確にしている。William Liu 2015.
79. 斯波 1968: 184–85.
80. 水野 2000: 89.
81. 国境貿易の独占権を失った茶場司は、瞬く間に利益を失っていった。以下を参照。Smith 1992: 195–96.
82. Smith 1992: 65.
83. Lu Weijing 2004.

84. 水野 2000: 92, 表1. 華南東部の茶の生産量は以下の文献に依拠している。張錦鵬 2003: 138. 張錦鵬によると、四川の生産量は華南東部の総生産量にほぼ等しかった（同上：140）。
85. 斯波 1968: 215–19; Daniels 1996: 88–93; Mazumdar 1998: 126–33.
86. Hartwell 1962, 1966, 1967; Wagner 2001a, 2008: 278–325.
87. Hartwell 1967: 104–06. ハートウェルの計算法は疑問視されているが、計算結果はほぼ信頼できると広くみなされている。以下を参照。Wagner 2001a, 2008: 300.
88. Bray 1997: 206–12.
89. *NS*: xia.18（巻下）. 陳旉の記述をもとに計算すると、養蚕農家の世帯収入は米に換算して43石７斗になるが、この時代には５人家族が食べていくには年間で最低18石は必要とみられていた（第７章を参照）〔引用部分は以下より。大澤正昭『陳旉農書の研究』農山漁村文化協会，1993: 187–188〕
90. *WXZ*: 20.5b.
91. 陶工を含めた窯業労働者の人数はひとつの窯場につき40人から45人との見方を何翠媚は示しているが（Ho 2001: 269）、製造や販売、輸送など製陶業の全領域で働いていた人を含めると、ひとつの窯場で少なくとも100世帯の生活を支えた、と蘇基朗は述べている（So 2000: 194）。
92. 宋では県長官（知県）のいない商業都市を「鎮」に指定し、治安維持や商業税徴収の責任を担う監鎮をおいた。以下を参照。陳支平 1993.
93. 愛宕 1987: 272–74. 発掘調査により、永和鎮では宋元代の窯場が24カ所確認されている。ここから同地の製陶業は景徳鎮の10分の１以下の規模だったことがうかがわれる。次を参照。劉楊・趙栄華 2001: 11.
94. Ho 2001; So 2000: 186–201. 日本での発掘調査から、11世紀後半に福建の南部で製陶業が急速にさかんになり、12世紀後半には日本の市場を席巻するまでになったこと（そして、次に人気があったのは龍泉窯であったこと）がわかる。以下を参照。田中・佐藤 2008. 蘇基朗は福建と広東の製陶業の比較研究を行い、福建の生産者のほうが広東の生産者よりも資本に恵まれ、低いコストを達成し、高い収益をあげたと述べている（蘇基朗 2004）。
95. Chia 2003.
96. 斯波 1968: 49–132, 1970: 4–40; Elvin 1973: 131–78.
97. 張錦鵬 2003: 312–13. 19世紀の国内交易量は、1077年の商業税収入のような実際のデータでなく、１人あたり消費量の概算値をもとに計算したものなので、宋代のデータに比べて確度が低い。この数字は以下より。呉承明 1985: 253, 表2.
98. 郭正忠 1997: 224–29, 表３–21, ３–22.
99. Shiba 1975: 27.
100. 斯波 1988: 320–21.
101. 呉松弟 2000: 614–19.
102. De Vries 1984: 72–3.
103. 数字は以下より。斯波 1988: 396; 呉松弟 2000: 616, 表13–３. 徽州都市部の人口データ（1931世帯）は1172年のものだが、1172 年の州総人口（12万2014世帯）は1227年の州総人口にほぼ等しい（12万4941世帯で、都市人口はそのうち3887世帯）。
104. Shiba 1975: 33–37; 斯波 1988: 365–89.

第７章

1. 呉松弟 2007: 183–84, 表5.1, 5.2. 1223年の江南（現在の江蘇省南部から浙江省に広がる両浙路）の人口は南宋の総人口の21.7%を占めていた。
2. Schirokauer and Hymes 1993; Bol 2008: 246–56.

3. 曽我部 1941b: 37–48; 包偉民 2001: 138–50.
4. 各種の税の重さには地域差があった。例えば月椿銭は江西路、江東路、湖北路、湖南路にとって主要な税収だったが、両浙路（現在の江蘇省と浙江省）では徴収されなかった。絹の生産に対する税は絹の産地のみに課せられた。塩の専売収入は広東路と福建路が突出して多いが、両路とも首都や軍に対する米の上供は行っていない。新税にはどのような種類があったのかやその影響の地域差については以下を参照。包偉民 2001.
5. 長井 1992.
6. 汪聖鐸 1995: 580.
7. 1185年から1190年ごろの他の史料にある数字によれば、政府収入は総計で8200万貫と推定される。以下を参照。郭正忠 1985: 182–83. 表7－3にあるように四川の税収を物価変動に応じて調整しても、合計額はおよそ7500万貫となり、表7－3の数字とほぼ等しい。
8. 劉光臨 2008: 226–27. 厳密には、1人あたり実質税収がピークに達したのは11世紀前半で、王安石の新法の時代ではない。
9. このころの華南の他州の多くでも、正規の税が占める割合はほぼ同じだった。以下を参照。包偉民 2001: 166–68.
10. 劉光臨 2008: 232.
11. 包偉民 2001: 106–16.
12. 宋における紙幣の発展については以下を参照。von Glahn 2005.
13. 同上 : 76–81.
14. 以下の文献にある数字を参照。朱瑞熙 2006: 129–44. また、判例集の『名公書判清明集』を見ると、1215年以降の土地売却契約書のほぼすべてに、紙幣で支払いが行われていた旨が記されている。以下の各所を参照。McKnight and Liu 1998.
15. Von Glahn 2013: 22. 南宋で銀が貨幣としてどれだけ重視されるようになったかについては、以下を参照。王文成 2001.
16. 国家としての南宋の略奪的な面については以下を参照。Smith 1992; 包偉民 2001; 張金嶺 2001. 梁庚堯はむしろ、農村が経済的不平等によって疲弊したことに注目している（梁庚堯 1984）。
17. 劉光臨は南宋期の地方における課税について包偉民が行った分析（包偉民 2001）に瑕疵があることを明らかにした。少なくとも実質税負担が著しく重くなったという見方への反論は成功している（劉光臨 2008）。
18. 斯波 1988: 152–61; 包偉民 2001: 246–50.
19. Hartwell 1988: 78–79. 以下も参照。劉光臨 2008: 224–26.
20. 長井 2000: 129–33.
21. Li Bozhong 2003: 162–63. 以下に依拠している。梁庚堯 1984: 100–4.
22. 耿元驪 2007.
23. 姜錫東 2002: 266, 272.
24. 西奥 2004: 341.
25. von Glahn 1993.
26. Hymes 1993.
27. 以下に引用がある。斯波 1968: 184–85.〔原文は以下のとおり。「蓋人家毎日不可闕者、柴米油塩醤酢茶」〕
28. 以下に引用がある。von Glahn 2003b: 182.
29. 小野寺 1966; 宮澤 1998: 139–204. 行と中世ヨーロッパのギルドとを関連付ける全漢昇や加藤繁の説は、今では支持されていない（全漢昇 1935; Katō 1937）。だが中国の学界では、行の企業体的な側面や、国家統制からの自律性を現在でも重視している。以下を参照。楊徳泉 1982; 漆俠 1999, 2: 1102–16.

30. *SDPQJ*, 2: 503（繳進応詔所論四事状）. 賖を通じての売買には仲介者を立てることが必要だった。賖については以下を参照。加藤 1952c.
31. Hansen 1995: 78–104.
32. 斯波 1968: 391–407; Shiba 1970: 165–73; 宮澤 1998: 205–78; Lamouroux 2002; 李偉国 2007.
33. 以下に引用がある。斯波 1968: 118. なお、次の箇所には1137年と記されているが、誤りである。Shiba 1970: 32.
34. 以下に引用がある。Ebrey 1984b: 199–200.
35. 以下に引用がある。斯波 1968: 114.
36. 王曾瑜 1985: 72. 宋代の判例集、『名公書判清明集』に記載されている訴訟のひとつは、3608貫の資本資産をもち、毎月35貫の利益をあげている、つまり１年に資産の12％分の利益をあげている質商に関する事件だった。以下を参照。*QMJ*, 1: 230–32; McKnight and Liu 1998: 261.
37. 柳田 1986: 66–7, 109.
38. 斯波 1968: 441–51; Shiba 1970: 190–96; 姜錫東 2002: 46–52.
39. 斯波 1968: 458–61, Shiba 1970: 199–200.『名公書判清明集』には、個人投資家が質店に100貫投資し、年利２％の利息を得た事例が記載されている。以下を参照。*QMJ*, 1: 336–37; McKnight and Liu 1998: 333–34.
40. 姜錫東 2002: 54–5.
41. 斯波 1983.
42. 関税については以下を参照。黄純艷 2003: 169–76. 次の文献では、宋の海上貿易政策の自由化の進展を、1160年代までたどっている。Heng 2009: 38–59. 1160年を境に宋の政策が反貿易的な方向に向いていったのは、中国の貨幣の違法な輸出が激増したことによると、ハートウェルは述べている（Hartwell 1989: 462–65）。
43. 斯波 1968: 58–60, Shiba 1970: 6–7. 周去非が1178年に上梓した書物のなかで述べているところによると、東南アジアとの貿易に使われる船舶は１隻で数百人もの人を運ぶことができ、船倉には１年分の穀物が蓄えられているという。その１世紀後に中国を訪れたマルコ・ポーロによれば、中国船は4000キンタルから１万2000キンタル、つまり224トンから672トンの貨物を積むことができたという。以下を参照。Needham 1971: 464, 466.
44. この時代の東南アジア諸国およびインド洋諸国との貿易については以下を参照。Wade 2009; Heng 2009.
45. von Glahn 2014.
46. この段落の記述は以下の文献に依った。So 2000.
47. Von Glahn 2014. 他の研究者（So 2000; Schottenhammer 2001）は泉州の貿易港としての衰退を、泉州の経済的構造変化と銅銭の輸出による悪影響によるものとしている。管見では、硬貨の輸出は中国の経済にいかなる害もなかったし、明州から輸出される硬貨の量は泉州に比べてはるかに多かった。
48. 川添 1993.
49. Hartwell 1989: 453. 宋の GDP としてハートウェルが算出した数字はほかの研究者による数字に比べてかなり大きい。前近代中国の GDP を算定する際の問題については第９章を参照。
50. Bairoch 1976: 79; O'Brien 1982: 4–5.
51. McDermott 1984: 18.
52. 柳田 1963: 101–04.『名公書判清明集』の記録によれば、取引された土地の大部分は、10畝以下の規模である（なかには0.66畝の事例もあった）。それよりも大規模な土地取引の事例もいくつかある。1300石の土地を所有する高官について記されており、この土地の広さはおそらく400～650畝とみられる。また290石の土地についても書かれており、これは100～

150畝に相当する。ただしここに示した数字は各人の所有地を合わせた面積で、個々の水田の広さを表すものではない。以下を参照。*QMJ*, 1: 135, 141; McKnight and Liu 1998: 164, 171. 南宋期の土地売買に関する数少ない史料も、そのほとんどが1～10畝以下の土地に関するものだ。以下を参照。朱瑞熙 2006: 130-41.

53. *YSSF*, xia: 15b-16a（巻下 治家）. 以下の英訳に修正を加えた。Ebrey 1984b: 302-03.〔引用部分は英語からの翻訳〕
54. 袁采が妥当と考える利率は、月利2～6％、あるいは次の収穫期までなら30～50％だが、地方によってはその2倍以上の場合もあったという。以下を参照のこと。*YSSF*, xia: 23a（巻下 治家）; Ebrey 1984b: 315-16.
55. McDermott 1984: 29.
56. 柳田 1963: 105-06, 117.
57. *YSSF*, xia: 22a（巻下 治家）. 以下に英訳がある。Ebrey 1984b: 314.
58. McDermott 1991.
59. 柳田 1986: 192-214. 農家は自分の所有地や小作地を耕すだけでは生計を立てることができず、手工業や行商、漁業、運輸業などの分野で非熟練もしくは半熟練労働者として働かなければならなかったとも柳田節子は述べている（柳田 1995）。
60. 父系家族について、またそれが経済的制度として果たした機能については以下を参照。Ebrey 1984a. 次の文献では、財産の譲渡について論じている。Ebrey 1984b: 101-20. 以下の文献は、土地の所有権をこれと似た観点から説明しているが、家に関する説明ほどは的確でない。Kishimoto 2011: 69-70.
61. 宋代の法や社会習慣における財産権の移転については以下を参照。戴建国 2001, 2011; 青木 2006, 2013.
62. 『名公書判清明集』に記載されている訴訟のうち、買い戻し権をめぐるものは25件にのぼる。原告の多くは売却した本人でも直系の子孫でもなく、隣接地を所有するそれ以外の血縁者で、こうした人には優先交渉権があった（ただし3年で時効となる）。以下を参照。岸本 2007: 221-30; Kishimoto 2011: 75-78. 原則として、買った側が土地に対する権利を確実にするには、売り手の血縁者と近隣住民から権利放棄証書を手に入れなければならなかった。次を参照。戴建国 2011: 102.
63. 1142年の地籍調査については以下を参照。何炳棣 1988: 11-37. 1142年以降、12世紀と13世紀には、州県レベルで行われたものを除くと、全国レベルの地籍調査は行われなかった。1387年になってようやく、明が全国調査を行った。
64. 他の時代に比べて宋代の女性の財産権が強かったことに関しては、以下を参照。Birge 2002: 64-142.
65. 周藤 1954b. 戦時下という混乱した時代だったこともあり、もとの所有者がどれだけの土地を取り戻すことができたのかははっきりしない。
66. 現在でも、以下の文献はモンゴル人の朝貢制度を説明したもののなかで最良といえる。Schurmann 1956b. 以下も参照。Allsen 1987: 144-88.
67. 元代の分封制度については以下を参照。李治安 1992; 杉山 2004: 28-61. 漢人地域における分封とその運営に関しては次を参照。Endicott-West 1989b: 80-103.
68. 元代の経済にオルトクが果たした重要な役割に関しては以下を参照。愛宕 1973; Allsen 1989; Endicott-West 1989a; 宇野 1989.
69. 大島 1980; Ōshima 1983.
70. 以下の文献には元の税制の概略が示されている。Schurmann 1956a: 65-73.
71. クプチルから包銀へといたる税の変遷に関しては以下を参照。安部 1972; Allsen 1987: 163-71. 中国から西アジアなどへの銀の流出については次を参照。Blake 1937; 愛宕 1973; Kuroda 2009. 9000万両という銀輸出量は以下の文献より。愛宕 1973, 1: 26. わたし自身は200万両、

つまり1100トン分くらいがより妥当と考える（von Glahn 2013: 31）。

72. クビライの行政および財政政策のあらましに関しては以下を参照。Rossabi 1988: 70-75, 119-27.
73. 元における地方行政、とくにダルガチの役割に関しては以下を参照。Endicott-West 1989b.
74. 社については以下を参照。中島 2001.
75. サンガの経歴と政策に関しては以下を参照。Petech 1980; Uematsu 1983.
76. Schurmann 1956b: 166-73.
77. Von Glahn 2003b.
78. 植松 1996: 338-39.
79. Schurmann 1956b: 80; 松田2000: 139. 元代に福建が江南に組み入れられて江浙省になっているので、江南の税収には福建の税収も含まれる。
80. 松田 2000: 146-51. 海路で運ばれる穀物の量は、1290年には150万石（1億4300万リットル）だったのが1329年には350万石（3億3300万リットル）に増えた。同上 : 147.
81. 元代にさまざまな紙幣が乱発された経緯については以下を参照。von Glahn 2010.
82. Pegolotti 1914: 154-55.
83. 元の海上貿易政策に関しては以下を参照。四日市 2006.
84. Polo 1929, 2: 351.〔引用部分は以下より。愛宕松男訳注『完訳 東方見聞録 2』平凡社, 2000: 165〕
85. Ibn Battuta 1929: 235.〔引用部分は以下より。家島彦一訳注『大旅行記 6』平凡社, 2001: 128-130〕
86. Finlay 2010: 139-40.
87. Wicks 1998: 290-97.
88. 中国で13世紀半ばに始まった長期的な寒冷化傾向については以下を参照。劉昭民 1992: 17-25, 130-35. 北半球における「小氷河期」に関しては次を参照。Grove 1990.
89. 呉松弟は元代の総人口について、1290年には7500万人、1340年ごろには9000万人だったと見ているが（呉松弟 2000: 387, 391）、曹樹基の見立てではもっと少なく、それぞれ6800万人、8250万人だという（曹樹基 2000a: 464）。明が建国されたころの総人口の概算値は6000万〜6500万人で、曹樹基は1393年の総人口を7270万人と算定している（曹樹基 2000a: 465）。
90. 中国南西部の高地から東南アジアにかけての地域は近年までずっと、腺ペストの「病原巣」と考えられてきた。ウィリアム・マクニールは疫病史研究に先鞭をつけた著書のなかで、1252〜1253年に現在のミャンマーに侵攻したモンゴル人騎馬兵が伝播者となり、ユーラシア大陸のステップ、そしてヨーロッパと中国にノミ媒介性病原体を持ち込んだと見ている（McNeill 1976: 171-73）。最近の遺伝子研究によると、6世紀の地中海地域、また14世紀のヨーロッパで大流行したペストの発生源が現在の中華人民共和国の領域であることがDNAの分析でわかるという（Morelli et al. 2010）。だが14世紀に中国でペストやそれに類する病気が大流行したかについては、遺伝子解析からは何もわからない。14世紀半ばに中国で腺ペストが大流行したことを示す証拠がないという事実は、ペストがこの地域での死亡者数に関係するというマクニールの主張と真っ向から対立する。以下を参照。Sussman 2011.
91. 森 1967; 1988: 45-196; 檀上 1995: 229-66; von Glahn 2007b.
92. 軍戸の登録方法は地域による違いが大きく、洪武帝時代の軍戸関連の統計は信頼性に欠けるとみなされている。曹樹基によると、15世紀半ばには軍戸が全体の19%を占めており、永楽帝時代もこれと同水準だったという（曹樹基 2000a: 377）。
93. 里甲制に関する栗林宣夫の研究（栗林 1971）は今も古びていない。以下も参照。Tsurumi 1984; Farmer 1995; Heijdra 1998: 459-81.
94. Ray Huang 1974: 88.
95. Von Glahn 1996a: 70-73.

96. 檀上 1997. 民間海上貿易が禁じられた一因（一番重要な原因かもしれない）は、明が純然たる信用貨幣としての紙幣を発行しようとしていたときに貴金属や貨幣が外国に流出するのを防がねばならないということだった。以下を参照。大隅 1990.
97. Ray Huang 1974: 180–225; Puk 2006.
98. 鄭和とその航海については以下を参照。Dreyer 2007.
99. Ray Huang 1974: 109–12; Tsurumi 1984: 268–73. 里甲制が崩壊し、税の銀納化が根付くまでの経過については以下を参照。栗林 1971: 79–142.
100. Von Glahn 2003b: 205–11, 2007b.
101. 何炳棣の先駆的な研究（Ho Ping-ti 1959: 264）には、明代の人口は1368年の6500万人から徐々に増え、1600年ごろには1億5000万人のピークに達したと述べられている。曹樹基の見立てでは1393年に7300万人、1630年に1億9200万人のピークに達したという（曹樹基 2000a: 452, 464–65）。かたやマーティン・ヘイドラの説は修正主義的で（Heijdra 1998: 438）、明代末の人口として2億6800万～3億5300万という概算値を提示しているが、この見方には重大な欠陥があり、信頼性に欠ける。
102. Li Bozhong 2003.
103. Yamane 1984. 中島楽章は徽州の記録をもとに、財産をめぐる紛争は1450年以前、そのほとんどを里長が取り扱っていたこと、1450年から1520年にかけてはほぼ半分を地方官が扱っていたこと、そして1520年以後は里甲制が紛争でなんらかの役割を果たすことはなかったことを示している。（中島 2002）。
104. 以下、数段落分の記述は次の文献に依った。欒成顕 2007: 121–42. 一次資料として使われているのは戸籍簿で（明代には「黄冊」と呼ばれていた）、1403年から1432年にかけてほぼ10年おきに4回にわたって行われた調査の記録である。このほか、李舒の世帯に関わる土地売却契約書や財産明細書、訴訟記録が残されている。
105. 夫に死に別れた女性が再婚相手を「招き入れて」同居し、新しい夫が家計を支え、必要なら自身の子をなすこと（妻方居住婚）はごく一般的なことで、ここに示したのもその一例だ。以下を参照。Waltner 1990: 99–110; Ebrey 1993: 235–40.
106. 謝氏はかつて隆盛を誇っていたが、父の代に家運が傾いた。だが謝能静が挽回し、かなりの土地を獲得した。以下を参照。欒成顕 1990; 中島 2002: 113–48.

第8章

1. *GSZ*: 14.2a–b. 以下を参照。von Glahn 2007b: 124–25.
2. Rowe 1985.
3. 濱島 1982: 263–335.
4. McDermott 1981.
5. 「農奴制やそれに類似した小作制を伴う荘園制秩序」というマーク・エルヴィンの描いた明代社会像（Elvin 1973: 235）に納得する研究者は、今日ではおそらく、中国の一部マルクス主義歴史家を除けばいないだろう。初期の論考（Koyama 1984; 日本語原論文は1957–58）で明代末の農業を奴隷労働に根差すものとして説明した小山正明も、のちの論文ではもっと控えめな立場をとり、農業労働者に占める奴僕の割合は4分の1にすぎないことを認めたが（小山 1974）、今日の研究者の大半はこれでも多すぎると考えている。ジョゼフ・マクダーモットの見積もりによると、それまで隷属労働の使用率が高かった徽州の場合、明代末には農業労働者に占める隷属民の割合が1％を下回ったという（McDermott 2013a: 253）。1582年に行われた徽州の歙県と休寧県の地籍調査の記録からは、ほとんどの土地が地元住民のもので、いくらかでも土地を所有する世帯は全体の70％を占めていたことがわかる。所有地もかなり均等に分布しており、地主は全人口のわずか0.3％だったが、所有地の面積は

全体の20％に満たなかった。以下を参照。章有義 1984: 9.

6. Ray Huang 1974: 158. 土地をめぐる競争の激化が、結果として大規模な荘園の形成の阻止につながったと趙岡は述べている（Kang Chao 1986: 107–28）。
7. 地域・地方市場の長期にわたる成長を研究した文献として、以下を参照。寧波については Shiba 1977、広東については Marks 1999。華北に関しては定期市の制度の研究があまりなされていないが、特筆すべき研究として、石原 1973 がある。
8. 範金民・金文 1993: 200–4.
9. Xu Dixin and Wu Chengming 2000: 308–26. 明の陶磁器、なかでも景徳鎮の製品の海外市場の形成については以下を参照。Finlay 2010; Pierson 2013.
10. 現在でも、以下は明代の綿織物業に関する英語文献のなかで最も精緻なものと言える。Nishijima 1984. もっと新しい概論として、以下を参照。Zurndorfer 2013: 77–83. 商人は綿織物の製造に直接的な役割を果たしてはいなかったという西嶋定生の説にほとんどの研究者は同意しているが（例えば以下。範金民 1998; Xu Dixin and Wu Chengming 2000: 222–23; Zurndorfer 2013: 82）、李伯重は、商人が品質基準を守らせるなどの形で、製造工程に介入するようになったと述べる（李伯重 2000: 77–85）。蘇州の木綿加工業で司法が契約書や紛争をどう取り扱ったかに関する邱澎生の研究（邱澎生 2004）は李伯重の分析を裏打ちしている。
11. 要木 1996.
12. 劉石吉 1987; 樊樹志 1990.
13. Lillian Li 1981: 45–52.
14. 同上: 51–56; 範金民・金文 1993: 220–35. 範金民と金文によれば、19世紀初頭の江南では帳房が仲介する形での絹織物製造が主流になった。
15. 寺田 1972a. 江南の木綿産業に仲買（賈師と呼ばれていた）が果たした役割、および字号との関係については以下を参照。邱澎生 2012.
16. 横山 1962.
17. 邱澎生 2004. 大清律例では市場操作（「把持行市」）を禁じていた。把持行市は商人がカルテルを結び権力を寡占すること、あるいは労働者が賃金や労働条件について譲歩を引き出すために団体行動をとることのいずれかを指した。
18. Ebrey 1986b. 新儒学的な父系血縁原理が元代と明代の家族や結婚、相続に関する法令にどのように規定として設けられたかについては以下を参照。Birge 2002.
19. 明代における宗族の形成については、福建と広東の事例の研究が最も充実している。以下を参照。Zheng Zhenman 2001; Szonyi 2002; Faure 2007. だが華南の他の地域に関しても似た傾向が観察されている。以下を参照。Dardess 1996: 112–38; McDermott 2013a: 235–368. 宗族は、その制度的支柱となる先祖をまつった施設（祠堂）の名称を用いて、「〇〇堂」と呼ばれることが多い。
20. McDermott 2013a: 409–20.
21. 叶顕恩・譚棣華 1985b: 26–27; 34–35, 表1.
22. Faure 2007: 222–29.
23. 叶顕恩・譚棣華 1985a: 146–48.
24. McDermott 2013b: 235–49.
25. 同上 : 249–60. 以下は徽州商人についての基本文献である。張海鵬・王廷元 1995.
26. 寺田隆信による先駆的研究は明代の山西商人に関する論として定評がある（寺田 1972）。江南における地縁的商人集団の形成と活動については以下を参照。範金民 1998: 184–309.
27. *WZZ*: 4.96（巻四 地部二 富と吝嗇）.〔引用部分は以下より。岩城秀夫訳注『五雑組 2』平凡社, 1997: 214〕
28. 張海鵬・王廷元 1995: 159–84.

29. *SZ*: 5, fengtu, 12a（風土論).〔原文は以下のとおり。「金令司天、銭神卓地」〕
30. このテーマは以下の文献で委曲を尽くして探求されている。Brook 1998.
31. 余英時 1987.
32. 梁其姿 1993.
33. 明代の終わりから清代にかけての民間慈善事業の増加に関しては数多くの文献が書かれてきた。以下を参照。夫馬 1997; 梁其姿 1997; Handlin Smith 2009.
34. 梁其姿 1993: 151-57.
35. 奢侈品の需要の高まりが消費と文化的価値観に及ぼした影響については以下を参照。巫仁恕 2007; Clunas 1991; Brook 1998.
36. von Glahn 1996a: 113-18.
37. Flynn and Giráldez 1995.
38. Rawski 1972: 48-49. 福建は瞬く間に、中国の主要な煙草生産地になった。16世紀後半に初めて煙草が栽培されてから華南の高地に浸透したことについては以下を参照。田尻 1999; Benedict 2011: 15-60.
39. Marks 1999: 130-31.
40. 以下に引用がある。Godinho 1969: 531.
41. Yuan 1979; von Glahn 1991.
42. 唐文基 1990.
43. 「17世紀の全般的危機」の経済的側面については以下を参照。De Vries 1976.
44. 『近代アジア研究』(*Modern Asian Studies*) の特集号で、中国史、南アジア史、東南アジア史の専門家がこうした説を唱えている。以下を参照。Atwell 1990; Reid 1990; Richards 1990. だがニールス・スティンスガードは同じ号で、17世紀のアジアに「全般的危機」があったとする立場に異を唱え、アジアでは環境破壊はともかく、経済の動向（およびその政治的影響）は地域によって大きく異なると結論付けている（Steensgaard 1990)。
45. Atwell 1982, 1986, 1990, 2006.
46. 李隆生 2005.
47. von Glahn 1996b, 2013: 31-39.
48. Atwell 1986, 1990. 以下も参照。Marks 2012: 187-89.
49. 人口史の研究者、曹樹基の算定によれば、明の人口は1630年に1億9200万人のピークに達し、1630～1644年に4000万人（21％）減少した（曹樹基 2000b: 451-52, 表11.1)。他の研究（例えば、Marks 2012: 187）も、ほぼ同じ幅で減少したと見ている。
50. Kishimoto-Nakayama 1984; von Glahn 1996a: 207-33.
51. Torbert 1977.
52. Zelin 1984: 26-46.
53. Wong 1997.
54. Yeh-chien Wang 1973: 20-31.
55. Hsiao 1960: 88-91. 以下の表8-7と表8-8は編審の記録をもとにしている。
56. Skinner 1986.
57. Yeh-chien Wang 1973: 8-9. 捐納制度の詳細については以下を参照。許大齢 1974.
58. ただ、税額は銀建てで定められたが、かなりの部分が銅銭で納められた。銅銭の発行量が激増した18世紀半ば以降はとくにその傾向が強まった。以下を参照。Yeh-chien Wang 1973: 59-61.
59. Golas 1977; 邱澎生 1990; Moll-Murata 2008.
60. 揚州における徽州の塩商の経済力と社会的影響力については以下を参照。Finnane 2004; 王振忠 2014.
61. Mann 1987.

62. 加藤 1952a: 545–52; Mann 1987: 70–93.
63. Hsiao 1960: 132–39.
64. 海上貿易の自由化に向かう清代初期の政策の変遷については、以下に詳しい。Zhao 2013.
65. 技術移転のおかげで、徳川時代の日本は「輸入代替」をはかることができた。つまり、中国からの輸入品への依存から脱却するべく、絹織物業や製糖業などの国内産業を育てていったのだ。以下を参照。川勝 1991.
66. 岸本 1997: 186. 海外に渡った漢人のなかに不穏分子がいるとの危惧から、康熙帝は1716年から1729年にかけて東南アジアとの海上交易を中止した。趙剛はこのことを、1683年以来重視されてきた一種の「門戸開放政策」から逸脱する、特殊な政治判断と考えている（Zhao 2013: 153–68）。
67. Lombard 1990, 1: 13. 福建の廈門と台湾、東南アジアをつなぐ貿易網については以下を参照。Ng 1983. 東南アジアへの漢人の移住を概観したものとして、次を参照。Kuhn 2008.
68. 1757年に清がヨーロッパ商人との貿易港を広州に限定し、厳しく統制したのは、広州の利害関係者が後押ししたためだと趙剛は述べている（Zhao 2013: 169–86）。広州の勢力は他の港との競争を危惧していたという。広州における通商制度と外国貿易の実態については以下を参照。Van Dyke 2005.
69. 徴税の合理化、および地方財政の健全化のために雍正帝が行った活動については以下を参照。Zelin 1984.
70. Rowe 2001: 45–51, 251–52. 管見によれば、「蔵富於民」という言葉は15世紀の儒学者・為政者の邱濬が考案したものだ。以下を参照。*DXYYB*: 20.2b.
71. それぞれについて以下を参照。岸本 1997: 309–21; Dunstan 1996: 6–9, 2006: 91–95.
72. Rowe 2001: 287.
73. この点については、18世紀中国の政治経済に関するピエール・エチエンヌ・ヴィル（Will 1994）の説明のほうがウィリアム・ロウ（Rowe 2001）やヘレン・ダンスタン（Dunstan 2006）による説明に比べて説得力があるとわたしは考える。
74. Shigeta 1984; Elvin 1977; Rowe 1990; Rankin 1990, 1994.
75. Wong 1997.
76. Will 1985; Perdue 1987: 164–233; Marks 2012: 208–13.
77. 清の飢饉救済策と常平倉の運用については以下を参照。Will 1990; Will and Wong 1991; Rowe 2001: 250–87; Dunstan 2006.
78. Lillian Li 2007: 221–49.
79. 1738～1810年に雲南の銅山では年平均6000トンが、またピーク時の1764年には9000トンが産出された。Vogel 1987: 32–33.
80. 18世紀半ばに江南で再び銅銭が標準貨幣として使われるようになったことに関しては以下を参照。黒田 1987; 岸本 1997: 353–63.
81. 史志宏によると、1724年には全耕地に占める公有地の割合はわずか7％だった（史志宏 1994: 25）。李文治と江太新によれば、1812年には10.6％、1887年には12.9％だった（李文治・江太新 2005: 296）。19世紀に公有地の割合が増大したのは、学校の土地が増えたこと、後年の調査では公有地に分類される土地が多くなったことによる。
82. 李文治・江太新 2005: 274–79.
83. 同上 : 278–79.
84. 条件付き売却、また土地に対する権利の多層化のせいで、土地を獲得したり投資を行ったりすることへの人々の意欲が削がれ、経営的な農業の発展が阻害されたという議論がある（例えば以下を参照。Philip Huang 1990: 102–14, Taisu Zhang 2011）。だが、条件付き売却の割引率は、将来売り主に土地を買い戻されたり、追加的支払い（「找価」）を要求される危険性を補ってあまりあった。以下を参照。Pomeranz 2008b. ケネス・ポメランツが述べている

ように、条件付き売却や小作権の恒久化は、農業生産性が最も高い地域（江南、福建、珠江デルタ）でどこよりも顕著に認められる。浙江と福建の境界にある石倉という村の土地文書8000通に関する予備調査（曹樹基ほか 2010）からは、土地に対する残余権利そのものも譲渡可能な商品になったことがわかる。残余権利があるおかげで、例えば部分的所有権（「工本」）を授与してもらい、他人が所有する未開墾地を耕す動きが後押しされた。石倉では、土地譲渡手続きは3つの段階を踏んで進められた。それぞれについて、土地の売却（売）または譲渡（退）、納税義務の移転、追加的支払い（找価）の契約が結ばれた。找価の完了によって——石倉の場合、最初の売買契約から1年以内に支払われる事例が全体の95％を占める——契約が確定し、取り消し不能となる。石倉の文書で用いられていた言葉は厳密で、また取引契約書が融通性に富んでいたため、土地市場の円滑化が促されたと曹樹基と共著者は結論付けている。

85. Philip Huang 1985: 102.
86. 李文治・江太新 2005: 302-32.
87. Lillian Li 2007: 100-1. 華北の全農地の20〜30％で木綿が栽培されていたという説（Naquin and Rawski 1987: 143）にはかなり誇張がある。
88. Li Bozhong 1998.
89. Mazumdar 1998: 84-86, 323-31.
90. Marks 1999: 184.
91. Mazumdar 1998: 254-60.
92. 以下に引用がある。傅衣凌 1982: 125.
93. Will 1985; Perdue 1987.
94. 曹樹基 2000b: 324-25. 四川への入植を国家が促進したことについては以下を参照。陳鋒 2008: 299-317.
95. Paul J. Smith 1988.
96. Will 1994: 866-68; Marks and Chen 1995: 141-42; Dunstan 2006: 307-462.
97. 江南の数字については以下を参照。Yeh-chien Wang 1992. 広東に関しては次を参照。Marks and Chen 1995. 1740年から1790年にかけて、直隷の小麦（Lillian Li 1992）と湖南の米（Wong and Perdue 1992）の価格はきわめて段階的に上昇した。
98. 岸本 1997: 138-53; 彭凱翔 2006: 34-36; 陳春声 2005: 158-61.
99. この結論は以下に記されているもの。彭凱翔 2006. この文献は清代の価格史に関する最も精緻な研究である。
100. 価格間の相関関係に関する数々の研究から、蘇州を中心とするかなり高密度の米市場があったことが確認できる。以下を参照。Ch'üan and Kraus 1975; 彭凱翔 2006; Shiue and Keller 2007; Cheung 2008.
101. 鄭亦兵 1994: 90-91. 鄭亦兵が示す穀物の流通規模は、影響力ある呉承明の研究（呉承明 1985: 255-59）に記載されている1840年の数字（3000万石）の2倍にあたる。史料からは、1790年代以降に穀物の地域間交易の規模が縮小したことがはっきりわかる。だが、呉承明の示した数値は小さすぎると現在ではほとんどの研究者が考えている。以下を参照。彭凱翔 2006: 6; 方行ほか 2007, 2: 733.
102. 陳春声 2005: 45-46; Yeh-chien Wang 1985: 90-95.
103. 北部と中部の穀物市場がどの程度密接な関係にあったかについては議論が分かれている。臨清や済南など山東省の主要な商業都市の穀物価格と蘇州の価格との相関関係は弱いと張瑞威（Cheung 2008: 23-25）は論じる。他方、直隷（河北）の穀物価格と蘇州の価格のあいだには強い相関関係があると李明珠（Lillian Li 2007: 217-19）は述べる。
104. 広東に関しては、Marks 1999: 268-74、河北については、Lillian Li 1992: 88-95 に述べられている。

105. Shiue and Keller 2007. 18世紀広東の穀物収穫量と価格の関係は、17世紀イングランドに比べて変動が小さいとロバート・マークスは述べている。Marks 1999: 271.
106. 定期市の数については以下を参照。方行ほか 2007, 2: 778.
107. Lillian Li 2007: 207-13. 許檀は、清代の農村部が全国市場にしっかり組み込まれていたという説を唱える論者の筆頭にあげられる（許檀 2000）。だが李明珠の懐疑的な見方にははるかに盤石な根拠がある。
108. Skinner 1977a, 1977b.
109. 山西商人の経営形態にも徽州商人の場合にもこの3つの型が見られた。ただし山西商人では代理型が、徽州商人では合資型が一般的だった。以下を参照。寺田 1972: 265-83; 張海鵬・王廷元 1995: 68-82.
110. 合夥という中国語の呼称は3形態のすべてを指し、事業主が雇用者の給与を支払う形のものを意味する場合もあった。以下を参照。劉秋根 2007: 187-89.
111. 財産権の保護や共同事業関係の確認に契約書が果たした役割に関しては以下を参照。Zelin 2004; Kwan 2004; Gardella 2004.
112. Zelin 2004: 27-30; Kwan 2004: 292-93.
113. Dykstra 2013: 413-20.
114. Faure 2007: 230.
115. Faure 2006: 33-44. 宗族は制度としての息こそ長かったが、内紛に振り回されることが多かった。ジョゼフ・マクダーモットも述べているように、数が増える一方で血縁が薄くなっていく成員のあいだでどのように統制や協力体制を保つかが、宗族の長きにわたる悩みだった（McDermott 2013a: 366-68）。
116. Faure 2007: 231-32.
117. 劉秋根・謝秀麗 2005.
118. 劉永成・赫治清 1983. 楽鳳儀の兄も1702年に自身の店を開いていた。楽鳳儀の店が開店したのは、おそらくそれからほどないころだ（1709年に店があったことは間違いない）。
119. 1742年に、条件付きでふたりの実業家に支店を売却して2000両を得た。楽氏は引き続きその店の営業を続け、何度か共同事業者を探したが適当な相手が見つからず、新しい経営者に転貸することにした。
120. 新しい株主は、（宗族についての科大衛のたとえを用いるなら）持株会社のような血縁集団だった。
121. 楽鳳儀の兄が1702年に始めた同仁堂という薬局も長らく外部の出資者を募っていたが、1820年には楽氏が再び単独所有するようになった。万全堂とは異なり、同仁堂は店の経営者に配当を払っていた。1818年時点で21人の株主（投資総額は4万3800両）が36.5株を保有し、店舗経営者と従業員は10株（全体の21.5%）を保有している。以下を参照。劉永成・赫治清 1983: 12.
122. 専門経営者を雇用する複数出資の事業へと家族経営の会社が脱皮した類似例を、ケネス・ポメランツ（Pomeranz 1997）も取り上げている。1779年に山東省の済寧で創業した食品加工会社、玉堂だ。だが1905年にふたりの大株主のうちひとりが――1807年の段階で先祖が出資者となっていた――もう一方の大株主と一般出資者の保有株を買収し、玉堂は家族経営の会社として再建され、1956年に国有化されるまで存続した。
123. 劉秋根 2007: 415-47.
124. 劉秋根 2007: 424-25, 付表 3.
125. 劉秋根・謝秀麗 2005.
126. 蔡氏が展開した事業については以下を参照。陳支平 2009: 32-116.
127. 互いに付き合いのなかった家が、財産権を守ったり、人的・物的資源を集めたりするために結集して作り出した組織としての宗族については、以下を参照。Szonyi 2002.

128. 範金民 2001. 以下も参照。劉秋根 2007: 447-60.
129. Ming-te Pan 1996.
130. 劉秋根 2000: 80-81.
131. 劉秋根 2007: 176-204.
132. 日山 1996: 80.
133. Rosenthal and Wong 2011: 153. この文献の筆者たちも指摘していることだが、中国の質店の短期金利をヨーロッパで一般的だった長期の抵当貸しや年金、公的債務の利息と比較するのは、まったく異質なものを同列に並べるに等しい。中国ではヨーロッパの10倍から20倍の利息を取っていたという説に異論を唱えつつ、評価の高い借り手の実質資本コストは、中国ではヨーロッパの2倍だったと筆者たちは結論付けている（同上 : 139）。ただ、それでも大きな違いではある。
134. 以下に引用がある。*MSC*: 100.9a.

第9章

1. Pomeranz 2000.
2. ポメランツの分析を批判する人は数知れない。目を引く例を、以下にいくつかあげる。Vries 2002; Brenner and Isett 2002; Broadberry and Gupta 2006; van Zanden 2009; Rosenthal and Wong 2011; Parthasarathi 2011; Brandt, Ma, and Rawski 2014. また2011年に特別号として刊行された次の雑誌も参照。*Economic History Review*, "Asia in the Great Divergence" (vol. 64, suppl. 1).
3. 「プロト工業化」とは、域外市場向け商品（繊維製品などの消費財）の生産を目的とした、農村を基盤とする家内制手工業（主な担い手は女性と子供）を指す。土地をもたない、あるいは所有地の少ない世帯の労働力も吸い上げ、世帯所得と消費力の向上につながる。ヨーロッパにおけるプロト工業化については以下を参照。Ogilvie and Cerman 1996; De Vries 2008. 日本に関しては次のとおり。速水 1979; Saitō 1983; Sugihara 2003.
4. Pomeranz 2000: 36-38. 平均寿命に関する数字については以下を参照。Lee and Wang 1999: 54-55, tables 4.1, 4.2.
5. 18世紀江南の家計消費に占める食費の割合に関し、方行もほぼ同じ数字を提示している（方行 1996）。イングランドとの比較は以下より。Pomeranz 2000: 137.
6. Pomeranz 2000: 116-24.
7. Pomeranz 2000: 143-46. 18世紀ヨーロッパの家計消費については以下を参照。De Vries 2008.
8. Elvin 1973: 285-316.
9. Perkins 1969: 13-26.
10. Chao 1986.
11. 同上 ; Philip Huang 1990.
12. 李伯重 2000, 2002; Li Bozhong 2003. 宋代における米の単位あたり収穫量として李伯重があげている値が低すぎることは指摘しておくべきだろう。以下の批判を参照。葛金芳・顧蓉 2000; Liu Guanglin 2013.
13. ポメランツは1750年の物価をもとに、女性による家計への寄与を7.2両と算定している。これは成人男子1.9人が必要最低限の生活を維持できるだけの金額だった（Pomeranz 2000: 319-20）。黄宗智は織り手1人で成人男子2人を支えることができたとするが、「豊かになれる可能性はほとんどなく、かろうじて生計を維持できる程度」とも述べている（Philip Huang 1990: 86）。
14. Pomeranz 2000: 326.
15. 張麗 2010: 171-81. 張麗が示しているように（同上 : 35-61, 155-71）、黄宗智が養蚕の収益として提示した数字は欠陥のあるデータに基づくものだ（Philip Huang 1990: 79, 126-27）。

16. 張麗 2010: 190, table 24.
17. 黄敬斌（2009: 318-19）も、18世紀江南の養蚕農家は「豊か」だったし、19世紀における世帯消費水準の下落もかなり緩やかだったと述べている（本文の表 9 - 1 を参照）。
18. 杉原薫はこうした共通点を「東アジア的発展径路」という言葉で説明している（Sugihara 1996, 2003）。
19. 例えば以下を参照。Zelin et al. 2004; Goetzmann and Köll 2005; 邱澎生 2008; Rosenthal and Wong 2011; Debin Ma 2011; Zurndorfer 2011; So 2013a; Brandt, Ma, and Rawski 2014.
20. 前近代社会の経済活動を量的にとらえる際に GDP を使うことが誤りであると鋭い主張を展開した論考として、以下を参照。杜恂誠・李晋 2011. GDPは市場で売買されたあらゆる物や労働、サービスを計測するためのものだが、前近代社会における総生産の大半は市場で売買されていなかった。比較のためさまざまなものの価値を1990年の米ドルなどに一律に換算する際にも、標準的な価格指標が必要だが（中国では貨幣の機能を果たしていなかった金（きん）を用いることが多い）、これも市場における実質価値を反映しているとは必ずしも言えない。GDP算定のために物価の計算を行う際の技術的問題に関しては次を参照。彭凱翔 2011.
21. Maddison 2001: 42-48, 2007: 44, tables 2.1-2.2c.
22. 手工業に関して著者たちが提示した数字は、他の研究者による数字に比べて著しく小さい。例えば、明代後半の綿布生産量を500万疋としているが（管漢暉・李稲葵 2010: 800）、これは松江の単独の生産量として呉承明が示した2000万疋（呉承明 2001a: 131）の 4 分の 1 にすぎない。 1 人あたり GDP が15世紀半ばにピークに達し、その後は下落を続けたことを示す計算（1600～1626年に若干増えはしたが、それでも1450年のピーク時を下回っている）は、当然ながら明代経済に関する他のあらゆる研究とも矛盾する（管漢暉・李稲葵 2010: 808）。ふたりがスティーヴン・ブロードベリーと共同で行った新しい研究では、明代後半に関する概算値を修正し、2010年論文の 4 倍の水準にしている（Broadberry, Li, and Guan 2014）。
23. 劉逖 2009.
24. Broadberry, Guan, and Li 2014: 20. 1661～1850年の 1 人あたり GDP として史志宏らが提示した数字（Shi Zhihong et al. 2014）はブロードベリーらの数字をわずかに（およそ10%）下回るが、両者のグラフはほぼ同じ形をしている。史志宏らが示した新しい知見のなかでも重要な点は、1650～1900年に高収入のサービス部門（とくに政府）が減ったことを、GDP下落の主な原因としていることだ。
25. Hartwell 1988: 78-79. だが劉光臨とは異なり、ハートウェルは兵士の賃金を計算する際にもとにしたデータを示していない。
26. Golas 1988: 93-94.
27. Li and Van Zanden 2012. どちらの地域においても、1820年代は不景気とは言わないまでも景気が停滞していた。
28. 馬徳斌（Debin Ma）の計算によれば、12世紀前半の江蘇・浙江の 1 人あたり GDP は全国平均に比べおよそ50%多かった（Ma 2008）。また、18世紀における同地域の 1 人あたり税収額（所得額のおおよその指標と考えていいだろう）は50%多かったと馬徳斌は指摘する。
29. Allen 2009.
30. 農業／機織りに従事する江南の世帯に黄金時代が訪れたのは17世紀前半であるとアレンは結論付けるが、この研究では 2 世紀もの期間が大雑把に扱われている。綿布の価格を1820年代の著しく安い値でなく、18世紀後半のもっと高い値に置き換えれば、黄金時代は人口の増加に関係なく、1800年にいたるまで続いたのではないかとわたしは思う。
31. Allen et al. 2011.
32. また、アレンらがいっさい触れていないことからも、以下のことは指摘しておいたほうが

いいだろう。北京とロンドン・アムステルダムとの実質賃金の差は、19世紀にこそ急拡大するが、その前の18世紀にはかなり縮まっていた。

33. Pomeranz 2008a: 84-85. 許滌新と呉承明の算定によれば、賃金労働者が明の人口に占める割合はわずか1～2%だった（Xu Dixin and Wu Chengming 2000: 37）。
34. この古典的な記述は以下より。Mann Jones and Kuhn 1978.
35. Vermeer 1991; Wensheng Wang 2014: 61-70.
36. Wensheng Wang 2014（「持続的な政治発展」の定義に関しては、同書の6～9ページを参照）。嘉慶帝の治世とその政治改革を評価する近年の流れについては次を参照。Rowe 2011.
37. Mann Jones and Kuhn 1978: 108-10; Wensheng Wang 2014: 23-6.
38. Marks 2012: 205-15. 江南の高地でも似たような生態系の問題が起きていた。以下を参照。Osborne 1994, 1998. ロバート・マークスによれば、華南東部の高地に定住した客家が生態系に与えた影響は棚民ほど大きくはなかったという。客家の主食はサツマイモで、換金用に杉を栽培したため、森林被覆を保護する形になった（Marks 2012: 206）。
39. 黄河の水利施設が壊滅状態にあった1824年から1826年のあいだ、政府は長江デルタから北京に米穀を運搬するのに海路を使うはめになった。それにより大運河に比べ効率的であることがわかったが、政治的な圧力がはたらいて、水利施設が安定しても、宮廷は大運河の使用を余儀なくされた。ジェイン・ケイト・レナードはこの件を、道光帝と顧問たちの行政手腕を示すものとして前向きに評価している（Leonard 1996）。だがこのころの清がとることができたのは「小規模な手直し程度の行動」にすぎず、「壮大な計画」は諦めていたと、レナードも認めている（1996: 233）。
40. Lillian Li 2007: 255-66.
41. Lee and Campbell 1997: 31-39.
42. 李中清（James Z. Lee）とキャメロン・キャンベルによると、女児の殺害は貧困層に限らず、皇族をはじめ清社会の上層部でも行われていた（Lee and Campbell 1997: 65-70, 81-82）。だが他の研究者は、（李とキャンベルのデータからもわかるように）貧困層における嬰児殺害の浸透度は上流階級の比ではなく、中国の民衆がいかに困窮していたかを示す指標となる、と力説している。以下を参照。Wolf 2001; Lillian Li 2007: 315-16. 中国では早婚がよしとされていたにもかかわらず、ヨーロッパに比べて出生率は低かったとの見方が定着している。李中清らは出生率の低さを産児制限によるものとしているが、アーサー・ウォルフは貧困と栄養不足に原因を求める。浙江省と福建省の境界地帯、松陽県の闕氏に関する近年の研究によれば、一族が栄達を重ねた1730年から1830年にかけては出生数が増え、家運が傾き始める1830年以降は減少の一途をたどった。闕氏は自分たちの経済状況に合わせて家族の規模を調整していたと、著者らは結論を下している。もっとも、1830年以降、子供の数が明らかに減ったにもかかわらず、一族の経済的没落には歯止めがかからなかったという。以下を参照。車群・曹樹基 2011.
43. 華南の穀物価格については図8-5を、華北については以下を参照。Lillian Li 2007:196-220; Lee and Campbell 1997: 27-39.
44. 以下の文献には、統泰升の会計原簿が紹介されているほか、これが経済史にとっていかに役立つかが記されている。袁為鵬・馬徳斌 2010.
45. Mann Jones and Kuhn 1978: 130; 彭澤益 1983: 25-26.
46. Rowe 2010: 72. 言うまでもないことだが、包世臣の持ち出した数字は途方もない大きさで、とても信じられるものではない。
47. Dermigny 1964: 3, 1342-43.
48. 林満紅 1991; Lin Man-houng 2006: 87-114.
49. 林満紅の分析に対するわたしの批判については以下を参照。von Glahn 2013: 49-58. 林満紅（Lin Man-houng）は2006年の著書のなかで、銀の流出が1808年の時点で始まったことをあ

らわすデータを記載している。だがこのデータには大きな欠陥があり、そのことは以下の文献にも述べられている。Kishimoto 2009: 93-95. 林満紅のデータを修正すると、わたしのデータと同じように、1820年代後半から銀の流出が始まったことになる。

50. von Glahn 2013: 47, figures 2.15, 2.16. わたし（von Glahn 2007a）とアレハンドラ・イリゴイン（Irigoin 2009）も述べているように、流れを大きく変えたのは貨幣発行量の減少でなく、ラテンアメリカの新興共和国が発行する貨幣の質が、中国人の目に激変と映るほど悪くなったことだった。別の言い方をすると、世界規模の供給不足というより中国での需要の減速が、アメリカ大陸産の銀の中国への輸入を終わらせたのだ。
51. Burger 2015; 王業鍵 2003: 196-99.
52. 王業鍵 2003: 180-84. 地方の役人は、銭票が過剰に発行されているせいで銅銭の価値が下がったと非難した。以下を参照。von Glahn 2013: 55-57.
53. Kuroda 2000, 2008: 187-98.
54. 以下の文献ではそのように結論付けている。彭凱翔 2006.
55. 李隆生 2010: 179-80, 表3.20.
56. 1790年代の物価下落は銀輸入量の急減によるものだと張瑞威は述べている（Cheung 2013）。
57. たしかに、倪玉平も全国の税関34カ所の税収合計額が19世紀前半を通じてほぼ500万両の水準を保っていたと述べ、「道光不況」説を退けている（倪玉平 2010: 150-61）。だがほとんどの税関が（それぞれのノルマに基づいて）毎年まったく同じ数字を税収として報告しており、大規模な税関のみが、年ごとに異なる数字を報告している（本文の表にある 4 カ所の税収は毎年税収合計額の50～60％を占めていた）。
58. Pomeranz 2000: 140-41.
59. 江南 8 州の1391年の人口、1776年の人口に関しては、それぞれ以下を参照。Li Bozhong 2003: 142, 表4.3; 曹樹基 2000b: 87-88, 表 3 - 5 , 113, 表 3 -15. ポメランツ（Pomeranz 2000: 288, 2008: 88）は江南の人口が1750年から1850年にかけて横ばいだったと述べているが、曹樹基のデータはこの地域の人口増加率は同時期の全国人口の増加率とほぼ同じだったことをうかがわせる。
60. ウィリアム・スキナーは1843年時点の中国の都市化率を5.1％と算定している（Skinner 1977b: 229）。
61. 山本 1991, 1997, 2002, とくに第1, 第 3 章 ; Pomeranz 2000: 242-49.
62. 李伯重 2010; Li Bozhong 2013.
63. 呉承明 2001b: 267.
64. 以下に引用がある。李伯重 2010: 492.
65. 呉承明 2001b: 241-42, 287-88.
66. 李伯重 2007.
67. 太平天国の乱による死者数のうち、最大値の7300万人は以下の文献から。曹樹基 2000b: 445-53.
68. 以下に引用がある。A. J. Sargent, *Anglo-Chinese Commerce and Diplomacy*（Oxford: Clarendon Press, 1907）: 106.
69. 第二次アヘン戦争（アロー戦争）は経済的動機によって引き起こされたという議論については以下を参照。J. Y. Wong 1998.
70. 地方の役人は、自分たちの自由がきかない巨額事業のために働くことを嫌い、北京の政府は資金の投入を地方に強制するだけの力もなかった。とくに新生海軍と福州の造船所は、しっかりした財政的裏付けの欠如に悩まされた。以下を参照。Pong 1994; Wenkai He 2013: 159-63.
71. Yen-p'íng Hao 1986: 166-67; Pong 1985.
72. Feuerwerker 1958: 10-11. 輪船招商局の株を所有できるのは清国臣民に限られていた。近代的

形態の株式市場はなかったが、官許を得た仲買人が仲介する形で公に取引された。

73. 西洋の汽船会社に中国人出資者が果たした重要な役割については以下を参照。張忠民 2002: 111-26.
74. 劉広京 1983; Yen-p'íng Hao 1986: 323-29.
75. Feuerwerker 1958; Yen-p'íng Hao 1986: 202-11, 330-34; Chi-kong Lai 1992.
76. Yen-p'íng Hao 1986: 245-58; Motono 2000: 119.
77. 釐金は本来、貨物に課される従価税だったが、税を搾り取るための一手段と化し、商人の行会や買弁、地方官は物品の量にかかわらず、一取引ごとに定額を支払わせようとした。
78. Mann 1987: 110-12; Bernhardt 1992: 117-60.
79. Bastid 1985: 59-68. 清代末期数十年間における国家の財政能力にもっと前向きな評価を行ったものとして、以下を参照。R. Bin Wong 2012: 372-77; Wenkai He 2013: 157-72.
80. Feuerwerker 1980: 64.
81. Yeh-chien Wang 1973: 133.
82. 実質的な財政支出、および他の国家との比較については以下を参照。Brandt, Ma, and Rawski 2014: 66-70. 1895～1910年のロシアでは、国民所得に占める国家収入の15～16%、同時期のオスマン帝国では10%超だった。次を参照。Gatrell 2012: 207; Pamuk 2012: 325.
83. この議論に関しては以下を参照。林満紅 2006: 147-79; Rowe 2010.
84. 1850年代から60年代にかけての金融政策の実験については以下を参照。King 1965; Wenkai He 2013: 131-52; Kaske 2015. 次の文献では、19世紀後半の財政安定化に売官が大きな役割を果たしたことを力説している。Kaske 2011. それに加え、各省では兵士に「餉票」という紙幣を配布していた。官職を買うには、銀もそうだが、たいていは餉票が必要だった。したがって理論上は、兵士が官職を買う場合、銀の代わりに餉票を使うことも可能だった。だが現実には、餉票の価値は額面より大幅に安かった。以下を参照。Kaske 2015.
85. von Glahn 2007a.
86. 1898年には政府が後ろ盾となって上海に中国通商銀行が設立され、貨幣発行の認可を受けたが、政府はここの発行した紙幣も硬貨も法定貨幣として認めなかった。1907年に同行が発行した紙幣は330万元分にとどまり、民間発行紙幣のほんの一部にすぎなかった。以下を参照。Feuerwerker 1958: 225-41. 清は戸部銀行という国営銀行を設立し（清朝滅亡を目前にした1908年に大清銀行と改称）、法定貨幣を発行する排他的権利を与えた。以下を参照。Linsun Cheng 2003: 25-32.
87. 19世紀後半の金融情勢を概観したものとして、以下を参照。King 1965: 189-228; Yen-p'íng Hao 1986: 34-71; 陳鋒 2008: 615-66.
88. Wenkai He 2013: 177-79. 和文凱によれば、この可能性が実現しなかったのは、清の抱える信用危機がそこまで抜本的な改革を強いるほど深刻ではなかったからだという。
89. Feuerwerker 1980: 65-68.
90. 黄鑑暉 1987.
91. McElderry 1976. 外国貿易への融資に銭荘が果たした役割については以下も参照。Yen-p'íng Hao 1986: 72-111. 広州や天津などの一部地域では、こうした金融機関は銭荘でなく銀号と呼ばれた。
92. McElderry 1995: 28.
93. 寧紹出身の銭荘業者の事業ネットワークについては以下を参照。Mann Jones 1972, 1974.
94. 「票号」はいずれも山西省に本拠をおいていたため（平遥県、太谷県、祁県）、山西票号と呼ばれるようになった。
95. 劉建生 2007: 235.
96. 黄鑑暉 1987: 117.
97. 劉建生 2007: 235.

98. Rosenthal and Wong 2011: 139.
99. Yen-p'íng Hao 1986: 107.
100. 同上 : 52-55. 外資系銀行の銀行券発行に関するニヴ・ホレシュの研究も、おおむねこうした解釈を認めている（Horesh 2009）。
101. Rawski 1989: 134.
102. 短命で終わった中国通商銀行と大清銀行については以下を参照。Linsun Cheng 2003: 25-32.
103. 同上 : 157.
104. 同上 ; Rawski 1989: 137.
105.「交易離散共同体」に関する古典的な説明として、以下を参照。Curtin 1984〔引用は以下より。田村愛理ほか訳 2002: 30〕
106. 以下の文献には、こうした流れの概略が示されている。Kwee 2013.
107. Reid 1997b, 2004. レオナルド・ブリュッセイは18世紀を「中国の世紀」と呼んでいる（Blussé 1999）。
108.「水のフロンティア」はメコンデルタ河口の低地部と、ヴェトナム中部沿岸地域からカンボジアにかけての地域をさす造語。以下を参照。Li Tana 2004. もっとも、この言葉は同地域に特徴的な人口の流動性、国家権力の不在、水上交易への依存をあらわすものとして考えられているのだが、漢人商人や鉱山労働者が拠点を設けた東南アジアのほかの地域にもあてはまる。例えばマレー半島やカリマンタンなどだ（ただし、同じく漢人が大挙して移住したものの、シャムやジャワには当てはまらない）。
109. Kwee 2007.
110. Kwee 2013: 20-21; Somers Heidhues 1993.
111. Trocki 1990.
112. 公司という言葉が中国本土のどこでどのように生まれたのかを突き止める取り組みは、これまでのところ実を結んでいない（ようやくのことで、この言葉は福建に特有の言い方であるとする説や、17世紀に制海権を握った台湾の鄭氏に由来を求める説が出てはきたが）。史料を検討したものとして以下を参照。張忠民 2002: 40-57.
113. 杉原 2009: 265, 表 9 - 1 .
114. Reid 1997a.
115. Kwee 2013: 23-27.
116. Hamashita 2008a: 155-57.
117. 張麗 2010: 84, 表10, 92-96, 表14.
118. 1880年時点では、インドの茶輸出量は中国の茶輸出量のわずか15%にすぎなかったが、1920年に比率は逆転する。この年、中国の総輸出量に対する茶の割合は1.6%になった。以下を参照。Gardella 1994: 111, table 13.
119. Furuta 2005; Kagotani 2005. 1890年になると、日本製の木綿製品が輸入品に取って代わり、神戸の漢人は急速に存在感が薄れていった。だが仁川では1910年の日韓併合にいたるまで、漢人商人は圧倒的地位にあった。
120. Hamashita 2008b, 2008c: 94-110.
121. 古田 2000.
122. 同上 : 152-59, 表6-1, 6-2.
123. Keller, Li, and Shiue 2012: 161-67. もっとも、上海の 1 人あたりの輸入品消費量が、ほかの地域に比べてはるかに高かったのも事実だ（同上）。
124. Furuta 2005: 41.
125. Brown 1995: 7-9; 古田 2000; Hamilton and Chang 2003: 199-202; Sugihara 2005: 5-6.
126. 彭澤益 1983: 177-81; Rowe 1984: 264-82.
127. Mann 1987: 121-44. 行が釐金を徴収する権限を得たことは、19世紀後半の重要な実業分野

で独占的統制を強めるのに役立ったと本野英一は主張している（Motono 2000: 7–10）。

128. Rowe 1984: 323–34.

129. 重慶と天津については、それぞれ以下を参照。周琳 2011; Kwan 2001. 1900年以前の天津の経済はほぼ塩の専売だけで支えられていたため、この地の商人エリート（八大家。ただし構成はその時々の事情によって変化した）と言えば塩商人ばかりで、同業者や同郷者の集まりという雰囲気ではなかった。中国の大衆文化では、数字の8は「財をなす」という含みのある縁起のよい数とされている。

130. 20世紀の江南でも商業会議所の形成にはやはり社会的ネットワークが大きな役割を果たした。これについては以下を参照。Chen Zhongping 2011.

131. 中華帝国の特徴を「情実経済」ととらえる記述は、以下の文献に見られる。Brandt, Ma, and Rawski 2014: 79. 血縁や社会的ネットワーク、事業形態が近代的な資本主義への飛躍の障害になったとする説明のなかで主立ったものとして以下を参照。Feuerwerker 1984: 319–20; Eastman 1988: 153; Faure 2006: 37–44. 本野英一はこの文脈で、行に対してとくに強い批判を加えている（Motono 2000）。株式が公開され、規制を受ける有限責任会社が法的な存在として確立してからも（1904年）、「血縁や地縁のネットワークの上に成り立つ組織構造や価値観」ゆえに、中国の企業が転換を拒んだことについては、次を参照。Kirby 1995（引用はp. 46より）。以下の文献では、1904年の大清商律成立後も中国で法人化がなかなか進まなかったのは、政治の縁故主義や社会的ネットワーク、資本市場、株主の権利の弱さなどの要因が積極性を削ぐ結果をもたらしたからだとしている。Goetzmann and Kröll 2005.

132. Pomeranz 1997; Zelin 2009: 624–25.

133. Zelin 2005.

134. Cochran 2000; Zelin 2009: 633–35.

135. Keller, Li, and Shiue 2013: 36, table 1.

136. Lillian Li 1981: 65–76.

137. Richardson 1999: 46.

138. Pomeranz 1993; Lillian Li 2007: 310–40.

139. Pomeranz 2008a: 90–1; Edgerton-Tarpley 2008.

140. Richardson 1999: 63; Maddison 2007: 54, table 2.5, 88, table 3.25.

141. Pomeranz 1993: 268–74.

参考文献

・一次史料は、原書で使用されている略号のアルファベット順に並べた。
・英語・フランス語の文献は著者の姓のアルファベット順、中国語文献（一次史料以外）はピンインのアルファベット順、日本語文献は50音順に並べた。
・英語・中国語文献の日本語版が複数ある場合、記載する書誌情報は1つの版に限っている。入手しやすい版、または本訳書の引用箇所で使用した版の情報を記載した。

1. 一次史料

BS：『北史』北京：中華書局，1974.

DXYYB：『大学衍義補』邱濬．文淵閣四庫全書．台北：台湾商務印書館，1983.

FXZ：『法顯傳校注』章巽校注．法顯．北京：中華書局，2008〔『法顕伝・宋雲行紀』長沢和俊訳注、平凡社、1971〕

GSZ：『姑蘇志』，1506.

GY：『国語集解』徐元誥撰．再版；北京：中華書局，2002〔『国語 上・下』大野峻著、明治書院、1975-1978〕

GZ：『管子校注』黎翔鳳撰．北京：中華書局，2004〔『管子 上・中・下』遠藤哲夫著、明治書院、1989-1992〕

HFZ：『韓非子集釈』陳奇猷撰．台北：漢京文化事業公司，1983〔『韓非子 上・下』竹内照夫著、明治書院、1960-1964〕

HHS：『後漢書』范曄．北京：中華書局，1965〔『全訳後漢書 第1-19冊』渡邊義浩ほか編、汲古書院、2001-2016〕

HS：『漢書』班固．北京：中華書局，1962〔『漢書 1-8』小竹武夫訳、筑摩書房、1997-1998〕

LJ：『礼記』十三経直解．南昌：江西人民出版社，1993〔『礼記 上・中・下』竹内照夫著、明治書院、1971-1979〕

LSCQ：『呂氏春秋校釈』陳奇猷撰．上海：学林出版社，1994〔『呂氏春秋 上・中・下』楠山春樹著、明治書院、1996-1998〕

MSC：『名山蔵』何喬遠．崇禎刻本．北京：明清史料叢編，1993.

NS：『農書』陳旉．北京：中華書局，1956〔以下に書き下し・現代語訳が収録されている。『陳旉農書の研究』大澤正昭著、農山漁村文化協会、1993〕

QL：『潛夫論箋校正』王繼培箋．王符．北京：中華書局，1985.

QMJ：『名公書判清明集』北京：中華書局，1987.

QMYS：『斉民要術今釈』石声漢校釈．賈思勰．北京：科学出版社，1957-58〔『斉民要術 校訂訳註』西山武一・熊代幸雄訳、アジア経済出版会、1969〕

SDPQJ：『蘇東坡全集』蘇軾．台北：世界書局，1982.

ShJ：『詩経』十三経直解．南昌：江西人民出版社，1993〔『詩経 上・中・下』石川忠久著、明治書院、1997-2000〕

SJ：『史記』司馬遷．北京：中華書局，1959〔『史記 一～十五』吉田賢抗ほか著、明治書院、2014〕

SJS：『商君書錐指』蔣礼鴻撰．北京：中華書局，1986〔以下に『商君書』現代語訳が収録されている。『商君書研究』好並隆司著、渓水社、1992〕
SoS：『宋書』北京：中華書局，1974.
SS：『隋書』北京：中華書局，1973.
SZ：『歙志』，1609.
TD：『通典』杜佑．十通．上海：商務印書館，1935.
TLD：『唐六典』李林甫撰．北京：中華書局，1982.
TPYL：『太平御覧』李昉撰．慶元五（1199）年版刻本．台北：大華書局，1980.
WDJ：『呉地記』陸広微．南京：江蘇古籍出版社，1999.
WS：『魏書』北京：中華書局，1974.
WXZ：『嘉泰呉興志』，1201.
WZZ：『五雑組』謝肇淛．台北：偉文図書出版社，1977〔『五雑組 1－8』岩城秀夫訳注、平凡社、1996-1998〕
XCB：『続資治通鑑長編』李燾．北京：中華書局，1992.
XL：『桓子新論』桓譚．
XYJ：『大唐西域記』玄奘．上海：上海人民出版社，1977〔『大唐西域記』水谷真成訳、平凡社、1971〕
XZ：『荀子集釈』李滌生撰．台北：学生書局，1979〔『荀子 上・下』金谷治訳注、岩波書店、1961-1962〕
YSJX：『顔氏家訓集解』王利器集解．顔之推．上海：上海古籍出版社，1980〔『全譯顔氏家訓』渡邉義浩編、汲古書院、2018〕
YSSF：『袁氏世範』袁采．文淵閣四庫全書．台北：台湾商務印書館，1983.
YTL：『塩鉄論校注』王利器集解．桓寬．北京：中華書局，1992〔『塩鉄論』佐藤武敏訳注、平凡社、1989〕
YZS：『逸周書彙校集注』黄懷信撰・修訂，張懋鎔，田旭東撰．上海：上海古籍出版社，2007.
ZGZH：『戦国縦横家書』馬王堆漢墓帛書整理小組編．北京：文物出版社，1976〔『戦国縦横家書』馬王堆出土文献訳注叢書編集委員会編／大西克也・大櫛敦弘著、東方書店、2015〕
ZhL：『政論注釈』第八鋼鉄廠工人理論小組注．崔寔．上海：上海人民出版社，1976.
ZL：『周礼直解』十三経直解．南昌：江西人民出版社，1993.
ZS：『周書』北京：中華書局，1971.
ZZ：『左伝』十三経直解．南昌：江西人民出版社，1993〔『春秋左氏伝』貝塚茂樹編／大島利一・内藤戊申・伊藤道治・永田英正訳、筑摩書房、1970〕

2. 学術文献

【英語】

Acemoglu, Daron, and James A. Robinson. 2012. *Why Nations Fail: The Origins of Power, Prosperity, and Poverty.* London: Profile〔『国家はなぜ衰退するのか 上・下』鬼澤忍訳、早川書房、2013〕
Allen, Robert C. 2009. “Agricultural Productivity and Rural Incomes in England and the Yangtze Delta, c. 1620–c. 1820.” *Economic History Review* 62.3: 525–50.
Allen, Robert C., Jean-Pascal Bassino, Debin Ma, Christine Moll-Murata, and Jan Luiten Van Zanden. 2011. “Wages, Prices, and Living Standards in China, 1738–1925: In Comparison with Europe, Japan, and India.” *Economic History Review* 64, supplement 1: 8–38.
Allsen, Thomas T. 1987. *Mongol Imperialism: The Policies of the Grand Qan Möngke in China, Russia, and the Islamic Lands, 1251–1259.* Berkeley: University of California Press.

———. 1989. "Mongol Princes and their Merchant Partners, 1200–1260." *Asia Major,* 3rd series, 2.1: 83–126.

Arrighi, Giovanni, Takeshi Hamashita, and Mark Selden, eds. 2003. *The Resurgence of East Asia: 500, 150, and 50 Year Perspectives.* London: Routledge.

Atwell, William S. 1982. "International Bullion Flows and the Chinese Economy circa 1530–1650." *Past and Present* 95: 68–90.

———. 1986. "Some Observations on the 'Seventeenth-Century Crisis' in China and Japan." *Journal of Asian Studies* 45.2: 223–44.

———. 1990. "A Seventeenth-century 'General Crisis' in East Asian History?" *Modern Asian Studies* 24.4: 661–82.

———. 2006. "Another Look at Silver Imports into China, c. 1635–1644," *Journal of World History* 16.4: 467–89.

Bagley, Robert. 1999. "Shang Archaeology." In M. Loewe and E. L. Shaughnessy, eds. *The Cambridge History of Ancient China: From the Origins of Civilization to 211 BC, 124–231.* Cambridge University Press.

Balazs, Etienne. 1964a. "Evolution of Land Ownership in Fourth- and Fifth-century China." In E. Balazs, *Chinese Civilization and Bureaucracy,* 101–12. New Haven: Yale University Press.

———. 1964b. "Political Philosophy and Social Crisis at the End of the Han Dynasty." In E. Balazs, *Chinese Civilization and Bureaucracy,* 187–225. New Haven: Yale University Press.

Barbieri-Low, Anthony. 2007. *Artisans in Early Imperial China.* Seattle: University of Washington Press.

Barbieri-Low, Anthony, and Robin D. S. Yates. Forthcoming. *Law, State, and Society in Early Imperial China: Translation and Study of the Zhangjiashan Legal Texts.* Leiden: Brill.

Barfield, Thomas. 1989. *Perilous Frontiers: Nomadic Empires and China.* Cambridge, MA: Blackwell.

Bastid, Marianne. 1985. "The Structure of the Financial Institutions of the State in the Late Qing." In S. R. Schram, ed. *The Scope of State Power in China,* 51–79. London: School of Oriental and African Studies.

Benedict, Carol. 2011. *Golden-Silk Smoke: A History of Tobacco in China, 1550–2010.* Berkeley: University of California Press.

Bernhardt, Kathryn. 1992. *Rents, Taxes, and Peasant Resistance: The Lower Yangzi Region, 1840–1950.* Stanford University Press.

Bielenstein, Hans. 1986. "Wang Mang, the Restoration of the Han Dynasty, and Later Han." In D. Twitchett and M. Loewe, eds. *The Cambridge History of China, vol. 1: The Ch'in and Han Empires, 221 BC–220 AD*, 223–90. Cambridge University Press.

Birge, Bettine. 2002. *Women, Property and Confucian Reaction in Sung and Yüan China (960–1368).* Cambridge University Press.

Blake, Robert P. 1937. "The Circulation of Silver in the Moslem East down to the Mongol Epoch." *Harvard Journal of Asiatic Studies* 2.3–4: 291–328.

Blussé, Leonard. 1999. "Chinese Century: The Eighteenth Century in the China Sea Region." *Archipel* 58.2: 107–29.

Bol, Peter. 2008. *Neo-Confucianism in History.* Cambridge: Harvard University Asia Center.

Bonney, Richard J. 1999. "Introduction." In Richard J. Bonney, ed. *The Rise of the Fiscal State in Europe, c. 1200–1815*, 1–17. New York: Oxford University Press.

Brandt, Loren, Debin Ma, and Thomas G. Rawski. 2014. "From Divergence to Convergence: Reevaluating the History Behind China's Economic Boom." *Journal of Economic Literature* 52.1: 45–123.

Bray, Francesca. 1979–80. "Agricultural Technology and Agrarian Change in Han China." *Early China* 5: 3–13.

———. 1984. *Science and Civilisation in China, vol. 6: Biology and Biological Technology, part 2: Agriculture.* Joseph Needham, ed. Cambridge University Press〔『中国農業史』古川久雄訳、京都大学学術出版

会、2007〕

———. 1997. *Technology and Gender: Fabrics of Power in Late Imperial China.* Berkeley: University of California Press.

Brenner, Robert, and Christopher Isett. 2002. "England's Divergence from China's Yangzi Delta: Property Relations, Microeconomics, and Patterns of Development." *Journal of Asian Studies* 61.3: 609–22.

Broadberry, Stephen N., and Bishnupriya Gupta. 2006. "The Early Modern Great Divergence: Wages, Prices, and Economic Development in Europe and Asia, 1500–1800." *Economic History Review* 59.1: 2–31.

Broadberry, Stephen, Hanhui Guan, and David Daokui Li. 2014. "China, Europe, and the Great Divergence: A Study in Historical National Accounting, 980–1850." Paper presented at the Fourth Asian Historical Economics Conference, Istanbul. 以下で入手が可能。ww.lse.ac.uk/economicHistory/pdf/Broadberry/China8.pdf.

Brook, Timothy. 1998. *The Confusions of Pleasure: Commerce and Culture in Ming China.* Berkeley: University of California Press.

Brown, Rajeswary Ampalavanar. 1995. "Introduction: Chinese Business in an Institutional and Historical Perspective." In R. A. Brown, ed. *Chinese Business Enterprise in Asia*, 1–26. London: Routledge.

Burger, Werner. 2015. "Silver is Expensive, Cash is Cheap: Official and Private Cash Forgeries as the Main Cause for the 19th Century Monetary Turmoil." In J. K. Leonard, and U. Theobald, eds. *Money in Asia (1200–1900): Small Currencies in Social and Political Contexts*, 141–54. Leiden: Brill.

Chang, Kwang-chih. 1977. "Ancient China." In K. Chang, ed. *Food in Chinese History: Anthropological and Historical Perspectives,* 23–52. New Haven: Yale University Press.

Chao, Kang. 1986. *Man and Land in Chinese History: An Economic Analysis.* Stanford University Press.

Ch'en, Kenneth. 1956. "The Economic Background of the Hui-Ch'ang Suppression of Buddhism." *Harvard Journal of Asiatic Studies* 19.1–2: 67–105.

Chen, Shen. 2003. "Compromises and Conflicts: Production and Commerce in the Royal Cities of Eastern Zhou, China." In M. L. Smith, ed. *The Social Construction of Ancient Cities*, 290–310. Washington, DC: Smithsonian Institution.

Chen, Zhongping. 2011. *Modern China's Network Revolution: Chambers of Commerce and Sociopolitical Change in the Early Twentieth Century.* Stanford University Press.

Cheng, Linsun. 2003. *Banking in Modern China: Entrepreneurs, Professional Managers, and the Development of Chinese Banks, 1897–1937.* Cambridge University Press.

Cheung, Sui-Wai. 2008. *The Price of Rice: Market Integration in Eighteenth-century China.* Bellingham, WA: Western Washington State University Press.

———. 2013. "Copper, Silver, and Tea: The Question of Eighteenth-Century Inflation in the Lower Yangzi Delta." In B. K. L. So, ed. *The Economy of Lower Yangzi Delta in Late Imperial China: Connecting Money, Markets, and Institutions*, 118–32. London: Routledge.

Chia, Lucille. 2003. "Commercial Publishing in Jianyang from the Song to the Ming." In P. J. Smith and R. von Glahn, eds. *The Song-Yuan-Ming Transition in Chinese History*, 284–328. Cambridge: Harvard University Asia Center.

Chien, Cecilia Lee-fang. 2004. *Salt and State: An Annotated Translation of the Songshi Salt Monopoly Treatise.* Ann Arbor: University of Michigan Center for Chinese Studies.

Chin, Tamara T. 2014. *Savage Exchange: Han Imperialism, Chinese Literary Style, and the Economic Imagination.* Cambridge: Harvard University Asia Center.

Chittick, Andrew. 2009. *Patronage and Community in Medieval China: The Xiangyang Garrison, 400–600 CE.* Albany, NY: State University of New York Press.

Ch'üan, Han-sheng, and Richard A. Kraus. 1975. *Mid-Ch'ing Rice Markets and Trade: An Essay in Price History.* Cambridge, MA: Council on East Asian Studies, Harvard University.

Clark, Hugh D. 2009. "The Southern Kingdoms between the T'ang and the Sung, 907–979." In D. Twitchett and P. J. Smith, eds. *The Cambridge History of China, vol. 5: The Sung Dynasty and its Precursors, 907–1279,* 133–205. Cambridge University Press.

Clunas, Craig. 1991. *Superfluous Things: Material Culture and Social Status in Early Modern China.* Urbana: University of Illinois Press.

Cochran, Sherman. 2000. *Encountering Chinese Networks: Western, Japanese, and Chinese Corporations in China, 1880–1937.* Berkeley: University of California Press.

Cook, Constance A. 1997. "Wealth and the Western Zhou." *Bulletin of the School of Oriental and African Studies* 60.2: 253–94.

Cox, Cheryl Anne. 1998. *Household Interests: Property, Marriage Strategies, and Family Dynamics in Ancient Athens.* Princeton University Press.

Crowell, William G. 1990. "Northern Émigrés and the Problems of Census Registration under the Eastern Jin and Southern Dynasties." In A. E. Dien, ed. *State and Society in Early Medieval China,* 171–209. Stanford University Press.

Curtin, Philip D. 1984. *Cross-Cultural Trade in World History.* Cambridge University Press〔『異文化間交易の世界史』田村愛理・中堂幸政・山影進訳、NTT 出版、2002〕

Daniels, Christian. 1996. "Agro-Industries: Sugarcane Technology." In J. Needham, ed. *Science and Civilisation in China, vol. 6: Biology and Biological Technology, part 3: Agro-Industries and Forestry,* 1–539. Cambridge University Press.

Dardess, John W. 1996. *A Ming Society: T'ai-ho County, Kiangsi, in the Fourteenth to Seventeenth Centuries.* Berkeley: University of California Press.

De la Vaissière, Étienne. 2005. *Sogdian Traders: A History*. Leiden: Brill.

Deng, Gang. 1999. *The Premodern Chinese Economy: Structural Equilibrium and Capitalist Sterility.* London: Routledge.

Deng, Kent G. 2012. "The Continuation and Efficiency of the Chinese Fiscal State, 700 BC–AD 1911." In B. Yun-Casalilla and P. K. O'Brien, eds. *The Rise of Fiscal States: A Global History, 1500–1914,* 335–52. Cambridge University Press.

De Vries, Jan. 1976. *The Economy of Europe in an Age of Crisis.* Cambridge University Press.

———. 1984. *European Urbanization, 1500–1800.* Cambridge: Harvard University Press.

———. 2008. *The Industrious Revolution: Consumer Behavior and the Household Econom,1650 to the Present Day*. Cambridge University Press.

Di Cosmo, Nicola. 2002. *Ancient China and its Enemies: The Rise of Nomadic Power in East Asian History.* Cambridge University Press.

Dreyer, Edward L. 2007. *Zheng He: China and the Oceans in the Early Ming Dynasty, 1405–1433.* New York: Pearson/Longman.

Dunstan, Helen. 1996. *Conflicting Counsels to Confuse the Age: A Documentary Study of Political Economy in Qing China, 1644–1840.* Ann Arbor: University of Michigan Center for Chinese Studies.

———. 2006. *State or Merchant? Political Economy and Political Process in 1740s China.* Cambridge: Harvard University Asia Center.

Dykstra, Maura. 2013. "Beyond the Shadow of the Law: Firm Insolvency, State-Building, and the New Policy Bankruptcy Reform in Late Qing Chongqing." *Frontiers in Chinese History* 8.3: 406–33.

Eastman, Lloyd. 1988. *Family, Fields, and Ancestors: Constancy and Change in China's Social and Economic History, 1550–1949.* New York: Oxford University Press〔『中国の社会』上田信・深尾葉子訳、平凡社、1994〕

Ebrey, Patricia Buckley. 1974. "Estate and Family Management in the Later Han as Seen in The Monthly Instructions for the Four Classes of People." *Journal of the Economic and Social History of the Orient* 17.2:

173–205.
———. 1978. *The Aristocratic Families of Early Imperial China: A Case Study of the Po-ling Ts'ui Family.* Cambridge University Press.
———. 1984a. "Conceptions of the Family in the Sung Dynasty." *Journal of Asian Studies* 43.2: 219–45.
———. 1984b. *Family and Property in Sung China: Yüan Ts'ai's Precepts for Social Life.* Princeton University Press.
———. 1986a. "The Economic and Social History of Later Han." In D. Twitchett and M. Loewe, eds. *The Cambridge History of China, vol. 1: The Ch'in and Han Empires, 221 BC–220 AD.*, 608–48. Cambridge University Press.
———. 1986b. "Early Stages in the Development of Descent Group Organization." In P. Ebrey and J. L. Watson, eds. *Kinship Organization in Late Imperial China, 1000–1940,* 16–61. Berkeley: University of California Press.
———. 1993. *The Inner Quarters: Marriage and the Lives of Chinese Women in the Sung Period.* Berkeley: University of California Press.
Edgerton-Tarpley, Kathryn. 2008. *Tears from Iron: Cultural Responses to Famine in Nineteenth-Century China.* Berkeley: University of California Press.
Elvin, Mark. 1973. *The Pattern of the Chinese Past.* Stanford University Press.
———. 1977. "Market Towns and Waterways: The County of Shang-hai from 1480 to 1910." In G. W. Skinner, ed. *The City in Late Imperial China*, 441–73. Stanford University Press〔『中国王朝末期の都市』今井清一訳、晃洋書房、1989〕
Endicott-West, Elizabeth. 1989a. "Merchant Associations in Yüan China: The Ortoγ." *Asia Major*, 3rd series, 2.1: 127–54.
———. 1989b. *Mongolian Rule in China: Local Administration in the Yuan Dynasty.* Cambridge: Harvard Council on East Asian Studies.
Epstein, S. R. 2000. *Freedom and Growth: The Rise of States and Markets in Europe, 1300–1750.* London: Routledge.
Farmer, Edward L. 1995. *Zhu Yuanzhang and Early Ming Legislation: The Reordering of Chinese Society Following the Era of Mongol Rule.* Leiden: Brill.
Farris, William Wayne. 1998. *Buried Texts and Sacred Treasures: Issues in the Historical Archaeology of Ancient Japan.* Honolulu: University of Hawai'i Press.
Faure, David. 2006. *China and Capitalism: A History of Business Enterprise in Modern China.* Hong Kong: Hong Kong University Press.
———. 2007. *Emperor and Ancestor: State and Lineage in South China.* Stanford University Press.
Feuerwerker, Albert. 1958. *China's Early Industrialization: Sheng Hsuan-huai (1844–1916) and Mandarin Enterprise.* Cambridge: Harvard University Press.
———. 1980. "Economic Trends in the Late Ch'ing Empire, c. 1870–1911." In J. K. Fairbank, ed. *The Cambridge History of China, vol. 10: Late Ch'ing, 1800–1911,* 2: 1–69. Cambridge University Press.
———. 1984. "The State and the Economy in Late Imperial China." *Theory and Society* 13.3: 297–326.
Findlay, Ronald, and Kevin H. O'Rourke. 2007. *Power and Plenty: Trade, War, and the World Economy in the Second Millennium.* Princeton University Press.
Finlay, Robert. 2010. *The Pilgrim Art: Cultures of Porcelain in World History.* Berkeley: University of California Press.
Finley, M. I. 1973. *The Ancient Economy.* Berkeley: University of California Press.
Finnane, Antonia. 2004. *Speaking of Yangzhou: A Chinese City, 1550–1850.* Cambridge: Harvard University Asia Center.
Flynn, Dennis O., and Arturo Giráldez. 1995. "Born with a 'Silver Spoon': World Trade's Origins in 1571."

Journal of World History 6.2: 201–22.

Fogel, Joshua. 1984. *Politics and Sinology: The Case of Naitō Konan (1866–1934)*. Cambridge: Harvard University Council on East Asian Studies.

Frank, Andre Gunder. 1998. *ReOrient: Global Economy in the Asian Age*. Berkeley: University of California Press〔『リオリエント』山下範久訳、藤原書店、2000〕

Furuta Kazuko. 2005. "Kobe Seen as Part of the Shanghai Trading Network: The Role of Chinese Merchants in the Re-Export of Cotton Manufactures to Japan." In K. Sugihara, ed. *Japan, China, and the Growth of the Asian International Economy, 1850–1949*, 23–48. Oxford University Press.

Gale, Esson M. 1931. *Discourses on Salt and Iron: A Debate on State Control of Commerce and Industry in Ancient China, Chapters I–XIX*. Leiden: E. J. Brill.

Gardella, Robert. 1994. *Harvesting Mountains: Fujian and the China Tea Trade, 1757–1937*. Berkeley: University of California Press.

———. 2004. "Contracting Business Partnerships in Late Qing and Republican China: Paradigms and Patterns." In M. Zelin, J. K. Ocko, and R. Gardella, eds. *Contract and Property in Early Modern China*, 327–47. Stanford University Press.

Gatrell, Peter. 2012. "The Russian Fiscal State, 1600–1914." In B. Yun-Casalilla and P. K. O'Brien, eds. *The Rise of Fiscal States: A Global History, 1500–1914*, 191–212. Cambridge University Press.

Gernet, Jacques. 1995. *Buddhism in Chinese Society: An Economic History from the Fifth to the Tenth Centuries*. New York: Columbia University Press.

Giele, Enno. 2010. "Excavated Manuscripts: Context and Methodology." In M. Nylan and M. Loewe, eds. *China's Early Empires: A Re-appraisal*, 114–34. Cambridge University Press.

Goetzmann, William, and Elisabeth Köll. 2005. "The History of Corporate Ownership in China: State Patronage, Company Legislation, and the Issue of Control." In R. K. Morck, ed. *A History of Corporate Governance around the World: Family Business Groups to Professional Managers*, 149–81. University of Chicago Press.

Golas, Peter J. 1977. "Early Ch'ing Guilds." In G. W. Skinner, ed. *The City in Late Imperial China*, 555–80. Stanford University Press〔今井訳 1989〕

———. 1980. "Rural China in the Song." *Journal of Asian Studies* 39.2: 291–325.

———. 1988. "The Sung Economy: How Big?" *Bulletin of Sung-Yuan Studies* 20: 89–94.

Goldstone, Jack A. 1998. "The Problem of the 'Early Modern' World." *Journal of the Economic and Social History of the Orient* 41.3: 249–84.

———. 2002. "Efflorescences and Economic Growth in World History: Rethinking the 'Rise of the West' and the Industrial Revolution." *Journal of World History* 13.3: 323–89.

Graff, David A. 2002. *Medieval Chinese Warfare, 300–900*. London: Routledge.

Grove, Jean M. 1990. *The Little Ice Age*. London: Routledge.

Guy, John. 2010. "Rare and Strange Goods: International Trade in Ninth Century Asia." In R. Krahl et al., ed. *Shipwrecked: Tang Treasures and Monsoon Winds*, 19–27. Washington, DC: Smithsonian Institution.

Hall, Kenneth R. 2011. *A History of Early Southeast Asia: Maritime Trade and Societal Development, 100–1500*. Lanham, MD: Rowman and Littlefield.

Hamashita, Takeshi. 2008a. "China and Hong Kong in the British Empire in the Late Nineteenth and Early Twentieth Centuries." In T. Hamashita, *China, East Asia, and the Global Economy: Regional and Historical Perspectives*, 146–66. London: Routledge.

———. 2008b. "Maritime Asia and Treaty Port Networks in the Era of Negotiation: Tribute and Treaties, 1800–1900." In T. Hamashita, *China, East Asia, and the Global Economy*, 85–112. London: Routledge.

———. 2008c. "Overseas Chinese Financial Networks: Korea, China, and Japan in the Late Nineteenth Century." In T. Hamashita, *China, East Asia, and the Global Economy*, 167–78. London: Routledge.

Hamilton, Gary, and Wei-an Chang. 2003. "The Importance of Commerce in the Organization of China's Late Imperial Economy." In G. Arrighi, T. Hamashita, and M. Selden, eds. *The Resurgence of East Asia: 500, 150, and 50 Year Perspectives,* 173–213. London: Routledge.

Handlin Smith, Joanna. 2009. *The Art of Doing Good: Charity in Late Ming China.* Berkeley: University of California Press.

Hansen, Valerie. 1995. *Negotiating Daily Life in Traditional China: How Ordinary People Used Contracts, 600–1400.* New Haven: Yale University Press.

———. 2012. *The Silk Road: A New History.* New York: Oxford University Press〔『図説シルクロード文化史』田口未和訳、原書房、2016〕

Hao, Yen-p'ing. 1986. *The Commercial Revolution in Nineteenth-Century China.* Berkeley: University of California Press.

Hartwell, Robert M. 1962. "A Revolution in the Chinese Iron and Coal Industries during the Northern Sung, 960–1126 AD." *Journal of Asian Studies* 21.1: 153–62.

———. 1966. "Markets, Technology, and the Structure of Enterprise in the Development of the Eleventh-century Chinese Iron and Steel Industry." *Journal of Economic History* 26.1: 29–58.

———. 1967. "A Cycle of Economic Change in Imperial China: Coal and Iron in Northeast China, 750–1350," *Journal of the Economic and Social History of the Orient* 10: 102–159.

———. 1971. "Financial Expertise, Examinations, and the Formulation of Economic Policy in Northern Sung China." *Journal of Asian Studies* 30.2: 281–314.

———. 1982. "Demographic, Political, and Social Transformation of China, 750–1550," *Harvard Journal of Asiatic Studies* 42.2: 365–442.

———. 1988. "The Imperial Treasuries: Finance and Power in Song China." *Bulletin of Sung-Yuan Studies* 20: 18–89.

———. 1989. "Foreign Trade, Monetary Policy, and Chinese 'Mercantilism.'" In 劉子健博士頌寿紀念宋史研究論集刊行会編『劉子健博士頌寿紀念宋史研究論集』454–88. 京都：同朋舎出版.

He, Wenkai. 2013. *Paths toward the Modern Fiscal State: England, Japan, and China.* Cambridge: Harvard University Press.

Heckscher, Eli F. 1955. *Mercantilism.* Rev. edn, London: George Allen and Unwin.

Heijdra, Martin. 1998. "The Socio-Economic Development of Rural China during the Ming." In D. C. Twitchett and F. W. Mote, eds. *The Cambridge History of China, vol. 8: The Ming Dynasty, 1368–1644, part 2,* 417–578. Cambridge University Press.

Heng, Derek. 2009. *Sino-Malay Trade and Diplomacy from the Tenth through the Fourteenth Century.* Athens, OH: Ohio University Press.

Ho, Chuimei. 2001. "The Ceramic Boom in Minnan during Song and Yuan Times." In A. Schottenhammer, ed. *The Emporium of the World: Maritime Quanzhou, 1000–1400,* 237–81. Leiden: Brill.

Ho, Ping-ti. 1959. *Studies on the Population of China, 1368–1953.* Cambridge: Harvard University Press.

Holcombe, Charles. 2001. *The Genesis of East Asia, 221 BC–AD 907.* Honolulu: University of Hawai'i Press.

Holmgren, Jennifer. 1983. "The Harem in Northern Wei Politics, 398–498 AD: A Study of T'o-pa Attitudes towards the Institutions of Empress, Empress-Dowager, and Regency Governments in the Chinese Dynastic System during Early Northern Wei." *Journal of the Economic and Social History of the Orient* 26.1: 71–96.

Horesh, Niv. 2009. *Bund and Beyond: British Banks, Banknote Issuance, and Monetary Policy in China, 1842–1937.* New Haven: Yale University Press.

Hsiao, Kung-ch'üan. 1960. *Rural China: Imperial Control in the Nineteenth Century.* Seattle: University of Washington Press.

Hsieh, Ming-liang. 2010. "The Navigational Route of the Belitung Shipwreck and the Late Tang Ceramic

Trade." In R. Krahl et al., ed. *Shipwrecked: Tang Treasures and Monsoon Winds,* 137–43. Washington, DC: Smithsonian Institution.

Hsu, Cho-yun. 1980. *Han Agriculture: The Formation of Early Chinese Agrarian Economy (206 BC–AD 220).* Seattle: University of Washington Press.

Hsu, Cho-yun and Kathryn M. Linduff. 1988. *Western Chou Civilization.* New Haven: Yale University Press.

Huang, Philip C. C. 1985. *The Peasant Economy and Social Change in North China.* Stanford University Press.

———. 1990. *The Peasant Family and Rural Development in the Yangzi Delta, 1350–1988.* Stanford University Press.

Huang, Ray. 1974. *Taxation and Governmental Finance in Sixteenth-century Ming China.* New York: Cambridge University Press.

Hulsewé, Anthony. 1981. "The Legalists and the Laws of Ch'in." In W. L. Idema, ed. *Leyden Studies in Sinology,* 1–22. Leiden: Brill.

———. 1985a. "The Influence of the 'Legalist' Government of Qin on the Economy as Reflected in the Texts Discovered in Yunmeng County." In S. Schram, ed. *The Scope of State Power in China,* 211–35. London: School of Oriental and African Studies.

———. 1985b. *Remnants of Ch'in Law: An Annotated Translation of the Ch'in Legal and Administrative Rules of the 3rd Century BC Discovered in Yun-meng Prefecture, Hu-pei Province, in 1975.* Leiden: Brill.

Hymes, Robert P. 1993. "Moral Duty and Self-Regulating Process in Southern Sung Views of Famine Relief." In R. P. Hymes and C. Schirokauer, eds. *Ordering the World: Approaches to State and Society in Sung Dynasty China,* 280–309. Berkeley: University of California Press.

Ibn Battuta. 1929. *Travels in Asia and Africa, 1325–1354.* Trans. H. A. R. Gibbs. London: Routledge and Kegan Paul〔『大旅行記 5－8』家島彦一訳注、平凡社、2000-2002〕

Ikeda On. 1973. "T'ang Household Registers and Related Documents." In A. F. Wright and D. Twitchett, eds. *Perspectives on the T'ang,* 121–50. New Haven: Yale University Press.

Irigoin, Alejandra. 2009. "The End of a Silver Era: The Consequences of the Breakdown of the Spanish Peso Standard in China and the United States, 1780s–1850s." *Journal of World History* 20.2: 207–43.

Kagotani, Naoto. 2005. "The Chinese Merchant Community in Kobe and the Development of the Japanese Cotton Industry, 1890–1941." In Sugihara Kaoru, ed. *Japan, China, and the Growth of the Asian International Economy, 1850–1949,* 49–72. Oxford University Press.

Kaske, Elisabeth. 2011. "Fund-Raising Wars: Office-Selling and Interprovincial Finance in Nineteenth Century China." *Harvard Journal of Asiatic Studies* 71.1: 69–141.

———. 2015. "Silver, Copper, Rice, and Debt: Monetary Policy and Office Selling in China during the Taiping Rebellion." In J. K. Leonard and U. Theobald, eds. *Money in Asia (1200–1900): Small Currencies in Social and Political Contexts,* 343–97. Leiden: Brill.

Katō Shigeshi. 1937. "On the Hang or the Association of Merchants in China, with Special Reference to the Institution in the T'ang and Sung Periods." *Memoirs of the Research Department of the Tōyō Bunko* 8: 45–83.

Katsari, Constantina. 2011. *The Roman Monetary System: The Eastern Provinces from the First to the Third Century AD.* Cambridge University Press.

Keller, Wolfgang, Ben Li, and Carole H. Shiue. 2012. "The Evolution of Domestic Trade Flows When Foreign Trade is Liberalized: Evidence from the Chinese Maritime Customs Services." In Masahiko Aoki, Timur Kuran, and Gérard Roland, eds. *Institutions and Comparative Economic Development,* 152–72. Houndmills: Palgrave Macmillan.

———. 2013. "Shanghai's Trade, China's Growth: Continuity, Recovery, and Change since the Opium War." *IMF Economic Review* 61.2: 336–78.

Khazanov, Anatoly. 1989. *Nomads and the Outside World.* Cambridge University Press.

Kidder, J. Edward, Jr. 2007. *Himiko and Japan's Elusive Chiefdom of Yamatai: Archaeology, History, and Mythology.* Honolulu: University of Hawai'i Press.

Kidder, Tristram R., Haiwang Liu, and Minglin Li. 2012. "Sanyangzhuang: Early Farming and a Han Settlement Preserved Beneath Yellow River Flood Deposits." *Antiquity* 86.331: 30–47.

Kieschnick, John. 2003. *The Impact of Buddhism on Chinese Material Culture.* Princeton University Press.

King, Frank H. H. 1965. *Money and Monetary Policy in China, 1845–1895.* Cambridge: Harvard University Press.

Kirby, William C. 1995. "China Unincorporated: Company Law and Business Enterprise in Twentieth-Century China." *Journal of Asian Studies* 54.1: 43–63.

Kishimoto Mio. 2009. "New Studies on Statecraft in Mid- and Late-Qing: Qing Intellectuals and their Debates on Economic Policies." *International Journal of Asian Studies* 6.1: 87–102.

———. 2011. "Property Rights, Land, and Law in Imperial China." In D. Ma and J. L. van Zanden, eds. *Law and Long-Term Economic Change: A Eurasian Perspective*, 68–90. Stanford University Press.

Kishimoto-Nakayama, Mio. 1984. "The Kangxi Depression and Early Qing Local Markets." *Modern China* 10.2: 226–56.

Knoblock, John. 1988. *Xunzi: A Translation and Study of the Complete Works.* Stanford University Press.

Knoblock, John, and Jeffrey Riegel, trans. 2000. *The Annals of Lü Buwei.* Stanford University Press.

Koyama Masaaki. 1984. "Large Landownership in the Jiangnan Delta Region during the Late Ming-Early Qing Period." In L. Grove and C. Daniels, eds. *State and Society in China: Japanese Perspectives on Ming-Qing Social and Economic History*, 101–63. University of Tokyo Press.

Kroll, J. L. 1978–79. "Toward a Study of the Economic Views of Sang Hung-yang." *Early China* 4: 11–18.

Kuhn, Dieter. 2009. *The Age of Confucian Rule: The Song Transformation of China.* Cambridge: Harvard University Press.

Kuhn, Philip A. 2008. *Chinese Among Others: Emigration in Modern Times.* Lanham, MD: Rowman and Littlefield.

Kuroda Akinobu. 2000. "Another Monetary Economy: The Case of Traditional China." In A. J. H. Lathan and H. Kawakatsu, eds. *Asia-Pacific Dynamism, 1500–2000,* 187–98. London: Routledge.

———. 2008. "Concurrent but Non-Integrable Currency Circuits: Complementary Relationships among Monies in Modern China and Other Regions." *Financial History Review* 15.1: 17–36.

———. 2009. "The Eurasian Silver Century（1276–1359）: Commensurability and Multiplicity." *Journal of Global History* 4: 245–69.

Kwan, Man Bun. 2001. *The Salt Merchants of Tianjin: State Making and Civil Society in Late Imperial China.* Honolulu: University of Hawai'i Press.

———. 2004. "Custom, the Code, and Legal Practice: The Contracts of Changlu Salt Merchants in Late Imperial China." In M. Zelin, J. K. Ocko, and R. Gardella, eds. *Contract and Property in Early Modern China*, 269–97. Stanford University Press.

Kwee, Hui Kian. 2007. "Pockets of Empire: Integrating the Studies on Social Organizations in Southeast China and Southeast Asia." *Comparative Studies of South Asia, Africa, and the Middle East* 27.3: 616–32.

———. 2013. "Chinese Economic Dominance in Southeast Asia: A Longue Durée Perspective." *Comparative Studies in Society and History* 55.1: 5–34.

Lai, Chi-kong. 1992. "The Qing State and Merchant Enterprise: The China Merchants' Company, 1872–1902." In J. K. Leonard and J. R. Watt, eds. *To Achieve Security and Wealth: The Qing Imperial State and the Economy, 1644–1911*, 139–55. Ithaca, NY: Cornell University East Asia Program.

Landes, David S. 1998. *The Wealth and Poverty of Nations: Why Some are so Rich and Some so Poor.* New York: Norton〔『「強国」論』竹中平蔵訳、三笠書房、2000〕

Lee, James Z., and Cameron Campbell. 1997. *Fate and Fortune in Rural China: Social Organization and*

Population Behavior in Liaoning, 1774–1873. Cambridge University Press.

Lee, James Z., and Wang Feng. 1999. *One Quarter of Humanity: Malthusian Mythology and Chinese Realities, 1700–2000.* Cambridge: Harvard University Press.

Leonard, Jane Kate. 1996. *Controlling from Afar: The Daoguang Emperor's Management of the Grand Canal Crisis, 1824–1826.* Ann Arbor: University of Michigan Center for Chinese Studies.

Lewis, Mark Edward. 1990. *Sanctioned Violence in Early China.* Albany, NY: State University of New York Press.

———. 1999. "Warring States Political History." In M. Loewe and E. L. Shaughnessy, eds. *The Cambridge History of Ancient China: From the Origins of Civilization to 211 BC,* 587–650. Cambridge University Press.

———. 2000a. "The City-State in Spring-and-Autumn China." In Mogens Herman Hansen, ed. *A Comparative Study of Thirty City-State Cultures,* 359–73. Copenhagen: Kongelige Danske Videnskabernes Selskab.

———. 2000b. "The Han Abolition of Universal Military Service." In Hans van de Ven, ed. *Warfare in Chinese History,* 33–75. Leiden: Brill.

———. 2006. *The Construction of Space in Early China.* Albany, NY: State University of New York Press.

———. 2009. *China between Empires: The Northern and Southern Dynasties.* Cambridge: Harvard University Press.

Li Bozhong. 1998. *Agricultural Development in Jiangnan, 1620–1850.* London: Macmillan.

———. 2003. "Was There a 'Fourteenth-Century Turning Point?' Population, Land, Technology, and Farm Management." In P. J. Smith and R. von Glahn, eds. *The Song-Yuan-Ming Transition in Chinese History,* 135–75. Cambridge: Harvard University Asia Center.

———. 2013. "An Early Modern Economy in China: A Study of the GDP of the Huating-Lou Area, 1823–1829." In B. K. L. So, ed. *The Economy of Lower Yangzi Delta in Late Imperial China: Connecting Money, Markets, and Institutions,* 133–45. London: Routledge.

Li, Bozhong and Jan Luiten van Zanden. 2012. "Before the Great Divergence? Comparing the Yangzi Delta and the Netherlands in the Beginning of the Nineteenth Century."*Journal of Economic History* 72.4: 956–89.

Li, Feng. 2006. *Landscape and Power in Early China: The Crisis and Fall of the Western Zhou, 1045–771 BC.* Cambridge University Press.

———. 2008. *Bureaucracy and the State in Early China: Governing the Western Zhou, 1045–771 BC.* Cambridge University Press.

Li, Lillian M. 1981. *China's Silk Trade: Traditional Industry in the Modern World, 1842–1937.* Cambridge: Council on East Asian Studies, Harvard University.

———. 1992. "Grain Prices in Zhili Province, 1736–1911: A Preliminary Study." In T. G. Rawski and L. M. Li, eds. *Chinese History in Economic Perspective,* 69–99. Berkeley: University of California Press.

———. 2007. *Fighting Famine in North China: State, Market, and Environmental Decline, 1690s–1990s.* Stanford University Press.

Li, Min. 2003. "Ji'nan in the First Millennium BC: Archaeology and History." *Journal of the Economic and Social History of the Orient* 46.1: 88–126.

Li, Tana. 2004. "The Water Frontier: An Introduction." In N. Cooke and T. Li, eds. *Water Frontier: Commerce and the Chinese in the Lower Mekong Region, 1750–1880,* 1–17. Lanham, MD: Rowman and Littlefield.

Li, Wenying. 2012. "Silk Artistry of the Northern and Southern Dynasties." In Dieter Kuhn, ed. *Chinese Silks,* 167–201. New Haven: Yale University Press.

Li, Xueqin and Xing Wen. 2001. "New Light on the Early-Han Code: A Reappraisal of the Zhangjiashan

Bamboo-Slip Legal Texts." *Asia Major*, 3rd series, 14.1: 125–46.

Li, Yung-ti. 2006. "On the Function of Cowries in Shang and Western Zhou China." *Journal of East Asian Archaeology* 5.1–4: 1–26.

Lin Man-houng. 2006. *China Upside Down: Currency, Society, and Ideologies, 1808–1856.* Cambridge: Harvard University Asia Center.

Liu, Guanglin William. 2005. "Wrestling for Power: The State and Economy in Later Imperial China, 1000–1700." PhD dissertation, Harvard University.

———. 2013. "Agricultural Productivity in Early Modern Jiangnan." In B. K. L. So, ed. *The Economy of Lower Yangzi Delta in Late Imperial China: Connecting Money, Markets, and Institutions*, 99–117. London: Routledge.

Liu, Paul K. C., and Kuo-shu Hwang. 1979. "Population Change and Economic Development in Mainland China since 1400." In Chi-ming Hou and Tzong-shian Yu, ed. *Modern Chinese Economic History*, 61–90. Taipei: Academia Sinica.

Liu Shufen. 2001. "Jiankang and the Commercial Empire of the Southern Dynasties: Change and Continuity in Medieval Chinese Economic History." In S. Pearce, A. Spiro, and P. Ebrey, eds. *Culture and Power in the Reconstitution of the Chinese Realm, 200–600*, 35–52. Cambridge: Harvard University Asia Center.

Liu, William Guanglin. 2015. "The Making of a Fiscal State in Song China, 960–1279." *Economic History Review* 68.1: 48–78.

Liu, Xinru. 1988. *Ancient India and Ancient China: Trade and Religious Exchanges, 1–600 AD*. Delhi: Oxford University Press.

———. 1996. *Silk and Religion: An Exploration of Material Life and the Thought of People, AD 600–1200.* Delhi: Oxford University Press.

Loewe, Michael. 1967. *Records of Han Administration.* Cambridge University Press.

———. 1974. *Crisis and Conflict in Han China, 104 BC to AD 9.* London: George Allen and Unwin Ltd.

———. 2006. *The Government of the Qin and Han Empires, 221 BCE–220 CE.* Indianapolis, IN: Hackett Publishing.

———. 2010a. "The Laws of 186 BCE." In M. Nylan and M. Loewe, eds. *China's Early Empires: A Re-appraisal*, 253–65. Cambridge University Press.

———. 2010b. "Social Distinctions, Groups, and Privileges." In M. Nylan and M. Loewe, eds. *China's Early Empires: A Re-appraisal,* 296–307. Cambridge University Press.

Long Denggao. 2009. "The Diversification of Land Transactions in Late Imperial China." *Frontiers of History in China* 4.2: 183–220.

Lu, Weijing. 2004. "Beyond the Paradigm: Tea-Picking Women in Imperial China." *Journal of Women's History* 15.4: 19–46.

Luo, Yinan. 2005. "A Study of the Changes in the Tang-Song Transition Model." *Journal of Song-Yuan Studies* 35: 99–127.

Ma, Debin. 2008. "Economic Growth in the Lower Yangzi Region of China in 1911–1937: A Quantitative and Historical Analysis." *Journal of Economic History* 68.2: 355–92.

———. 2011. "Law and Economy in Traditional China: A 'Legal Origin' Perspective on the Great Divergence." In D. Ma and J. L. van Zanden, eds. *Law and Long-Term Economic Change: A Eurasian Perspective*. 46–67. Stanford University Press.

Macfarlane, Alan. 2000. *The Riddle of the Modern World: Of Liberty, Wealth, and Equality.* Basingstoke: Macmillan.

Maddison, Angus. 2001. *The World Economy: A Millennial Perspective.* Paris: OECD Publications〔『経済統計で見る世界経済2000年史』政治経済研究所訳、柏書房、2004〕

———. 2007. *Chinese Economic Performance in the Long Run, 960–2030 AD*. Rev. edn. Paris: OECD Publications.

Magnusson, Lars. 1994. *Mercantilism: The Shaping of an Economic Language*. London: Routledge〔『重商主義』熊谷次郎・大倉正雄訳、知泉書館、2009〕

Mann, Michael. 1986. *The Sources of Social Power, vol. 1: A History of Power from the Beginning to AD 1760*. Cambridge University Press〔『ソーシャルパワー　社会的な「力」の世界歴史：先史からヨーロッパ文明の形成へ』森本醇・君塚直隆訳、NTT 出版、2002〕

Mann, Susan. 1987. *Local Merchants and the Chinese Bureaucracy, 1750–1950*. Stanford University Press.

Mann Jones, Susan. 1972. "Finance in Ningbo: the 'Ch'ien Chuang,' 1750–1880." In W. E. Willmott, ed. *Economic Organization in Chinese Society*, 47–77. Stanford University Press.

———. 1974. "The Ningbo Pang and Financial Power in Shanghai." In Mark Elvin, ed. *The Chinese City Between Two Worlds*, 73–96. Stanford University Press.

Mann Jones, Susan, and Philip Kuhn. 1978. "Dynastic Decline and the Roots of Rebellion." In John K. Fairbank, ed. *The Cambridge History of China, vol. 10: Late Ch'ing, 1800–1911*, 1: 107–62. Cambridge University Press.

Marks, Robert B. 1999. *Tigers, Rice, Silk, and Silt: Environment and Economy in Late Imperial South China*. Cambridge University Press.

———. 2012. *China: Its Environment and History*. New York: Rowman and Littlefield.

Marks, Robert B. and Chunsheng Chen. 1995. "Price Inflation and its Social, Economic, and Climatic Context in Guangdong Province, 1707–1800." *T'oung Pao* 81.1–3: 109–52.

Mazumdar, Sucheta. 1998. *Sugar and Society in China: Peasants, Technology, and the World Market*. Cambridge: Harvard University Asia Center.

McDermott, Joseph P. 1981. "Bondservants in the T'ai-hu Basin during the Late Ming: A Case of Mistaken Identities." *Journal of Asian Studies* 40.4: 675–701.

———. 1984. "Charting Blank Spaces and Disputed Regions: The Problem of Sung Land Tenure." *Journal of Asian Studies* 44.1: 13–41.

———. 1991. "Family Financial Plans of the Southern Sung." *Asia Major* 3rd series 4.2: 15–52.

———. 2013a. *The Making of a New Rural Order in South China, vol. 1: Village, Land, and Lineage in Huizhou, 900–1600*. Cambridge University Press.

———. 2013b. "The Rise of Huizhou Merchants: Kinship and Commerce in Ming China." In B. K. L. So, ed. *The Economy of Lower Yangzi Delta in Late Imperial China: Connecting Money, Markets, and Institutions*, 233–66. London: Routledge.

McElderry, Andrea Lee. 1976. *Shanghai Old-Style Banks (Ch'ien-chuang), 1800–1935*. Ann Arbor: Michigan Papers in Chinese Studies.

———. 1995. "Securing Trust and Stability: Chinese Finance in the Late Nineteenth Century." In R. A. Brown, ed. *Chinese Business Enterprise in Asia*, 27–44. London: Routledge.

McKnight, Brian E. 1971. *Village and Bureaucracy in Southern Sung China*. University of Chicago Press.

McKnight, Brian E. and James T. C. Liu, eds. 1998. *The Enlightened Judgments, Ch'ing-ming Chi: The Sung Dynasty Collection*. Albany, NY: State University of New York Press.

McNeill, William H. 1976. *Plagues and Peoples*. New York: Anchor Press.〔『疫病と世界史 上・下』佐々木昭夫訳、中央公論新社、2007〕

Mehendale, Sanjyot. 1996. "Begram: Along Ancient Central Asian and Indian Trade Routes." *Cahiers d'Asie centrale* 1/2: 47–64.

Mihelich, Mira Ann. 1979. "Polders and the Politics of Land Reclamation in Southeast China during the Northern Sung Dynasty (960–1126)." PhD dissertation, Cornell University.

Miyakawa, Hisayuki. 1955. "The Naitō Hypothesis and its Effects on Japanese Studies of China." *Far Eastern*

Quarterly 14.3: 533–52.

Moll-Murata, Christine. 2008. "Chinese Guilds from the Seventeenth to the Twentieth Centuries: An Overview." *International Review of Social History* 53, supplement 16: 213–47.

Morelli, Giovanni, et al. 2010. "Yersinia pestis Genome Sequencing Identifies Patterns of Global Phylogenetic Diversity." *Nature Genetics* 42.12: 1140–43.

Mostern, Ruth. 2011. *"Dividing the Realm in Order to Govern": The Spatial Organization of the Song State (960–1276 CE).* Cambridge: Harvard University Asia Center.

Motono, Eiichi. 2000. *Conflict and Cooperation in Sino-British Business, 1860–1911: The Impact of the Pro-British Commercial Network in Shanghai.* Houndmills, UK: Macmillan.

Musgrave, R. A. 1992. "Schumpeter's Crisis of the Tax State: An Essay in Fiscal Sociology." *Journal of Evolutionary Economics* 2.2: 89–113.

Muthesius, Anna. 2002. "Essential Processes, Looms, and Technical Aspects of the Production of Silk Textiles." In Angeliki E. Laiou, ed. *The Economic History of Byzantium, from the Seventh through the Fifteenth Century,* 1:147–68. Washington, DC: Dumbarton Oaks Research Library and Collection.

Myers, Ramon. 1991. "How did the Chinese Economy Develop? A Review Article." *Journal of Asian Studies* 50.3: 604–28.

Naquin, Susan, and Evelyn S. Rawski. 1987. *Chinese Society in the Eighteenth Century.* New Haven: Yale University Press.

Needham, Joseph. 1971. *Science and Civilisation in China, vol. 4: Physical Technology, part 3: Civil Engineering and Nautics.* Cambridge University Press〔『中国の科学と文明 第10巻 土木工学』田中淡ほか訳、思索社、1979;『中国の科学と文明 第11巻 航海技術』坂本賢三ほか訳、思索社、1981〕

Ng, Chin-keong. 1983. *Trade and Society: The Amoy Network on the China Coast, 1683–1735.* Singapore University Press.

Nishijima Sadao. 1984. "The Formation of the Early Chinese Cotton Industry." In L. Grove and C. Daniels, eds. *State and Society in China: Japanese Perspectives on Ming-Qing Social and Economic History,* 17–77. University of Tokyo Press.

Ōba, Osamu. 2001. "The Ordinance on Fords and Passes Excavated from Han Tomb Number 247, Zhangjiashan." *Asia Major,* 3rd series, 14.2: 119–42.

O'Brien, Patrick. 1982. "European Economic Development: The Contribution of the Periphery." *Economic History Review* 35.1: 1–18.

———. 2012. "Fiscal and Financial Preconditions for the Formation of Developmental States in the West and the East from the Conquest of Ceuta（1415）to the Opium War（1839）." *Journal of World History* 23.3: 513–53.

Ogilvie, Sheilagh C. and Markus Cerman, ed. 1996. *European Proto-Industrialization.* Cambridge University Press.

Osborne, Anne. 1994. "The Local Politics of Land Reclamation in the Lower Yangzi Highlands." *Late Imperial China* 15.1: 1–46.

———. 1998. "Highlands and Lowlands: Economic and Ecological Interactions in the Lower Yangzi Region under the Qing." In M. Elvin and Ts'ui-jung Liu, eds. *Sediments of Time: Environment and Society in Chinese History,* 203–34, Cambridge University Press.

Ōshima Ritsuko. 1983. "The Chiang-hu in the Yüan." *Acta Asiatica* 45: 69–95.

Pamuk, Şevket. 2012. "The Evolution of Fiscal Institutions in the Ottoman Empire, 1500–1914." In B. Yun-Casalilla and P. K. O'Brien, eds. *The Rise of Fiscal States: A Global History, 1500–1914,* 304–31. Cambridge University Press.

Pan, Ming-te. 1996. "Rural Credit in Ming-Qing Jiangnan and the Concept of Peasant Petty Commodity Production." *Journal of Asian Studies* 55.1: 94–117.

Parthasarathi, Prasannan. 2011. *Why Europe Grew Rich and Asia Did Not: Global Economic Divergence, 1600–1850.* Cambridge University Press.

Pearce, Scott. 1991. "Status, Labor, and Law: Special Service Households under the Northern Dynasties." *Harvard Journal of Asiatic Studies* 51.1: 89–138.

Peerenboom, R. P. 1993. *Law and Morality in Ancient China: The Silk Manuscripts of Huang-Lao.* Albany, NY: State University of New York Press.

Pegolotti, Francesco. 1914. *Notices of the Land Route to Cathay and Asiatic Trade in the First Half of the Fourteenth Century.* In Henry Yule and Henri Cordier, eds. *Cathay and the Way Thither: Being a Collection of Medieval Notices of China,* vol. 3. London: Hakluyt Society.

Perdue, Peter C. 1987. *Exhausting the Earth: State and Peasant in Hunan, 1500–1850.* Cambridge, MA: Council on East Asian Studies, Harvard University.

Perkins, Dwight H. 1969. *Agricultural Development in China, 1368–1968.* Chicago: Aldine.

Petech, L. 1980. "Sang-ko, a Tibetan Statesman in Yuan China." *Acta Orientalia Academiae Scientiarum Hungaria* 34.1–3: 193–208.

Pierson, Stacey. 2013. *From Object to Concept: Global Consumption and the Transformation of Ming Porcelain.* Hong Kong University Press.

Pirazzoli-t'Serstevens, Michèle. 2010. "Urbanism." In M. Nylan and M. Loewe, eds. *China's Early Empires: A Re-appraisal,* 168–85, Cambridge University Press.

Polo, Marco. 1929. *The Book of Ser Marco Polo the Venetian concerning the Kingdoms and Marvels of the East.* Henry Yule and Henri Cordier, eds. 3rd edn. London: John Murray〔『完訳東方見聞録 1－2』愛宕松男訳注、平凡社、2000〕

Pomeranz, Kenneth. 1993. *The Making of a Hinterland: State, Society, and Economy in Inland North China, 1853–1937.* Berkeley: University of California Press.

———. 1997. "'Traditional' Chinese Business Forms Revisited: Family, Firm, and Financing in the History of the Yutang Company of Jining, 1779–1956." *Late Imperial China* 18.1: 1–38.

———. 2000. *The Great Divergence: China, Europe, and the Making of the Modern World Economy.* Princeton University Press〔『大分岐』川北稔監訳、名古屋大学出版会、2015〕

———. 2008a. "Chinese Development in Long-Run Perspective." *Proceedings of the American Philosophical Society* 152.1: 83–100.

———. 2008b. "Land Markets in Late Imperial and Republican China." *Continuity and Change* 23.1: 101–50.

Pong, David. 1985. "The Vocabulary of Change: Reformist Ideas of the 1860s and 1870s." In David Pong and Edmund S. K. Fong, eds. *Ideal and Reality: Social and Political Change in Modern China, 1860–1949,* 25–61. Lanham, MD: University Press of America.

———. 1994. *Shen Pao-chen and China's Modernization in the Nineteenth Century.* Cambridge University Press.

Puk, Wing Kin. 2006. "Salt Trade in Sixteenth-Seventeenth Century China." PhD dissertation, Oxford University.

Rankin, Mary Backus. 1990. "The Origins of a Chinese Public Sphere: Local Elites and Community Affairs in the Late Imperial Period." *Études chinoises* 9.2: 13–60.

———. 1994. "Managed by the People: Officials, Gentry, and the Foshan Charitable Granary, 1795–1845." *Late Imperial China* 15.2: 1–52.

Raschke, Manfred G. 1978. "New Studies in Roman Commerce with the East." In Hildegard Temporini and Wolfgang Haase, eds. *Ufstieg und Niedergang der Römischen Welt: Geschichte und Kultur Roms im Spiegel der Neueren Forschung,* 2: 604–1363. Berlin: Walter de Gruyter.

Rawski, Evelyn Sakakida. 1972. *Agricultural Change and the Peasant Economy of South China.* Cambridge:

Harvard University Press.

Rawski, Thomas. 1989. *Economic Growth in Prewar China.* Berkeley: University of California Press.

Rawson, Jessica. 1999. "Western Zhou Archaeology." In M. Loewe and E. L. Shaughnessy, eds. *The Cambridge History of Ancient China: From the Origins of Civilization to 211 BC*, 352–449. Cambridge University Press.

Reid, Anthony. 1990. "The Seventeenth-century Crisis in Southeast Asia." *Modern Asian Studies* 24.4: 639–59.

———. 1997a. "A New Phase of Commercial Expansion in Southeast Asia, 1760–1850." In Anthony Reid, ed. *The Last Stand of Asian Autonomies*, 57–81. Houndmills, UK: Macmillan.

———. 1997b. "Introduction." In Anthony Reid, ed. *The Last Stand of Asian Autonomies*, 1–25. Houndmills, UK: Macmillan.

———. 2004. "Chinese Trade and Economic Expansion in Southeast Asia in the Later Eighteenth and Early Nineteenth Centuries: An Overview." In N. Cooke and Li Tana, eds. *Water Frontier: Commerce and the Chinese in the Lower Mekong Region, 1750–1880*, 21–34. Lanham, MD: Rowman and Littlefield.

Reinert, Eric S. 1999. "The Role of the State in Economic Growth." *Journal of Economic Studies* 26.4/5: 268–326.

Reinert, Eric S. and Sophus A. Reinert. 2005. "Mercantilism and Economic Development: Schumpeterian Dynamics, Institution-Building, and International Benchmarking." In K. S. Jomo and Eric S. Reinert, eds. *The Origins of Development Economics: How Schools of Thought Have Addressed Development*, 1–23. London: Zed Books.

Richards, John F. 1990. "The Seventeenth-century Crisis in South Asia." *Modern Asian Studies* 24.4: 624–38.

Richardson, Philip. 1999. *Economic Change in China, c. 1800–1950.* Cambridge University Press.

Rickett, W. Allyn. 1985. *Guan Zi: Political, Economic, and Philosophical Essays from Early China, vol. 1.* Princeton University Press.

———. 1998. *Guan Zi: Political, Economic, and Philosophical Essays from Early China, vol. 2.* Princeton University Press.

Rosenthal, Jean-Laurent, and R. Bin Wong. 2011. *Before and Beyond Divergence: The Politics of Economic Change in China and Europe.* Cambridge: Harvard University Press.

Rossabi, Morris. 1988. *Khubilai Khan: His Life and Times.* Berkeley: University of California Press.

Rowe, William T. 1984. *Hankow: Commerce and Society in a Chinese City, 1796–1889.* Stanford University Press.

———. 1985. "Approaches to Modern Chinese Social History." In Olivier Kunz, ed. *Reliving the Past: The Worlds of Social History, 236–96.* Chapel Hill: University of North Carolina Press.

———. 1990. "The Public Sphere in Modern China." *Modern China* 16.3: 309–29.

———. 2001. *Saving the World: Cheng Hongmou and Elite Consciousness in Eighteenth-Century China.* Stanford University Press.

———. 2010. "Money, Economy, and Polity in the Daoguang-Era Paper Currency Debates." *Late Imperial China* 31.2: 69–96.

———. 2011. "Introduction: The Significance of the Qianlong-Jiaqing Transition in Chinese History." *Late Imperial China* 32.2: 74–88.

Saitō, Osamu. 1983. "Population and the Peasant Family Economy in Proto-Industrial Japan." *Journal of Family History* 8: 30–54.

Schaberg, David. 2010. "The Zhouli as Constitutional Text." In Benjamin Elman and Martin Kern, eds. *Statecraft and Classical Learning: The Rituals of Zhou in East Asian History*, 33–66. Leiden: Brill.

Scheidel, Walter. 2009. "The Monetary Systems of the Han and Roman Empires." In Walter Scheidel, ed. *Rome and China: Comparative Perspectives on Ancient Empires*, 137–207. New York: Oxford University

Press.

Schirokauer, Conrad, and Robert P. Hymes. 1993. "Introduction." In R. P. Hymes and C. Schirokauer, eds. *Ordering the World: Approaches to State and Society in Sung Dynasty China*, 1–58. Berkeley: University of California Press.

Schmoller, Gustav. 1967. *The Mercantile System and Its Historical Significance.* Rpt. New York: A.M. Kelley〔『重商主義とその歴史的意義』正木一夫訳、未來社、1971〕

Schoppa, Keith. 1989. *Xiang Lake—Nine Centuries of Chinese Life.* New Haven: Yale University Press.

Schottenhammer, Angela. 2001. "The Role of Metals and the Impact of the Introduction of Huizi Paper Notes in Quanzhou on the Development of Maritime Trade in the Song Period." In Angela Schottenhammer, ed. *The Emporium of the World: Maritime Quanzhou, 1000–1400*, 95–176. Leiden: Brill.

Schumpeter, Joseph A. 1954. *History of Economic Analysis*. New York: Oxford University Press〔『経済分析の歴史 上・中・下』東畑精一・福岡正夫訳、岩波書店、2005-2006〕

———. 1991. "The Crisis of the Tax State." In Richard Swedborg, ed. *The Economics and Sociology of Capitalism,* 99–140. Princeton University Press〔『租税国家の危機』木村元一・小谷義次訳、岩波書店、1983〕

Schurmann, Herbert Franz. 1956a. *Economic Structure of the Yüan Dynasty: Translation of Chapters 93 and 94 of the Yüan shih.* Cambridge: Harvard University Press.

———. 1956b. "Mongolian Tributary Practices of the Thirteenth Century." *Harvard Journal of Asiatic Studies* 19.3–4: 304–89.

Scogin, Hugh. 1990. "Between Heaven and Man: Contract and the State in Han Dynasty China." *Southern California Law Review* 63: 1325–1404.

Sen, Tansen. 2003. *Buddhism, Diplomacy, and Trade: The Realignment of Sino-Indian Relations, 600–1400.* Honolulu: University of Hawai'i Press.

Shaughnessy, Edward L. 1991. *Sources of Western Zhou History: Inscribed Bronze Vessels.* Berkeley: University of California Press.

———. 1999. "Western Zhou History." In M. Loewe and E. L. Shaughnessy, eds. *The Cambridge History of Ancient China: From the Origins of Civilization to 211 BC,* 292–351. Cambridge University Press.

Shi Zhihong, Xuyi, Ni Yuping, and Bas van Leeuwen. 2014. "Chinese National Income, c. 1661–1933." Centre for Global Economic History (Utrecht University) Working Paper Series, no. 62. 以下で入手可能。www.cgeh.nl/sites/default/files/ WorkingPapers/CGEHWP62_ShiXuyiNiVanLeeuwen.pdf.

Shiba Yoshinobu. 1970. *Commerce and Society in Sung China.* Trans. Mark Elvin. Ann Arbor: University of Michigan Center for Chinese Studies〔斯波1968 の抄訳〕

———. 1975. "Urbanization and the Development of Markets in the Lower Yangtze Valley." In John Winthrop Haeger, ed. *Crisis and Prosperity in Sung China, 13–48.* Tucson: University of Arizona Press.

———. 1977. "Ningbo and its Hinterland." In G. W. Skinner, ed. *The City in Late Imperial China,* 391–439. Stanford University Press〔今井訳 1989〕

———. 1983. "Sung Foreign Trade: Its Scope and Organization." In Morris Rossabi, ed. C*hina Among Equals: The Middle Kingdom and its Neighbors, 10th–14th Centuries,* 80–115. Berkeley: University of California Press.

———. 1998. "Environment versus Water Control: The Case of the Southern Hangzhou Bay Area from the Mid-Tang through the Qing Period." In Mark Elvin, ed. *Sediments of Time: Environment and Society in Chinese History,* 135–64. Cambridge University Press.

Shigeta, Atsushi. 1984. "The Origins and Structure of Gentry Rule." In L. Grove and C. Daniels, eds. *State and Society in China: Japanese Perspectives on Ming-Qing Social and Economic History*, 335–85. University of Tokyo Press.

Shiue, Carol H., and Wolfgang Keller. 2007. "Markets in China and Europe on the Eve of the Industrial

Revolution." *American Economic Review* 97.4: 1189–1216.

Sima Qian. 1993. *Records of the Grand Historian: Han Dynasty II.* Trans. Burton Watson. New York: Columbia University Press.

Skaff, Jonathan Karam. 1998. "Sasanian and Arab-Sasanian Silver Coins from Turfan: Their Relationship to International Trade and the Local Economy." *Asia Major,* 3rd series, 11.2: 67–115.

———. 2003. "The Sogdian Trade Diaspora in East Turkestan during the Seventh and Eighth Centuries." *Journal of the Economic and Social History of the Orient* 46.4: 475–524.

Skinner, G. William, 1977a. "Cities and the Hierarchy of Local Systems." In G. W. Skinner, ed. *The City in Late Imperial China*, 276–351. Stanford University Press〔今井訳 1989〕

———. 1977b. "Regional Urbanization in Nineteenth-Century China." In G. W. Skinner, ed. *The City in Late Imperial China*, 212–49. Stanford University Press〔今井訳 1989〕

———. 1986. "Sichuan's Population in the Nineteenth Century: Lessons from Disaggregated Data." *Late Imperial China* 7.2: 1–76.

Smith, Paul J. 1988. "Commerce, Agriculture, and Core Formation in the Upper Yangzi, 2 AD to 1948." *Late Imperial China* 9.1: 1–78.

———. 1992. *Taxing Heaven's Storehouse: Horses, Bureaucrats, and the Destruction of the Sichuan Tea Industry, 1074–1224.* Cambridge: Council on East Asian Studies, Harvard University.

———. 1993. "State Power and Economic Activism during the New Policies, 1068–1085: The Tea and Horse Trade and the 'Green Sprouts' Loan Policy." In Robert P. Hymes and Conrad Schirokauer, eds. *Ordering the World: Approaches to State and Society in Sung Dynasty China*, 76–127. Berkeley: University of California Press.

———. 2009. "Shen-tsung's Reign and the New Policies of Wang An-shih, 1067–1085." In D. Twitchett and P. J. Smith, eds. *The Cambridge History of China, vol. 5: The Sung Dynasty and its Precursors, 907–1279*, 347–483. Cambridge University Press.

So, Billy K. L. 2000. *Prosperity, Region, and Institutions in Maritime China: The South Fukien Pattern, 946–1368.* Cambridge: Harvard University Area Center.

———. 2013. "Institutions in Market Economies of Premodern Maritime China." In B. K. L. So, ed. *The Economy of Lower Yangzi Delta in Late Imperial China: Connecting Money, Markets, and Institutions*, 208–32. London: Routledge.

So, Jenny F. and Emma C. Bunker. 1995. *Traders and Raiders on China's Northern Frontier*. Seattle: Smithsonian Institution and University of Washington Press.

Somers Heidhues, Mary. 1993. "Chinese Organizations in West Borneo and Bangka: Kongsis and Hui." In David Ownby and Mary Somers Heidhues, eds. *"Secret Societies" Reconsidered: Perspectives on the Social History of Modern South China and Southeast Asia,* 68–88. Armonk, NY: M.E. Sharpe.

Steensgaard, Niels. 1990. "The Seventeenth-Century Crisis and the Unity of Asian History." *Modern Asian Studies* 24.4: 683–97.

Sugihara, Kaoru. 1996. "Agriculture and Industrialization: The Japanese Experience." In Peter Mathias and John A. Davis, eds. *Agriculture and Industrialization from the Eighteenth Century to the Present Day*, 148–66. Oxford: Blackwell.

———. 2003. "The East Asian Path of Economic Development: A Long-Term Perspective." In G. Arrighi, T. Hamashita, and M. Selden, eds. *The Resurgence of East Asia: 500, 150, and 50 Year Perspectives,* 78–123. London: Routledge.

———. 2005. "An Introduction." In K. Sugihara, ed. *Japan, China, and the Growth of the Asian International Economy, 1850–1949,* 1–19. Oxford University Press.

Sun, Zhouyong. 2008. *Craft Production in the Western Zhou Dynasty (1046–771 BC): A Case Study of a Jue-Earrings Workshop at the Predynastic Capital Site, Zhouyuan, China.* Oxford, UK: Archaeopress.

Sussman, George D. 2011. "Was the Black Death in India and China?" *Bulletin of the History of Medicine* 85.3: 319–55.

Swann, Nancy Lee. 1950. *Food and Money in Ancient China: The Earliest Economic History of China to AD 25.* Princeton University Press.

Szonyi, Michael. 2002. *Practicing Kinship: Lineage and Descent in Late Imperial China.* Stanford University Press.

Tanaka, Masatoshi. 1984. "Rural Handicraft in Jiangnan in the Sixteenth and Seventeenth Century." In L. Grove and C. Daniels, eds. *State and Society in China: Japanese Perspectives on Ming-Qing Social and Economic History,* 79–100. University of Tokyo Press.

Tang Changru. 1990. "Clients and Bound Retainers in the Six Dynasties Period." In A. E. Dien, ed. *State and Society in Early Medieval China*, 111–38. Stanford University Press.

Tanigawa, Michio. 1985. *Medieval Chinese Society and the Local "Community."* Berkeley: University of California Press.

Torbert, Preston M. 1977. *The Ch'ing Imperial Household Department: A Study of its Organization and Principal Functions, 1662–1796.* Cambridge, MA: Council on East Asian Studies, Harvard University.

Trocki, Carl A. 1990. *Opium and Empire: Chinese Society in Colonial Singapore, 1800–1910.* Ithaca: Cornell University Press.

Tsien, Tsuen-hsiun. 1985. *Science and Civilisation in China, vol. 5: Chemistry and Chemical Technology, part 1: Paper and Printing.* Cambridge University Press.

Tsurumi, Naohiro. 1984. "Rural Control in the Ming Dynasty." In L. Grove and C. Daniels, eds. *State and Society in China: Japanese Perspectives on Ming-Qing Social and Economic History*, 245–77. University of Tokyo Press.

Twitchett, Denis. 1954. "The Salt Commissioners after An Lu-shan's Rebellion." *Asia Major,* new series, 4.1: 60–89.

———. 1963. *Financial Administration under the T'ang Dynasty.* Cambridge University Press.

———. 1966. "The T'ang Market System." *Asia Major,* new series, 12.2: 202–48.

———. 1969–70. "Local Financial Administration in Early T'ang Times." *Asia Major,* new series, 15: 82–114.

———. 1973. "The Composition of the T'ang Ruling Class: New Evidence from Tun-huang." In A. F. Wright and D. Twitchett, eds. *Perspectives on the T'ang,* 47–85. New Haven: Yale University Press.

———. 1979. "Hsuan-tsung (reign 712–56)." In Denis Twitchett, ed. *The Cambridge History of China, vol. 3: Sui and T'ang China, 618–907, part 1,* 333–463. Cambridge University Press.

Twitchett, Denis and Janice Stargardt. 2002. "Chinese Silver Bullion in a Tenth-Century Indonesian Wreck." *Asia Major,* third series, 15.1: 23–72.

Uematsu Tadashi. 1983. "The Control of Chiang-nan in the Early Yüan." *Acta Asiatica* 45: 49–68.

Underhill, Anne P., et al. 2008. "Changes in Regional Settlement Patterns and the Development of Complex Societies in Southeastern Shandong, China." *Journal of Anthropological Archaeology* 27: 1–29.

Vaggi, Gianni, and Peter Groenewegen. 2003. *A Concise History of Economic Thought: From Mercantilism to Monetarism.* Basingstoke, UK: Palgrave Macmillan.

Van de Mieroop, Marc. 2004. *A History of the Ancient Near East c. 3000–323 BC.* Oxford: Blackwell.

Van Dyke, Paul A. 2005. *The Canton Trade: Life and Enterprise on the China Coast, 1700–1845.* Hong Kong University Press.

van Zanden, Jan Luiten. 2009. *The Long Road to the Industrial Revolution: The European Economy in a Global Perspective, 1000–1800.* Leiden: Brill.

Vermeer, Eduard B. 1991. "The Mountain Frontier in Late Imperial China: Economic and Social Developments in the Bashan." *T'oung Pao* 77.4–5: 300–29.

Vogel, Hans Ulrich. 1987. "Chinese Central Monetary Policy, 1644–1800." *Late Imperial China* 8.2: 1–52.

———.n.d. "Chinese Central Monetary Policy and Yunnan Copper Mining, 1644–1800." Unpub. ms.

von Falkenhausen, Lothar. 1999a. "Late Western Zhou Taste." *Études Chinoises* 18: 143–78.

———. 1999b. "The Waning of the Bronze Age." In M. Loewe and E. L. Shaughnessy, eds. *The Cambridge History of Ancient China: From the Origins of Civilization to 211 BC*, 450–544. Cambridge University Press.

———. 2005. "The E Jun Qi Metal Tallies: Inscribed Texts and Ritual Contexts." In Martin Kern, ed. *Text and Ritual in Early China*, 79–123. Seattle: University of Washington Press.

———. 2006. *Chinese Society in the Age of Confucius (1000–250 BC): The Archaeological Evidence.* Los Angeles, CA: Cotsen Institute of Archaeology, University of California〔『周代中国の社会考古学』吉本道雅解題・訳、京都大学学術出版会、2006〕

von Glahn, Richard. 1987. *The Country of Streams and Grottoes: Expansion, Settlement, and the Civilizing of the Sichuan Frontier in Song Times.* Cambridge: Harvard University Council on East Asian Studies.

———. 1991. "Municipal Reform and Urban Social Conflict in Late Ming China." *Journal of Asian Studies* 50.2: 280–307.

———. 1993. "Community and Welfare: Chu Hsi's Community Granary in Theory and Practice." In R. P. Hymes and C. Schirokauer, eds. *Ordering the World: Approaches to State and Society in Sung Dynasty China*, 221–54. Berkeley: University of California Press.

———. 1996a. *Fountain of Fortune: Money and Monetary Policy in China, 1000–1700.* Berkeley: University of California Press.

———. 1996b. "Myth and Reality of China's Seventeenth-Century Monetary Crisis." *Journal of Economic History* 56.2: 429–54.

———. 2003a. "Imagining Pre-modern China." In P. J. Smith and R. von Glahn, eds. *The Song-Yuan-Ming Transition in Chinese History*, 35–70. Cambridge: Harvard University Asia Center.

———. 2003b. "Towns and Temples: Urban Growth and Decline in the Yangzi Delta, 1200–1500." In P. J. Smith and R. von Glahn, eds. *The Song-Yuan-Ming Transition in Chinese History*, 176–211. Cambridge: Harvard University Asia Center.

———. 2004. "Revisiting the Song Monetary Revolution: A Review Essay." *International Journal of Asian Studies* 1.1: 159–178.

———. 2005. "Origins of Paper Money in China." In K. Geert Rouwenhorst and William N. Goetzmann, eds. *Origins of Value: The Financial Innovations that Created Modern Capital Markets*, 65–89. New York: Oxford University Press.

———. 2007a. "Foreign Silver Coin in the Market Culture of Nineteenth Century China." *International Journal of Asian Studies* 4.1: 51–78.

———. 2007b. "Zhu Yuanzhang ex nihilo?" *Ming Studies* 55: 113–141.

———. 2010. "Monies of Account and Monetary Transition in China, Twelfth to Fourteenth Centuries." *Journal of the Economic and Social History of the Orient* 53.3: 463–505.

———. 2013. "Cycles of Silver in Chinese Monetary History." In B. K. L. So, ed. *The Economy of Lower Yangzi Delta in Late Imperial China: Connecting Money, Markets, and Institutions*, 17–71. London: Routledge.

———. 2014. "The Ningbo-Hakata Merchant Network and the Reorientation of East Asian Maritime Trade, 1150-1300." *Harvard Journal of Asiatic Studies* 74.2: 251–81.

von Reden, Sitta. 2010. *Money in Classical Antiquity.* Cambridge University Press.

von Verschuer, Charlotte. 2006. *Across the Perilous Sea: Japanese Trade with China and Korea from the Seventh to the Sixteenth Centuries.* Ithaca, NY: Cornell University East Asia Program〔『モノが語る日本対外交易史：七〜一六世紀』河内春人訳、藤原書店、2011〕

Vries, Peer H.H. 2002. "Are Coal and Colonies Really Crucial? Kenneth Pomeranz and the Great Divergence." *Journal of World History* 12.2: 407–46.

———. 2015. *State, Economy, and the Great Divergence: Great Britain and China, 1680s–1850s.* London: Bloomsbury Academic.

Wade, Geoff. 2009. "An Early Age of Commerce in Southeast Asia, 900–1300 CE." *Journal of South East Asian Studies* 40.2: 221–65.

Wagner, Donald B. 2001a. "The Administration of the Iron Industry in Eleventh- century China." *Journal of the Economic and Social History of the Orient* 44.2: 175–97.

———. 2001b. *The State and the Iron Industry in Han China.* Copenhagen: Nordic Institute of Asian Studies.

———. 2008. *Science and Civilisation in China, vol. 5: Chemistry and Chemical Technology, part 11: Ferrous Metallurgy.* Cambridge University Press.

Waltner, Ann. 1990. *Getting an Heir: Adoption and the Construction of Kinship in Late Imperial China.* Honolulu: University of Hawai'i Press.

Wang, Helen. 2004. *Money on the Silk Road: The Evidence from Eastern Central Asia to AD 800.* London: British Museum Press.

Wang, Wensheng. 2014. *White Lotus Rebels and South China Pirates: Crisis and Reform in the Qing Empire.* Cambridge: Harvard University Press.

Wang, Yeh-chien. 1973. *Land Taxation in Imperial China, 1750–1911.* Cambridge, MA: Harvard University Press.

———. 1985. "Food Supply in Eighteenth-Century Fukien." *Late Imperial China* 7.2: 80–117.

———. 1992. "Secular Trends of Rice Prices in the Yangzi Delta, 1638–1935." In T. G. Rawski and L. M. Li, eds. *Chinese History in Economic Perspective,* 35–68. Berkeley, CA: University of California Press.

Wang, Yi-t'ung. 1953. "Slaves and Other Comparable Social Groups during the Northern Dynasties (386–618)." *Harvard Journal of Asiatic Studies* 16.3/4: 293–364.

Wang, Zhenping. 2006. *Ambassadors from the Islands of the Immortals: China-Japan Relations in the Han-Tang Period.* Honolulu: University of Hawai'i Press.

Wang, Zhongshu. 1982. *Han Civilization.* Yale University Press.

Watson, Burton. 1967. *Basic Writings of Mo Tzu, Hsün Tzu, and Han Fei Tzu.* New York: Columbia University Press.

Weber, Max. 1978. *Economy and Society.* Guenther Roth and Claus Wittick, eds. Berkeley, CA: University of California Press〔『経済と社会』世良晃志郎・安藤英治・池宮英才訳、創文社、1960–1974〕

Wicks, Robert S. 1998. *Money, Markets, and Trade in Early Southeast Asia: The Development of Indigenous Monetary Systems to AD 1400.* Ithaca, NY: Cornell University Southeast Asia Programs Publications.

Wilbur, C. Martin. 1943. *Slavery in the Former Han Dynasty, 206 BC–AD 25.* Chicago: Field Museum of Natural History.

Will, Pierre-Étienne. 1985. "State Intervention in the Administration of a Hydraulic Infrastructure." In S. R. Schram, ed. *The Scope of State Power in China,* 295–347. London: School of Oriental and African Studies.

———. 1990. *Bureaucracy and Famine in Eighteenth-Century China.* Stanford University Press.

Will, Pierre-Étienne and R. Bin Wong. 1991. *Nourish the People: The State Civilian Granary System in China, 1650–1850.* Ann Arbor: University of Michigan Center for Chinese Studies.

Wolf, Arthur P. 2001. "Is There Evidence of Birth Control in Late Imperial China?" *Population and Development Review* 27.1: 133–54.

Wong, J. Y. 1998. *Deadly Dreams: Opium and the Arrow War (1856–1860) in China.* Cambridge University Press.

Wong, R. Bin. 1997. *China Transformed: Historical Change and the Limits of European Experience.* Ithaca:

Cornell University Press.

———. 2012. "Taxation and Good Governance in China, 1500–1914." In B. Yun-Casalilla and P. K. O'Brien, eds. *The Rise of Fiscal States: A Global History, 1500–1914,* 353–77. Cambridge University Press.

Wong, R. Bin, and Peter Perdue. 1992. "Grain Markets and Food Supplies in Eighteenth-Century Hunan." In T. G. Rawski and L. M. Li, eds. *Chinese History in Economic Perspective,* 126–44. Berkeley: University of California Press.

Wright, Arthur F. 1978. *The Sui Dynasty: The Unification of China, AD 581–617.* New York: Knopf〔『隋代史』布目潮渢・中川努訳、法律文化社、1982〕

Xiong, Victor Cunrui. 1993. "Sui Yangdi and the Building of Sui-Tang Luoyang." *Journal of Asian Studies* 52.1: 66–89.

———. 1999. "The Land Tenure System of Tang China: A Study of the Equal Field System and the Turfan Documents." *T'oung Pao* 85.4–5: 328–90.

———. 2000. *Sui-Tang Chang'an: A Study in the Urban History of Medieval China.* Ann Arbor: University of Michigan Center for Chinese Studies.

Xu, Dixin and Wu Chengming. 2000. *Chinese Capitalism, 1522–1840.* London: Macmillan.

Yamada Katsuyoshi. 1990. "Offices and Officials of Works, Markets, and Lands in the Ch'in Dynasty." *Acta Asiatica* 58: 1–23.

Yamamura, Kōzō and Kamiki Tetsuo. 1983. "Silver Mines and Sung Coins." In John F. Richards, ed. *Precious Metals in the Late Medieval and Early Modern Worlds*, 329–62. Durham, NC: Carolina Academic Press.

Yamane, Yukio. 1984. "Reforms in the Service Levy System in the Fifteenth and Sixteenth Centuries." In L. Grove and C. Daniels, eds. *State and Society in China: Japanese Perspectives on Ming-Qing Social and Economic History,* 279–310. University of Tokyo Press.

Yang, Lien-sheng. 1956. "Great Families of Eastern Han." In E-tu Zen Sun and John DeFrancis, eds. *Chinese Social History: Translations of Selected Studies,* 103–34. New York: American Council of Learned Societies.

———. 1961. "Notes on the Economic History of the Chin Dynasty." In Yang, *Studies in Chinese Institutional History*, 119–97. Cambridge: Harvard-Yenching Institute.

Yates, Robin D. S. 1987. "Social Status in the Ch'in: Evidence from the Yün-meng Legal Documents. Part One: Commoners." *Harvard Journal of Asiatic Studies* 47.1: 197–237.

———. 2002. "Slavery in Early China: A Socio-Cultural Approach." *Journal of East Asian Archaeology* 3.1–2: 283–331.

———. 2013. "The Qin Slips and Boards from Well No. 1, Liye, Hunan: A Brief Introduction to the Qin Qianling County Archives." *Early China* 35: 291–329.

Yü, Ying-shih. 1967. *Trade and Expansion in Han China: A Study in the Structure of Sino-Barbarian Economic Relations.* Berkeley, CA: University of California Press.

Yuan, Tsing. 1979. "Urban Riots and Disturbances during the Late Ming and Early Ch'ing Period." In Jonathan D. Spence and John E. Wills, Jr., eds. *From Ming to Ch'ing: Conquest, Region, and Continuity in Seventeenth-Century China*, 277–320. New Haven: Yale University Press.

Yun-Casalilla, Bartolomé. 2012. "Introduction: The Rise of the Fiscal State in Eurasia from a Global, Comparative, and Transnational Perspective." In B. Yun-Casalilla and P. K. O'Brien, eds. *The Rise of Fiscal States: A Global History, 1500–1914,* 1–35. Cambridge University Press.

Zelin, Madeleine. 1984. *The Magistrate's Tael: Rationalizing Fiscal Reform in Eighteenth-Century Ch'ing China.* Berkeley, CA: University of California Press.

———. 2004. "A Critique of Property Rights in Prewar China." In M. Zelin, J. K. Ocko, and R. Gardella, eds. *Contract and Property in Early Modern China,* 17–36. Stanford University Press.

———. 2005. *The Merchants of Zigong: Industrial Entrepreneurship in Early Modern China.* New York: Columbia University Press.

———. 2009. "The Firm in Early Modern China." *Journal of Economic Behavior and Organization* 71.4: 623-37.

Zelin, Madeleine, Jonathan K. Ocko, and Robert Gardella, eds. 2004. *Contract and Property in Early Modern China.* Stanford University Press.

Zhang, Taisu. 2011. "Property Rights in Land, Agricultural Capitalism, and the Relative Decline of Pre-Industrial China." *San Diego International Law Journal* 13: 129-200.

Zhao, Gang. 2013. *The Qing Opening to the Ocean: Chinese Maritime Policies, 1684-1757.* Honolulu: University of Hawai'i Press.

Zheng Zhenman. 2001. *Family Lineage Organization and Social Change in Ming and Qing Fujian.* Honolulu: University of Hawai'i Press.

Zurndorfer, Harriet. 2011. "Contracts, Property, and Litigation: Intermediation and Adjudication in the Huizhou Region (Anhui) in Sixteenth-Century China." In D. Ma and J. L. van Zanden, eds. *Law and Long-Term Economic Change: A Eurasian Perspective,* 91-114. Stanford University Press.

———. 2013. "Cotton Textile Production in Jiangnan during the Ming-Qing Era and the Matter of Market-Driven Growth." In B. K. L. So, ed. *The Economy of Lower Yangzi Delta in Late Imperial China: Connecting Money, Markets, and Institutions,* 72-98. London: Routledge.

【中国語】

白雲翔. 2010.「秦漢時期聚落的考古発現及初步認識」白雲翔・孫新民編『漢代城市和聚落考古与漢文化』, 44-55. 北京：科学出版社.

包偉民. 2001.『宋代地方財政史研究』上海：上海古籍出版社.

曹旅寧. 2002.『秦律新探』北京：社会科学出版社.

曹樹基. 2000a.『中国人口史 第 4 巻 明時期』上海：復旦大学出版社.

———. 2000b.『中国人口史 第 5 巻 清時期』上海：復旦大学出版社.

曹樹基・李楠・龔啓聖. 2010.「「残欠産権」之転譲：石倉「退契」研究（1727-1949)」『歴史研究』3 : 118-31.

曹瑋. 2002.「衛鼎」『吉金鋳国史：周原出土西周青銅器精粋』237-241. 北京大学考古文博学院編. 北京：文物出版社.

車群・曹樹基. 2011.「清中葉以降浙南郷村家族人口与家族経済：兼論非馬爾薩斯式的中国生育模式」『中国人口科学』2011.3: 42-53.

陳春声. 2005.『市場機制与社会変遷：18世紀広東米価分析（第 2 版)』板橋：稲郷出版社.

陳鋒. 2008.『清代財政政策与貨幣政策研究』武昌：武漢大学出版社.

陳絜. 2009.「里耶" 戸籍簡 " 与戦国末期的基層社会」『歴史研究』5 : 23-40.

陳明光. 1997.『六朝財政史』北京：中国財政経済出版社.

陳橋駅. 1962.「古代鑑湖興廃与山会平原農田水力」『地理学報』3 : 187-201.

陳爽. 1998.『世家大族与北朝政治』北京：中国社会科学出版社.

陳正祥. 1982.『中国文化地理』台北：木鐸出版社.

陳支平. 1993.「宋元明清時期江南市鎮社会」『中国社会経済史研究』1 : 33-8.

———. 2009.『民間文与明清東南族商研究』北京：中華書局.

程民生. 1984.「論北宋財政的特点与積貧的仮象」『中国史研究』3 : 27-40.

戴建国. 2001.「宋代的田宅交易投税憑由和官印田宅契書」『中国史研究』3 : 97-111.

———. 2011.「宋代的民田典売与「一田両主制」」『歴史研究』6 : 99-117.

丁邦友. 2009.『漢代物価新探』北京：中国社会科学出版社.

凍国棟. 2002.『中国人口史 第 2 巻 隋唐五代時期』上海：復旦大学出版社.

杜恂誠・李晋. 2011.「中国経済史 "GDP" 研究之誤区」『学術月刊』43.10: 74-81.

杜正勝. 1990.『編戸斉民：伝統政治社会結構之形成』台北：聯経出版事業公司.

範金民．1998.『明清江南商業的発展』南京：南京大学出版社．
———．2001.「明代徽商染店的一箇実例」『安徽史学』2001.3: 2–4.
範金民・金文．1993.『江南絲綢史研究』北京：農業出版社．
樊樹志．1990.『明清江南市鎮探微』上海：復旦大学出版社．
範兆飛・張明明．2011.「十六国北魏時期的塢堡経済」『中国社会経済史研究』2 : 14–21.
方高峰．2009.『六朝政権与長江中遊農業経済発展』天津：天津古籍出版社．
方行．1996.「清代江南農民的消費」『中国経済史研究』3 : 91–8.
方行・経君健・魏金玉主編．2007.『中国経済通史：清（第 2 版）』北京：経済日報出版社．
傅衣凌．1982.「明末清初江南及東南沿海地区‘富農経営’的初步考察」傅衣凌『明清社会経済史論文集』121–44. 北京：人民出版社．
甘粛省文物考古研究所．1989.『秦漢簡牘論文集』蘭州：甘粛人民出版社．
高聡明．1999.『宋代貨幣与貨幣流通研究』保定：河北大学出版社．
高大倫．1998.「尹湾漢墓木簡《集簿》中戸口統計資料研究」『歴史研究』5 : 110–23.
高敏．1986.『秦漢魏晋南北朝土地制度研究』鄭州：中州古籍出版社．
———．1987.「北魏均田法令校釈」高敏『魏晋南北朝社会経済史探討』186–219. 北京：人民出版社．
———．2004.「尹湾漢簡《集簿》的釈読、質疑与意義探討：読尹湾漢簡札記之二」高敏『秦漢魏晋南北朝史論考』94–104. 北京：中国社会科学出版社．
———．2006.「従《長沙走馬楼三国呉簡．竹簡（壹）》看孫権時期的口銭算賦制度」『史学月刊』4 : 24–27.
葛剣雄．1999.「関於秦代戸口数量的新估計」『葛剣雄自選集』16–25. 桂林：広西師範大学出版社．
———．2000.「関於秦代人口数量的新估計」『葛剣雄自選集』16–25. 桂林：広西師範大学出版社．
———．2002.『中国人口史 第 1 巻 導論、先秦至南北朝時期』上海：復旦大学出版社．
葛金芳・顧蓉．2000.「宋代江南地区的糧食畝産及其估算方法辨析」『湖北大学学報（哲学社会科学版）』27.3: 78–83.
耿元驪．2007.「北宋中期蘇州農民的田租負担和生活水平」『中国経済史研究』1 : 150–58.
管漢暉・李稲葵．2010.「明代 GDP 及結構試探」『経済学季刊』9.3: 787–828.
郭正忠．1985.「南宋中央財政貨幣歳収考辨」中国社会科学院歴史研究所宋遼金元史研究室編『宋遼金史論叢 1』168–91.
———．1990.『宋代塩業経済史』北京：人民出版社．
———．1997.『両宋城郷商品貨幣経済考略』北京：経済管理出版社．
何炳棣．1988.『中国古今土地数字的考釈和評価』北京：中国社会科学出版社．
何清谷．2003a.「秦始皇時代的私営工商業」『秦史探索』326–35. 台北：蘭台出版社．
———．2003b.「秦幣春秋」『秦史探索』300–25. 台北：蘭台出版．
何双全．1989.「《漢簡・郷里志》及其研究」甘粛省文物考古研究所編『秦漢簡牘論文集』145–235. 蘭州：甘粛人民出版社．
弘一．1974.「江陵鳳凰山十号漢墓出土簡牘考釈」『文物』6 : 78–84.
侯旭東．2005.『北朝村民的生活世界：朝廷、州県、与村里』北京：商務印書館．
胡寄窓．1962.『中国経済思想史』上海：上海人民出版社．
黄純艶．2003.『宋代海外貿易』北京：社会科学文献出版社．
黄鑑暉．1987.「清代帳局初探」『歴史研究』1 : 111–24.
黄敬斌．2009.『民生与家計：清初至民国時期江南居民的消費』上海：復旦大学出版社．
黄今言．2005.『秦漢商品経済研究』北京：人民出版社．
黄盛璋．1974a.「江陵鳳凰山漢墓簡牘及其在歴史地理上的价値」『文物』6 : 66–77.

———. 1974b.「試論三晋兵器的国別和年代及其相関問題」『考古学報』1 : 13-43.
———. 1977.「関於鳳凰山一六八号漢墓的几箇問題」『考古』1 : 43-50.
———. 1982.「青川新出秦田律木牘及其相関問題」『文物』9 : 71-75.
———. 2001.「秦兵器分国断代与有関制度研究」『古文字研究』21: 227-85.
賈大泉. 1981.「宋代賦税結構初探」『社会科学研究』3 : 51-8.
蔣福亜. 2005.『魏晋南北朝社会経済史』天津：天津古籍出版社.
———. 2008.「呉簡所見呉国前期民田屯田：兼論魏呉民屯的区別」『中華文史論叢』89: 13-57.
姜濤. 1993.『中国近代人口史』杭州：浙江人民出版社.
姜錫東. 2002.『宋代商人和商業資本』北京：中華書局.
孔祥軍. 2012.「居延新簡《建武三年十二月候粟君所責寇恩事》冊書復原与研究」『西域研究』4 : 76-86.
李伯重. 1990.『唐代江南農業的発展』北京：農業出版社.
———. 2000.『江南的早期工業化』北京：社会科学文献出版社.
———. 2002.『発展与制約：明清江南生産力研究』台北：聯経出版事業.
———. 2007.「道光蕭条与癸未大水」『社会科学』6 : 173-78.
———. 2010.『中国的早期近代経済：1820年代華亭－婁県地区 GDP 研究』北京：中華書局.
李華瑞. 1995.『宋代酒的生産和征榷』保定：河北大学出版社.
李力. 2007.『「隷臣妾」身份再研究』北京：中国法制出版社.
李零. 1998.「西周金文中的土地制度」『李零自選集』85-111. 桂林：広西師範大学出版社.
李隆生. 2005.『晩明海外貿易数量研究：兼論江南絲綢産業与白銀流入的影響』台北：秀威資訊科技.
———. 2010.『清代的国際貿易：白銀流入、貨幣危機和晩清工業化』台北：秀威資訊科技.
黎明釗. 2009.「里耶秦簡：戸籍檔案的探討」『中国史研究』2 : 5-23.
李憑. 2000.『北魏平城時代』北京：社会科学文献出版社.
李偉国. 2007.「宋代経済生活中的市儈」李偉国『宋代財政和文献考論』123-47. 上海：上海古籍出版社 2007.
李文治・江太新. 2005.『中国地主制経済論：封建土地関系発展与変化』北京：中国社会科学出版社.
李学勤. 1982.「青川郝家坪木牘研究」『文物』10: 68-72.
———. 1999.「秦簡与周礼」『簡帛迭籍与学術史』110-18. 南昌：江西教育出版社.
李治安. 1992.『元代分封制度研究』天津：天津古籍出版社.
梁方仲. 1939.「明代国際貿易与銀的輸出入」(以下に再録。梁方仲. 1990.『梁方仲経済史論文集』132-179. 北京：中華書局)
梁方仲編. 1980.『中国歴代戸口、田地、田賦統計』上海：上海人民出版社.
梁庚堯. 1984.『南宋的農村経済』台北：聯経出版事業公司.
———. 1997.「南宋城市的発展」梁庚堯『宋代社会経済史論集 下』481-590. 台北：允晨文化.
梁其姿. 1993.「貧窮与窮人観念在中国俗世社会中的歴史演変」黄應貴主編『人観、意義与社会』129-62. 台北：中央研究院民族学研究所.
———. 1997.『施善与教化：明清的慈善組織』台北：聯経出版事業公司.
連雲港市博物館. 1996.「尹湾漢墓簡牘釈文選」『文物』8 : 26-31.
林満紅. 1991.「中国的白銀外流与世界金銀減産 1814-50」呉剣雄主編『中国的海洋発展史論文集 第 6 輯』1-44. 台北：中央研究院.
林文勲. 2011.『唐宋社会変革論綱』北京：人民出版社.
劉広京. 1983.「一八八三年上海金融風潮：洋務運動専題之二」『復旦大学学報（社会科学版）』3 : 94-102.
劉光臨. 2008.「市場、戦争、和財政国家：対南宋賦税問題的再思考」『台大歴史学報』42: 221-

85.
———. 2012.「嶺南州府宋元明之際両税征収的比較研究」『北大史学』17: 68-105.
劉建生. 2007.「山西票号業務総量之估計」『山西大学学報（哲学社会科学版）』6 : 233-39.
劉秋根. 2000.『明清高利貸資本』北京：社会科学文献出版社.
———. 2007.『中国古代合夥制初探』北京：人民出版社.
劉秋根・謝秀麗. 2005.「明清徽商工商業舗店合夥制形態：三种徽商帳簿的表面分析」『中国経済史研究』3 : 79-87.
劉石吉. 1987.『明清時代江南市鎮研究』北京：中国社会科学院出版社.
劉淑芬. 1992.『六朝的城市与社会』台北：学生書局.
劉逖. 2009.「1600-1840年中国国内生産総値估算」『経済研究』10: 144-55.
劉楊・趙栄華. 2001.『吉州窯瓷』南昌：江西美術出版社.
劉永成・赫治清. 1983.「万全堂的由来与発展」『中国社会経済史研究』1 : 1-16.
劉昭民. 1992.『中国歴史上気候之変遷』台北：台湾商務印書館.
欒成顕. 1990.「明初地主積累兼併土地途経初探：以謝能静戸為例」『中国史研究』3 : 101-11.
———. 2007.『明代黄冊研究 増訂本』北京：社会科学出版社.
羅西章. 1998.「宰獣簋銘略考」『文物』8 : 83-87.
馬承源編. 1988.『商周青銅器銘文選 3』北京：文物出版社.
———. 1990.「西周金文中有関《貯》字辞語的若干解釈」『上海博物館集刊』5 : 82-91
———. 2000.「亢鼎銘文：西周早期用貝幣交易玉器的記錄.」『上海博物館集刊』8 : 120-23.
馬大英. 1983.『漢代財政史』北京：中国財政経済出版社.
馬非百. 1979.『管子軽重篇新詮』北京：中華書局.
毛漢光. 1990a.「晋隋之際河東地区与河東大族」毛漢光『中国中古政治史論』99-130. 台北：聯経出版事業股份有限公司.
———. 1990b.「西魏府兵史論」毛漢光『中国中古政治史論』167-280. 台北：聯経出版事業股份有限公司.
繆坤和. 2002.『宋代信用票据研究』昆明：雲南大学出版社.
寧可. 1982.「関於《漢侍延里父老僤買田約束石券》」『文物』12: 21-7.
内蒙古自治区博物館文物工作隊. 1978.『和林格爾漢墓壁画』北京：文物出版社.
倪玉平. 2010.『清朝嘉道関税研究』北京：北京師範大学出版社.
彭凱翔. 2006.『清代以来的糧価：歴史学的解釈与再解釈』上海：上海人民出版社.
———. 2011.「歴史 GDP 估算中的計価問題芻議」『中国経済史研究』4 : 53-60.
彭凱翔・陳志武・袁為鵬. 2008.「近代中国農村借貸市場的机制：基於民間文書的研究」『経済研究』5 : 147-59.
彭衛. 2010.「関於小麦在漢代推広的再探討」『中国経済史研究』4 : 63-71.
彭信威. 1965.『中国貨幣史（第 2 版）』上海：上海人民出版社.
彭澤益. 1983.『十九世紀后半期的中国財政与経済』北京：人民出版社.
漆俠. 1979.『王安石変法』上海：上海人民出版社.
———. 1999.『中国経済通史：宋代経済巻』北京：経済日報出版社.
邱澎生. 1990.『十八、十九世紀蘇州城的新興工商業団体』台北：国立台湾大学出版委員会.
———. 2004.「由放料到工廠：清代前期蘇州棉布字号的経済与法律分析」李伯重・周生春編『江南的城市工業与地方文化 960-1850』66-94. 北京：清華大学出版社.
———. 2008.『当法律遇上経済：明清中国的商業法律』台北：五南図書出版.
———. 2012.「十八世紀蘇松棉布業的管理架構与法律文化」『江海学刊』2 : 143-57.
裘錫圭. 1974.「湖北江陵鳳凰山十号漢墓出土簡牘考釈」『文物』1974.7: 49-62.
———. 1979.「新発現的居延漢簡的几箇問題」『中国史研究』4 : 103-10.
全漢昇. 1935.『中国行会制度史』上海：新生命書局.

———. 1972.「唐宋時代揚州経済境況的繁栄与衰落」『中国経済史論叢』1 : 1–28. 香港：香港中文大学新亜書院新亜研究所.
石俊志. 2009.『半両銭制度研究』北京：中国金融出版社.
石洋. 2012.「両漢傭価変遷考証」『東洋史研究』71.2: 191–218.
史志宏. 1994.『清代前期的小農経済』北京：中国社会科学出版社.
———. 2008.『清代戸部銀庫収支和庫存統計』福州：福建人民出版社.
斯維至. 1978.「論庶人」『社会科学戦線』2 : 103–10.
蘇基朗. 2004.「両宋閩南広東浙東外貿瓷業空間模式的一箇比較分析」李伯重・周生春編『江南的城市工業与地方文化 960–1850』141–92. 北京：清華大学出版社.
唐長孺. 1954.「南朝的屯、邸、別墅及山澤占領」『歴史研究』1954.3: 95–113.
———. 1955.「魏晋戸調制及其演変」唐長孺『魏晋南北朝史論叢』59–84. 北京：三聯書店.
———. 1961.「関於武則天末年的浮逃戸」『歴史研究』6 : 90–95.
唐文基. 1990.「三餉加派：明末反動的財政」『山根幸夫教授退休記念明代史論叢 下』979–1001. 東京：汲古書院.
湯用彤. 2006.『漢魏両晋南北朝仏教史』増訂本. 北京：昆侖出版社.
天長市文物管理所. 2006.「安徽天長西漢墓発掘簡報」『文物』11: 4–21.
汪聖鐸. 1995.『両宋財政史』北京：中華書局.
王素. 2011.「長沙呉簡中的佃客与衣食客：兼論西晋戸調式中的‘南朝化’問題」『中華文史論叢』101: 1–34.
王文成. 2001.『宋代白銀貨幣化研究』昆明：雲南大学出版社.
王彦輝. 2006.「論漢代的分戸析産」『中国史研究』4 : 19–38.
王業鍵. 2003.「中国近代貨幣与銀行的演進（1644–1937）」王業鍵『清代経済史論文集』161–274. 台北：稲郷出版社.
王怡辰. 2007.『魏晋南北朝貨幣交易和発行』台北：文津出版社.
王曾瑜. 1985.「宋朝的坊郭戸」中国社会科学院歴史研究所宋遼金元史研究室編『宋遼金史論叢 第 1 集』64–82.
王振忠. 2014.『明清徽商与淮揚社会変遷』修訂版. 北京：三聯書店.
王子今. 2005.「西漢「斉三服官」弁証」『中国史研究』35–40.
呉承明. 1985.「論清代前期我国国内市場」呉承明『中国資本主義与国内市場』247–65. 北京：中国社会科学出版社.
———. 2001a.「論明代国内市場和商人資本」呉承明『中国的現代化：市場与社会』111–43. 北京：三聯書店.
———. 2001b.「18与19世紀上叶的中国市場」呉承明『中国的現代化：市場与社会』238–88. 北京：三聯書店.
呉慧. 1990.「明清（前期）財政結構性変化的計量分析」『中国社会経済史研究』3 : 39–45.
呉良宝. 2005.『中国東周時期金属貨幣研究』北京：社会科学文献出版社.
巫仁恕. 2007.『品味奢華：晩明的消費社会与士大夫』台北：中央研究院／聯経出版事業.
呉松弟. 2000.『中国人口史 第 3 巻 遼宋金元時期』上海：復旦大学出版社.
———. 2007.『南宋人口史』上海：上海古籍出版社.
謝桂華. 1989.「漢簡和漢代的取庸代戍制度」甘粛省文物考古研究所編『秦漢簡牘論文集』77–112. 蘭州：甘粛人民出版社.
謝雁翔. 1974.「四川郫県犀浦出土的東漢残碑」『文物』4 : 67–71.
許大齢. 1974.『清代捐納制度』台北：文海出版社.
許宏. 2000.『先秦城市考古学』北京：北京燕山出版社.
許檀. 2000.「明清時期城郷網絡体系的形成及意義」『中国社会科学』3 : 191–202.
徐義華. 2007.「新出土《五年琱生尊》与琱生器銘試析」『中国史研究』2 : 17–27.

徐楽堯. 1989.「居延漢簡所見的市」甘粛省文物考古研究所編『秦漢簡牘論文集』49-69. 蘭州：甘粛人民出版社.
燕紅忠. 2007.「山西票号資本与利潤総量之估計」『山西大学学報（哲学社会科学版）』30.6: 128-31.
楊徳泉. 1982.「唐宋行会制度之研究」鄧広銘・程応鏐編『宋史研究論文集』204-40. 上海：上海古籍出版社.
楊際平. 2003.『北朝隋唐均田制新探』長沙：岳麓書社.
———. 2006.「析長沙走馬楼三国呉簡中的《調》：兼談戸調制的起源」『歴史研究』3 : 39-58.
楊際平・李卿. 2003.「李顕甫集諸李開李魚川史事考弁：兼論魏収所謂的太和十年前‘唯立宗主督護’」『厦門大学学報（哲学社会科学）』3 : 93-102.
楊寬. 1998.『戦国史』再版. 上海：上海人民出版社.
楊聯陞. 1934.「従四民月令所見到的漢代家族生産」『食貨半月刊』1.6: 8-11.
楊英. 1996.「試論周代庶人的社会身份和社会地位」『中国歴史博物館館刊』2 : 10-21.
楊振紅. 2003.「秦漢「名田宅制」説：従張家山漢簡看戦国秦漢的土地制度」『中国史研究』3 : 49-72.
———. 2009.『出土簡牘与秦漢社会』桂林：広西師範大学出版社.
———. 2010.「松柏西漢墓簿籍牘考釈」『南都学報（人文社会科学学報）』30.5: 1-8.
叶顕恩・譚棣華. 1985a.「封建宗法勢力対仏山経済的控制及其産生的影響」広東歴史学会編『明清広東社会経済形態研究』144-64. 広州：広東人民出版社.
———. 1985b.「論珠江三角洲的族田」広東歴史学会編『明清広東社会経済形態研究』22-64. 広州：広東人民出版社.
叶玉英. 2005.「論張家山漢簡《算数書》的経済史料価値」『中国社会経済史研究』1 : 38-45.
銀雀山漢墓竹簡整理小組. 1985.「銀雀山竹書《守法》《守令》等十三篇」『文物』4 : 27-38.
游彪. 2003.『宋代寺院経済史稿』保定：河北大学出版社.
余耀華. 2000.『中国価格史：先秦－清朝』北京：中国物価出版社.
余英時. 1987.『中国近世宗教倫理与商人精神』台北：聯経出版事業公司.
于振波. 2004a.「張家山漢簡中的名田制及其在漢代的実施情況」『中国史研究』1 : 29-40.
———. 2004b.『走馬楼呉簡初探』台北：文津出版社.
袁為鵬・馬徳斌. 2010.「商業帳簿与経済史研究：以統泰升号商業帳簿為中心（1798-1850）」『中国経済史研究』2 : 50-60.
張国剛. 2006.「唐代兵制的演変与中古社会変遷」『中国社会科学』4 : 178-89.
———. 2012.「唐代農業家庭生計探略」『中国文史論叢』98: 1-51.
張海鵬・王廷元. 1995.『徽商研究』合肥：安徽人民出版社.
張金光. 2007.「普遍授田制的終結与私有地権的形成：張家山漢簡与秦簡比較研究之一」『歴史研究』5 : 49-65.
張金嶺. 2001.『晩宋時期財政危機研究』成都：四川大学出版社.
張錦鵬. 2003.『宋代商品供給研究』昆明：雲南大学出版社.
張麗. 2010.『非平衡化与不平衡：従無錫近代農村経済発展看中国近代農村経済的轉型（1840-1949）』北京：中華書局.
張栄強. 2005.「《二年律令》与漢代課役身分」『中国史研究』2 : 25-41.
張勲燎・劉磐石. 1980.「四川郫県東漢残碑的性質和年代」『文物』4 : 72-3.
章有義. 1984.『明清徽州土地関係研究』北京：中国社会科学出版社.
張忠民. 2002.『艱難的変遷：近代中国公司制度研究』上海：上海社会科学院出版社.
趙光賢. 1979.「从裘衛諸器銘看西周的土地交易」『北京師範大学学報（社会科学版）』6 : 16-23.
昭明・馬利清. 2007.『中国古代貨幣』天津：百花文藝出版社.
趙平安. 2004.「戦国文字中的塩字及其相関問題研究」『考古』8 : 728-33.

鄭炳林. 2004.「晩唐五代敦煌商業貿易市場研究」『敦煌学輯刊』1 :103-18.
鄭亦兵. 1994.「清代前期内陸糧食運輸量及変化趨勢」『中国経済史研究』3: 80-92.
中国社会科学院歴史研究所宋遼金元史研究室編. 1985.『宋遼金史論集』北京：中華書局.
周俊敏. 2003.『管子経済倫理思想研究』長沙：岳麓書社.
周琳. 2011.「城市商人団体与商業秩序：清代重慶八省客長調処商業糾紛活動為中心」『南京大学学報（哲学人文科学社会科学版）』2 :80-99.
周暁陸・路東之. 2005.「新蔡古城戦国封泥的初歩考察」『文物』1 : 51-61.
周自強. 1987.「重論西周時期的「公田」和「私田」」『史林』1 : 1-10.
周自強編. 2007.『中国経済通史：先秦（第 2 版）』北京：経済日報出版社.
朱鳳瀚. 2004.『商周家族形態研究（第 2 版）』天津：天津古籍出版社.
朱紅林. 2008.『張家山漢簡《二年律令》研究』哈爾浜：黒龍江人民出版社.
朱瑞熙. 2006.「宋代土地価格研究」『中華文史論叢』82: 97-157.
朱紹侯. 1985.『秦漢土地制度与階級関系』鄭州：中州古籍出版社.
庄国土. 1995.「16-18世紀白銀流入中国数量估算」『中国銭幣』5 : 3-10.

【日本語】
青木敦. 2006.「開発、地価、民事的法規：『清明集』に見える若干の土地典売関係法をめぐって」『待兼山論集（史学篇）』40: 1-47.
———. 2013.「宋代抵当法の推移と「農田勅」：要素市場における司法と習慣」古田和子編著『中国の市場秩序：17世紀から20世紀前半を中心に』19-47. 東京：慶應義塾大学出版会.
足立啓二. 1985.「宋代両浙における水稲作の生産力水準」『熊本大学文学部論叢』17: 80-100.
安部健夫. 1972.「元時代の包銀制の考研」安部健夫『元代史の研究』75-232. 東京：創文社.
天野元之助. 1967「後漢の崔寔『四民月令』について」『関西大学経済論集』16.4-5: 361-86.
———. 1979.『中国農業史研究 増補版』東京：御茶の水書房.
飯尾秀幸. 2007.「秦・前漢初期における里の内と外：牢獄成立前史」太田幸男・多田狷介『中国前近代史論集』147-72. 東京：汲古書院.
飯田祥子. 2004.「前漢後半期における郡県民支配の変化：内郡と辺郡の分化から」『東洋学報』86.3: 1-36.
池田温. 1979.『中国古代籍帳研究：概観・録文』東京：東京大学出版会.
———. 1988.「神竜三年高昌県崇化郷点籍様について」『栗原益男先生古希記念論集：中国古代の法と社会』245-70. 東京：汲古書院.
池田雄一. 2008a.「李悝の『法経』」『中国古代の律令と社会』76-146. 東京：汲古書院.
———. 2008b.「呂后『二年律令』をめぐる諸問題」池田雄一『中国古代の律令と社会』446-511. 東京：汲古書院.
石原潤. 1973.「河北省における明・清・民国時代の定期市：分布・階層および中心集落との関係について」『地理学評論』46.4: 245-63.
伊藤道治. 1975.『中国古代王朝の形成：出土資料を中心とする殷周史の研究』創文社.
———. 1978.「裘衛諸器考：西周期土地所有形態に関する私見」『東洋史研究』37.1: 35-58.
———. 1987.『中国古代国家の支配構造：西周封建制度と金文』中央公論社.
稲葉一郎. 1978.「秦始皇の貨幣統一について」『東洋史研究』37.1: 59-85.
———. 1984.「漢代の家族形態と経済変動」『東洋史研究』43.1: 88-117.
———. 2007.「南郡の建設と戦国秦の貨幣制度」『史林』90.2: 239-67.
植松正. 1996.「元朝支配下の江南地域社会」佐竹靖彦ほか編『宋元時代史の基本問題』333-58. 東京：汲古書院.
宇都宮清吉. 1955.『漢代社会経済史研究』東京：弘文堂書房.
宇野伸浩. 1989.「オゴデイ・ハンとムスリム商人：オルドにおける交易と西アジア産の商品」

『東洋学報』70.3–4: 71–104.
江村治樹．2005.『戦国秦漢時代の都市と国家：考古学と文献史学からのアプローチ』東京：白帝社.
———. 2011.『春秋戦国時代青銅貨幣の生成と展開』東京：汲古書院.
大櫛敦弘．1985.「漢代の「中家の産」に関する一考察：居延漢簡所見の「賈・直」をめぐって」『史学雑誌』94.7: 1172–94.
大澤正昭．1996.『唐宋変革期農業社会史研究』東京：汲古書院.
大島立子．1980.「元代の戸計と徭」『歴史学研究』484: 23–32.
大隅晶子．1990.「明代洪武帝の海禁政策と海外貿易」『山根幸夫教授退休記念明代史論叢 上』497–519．東京：汲古書院.
大津透．1986.「唐律令国家の予算について：儀鳳三年度奏抄四年金部旨符試釈」『史学雑誌』95.12: 1831–79.
岡田功．1990.「春秋戦国秦漢時代の貸借関係をめぐる一考察」『駿台史学』78: 69–91.
岡本隆司編．2013.『中国経済史』名古屋大学出版会.
愛宕松男．1973.「斡脱銭とその背景：十三世紀モンゴル元朝における銀の動向」『東洋史研究』32.1: 1–27，32.2: 163–201.
———. 1987.『愛宕松男東洋史学論集 第 1 巻 中国陶瓷産業史』東京：三一書房.
小野寺郁夫．1966.「宋代における都市の商人組織「行」について」『金沢大学法文学部論集史学篇』13: 42–74.
高敏．1989.「秦漢時代の官私手工業」『中国：社会と文化』4 : 103–22.
柿沼陽平．2010.「晋代貨幣経済の構造とその特質」『東方学』120: 18–33.
———. 2011.『中国古代貨幣経済史研究』東京：汲古書院.
加藤繁．1952a.「清代に於ける村鎮の定期市」加藤繁『支那経済史考証 下』505–56．東京：東洋文庫.
———. 1952b.「宋代に於ける都市の発達に就いて」加藤繁『支那経済史考証 上』299–346．東京：東洋文庫.
———. 1952c.「宋代の商習慣「賒」に就いて」加藤繁『支那経済史考証 上』222–34．東京：東洋文庫.
———. 1952d.「唐宋時代の市」加藤繁『支那経済史考証 上』347–79．東京：東洋文庫.
———. 1952e.「唐宋時代の庄園の組織並に其の聚落として発達に就いて」加藤繁『支那経済史考証 上』231–60．東京：東洋文庫.
金谷治．1987.『管子の研究』東京：岩波書店.
紙屋正和．1994.「両漢時代の商業と市」『東洋史研究』52.4: 655–82.
亀井明德．1992.「唐代陶磁貿易の展開と商人」荒野泰典ほか編『アジアのなかの日本史 3 海上の道』115–45．東京：東京大学出版会.
川勝平太．1991.『日本文明と近代西洋：「鎖国」再考』東京：日本放送出版協会.
川勝義雄．1982.『六朝貴族制社会の研究』東京：岩波書店.
川添昭二．1993.「鎌倉末期の対外関係と博多：新安沈没船木簡・東福寺・承天寺」大隅和雄編『鎌倉時代文化伝播の研究』301–30．東京：吉川弘文館.
岸本美緒．1997.『清代中国の物価と経済変動』東京：研文出版.
———. 2007.「土地市場と「找価回贖」問題：宋代から清代の長期的動向」大島立子編『宋－清代の法と地域社会』213–62．東京：東洋文庫.
草野靖．1996.「農業土地問題」佐竹靖彦ほか編『宋元時代史の基本問題』303–31．京都：汲古書院.
熊本崇．1983.「王安石の市易法と商人」『文化』46.3–4: 168–88.
栗林宣夫．1971.『里甲制の研究』東京：文理書院.

栗原益男．1964.「府兵制の崩壊と新兵種：前半期唐朝支配の崩壊に関する若干の考察をふくめて」『史学雑誌』73.2: 121–46，73.3: 269–95.
黒田明伸．1987.「乾隆の銭貴」『東洋史研究』45.5: 692–723.
氣賀澤保規．1999.『府兵制の研究：府兵兵士とその社会』東京：同朋舎.
小山正明．1974.「明代の大土地所有と奴僕」『東洋文化研究所紀要』62: 77–131.
佐川英治．1999.「北魏の編戸制と徴兵制度」『東洋学報』1.1: 1–35.
———．2001a.「北魏均田制研究の動向」『中国史学』11: 131–47.
———．2001b.「北魏均田制の目的と展開：奴婢給田を中心として」『史学雑誌』110.1: 1–38.
佐竹靖彦．1996.「総説」佐竹靖彦・斯波義信・梅原郁・植松正・近藤一成編『宋元時代史の基本問題』3–42．東京：汲古書院.
佐藤武敏．1962.『中国古代工業史の研究』東京：吉川弘文館.
———．1967.「漢代の人口調査」『集刊東洋学』18: 1–27.
佐原康夫．2002a.『漢代都市機構の研究』東京：汲古書院.
———．2002b.「江陵鳳凰山漢簡再考」『東洋史研究』61.3: 405–33.
重近啓樹．1990.「秦漢の商人とその負担」『駿台史学』78: 27–59.
斯波義信．1968.『宋代商業史研究』東京：風間書房.
———．1988.『宋代江南経済史の研究』東京：汲古書院.
島居一康．1990.「両税折納における納税価額と市場価額」中国史研究会編『中国専制国家と社会統合』333–86．東京：文理閣.
杉原薫．2009.「19世紀前半のアジア交易圏：統計的考察」籠谷直人・脇村孝平編『帝国とアジアネットワーク：長期の19世紀』250–81．京都：世界思想社.
杉山正明．2004.『モンゴル帝国と大元ウルス』京都：京都大学学術出版会.
鈴木直美．1990.「鳳凰山一〇号漢墓出土史料から見た江陵社会」『駿台史学』80: 39–76.
周藤吉之．1954a.「五代に於ける均税法」周藤吉之『唐宋土地制度史研究』405–27．東京：東京大学出版会.
———．1954b.「南宋末の公田法」周藤吉之『唐宋土地制度史研究』537–92．東京：東京大学出版会.
———．1954c.「宋代庄園制の発達」周藤吉之『唐宋土地制度史研究』195–288．東京：東京大学出版会.
角谷常子．1994.「居延漢簡にみえる売買関係簡についての一考察」『東洋史研究』52.4: 545–65.
曽我部静雄．1941a.「南宋の和買絹及び折帛銭の研究」曽我部静雄『宋代財政史』333–92．東京：生活社.
———．1941b.「宋代の財政一般」曽我部静雄『宋代財政史』3–85．東京：生活社.
竹浪隆良．1984.「北魏における人身売買と身分制支配：延昌三年（五一四）人身売買論議を中心として」『史学雑誌』93.3: 279–312.
多田狷介．1964.「後漢豪族の農業経営：仮作、傭作、奴隷労働」『歴史学研究』286: 13–21.
———．1965.「漢代の地方商業について：豪族と小農民の関係を中心として」『史潮』92: 36–49.
高橋芳郎．2001.「宋元代の奴婢、雇傭人、佃僕の身分」高橋芳郎『宋―清身分法の研究』1–84．札幌：北海道大学図書刊行会.
田尻利．1999.「清代タバコ研究史覚書」田尻利『清代農業商業化の研究』284–312．京都：汲古書院.
田中克子・佐藤一郎．2008.「貿易陶磁器の推移」大庭康時ほか編『中世都市博多を掘る』112–28．福岡：海鳥社.
檀上寛．1995.『明朝専制支配の史的構造』東京：汲古書院.
———．1997.「明初の海禁と朝貢：明朝専制支配の理解に寄せて」森正夫ほか編『明清時代史の基本的問題』203–34．東京：汲古書院.

寺田隆信. 1972.『山西商人の研究：明代における商人および商業資本』京都：京都大学文学部内東洋史研究会.
———. 1972a.「蘇州踹布業の経営形態」『山西商人の研究：明代における商人および商業資本』337-410. 京都：京都大学文学部内東洋史研究会〔初出は『東北大学文学部研究年報 一八』1968.3〕
長井千秋. 1992.「淮東総領所の財政運営」『史学雑誌』101.7: 1235-66.
———. 2000.「中華帝国の財政」松田孝一編『東アジア経済史の諸問題』101-34. 京都：阿吽社.
中川学. 1962.「唐代の逃戸・浮客・客戸に関する覚書」『一橋論叢』50.3: 339-45.
中島楽章. 2001.「元代社制の成立と展開」『九州大学東洋史論集』29: 116-46.
———. 2002.『明代郷村の紛争と秩序』東京：汲古書院.
仁井田陞. 1937.『唐宋法律文書の研究』東京：東方文化学院東京研究所.
西奥健志. 2004.「宋代市糴制度の財政的背景：儲備の獲得を中心として」『社会経済史学』70.3: 331-45.
西嶋定生. 1966.『中国経済史研究』東京：東京大学出版会.
橋本健史. 2007.「統一秦における郷の機能：国家と在地社会の接点」太田幸男・多田狷介編『中国前近代史論集』111-45. 東京：汲古書院.
濱島敦俊. 1982.『明代江南農村社会の研究』東京：東京大学出版会.
速水融. 1979「近世日本の経済発展と「Industrious Revolution」」新保博・安場保吉編『近代移行期の日本経済』3-14. 東京：日本経済新聞社.
東一夫. 1970.『王安石新法の研究』東京：風間書房.
肥後政紀. 1990.「前漢朝の人口数について：王国・侯国の戸数統計処理を中心として」『集刊東洋学』64: 115-31.
日野開三郎. 1980.『日野開三郎東洋史学論集 2 五代史の基調』東京：三一書房.
———. 1982.『日野開三郎東洋史学論集 5 唐五代の貨幣と金融』東京：三一書房.
———. 1984.『日野開三郎東洋史学論集10 北東アジア国際交流史の研究』東京：三一書房.
———. 1988.『日野開三郎東洋史学論集11 戸口問題と糴買法』東京：三一書房.
日山美紀. 1996.「清代典当業の利子率に関する一考察：康熙～乾隆期の江南を中心として」『東方学』91: 76-89.
藤家礼之助. 1989.『漢三国両晋南北朝の田制と税制』東京：東京大学出版会.
夫馬進. 1997.『中国善会善堂史研究』京都：同朋舎.
古田和子. 2000.『上海ネットワークと近代東アジア』東京：東京大学出版会.
堀敏一. 1975.『均田制の研究：中国古代国家の土地政策と土地所有制』東京：岩波書店.
———. 1994.「中国古代の編戸制：とくに集落の変遷」堀敏一『中国古代史の視点』271-303. 東京：汲古書院.
———. 1996.『中国古代の家と集落』東京：汲古書院.
本田治. 2000a.「中国農業史総論」松田孝一編『東アジア経済史の諸問題』3-16. 京都：阿吽社.
———. 2000b.「中国水利開発史：江南」松田孝一編『東アジア経済史の諸問題』38-55. 京都：阿吽社.
松井嘉徳. 2002.『周代国制の研究』東京：汲古書院.
松田孝一. 2000.「中国交通史：元時代の交通と南北物流」松田孝一編『東アジア経済史の諸問題』135-57. 京都：阿吽社.
松丸道雄. 1984.「西周後期社会にみえる変革の萌芽：曶銘解釈問題の初歩的解決」西嶋定生博士還暦記念論叢編集委員会編『東アジア史における国家と農民』29-74. 東京：山川出版社.
松丸道雄・竹内康浩. 1993.「西周金文中の法制史料」滋賀秀三編『中国法制史：基本史料の研究』3-55. 東京：東京大学出版会.

丸橋充拓. 2001.「唐宋変革史研究近況」『中国史学』11: 149–68.
宮川尚志. 1956.「六朝時代の村」『六朝史研究：政治・社会篇』437–71. 東京：日本学術振興会.
水野正明. 2000.「唐宋時代の産業と茶業の発達」松田孝一編『東アジア経済史の諸問題』82–100. 京都：阿吽社.
宮崎市定. 1943.『五代宋初の通貨問題』京都：星野書店.
———. 1950.『東洋的近世』教育タイムス社.
宮澤知之. 1998.『宋代中国の国家と経済』東京：創文社.
———. 2000.「魏晋南北朝時代の貨幣経済」『鷹陵史学』26: 41–82.
———. 2007.『中国銅銭の世界：銭貨から経済史へ』京都：思文閣出版.
———. 2008.「五代十国時代の通貨状況」『鷹陵史学』34: 1–35.
森正夫. 1967.「十四世紀後半期浙西地方地主制に関する覚書」『名古屋大学文学部研究論集』44: 67–88.
———. 1988.『明代江南土地制度の研究』京都：同朋舎出版.
森正夫・野口鐵郎・濱島敦俊・岸本美緒・佐竹靖彦編. 1997.『明清時代史の基本的問題』東京：汲古書院.
矢沢忠之. 2008.「戦国期三晋地域における貨幣と都市：方足布・尖足布を中心に」『古代文化』60.3: 37–54.
柳田節子. 1963.「宋代土地所有制に見られる二つの型：先進と辺境」『東洋文化研究所紀要』29: 95–130.
———. 1973.「宋代佃戸制の再検討・最近の草野靖氏の見解をめぐって」『歴史学研究』395: 24–33.
———. 1986.『宋元郷村制の研究』東京：創文社.
———. 1995.「宋代農家経営と営運」柳田節子『宋元社会経済史研究』85–105. 東京：創文社.
山岡利一. 1978.『子産の生涯と思想』大阪：前田書店出版部.
山崎覚士. 2010a.「未完の海上国家：呉越国の試み」山崎覚士『中国五代国家論』230–267. 京都：佛教大学.
———. 2010b.「九世紀における東アジア海域と海商：徐公直と徐公裕」山崎覚士『中国五代国家論』171–204. 京都：佛教大学.
山田勝芳. 1975.「王莽代の財政」『東洋史研究』33.1: 63–85.
———. 1979.「中国古代の商人と市籍」『加賀博士退官記念 中国文史哲学論集』175–96. 東京：講談社.
———. 1981.「鳳凰山一〇号墓文書と漢初の商業」『東北大学教養部紀要』33: 172–92.
———. 1987.「秦漢時代の大内と少内」『集刊東洋学』57: 19–39.
———. 1988.「中国古代の商と賈：その意味と思想史的背景」『東洋史研究』47.1: 1–29.
———. 1993.『秦漢財政収入の研究』東京：汲古書院.
———. 1998.「秦漢代手工業の展開：秦漢代工官の変遷から考える」『東洋史研究』56.4: 701–32.
———. 2000.『貨幣の中国古代史』東京：朝日新聞社.
———. 2007.「前漢武帝代の地域社会と女性徭役：安徽省天長市安楽鎮十九号木牘から考える」『集刊東洋学』97: 1–19.
山本進. 1991.「清代四川の地域経済：移入代替棉業の形成と巴県牙行」『史学雑誌』100.12: 2005–35.
———. 1997.「商品生産研究の軌」森正夫・野口鐵郎・濱島敦俊・岸本美緒・佐竹靖彦編『明清時代史の基本的問題』79–101. 東京：汲古書院.
———. 2002.『清代の市場構造と経済政策』名古屋：名古屋大学出版会.
要木（藤田）佳美. 1996.「明末紹興における醸造業の展開と米穀流通」小野和子編『明末清初

の社会と文化』277–313. 京都：京都大学人文科学研究所.
横山英. 1962.「清代における包頭制の展開」『史学雑誌』71.1: 45–71, 71.2: 185–98.
吉本道雅. 1986.「春秋国人考」『史林』69.5: 631–72.
四日市康博. 2006.「元朝南海交易経営考：文書と銭貨の流れから」『九州大学東洋史論集』34: 133–56.
米田賢次郎. 1989.『中国古代農業技術史研究』京都：同朋舎出版.
鷲尾祐子. 2009.『中国古代の専制国家と民間社会：家族、風俗、公私』京都：立命館東洋史学会.
渡邊信一郎. 1986.『中国古代社会論』東京：青木書店.
———. 1989.「漢代の財政運営と国家的物流」『京都府立大学学術報告（人文）』41: 1–20.
———. 2010.『中国古代の財政と国家』東京：汲古書院.

【フランス語】

Bairoch, Paul. 1976. *Commerce éxterieur et développement économique de l'Europe au XIXe siècle.* Paris: Mouton.

Cartier, Michel. 1976. "Sapèques et tissus à l'époque des T'ang: remarques sur la circulation monétaire dans la Chine medievale." *Journal of the Economic and Social History of the Orient* 19.3: 323–44.

Dermigny, Louis. 1964. *La Chine et l'occident: le commerce à Canton au XVIIIe siècle.* Paris: S.E.V.P.E.N.

Godinho, Vitorino Magalhães. 1969. *L'Économie de l'empire portugais au XVe et XVIe siècles.* Paris: S.E.V.P.E.N.

Lamouroux, Christian. 1991. "Organisation territorial et monopole du thé dans la Chine des Song (960–1059)." *Annales: Économies, Sociétés, Civilisations* 46.5: 977–1008.

———. 2002. "Commerce et bureaucratie dans la Chine des Song." *Études rurales* 161–62: 183–213.

———. 2003. *Fiscalité, comptes publics et politiques financières dans la Chine des Song: Le Chapitre 179 du Songshi.* Paris: Institut des hautes études chinoises.

———. 2007. "Bureaucratie et monnaie dans la Chine du xie siècle: les désordes monétaires au Shaanxi." In B. Théret, ed. *La Monnaie dévoilée par ses crises, vol. 1, Crises monétaires d'hier et d'aujourd'hui,* 171–204. Paris: École des hautes études en sciences sociales.

Lombard, Denys. 1990. *Le Carrefour javanais: essai d'histoire globale.* Paris: École des hautes études en sciences sociales.

Schifferli, Christoph. 1986. "Le système monétaire au Sichuan vers la fin du xe siècle." *T'oung Pao* 72.2: 269–90.

Thierry, François. 1993. "Sur les monnaies sassanides trouvées en Chine." In Groupe pour l'Étude de la Civilisation du Moyen-Orient, ed. *Circulation des monnaies, des marchandises et des biens,* 89–139. Leuven: Peeters Press.

Trombert, Éric. 1995. *Le Crédit à Dunhuang: vie matérielle et société en Chine medievale.* Paris: Collège de France/Institut des Hautes Études Chinoises.

———. 2000. "Textiles et tissus sur la route de la soie." In Jean-Pierre Drège, ed. *La Sérinde, terre d'échanges,* 107–20. Paris: La Documentation française.

Will, Pierre-Étienne. 1994. "Développement quantitatif et développement qualitatif en Chine à la fin de l'époque impériale." *Annales: Histoire, Sciences Sociales* 49.4: 863–902.

図表一覧

図

1-1　五祀衛鼎の金文に記録されている土地の構成　25
2-1　臨淄遺跡　57
2-2　下都遺跡　58
3-1　通行証（居延漢簡より）　86
4-1　内モンゴル自治区ホリンゴルの漢墓の壁画　116
4-2　成都で出土した漢墓石刻（後漢後期）　126
6-1　北宋代の戸籍上の人口と耕地面積（980年—1110年）　186
8-1　江南における米・木綿布の価格（1644年—1684年）　257
8-2　貨幣供給量の増加（1726年—1833年）　267
8-3　中国の人口変化（1600年—1950年）　272
8-4　人口密度と増加率（1776年—1820年）　272
8-5　華南の穀物価格（1660年—1850年）　273
8-6　18世紀広東の米価の銀・銅換算額　274
9-1　名目・実質の GDP 概算値（1600年—1840年）　295
9-2　名目・実質の 1 人あたり GDP 概算値（1600年—1840年）　295
9-3　戸部銀庫の貯蔵額（1686年—1842年）　299
9-4　河北省寧晋県の農産物・工業製品の価格（1800年—1850年）　301
9-5　河北省寧晋県の物価・賃金（1800年—1850年）　302
9-6　北京の未熟練労働者の日給（1807年—1838年）　303
9-7　茶と絹の輸出量（1756年—1833年）　304
9-8　銀と銅銭の交換比率（1790年—1860年）　305
9-9　関税収入（1796年—1850年）　307
9-10　中国の絹輸出量（1844年—1937年）　325
9-11　上海の輸出入量（1882年—1901年）　327

地図

1-1　周の版図　15
2-1　春秋時代のおもな国家（紀元前771年—紀元前481年）　38
2-2　戦国時代のおもな国家（紀元前481年—紀元前221年）　45
2-3　戦国時代の青銅貨幣の分布　53
2-4　戦国都市遺跡の分布図　55
2-5　戦国都市の分布と商業活動　59
3-1　漢代初期の版図　84
3-2　漢代における鉄・塩の生産　96
3-3　漢帝国の空間構造　99
4-1　漢代の地域別人口密度（紀元 2 年）　119
4-2　漢代の商業都市　126
4-3　紹興平野の灌漑施設（漢代）　133
5-1　北魏の拡大　143

5-2　府兵の軍営地（唐代初期）　154
5-3　唐代の財政と物流　156
5-4　北魏の絹およびヘンプ麻産地　162
5-5　シルクロード　162
6-1　唐代の人口分布（742年）　174
6-2　北宋代の人口分布（1102年）　174
6-3　唐代後期の政府税収　175
6-4　長江デルタの自然環境　182
6-5　紹興・鑑湖の干拓　185
6-6　華南東部の茶産業（1162年）　201
6-7　商業税収入の地域分布（1077年）　205
6-8　南宋期湖州の市・鎮・場務　207
7-1　南宋期の軍需物資供給体制　212
8-1　江南の絹・木綿産業　246
8-2　山西商人の出身地　251
8-3　清の版図の拡大　259
8-4　18世紀中国の穀物の主要流通路　274
8-5　帝国時代後期の地域圏　276
9-1　19世紀半ばに発生した反乱　311
9-2　条約港のネットワーク　312

表

2-1　戦国都市の規模　56
3-1　東海郡の上計集簿（紀元前13年）　77
3-2　労役登録と免除に関する南郡の記録（紀元前139年前後）　87
3-3　東陽県の戸籍と算賦に関する記録（紀元前119年頃）　88
3-4　鄭里における種籾の貸与　93
3-5　江陵鳳凰山漢墓に副葬された奴婢の人形　93
3-6　前漢の推計財政収入　97
4-1　漢代の地域別人口密度（紀元 2 年）　118
4-2　西郷の戸籍簿（紀元前139年）　120
4-3　走馬楼呉簡記載の人口データ（235年頃）　121
4-4　漢の戸籍に見る年齢構成　121
5-1　北魏における土地給付　143
5-2　敦煌の戸籍簿に記された土地給付の集計（547年）　146
5-3　北魏の財政表　147
5-4　国庫収入（742年—755年の特定年度）　157
6-1　蘇州の税収（861年前後）　175
6-2　10世紀の敦煌における耕地面積　181
6-3　主要作物の労働強度　181
6-4　江南の耕地面積と穀物生産量　182
6-5　江南の稲作農家の純所得　183
6-6　北宋政府の貨幣収入　190
6-7　北宋政府のおもな収入源　191
6-8　政府収入の10年間平均額（960年—1059年）　192
6-9　北宋での銅貨発行額　193

6-10　[北宋の] 国家収入・支出（1093年）　198
7-1　[南宋の] 政府収入（1172年）　213
7-2　総領所の収入（1164年頃）　213
7-3　南宋期の中央政府の貨幣収入　215
7-4　福建路福州の現金支出（1182年頃）　215
7-5　南宋における会子流通量　217
7-6　南宋期江南の商業税収入　219
7-7　李舒の戸籍構成員と所有地（1391年―1432年）　239
8-1　中国の銀輸入量（1550年―1645年）　255
8-2　明代の米穀収入と貨幣収入　255
8-3　[清の] 中央政府の税収（1766年）　261
8-4　明・清代の税収　262
8-5　清代の人口　266
8-6　小作制の地域差　269
8-7　獲鹿県（河北）の登録世帯と土地面積（1706年―1771年）　269
8-8　獲鹿の紳士と庶民の大土地所有者（1706年―1771年）　269
8-9　万全堂の所有者の変遷　280
8-10　万全号の株主　280
8-11　質利息（17世紀―20世紀）　284
9-1　江南の農家の家計消費（18世紀―1930年代）　289
9-2　江南における1畝あたり労働日数　291
9-3　江南における家計所得（16―18世紀）　291
9-4　中国のGDP概算値　293
9-5　中国からの銀の純流出（1818年―1854年）　303
9-6　関税収入（1725年―1831年）　307
9-7　清代後半の国家収入　315
9-8　貨幣供給量の概算値（1910年頃）　317
9-9　中国の対外債務（1853年―1894年）　318
9-10　山西票号の資金基盤（1850年代―1910年代）　322